Einführung in die Bayes-Statistik

Optimaler Stichprobenumfang

Von

Univ.-Prof. Dr. Gerhard Marinell

und

Univ.-Doz. Dr. Gabriele Steckel-Berger

Dritte, überarbeitete Auflage

R. Oldenbourg Verlag München Wien

Die Deutsche Bibliothek - CIP-Einheitsaufnahme

Marinell, Gerhard:
Einführung in die Bayes-Statistik : optimaler Stichprobenumfang / von Gerhard Marinell und Gabriele Steckel-Berger. – 3., überarb. Aufl.. - München ; Wien : Oldenbourg, 2001
ISBN 3-486-25562-2

Rosenheimer Straße 145, D-81671 München
Telefon: (089) 45051-0
www.oldenbourg-verlag.de

Gedruckt auf säure- und chlorfreiem Papier
Druck: R. Oldenbourg Graphische Betriebe Druckerei GmbH

ISBN 3-486-25562-2

Inhalt

Vorwort zur 3. Auflage

Einige Korrekturen der überarbeiteten zweiten Auflage sind durchgeführt worden. Für die entsprechenden Hinweise aus dem Kreis der Lehrenden und Studierenden bedanken wir uns.

Gerhard Marinell
Gabriele Steckel-Berger

Vorwort zur 1. Auflage

Wieviele Wähler muß man befragen, wenn man einen Schätzwert für den Wähleranteil eines bestimmten Kandidaten sucht? Wieviele Patienten müssen berücksichtigt werden, wenn man feststellen will, ob ein neues Medikament besser ist als ein altes? Wieviele Kunden sollen nach Ihrer Meinung befragt werden, wenn es darum geht, ein neues Produkt einzuführen?

Alle diese Fragen sind Fragen nach dem optimalen Stichprobenumfang. Wie groß soll der Umfang einer Stichprobe sein, wenn man mit ihr Informationen über die Grundgesamtheit erhalten will? Die Beantwortung dieser Frage hängt wesentlich von dem Wissen über die Grundgesamtheit ab, das vor der Ziehung einer Stichprobe zur Verfügung steht. Ist wenig über die Grundgesamtheit bekannt, dann kann nur eine entsprechend große Stichprobe die benötigte Information bereitstellen. Je mehr man über die Grundgesamtheit weiß, desto kleiner kann der Umfang einer Stichprobe aus dieser Grundgesamtheit sein.

In der sogenannten „klassischen“ Theorie von Neyman und Pearson findet diese Tatsache jedoch keine Berücksichtigung. Man gibt die Wahrscheinlichkeit für den Fehler 1. und 2. Art oder ein Konfidenzniveau an und berechnet den notwendigen Stichprobenumfang, unabhängig davon, ob man viel oder wenig über die Grundgesamtheit weiß, aus der die Stichprobe gezogen wird. Anders beim Bayes Ansatz.

Im Rahmen der Bayes Statistik bilden die Informationen über die Grundgesamtheit, die vor der Ziehung einer Stichprobe bekannt sind, einen wesentlichen Bestandteil für die Berechnung des optimalen Stichprobenumfanges. Wenn man schon vor der Stichprobenziehung viel über die Grundgesamtheit weiß, dann wird der Umfang einer zu ziehenden Stichprobe klein sein. Das Ergebnis der Berechnungen kann sogar der Verzicht auf eine Stichprobenziehung sein, wenn schon genügend Informationen über die Grundgesamtheit zur Verfügung stehen. Außerdem wird im Rahmen der Bayes Statistik keine Vorgabe von Wahrscheinlichkeiten verlangt (ein ziemlich willkürliches Unterfangen!), sondern die möglichen Schäden von Fehlentscheidungen werden explizit in Rechnung gestellt. An Hand dieses Ansatzes werden die im Buch aufgeführten Formeln für den optimalen Stichprobenumfang abgeleitet.

Im ersten Teil des Buches wird an einem Kugelbeispiel gezeigt, wie man den optimalen Stichprobenumfang für Test-, Punktschätz- und Intervallschätzverfahren berechnet, wenn der unbekannte Parameter ein Anteilswert oder ein arithmetisches Mittel ist. Auch der sogenannte Zweistichprobenfall, der sich auf die Differenz zweier Parameter bezieht, wird behandelt. Ein Abschnitt über die lineare Einfachregression und die Berechnung des entsprechenden optimalen Stichprobenumfanges beschließt den ersten Teil. Neben den Kugelmodellen wird für jedes Problem eine Fallstudie angeführt, in der die Berechnung des optimalen Stichprobenumfanges an einem praktischem Beispiel demonstriert wird.

Der erste Teil des Buches mit dem Titel „Anwendungen“ enthält keine Ableitungen von Formeln oder Beweisen. Diese findet man im zweiten Teil. Nach einer kurzen Einführung in die Wahrscheinlichkeitstheorie werden die Verteilungen dargestellt, die man für die Berechnung des optimalen Stichprobenumfanges benötigt. Die Kapitel über „Schadenerwartungswerte“ und „Erwarteter Wert der Stichprobeninformation“ enthalten die Ableitungen der verschiedenen Formeln, deren Anwendung im ersten Teil gezeigt wird. Im letzten Kapitel werden numerische Methoden vorgestellt, die man zur Berechnung der Verteilungen benötigt.

Die Ermittlung des optimalen Stichprobenumfanges erfordert oft umfangreiche Berechnungen. Wer neben einem PC auch das Programmpaket Mathcad (Version 5.0) zur Verfügung hat, kann den optimalen Stichprobenumfang bequem bestimmen. Eine separat im Buchhandel erhältliche Diskette enthält die notwendigen Programme.

Für wertvolle Anregungen möchten wir Herrn Univ.-Doz. Dr. Gilg Seeber herzlich danken. Seine kritischen Hinweise haben wesentlich zum Gelingen des Buches beigetragen. Die druckreife Vorlage des Buches hat in bewährter Manier Frau Angelika Schimann mit viel Sorgfalt und Geduld angefertigt. Wir danken ihr dafür. Unser Dank gilt auch dem Lektorsleiter Dipl.-Vw. Martin Weigert vom Oldenbourg Verlag für die gute Zusammenarbeit.

Gerhard Marinell

Gabriele Steckel-Berger

Teil A: Anwendungen

Kapitel I

Grundmodell

1 Priorianalyse

In einem Behälter sind zehn Kugeln. Davon sind entweder 6 oder 2 Kugeln schwarz. Sie müssen nun entscheiden, ob der Behälter mit 6 oder mit 2 schwarzen Kugeln gefüllt ist, ohne daß Sie den Inhalt prüfen können. Wenn Sie behaupten, daß der Behälter 6 schwarze Kugeln enthält und dies ist tatsächlich der Fall, dann bekommen Sie 1 GE. Sie müssen 1 GE bezahlen, wenn dies nicht zutrifft. Behaupten Sie, daß der Behälter 2 schwarze Kugeln enthält, dann gewinnen Sie 29 GE, wenn dies tatsächlich zutrifft, und sonst verlieren Sie 9 GE. Wie sollen Sie sich entscheiden?

Um solche Probleme zu analysieren, ist es nützlich, folgende Begriffe und formale Abkürzungen einzuführen: Ihnen stehen hier zwei Aktionen zur Wahl, nämlich:

a_0 : Der Behälter enthält 6 schwarze Kugeln.
a_1 : Der Behälter enthält 2 schwarze Kugeln.

Für den Behälter sind in zwei Zustände vorgesehen: Entweder enthält er 6 oder 2 schwarze Kugeln. Die Vermutungen, daß der Anteil der schwarzen Kugeln im Behälter gleich 0.6 bzw. gleich 0.2 ist, kann man in Form von Hypothesen H_i ausdrücken, wobei der unbekannte Anteil mit π abgekürzt wird:

$$H_0 : \pi_0 = 0.6,$$
$$H_1 : \pi_1 = 0.2.$$

Nun sind nur noch die möglichen Gewinne in Opportunitätskosten umzuwandeln. Wenn man die Aktion a_0 wählt, dann kann man 1 GE gewinnen oder 1 GE verlieren, je nachdem wie der Zustand des Behälters ist. 1 GE gewinnt man, wenn $\pi_0 = 0.6$ ist und 1 GE verliert man bei $\pi_1 = 0.2$. Wählt man die Aktion a_1, so gewinnt man 29 GE bei $\pi_1 = 0.2$ und verliert 9 GE bei $\pi_0 = 0.6$.

Folgende Tabelle faßt diese Angaben zusammen:

Gewinntabelle

Aktion	Zustand	
a_i	$\pi_0 = 0.6$	$\pi_1 = 0.2$
a_0	1	−1
a_1	−9	29

Für die Analyse von Entscheidungsproblemen ist es von Vorteil, an Stelle der Gewinne Opportunitätskosten zu verwenden: Wenn der Behälter einen Anteil von $\pi_0 = 0.6$ schwarze Kugeln enthält und man entscheidet sich für die Aktion a_1, dann muß man 9 GE bezahlen. Man hat sich in dieser Situation einen Gewinn von 1 GE entgehen lassen. Man sagt daher, daß der entgangene Gewinn von 1 GE plus die 9 GE Verlust gleich 10 GE Opportunitätskosten sind. Hätte man a_0 gewählt, dann bekommt man 1 GE Gewinn und hat natürlich 0 GE Opportunitätskosten.

Wenn der Behälter einen Anteil von $\pi_1 = 0.2$ schwarze Kugeln enthält, verläuft die Analyse analog. Wählt man die Aktion a_1, erhält man 29 GE Gewinn und hat 0 GE Opportunitätskosten. Wählt man a_0, so hat man sich einen Gewinn von 29 GE entgehen lassen und muß 1 GE bezahlen. Man hat daher 30 GE Opportunitätskosten. In folgender Tabelle sind die Opportunitätskosten zusammengefaßt, die man kurz als Schäden bezeichnet:

Schadentabelle

Aktion	Zustand	
a_i	$\pi_0 = 0.6$	$\pi_1 = 0.2$
a_0	0	$30 = s_2$
a_1	$10 = s_1$	0

Mit s_1 bezeichnet man den Schaden (die Opportunitätskosten), der entsteht, wenn π_0 der wahre Zustand ist und man a_1 wählt. s_2 ist der Schaden (die Opportunitätskosten), der auftritt, wenn π_1 der wahre Zustand ist und man sich für a_0 entscheidet. In den beiden restlichen Situationen (π_0 und a_0 sowie π_1 und a_1) treten keine Schäden auf. Die Opportunitätskosten sind für diese Kombinationen immer Null.

Statt der oben angeführten Schadentabelle gibt man die möglichen Schäden auch als Funktion wie folgt an:

$$s(a_0, \pi) = \begin{cases} 0 & \text{für } \pi_0 = 0.6, \\ s_2 = 30 & \text{für } \pi_1 = 0.2, \end{cases}$$

$$s(a_1, \pi) = \begin{cases} s_1 = 10 & \text{für } \pi_0 = 0.6, \\ 0 & \text{für } \pi_1 = 0.2. \end{cases}$$

Jedes Entscheidungsproblem setzt sich aus drei Bestandteilen zusammen:[1] Aktionen, Zustände und Schäden, die auftreten, wenn man eine bestimmte Aktion

[1] Vgl. auch Bamberg, Coenenberg (1985, S. 14ff), Rehkugler, Schindel (1981, S. 22ff).

wählt und ein bestimmter Zustand eintritt. Das vorliegende Entscheidungsproblem besteht aus 2 möglichen Aktionen, 2 möglichen Umweltzuständen und dementsprechend 4 möglichen Schäden.

Für welche der beiden Aktionen sollen Sie sich aber entscheiden? Sollen Sie behaupten, daß der Behälter 6 oder 2 schwarze Kugeln enthält? Nach dem Erwartungswertkriterium wählen Sie jene Aktion, für die der Schadenerwartungswert[2] minimal ist. Die Schadenerwartungswerte der beiden Aktionen berechnet man folgendermaßen: Man gewichtet die möglichen Schäden einer Aktion mit ihren Eintrittswahrscheinlichkeiten.

Da die Füllung des Behälters zufällig erfolgt, kann man voraussetzen, daß die Wahrscheinlichkeit für die Behälterfüllung „6 schwarze Kugeln" gleich ist der Wahrscheinlichkeit für die Behälterfüllung „2 schwarze Kugeln". Bezeichnet man die Wahrscheinlichkeit für die erste Behälterfüllung mit $W(\pi_0) = f(\pi_0)$ und die für die zweite mit $W(\pi_1) = f(\pi_1)$, dann gilt[3]

$$W(\pi_0) = W(\pi_1) = 0.5.$$

Wählt man a_0, dann ist mit einer Wahrscheinlichkeit von 0.5 mit 0 GE Schaden und mit einer Wahrscheinlichkeit von 0.5 mit 30 GE Schaden zu rechnen. Der Schadenerwartungswert für die Aktion a_0 ist daher[4]

$$\text{SE}(a_0) = 0 \cdot 0.5 + 30 \cdot 0.5 = 15.$$

Auf die gleiche Art berechnet man den Schadenerwartungswert für die Aktion a_1:

$$\text{SE}(a_1) = 10 \cdot 0.5 + 0 \cdot 0.5 = 5.$$

Da der Schadenerwartungwert der Aktion a_1 geringer ist als der von a_0, werden Sie sich für die Aktion a_1 entscheiden und behaupten, der Behälter enthält 2 schwarze Kugeln.

Tabellarisch kann man die Entscheidungsanalyse wie folgt zusammenfassen:

Aktion	Zustand			
a_i	$\pi_0 = 0.6$	$\pi_1 = 0.2$	$\text{SE}(a_i)$	
a_0	0	30	15	
a_1	10	0	5	$\Rightarrow a_{opt} = a_1$
$W(\pi_i)$	0.5	0.5		

Neben der tabellarischen Analyse kann das Problem auch mit Hilfe eines Entscheidungsbaumes gelöst werden. In diesem Baum wird mit □ ein Entscheidungsknoten dargestellt, mit ○ ein Zufallsknoten und mit △ ein Endknoten. Die von einem Entscheidungsknoten ausgehenden Äste repräsentieren die zur

[2] Vgl. 1.3. Erwartungswert und Varianz S. 247f und II Schadenerwartungswerte, S. 369ff.

[3] Vgl. 1.1 Wahrscheinlichkeits- und Dichtefunktion S. 241ff.

[4] Vgl. 1.6 Erwartungswert der Funktion einer Zufallsvariablen S. 246.

Wahl stehenden Aktionen. Im vorliegenden Beispiel sind dies die beiden Aktionen a_0 und a_1. Die von einem Zufallsknoten ausgehenden Äste sind die möglichen Zustände der Umwelt. $\pi_0 = 0.6$ und $\pi_1 = 0.2$ sind hier die möglichen Zustände. Schließlich werden die möglichen Schäden an den Endknoten vermerkt. Der Entscheidungsbaum der vorliegenden Probleme hat folgendes Aussehen:

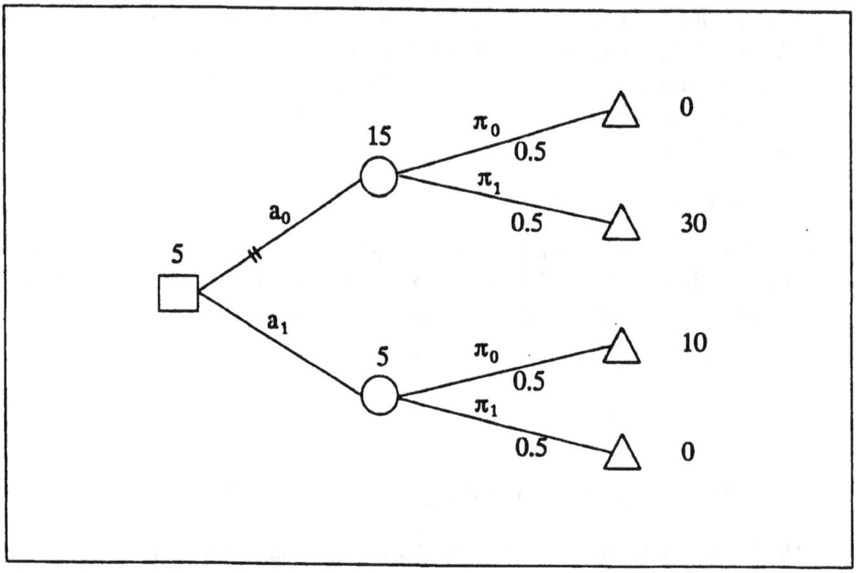

Entscheidungsbaum der Priorianalyse

Unterhalb der Zustandsäste werden die Eintrittswahrscheinlichkeiten der entsprechenden Zustände angeschrieben und die Schadenerwartungswerte oberhalb der Zufallsknoten. Der Ast jener Aktion, der nicht gewählt wird, weil er nicht den minimalen Schadenerwartungswert aufweist, wird durch zwei senkrechte Striche abgetrennt. Der Schadenerwartungswert der optimalen Aktion a_{opt} wird oberhalb des Entscheidungsknotens vermerkt. Dieser Schadenerwartungswert wird auch als erwarteter Wert der perfekten Information (EWPI) über den wahren Zustand bezeichnet.[5] Auch wenn der Entscheidende übli-

[5]Vgl. III Erwarteter Wert der Stichprobeninformation S. 395ff.

cherweise nie perfekte Informationen über den wahren Zustand erhalten kann, ist dieser Wert von großer praktischer Bedeutung. Er signalisiert dem Entscheidenden den maximalen Geldbetrag, den er für Zusatzinformationen in Form von Stichprobenerhebungen oder Expertengutachten ausgeben sollte. Wenn der EWPI kleiner ist als die Kosten für Zusatzinformationen, dann ist es für den Entscheidenden vernünftiger, auf diese Information zu verzichten.

Wenn Sie also zusätzliche Informationen über die Anzahl schwarzer Kugeln im Behälter angeboten bekommen, dann dürfen die Kosten dafür höchstens 5 GE betragen. Denn dies ist der erwartete Wert der perfekten Information in diesem Beispiel. Wieviel Sie tatsächlich für zusätzliche Informationen ausgeben sollen, wird im übernächsten Abschnitt weiter behandelt. Im nächsten Abschnitt wird gezeigt, wie Sie eine konkrete Zusatzinformation über den Behälterinhalt bei der Auswahl der optimalen Aktion berücksichtigen können.

2 Posteriorianalyse

Ob der Behälter 6 oder 2 schwarze Kugeln enthält, mußten Sie bisher ohne Information über den Inhalt des Behälters entscheiden. Nun wissen Sie, daß 2 zufällig aus dem Behälter entnommene Kugeln schwarz sind. Die Zufallsentnahme erfolgte dabei mit Zurücklegen, d.h. nach der Ziehung der ersten Kugel und Feststellung der Farbe wurde diese Kugel wieder in den Behälter zurückgelegt und nach neuerlichem Mischen des Inhaltes eine zweite Kugel gezogen. Wie entscheiden Sie sich nach Erhalt dieser Zusatzinformation, wenn die Auszahlungen gleich bleiben?

Um dieses erweiterte Problem zu analysieren, werden folgende zusätzliche Begriffe und formale Abkürzungen eingeführt:[6] Die vorliegende Information ist eine Zufallsstichprobe mit dem Umfang 2 aus dem ausgewählten Behälter. Dieser Stichprobenumfang wird mit n abgekürzt und die Zahl der schwarzen Kugeln mit x. Die Stichprobeninformation ist also

$$n = 2, \quad x = 2.$$

Theoretisch könnten bei einem Stichprobenumfang von $n = 2$ drei mögliche Ergebnisse auftreten, nämlich $x = 0$, 1 oder 2. Diese Überlegung wird im nächsten Abschnitt weiterverfolgt. Hier geht es um die Frage, wie das konkrete Ergebnis von $x = 2$ bei der Entscheidungsfindung berücksichtigt wird. Von den beiden möglichen Aktionen a_0 und a_1 wird jene gewählt, die den minimalen Schadenerwartungswert aufweist. Man wird aber bei der Berechnung der Schadenerwartungswerte die möglichen Schäden einer bestimmten Aktion nicht mehr mit den Prioriwahrscheinlichkeiten $f(\pi_0) = f(\pi_1) = 0.5$ gewichten, sondern mit den Posterioriwahrscheinlichkeiten $f(\pi|x)$. Wie kommt man von den Prioriwahrscheinlichkeiten $f(\pi)$, den Wahrscheinlichkeiten vor

[6] Vgl. Bühlmann, Loeffel, Nievergelt (1975, S. 65).

der Ziehung einer Stichprobe, zu den Posterioriwahrscheinlichkeiten $f(\pi|x)$, den Wahrscheinlichkeiten nach der Ziehung einer Stichprobe?

Da die Behälterfüllung zufällig erfolgt, sind die Prioriwahrscheinlichkeiten für den Zustand $\pi_0 = 0.6$ und für den Zustand $\pi_1 = 0.2$ gleich groß, nämlich 0.5. Man weiß jedoch, daß aus dem Behälter zwei Kugeln entnommen wurden, die beide schwarz sind. Daß der Behälter 6 schwarze Kugeln enthält, ist nun wahrscheinlicher. Denn die Wahrscheinlichkeit bei 2 Ziehungen 2 schwarze Kugeln zu erhalten, ist mit einer Behälterfüllung von $\pi_0 = 0.6$ größer als mit einer von $\pi_1 = 0.2$. Da das Ziehen mit Zurücklegen zu einer Binomialverteilung[7] führt, kann man diese Wahrscheinlichkeit mit folgender Formel berechnen:

$$f(x_j|\pi_i) = f_B(x_j|\pi_i, n) = \binom{n}{x_j} \cdot \pi_i^{x_j} \cdot (1-\pi_i)^{n-x_j}.$$

Wenn im Behälter 6 von 10 Kugeln schwarz sind, dann ist die Wahrscheinlichkeit bei 2 Ziehungen 2 schwarze Kugeln zu erhalten gleich

$$\begin{aligned} f(x_j = 2|\pi_i = 0.6) &= f_B(2|0.6, 2) \\ &= \binom{2}{2} \cdot 0.6^2 \cdot (1-0.6)^{2-2} \\ &= \frac{2!}{2!(2-2)!} \cdot 0.6^2 \cdot 0.4^0 \\ &= 1 \cdot 0.6^2 \cdot 1 \\ &= 0.36. \end{aligned}$$

Wenn nur 2 von 10 Kugeln schwarz sind, dann ist diese Wahrscheinlichkeit gleich

$$\begin{aligned} f(x_j = 2|\pi_i = 0.2) &= f_B(2|0.2, 2) = \binom{2}{2} \cdot 0.2^2 \cdot (1-0.2)^0 \\ &= 0.04. \end{aligned}$$

Wenn man die Prioriwahrscheinlichkeiten $f(\pi_j)$ und die bedingten Wahrscheinlichkeiten $f(x_j|\pi_i)$ kennt, dann kann man mit Hilfe des Bayes Theorems[8] die Posterioriwahrscheinlichkeiten $f(\pi_i|x_j)$ berechnen:

$$f(\pi_i|x_j) = \frac{f(\pi_i) \cdot f(x_j|\pi_i)}{f(\pi_0) \cdot f(x_j|\pi_0) + f(\pi_1) \cdot f(x_j|\pi_1)}.$$

Im vorliegenden Beispiel ist die Posterioriwahrscheinlichkeit für die Behälterfüllung von 6 schwarzen Kugeln

$$f(\pi_0 = 0.6|x_j = 2) = \frac{0.5 \cdot 0.36}{0.5 \cdot 0.36 + 0.5 \cdot 0.04} = 0.90$$

[7]Vgl. 3.1 Binomialverteilung S. 287f.

[8]Vgl. 2.4 Bayes Theorem S. 269f.

und für die Behälterfüllung von 2 schwarzen Kugeln

$$f(\pi_1 = 0.2 | x_j = 2) = \frac{0.5 \cdot 0.04}{0.20} = 0.10.$$

In folgender Tabelle ist die Berechnung der beiden Posterioriwahrscheinlichkeiten zusammengefaßt:

π_i	$f(\pi_i)$	$f(2\|\pi_i)$	$f(2,\pi_i) = f(\pi_i) \cdot f(2\|\pi_i)$	$f(\pi_i\|2)$
0.6	0.5	0.36	0.18	0.90
0.2	0.5	0.04	0.02	0.10
	1.0		$0.20 = f_X(2)$	1.00

Durch die Zusatzinformation $n = 2$ und $x = 2$ hat sich also die Prioriwahrscheinlichkeit von 0.5 für die Behälterfüllung von 6 schwarzen Kugeln auf die Posterioriwahrscheinlichkeit von 0.9 erhöht und die Prioriwahrscheinlichkeit von 0.5 für die Behälterfüllung von 2 schwarzen Kugeln auf 0.1 verringert. Daß sich im Behälter 6 schwarze Kugeln befinden und nicht 2, ist nun viel wahrscheinlicher als vor dem Erhalt der Zusatzinformation, was man auch der folgenden Grafik entnehmen kann.

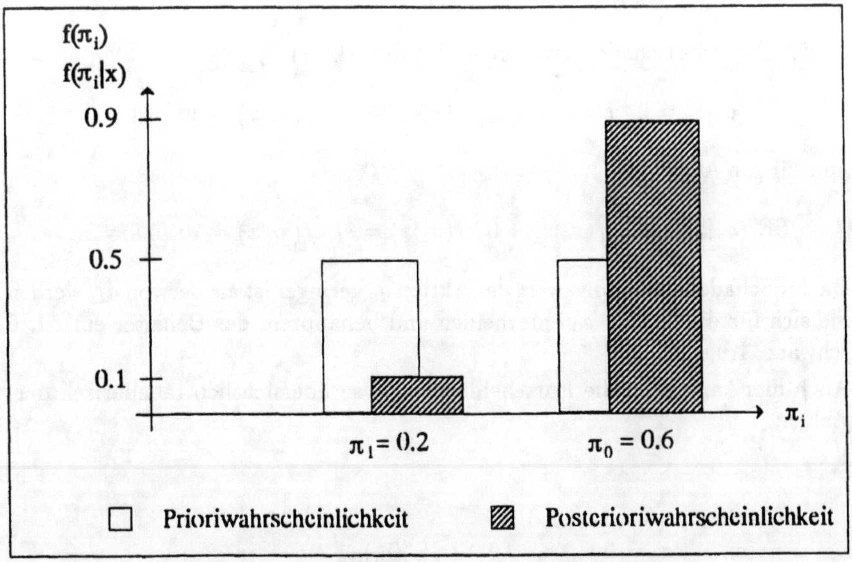

Priori- und Posterioriwahrscheinlichkeiten für π

Für die Entscheidung, ob a_0 oder a_1 gewählt wird, sind aber nicht die Posterioriwahrscheinlichkeiten ausschlaggebend, sondern wieder die Schadenerwartungswerte der beiden Aktionen. Diese werden wie bei der Priorianalyse dadurch errechnet, daß man die möglichen Schäden einer gewählten Aktion mit ihren Eintrittswahrscheinlichkeiten gewichtet. Diese Eintrittswahrscheinlichkeiten sind nun nicht mehr die Priori-, sondern die Posterioriwahrscheinlichkeiten:

$$\mathrm{SE}''(a_i|x) = s_i \cdot f(\pi|x).$$

Diese Posterioris chadenerwartungswerte werden mit zwei hochgestellten Strichen versehen, um sie von den im vorhergehenden Abschnitt besprochenen Priorischadenerwartungswerten

$$\mathrm{SE}'(a_i) = s_i \cdot f(\pi_i)$$

zu unterscheiden, die nur mit einem hochgestellten Strich gekennzeichnet werden.

Für die Schadenfunktion unseres Problems

$$s(a_0,\pi) = \begin{cases} 0 & \text{für } \pi = 0.6 \\ s_2 = 30 & \text{für } \pi = 0.2 \end{cases}$$
$$s(a_1,\pi) = \begin{cases} s_1 = 10 & \text{für } \pi = 0.6 \\ 0 & \text{für } \pi = 0.2 \end{cases}$$

ist der Posteriorischadenerwartungswert der Aktion a_0

$$\mathrm{SE}''(a_0|x) = 0 \cdot f(\pi_0|x) + s_2 \cdot f(\pi_1|x) = s_2 \cdot f(\pi_1|x) = 30 \cdot 0.1 = 3$$

und für die Aktion a_1

$$\mathrm{SE}''(a_1|x) = s_1 \cdot f(\pi_0|x) + 0 \cdot f(\pi_1|x) = s_1 \cdot f(\pi_0|x) = 10 \cdot 0.9 = 9.$$

Da der Schadenerwartungswert der Aktion a_0 geringer ist als der von a_1, werden Sie sich für die Aktion a_0 entscheiden und behaupten, der Behälter enthält 6 schwarze Kugeln.

Auch hier kann man die Entscheidungsanalyse übersichtlich tabellarisch darstellen:

Aktion	Zustand			
a_i	$\pi_0 = 0.6$	$\pi_1 = 0.2$	$\mathrm{SE}''(a_i)$	
a_0	0	30	3	$\Rightarrow a_{opt} = a_0$
a_1	10	0	9	
$W''(\pi_i)$	0.90	0.10		

Der entsprechende Entscheidungsbaum hat folgendes Aussehen:[9]

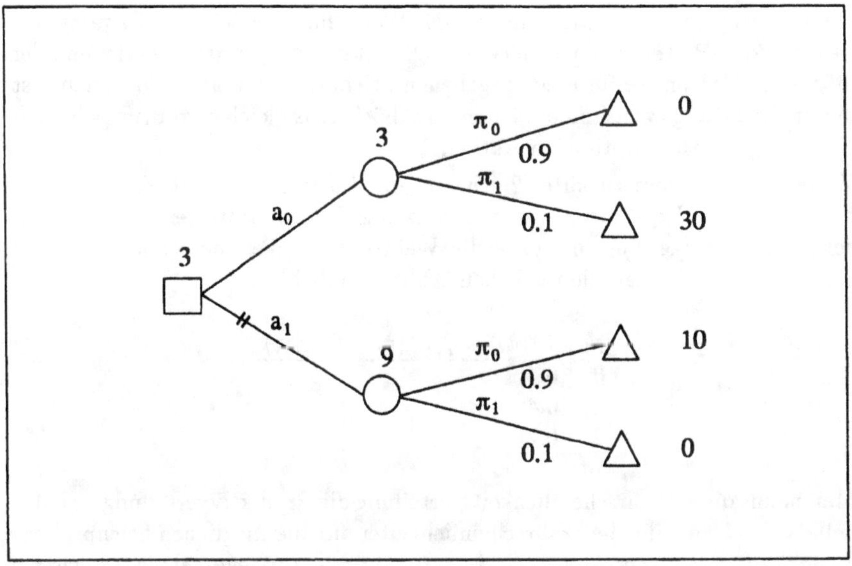

Entscheidungsbaum der Posterioranalyse

Der Schadenerwartungswert der optimalen Aktion betrug bei der Priorianalyse 5 GE,

$$SE'(a_{opt}) = 5.$$

Durch die Stichprobeninformation $n = 2$ und $x = 2$ sinkt der Schadenerwartungswert der optimalen Aktion auf 3 GE,

$$SE''(a_{opt}|x = 2) = 3.$$

Der Wert der konkreten Stichprobeninformation ist also

$$WSI = SE'(a_{opt}) - SE''(a_{opt}|x) = 5 - 3 = 2.$$

Daß der Posteriorischadenerwartungwert der optimalen Aktion für eine gegebene Stichprobeninformation kleiner ist als der Priorischadenerwartungswert

[9]Vgl. Saliger (1981, S. 123).

der optimalen Aktion ohne diese Stichprobeninformation gilt keineswegs allgemein. Wie schon erwähnt, kann bei einem Stichprobenumfang von 2 Ziehungen nicht nur das Ergebnis $x = 2$ auftreten, sondern auch $x = 0$ oder $x = 1$. Für das Stichprobenergebnis $x = 1$ ist z.B. der Posteriorischadenerwartungswert der optimalen Aktion mit 6 GE größer als der Schadenerwartungswert der priori optimalen Aktion mit 5 GE. Wenn man jedoch den Erwartungswert aus den Posteriorischadenerwartungswerten der optimalen Aktionen aller möglichen Ergebnisse für einen gegebenen Stichprobenumfang bildet, dann ist dieser Erwartungswert immer kleiner oder höchstens gleich dem Priorischadenerwartungswert der optimalen Aktion.

Wenn man aus dem Behälter 2 Kugeln mit Zurücklegen zieht, dann können bekanntlich als Ergebnis 0, 1 oder 2 schwarze Kugeln auftreten. Für das Ergebnis 2 schwarze Kugeln wurde die Wahrscheinlichkeit berechnet. Auf die gleiche Art erhält man die restlichen Wahrscheinlichkeiten:

x_i	$f_X(x_i) = \sum_i f(\pi_i) \cdot f(x_i \mid \pi_i)$
0	0.4
1	0.4
2	0.2

Man nennt diese Wahrscheinlichkeitsverteilung die Prädiktivverteilung des Modells, da sich mit ihr die Wahrscheinlichkeiten für die möglichen Stichprobenergebnisse vorhersagen lassen. So ist z.B. das Stichprobenergebnis 2 schwarze Kugeln bei 2 Ziehungen mit einer Wahrscheinlichkeit von 0.2 zu erwarten.

3 Präposteriorianalyse

3.1 Für fixes n

Versetzen Sie sich wieder in die Entscheidungssituation der Priorianalyse. Von 10 Kugeln im Behälter sind entweder 6 oder 2 schwarz.[10] Sie wissen nur, daß beide Füllungen gleich wahrscheinlich sind. Nun wird dieses Entscheidungsproblem um die Möglichkeit erweitert, daß Sie vor Ihrer Entscheidung aus dem Behälter 2 Kugeln (mit Zurücklegen) ziehen dürfen, um weitere Informationen über den Behälter zu erhalten. Wenn Sie diese Möglichkeit wahrnehmen, kostet Sie diese Stichprobeninformation 1 GE, gleichgültig welches Ergebnis die Ziehung liefert. Sollen Sie sich gleich entscheiden (also a_1 wählen, siehe Priorianalyse) oder 2 Kugeln aus dem ausgewählten Behälter ziehen und erst dann eine der beiden Aktionen a_0 oder a_1 wählen?

Auch in der neuen Entscheidungssituation stehen zwei Aktionen zur Wahl, nämlich keine Stichprobeninformation und Stichprobeninformationen im Um-

[10] Vgl. z.B. auch Mag (1977, S. 181 ff), Bamberg, Coenenberg (1985, S. 127).

fang von $n = 2$ zu berücksichtigen. Da die Nichtberücksichtigung von Stichprobeninformationen einer Stichprobe vom Umfang $n = 0$ entspricht, kann man die beiden Aktionen wie folgt abkürzen:

n_0 : Keine zusätzliche Stichprobeninformation ($n = 0$),

n_2 : Stichprobeninformationen im Umfang von $n = 2$.

Wenn man als Ergebnis der Stichprobenziehung 2 schwarze Kugeln erhalten würde, wäre die Entscheidung einfach. Im Abschnitt über die Posterioranalyse wurde nämlich vorausgesetzt, daß dieses Ziehungsergebnis vorliegt. Der Posteriorischadenerwartungswert der optimalen Aktion wurde dort mit 3 GE errechnet. Da der Priorischadenerwartungswert der optimalen Aktion 5 GE beträgt, ist der Wert der Stichprobeninformation bei diesem Ziehungsergebnis 5-3=2 GE. Da die Kosten für die Stichprobenziehung 1 GE betragen, bleibt nach Abzug dieser Stichprobenkosten vom Wert der Stichprobeninformation noch ein positiver Nettowert der Stichprobeninformation von 1 GE:

$$\begin{aligned} \mathrm{NSI}(n=2, x=2) &= \mathrm{WSI}(n=2, x=2) - \mathrm{K}(n=2) \\ &= 2-1 \\ &= 1. \end{aligned}$$

Unter der Voraussetzung, daß tatsächlich 2 schwarze Kugeln gezogen werden, ist es also angebracht, nicht gleich zu entscheiden, sondern diese Stichprobeninformation zu kaufen.

Wie sieht aber der Wert der Stichprobeninformation aus, wenn man nicht zwei schwarze Kugeln, sondern nur eine oder keine schwarze Kugel zieht? Um diese Werte zu berechnen, müssen zuerst die Posteriorischadenerwartungswerte der jeweiligen optimalen Aktion für $x = 1$ und $x = 0$ bestimmt werden. Man kann diese Berechnungen tabellarisch so durchführen, wie sie für $x = 2$ im Abschnitt über die Posterioranalyse gezeigt wurde. Hier soll eine weitere Berechnungsmöglichkeit der Posterioriwahrscheinlichkeiten mit Hilfe des Wahrscheinlichkeitsbaumes gezeigt werden.

Von der Wurzel des oberen Baumes entspringen zwei Äste, nämlich für die beiden Behälter mit einem Anteil schwarzer Kugeln von $\pi_0 = 0.6$ und von $\pi_1 = 0.2$. Die Wahrscheinlichkeiten für die Auswahl eines Behälters sind jeweils 0.5. Diese sind rechts neben den jeweiligen Ästen vermerkt. Folgt man dem π_0-Ast, so findet man am nächsten Zufallsknoten 3 Äste, die den möglichen Stichprobenergebnissen $x = 0, 1$ und 2 aus dem π_0-Behälter entsprechen. Auch hier sind wieder die entsprechenden Wahrscheinlichkeiten rechts neben den Ästen angeschrieben.[11]

[11] Vgl. 2.3 Bedingte Verteilungen S. 268.

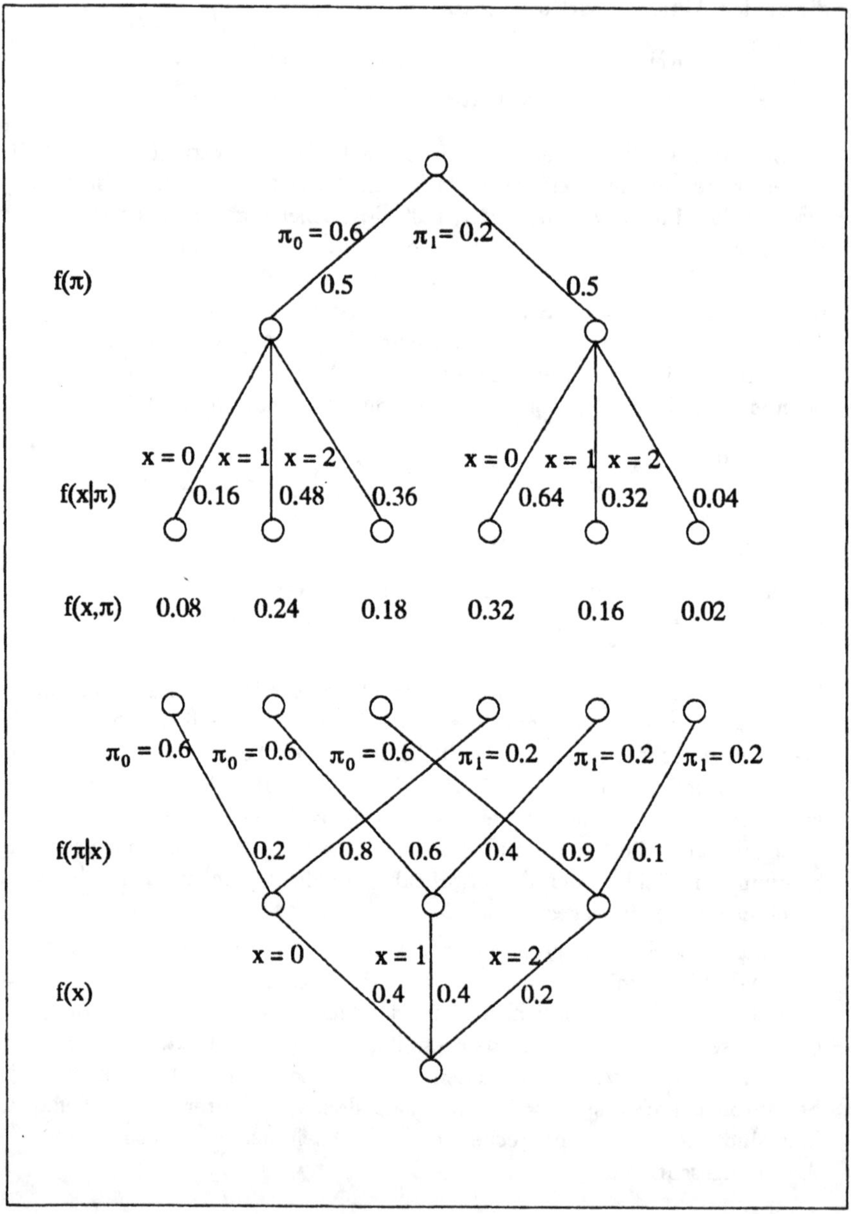

Wahrscheinlichkeitsbaum

Die zwischen dem oberen und unteren Baum angeschriebenen Wahrscheinlichkeiten sind die gemeinsamen Wahrscheinlichkeiten[12] für das Auftreten von x und π. Diese ergeben sich durch die Multiplikation der Astwahrscheinlichkeiten, die zu der entsprechenden Zahl führen. Die erste dieser gemeinsamen Wahrscheinlichkeiten ist 0.08. Sie ist die Wahrscheinlichkeit für $x = 0$ und $\pi_0 = 0.6$ und ergibt sich aus dem oberen Baum durch die Multiplikation von

$$\begin{aligned} f(x=0,\pi_0=0.6) &= f(\pi_0=0.6)\cdot f(x=0|\pi_0=0.6) \\ &= 0.5\cdot 0.16 \\ &= 0.08 \end{aligned}$$

und aus dem unteren Baum durch die Multiplikation von

$$\begin{aligned} f(x=0,\pi_0=0.6) &= f(x=0)\cdot f(\pi_0=0.6|x=0) \\ &= 0.4\cdot 0.2 \\ &= 0.08. \end{aligned}$$

Für die Berechnung der Posterioriwahrscheinlichkeiten geht man vom oberen Baum aus und gelangt zuerst zu den gemeinsamen Wahrscheinlichkeiten:

$$f(x,\pi) = f(\pi)\cdot f(x|\pi).$$

Die unbedingten Wahrscheinlichkeiten oder Randwahrscheinlichkeiten[13] $f_X(x)$ findet man durch Addition der entsprechenden gemeinsamen Wahrscheinlichkeiten:

$$f_X(x) = \sum_{\pi} f(x,\pi).$$

Für $x = 0$ sind dies die Wahrscheinlichkeiten 0.08 und 0.32:

$$\begin{aligned} f(x=0) &= f(x=0,\pi_0=0.6) + f(x=0,\pi_1=0.2) \\ &= 0.08+0.32 \\ &= 0.4. \end{aligned}$$

Die Posterioriwahrscheinlichkeiten ergeben sich nun als Quotient aus gemeinsamer Wahrscheinlichkeit und Randwahrscheinlichkeit:[14]

$$f(\pi|x) = \frac{f(x,\pi)}{f_X(x)}.$$

Die Posterioriwahrscheinlichkeit für $\pi_0 = 0.6$ nach Auftreten des Stichprobenergebnisses $x = 0$ ist daher

$$\begin{aligned} f(\pi_0=0.6|x=0) &= \frac{f(x=0,\pi_0=0.6)}{f_X(x=0)} \\ &= \frac{0.08}{0.4} \\ &= 0.2. \end{aligned}$$

[12]Vgl. 2.1 Gemeinsame Verteilung S. 262ff.
[13]Vgl. 2.2 Randverteilungen S. 265f.
[14]Vgl. 2.4 Bayes Theorem S. 269ff.

Die restlichen Posterioriwahrscheinlichkeiten werden auf die gleiche Art berechnet. Mit Hilfe der Posterioriwahrscheinlichkeiten kann man nun für jedes mögliche Stichprobenergebnis den Posteriorischadenerwartungswert der optimalen Aktion berechnen. Da für $x = 2$ diese Berechnung schon im Abschnitt über die Posteriorianalyse erfolgte, sind in den folgenden zwei Tabllen die Berechnungen der Posteriorischadenerwartungswerte für $x = 0$ und $x = 1$ zusammengefaßt:

$x = 0$:

a_i	π_0	π_1	$\text{SE}''(a_i\|x)$
a_0	0	30	24
a_1	10	0	$2 \Rightarrow a_{opt} = a_1$
$W''(\pi_i)$	0.2	0.8	

$x = 1$:

a_i	π_0	π_1	$\text{SE}''(a_i\|x)$
a_0	0	30	12
a_1	10	0	$6 \Rightarrow a_{opt} = a_1$
$W''(\pi_i)$	0.6	0.4	

Wenn man als Ergebnis der Ziehung von 2 Kugeln 0 schwarze erhält, dann ist der Posteriorischadenerwartungswert der optimalen Aktion 2 GE und der Wert der Stichprobeninformation daher

$$\begin{aligned} \text{WSI}(n = 2, x = 0) &= \text{SE}'(a_{opt}) - \text{SE}''(a_{opt}|x = 0) \\ &= 5 - 2 \\ &= 3. \end{aligned}$$

Wenn von 2 gezogenen Kugeln eine schwarz ist, dann ist der Posteriorischadenerwartungswert der optimalen Aktion 6 GE und der Wert der Stichprobeninformation negativ:

$$\begin{aligned} \text{WSI}(n = 2, x = 1) &= \text{SE}'(a_{opt}) - \text{SE}''(a_{op}|x = 1) \\ &= 5 - 6 \\ &= -1. \end{aligned}$$

Bei diesem Stichprobenergebnis wäre es daher besser, auf die Möglichkeit der Stichprobenziehung zu verzichten und gleich zu entscheiden. Vor der Stichprobenziehung weiß man jedoch nicht, welches der drei möglichen Ergebnisse $x = 0, 1$ oder 2 eintreten wird. Man kennt aber die Wahrscheinlichkeiten $f_X(x)$

für das Eintreten dieser Ergebnisse und kann daher den erwarteten Wert der Stichprobeninformation (EWSI) berechnen:

$$\begin{aligned} \text{EWSI}(n_i) &= \sum_{x=0}^{n} \text{WSI}(x) \cdot f_X(x) \\ &= 3 \cdot 0.4 + (-1) \cdot 0.4 + 2 \cdot 0.2 \\ &= 1.2. \end{aligned}$$

Da die verschiedenen Posteriorischadenerwartungswerte immer von 5 abgezogen werden, kommt man zum gleichen Ergebnis, wenn man die jeweiligen Posteriorischadenerwartungswerte der optimalen Aktionen mit den entsprechenden Wahrscheinlichkeiten $f_X(x)$ gewichtet, summiert und dann vom Schadenerwartungswert der priori optimalen Aktion abzieht:

$$\begin{aligned} \text{EWSI}(n_i) &= \text{SE}'(a_{opt}) - \sum_{x=0}^{n} \text{SE}''(a_{opt}|x) \cdot f_X(x) \\ \text{EWSI}(n_2) &= 5 - (2 \cdot 0.4 + 6 \cdot 0.4 + 3 \cdot 0.2) \\ &= 5 - 3.8 \\ &= 1.2. \end{aligned}$$

Tabellarisch kann man die Berechnung des Summenausdruckes auf der rechten Seite wie folgt zusammenfassen:

x	$\text{SE}''(a_0\|x)$	$\text{SE}''(a_1\|x)$	$\text{SE}''(a_{opt}\|x)$	$f_X(x)$	$\text{SE}''(a_{opt}\|x) \cdot f_X(x)$
0	24	2	2	0.4	0.8
1	12	6	6	0.4	2.4
2	3	9	3	0.2	0.6
				1.0	3.8

Da der Summenausdruck der Schadenerwartungswert einer Stichprobe vom Umfang $n = 2$ ist und $\text{SE}'(a_{opt})$ als Schadenerwartungswert einer Stichprobe im Umfang $n = 0$ interpretiert werden kann, ist der $\text{EWSI}(n_2)$ gleich der Differenz zwischen beiden Schadenerwartungswerten. Da sich die Schadenerwartungswerte auf die Entscheidung beziehen und nicht auf die Kosten der Stichprobe, werden sie auch als Entscheidungsschadenerwartungswerte[15] bezeichnet:

$$\text{EWSI}\,(n_2) = \text{ESE}\,(n_0) - \text{ESE}\,(n_2) = 5 - 3.8 = 1.2.$$

Ohne Berücksichtigung der Stichprobenkosten würde man also jene der beiden Aktionen n_0 oder n_2 wählen, die den geringeren Schadenerwartungswert aufweist:

n_i	$\text{ESE}(n_i)$	
n_0	5	
n_2	3.8	$\Rightarrow n_{opt} = n_2$

[15]Vgl. III Erwarteter Wert der Stichprobeninformation S. 395ff.

Zum gleichen Ergebnis kommt man natürlich, wenn man nicht von den erwarteten Schäden ausgeht, sondern vom erwarteten Wert der Information dieser Stichproben. In diesem Fall wählt man aber jene Aktion, die den größeren erwarteten Stichprobeninformationswert besitzt:

n_i	EWSI(n_i)
n_0	0
n_2	1.2

$$\Rightarrow n_{opt} = n_2$$

Da die Stichprobenziehung 1 GE kostet, ist der erwartete Nettowert der Stichprobeninformation[16]

$$\begin{aligned} \text{ENSI}(n_i) &= \text{EWSI}(n_i) - \text{K}(n_i) \\ \text{ENSI}(n_2) &= 1.2 - 1 \\ &= 0.2. \end{aligned}$$

Da auch der erwartete Nettowert der Stichprobeninformation für $n = 2$ positiv ist, ist es für den Entscheidenden vernünftig, nicht gleich zu entscheiden, sondern erst nach Ziehung einer Stichprobe vom Umfang $n = 2$:

n_i	ENSI(n_i)
n_0	0
n_2	0.2 $\Rightarrow n_{opt} = n_2$

Da diese Analyse vor der Ziehung einer Stichprobe und der daran anschließenden Posteriorianalyse erfolgt, spricht man von einer Präposteriorianalyse. Man kann die durchgeführte Präposteriorianalyse übersichtlich auch in Form eines Entscheidungsbaumes darstellen.

Die gesuchten Erwartungswerte berechnet man von rechts nach links, also von den Blättern des Baumes ausgehend zur Wurzel hin. Man bezeichnet dieses Verfahren auch als Rollback Verfahren.

Der erwartete Wert der Stichprobeninformation ergibt sich hier als Differenz der letzten beiden Zufallsknoten vor der Wurzel des Baumes, wenn man den Baum von rechts nach links liest:

$$\begin{aligned} \text{EWSI}(n_2) &= \text{SE}'(a_{opt}) - \sum_{x=0}^{2} \text{SE}''(a_{opt}|x) \cdot f_X(x) \\ &= \text{ESE}(n_0) - \text{ESE}(n_2) \\ &= 5 - 3.8 \\ &= 1.2. \end{aligned}$$

[16] Ebenda.

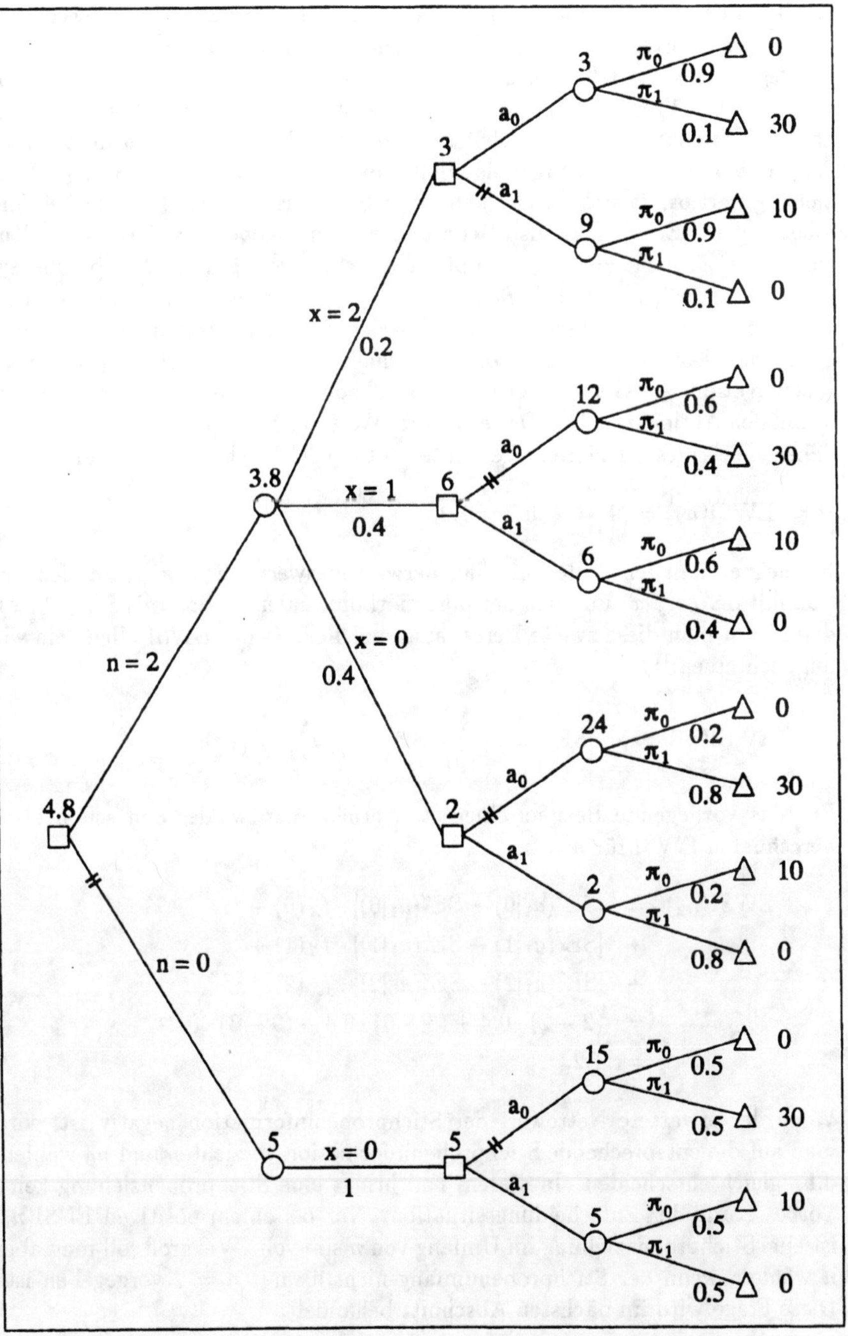

Entscheidungsbaum der Präposteriorianalyse für diskretes π

An Hand des Entscheidungsbaumes kann man eine zweite Berechnungsart des erwarteten Wertes der Stichprobeninformation leicht nachvollziehen. Dazu überlegt man sich, daß nach der Priorianalyse die Aktion a_1 mit der Behauptung, der Behälter enthält 2 schwarze Kugeln, die optimale Aktion ist. Auch nach der Stichprobenziehung bleibt a_1 die optimale Aktion, wenn man 0 oder eine schwarze Kugel als Ergebnis erhält. In diesen Fällen ist die Stichprobenziehung wertlos, da sich durch die Stichprobeninformationen die Entscheidung nicht ändert. Erhält man als Stichprobenergebnis jedoch $x = 2$ schwarze Kugeln, dann ist nicht mehr a_1 die optimale Aktion, sondern a_0. Nur bei diesem Ergebnis verringert sich daher der Schadenerwartungswert der priori optimalen Aktion. Wie man dem obersten Teil des Entscheidungsbaumes bei $x = 2$ entnehmen kann, beträgt der Posteriorischadenerwartungswert der priori optimalen Aktion a_1 9 GE und der Posteriorischadenerwartungswert der posteriori optimalen Aktion a_0 3 GE. Der erwartete Wert der Stichprobeninformation ist daher gleich dieser Differenz, gewichtet mit der Wahrscheinlichkeit für $x = 2$:

$$\text{EWSI}(n_2) = (9 - 3) \cdot 0.2 = 1.2.$$

Bezeichnet man den Posteriorischadenerwartungswert der priori optimalen Aktion mit $\text{SE}''(a'_{opt}|x)$ und den der posteriori optimalen Aktion mit $\text{SE}''(a''_{opt}|x)$, dann kann man diese zweite Berechnungsmöglichkeit des EWSI allgemein wie folgt schreiben:[17]

$$\text{EWSI}(n_i) = \sum_{x=0}^{n} \left[\text{SE}''\left(a'_{opt}|x\right) - \text{SE}''\left(a''_{opt}|x\right)\right] \cdot f_X(x).$$

Für das vorliegende Beispiel eingesetzt, erhält man wieder den schon oben berechneten EWSI für $n = 2$:

$$\begin{aligned} \text{EWSI}(n_2) &= [\text{SE}''(a_1|0) - \text{SE}''(a_1|0)] \cdot f_X(0) + \\ &+ [\text{SE}''(a_1|1) - \text{SE}''(a_1|1)] \cdot f_X(1) + \\ &+ [\text{SE}''(a_1|2) - \text{SE}''(a_0|2)] \cdot f_X(2) \\ &= (2-2) \cdot 0.4 + (6-6) \cdot 0.4 + (9-3) \cdot 0.2 \\ &= 1.2. \end{aligned}$$

Wenn der erwartete Nettowert der Stichprobeninformation negativ ist, wird man auf die entsprechende Stichprobeninformation verzichten und n_0 wählen, d.h. gleich entscheiden. In diesem Fall bringt eine Stichprobenziehung keine Verbesserung der Entscheidungssituation. Nur bei einem positiven $\text{ENSI}(n_i)$ ist eine Stichprobenziehung im Umfang von n sinnvoll. Wie groß soll man aber n wählen, wenn der Stichprobenumfang nicht fix mit $n = 2$ vorgegeben ist? Diese Frage wird im nächsten Abschnitt behandelt.

[17] Vgl. III Erwarteter Wert der Stichprobeninformation S. 397.

3.2 Für variables n

Im vorhergehenden Abschnitt bestand Ihr Entscheidungsproblem in der Auswahl einer der beiden Aktionen:

n_0 : Keine zusätzliche Stichprobeninformation ($n = 0$)

n_2 : Stichprobe im Umfang von n = 2.

Die Beschränkung auf den Stichprobenumfang $n = 2$ ist hier aufgehoben. Sie haben nun die Möglichkeit, eine Stichprobenziehung beliebigen Umfanges aus dem Behälter durchzuführen, bevor sie sich entscheiden müssen, ob im Behälter 6 oder 2 schwarze Kugeln sind. Die Anzahl von Kugeln, die Sie entnehmen wollen, müssen wieder mit Zurücklegen gezogen werden. Da Sie für 2 Ziehungen 1 GE bezahlen mußten, sind die Stichprobenkosten pro gezogene Kugel 1/2 GE. Dies soll auch hier gelten: Jede gezogene Kugel kostet 0.5 GE. Die Kostenfunktion hat also folgende einfache Form:

$$\mathrm{K}(n_i) = k \cdot n_i = 0.5 \cdot n_i.$$

Wieviele Kugeln sollen Sie ziehen, bevor Sie die Entscheidung fällen, daß der ausgewählte Behälter 6 bzw. 2 schwarze Kugeln enthält?

In dieser neuen Entscheidungssituation stehen nicht mehr zwei Aktionen zur Wahl, sondern mehr als zwei. Neben der Aktion n_0, überhaupt keine zusätzlichen Stichprobeninformationen zu berücksichtigen, gibt es z.B. weitere Aktionen:

n_1 : Stichprobe im Umfang von $n = 1$

n_2 : Stichprobe im Umfang von $n = 2$

n_3 : Stichprobe im Umfang von $n = 3$

$\vdots$

n_0 wird man nur dann wählen, wenn keine der möglichen Stichprobenumfänge einen positiven erwarteten Nettowert der Stichprobeninformation aufweist. Ob dieser Fall vorliegt, kann man rasch abschätzen. Man dividiert den erwarteten Wert der perfekten Information, also den Schadenerwartungswert der Stichprobe n_0 durch die Kosten pro Stichprobeneinheit k. Wenn dieser Wert negativ ist, kann es keinen Stichprobenumfang mit positivem ENSI geben.

Im vorliegenden Beispiel ist der EWPI=SE(n_0)=5 GE und die Kosten für die Ziehung einer Kugel betragen 0.5 GE:

$$\frac{\mathrm{EWPI}}{k} = \frac{5}{0.5} = 10.$$

Da dieser Wert positiv ist, kann man damit rechnen, daß es Stichprobenumfänge mit positiven ENSI gibt. Man weiß, daß es z.B. sinnvoll ist, nicht gleich zu entscheiden, sondern eine Stichprobe im Umfang von $n = 2$ zu berücksichtigen. Denn der erwartete Nettowert dieser Stichprobeninformation ist positiv:

$$\text{ENSI}(n_2) = 0.2.$$

Welche weiteren Stichprobenumfänge haben einen positiven ENSI? Wenn der ENSI für mehrere Stichprobenumfänge positiv ist, dann wird man sich natürlich für jenen Umfang entscheiden, für den dieser Wert am größten ist. Der maximal in Frage kommende Stichprobenumfang ist jedenfalls kleiner als 10:

$$n_{max} < \frac{\text{EWPI}}{k} = 10.$$

In folgender Tabelle sind die 11 möglichen Aktionen, ihre Entscheidungsschadenerwartungswerte,

$$\text{ESE}(n_i) = \sum_{x=0}^{n} \text{SE}''(a_{opt}|x) \cdot f_X(x),$$

die entsprechenden Erwartungswerte der Stichprobeninformation,

$$\text{EWSI}(n_i) = \text{ESE}(n_0) - \text{ESE}(n_i) = 5 - \text{ESE}(n_i)$$

und die erwarteten Nettowerte der Stichprobeninformation,

$$\text{ENSI}(n_i) = \text{EWSI}(n_i) - \text{K}(n_i) = \text{EWSI}(n_i) - 0.5 \cdot n_i$$

angeführt:

Aktionen	ESE(n_i)	EWSI(n_i)	ENSI(n_i)	
n_0	5	0	0	
n_1	5	0	-0.500	
n_2	3.800	1.200	0.200	$\Rightarrow n_{opt} = n_2$
n_3	3.320	1.680	0.180	
n_4	3.032	1.968	-0.032	
n_5	2.607	2.393	-0.107	
n_6	2.525	2.475	-0.525	
n_7	1.952	3.048	-0.452	
n_8	1.713	3.287	-0.713	
n_9	1.628	3.372	-1.128	
n_{10}	1.323	3.677	-1.323	

Nur für den Stichprobenumfang $n = 2$ und $n = 3$ sind die erwarteten Nettowerte der Stichprobeninformation positiv. Da der ENSI für $n = 2$ der größere der beiden ist, ist $n = 2$ auch der optimale Stichprobenumfang des vorliegenden Beispiels. Als Entscheidender werden Sie daher aus dem Behälter um den Betrag von 1 GE 2 Kugeln ziehen und erst dann auf Grund des Ziehungsergebnisses entscheiden, ob der Behälter 6 oder 2 schwarze Kugeln enthält. Daß der

Behälter 6 schwarze Kugeln enthält, werden Sie nur dann behaupten, wenn Sie bei dieser Entnahme 2 schwarze Kugeln ziehen.

Wenn die Kosten pro Stichprobeneinheit nicht 0.5 GE betragen, sondern nur 0.45 GE

$$\mathrm{K}(n_i) = 0.45 \cdot n_i,$$

dann ändern sich natürlich die ENSI für die einzelnen Umfänge. Die Ergebnisse sind in folgender Tabelle zusammengestellt:

Aktionen	ENSI(n_i)	
n_0	0	
n_1	-0.450	
n_2	0.300	
n_3	0.330	$\Rightarrow n_{opt} = n_3$
n_4	0.168	
n_5	0.143	
n_6	-0.225	
n_7	-0.102	
n_8	-0.313	
n_9	-0.678	
n_{10}	-0.823	

Bei 0.45 GE Kosten pro Stichprobeneinheit ist nicht mehr $n = 2$ der optimale Stichprobenumfang, sondern $n = 3$. Man wird also in diesem Fall um einen Gesamtbetrag von 1.35 GE drei Kugeln aus dem Behälter ziehen und an Hand des Ziehungsergebnisses entscheiden, ob der Behälter 6 oder 2 schwarze Kugeln enthält.

Die an diesem Beispiel aufgezeigte Vorgangsweise gilt allgemein für Entscheidungen unter Unsicherheit. Aus einer Menge von möglichen Aktionen muß man eine auswählen, wobei die Unsicherheit über die relevanten Umweltzustände durch eine Wahrscheinlichkeitsverteilung zum Ausdruck kommt. Wenn man die Möglichkeit hat, die Unsicherheit über die möglichen Zustände der Umwelt durch Stichprobeninformationen zu verringern, dann gliedert sich der Entscheidungsprozeß in zwei Schritte: Im ersten Schritt muß man entscheiden, ob es sich lohnt, die Stichprobeninformationen zu besorgen, und im zweiten Schritt wird entweder mit oder ohne den ermittelten Stichprobeninformationen entschieden, welche der möglichen Aktionen ausgewählt wird. Im ersten Entscheidungsproblem besteht die Menge der möglichen Aktionen aus den möglichen Stichprobenumfängen $\{n_0, n_1, \ldots\}$ und im zweiten aus den eigentlichen Aktionen $\{a_0, a_1, \ldots\}$. In beiden Fällen ist jene Aktion optimal, die den minimalen Schadenerwartungswert aufweist. Im nächsten Kapitel wird für den Anteilswert gezeigt, wie man den optimalen Stichprobenumfang bzw. den Wert der Stichprobeninformation bestimmt.[18]

[18] Die entsprechenden Berechnungen für das Poisson Modell findet man bei Steckel-Berger (1993).

4 Fallstudie

Eine Gruppe von Fachärzten beabsichtigt die Errichtung einer Privatklinik. Wenn der Markt für die medizinische Nachfrage günstig ist, dann erwarten die Doktoren einen Nettogewinn von 100000 GE. Bei einer ungünstigen Marktlage muß mit einem Verlust von 40000 GE gerechnet werden. Ohne weitere Informationen über den Markt glauben die Mediziner an eine 50 zu 50 Chance für eine erfolgreiche Klinik.

Ein Marktforschungsinstitut offeriert den Fachärzten eine Marktstudie um den Preis von 5000 GE. Die Marktforscher verweisen in ihrem Angebot auf ihre große Erfahrung: Von 100 Marktstudien, die einen günstigen Markt vorhersagten, waren nur 18% falsch und von 100 Marktstudien, die einen ungünstigen Markt prophezeiten, stimmten 11% nicht.

Wie sollen sich die Ärzte entscheiden? Soll dabei die Studie des Marktforschungsinstitutes berücksichtigt werden oder ist der Betrag dafür zu hoch?

Ohne Studie sind die Wahrscheinlichkeiten für die beiden Umweltzustände

Günstiger Markt (GM)
Ungünstiger Markt (UM)

gleich groß, nämlich je 1/2. Die beiden Aktionen,

a_0 : Privatklinik errichten,
a_1 : Privatklinik nicht errichten,

haben daher die Schadenerwartungswerte von 20000 bzw. 50000 GE. Zu diesen Werten kommt man, wenn man die möglichen Gewinne bzw. Verluste in Opportunitätskosten umformt und mit ihren Eintrittswahrscheinlichkeiten von 1/2 gewichtet. Die Gewinne bzw. Verluste stehen in folgender Tabelle:

Aktion	Zustand	
a_i	GM	UM
a_0	100000	-40000
a_1	0	0

und die entsprechenden Opportunitätskosten sowie die Schadenerwartungswerte in der folgenden Entscheidungstabelle:

Aktion	Zustand		
a_i	GM	UM	SE(a_i)
a_0	0	40000	20000
a_1	100000	0	50000
$W(Z_i)$	0.5	0.5	

Da der Schadenerwartungswert für die Errichtung einer Privatklinik mit 20000 geringer ist als der für die Nichterrichtung, werden sich die Fachärzte ohne Marktstudie für die Klinik entscheiden.

Um festzustellen, ob sich die Berücksichtigung der Studie des Marktforschungsinstitutes lohnt, ist der erwartete Nettowert der Stichprobeninformation dieser Studie zu berechnen. Die Studie kann zu einer günstigen (=GS) oder ungünstigen Situation (=US) für die medizinische Nachfrage kommen. Bei einer günstigen Prognose kommt man zu folgenden Posterioriwahrscheinlichkeiten für einen günstigen bzw. ungünstigen Markt:

Umwelt	$W(*M)$	$W(GS\mid *M)$	$W(GS,*M)$	$W(*M\mid GS)$
GM	0.5	0.82	0.410	0.8817
UM	0.5	0.11	0.055	0.1183
	1.0		0.465	1.000

Durch eine Studie, die eine günstige Situation vorhersagt, steigt die Wahrscheinlichkeit eines günstigen Marktes von 0.5 auf 0.8817. Wird eine ungünstige Situation prognostiziert, dann ergeben sich folgende Posterioriwahrscheinlichkeiten:

Umwelt	$W(*M)$	$W(US\mid *M)$	$W(US,*M)$	$W(*M\mid US)$
GM	0.5	0.18	0.090	0.1682
UM	0.5	0.89	0.445	0.8318
	1.0		0.535	1.0000

Die Wahrscheinlichkeit für einen günstigen Markt sinkt hier von 0.5 auf 0.1682.

Mit Hilfe dieser Posterioriwahrscheinlichkeiten kann man einen Entscheidungsbaum zeichnen, der zum gesuchten erwarteten Nettowert der Stichprobeninformation der Studie führt.
Wie man dem Baum entnehmen kann, ist der Schadenerwartungswert der Studie gleich

$$\text{ESE (Studie)} = 11200$$

und der Schadenerwartungswert der Stichprobe daher

$$\begin{aligned} \text{EWSI (Studie)} &= 20000 - 112000 \\ &= 8800. \end{aligned}$$

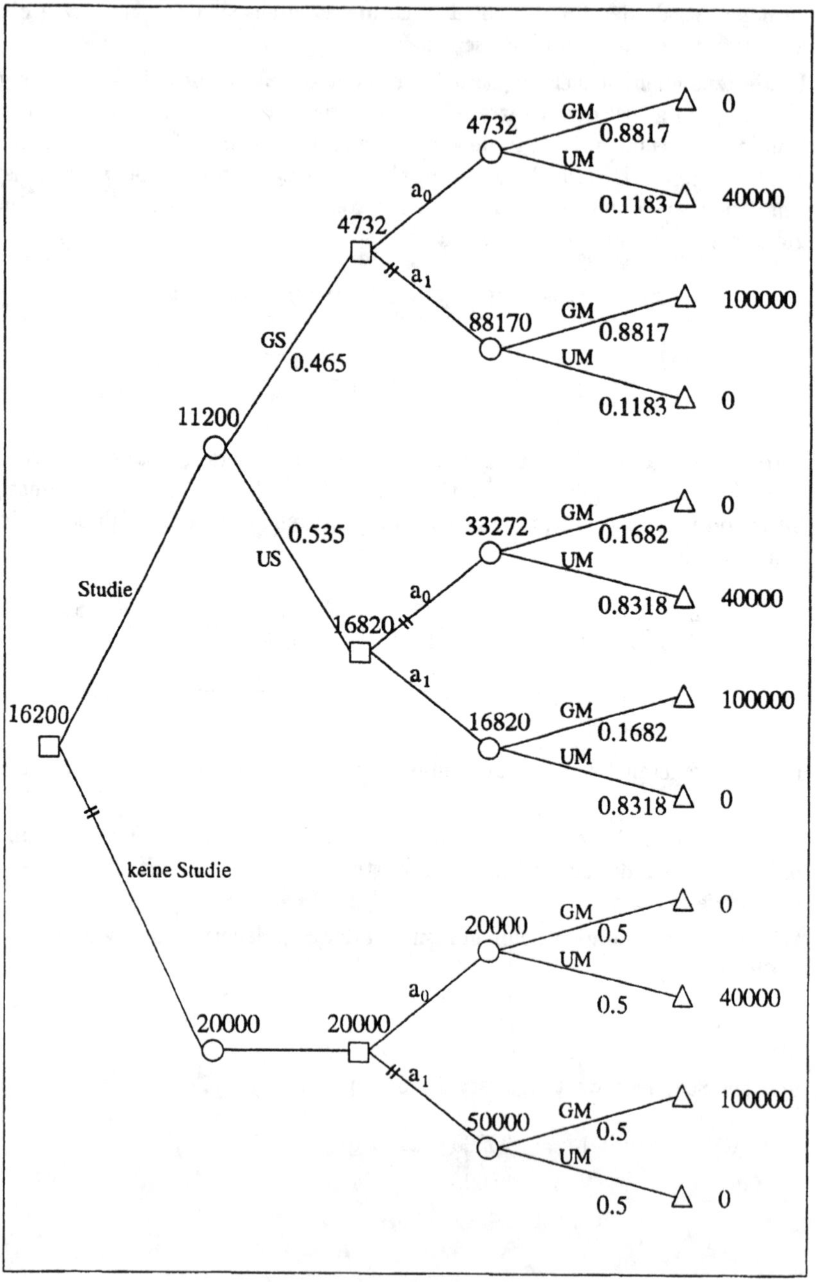

Entscheidungsbaum für die Fallstudie „Privatklinik"

Da die Studie 5000 GE kostet, ist der erwartete Nettowert gleich

$$\begin{aligned} \text{ENSI (Studie)} &= 8800 - 5000 \\ &= 3800. \end{aligned}$$

Dieser Wert ist positiv. Daher ist es angebracht, das Offert des Marktforschungsinstitutes anzunehmen. Wenn die Studie zu einer günstigen Beurteilung kommt, dann ist die Privatklinik zu errichten. Bei schlechter Beurteilung der Marktsituation ist von der Errichtung Abstand zu nehmen. Diese Entscheidungsregel kann aus dem Entscheidungsbaum abgelesen werden.

Kapitel II

Anteilswert π

1 Testverfahren

1.1 Konstante Schadenfunktion

(a) Priorianalyse

Das Entscheidungsproblem des ersten Kapitels wird mit folgender Änderung übernommen: Es stehen nicht mehr zwei Behälterfüllungen mit 6 bzw. 2 schwarzen Kugeln zur Wahl, sondern im Prinzip unendlich viele Behälterfüllungen mit unendlich vielen verschiedenen Anteilen schwarzer Kugeln. Auch hier müssen Sie zwischen zwei Aktionen wählen. Die beiden Aktionen sind

a_0 : Der Anteil schwarzer Kugeln ist höchstens 0.6.

a_1 : Der Anteil schwarzer Kugeln ist größer als 0.6.

Das Entscheidungsproblem hat auch hier zwei Umweltzustände. Aber Ihre Vermutungen über den Inhalt der ausgewählten Behälter sind nicht mehr einfache Hypothesen wie im ersten Kapitel ($H_0 : \pi_0 = 0.6$ und $H_1 : \pi_1 = 0.2$), sondern zusammengesetzte Hypothesen:

$$H_0 : \pi \leq 0.6,$$
$$H_1 : \pi > 0.6.$$

Die Gewinn- und Verlustmöglichkeit des Entscheidungsproblems bleiben unverändert. Die entsprechende Schadenfunktion hat also folgendes Aussehen:

$$s(a_0, \pi) = \begin{cases} 0 & \text{für } \pi \leq 0.6, \\ s_2 = 30 & \text{für } \pi > 0.6, \end{cases}$$
$$s(a_1, \pi) = \begin{cases} s_1 = 10 & \text{für } \pi \leq 0.6, \\ 0 & \text{für } \pi > 0.6. \end{cases}$$

Diese Schadenfunktion bezeichnet man als konstant, da die Schäden der möglichen Fehlentscheidungen als konstante Beträge (s_1, s_2) ausgewiesen sind.[1]

[1] Vgl. 1 Testverfahren S. 371ff.

Weiters wird angenommen, daß Sie keine Stichprobenziehungen aus dem Behälter durchführen. Für welche der beiden Aktionen werden Sie sich entscheiden? Sie werden auch hier jene Aktion wählen, die den geringeren Schadenerwartungswert aufweist.

Im Unterschied zum ersten Kapitel sind die Prioriwahrscheinlichkeiten der beiden Hypothesen H_0 und H_1 nicht gleich groß, sondern 0.6 und 0.4. Wie findet man diese Wahrscheinlichkeiten?

Wenn man von der Gleichwahrscheinlichkeit jedes Anteils zwischen 0 und 1 ausgeht, dann kann man dies durch eine stetige Gleichverteilung ausdrücken, die im vorliegenden Fall eine Betaverteilung ist mit den beiden Parametern[2]

$$x' = 1,\ n' = 2.$$

Die Prioriwahrscheinlichkeit für die Nullhypothese $H_0 : \pi \leq 0.6$ ist dann das Integral der Dichtefunktion der Betaverteilung[3] von 0 bis 0.6:

$$W'(\pi \leq 0.6) = \int_0^{0.6} f_\beta(\pi|x' = 1,\ n' - x' = 1)\ d\pi = F_\beta(0.6|1,1) = 0.6.$$

Analog berechnet man die Prioriwahrscheinlichkeit von $H_1 : \pi > 0.6$:

$$W'(\pi > 0.6) = \int_{0.6}^{1} f_\beta(\pi|x' = 1, n' - x' = 1)\ d\pi = G_\beta(0.6|1,1) = 0.4.$$

Die Integrale bezeichnet man in diesem Zusammenhang auch als konstante Momente der Betaverteilung:

$$\begin{aligned} \int_0^c f_\beta(\pi|x, n-x)\ d\pi = K_0^c(\pi) &= \text{linkes konstantes Moment,} \\ \int_c^1 f_\beta(\pi|x, n-x)\ d\pi = K_c^1(\pi) &= \text{rechtes konstantes Moment.} \end{aligned}$$

Durch die Gewichtung der möglichen Schäden mit den entsprechenden Prioriwahrscheinlichkeiten erhält man die Schadenerwartungswerte der beiden Aktionen:

$$\begin{aligned} \mathrm{SE}'(a_0) &= s_2 \cdot K_{0.6}^1(\pi) = 30 \cdot 0.4 = 12 \\ \mathrm{SE}'(a_1) &= s_1 \cdot K_0^{0.6}(\pi) = 10 \cdot 0.6 = 6. \end{aligned}$$

Da die Aktion a_1 den kleineren Schadenerwartungswert besitzt, werden Sie behaupten, daß der Behälter einen Anteil schwarzer Kugeln aufweist, der größer ist als 0.6.

[2] n' kann als Umfang einer hypothetischen Stichprobe interpretiert werden und x' als die Anzahl der entsprechenden schwarzen Kugeln; vgl. Barnett (1982, S. 243).

[3] Vgl. 1.2 Verteilungsfunktion S. 244ff und 3.2 Betaverteilung S. 391ff.

Die Lösung dieses Entscheidungsproblems ist in folgender Tabelle zusammengefaßt:

Aktion	Zustand		
a_i	$\pi \leq 0.6$	$\pi > 0.6$	$SE'(a_i)$
a_0	0	30	12
a_1	10	0	6
$K'(\pi)$	0.6	0.4	

$\Rightarrow a'_{opt} = a_1$

(b) Posteriorianalyse[4]

Nimmt man nun zusätzlich an, daß Sie aus dem Behälter zwei Kugeln mit Zurücklegen ziehen und beide Male ist die Kugel schwarz, dann führt diese Stichprobeninformation

$$n = 2, \quad x = 2$$

zu veränderten Wahrscheinlichkeiten für die beiden Hypothesen. Die Wahrscheinlichkeit für die Hypothese $\pi > 0.6$ wird durch dieses Ergebnis wahrscheinlicher, wie die neue Entscheidungstabelle zeigt:

Aktion	Zustand		
a_i	$\pi \leq 0.6$	$\pi > 0.6$	$SE''(a_i\|x)$
a_0	0	30	23.52
a_1	10	0	2.16
$K''(\pi)$	0.216	0.784	

$\Rightarrow a''_{opt} = a_1$

Die Posterioriwahrscheinlichkeiten der beiden Hypothesen berechnet man wieder mit Hilfe der Betaverteilung[5], deren Parameter wie folgt bestimmt werden:

$$\begin{aligned} x'' &= x' + x = 1 + 2 = 3, \\ n'' &= n' + n = 2 + 2 = 4. \end{aligned}$$

Die Posterioriwahrscheinlichkeit für die Hypothese $\pi \leq 0.6$ ist

$$\begin{aligned} W''(\pi \leq 0.6) &= \int_0^{0.6} f_\beta(\pi | x'' = 3,\ n'' - x'' = 1)\ d\pi \\ &= 0.216 \end{aligned}$$

und für $\pi > 0.6$

$$\begin{aligned} W''(\pi > 0.6) &= \int_{0.6}^{1} f_\beta(\pi | 3, 1)\ d\pi \\ &= 1 - W''(\pi \leq 0.6) \\ &= 0.784. \end{aligned}$$

[4] Vgl. Braverman (1972, S. 379).

[5] Vgl. 3.6 Verteilungen von π S. 315.

In der folgenden Grafik ist sowohl die Prioriverteilung von π als auch die Posterioriverteilung eingetragen.

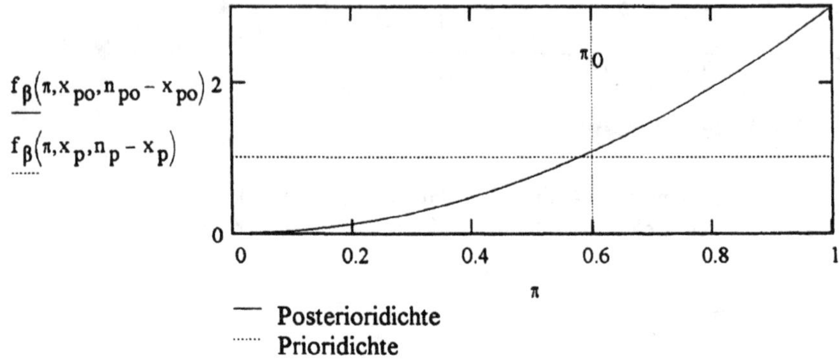

Priori- und Posterioridichte für π

Da die Aktion a_1 den geringeren Schadenerwartungswert aufweist, werden Sie auch nach der Stichprobeninformation behaupten, daß der Anteil der schwarzen Kugeln im ausgewählten Behälter größer ist als 0.6.

(c) Präposteriorianalyse[6]

(α) Für fixes n

Sie können ohne Stichprobeninformation entscheiden, ob der Behälter einen Anteil von höchstens 0.6 schwarzen Kugeln enthält oder mehr. Sie dürfen aber auch um den Betrag von 1 GE zwei Kugeln mit Zurücklegen aus dem Behälter entnehmen und erst dann eine der beiden Aktionen wählen. Wie sollen Sie sich entscheiden, um den Schadenerwartungswert zu minimieren?

Die Aktionen dieser Präposteriorianalyse sind

n_0 : Keine zusätzlichen Stichprobeninformationen ($n = 0$)

n_2 : Stichprobeninformation im Umfang von $n = 2$.

Der Schadenerwartungswert der n_0-Stichprobe ist bekanntlich 6 GE (siehe Priorianalyse). Für die Stichprobe im Umfang $n = 2$ und das Ziehungsergebnis

[6] Vgl. Berger (1985, S. 432 f).

$x = 2$ ist der Schadenerwartungswert der optimalen Aktion 2.16 (siehe Posterioranalyse). Die Schadenerwartungswerte für die weiteren möglichen Ergebnisse $x = 0$ und $x = 1$ werden analog berechnet. Sie sind in folgender Tabelle zusammengestellt:

x_i	$SE''(a_0\|x)$	$SE''(a_1\|x)$	$SE''(a_{opt}\|x)$	$f_{\beta B}(x)$	$SE''(a_{opt}\|x) \cdot f_{\beta B}(x)$
0	1.92	9.36	1.92	1/3	0.64
1	10.56	6.48	6.48	1/3	2.16
2	23.52	2.16	2.16	1/3	0.72
				1.0	$3.52 = ESE(n_2)$

Aus der Tabelle ist ersichtlich, daß die Wahrscheinlichkeiten gleich groß sind bei zwei Ziehungen genau 0, 1 oder 2 schwarze Kugeln zu erhalten. Die Wahrscheinlichkeiten für die verschiedenen Stichprobenergebnisse berechnet man mit Hilfe der Betabinomialverteilung.[7] Die Wahrscheinlichkeitsfunktion dieser Verteilung ist

$$f_{\beta B}(x|x', n', n) = \frac{\dfrac{n!}{x! \cdot (n-x)!} \cdot \dfrac{(n'-1)!}{(x'-1)! \cdot (n'-x'-1)!}}{\dfrac{(x+x'-1)! \cdot (n+n'-x-x'-1)!}{(n+n'-1)}}.$$

Für $x = 0$ erhält man z.B.

$$f_{\beta B}(0|1,2,2) = \frac{2!}{0!2!} \cdot \frac{1!}{0!0!} \cdot \frac{0!2!}{3!} = \frac{1}{3}.$$

Um zu entscheiden, ob man n_0 oder n_2 wählt, kann man die Entscheidungsschadenerwartungswerte der Stichprobe betrachten:

n_i	$ESE(n_i)$
n_0	6
n_2	3.52

Den geringeren Schadenerwartungswert findet man bei der n_2-Stichprobe. Anstelle der Entscheidungsschadenerwartungswerte kann man auch die erwarteten Werte der Stichprobeninformationen heranziehen, um die optimale Aktion auszuwählen:

n_i	$EWSI(n_i)$
n_o	0
n_2	2.48

Den EWSI[8] für n_2 berechnet man nach der Formel

$$EWSI(n_2) = ESE(n_0) - ESE(n_2)$$

[7] Vgl. 3.3 Betabinomialverteilung von X S. 297ff.

[8] Vgl. 1.1 Bernoulli Modell S. 399.

$$
\begin{aligned}
&= \mathrm{SE}'(a_{opt}) - \sum_{x=0}^{2} \mathrm{SE}''(a_{opt}|x) \cdot f_X(x) \\
&= 6 - 3.52 \\
&= 2.48
\end{aligned}
$$

oder nach der Formel

$$
\begin{aligned}
\mathrm{EWSI}(n_2) &= \sum_{x=0}^{2} \left[\mathrm{SE}''(a'_{opt}|x) - \mathrm{SE}''(a''_{opt}|x)\right] \cdot f_X(x) \\
&= (9.36 - 1.92)/3 + (6.48 - 6.48)/3 + (2.16 - 2.16)/3 \\
&= 2.48.
\end{aligned}
$$

Man kann den erwarteten Wert der Stichprobeninformation auch mit Hilfe folgender Formeln berechnen:

$$
\mathrm{EWSI}(n_i) = \begin{cases} s_2 \cdot m_{00}^{(22)} - s_1 \cdot m_{00}^{(21)} & \text{für } a'_{opt} = a_0, \\ s_1 \cdot m_{00}^{(11)} - s_2 \cdot m_{00}^{(12)} & \text{für } a'_{opt} = a_1. \end{cases}
$$

$m_{00}^{(ij)}$ sind die partiellen Momente der zweidimensionalen Betabinomialverteilung[9] nullter Ordnung. Da $a'_{opt} = a_1$ ist, ist der $\mathrm{EWSI}(n_i)$ im vorliegenden Beispiel gleich

$$
\begin{aligned}
\mathrm{EWSI}(n_i) &= s_1 \cdot m_{00}^{(11)} - s_2 \cdot m_{00}^{(12)} \\
&= s_1 \cdot \sum_{x=0}^{x^-} \int_0^{\pi_0} f(x,\pi)\, d\pi - s_2 \cdot \sum_{x=0}^{x^-} \int_{\pi_0}^{1} f(x,\pi)\, d\pi.
\end{aligned}
$$

Für $a'_{opt} = a_0$ ist er

$$
\begin{aligned}
\mathrm{EWSI}(n_i) &= s_2 \cdot m_{00}^{(22)} - s_1 \cdot m_{00}^{(21)} \\
&= s_2 \cdot \sum_{x=x^+}^{n} \int_{\pi_0}^{1} f(x,\pi)\, d\pi - s_1 \cdot \sum_{x=x^+}^{n} \int_0^{\pi_0} f(x,\pi)\, d\pi.
\end{aligned}
$$

Die Zahlen x^- und x^+ werden so bestimmt, daß gilt

$$
\begin{aligned}
x^- &\equiv \text{größte ganze Zahl } \leq x, \\
x^+ &\equiv \text{kleinste ganze Zahl } \geq x,
\end{aligned}
$$

und x errechnet sich aus der Bedingung

$$
s_1 \cdot \int_0^{\pi_0} f(\pi|x) \cdot d\pi = s_2 \cdot \int_{\pi_0}^{1} f(\pi|x)\, d\pi.
$$

Für das Beispiel muß gelten

$$
10 \cdot \int_0^{0.6} f(\pi|1 + x, 3 - x)\, d\pi = 30 \cdot \int_{0.6}^{1} f(\pi|1 + x, 3 - x)\, d\pi,
$$

[9] Vgl. 3.5 Gemeinsame Betabinomialverteilung von X und π S. 307.

da

$$x' + x = 1 + x$$

ist und

$$(n' + n) - (x' + x) = 3 - x.$$

Wenn man für $x = 0.7355$ einsetzt, dann ist diese Bedingung erfüllt:

$$10 \cdot 0.13079 = 30 \cdot 0.0436.$$

x^- ist daher

$$x^- = 0 < 0.7355 = x$$

und der EWSI ist für $n = 2$

$$\begin{aligned} \text{EWSI}(n_2) &= 10 \cdot \sum_{x=0}^{0} \int_0^{0.6} f(x, \pi | 1, 2, 2)\, d\pi \\ &- 30 \cdot \sum_{x=0}^{0} \int_{0.6}^{1} f(x, \pi | 1, 2, 2)\, d\pi \\ &= 10 \cdot 0.3120 - 30 \cdot 0.0213 \\ &= 2.4810. \end{aligned}$$

Die n_2-Stichprobe besitzt nicht nur den geringeren Entscheidungsschadenerwartungswert, sondern natürlich auch den größeren erwarteten Wert der Stichprobeninformation. Bei beiden Betrachtungsweisen fehlt jedoch noch die Berücksichtigung der Stichprobenkosten. Diese betragen 1 GE. Der erwartete Nettowert der Stichprobe ist

$$\begin{aligned} \text{ENSI}(n_2) &= \text{EWSI}(n_2) - \text{K}(n_2) \\ &= 2.48 - 1 \\ &= 1.48. \end{aligned}$$

Da dieser Wert positiv ist, wird man nicht gleich entscheiden, sondern zuerst 2 Kugeln aus dem ausgewählten Behälter ziehen:

n_i	ENSI(n_i)	
n_0	0	
n_2	1.48	$\Rightarrow n_{opt} = n_2$.

Erst nach der Ziehung wird man je nach Ergebnis behaupten, der Behälter enthält höchstens einen Anteil schwarzer Kugeln von 0.6 oder mehr.

(β) Für variables n

Vor der Entscheidung, ob im Behälter der Anteil schwarzer Kugeln höchstens 0.6 oder größer ist, können Sie gegen eine Gebühr von 0.5 GE pro Kugel eine beliebige Anzahl von Kugeln ziehen. Für wieviele Kugeln sollen Sie sich entscheiden?

Da der EWPI 6 GE und die Kosten pro Ziehung 0.5 GE betragen, wird der maximale Stichprobenumfang kleiner sein als

$$n_{max} < \frac{\text{EWPI}}{k} = \frac{6}{0.5} = 12.$$

Die erwarteten Werte und Nettowerte der Stichprobeninformationen von n_0 bis n_{10} sind in folgender Tabelle zusammengestellt:

n_i	K(n_i)	EWSI(n_i)	ENSI(n_i)	
n_0	0.0	0	0	
n_1	0.5	1.800	1.300	
n_2	1.0	2.480	1.480	$\Rightarrow n_{opt} = n_2$
n_3	1.5	2.952	1.452	
n_4	2.0	3.222	1.222	
n_5	2.5	3.507	1.005	
n_6	3.0	3.619	0.619	
n_7	3.5	3.837	0.337	
n_8	4.0	3.874	-0.126	
n_9	4.5	4.060	-0.440	
n_{10}	5.0	4.066	-0.934	

Wie man sieht besitzen nur die Stichproben bis zu einem Umfang von $n = 7$ einen positiven ENSI. Den größten unter diesen hat die Stichprobe mit dem Umfang $n = 2$. Sie werden daher 2 Kugeln dem zufällig ausgewählten Behälter um eine Gebühr von 1 GE entnehmen und nur dann behaupten, daß der Behälter einen Anteil schwarzer Kugeln enthält, der höchstens 0.6 ist, wenn sie dabei 0 schwarze Kugeln ziehen. Bei dem Ziehungsergebnis von 1 oder 2 schwarzen Kugeln behaupten Sie, daß der Anteil schwarzer Kugeln größer als 0.6 ist.

Der EWSI, der ENSI und die Kostenfunktion sind für die Stichprobenumfänge von n_0 bis n_{12} in folgender Grafik dargestellt:

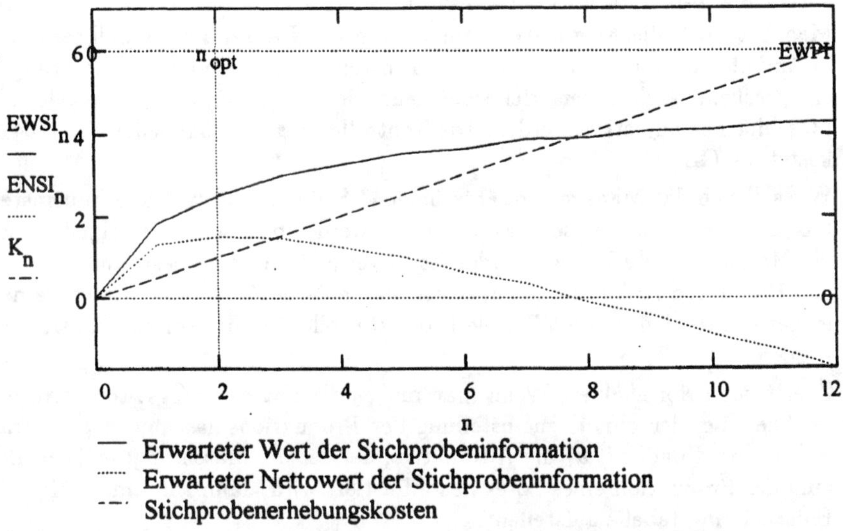

EWSI(n), ENSI(n) und K(n) für das Kugelbeispiel, Testverfahren für π, konstante Schadenfunktion

Das Maximum der ENSI-Kurve liegt bei $n = 2$. Der Grafik kann man auch entnehmen, daß die ENSI-Kurve negativ wird, wo sich die Kostenfunktion mit der EWSI-Funktion schneidet. Bei diesem Punkt sind die Erhebungskosten gleich dem erwarteten Wert der Stichprobeninformation.

(d) Fallstudie

Die Firma Eisen erzeugt ein Produkt, gekennzeichnet durch die Nummer 190440 in Losgrößen von 1000 Stück. Die Qualität dieses speziellen Produktes ist schwierig unter Kontrolle zu halten, da eine extrem kleine Toleranz gefordert ist und die Produktionsmaschine sich im Laufe der Zeit verstellt. An Hand der Aufzeichnungen der defekten Stücke in der Vergangenheit kann für den Anteil defekter Stücke pro Los eine Betaverteilung mit den Parametern $n' = 50$ und $x' = 2$ angenommen werden. Wenn die Produktionsmaschine vor der Produktion eines Loses jeweils neu eingestellt wird, dann kann man damit rechnen, daß die Anzahl der Lose mit mehr als 5% defekter Stücke halbiert wird.

Ein großer Auftrag für das Produkt Nr. 190440 stellt das Management vor die Entscheidung, die Produktionsmaschine vor der Erzeugung jedes Loses neu einzustellen oder die Produktion ohne Neuadjustierung fortzusetzen. Jede Neueinstellung verursacht Kosten in der Höhe von 200 GE und die Rücknahme eines Loses mit mehr als 5% defekten Produkten 1000 GE.

Man hat auch die Möglichkeit, am Beginn der Produktion eines Loses eine bestimmte Anzahl von Produkten zu kontrollieren, ob sie den Anforderungen entsprechen. Nach dieser Stichprobe kann die Produktion fortgesetzt oder die Maschine neu adjustiert werden. Die Kontrolle eines Produktes der Nr. 190440 kostet 0.8 GE.

Wie soll sich das Management entscheiden? Soll der Auftrag ohne Neueinstellung der Produktionsmaschine abgewickelt werden oder soll man bei jedem Los die Maschine neu adjustieren oder ist es vernünftiger eine bestimmte Anzahl von Produkten zu kontrollieren, bevor man entscheidet, ob die Maschine neu eingestellt werden muß? Wieviele Produkte sollten in diesem Fall kontrolliert werden?

Zuerst zur Priorianalyse: Wenn man mit a_0 die Entscheidungsalternative bezeichnet, bei der ohne Neueinstellung der Produktionsmaschine der Auftrag erledigt wird und mit a_1 die Alternative, bei der die Maschine jeweils zu Beginn der Produktion eines Loses neu adjustiert wird, dann kann man folgende Entscheidungstabelle aufstellen:

Aktion	Zustand	
a_i	$\pi \leq 0.05$	$\pi > 0.05$
a_0	0	1000
a_1	200	700

Dabei werden die beiden Umweltzustände

$$H_0 : \pi \leq 0.05$$
$$H_1 : \pi > 0.05$$

und die möglichen Verluste berücksichtigt, die auftreten, wenn man eine der beiden Aktionen wählt. Um von diesen möglichen Verlusten zu Opportunitätskosten[10] zu gelangen, bestimmt man für jeden Umweltzustand die optimale Aktion. So ist z.B. für den Umweltzustand $\pi > 0.05$ a_1 die optimale Aktion: Wenn der Anteil der defekten Stücke größer als 5% ist, dann ist die Produktionsmaschine neu einzustellen. Der entsprechende Verlust beträgt 700 GE. Davon entfallen 200 GE auf die Neueinstellung und 500 GE (=1000 GE/2) auf die Rücknahme von Losen mit mehr als 5% defekter Stücke. Wenn man nun von den jeweiligen Verlusten einer gewählten Aktion den Verlust der optimalen Aktion abzieht, dann sind diese Differenzen Opportunitätskosten. Ist also „$\pi > 0.05$" der wahre Umweltzustand, dann entstehen keine Opportunitätskosten bei der Wahl von a_1

$$700 - 700 = 0$$

[10]Vgl. II Schadenerwartungswerte S. 369.

und 300 GE Opportunitätskosten bei der Wahl von a_0

$$1000 - 700 = 300.$$

Auf die gleiche Art bestimmt man die Opportunitätskosten für den Umweltzustand a_0:

Aktion a_i	Zustand $\pi \leq 0.05$	$\pi > 0.05$
a_0	0	300
a_1	200	0

Da die jeweiligen Anteile der defekten Stücke in der Vergangenheit einer Betaverteilung mit den Parametern $n' = 50$ und $x' = 2$ folgten, kann man die Prioriwahrscheinlichkeiten für die beiden Umweltzustände mit Hilfe der Verteilungsfunktion der Betaverteilung bestimmen. Die Wahrscheinlichkeit dafür, daß der Anteil defekter Stücke höchstens 5% beträgt, ist gleich

$$W(\pi \leq 0.05) = F_\beta(\pi | x' = 2, n' - x' = 48) = 0.7101$$

und die Wahrscheinlichkeit, daß der Prozentsatz größer ist als 5,

$$W(\pi > 0.05) = G_\beta(\pi | x' = 2, n' - x' = 48) = 0.2899.$$

Gewichtet man die möglichen Schäden mit diesen Eintrittswahrscheinlichkeiten, dann erhält man die Schadenerwartungswerte der beiden Aktionen, die in folgender Entscheidungstabelle ausgewiesen sind:

Aktion a_i	Zustand $\pi \leq 0.05$	$\pi > 0.05$	$SE(a_i)$
a_0	0	300	86.9627
a_1	200	0	142.0248
$K'(H_i)$	0.7101	0.2899	

Auf Grund der vorhandenen Informationen ist die Produktionsmaschine am Beginn der Produktion eines Loses nicht neu einzustellen. Diese Aktion hat mit 86.9627 den geringeren Schadenerwartungswert als die jeweilige Neueinstellung.

Der Schadenerwartungswert der priori optimalen Aktion ist zugleich der erwartete Wert der perfekten Information. Er ist der maximale Betrag, der für zusätzliche Informationen über die Umweltzustände ausgegeben werden sollte. Da die Kontrolle eines Stückes 0.8 GE kostet, kommt für eine Stichprobe höchstens ein Umfang von

$$n_{max} < \frac{\text{EWPI}}{k} = \frac{86.9627}{0.8} \cong 109$$

in Frage. Die Ziehung einer Stichprobe bestimmten Umfanges kleiner als 109 kommt jedoch nur dann in Frage, wenn der entsprechende erwartete Nettowert der Stichprobeninformation positiv ist. Für eine Stichprobe des Umfanges $n = 1$ sind z.B. die Schadenerwartungswerte für die beiden möglichen Stichprobenergebnisse sowie ihre Eintrittswahrscheinlichkeiten in folgender Tabelle zusammengestellt:

x_1	SE″$(a_o\|x)$	SE″$(a_1\|x)$	SE″$(a_{opt}\|x)$	$f_{\beta B}(x)$	SE″$(a_{opt}\|x) \cdot f_{\beta B}(x)$
0	83.8295	144.1136	83.8295	0.96	80.4763
1	162.1599	91.8934	91.8934	0.04	3.6757
					84.1520 = ESE(n_1)

Der Posteriorischadenerwartungswert für die Aktion a_1 beim Stichprobenergebnis $x = 0$ errechnet sich z.B. nach der Formel

$$\begin{aligned} \text{SE}''(a_1|x=0) &= s_1 \cdot F_\beta(\pi|x'+x, n'+n-x'-x) \\ &= 200 \cdot F_\beta(0.05|2+0, 50+1-2-0) \\ &= 200 \cdot 0.7206 \\ &= 144.1136. \end{aligned}$$

Der Entscheidungsschadenerwartungswert einer Stichprobe des Umfanges $n = 1$ ist 84.1520 und der erwartete Wert der Stichprobeninformation daher

$$\begin{aligned} \text{EWSI}(n_1) &= \text{EWPI} - \text{ESE}(n_1) \\ &= 86.9627 - 84.1520 \\ &= 2.8107. \end{aligned}$$

Da die Kontrolle eines Stückes 0.8 GE kostet, ist der erwartete Nettowert der Stichprobeninformation gleich

$$\begin{aligned} \text{ENSI}(n_1) &= \text{EWSI}(n_1) - \text{K}(n_1) \\ &= 2.8107 - 0.8 \\ &= 2.0107. \end{aligned}$$

Dieser Wert ist positiv. Daher ist es angebracht, zumindest ein Stück zu kontrollieren, bevor man sich entscheidet, die Produktionsmaschine nicht oder neu einzustellen.

Von den 109 in Frage kommenden Stichprobenumfängen hat die Stichprobe mit dem Umfang $n = 21$ den maximalen ENSI von 7.0406. Dies geht aus der folgenden Grafik hervor, in der neben dem ENSI auch der EWSI und die

Erhebungskosten für die ersten 100 Stichprobenumfänge eingetragen sind.

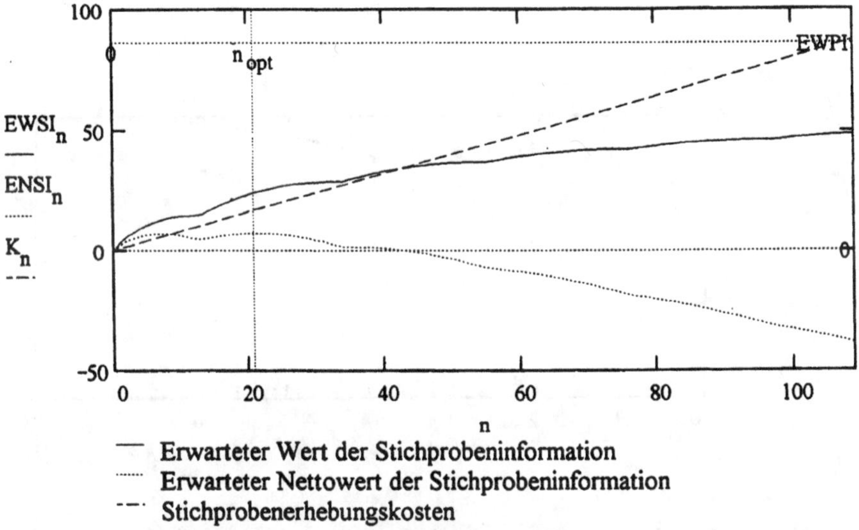

EWSI(n), ENSI(n) und K(n) für die Fallstudie „Adjustierung der Produktionsmaschine".

Das Management der Firma Eisen wird vor der Produktion eines Loses jeweils die ersten 21 produzierten Stücke kontrollieren. Wenn unter diesen Stücken höchstens 1 defektes Stück gefunden wird, dann wird die Produktion des Loses ohne Neueinstellung gefahren. Erst ab zwei defekten Stücken ist eine Neueinstellung erforderlich. Diese Entscheidungsregel ergibt sich aus den Schadenerwartungswerten für die möglichen Stichprobenergebnisse:

x	$\text{SE}''(a_0\|x)$	$\text{SE}''(a_1\|x)$	a''_{opt}
0	38.7623	174.1584	a_0
1	94.1207	137.2528	a_0
2	160.1624	93.2251	a_1
3	218.3832	54.4112	a_1
⋮	⋮	⋮	⋮
21	300.0000	0.0000	a_1

In der Grafik sind die Schadenerwartungskurven von a_0 und a_1 für den Stichprobenumfang $n = 21$ eingetragen. Der Schnittpunkt liegt zwischen $x = 1$ und

$x = 2.$

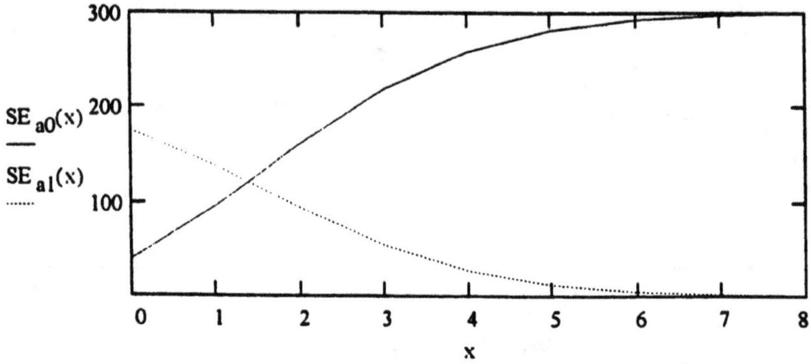

Schadenerwartungswerte für $n = 21$ und $x = 0, \ldots, 21$.

Die Strategie, 21 Einheiten zu kontrollieren und erst danach über die Neueinstellung zu entscheiden, ist durch einen Entscheidungsschadenerwartungswert von

$$\text{ESE}(n_{21}) = 63.1200$$

gekennzeichnet. Die Entscheidung allein auf Grund der Prioriinformation hat hingegen einen Schadenerwartungswert von

$$\text{ESE}(n_0) = 86.9627.$$

Durch die Berücksichtigung der Stichprobeninformation im angegebenen Umfang von 21 Einheiten kann der Schadenerwartungswert um rund 27% verringert werden.

1.2 Lineare Schadenfunktion

(a) Priorianalyse

Das Entscheidungsproblem, ob der Behälter einen Anteil schwarzer Kugeln enthält, der höchstens 0.6 beträgt oder mehr, wurde im vorhergehenden Abschnitt unter der Voraussetzung einer konstanten Schadenfunktion analysiert.

Die fixen Schadensbeträge dieser Funktion, die bei Fehlentscheidungen entstehen, sind Opportunitätskosten, die auch wie folgt interpretiert werden können: Wenn der ausgewählte Behälter einen Anteil schwarzer Kugeln enthält, der höchstens 0.6 beträgt, dann gewinnt man 10 GE, wenn man das richtig errät und sonst nichts. Man hat in diesem Fall 0 GE Opportunitätskosten bei der Wahl von a_0 und von 10 GE bei a_1. Analoges gilt für $\pi > 0.6$. Man gewinnt 30 GE bei a_1 und 0 GE bei a_0. In Opportunitätskosten ausgedrückt heißt das, daß man 0 GE Opportunitätskosten hat, wenn man a_1 wählt und 30 GE bei a_0:

Gewinntabelle

a_i	$\pi \leq 0.6$	$\pi > 0.6$
a_0	10	0
a_1	0	30

Opportunitätskostentabelle

a_i	$\pi \leq 0.6$	$\pi > 0.6$
a_0	0	30
a_1	10	0

Statt dieser konstanten Gewinne bzw. Schäden, wird nun angenommen, daß Ihre möglichen Gewinne linear von der Abweichung des wahren Behälteranteils von 0.6 abhängen. Sie erhalten 0.1 GE pro Prozentpunkt Abweichung nach unten von 0.6 und 0.3 GE pro Prozentpunkt Abweichung nach oben. Die Gewinn- und Opportunitätskostentabelle[11] hat für diese Angabe folgendes Aussehen:

Gewinntabelle

a_i	$\pi \leq 0.6$	$\pi > 0.6$
a_0	$10 \cdot (0.6 - \pi)$	0
a_1	0	$30 \cdot (\pi - 0.6)$

Opportunitätskostentabelle

a_i	$\pi \leq 0.6$	$\pi > 0.6$
a_0	0	$30 \cdot (\pi - 0.6)$
a_1	$10 \cdot (0.6 - \pi)$	0

So wie bisher gewinnen Sie mehr, wenn Sie behaupten, daß der Anteil der schwarzen Kugeln im Behälter größer ist als 0.6. Dieser Gewinnbetrag ist nun aber kein konstanter Betrag von 30 GE, sondern abhängig von der Abweichung des wahren Anteils von 0.6. Wenn der Behälter z.B. einen wahren Anteil schwarzer Kugeln von 0.61 enthält, dann bekommen Sie nur

$$30 \cdot (0.61 - 0.60) = 0.3 \text{ GE}.$$

Ist der wahre Anteil 0.62, dann ist Ihr Gewinn schon

$$30 \cdot (0.62 - 0.60) = 0.6 \text{ GE}.$$

Analoges gilt für Abweichungen vom wahren Anteil, die kleiner als 0.6 sind. Hier gewinnen Sie z.B. bei $\pi = 0.5$

$$10 \cdot (0.60 - 0.50) = 1 \text{ GE}.$$

Für die Analyse werden nicht der mögliche Gewinn, sondern die Opportunitätskosten oder Schäden herangezogen. s_1 und s_2 sind bei einer linearen

[11]Vgl. II Schadenerwartungswerte S. 369.

Schadenfunktion keine Gesamtschäden, sondern Schäden pro Abweichungseinheit von π_0, hier 0.6:

$$s(a_0,\pi) = \begin{cases} 0 & \text{für } \pi \le 0.6, \\ 30 \cdot (\pi - 0.6) & \text{für } \pi > 0.6, \end{cases}$$
$$s(a_1,\pi) = \begin{cases} 10 \cdot (0.6 - \pi) & \text{für } \pi \le 0.6, \\ 0 & \text{für } \pi > 0.6. \end{cases}$$

Für welche Aktion sollen Sie sich unter diesen veränderten Voraussetzungen entscheiden?

Auch hier entscheidet man sich für die Aktion mit dem geringeren Schadenerwartungswert. Bei der Berechnung der Schadenerwartungswerte muß die Linearität der Schadenfunktion berücksichtigt werden. Bei konstanter Schadenfunktion wird z.B. der Schadenerwartungswert für a_1 durch die Formel

$$\mathrm{SE}'(a_1) = s_1 \cdot \int_0^{0.6} f_\beta(\pi|x', n'-x')\, d\pi = s_1 \cdot K_0^{0.6}(\pi)$$

bestimmt. Der Schaden s_1 wurde mit dem linken konstanten Moment der Betaverteilung gewichtet. Bei einer linearen Schadenfunktion wird der Schaden s_1 mit dem entsprechenden linken linearen Moment der Betaverteilung[12] gewichtet:

$$\mathrm{SE}'(a_1) = s_1 \cdot \int_0^{0.6} (0.6-\pi) \cdot f_\beta(\pi|x', n'-x')\, d\pi = s_1 \cdot L_0^{0.6}(\pi).$$

Auf die gleiche Art berechnet man $\mathrm{SE}'(a_0)$. Als Gewichtungsfaktor dient dort das rechte lineare Moment der Betaverteilung:

$$\mathrm{SE}'(a_0) = s_2 \cdot \int_{0.6}^{1} (\pi-0.6) \cdot f_\beta(\pi|x', n'-x')\, d\pi = s_2 \cdot L_{0.6}^{1}(\pi).$$

Für $c = 0.6$, $x' = 1$ und $n' = 2$ sind die linearen Momente

$$L_0^{0.6}(\pi) = 0.18$$

und

$$L_{0.6}^{1}(\pi) = 0.08.$$

Die Rechenergebnisse sind in folgender Tabelle zusammengefaßt:

Aktion	Zustand		
a_i	$\pi \le 0.6$	$\pi > 0.6$	$\mathrm{SE}'(a_i)$
a_0	0	30	2.4
a_1	10	0	1.8
$L'(H_i)$	0.18	0.08	

$\Rightarrow a'_{opt} = a_1$

[12] Vgl. 3.2 Betaverteilung S. 291 und 1.2 Lineare Schadenfunktion S. 372f.

Auch bei der vorausgesetzten linearen Schadenfunktion ist die optimale Aktion a_1. Sie werden ohne Stichprobeninformationen behaupten, daß der ausgewählte Behälter einen Anteil schwarzer Kugeln enthält, der über 0.6 liegt.

(b) Posteriorianalyse

Rechentechnisch ändert sich an der Entscheidungsanalyse wenig, wenn man nun wieder voraussetzt, daß Sie aus dem ausgewählten Behälter 2 schwarze Kugeln mit Zurücklegen entnommen haben. Die linearen Momente werden nicht mehr an Hand der Prioribetaverteilung, sondern der Posterioribetaverteilung errechnet. Die Parameter dieser Betaverteilung sind bekanntlich

$$\begin{aligned} x'' &= x' + x = 1 + 2 = 3 \\ n'' &= n' + n = 2 + 2 = 4. \end{aligned}$$

Die Posteriorischadenerwartungswerte für $n = 2$ und $x = 2$ zeigt folgende Tabelle:

Aktion	Zustand		
a_i	$\pi \leq 0.6$	$\pi > 0.6$	$\text{SE}''(a_i \mid x)$
a_0	0	30	5.472
a_1	10	0	0.324
$L''(H_i)$	0.0324	0.1824	

$\Rightarrow a''_{opt} = a_1$

Durch die Stichprobenziehung von 2 schwarzen Kugeln hat sich die optimale Aktion nicht verändert. Sie werden behaupten, der Anteil an schwarzen Kugeln im ausgewählten Behälter liegt über 0.6.

(c) Präposterioranalyse

(α) Für fixes n

Wie groß ist der Entscheidungsschadenerwartungswert einer Stichprobe im Umfang $n = 2$ bei einer linearen Schadenfunktion? Die Berechnungen sind in folgender Tabelle zusammengefaßt, wobei die für $x = 2$ oben erklärt wurden. Für $x = 0$ und 1 sind sie analog:

x_i	$\text{SE}''(a_0 \mid x)$	$\text{SE}''(a_1 \mid x)$	$\text{SE}''(a_{opt} \mid x)$	$f_{\beta B}(x)$	$\text{SE}''(a_{opt} \mid x) \cdot f_{\beta B}(x)$
0	0.192	3.564	0.192	1/3	0.064
1	1.536	1.512	1.512	1/3	0.504
2	5.472	0.324	0.324	1/3	0.108
				1.0	$0.676 = \text{ESE}(n_2)$

Der erwartete Wert der Stichprobeninformation kann wieder mit Hilfe der beiden bekannten Formeln berechnet werden:[13]

$$\begin{aligned}\mathrm{EWSI}(n_2) &= \mathrm{SE}'(a_{opt}) - \sum_{x=0}^{2} \mathrm{SE}''(a_{opt}|x)\cdot f_{\beta B}(x)\\ &= \mathrm{ESE}(n_0) - \mathrm{ESE}(n_2)\\ &= 1.8 - 0.676\\ &= 1.124.\\ \mathrm{EWSI}(n_2) &= \sum_{x=0}^{2}\left[\mathrm{SE}''(a'_{opt}|x) - \mathrm{SE}''(a''_{opt}|x)\right]\cdot f_{\beta B}(x)\\ &= (3.564-0.192)/3 + (1.512-1.512)/3 + (0.324-0.324)/3\\ &= 1.124.\end{aligned}$$

Man kann den EWSI aber auch über die gemeinsame Verteilung von X und π bestimmen:

$$\mathrm{EWSI}(n_i) = \begin{cases} s_2\cdot m_{01}^{(22)} - s_1\cdot m_{01}^{(21)} & \text{für } a'_{opt} = a_0,\\ s_1\cdot m_{01}^{(11)} - s_2\cdot m_{01}^{(12)} & \text{für } a'_{opt} = a_1.\end{cases}$$

$m_{01}^{(ij)}$ sind die partiellen linearen Momente der zweidimensionalen Betabinomialverteilung. $m_{01}^{(11)}$ ist z.B.

$$m_{01}^{(11)} = \sum_{x=0}^{x^-}\int_0^{\pi_0}(\pi_0-\pi)\cdot f(x,\pi)\,d\pi.$$

Wie bei der konstanten Schadenfunktion werden x^- und x^+ so bestimmt, daß gilt

$$\begin{aligned} x^- &\equiv \text{größte ganze Zahl } \leq x,\\ x^+ &\equiv \text{kleinste ganze Zahl } \geq x,\end{aligned}$$

und x errechnet sich aus der Bedingung

$$s_1\cdot\int_0^{\pi_0}(\pi_0-\pi)\cdot f(\pi|x)\,d\pi = s_2\cdot\int_{\pi_0}^{1}(\pi-\pi_0)\cdot f(\pi|x)\,d\pi.$$

Um x für das vorliegende Beispiel zu bestimmen, muß gelten

$$\begin{aligned} 10\cdot\int_0^{0.6}(0.6-\pi)\cdot f(\pi|x)\,d\pi &= 30\cdot\int_{0.6}^{1}(\pi-0.6)\cdot f(\pi|x)\,d\pi,\\ 10\cdot L_0^{0.6}(\pi|1+x,3-x) &= 30\cdot L_{0.6}^{1}(\pi|1+x,3-x).\end{aligned}$$

Wenn man für $x = 0.994$ einsetzt, dann ist diese Bedingung erfüllt:

$$\begin{aligned} 10\cdot L_0^{0.6}(\pi|1+0.994, 3-0.994) &= 30\cdot L_{0.6}^{1}(\pi|1.994, 2.006)\\ 10\cdot 0.1522 &= 30\cdot 0.0507.\end{aligned}$$

[13] 1.1 Bernoulli Modell S. 399.

Die Zahlen x^- und x^+ sind daher

$$\begin{aligned} x^- &= 0 < 0.994, \\ x^+ &= 1 > 0.994. \end{aligned}$$

Da $a'_{opt} = a_1$ ist, ist der erwartete Wert der Stichprobeninformation für $n = 2$:

$$\begin{aligned} \text{EWSI}(n_2) &= s_1 \cdot m_{01}^{(11)} - s_2 \cdot m_{01}^{(12)} \\ &= 10 \cdot \sum_{x=0}^{0} \int_0^{0.6} (0.6 - \pi) \cdot f(x,\pi)\, d\pi \\ &- 30 \cdot \sum_{x=0}^{0} \int_{0.6}^{1} (\pi - 0.6) \cdot f(x,\pi)\, d\pi \\ &= 10 \cdot 0.1188 - 30 \cdot 0.002133 \\ &= 1.1240. \end{aligned}$$

Bei 1 GE Stichprobenkosten ist der erwartete Nettowert der Stichprobeninformation

$$\begin{aligned} \text{ENSI}(n_2) &= \text{EWSI}(n_2) - \text{K}(n_2) \\ &= 1.124 - 1 \\ &= 0.124. \end{aligned}$$

Da der erwartete Nettowert der Stichprobeninformation für $n = 2$ positiv ist,

n_i	ENSI(n_i)	
n_0	0	
n_2	0.124	$\Rightarrow n_{opt} = n_2$

werden Sie vor Ihrer Entscheidung über den Anteil der schwarzen Kugeln im Behälter eine Stichprobe im Umfang $n = 2$ entnehmen.

Unter der Voraussetzung, daß

$$s_1 = s_2 = s$$

ist, kann man den erwarteten Wert der Stichprobeninformation[14] mit Hilfe einer weiteren Formel berechnen. In diesem Fall gilt allgemein

$$\text{EWSI}(n_i) = \begin{cases} s \cdot L^1_{\pi_0}(\pi'') & \text{für } \frac{x'}{n'} \leq \pi_0, \\ s \cdot L_0^{\pi_0}(\pi'') & \text{für } \frac{x'}{n'} \geq \pi_0 \end{cases}.$$

$L^1_{\pi_0}(\pi'')$ ist das rechte lineare Moment der Verteilung von π'' und $L_0^{\pi_0}(\pi'')$ das linke.

[14] Vgl. 1.3 Lineare Schadenfunktion und $s_1 = s_2$, (a) Bernoulli Modell S. 403.

Nimmt man im vorliegenden Beispiel an, daß s_1 nicht 10 und s_2 nicht 30 ist, sondern

$$s_1 = s_2 = 20,$$

dann kann man den EWSI(n_2) mit Hilfe dieser Formel berechnen.
Der EWSI(n_2) ist

$$\begin{aligned} \text{EWSI}(n_2) &= s \cdot L^1_{\pi_0}(\pi'') \\ &= 20 \cdot L^1_{0.6}(\pi'') \\ &= 20 \cdot 0.05 \\ &= 1.0, \end{aligned}$$

da das rechte lineare Moment der Verteilung von π'' für $x' = 1$, $n' = 2$ und $n = 2$ sowie für die Grenzen von $x^+ = 2$ bis $n = 2$ gleich 0.5 ist.
Diese Formel für den EWSI hat den Vorteil, daß man nicht für jedes mögliche Stichprobenergebnis die beiden Posteriorischadenerwartungswerte berechnen muß, was bei großem n sehr aufwendig sein kann.[15]

(β) **Für variables** n

Bei der Möglichkeit, beliebig viele Kugeln aus dem Behälter zu ziehen, berechnet man für jeden Stichprobenumfang kleiner als n_{max} den Entscheidungsschadenerwartungswert, den EWSI(n) und den ENSI(n). Der optimale Stichprobenumfang ist wieder jener mit dem maximalen ENSI größer gleich Null. Da der erwartete Wert der perfekten Information gleich 1.8 ist

$$\text{EWPI} = \text{ESE}(n_0) = 1.8,$$

ist n_{max} bei k=0.5 kleiner als

$$n_{max} < \frac{\text{EWPI}}{k} = \frac{1.8}{0.5} = 3.6.$$

Für die möglichen Aktionen sind die entsprechenden Erwartungswerte in folgender Tabelle zusammengestellt:

n_i	ESE(n_i)	EWSI(n_i)	ENSI(n_i)	
n_0	1.8000	0	0	
n_1	0.6800	1.1200	0.6200	$\Rightarrow n_{opt} = n_1$
n_2	0.6760	1.1240	0.1240	
n_3	0.4075	1.3925	-0.1075	

Die Tabelle zeigt, daß bei der vorausgesetzen linearen Schadenfunktion n_1 die optimale Aktion ist. Sie werden daher für die Kosten von 0.5 GE eine Kugel

[15] Vgl. Weibel, B. (1978, S. 161).

aus dem Behälter nehmen und auf Grund des Ergebnisses entscheiden, ob der Behälter einen Anteil schwarzer Kugeln von höchstens 0.6 enthält oder mehr.

(d) Fallstudie

Der Firma Nova wird ein neues Produkt angeboten. Die Erzeugung dieses Produktes erfordert eine einmalige Investition in die maschinelle Ausrüstung von 15000 GE. Die variablen Kosten werden mit 3.50 GE kalkuliert. Der Chef der Firma Nova schätzt, daß er für das neue Produkt höchstens einen Preis von 5 GE verlangen kann.

Die Firma Nova beabsichtigt, das neue Produkt über ein Versandhaus zu vertreiben. Das Versandhaus verlangt für den Vertrieb des Produktes einen Fixbetrag von 5000 GE und 10% vom Verkaufspreis für jedes verkaufte Stück. Diese Bedingungen beinhalten auch die Lagerung bis 5000 Stück.

Dem Versandhaus steht eine Kundenliste von 100000 Personen zur Verfügung. Aus der könnte man auch eine Stichprobe ziehen, um die Akzeptanz des neuen Produktes zu testen. Pro interviewtem Kunden entstehen Interviewer- und Manipulationskosten von 10 GE.

Welche der möglichen Alternativen soll die Firma Nova wählen? Soll sie das neue Produkt ohne weitere Informationen erzeugen oder soll sie an Hand einer Stichprobe die Akzeptanz testen? Oder soll sie auf die Erzeugung dieses Produktes verzichten?

Zuerst muß der sogenannte Break-even-Punkt bestimmt werden. Dies ist jener Anteil an Kunden, oberhalb dem die Produkteinführung ein gewinnbringendes Geschäft wird und unterhalb dem nur Verluste erwirtschaftet werden. Um diesen Punkt zu bestimmen, setzt man die Gewinnfunktionen der beiden Aktionen

$$\begin{aligned} a_0 &: \text{ Produkt nicht einführen,} \\ a_1 &: \text{ Produkt einführen,} \end{aligned}$$

gleich. Die Gewinnfunktion für a_1 ist

$$\begin{aligned} g(a_1, \pi) &= -15000 - 5000 + [5 - (0.50 + 3.50)] \cdot 100000 \cdot \pi \\ &= -20000 + 100000 \cdot \pi \\ &= -2 \cdot 10^4 + 10^5 \cdot \pi. \end{aligned}$$

Die 20000 GE sind die Fixkosten für die Erzeugung (15000) und für den Vertrieb (5000). Die variablen Produktionskosten sind 3.50 GE pro Stück und 0.50 GE sind 10% variable Vertriebskosten vom Verkaufspreis.

Die Gewinnfunktion für a_0 ist gleich 0. Daher ist der Break-even-Punkt gleich:

$$\begin{aligned} -20000 + 100000 \cdot \pi_0 &= 0 \\ \pi_0 &= 0.20. \end{aligned}$$

Wenn das neue Produkt von mehr als 20% der Kunden gekauft wird, dann macht die Firma einen Gewinn. Andernfalls muß sie mit einem Verlust rechnen. Für die beiden angeführten Aktionen sieht die Entscheidungstabelle wie folgt aus:

Aktion	Zustand	
a_i	$\pi \leq 0.20$	$\pi > 0.20$
a_0	0	0
a_1	$-2 \cdot 10^4 + 10^5 \cdot \pi$	$-2 \cdot 10^4 + 10^5 \cdot \pi$

Wenn der Anteil der Käufer kleiner gleich 0.20 ist, dann entsteht kein Schaden, wenn man das Produkt nicht einführt, also a_0 wählt. Ist aber der Anteil über 0.20, dann entsteht bei der Wahl von a_0 ein entgangener Gewinn in der Höhe von

$$\begin{aligned} s(a_0,\pi) &= g(a_1,\pi) - g(a_0,\pi) \\ &= -2 \cdot 10^4 + 10^5 \cdot \pi - 0 \\ &= 10^5 \cdot (\pi - 0.20). \end{aligned}$$

Bei der Wahl von a_1 entsteht kein Schaden (=Opportunitätskosten), wenn die Wahl richtig war, nämlich bei einem Anteil an Käufern über 20%. Liegt der Anteil darunter, dann sind die Opportunitätskosten gleich

$$\begin{aligned} s(a_1,\pi) &= g(a_0,\pi) - g(a_1,\pi) \\ &= 0 - (2 \cdot 10^4 + 10^5 \cdot \pi) \\ &= 10^5 \cdot (0.20 - \pi). \end{aligned}$$

Die Entscheidungstabelle in Form von Opportunitätskosten hat folgendes Aussehen:

Aktion	Zustand	
a_i	$\pi \leq 0.20$	$\pi > 0.20$
a_0	0	$10^5 \cdot (\pi - 0.20)$
a_1	$10^5 \cdot (0.20 - \pi)$	0

Der mögliche Schaden hängt bei beiden Alternativen linear von der Abweichung des wahren Käuferanteils von 0.20 ab.

Wenn das Management der Firma Nova keine Vorstellung über den zu erwartenden Anteil an Käufern hat, ist es naheliegend, von der Gleichwahrscheinlichkeit jedes Anteils zwischen 0 und 1 auszugehen und dies durch eine Betaverteilung mit den Parametern $x' = 1$ und $n' = 2$ auszudrücken. Unter dieser Voraussetzung hat die Aktion a_1 den geringeren Schadenerwartungswert.

Aktion	Zustand		
a_i	$\pi \leq 0.20$	$\pi > 0.20$	$\mathrm{SE}'(a_i)$
a_0	0	10^5	32000
a_1	10^5	0	2000
$L'(H_i)$	0.02	0.32	

Ohne weitere Informationen wäre daher die optimale Entscheidung, das Produkt einzuführen.

Will man jedoch vor dieser Entscheidung zuerst weitere Informationen in Form einer Stichprobenbefragung der Versandhauskunden einholen, dann stellt sich die Frage, wieviel Kunden zu interviewen sind. Da der EWPI gleich dem Schadenerwartungswert der priori optimalen Aktion ist

$$\text{EWPI} = 2000 = \text{SE}(a_1)$$

und die Erhebungskosten pro Person 10 GE betragen, kann man den Stichprobenumfang, der maximal in Frage kommt, durch die Formel

$$n_{max} < \frac{\text{EWPI}}{k} = \frac{2000}{10} = 200$$

bestimmen. Für die einzelnen Stichprobenumfänge von 1 bis 200 kann man nun den ENSI berechnen und jenen Stichprobenumfang auswählen, für den der ENSI am größten ist. Da im vorliegendem Fall

$$s_1 = s_2 = s = 10^5$$

ist und

$$\frac{x'}{n'} = \frac{1}{2} > \pi_0 = 0.2,$$

kann man den EWSI mit Hilfe der Formel[16]

$$\begin{aligned} \text{EWSI}(n_i) &= s \cdot L_0^{0.2}(\pi'') \\ &= s \cdot \sum_{\pi'' \leq 0.2} (0.2 - \pi'') \cdot f(\pi'') \\ &= s \cdot \left[0.2 \cdot F_{\beta B}(x^- | x', n', n) - \frac{x'}{n'} \cdot F_{\beta B}(x^- | x' + 1, n' + 1, n) \right] \end{aligned}$$

berechnen. x^- ist die größte ganze Zahl kleiner als $(n + n') \cdot \pi - x'$. Z. B. ist x^- für den Stichprobenumfang $n = 5$ und den obigen Ausgaben gleich 0, da

$$(5 + 2) \cdot 0.2 - 1 = 0.4$$

und 0 die größte ganze Zahl kleiner 0.4 ist. Der EWSI für diesen Stichprobenumfang kann daher wie folgt bestimmt werden:

$$\begin{aligned} \text{EWSI}(n_5) &= 10^5 \cdot \left[0.2 \cdot F_{\beta B}(0|1, 2, 5) - \frac{1}{2} \cdot F_{\beta B}(0|2, 3, 5) \right] \\ &= 952.381. \end{aligned}$$

Zieht man davon die Erhebungskosten von

$$k \cdot n = 10 \cdot 5 = 50$$

[16] Vgl. 1.3 Lineare Schadenfunktion und $s_1 = s_2$, (a) Bernoulli Modell S. 403.

ab, dann erhält man den entsprechenden ENSI für $n = 5$:

$$\text{ENSI}(n_5) = 952.381 - 50 = 902.381.$$

Da dieser Wert positiv ist, ist jedenfalls eine Stichprobenerhebung im Umfang von $n = 5$ angebracht, bevor man entscheidet, ob das neue Produkt auf den Markt gebracht werden soll. Wenn man jedoch alle ENSI der 200 in Frage kommenden Stichprobenumfänge berechnet und vegleicht, wird man feststellen, daß der Stichprobenumfang

$$n = 26$$

mit 1459.5767 den größten erwarteten Nettowert der Stichprobeninformation aufweist. Durch eine Stichprobenerhebung in diesem Umfang reduziert sich der Schadenerwartungswert der priori optimalen Aktion von 2000 GE auf 540.5 GE. Dies ist der Schadenerwartungswert dieser Stichprobe. Die Firma Nova ist daher gut beraten, wenn sie vor der Entscheidung über die Produkteinführung noch die Information einer Stichprobe im Umfang von $n = 26$ berücksichtigt.

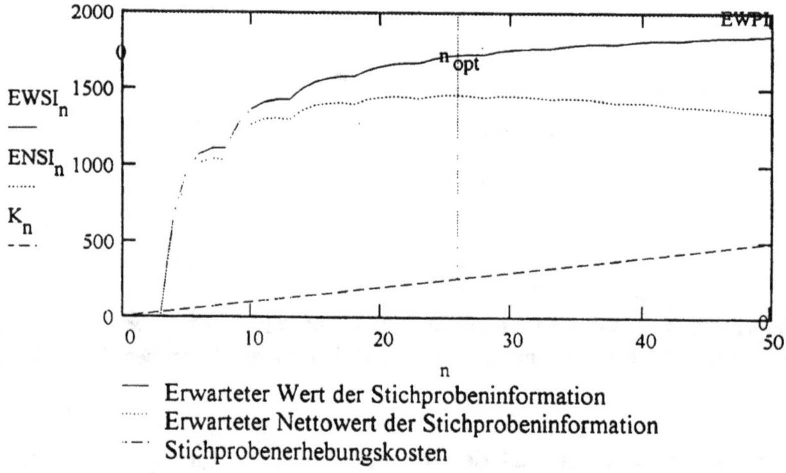

EWSI(n), ENSI(n) und K(n) für die Fallstudie „Produkteinführung“

Bisher wurde angenommen, daß das Management der Firma Nova keine Prioriinformationen über den möglichen Käuferanteil besitzt. Kann man jedoch voraussetzen, daß Erfahrungen mit der Einführung ähnlicher Produkte vorhanden sind, dann verändern diese Informationen den optimalen Stichprobenumfang unter Umständen beträchtlich. Vermutet z.B. der Marketingleiter der Firma Nova auf Grund seiner Erfahrung, daß der wahrscheinlichste Käuferanteil für dieses neue Produkt 1/4 aller Kunden sein wird und gewichtet er seine Schätzung derart, daß er sie einer hypothetischen Stichprobe im Umfang von

$$n' = 20$$

gleichsetzt, dann ist auch der zweite Parameter der Prioribetaverteilung leicht bestimmbar. Der wahrscheinlichste Wert[17] einer Betaverteilung wird durch die Formel

$$M(\pi) = \frac{x' - 1}{n' - 2}$$

bestimmt. Setzt man für $n' = 20$ ein, dann erhält man für x' den Wert

$$x' = 5.5.$$

Die Priorianalyse unter den geänderten Voraussetzungen zeigt folgende Tabelle:

Aktion	Zustand		
a_i	$\pi \leq 0.20$	$\pi > 0.20$	SE(a_i)
a_0	0	10^5	8561.1256
a_1	10^5	0	1016.1256
$L'(H_i)$	0.0102	0.0856	

Der erwartete Wert der perfekten Information ist nun gleich

$$\text{EWPI} = 1061.1256$$

und der maximal in Frage kommende Stichprobenumfang daher

$$n_{max} < \frac{1061.1256}{10} \cong 106.$$

Unter diesen 106 möglichen Stichprobenumfängen hat jener mit dem Umfang

$$n = 35$$

den maximalen ENSI von

$$\text{ENSI}(n_{35}) = 187.8420.$$

Mit den angenommenen Prioriinformationen ist es für die Firma Nova am vernünftigsten, 35 Kunden zu interviewen und an Hand dieser Information zu entscheiden, ob das neue Produkt hergestellt und am Markt eingeführt werden soll.

[17] Vgl. 2.1 Konstante Schadenfunktion S. 377.

Wie ist es möglich, daß der optimale Stichprobenumfang bei ziemlich vager Prioriinformation mit $n_{opt} = 26$ geringer ist als der optimale Stichprobenumfang $n_{opt} = 35$ bei einer Prioriinformation, die einen hypothetischen Stichprobenumfang von $n' = 20$ und $x' = 5.5$ entspricht?

Da der Break-even-Punkt in diesem Beispiel bei 0.2 liegt, tragen Priorverteilungen, die in der Nähe von 0.2 liegen, mehr zur Unsicherheit darüber bei, ob a_0 oder a_1 anzunehmen ist. Ist man z.B. apriori der Ansicht, daß der wahrscheinlichste Anteil an Kunden 0.20 ist und diese Vermutung das Gewicht einer hypothetischen Stichprobe von $n' = 20$ hat, dann ist der optimale Stichprobenumfang gleich 45 und der ENSI gleich ENSI(n_{45})=1233.3248.

Ganz anders ist die Situation, wenn der wahrscheinlichste Wert 0.3 ist und n' wieder 20. In diesem Fall hat es keinen Sinn, weitere Stichprobeninformationen zu erwerben. Die Entscheidung ist an Hand der Prioriinformation zu fällen.

1.3 Quadratische Schadenfunktion

(a) Priorianalyse

Wie ändert sich die Entscheidungsanalyse, wenn sich der Schaden pro Abweichungseinheit von π_0 nicht linear, sondern quadratisch erhöht? Wenn Sie behaupten, daß der Behälter einen Anteil schwarzer Kugeln von höchstens 0.6 aufweist und tatsächlich trifft das nicht zu, dann soll der Schaden im Quadrat mit der Zahl der Abweichungseinheiten wachsen, wobei der Schaden pro Abweichungseinheit wieder $s_2 = 30$ GE betragen soll. Wenn Sie hingegen fälschlicherweise behaupten, daß der Behälter einen Anteil schwarzer Kugeln hat, der größer als 0.6 ist, dann soll der Schaden pro Abweichungseinheit gleich $s_1 = 10$ GE betragen und ebenfalls mit der Zahl der Abweichungseinheiten im Quadrat wachsen. Diese Schadeninformation ist in folgender Tabelle zusammengefaßt:

Aktion	Zustand	
a_i	$\pi \leq 0.6$	$\pi > 0.6$
a_0	0	$30 \cdot (\pi - 0.6)^2$
a_1	$10 \cdot (0.6 - \pi)^2$	0

Als Schadenfunktion kann man diese Informationen auch wie folgt darstellen:

$$s(a_0, \pi) = \begin{cases} 0 & \text{für } \pi \leq 0.6 \\ 30 \cdot (\pi - 0.6)^2 & \text{für } \pi > 0.6 \end{cases}$$

$$s(a_1, \pi) = \begin{cases} 10 \cdot (0.6 - \pi)^2 & \text{für } \pi \leq 0.6 \\ 0 & \text{für } \pi > 0.6. \end{cases}$$

Bei einer quadratischen Schadenfunktion werden die Schadenerwartungswerte[18] nach folgenden Formeln bestimmt:

$$\mathrm{SE}'(a_0) = s_2 \cdot \int_{0.6}^{1} (\pi - 0.6)^2 \cdot f_\beta(\pi | x', n' - x')\, d\pi = s_2 \cdot Q^1_{0.6}(\pi),$$

[18]Vgl. 3.2 Betaverteilung S. 291 und 1.3 Quadratische Schadenfunktion S. 373.

$$\mathrm{SE}'(a_1) = s_1 \cdot \int_0^{0.6} (0.6-\pi)^2 \cdot f_\beta(\pi|x', n'-x')\, d\pi = s_1 \cdot Q_0^{0.6}(\pi).$$

$Q_0^c(\pi)$ und $Q_c^1(\pi)$ sind das linke und rechte quadratische Moment der Betaverteilung.

Für $c = 0.6$, $x' = 1$ und $n' = 2$ ist

$$Q_0^{0.6}(\pi) = 0.0720$$

und

$$Q_{0.6}^1(\pi) = 0.0213.$$

In folgender Tabelle sind die Rechenergebnisse wieder zusammengefaßt:

Aktion	Zustand			
a_i	$\pi \leq 0.6$	$\pi > 0.6$	$\mathrm{SE}'(a_i)$	
a_0	0	30	0.6400	$\Rightarrow a'_{opt} = a_0$
a_1	10	0	0.7200	
$Q'(\pi_i)$	0.0720	0.0213		

Bei der vorausgesetzten quadratischen Schadenfunktion ist a_0 die optimale Aktion. Sie werden behaupten, daß der Anteil an schwarzen Kugeln höchstens 0.6 ist.

(b) Posteriorianalyse

Wenn man aus dem Behälter 2 schwarze Kugeln gezogen hat, dann ändern sich die Parameter für die Betaverteilung und damit die Schadenerwartungswerte für die beiden möglichen Aktionen.

Für a_0 ist der Schadenerwartungswert

$$\begin{aligned}\mathrm{SE}''(a_0|x) &= s_2 \cdot Q_{0.6}^1(\pi|x''=3, n''-x''=1)\\ &= 30 \cdot 0.0522\\ &= 1.5667\end{aligned}$$

und für a_1

$$\begin{aligned}\mathrm{SE}''(a_1|x) &= s_1 \cdot Q_0^{0.6}(\pi|x''=3, n''-x''=1)\\ &= 10 \cdot 0.00778\\ &= 0.0778.\end{aligned}$$

Da nun die Aktion a_1 den geringeren Schadenerwartungswert aufweist, werden Sie nach dieser Information behaupten, daß der Anteil an schwarzen Kugeln größer als 0.6 ist.

(c) Präposteriorianalyse

(α) Für fixes n

Die Schadenerwartungswerte für die möglichen Stichprobenergebnisse einer Stichprobe im Umfang $n = 2$ zeigt folgende Tabelle:

x_i	$\text{SE}''(a_0\|x)$	$\text{SE}''(a_1\|x)$	$\text{SE}''(a_{opt}\|x)$	$f_{\beta B}(x)$	$\text{SE}''(a_{opt}\|x) \cdot f_{\beta B}(x)$
0	0.0307	1.5898	0.0307	1/3	0.0102
1	0.3226	0.4925	0.3226	1/3	0.1075
2	1.5667	0.0778	0.0778	1/3	0.0259
				1.0	$0.1437 = \text{ESE}(n_2)$

Der erwartete Wert der Stichprobeninformation ist für $n = 2$

$$\begin{aligned} \text{EWSI}(n_2) &= \text{ESE}(n_0) - \text{ESE}(n_2) \\ &= 0.6400 - 0.1437 \\ &= 0.4963 \end{aligned}$$

oder nach der zweiten Formel

$$\begin{aligned} \text{EWSI}(n_2) &= \sum_{x=0}^{2} \left[\text{SE}''(a'_{opt}|x) - \text{SE}''(a''_{opt}|x)\right] \cdot f_{\beta B}(x) \\ &= (1.5667 - 0.0778)/3 \\ &= 0.4963. \end{aligned}$$

Auch bei einer quadratischen Schadenfunktion kann man den erwarteten Wert der Stichprobeninformation[19] mit Hilfe einer dritten Formel berechnen. Er ist

$$\text{EWSI}(n_i) = \begin{cases} s_2 \cdot m_{02}^{(22)} - s_1 \cdot m_{02}^{(21)} & \text{für } a'_{opt} = a_0, \\ s_1 \cdot m_{02}^{(11)} - s_2 \cdot m_{02}^{(12)} & \text{für } a'_{opt} = a_1. \end{cases}$$

$m_{02}^{(ij)}$ sind die partiellen Momente zweiter Ordnung der zweidimensionalen Betabinomialverteilung für X und π. $m_{02}^{(11)}$ ist z.B.

$$m_{01}^{(11)} = \sum_{x=0}^{x^-} \int_0^{\pi_0} (\pi_0 - \pi)^2 \cdot f(x, \pi)\, d\pi.$$

x^- und x^+ werden wieder so bestimmt, daß sie die größte bzw. kleinste ganze Zahl sind, die kleiner bzw. größer sind als x. Für x muß gelten

$$\begin{aligned} s_1 \cdot \int_0^{\pi_0} (\pi_0 - \pi)^2 \cdot f(\pi|x)\, d\pi &= s_2 \cdot \int_{\pi_0}^{1} (\pi - \pi_0)^2 f(\pi|x)\, d\pi \\ 10 \cdot Q_0^{0.6}(\pi|1 + x, 3 - x) &= 30 \cdot Q_{0.6}^{1}(\pi|1 + x, 3 - x). \end{aligned}$$

[19] Vgl. 1.1 Bernoulli Modell S. 399.

Für $x = 1.1278$ ist diese Bedingung erfüllt:

$$\begin{aligned} 10 \cdot Q_0^{0.6}(\pi|1+1.1278, 3-1.1278) &= 30 \cdot Q_{0.6}^1(\pi|2.1278, 1.8722) \\ 0.0687 &= 0.0687. \end{aligned}$$

Daher ist

$$\begin{aligned} x^- &= 1 < 1.1278, \\ x^+ &= 2 > 1.1278. \end{aligned}$$

Da $a'_{opt} = a_0$ ist, ist der EWSI gleich

$$\begin{aligned} \text{EWSI}(n_2) &= 30 \cdot m_{02}^{(22)} - 10 \cdot -m_{02}^{(21)} \\ &= 30 \cdot \sum_{x=c_1}^{n} \int_{c_2}^{1} (\pi - c_2)^2 \cdot f(x, \pi|x', n', n)\, d\pi - \\ &- 10 \cdot \sum_{x=c_1}^{n} \int_{0}^{c_2} (c_2 - \pi)^2 \cdot f(x, \pi|x', n', n)\, d\pi \\ &= 30 \cdot \sum_{x=2}^{2} \int_{0.6}^{1} (\pi - 0.6)^2 \cdot f(x, \pi|1, 2, 2)\, d\pi - \\ &- 10 \cdot \sum_{x=2}^{2} \int_{0}^{0.6} (0.6 - \pi)^2 \cdot f(x, \pi|1, 2, 2)\, d\pi \\ &= 30 \cdot 0.017408 - 10 \cdot 0.002592 \\ &= 0.4963. \end{aligned}$$

Da die Ziehung 1 GE kostet, ist der erwartete Nettowert der Stichprobeninformation negativ:

n_i	ENSI(n_i)	
n_0	0.0000	$\Rightarrow n_{opt} = n_0$
n_2	-0.5037	

Sie werden daher von der Möglichkeit einer Stichprobenziehung im Umfang $n = 2$ nicht Gebrauch machen und auf Grund Ihrer Prioriinformation entscheiden.

(β) Für variables n

Für die Stichprobenkosten von 0.5 GE pro gezogener Kugel ist der maximale Stichprobenumfang mit positivem ENSI kleiner als

$$n_{max} < \frac{\text{EWPI}}{k} = \frac{0.64}{0.50} \cong 1.$$

Die entsprechenden Erwartungswerte für die Aktionen n_0, n_1 und n_2 zeigt folgende Tabelle:

n_i	ESE(n_i)	EWSI(n_i)	ENSI(n_i)	
n_0	0.6400	0.0000	0.0000	$\Rightarrow n_{opt} = n_0$
n_1	0.1720	0.4680	-0.0320	
n_2	0.1437	0.4963	-0.5037	

Unter den angenommenen Voraussetzungen ist die optimale Aktion, keine Stichprobenziehung durchzuführen und gleich zu behaupten, daß der Behälter einen Anteil an schwarzen Kugeln enthält, der höchstens 0.6 ist.

(d) Fallstudie

Für den Verkauf eines bestimmten Produktes stehen zwei Vertriebswege zur Wahl. Der Vertrieb über einen Vertreter ist günstiger, solange der Anteil der Käufer in einem bestimmten Gebiet 40% nicht übersteigt. Wegen der Konkurrenz ist es schwierig, mehr als 40% der Käufer in diesem Gebiet für das entsprechende Produkt zu gewinnen. Daher verlangt der Vertreter ab 40% Käuferanteil einen Zuschlag auf seine Provision, die quadratisch mit dem Käuferanteil wächst. In dieser Situation ist der Vertrieb über das firmeneigene Filialnetz daher günstiger. Die Opportunitätskosten sind in folgender Tabelle zusammengestellt:

Aktion	Zustand	
a_i	$\pi \leq 0.4$	$\pi > 0.4$
Vertreter	0	$200 \cdot (\pi - 0.4)^2$
Filialen	200	0

Für welchen Vertriebsweg soll sich die Firma entscheiden, wenn der Marketingleiter der Firma auf Grund seiner Erfahrung mit ähnlichen Produkten vermutet, daß der Käuferanteil mit 50% Wahrscheinlichkeit innerhalb des Intervalls von 0.4 bis 0.6 liegt und mit der gleichen Wahrscheinlichkeit außerhalb?

Da der Marketingleiter den wahren Käuferanteil mit 50% Wahrscheinlichkeit zwischen 0.4 und 0.6 vermutet,

$$W(0.40 \leq \pi \leq 0.60) = 0.50$$

muß das 25.te Perzentil der Prioribetaverteilung gleich 0.40 sein,

$$F_\beta(0.25|x', n' - x') = 0.40$$

und das 75.te Perzentil gleich 0.60:

$$F_\beta(0.75|x', n' - x') = 0.60.$$

Mit Hilfe von Verteilungstabellen der Betaverteilung[20] findet man etwa für $x' = 5$ und $n' = 10$ folgende Werte:

$$F_\beta(0.25|5, 5) = 0.3920,$$
$$F_\beta(0.75|5, 5) = 0.6080.$$

Man kann daher die Prioriinformation des Marketingleiters durch eine Betaverteilung mit den Parametern $x' = 5$ und $n' = 10$ ausdrücken.

[20] Ausführliche Tabellen für die Verteilungsfunktionen der Betaverteilungen findet man in Marinell, Seeber (1993).

Mit Hilfe dieser Prioriverteilung kann man nun die Schadenerwartungswerte der beiden Aktionen berechnen. Dabei ist zu berücksichtigen, daß für den Umweltzustand $\pi \leq 0.4$ eine konstante Schadenfunktion vorliegt und für $\pi > 0.4$ eine quadratische. Der Schadenerwartungswert der Aktion a_0 ist daher gleich

$$\begin{aligned} \text{SE}'(a_0) &= 200 \cdot \int_{0.4}^{1} (\pi - 0.4)^2 \cdot f_\beta(\pi|5,5)\, d\pi \\ &= 5.8951 \end{aligned}$$

und der Schadenerwartungswert der Aktion a_1 ist gleich

$$\begin{aligned} \text{SE}'(a_1) &= 200 \cdot \int_{0}^{0.4} f_\beta(\pi|5,5)\, d\pi \\ &= 53.3135. \end{aligned}$$

Da die Aktion a_0 mit 5.8951 apriori den geringeren Schadenerwartungswert aufweist, wird man für das betreffende Produkt den Vertriebsweg über den Vertreter wählen. Besteht jedoch die Möglichkeit, Stichprobeninformationen zum Preis von 0.1 GE pro Person zu erhalten, dann ist der maximal mögliche Stichprobenumfang kleiner als

$$n_{max} < \frac{5.8951}{0.10} \cong 59.$$

Die Schadenerwartungswerte der Stichproben mit dem Umfang $n = 1$ bis $n = 59$ berechnet man mit Hilfe der Formel

$$\begin{aligned} \text{ESE}(n_i) &= \sum_{x=0}^{n} \min\Big[200 \cdot \int_{0}^{0.4} f_\beta(\pi|5+x, 10+n-5-x)\, d\pi, \\ &\quad 200 \cdot \int_{0.4}^{1} (\pi - 0.4)^2 \cdot f_\beta(\pi|5+x, 10+n-5-x)\, d\pi\Big] \cdot \\ &\quad \cdot f_{\beta B}(x|5; 10, n). \end{aligned}$$

Für $n = 1$ ist er z.B. gleich

$$\begin{aligned} \text{ESE}(n_1) &= \min(73.3793,\ 3.7225) \cdot 0.5 + \min(33.2477,\ 8.0678) \cdot 0.5 \\ &= 5.8951. \end{aligned}$$

Zieht man den Entscheidungsschadenerwartungswert der Stichprobe und auch noch die Erhebungskosten vom EWPI ab, dann erhält man bekanntlich den ENSI dieser Stichprobe. Für $n = 1$ ist er gleich

$$\begin{aligned} \text{ENSI}(n_1) &= 5.8951 - 5.8951 - 0.1 \\ &= -0.1. \end{aligned}$$

Die Ziehung einer Stichprobeneinheit ist also nicht angebracht, da der Nettowert dieser Stichprobeninformation negativ ist.

Von den 59 möglichen Stichprobenumfängen hat die Stichprobe mit dem Umfang $n = 19$ mit einem ENSI von

$$\text{ENSI}(n_{19}) = 1.7754$$

den größten erwarteten Nettowert. Daher wird man vor der Entscheidung über das Vertriebssystem des Produktes 19 Personen befragen, ob sie das Produkt kaufen. Erst nach der Information aus dieser Stichprobe wird man sich entscheiden, welches Vertriebssystem gewählt wird.

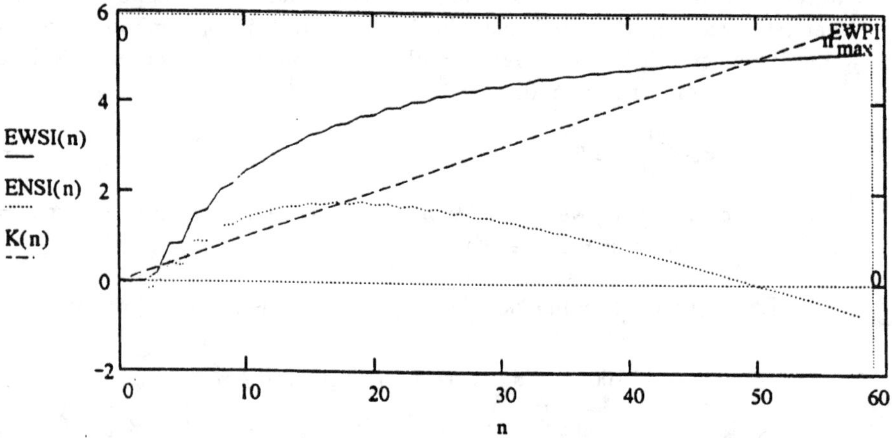

EWSI(n), ENSI(n) und K(n) für die Fallstudie „Vertriebswege“.

Wenn in dieser optimalen Stichprobe von $n = 19$ die Zahl der Befragten kleiner als 12 ist, dann ist der Schadenerwartungswert für den Vertrieb über den Vertreter kleiner als jener über das Filialnetz. Erst wenn 12 oder mehr der 19 Befragten eine Bereitschaft zum Kauf zeigen, ist der Vertrieb über das Filialnetz vorzuziehen.

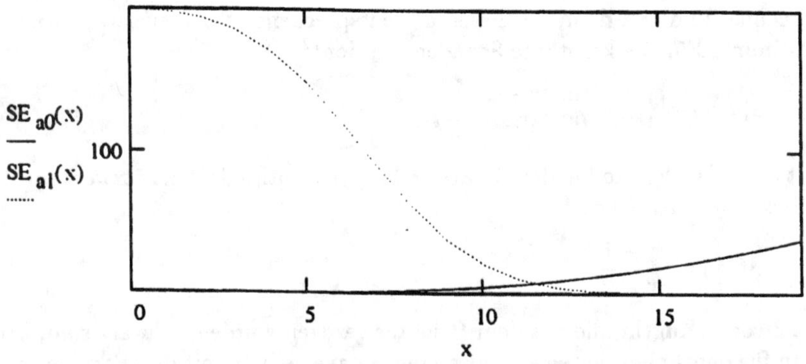

Schadenerwartungswerte für $n = 19$ *und* $x = 0, \cdots, 19$.

2 Punktschätzverfahren

2.1 Konstante Schadenfunktion

(a) Priorianalyse

Sie ziehen aus einem Behälter mit einem unbekannten Anteil an schwarzen Kugeln vier Kugeln mit Zurücklegen. Zwei davon sind schwarz. Welchen Schätzwert werden Sie für den unbekannten Anteil schwarzer Kugeln angeben, wenn Sie für eine richtige Schätzung ($\pm$ 0.01) 10 GE erhalten und 0 GE sonst?

Bei diesem Entscheidungsproblem haben Sie nicht mehr wie bei den Testverfahren zwei Aktionen zur Wahl. Hier müssen Sie aus einer im Prinzip unendlich großen Zahl von möglichen Aktionen eine optimale auswählen.[21] Denn jeder mögliche Anteil zwischen 0 und 1 ist eine mögliche Schätzung für den unbekannten Anteil schwarzer Kugeln und damit eine mögliche Aktion:

$$a \in [0, 1].$$

[21]Vgl. 2 Punktschätzverfahren S. 374ff.

Man kann daher nicht für jede mögliche Aktion den Schadenerwartungswert direkt berechnen und dann jene Aktion wählen, die den geringsten Schadenerwartungswert aufweist. Diese Vorgangsweise ist bei den Testverfahren möglich, denn dort gibt es nur zwei Aktionen. Bei Punktschätzverfahren mit einer unendlichen Auswahl möglicher Aktionen wird zuerst der optimale Schätzwert berechnet und erst dann für diesen der entsprechende Schadenerwartungswert bestimmt. Für die konstante Schadenfunktion[22]

$$s(a,\pi) = \begin{cases} 0 & \text{für } |a-\pi| < \varepsilon \\ 10 & \text{für } |a-\pi| \geq \varepsilon \end{cases}$$

mit $\varepsilon > 0$ ist der Modus der Betaverteilung der optimale[23] Schätzwert für den unbekannten Anteil π:[24]

$$M(\pi) = \frac{x'-1}{n'-2}.$$

Da 2 von 4 Kugeln, die aus dem Behälter gezogen wurden, schwarz sind, kann man für den unbekannten Anteil π eine Betaverteilung mit den Parametern

$$x' = 2 \text{ und } n' = 4$$

annehmen. Der beste Schätzwert für den unbekannten Anteil schwarzer Kugeln im Behälter ist

$$M(\pi) = \frac{2-1}{4-2} = 0.5.$$

Sie werden also behaupten, daß der Anteil schwarzer Kugeln im Behälter gleich 0.5 ist. Dieser Anteil ist jener Schätzwert, der für die gegebene Schadenfunktion den minimalen Schadenerwartungswert aufweist. Der Schadenerwartungswert wird mit der Formel

$$\begin{aligned} \text{SE}'(a_{opt}) &= s \cdot \left[K_0^{a_{opt}-\varepsilon}(\pi) + K_{a_{opt}+\varepsilon}^1(\pi)\right] \\ &= s \cdot \left[F_\beta\left(a_{opt}-\varepsilon\right) + G_\beta\left(a_{opt}+\varepsilon\right)\right] \end{aligned}$$

berechnet, wobei ε die tolerierte Abweichung ist. Für die optimale Schätzung von 0.5 und $\varepsilon = 0.01$ ist der Schadenerwartungswert

$$\begin{aligned} \text{SE}'(a_{opt}) &= 10 \cdot [F_\beta(0.50-0.01|2,2) + G_\beta(0.50+0.01|2,2)] \\ &= 9.7. \end{aligned}$$

9.7 ist zugleich der erwartete Wert der perfekten Information.

---

[22]Vgl. 2.1 Konstante Schadenfunktion S. 376.
[23]Vgl. Melsa, Cohn (1978, S. 188).
[24]Vgl. 1.5 Modus S. 249.

(b) Posteriorianalyse

Welchen Schätzwert für den Anteil schwarzer Kugeln werden Sie angeben, wenn Sie zwei weitere Kugeln aus dem Behälter ziehen und beide schwarz sind?

Außer Ihrer Prioriinformation

$$x' = 2, \; n' = 4$$

haben Sie nun auch die Stichprobeninformation

$$x = 2, \; n = 2.$$

In der Posterioribetaverteilung mit den Parametern

$$\begin{aligned} x'' &= x' + x = 2 + 2 = 4 \\ n'' &= n' + n = 4 + 2 = 6 \end{aligned}$$

sind beide Informationen zusammengefaßt. Der Modus dieser Betaverteilung ist

$$M(\pi|x) = \frac{x'' - 1}{n'' - 2} = \frac{4 - 1}{6 - 2} = 0.75.$$

Als Schätzwert für den Anteil schwarzer Kugeln werden Sie daher 0.75 angeben. Der Schadenerwartungswert dieser Schätzung ist

$$\begin{aligned} \mathrm{SE}''(a_{opt}|x) &= s \cdot \left[K_0^{0.74}(\pi|x) + K_{0.76}^{1}(\pi|x)\right] \\ &= 10 \cdot [F_\beta(0.75 - 0.01|4,2) + G_\beta(0.75 + 0.01|4,2)] \\ &= 9.5783. \end{aligned}$$

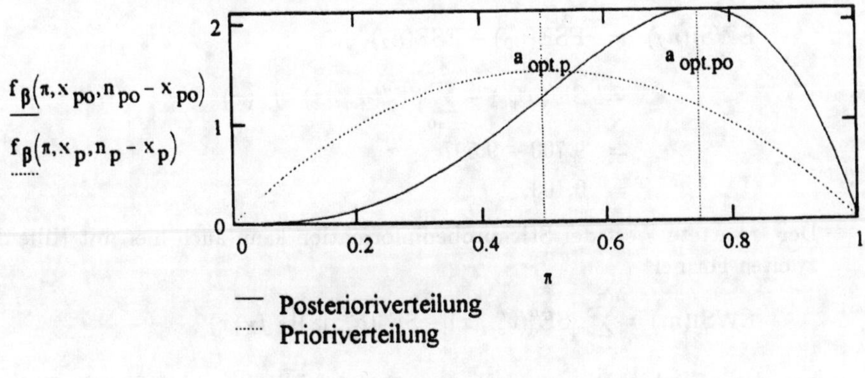

Priori- und Posterioridichte von π

(c) Präposteriorianalyse

(α) Für fixes n

Wenn Sie beim Kenntnisstand der Priorianalyse ($n' = 4, x' = 2$) das Angebot erhalten, daß Sie für 0.6 GE 2 Kugeln aus dem Behälter ziehen dürfen, dann müssen Sie sich zwischen den beiden Aktionen

n_0 : keine Stichprobenziehung

n_2 : Stichprobenziehung im Umfang $n = 2$

entscheiden. Der Schadenerwartungswert der n_0-Stichprobe ist bekanntlich

$$\text{ESE}(n_0) = 9.70 = \text{EWPI}.$$

Für die n_2-Stichprobe ist der Schadenerwartungswert für das Stichprobenergebnis $x = 2$ aus der Posteriorianalyse bekannt (9.578). Die Schadenerwartungswerte für $x = 0$ und 1 sind in folgender Tabelle enthalten:

x_i	a''_{opt}	$\text{SE}''(a_{opt}\|x)$	$f_{\beta B}(x)$	$\text{SE}''(a_{opt}\|x) \cdot f_{\beta B}(x)$
0	0.25	9.578	0.30	2.873
1	0.50	9.625	0.40	3.850
2	0.75	9.578	0.30	2.873
			1.00	9.597 = ESE(n_2)

Die Schadenerwartungswerte der möglichen Stichprobenergebnisse werden wieder mit ihren Eintrittswahrscheinlichkeiten gewichtet. Diese Eintrittswahrscheinlichkeiten werden mit Hilfe der Betabinomialverteilung $f_{\beta B}(x|x', n', n)$ berechnet. Die Summe dieser gewichteten Schadenerwartungswerte ist der Entscheidungsschadenerwartungswert der n_2-Stichprobe:

$$\text{ESE}(n_2) = 9.597.$$

Der erwartete Wert der Stichprobeninformation ist für eine Stichprobe im Umfang $n = 2$

$$\begin{aligned} \text{EWSI}(n_2) &= \text{ESE}(n_0) - \text{ESE}(n_2) \\ &= \text{SE}'(a_{opt}) - \sum_{x=0}^{2} \text{SE}''(a_{opt}|x) \cdot f_X(x) \\ &= 9.700 - 9.597 \\ &= 0.103. \end{aligned}$$

Der erwartete Wert der Stichprobeninformation kann auch hier mit Hilfe der zweiten Formel

$$\text{EWSI}(n_i) = \sum_{x=0}^{n} \left[\text{SE}''(a'_{opt}|x) - \text{SE}''(a''_{opt}|x)\right] \cdot f_X(x)$$

berechnet werden. Die notwendigen Zwischenschritte sind in folgender Tabelle zusammengefaßt ($a'_{opt} = 0.50$):

x_i	$K_0^{0.49}(\pi\|x)$ (1)	$K_{0.51}^1(\pi\|x)$ (2)	$\text{SE}''(a'_{opt}\|x)$ (3) = 10 · [(1) + (2)]	$\text{SE}''(a''_{opt}\|x)$ (4)	(3)-(4) (5)
0	0.7998	0.1752	9.750	9.578	0.172
1	0.4813	0.4813	9.625	9.625	0.000
2	0.1752	0.7998	9.750	9.578	0.172

Gewichtet man die Differenzen zwischen den Schadenerwartungswerten wieder mit den Betabinomialwahrscheinlichkeiten, dann erhält man

$$\begin{aligned}\text{EWSI}(n_2) &= \sum_{x=0}^{2}\left[\text{SE}''(a'_{opt}|x) - \text{SE}''(a''_{opt}|x)\right] \cdot f_{\beta B}(x) \\ &= 0.172 \cdot 0.30 + 0 \cdot 0.40 + 0.172 \cdot 0.30 \\ &= 0.103.\end{aligned}$$

Da die Stichprobenziehung von $n = 2$ Kosten von 0.6 GE verursacht, ist der erwartete Nettowert der Stichprobeninformation negativ:

$$\begin{aligned}\text{ENSI}(n_2) &= \text{EWSI}(n_2) - \text{K}(n_2) \\ &= 0.103 - 0.6 \\ &= -0.497.\end{aligned}$$

Sie werden daher das Angebot, 2 zusätzliche Kugeln aus dem Behälter um 0.6 GE zu ziehen, ablehnen und den Anteil schwarzer Kugeln an Hand Ihrer Prioriinformation schätzen.

(β) Für variables n

Auch das Angebot, daß Sie beliebig viele Kugeln aus dem Behälter ziehen dürfen, bevor Sie eine Schätzung des Anteils schwarzer Kugeln abgeben, ist uninteressant, solange die Gebühr pro Kugel 0.3 GE beträgt. In diesem Fall ist

$$n_{max} < \frac{\text{EWPI}}{k} = \frac{9.7}{0.3} \cong 32.$$

Der erwartete Nettowert der Stichprobeninformation ist aber für keinen der möglichen Stichprobenumfänge positiv.

(d) Fallstudie

Ein Arzt will den Anteil der Menschen mit Migräne in einer bestimmten Region schätzen. Nach seinen Prioriinformationen haben mit 90% Wahrscheinlichkeit mindestens 20% der Menschen in diesem Gebiet dieses Leiden. Seine Schätzung soll vom wahren Anteil höchstens 1% abweichen. Im Hinblick auf die Folgen einer Fehlentscheidung setzt er einen Betrag von insgesamt 1000 GE als Opportunitätskosten sowohl für Über- oder Unterschätzung des wahren Anteils ein, da eine Gesamterhebung in etwa diesen Betrag kosten würde.

An Hand der Prioriinformation

$$W(\pi \geq 0.20) = 0.90$$

findet man eine Betaverteilung mit den Parametern

$$x' = 2,\ n' = 4,$$

die diese Bedingung weitgehend erfüllt.
Für die konstante Schadenfunktion

$$s(a,\pi) \ = \ \begin{cases} 0 & \text{für } |a-\pi| < 0.01, \\ 1000 & \text{sonst,} \end{cases}$$

ist der Modus der Prioribetaverteilung der optimale Schätzwert. Er ist gleich

$$M'(\pi) = \frac{x'-1}{n'-2} = \frac{2-1}{4-2} = \frac{1}{2}.$$

Der Arzt wird daher auf Grund seiner Prioriinformation annehmen, daß die Hälfte der Einwohner der betreffenden Region an Migräne leidet.
Der Schadenerwartungswert dieser Schätzung ist gleich

$$\begin{aligned} \text{SE}'(a_{opt}) &= 1000 \cdot \left[\int_0^{0.49} f_\beta(\pi|2,2)\, d\pi + \int_{0.51}^1 f(\pi|2,2)\, d\pi\right] \\ &= 1000 \cdot (0.4850 + 0.4850) \\ &= 970.0040. \end{aligned}$$

Wenn die Befragung eines Einwohners 2 GE kostet, dann ist der maximale Umfang einer Stichprobe, die diesen Schadenerwartungswert verringern kann, kleiner als

$$n_{max} < \frac{970.0040}{2} = 485.$$

Um unter diesen Stichproben jene zu ermitteln, die den größten ENSI aufweist, muß der ENSI für jeden Stichprobenumfang berechnet werden. Für $n = 2$ ist z.B. der ESE gleich

$$\begin{aligned} \text{ESE}(n_2) &= \sum_{x=0}^{2} \left[s \cdot \left(\int_0^{[(1+x)/4]-\varepsilon} f_\beta(\pi|1+x,4)\, d\pi \right.\right. \\ &+ \left.\left. \int_{[(1+x)/a]+\varepsilon}^1 f_\beta(\pi|1+x,4)\, d\pi \right) \right] \cdot f_{\beta B}(x|2,4,2) \\ &= 1000 \cdot (0.3461 + 0.6117) \cdot 0.3 + 1000 \cdot (0.4813 + \\ &+ 0.4813) \cdot 0.4 + 1000 \cdot (0.6117 + 0.3461) \cdot 0.3 \\ &= 959.7005 \end{aligned}$$

und der ENSI daher

$$\begin{aligned} \text{ENSI}(n_2) &= 970.0040 - 959.7005 - 2 \cdot 2 \\ &= 6.3035. \end{aligned}$$

Da der ENSI einer Stichprobe im Umfang $n = 2$ positiv ist, wäre eine Stichprobenbefragung von 2 Personen einer unmittelbaren Schätzung auf Grund der Prioriinformation vorzuziehen. Den größten ENSI unter den 485 möglichen Umfängen hat jedoch die Stichprobe mit dem Umfang $n = 19$. Ihr ENSI ist gleich

$$\text{ENSI}(n_{19}) = 19.3890.$$

Der Arzt wird daher den Anteil der an Migräne leidenden Einwohner nicht an Hand seiner Prioriinformationen schätzen, sondern 19 Einwohner danach befragen, ob sie an Migräne leiden und erst nach Berücksichtigung dieser Stichprobeninformation eine Schätzung dieses Anteils abgeben.

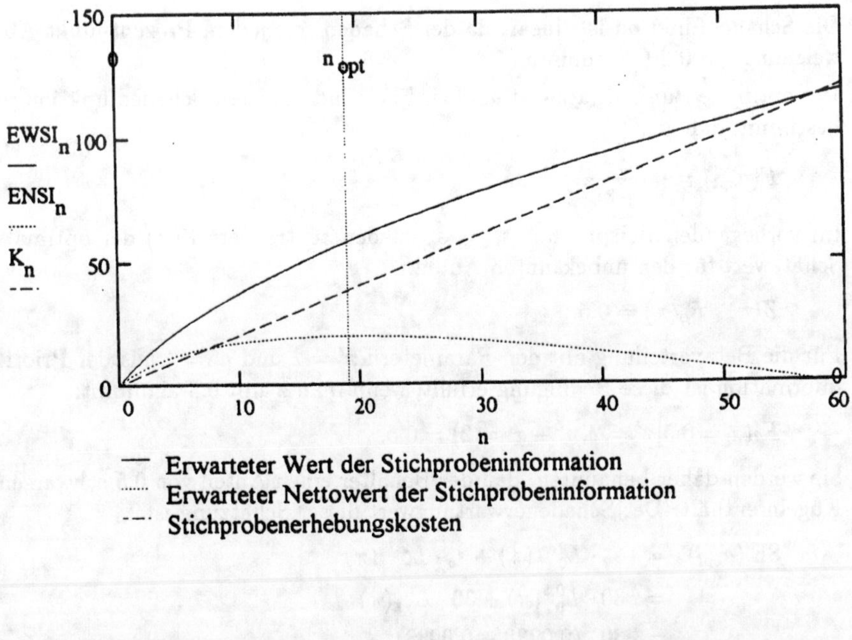

EWSI(n), ENSI(n) und K(n) für die Fallstudie „Migräne“.

2.2 Lineare Schadenfunktion

(a) Priorianalyse

Jeder Prozentpunkt Abweichung Ihres Schätzwertes vom wahren Anteil kostet Sie 0.3 GE. Welchen Anteil schwarzer Kugeln werden Sie angeben, wenn Sie wissen, daß Sie nur dann Ihren großen Gewinn machen, wenn Ihr Schätzwert mit dem tatsächlichen Anteil übereinstimmt? Für diese Situation hat die Schadenfunktion folgendes Aussehen:

$$s(a,\pi) = \begin{cases} 0 & \text{für } a = \pi, \\ s_u \cdot (a - \pi) & \text{für } a > \pi, \\ s_o \cdot (\pi - a) & \text{für } a < \pi. \end{cases}$$

Keine Opportunitätskosten treten auf, wenn $a = \pi$ ist. Da pro Prozentpunkt Abweichung $|\pi - a|$ ein Schaden von 0.3 GE auftritt, ist der Schaden pro Einheit Unterschätzung s_u gleich dem pro Einheit Überschätzung s_o, nämlich

$$s_u = s_o = 30.$$

Dies folgt aus der Aussage, daß ein Prozentpunkt 0.3 GE kostet:

$$0.3 \cdot 100 = 30.$$

Die Schadenfunktion ist linear, da der Schaden mit jedem Prozentpunkt Abweichung um 0.3 GE zunimmt.

Der optimale Punktschätzwert a_{opt} wird bei einer linearen Schadenfunktion so bestimmt, daß gilt[25]

$$F(a_{opt}) = \frac{s_o}{s_o + s_u}.$$

Im vorliegenden Beispiel mit $s_u = s_o$ ist der Zentralwert $Z(\pi)$ der optimale Schätzwert für den unbekannten Anteil:[26]

$$Z(\pi) : F_\beta(\pi) = 0.5.$$

Für die Betaverteilung mit den Parametern $x' = 2$ und $n' = 4$ aus der Prioriinformation ist diese Bedingung erfüllt, wenn man π mit 0.5 annimmt:

$$F_\beta(\pi = 0.5 | x' = 2, n' - x' = 2) = 0.5.$$

Sie werden daher behaupten, daß der Behälter einen Anteil von 0.5 schwarzen Kugeln enthält. Der Schadenerwartungwert dieser Schätzung ist[27]

$$\begin{aligned} \mathrm{SE}'(a_{opt}) &= s_u \cdot L_0^{a_{opt}}(\pi) + s_o \cdot L_{a_{opt}}^1(\pi) \\ &= 30 \cdot L_0^{0.5}(\pi) + 30 \cdot L_{0.5}^1(\pi) \\ &= 30 \cdot (0.0938 + 0.0938) \\ &= 5.625 \end{aligned}$$

[25]Vgl. 2.2 Lineare Schadenfunktion S. 380.

[26]Vgl. 1.4 Perzentile S. 248.

[27]Vgl. auch Pratt, Raiffa, Schlaifer (1965, 12.7.4).

oder einfacher[28]

$$\begin{aligned}
\text{SE}'(a_{opt}) &= s_o \cdot E^1_{a_{opt}}(\pi) - s_u \cdot E_0^{a_{opt}}(\pi) \\
&= \frac{x'}{n'} \cdot [s_o \cdot G_\beta(a_{opt}|x'+1, n'-x') - s_u \cdot F_\beta(a_{opt}|x'+1, n'-x')] \\
&= \frac{2}{4} \cdot [30 \cdot G_\beta(0.5|3,2) - 30 \cdot F_\beta(0.5|3,2)] \\
&= 5.625.
\end{aligned}$$

Dies ist auch der erwartete Wert der perfekten Information.

(b) Posteriorianalyse

Wie ändert sich die Angabe Ihres Schätzwertes, wenn Sie wissen, daß von zwei zusätzlich gezogenen Kugeln beide schwarz sind?

Neben Ihrer Prioriinformation

$$x' = 2, \quad n' = 4$$

haben Sie nun noch die Stichprobeninformation

$$x = 2, \quad n = 2.$$

Die Posterioribetaverteilung hat daher die Parameter

$$\begin{aligned}
x'' &= x' + x = 2 + 2 = 4, \\
n'' &= n' + n = 4 + 2 = 6.
\end{aligned}$$

Für den optimalen Schätzwert muß wieder gelten

$$F_\beta(a_{opt}) = \frac{30}{30+30} = 0.5.$$

Für $a_{opt} = 0.6862$ ist diese Bedingung erfüllt:

$$F_\beta(0.6862|4,2) = 0.5.$$

Der Zentralwert der Posterioribetaverteilung ist also 0.6862. Sie werden auf Grund der Stichprobe ihre Schätzung ändern und behaupten, daß der Anteil an schwarzen Kugeln 0.6862 ist. Der Schadenerwartungswert dieser Schätzung ist

$$\begin{aligned}
\text{SE}''(a_{opt}|x) &= 30 \cdot L_0^{0.6862}(\pi|x) + 30 \cdot L^1_{0.6862}(\pi|x) \\
&= 4.3667.
\end{aligned}$$

[28] Vgl. 2.2 Lineare Schadenfunktion.

(c) Präposteriorianalyse

(α) Für fixes n

Sie müssen entscheiden, ob Sie zuerst zwei Kugeln ziehen, bevor Sie die Anteilsschätzung abgeben oder ob Sie gleich auf Grund Ihres Prioriwissens eine Schätzung vornehmen. Für den zweiten Fall, den Fall der n_0-Stichprobe, ist der Schadenerwartungswert bekanntlich 5.625 (siehe Priorianalyse). Auch für das Stichprobenergebnis $n = 2$ und $x = 2$ ist der Schadenerwartungswert der optimalen Schätzung bekannt (4.367, Posteriorianalyse). Für die restlichen Stichprobenergebnisse $x = 0$ und 1 findet man die entsprechenden Werte in folgender Tabelle:

x_i	a''_{opt}	$\text{SE}''(a_{opt}\|x)$	$f_{\beta B}(x)$	$\text{SE}''(a_{opt}\|x) \cdot f_{\beta B}(x)$
0	0.3138	4.367	0.3	1.310
1	0.5000	4.687	0.4	1.875
2	0.6862	4.367	0.3	1.310
			1.0	$4.495 = \text{ESE}(n_2)$

Der Entscheidungsschadenerwartungswert der n_2-Stichprobe ist 4.495 und der Erwartungswert der Stichprobeninformation ist

$$\begin{aligned}
\text{EWSI}(n_2) &= \text{ESE}(n_0) - \text{ESE}(n_2) \\
&= \text{SE}'(a_{opt}) - \sum_{x=0}^{2} \text{SE}''(a_{opt}|x) \cdot f_X(x) \\
&= 5.625 - 4.495 \\
&= 1.130.
\end{aligned}$$

Für die Berechnung des $\text{EWSI}(n_2)$ nach der zweiten Formel

$$\text{EWSI}(n_i) = \sum_{x=0}^{n} \left[\text{SE}''(a'_{opt}|x) - \text{SE}''(a''_{opt}|x)\right] \cdot f_X(x)$$

sind folgende Werte erforderlich:

x_i	(1) $L_0^{a_{opt}}(\pi\|x)$	(2) $L^1_{a_{opt}}(\pi\|x)$	(3) $\text{SE}''(a'_{opt}\|x)$	(4) $\text{SE}''(a''_{opt}\|x)$	(5) (3)-(4)
0	0.1875	0.0208	6.248	4.367	1.882
1	0.0781	0.0781	4.687	4.687	0.0
2	0.0208	0.1875	6.248	4.367	1.882

$\text{SE}''(a'_{opt}|x = 0)$ ist zum Beispiel gleich der Summe $0.1875 + 0.0208 = 0.2083$ mal dem Schaden $s_u = s_o = 30$:

$$30 \cdot (0.1875 + 0.0208) = 6.248.$$

Der EWSI(n_2) kann nun einfach nach der zweiten Formel berechnet werden:

$$\begin{aligned} \text{EWSI}(n_2) &= 1.882 \cdot 0.3 + 0 \cdot 0.4 + 1.882 \cdot 0.3 \\ &= 1.130. \end{aligned}$$

Wenn man für die Ziehung einer Kugel 0.3 GE bezahlen muß, dann ist der erwartete Nettowert der Stichprobeninformation

$$\begin{aligned} \text{ENSI}(n_2) &= \text{EWSI}(n_2) - \text{K}(n_2) \\ &= 1.130 - 0.3 \cdot 2 \\ &= 0.530. \end{aligned}$$

Da dieser Wert positiv ist, werden Sie nicht vor der Ziehung von Kugeln Ihre Schätzung abgeben, sondern 0.6 GE für die Ziehung von 2 Kugeln bezahlen und auf Grund des Ziehungsergebnisses eine Anteilsschätzung für die schwarzen Kugeln berechnen:

n_i	ENSI(n_2)	
n_0	0	
n_2	0.530	$\Rightarrow n_{opt} = n_2$.

(β) Für variables n

Unter der Voraussetzung, daß Sie eine beliebige Anzahl von Kugeln ziehen dürfen, bevor Sie eine Anteilsschätzung abgeben, ist es notwendig, den optimalen Stichprobenumfang zu bestimmen. Es ist jener Stichprobenumfang, der den größten erwarteten Nettowert der Stichprobeninformation aufweist.
Wenn die Ziehung jeder Kugel 0.3 GE kostet, dann ist

$$n_{max} < \frac{\text{EWPI}}{k} = \frac{5.625}{0.3} \cong 19.$$

Man muß also aus 19 möglichen Aktionen die optimale auswählen. Für n_0 und n_2 sind die ENSI(n_i) schon bekannt. Die restlichen Werte sind in folgender

Grafik eingetragen:

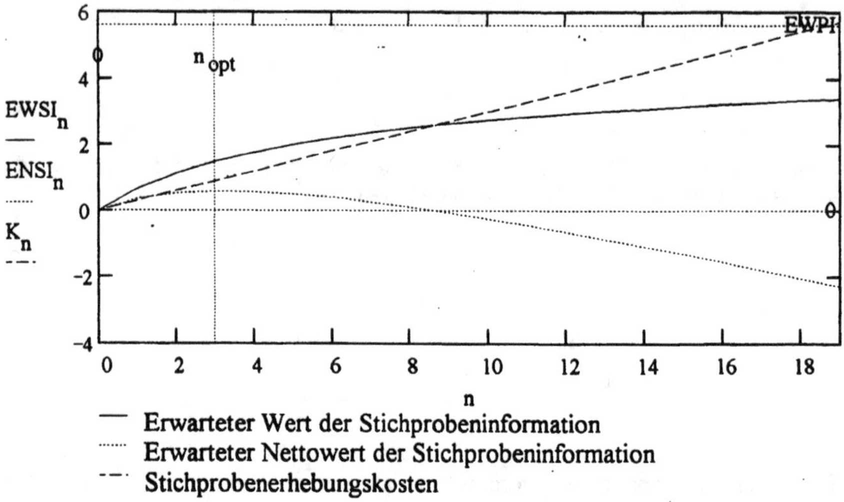

EWSI(n), ENSI(n) und K(n) für das Kugelbeispiel, Punktschätzverfahren für π, lineare Schadenfunktion.

Da n_3 den maximalen ENSI von 0.5883 besitzt, werden Sie 3 Kugeln dem Behälter zu einem Preis von 0.9 GE entnehmen und an Hand des Ziehungsergebnisses eine Schätzung des Anteils schwarzer Kugeln berechnen.

(d) Fallstudie

Herr Zittig, Eigentümer eines Zeitungskiosks, muß sich entscheiden, wieviel Stück der neuen Wirtschaftszeitung „Geld" er bestellen soll. Diese Wirtschaftszeitung, die monatlich erscheint, kostet im Einkauf 150 GE und wird um 175 GE verkauft. Am Ende eines Monats kann er nicht verkaufte Exemplare um 50 GE zurückgeben. Aus Erfahrung mit ähnlichen Wirtschaftszeitungen vermutet er mit großer Wahrscheinlichkeit (90%), daß höchstens 1/3 seiner 1000 Stammkunden diese neue Zeitung kaufen werden. Zusätzliche Informationen könnte er sich durch das Anschreiben und Befragen seiner Stammkunden beschaffen. Die Schreib- und Portokosten belaufen sich pro Kunden auf 0.065 GE.

Die Schadenfunktion ist linear. Wenn der tatsächliche Käuferanteil unterhalb des Schätzwertes liegt, entsteht ein Schaden von 100 GE pro nichtverkauftem

Exemplar, da der Einkaufspreis 150 GE beträgt und das nichtverkaufte Exemplar am Ende des Monats um 50 GE zurückgegeben werden kann. Ist der tatsächliche Käuferanteil höher als der Schätzwert, dann hat Herr Zittig 25 GE entgangenen Gewinn pro Zeitung, die er zusätzlich verkaufen hätte können. Die Schadenfunktion hat daher folgendes Aussehen:

$$s(a,\pi) = \begin{cases} 0 & \text{für } a = \pi, \\ 100 \cdot (a - \pi) & \text{für } a > \pi, \\ 25 \cdot (\pi - a) & \text{für } a < \pi. \end{cases}$$

An Hand der Vermutung des Herrn Zittig über den künftigen Käuferanteil

$$W(\pi \leq \frac{1}{3}) = 0.90,$$

kommt man mit Hilfe von Betaverteilungstabellen[29] zur Betaverteilung mit den Parametern

$$x' = 3 \text{ und } n' = 15.$$

Für eine lineare Schadenfunktion findet man den optimalen Schätzwert durch die Relation

$$F_\beta(a_{opt}|x' = 3, n' - x' = 12) = \frac{s_o}{s_o + s_u} = \frac{25}{25 + 100} = 0.20.$$

Setzt man für a_{opt} den Wert 0.1117 ein,

$$F_\beta(0.1117|3, 12) = 0.20,$$

dann ist diese Relation erfüllt. Herr Zittig wird daher

$$0.1117 \cdot 1000 \cong 112$$

Exemplare der neuen Wirtschaftszeitung „Geld“ bestellen, wenn er sich nur auf seine Prioriinformation verläßt. Der Schadenerwartungswert dieser Schätzung ist gleich

$$\begin{aligned} \mathrm{SE}'(a_{opt}) &= 100 \cdot L_0^{0.1117}(\pi|3, 12) + 25 \cdot L_{0.1117}^1(\pi|3, 12) \\ &= 3.0599. \end{aligned}$$

Da sich die Kosten für die Befragung eines Stammkunden auf 0.065 GE belaufen, kommen theoretisch

$$n_{max} < \frac{3.06}{0.065} \cong 47$$

[29] Z.B. in Marinell, Seeber (1993).

verschiedene Stichproben als zusätzliche Informationsquelle in Frage. Für eine Stichprobe mit dem Umfang $n = 3$ ist z.B. der Entscheidungsschadenerwartungswert gleich

$$\begin{aligned}
\mathrm{ESE}(n_3) &= \sum_{x=0}^{3} \Big[s_u \cdot L_0^{a_{opt}}(\pi|x'+x, n'+n-x'-x) + \\
&+ s_o \cdot L^1_{a_{opt}}(\pi|x'+x, n'+n-x'-x) \Big] \cdot f_{\beta B}(x|x', n', n) \\
&= \Big[100 \cdot L_0^{0.0916}(\pi|3,15) + 25 \cdot L^1_{0.0916}(\pi|3,15)\Big] \cdot f_{\beta B}(0|3,15,3) \\
&+ \Big[100 \cdot L_0^{0.1382}(\pi|4,14) + 25 \cdot L^1_{0.1382}(\pi|4,14)\Big] \cdot f_{\beta B}(1|3,15,3) \\
&+ \Big[100 \cdot L_0^{0.1873}(\pi|5,13) + 25 \cdot L^1_{0.1873}(\pi|5,13)\Big] \cdot f_{\beta B}(2|3,15,3) \\
&+ \Big[100 \cdot L_0^{0.2383}(\pi|6,12) + 25 \cdot L^1_{0.2383}(\pi|6,12)\Big] \cdot f_{\beta B}(3|3,15,3) \\
&= 2.5786 \cdot 0.5353 + 3.0065 \cdot 0.3441 + 3.3409 \cdot 0.1059 + \\
&+ 3.6014 \cdot 0.0147 \\
&= 2.8216.
\end{aligned}$$

Die vier Integrationsgrenzen der linearen Momente sind die vier optimalen Schätzungen für die vier möglichen Stichprobenergebnisse:

x_i	a_{opt}	Bedingung
0	0.0916	$F_\beta(0.0916\|3,15) = 0.2$
1	0.1382	$F_\beta(0.1382\|4,14) = 0.2$
2	0.1873	$F_\beta(0.1873\|5,13) = 0.2$
3	0.2383	$F_\beta(0.2383\|6,12) = 0.2$

Der EWSI dieser Stichprobe ist

$$\begin{aligned}
\mathrm{EWSI}(n_3) &= 3.0599 - 2.8216 \\
&= 0.2382
\end{aligned}$$

und der ENSI ist gleich

$$\begin{aligned}
\mathrm{ENSI}(n_3) &= 0.2382 - 3 \cdot 0.065 \\
&= 0.0432.
\end{aligned}$$

Da der ENSI positiv ist, wird Herr Zittig sicher nicht die Entscheidung über die Anzahl der zu bestellenden Zeitschriften auf Grund seiner Prioriinformationen fällen, sondern zumindest eine Stichprobe des Umfanges $n = 3$ bei seiner Entscheidung berücksichtigen. Ob die Stichprobe mit dem Umfang $n = 3$ auch den größten ENSI unter den 47 möglichen aufweist, zeigt folgende Grafik:

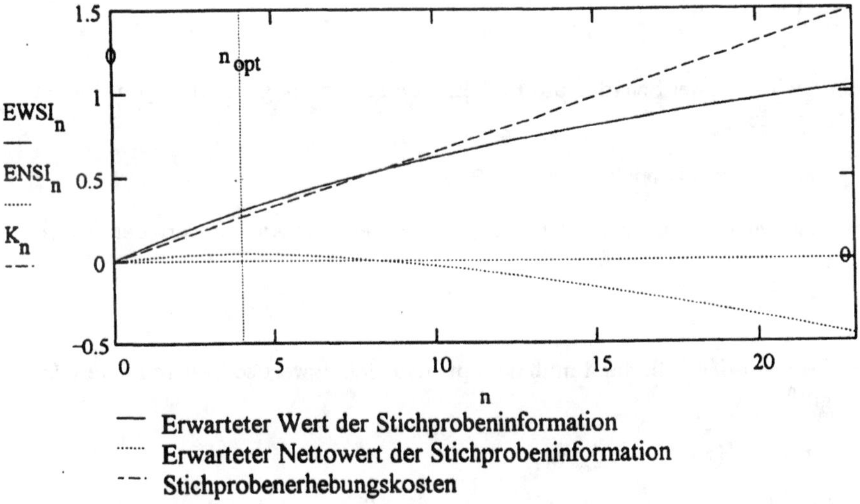

EWSI(n), ENSI(n) und K(n) für die Fallstudie „Zeitungskiosk"

Unter den 47 möglichen Stichprobenumfängen haben nur 8 einen positiven ENSI. Die Stichprobe mit dem Umfang $n = 4$ hat mit einem ENSI von 0.0458 den größten. Herr Zittig wird daher 4 seiner Stammkunden befragen und an Hand dieser Informationen und seinen Prioriinformationen die Anzahl der zu bestellenden Exemplare bestimmen.

2.3 Quadratische Schadenfunktion

(a) Priorianalyse

Die Abweichung des Schätzwertes vom wahren Anteil um einen Prozentpunkt verursacht wie bei der linearen Schadenfunktion einen Schaden von 0.30 GE. Mit jedem Prozentpunkt zusätzlicher Abweichung wächst aber dieser Schaden nicht linear, sondern zum Quadrat. Eine Abweichung um zwei Prozentpunkte kostet also $0.02^2 \cdot 3000 = 1.2$ GE, eine um drei Prozentpunkte $0.03^2 \cdot 3000 = 2.7$ usw.. Welche Schätzung für den Anteil an schwarzen Kugeln werden Sie unter dieser Voraussetzung abgeben?

Da sich der Schaden mit dem Quadrat der Abweichung des Schätzwertes vom wahren Wert erhöht, spricht man von einer quadratischen Schadenfunktion.

Für die vorliegenden Angaben hat sie folgendes Aussehen:

$$s(a,\pi) = \begin{cases} 0 & \text{für } a = \pi, \\ s_u \cdot (a-\pi)^2 & \text{für } a > \pi, \\ s_o \cdot (\pi - a)^2 & \text{für } a < \pi. \end{cases}$$

Wenn, wie hier, der Schaden pro Einheit Überschätzung gleich dem pro Einheit Unterschätzung ist,

$$s_u = s_o = s = 3000,$$

dann ist der optimale Schätzwert a_{opt} gleich dem Erwartungswert der Prioriverteilung:[30]

$$a_{opt} = E(\pi).$$

Ist dies nicht der Fall, dann muß der optimale Schätzwert so bestimmt werden, daß gilt[31]

$$s_u \cdot L_0^{a_{opt}}(\pi) = s_o \cdot L_{a_{opt}}^1(\pi).$$

Da die Prioriinformation durch eine Betaverteilung mit den Parametern

$$x' = 2, \quad n' = 4$$

ausgedrückt wird, ist der optimale Schätzwert

$$a_{opt} = E(\pi) = \frac{x'}{n'} = \frac{2}{4} = 0.5.$$

Sie werden daher behaupten, daß im Behälter der Anteil an schwarzen Kugeln 0.5 ist. Diese Schätzung besitzt den minimalen Schadenerwartungswert. Dieser ist das s-fache der Varianz:[32]

$$\begin{aligned} \mathrm{SE}'(a_{opt}) &= s \cdot V(\pi) \\ &= 3000 \cdot \frac{x' \cdot (n' - x')}{n'^2 \cdot (n'+1)} \\ &= 3000 \cdot \frac{2 \cdot 2}{4^2 \cdot 5} \\ &= 150. \end{aligned}$$

Für $s_u \neq s_o$ ist der Schadenerwartungswert der optimalen Aktion

$$\mathrm{SE}'(a_{opt}) = s_u \cdot Q_0^{a_{opt}}(\pi) + s_o \cdot Q_{a_{opt}}^1(\pi).$$

[30] Vgl. 2.1 Bernoulli Modell S. 406.

[31] Vgl. 2.3 Quadratische Schadenfunktion S. 381.

[32] Vgl. 1.3 Erwartungswert und Varianz S. 247 und 3.2 Betaverteilung, (b) Momenterzeugende Funktion S. 294.

(b) Posteriorianalyse

Welchen Schätzwert geben Sie ab, wenn Sie außer Ihrer Prioriinformation von $n' = 4, x' = 2$ noch zusätzlich wissen, daß von zwei weiteren Kugeln, die gezogen wurden, beide schwarz sind?

In diesem Fall hat die Posterioribetaverteilung, in der Priori- und Stichprobeninformation verknüpft sind, die Parameter

$$\begin{aligned} x'' &= x' + x = 2 + 2 = 4, \\ n'' &= n' + n = 4 + 2 = 6. \end{aligned}$$

Die optimale Schätzung ist wieder der Erwartungswert dieser Betaverteilung:

$$a_{opt} = E(\pi|x) = \frac{x''}{n''} = \frac{4}{6} = 0.6667.$$

Ihre Schätzung des unbekannten Anteils schwarzer Kugeln ist daher 0.6667. Der Schadenerwartungswert dieser Schätzung ist

$$\begin{aligned} \text{SE}''(a_{opt}|x) &= s \cdot V(\pi|x) \\ &= 3000 \cdot \frac{x'' \cdot (n'' - x'')}{n''^2 \cdot (n'' + 1)} \\ &= 3000 \cdot \frac{4 \cdot 2}{6^2 \cdot 7} \\ &= 95.2381. \end{aligned}$$

(c) Präposteriorianalyse

(α) Für fixes n

Beim Kenntnisstand der Priorianalyse wird Ihnen angeboten, daß Sie für $2 \cdot 0.3 = 0.6$ GE zwei Kugeln ziehen dürfen, bevor Sie den Anteil schwarzer Kugeln im Behälter schätzen müssen. Sollen Sie dieses Angebot annehmen?

Sie müssen wieder zwischen einer n_0-Stichprobe mit einem Schadenerwartungswert von 150 und einer n_2-Stichprobe entscheiden. Für das Stichprobenergebnis $n = 2$ und $x = 2$ ist der Schadenerwartungswert der optimalen Aktion mit 95.238 auch schon bekannt. Die beiden restlichen Schadenerwartungswerte findet man in folgender Tabelle:

x_i	a''_{opt}	$\text{SE}''(a_{opt}\|x)$	$f_{\beta B}(x)$	$\text{SE}''(a_{opt}\|x) \cdot f_{\beta B}(x)$
0	0.3333	95.2381	0.3	28.5714
1	0.5000	107.1429	0.4	42.8571
2	0.6667	95.2381	0.3	28.5714
			1.0	100.0000 = ESE(n_2)

Der Entscheidungsschadenerwartungswert der n_2-Stichprobe ist 100 und der erwartete Wert der Stichprobeninformation

$$\text{EWSI}(n_2) = \text{SE}(n_0) - \text{SE}(n_2)$$

$$= 150 - 100$$
$$= 50.$$

Für die Berechnung des EWSI nach der zweiten Formel

$$\mathrm{EWSI}(n_i) = \sum_{x=0}^{n} \left[\mathrm{SE}''(a'_{opt}|x) - \mathrm{SE}''(a''_{opt}|x)\right] \cdot f_X(x)$$

muß man den Posteriorischadenerwartungswert für die priori optimale Aktion berechnen. Dazu verwendet man folgende Formel:

$$\mathrm{SE}''(a'_{opt}|x) = s \cdot \left[V(\pi|x) + (E(\pi|x) - a'_{opt})^2\right].$$

Für $x = 2$ ist z.B.

$$V(\pi|x) = \frac{4 \cdot (6-4)}{6^2 \cdot (6+1)} = 0.0317$$
$$E(\pi|x) = \frac{4}{6} = 0.6667$$

und

$$\mathrm{SE}''(a'_{opt}|x=2) = 3000 \cdot \left[0.0317 + (0.6667 - 0.5)^2\right]$$
$$= 178.5714.$$

In folgender Tabelle sind die Schadenerwartungswerte für die restlichen möglichen Stichprobenergebnisse angeführt:

x_i	(1) $\mathrm{SE}''(a'_{opt}\|x)$	(2) $\mathrm{SE}''(a''_{opt}\|x)$
0	178.5714	95.2381
1	107.1429	107.1429
2	178.5714	95.2381

Der erwartete Wert der Stichprobeninformation ist auch nach der zweiten Formel gleich 50:

$$\mathrm{EWSI}(n_2) = \sum_{x=0}^{2} \left[\mathrm{SE}''(a'_{opt}|x) - \mathrm{SE}''(a''_{opt}|x)\right] \cdot f_X(x)$$
$$= (178.5714 - 95.2381) \cdot 0.3 + (107.1429 - 107.1429) \cdot 0.4$$
$$+ (178.5714 - 95.2381) \cdot 0.3$$
$$= 50.$$

Es gibt eine dritte einfache Berechnungsformel für den EWSI,[33] wenn eine quadratische Schadenfunktion mit $s_u = s_o = s$ vorliegt. In diesem Fall ist

$$\mathrm{EWSI}(n_i) = s \cdot V(\pi) \cdot \frac{n}{n+n'}.$$

[33] Vgl. 2.1 Bernoulli Modell S. 406.

$V(\pi)$ ist die Varianz der Prioribetaverteilung. Für das vorliegende Beispiel ist der

$$\begin{aligned} \text{EWSI}(n_2) &= 3000 \cdot 0.05 \cdot \frac{2}{2+4} \\ &= 50, \end{aligned}$$

wie schon oben berechnet. Da die Kosten der Stichprobenziehung $2 \cdot 0.3 = 0.6$ GE betragen, ist der erwartete Nettowert der Stichprobeninformation

$$\begin{aligned} \text{ENSI}(n_2) &= \text{EWSI}(n_2) - \text{K}(n_2) \\ &= 50 - 0.6 \\ &= 49.4. \end{aligned}$$

Sie werden daher diese Gebühr von 0.6 GE bezahlen, 2 Kugeln ziehen und an Hand des Ziehungsergebnisses eine Anteilsschätzung für die schwarzen Kugeln berechnen:

n_i	ENSI(n_i)	
n_0	0	
n_2	49.4	$\Rightarrow n_{opt} = n_2$

(β) **Für variables** n

Wie groß ist der optimale Stichprobenumfang, wenn Sie nicht auf den Stichprobenumfang $n = 2$ beschränkt sind und die Ziehungskosten

$$\text{K}(n_i) = 0.3 \cdot n_i$$

betragen?

Sie werden jenen Stichprobenumfang wählen, der den größten erwarteten Nettowert der Stichprobeninformation aufweist. Welche Umfänge kommen in Frage? Da der erwartete Wert der perfekten Information gleich 150 GE ist und die Stichprobenkosten pro Einheit 0.30 GE betragen, ist

$$n_{max} < \frac{\text{EWPI}}{k} = \frac{150}{0.3} = 500.$$

Einige relevante Erwartungswerte dieser 501 möglichen Aktionen sind in folgender Grafik enthalten:

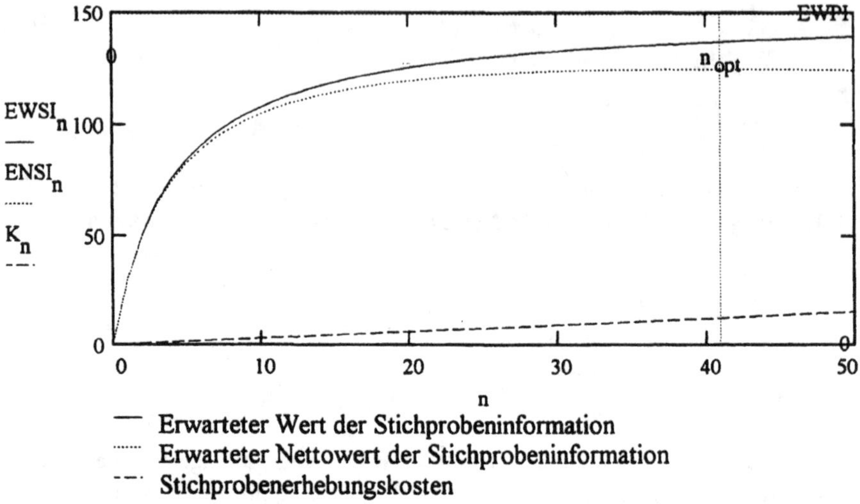

EWSI(n), ENSI(n) und K(n) für das Kugelbeispiel, Punktschätzverfahren für π, quadratische Schadenfunktion.

Der Stichprobenumfang mit dem maximalen erwarteten Nettowert der Stichprobeninformation ist $n = 41$. Sie werden daher $0.3 \cdot 41 = 12.3$ GE bezahlen und 41 Kugeln (mit Zurücklegen) aus dem Behälter ziehen. An Hand des Ziehungsergebnisses werden Sie den Anteil schwarzer Kugeln schätzen.

Der optimale Stichprobenumfang kann bei einer quadratischen Schadenfunktion mit $s_u = s_o = s$ einfacher bestimmt werden. Man kann ihn mit Hilfe der Formel[34]

$$n_{opt} = \sqrt{\frac{s \cdot V(\pi) \cdot n'}{k}} - n'$$

berechnen. Im vorliegenden Beispiel ist

$$\begin{aligned} n_{opt} &= \sqrt{\frac{3000 \cdot 0.05 \cdot 4}{0.3}} - 4 \\ &= 40.72 \\ &\cong 41, \end{aligned}$$

[34]Vgl. 2.1 Bernoulli Modell S. 406.

wie schon oben ermittelt.

(d) Fallstudie

Eine politische Partei hatte bei den letzten Wahlen einen Anteil von 40% aller Wähler erreicht. Auf Grund der publizierten Umfrageergebnisse der anderen Parteien glaubt der Parteisekretär, daß der Anteil in der Zwischenzeit fast sicher (99% Wahrscheinlichkeit) höchstens 39% beträgt. Er beauftragt ein Meinungsforschungsinstitut mit der Befragung der Wähler, wobei der Umfang dieser Befragung durch den Leiter des Institutes vorgeschlagen werden soll. Der Leiter des Institutes teilt dem Parteisekretär mit, daß sich die Erhebungskosten aus einem fixen Teil von 10 GE und aus einem variablen Teil von 0.01 GE pro Befragung zusammensetzen. Wenn die Schätzung auf Grund der Stichprobe vom wahren Wert um 5%-Punkte abweicht, dann entsteht ein Schaden, den der Parteisekretär mit 10^6 GE veranschlagt. Außerdem wird der Schätzung eine quadratische Schadenfunktion unterstellt. Welchen Stichprobenumfang soll der Leiter des Meinungsforschungsinstitutes vorschlagen?

Da bei einer 5%-Punkte-Abweichung ein Schaden von 10^6 GE entsteht, ist s gleich

$$\begin{aligned} 10^6 &= s \cdot (0.05)^2 \\ s &= 2500. \end{aligned}$$

Die quadratische Schadenfunktion ist daher

$$s(a,\pi) = \begin{cases} 0 & \text{für } a = \pi, \\ 2500 \cdot (\pi - a)^2 & \text{für } a \neq \pi. \end{cases}$$

Der wahre Anteil ist mit 99% Wahrscheinlichkeit kleiner als 39%:

$$W(\pi < 0.39) = 0.99.$$

Daher muß gelten

$$F_\beta(0.39|x', n' - x') = 0.99.$$

Für $x' = 2$ und $n' = 15$ erhält man

$$F_\beta(0.38911|2, 13) = 0.99.$$

Man kann daher die Prioriinformation des Parteisekretärs durch eine Betaverteilung mit den Parametern $x' = 2$ und $n' = 15$ ausdrücken. Mit Hilfe der Formel

$$\begin{aligned} n_{opt} &= \sqrt{\frac{s}{k} \cdot n' \cdot V(\pi)} - n' \\ &= \left[\frac{s}{k} \cdot \frac{x' \cdot (n' - x')}{n' \cdot (n'+1)}\right]^{1/2} - n' \end{aligned}$$

kann nun der optimale Stichprobenumfang berechnet werden. $k = 0.01$ und

$$\begin{aligned} n_{opt} &= \left[\frac{2500}{0.01} \cdot \frac{2 \cdot (15-2)}{15 \cdot (15+1)}\right]^{1/2} - 15 \\ &= 149.57. \end{aligned}$$

Für den Stichprobenumfang von $n = 150$ ist der EWSI gleich

$$\begin{aligned} \text{EWSI}(n_{150}) &= s \cdot \frac{n}{n+n'} \cdot \frac{x' \cdot (n'-x')}{n'^2 \cdot (n'+1)} \\ &= 2500 \cdot \frac{150}{150+15} \cdot \frac{2 \cdot (15-2)}{15^2 \cdot (15+1)} \\ &= 16.4141. \end{aligned}$$

Wenn man davon die Erhebungskosten der Stichprobe

$$\text{K}(n_{150}) = 10 + 150 \cdot 0.01 = 11.50$$

abzieht, dann erhält man den ENSI mit

$$\begin{aligned} \text{ENSI}(n_{150}) &= 16.4141 - 11.50 \\ &= 4.9141. \end{aligned}$$

Da dieser Wert positiv ist, wird der Leiter des Meinungsforschungsinstitutes eine Umfrage bei 150 zufällig ausgewählten Wählern vorschlagen. Die Kosten dafür belaufen sich auf 11.50 GE.

3 Intervallschätzverfahren

3.1 Konstante Schadenfunktion

(a) Priorianalyse

Die Entscheidungssituation ist analog zu der der Punktschätzung: Aus einem Behälter mit einem unbekannten Anteil schwarzer Kugeln ziehen Sie vier Kugeln mit Zurücklegen. Zwei davon sind schwarz. Zum Unterschied zur Punktschätzung müssen Sie hier nicht einen einzelnen Schätzwert für den unbekannten Anteil schwarzer Kugeln angeben, sondern ein Schätzintervall. Dieses Intervall soll die Länge von 10 Prozentpunkten aufweisen. Welches Schätzintervall werden Sie für den unbekannten Anteil schwarzer Kugeln nennen, wenn Sie für ein Intervall, das den wahren Anteil enthält, 10 GE erhalten?

Auch bei der Intervallschätzung[35] gibt es eine unendlich große Zahl an möglichen Aktionen. Eine Aktion ist hier nicht ein einzelner Schätzwert für den unbekannten Anteil, sondern ein Schätzintervall:

$$a = (T_u, T_o) \text{ mit } T_u,\ T_o \in [0,1],\ T_u < T_o.$$

[35]Vgl. 3 Intervallschätzverfahren S. 384ff.

Die Intervalluntergrenze wird mit T_u und die -obergrenze mit T_o bezeichnet. Da die Intervallänge $T_o - T_u$ hier 10 Prozentpunkte beträgt, ist

$$T_o = T_u + c = T_u + 0.10.$$

Wegen der unendlich großen Zahl möglicher Aktionen werden zuerst die Grenzen des optimalen Intervalls bestimmt und dann erst der entsprechende Schadenerwartungswert. Für die konstante Schadenfunktion

$$s(a,\pi) = \begin{cases} 0 & \text{für } T_u \leq \pi \leq T_o, \\ s_u = 10 & \text{für } \pi < T_u, \\ s_o = 10 & \text{für } \pi > T_o \end{cases}$$

werden die Grenzen des optimalen Intervalls so bestimmt, daß gilt[36]

$$s_u \cdot f_\beta(T_u) = s_o \cdot f_\beta(T_o).$$

Für die Prioribetaverteilung mit den Parametern $x' = 2$ und $n' = 4$ muß also gelten

$$10 \cdot f_\beta(T_u|2,2) = 10 \cdot f_\beta(T_u + 0.10|2,2)$$

oder

$$\begin{aligned} \left(\frac{T_u}{T_u + c}\right)^{x'-1} \cdot \left(\frac{1-T_u}{1-T_u-c}\right)^{n'-x'-1} &= \frac{s_o}{s_u} \\ \left(\frac{T_u}{T_u + 0.1}\right)^{2-1} \cdot \left(\frac{1-T_u}{1-T_u-0.1}\right)^{4-2-1} &= \frac{10}{10} \\ \frac{100 \cdot T_u \cdot (T_u - 1)}{(10 \cdot T_u + 1) \cdot (10 \cdot T_u - 9)} &= 1 \\ T_u &= 0.45. \end{aligned}$$

Sie werden daher behaupten, daß der Anteil schwarzer Kugeln im Intervall ($T_u = 0.45$, $T_o = 0.55$) liegt. Der Schadenerwartungswert dieses optimalen Intervalls wird mit der Formel

$$\text{SE}'(a_{opt}) = s_u \cdot F_\beta(T_u) + s_o \cdot G_\beta(T_o) = s_u \cdot K_0^{T_u}(\pi) + s_o \cdot K_{T_o}^1(\pi)$$

berechnet. Er ist

$$\begin{aligned} \text{SE}'(a_{opt}) &= 10 \cdot F_\beta(0.45|2,2) + 10 \cdot G_\beta(0.55|2,2) \\ &= 10 \cdot 0.4253 + 10 \cdot 0.4253 \\ &= 8.505. \end{aligned}$$

(b) Posteriorianalyse

Welches Schätzintervall für den Anteil schwarzer Kugeln werden Sie angeben, wenn Sie zwei weitere Kugeln aus dem Behälter ziehen und beide schwarz sind?

[36] Vgl. 3.1 Konstante Schadenfunktion S. 386.

Die Parameter Ihrer Posterioribetaverteilung sind

$$\begin{aligned} x'' &= x' + x = 2 + 2 = 4, \\ n'' &= n' + n = 4 + 2 = 6. \end{aligned}$$

Die Intervalluntergrenze ist für diese Verteilung 0.6978 und die Obergrenze $T_o = T_u + c = 0.7978$, da

$$\begin{aligned} \left(\frac{T_u}{T_u + c}\right)^{x''-1} \cdot \left(\frac{1 - T_u}{1 - T_u - c}\right)^{n''-x''-1} &= \frac{s_o}{s_u} \\ \frac{10000 \cdot T_u^3 \cdot (T_u - 1)}{(10 \cdot T_u + 1)^3 \cdot (10 \cdot T_u - 9)} &= 1 \\ T_u &= 0.6978. \end{aligned}$$

Der Schadenerwartungswert ist

$$\begin{aligned} \text{SE}''(a_{opt}|x) &= 10 \cdot F_\beta(0.6978|4,2) + 10 \cdot G_\beta(0.7978|4,2) \\ &= 7.9093. \end{aligned}$$

(c) Präposterioranalyse

(α) Für fixes n

Auch hier haben Sie die Möglichkeit beim Kenntnisstand der Priorianalyse ($n' = 4, x' = 2$) für 0.6 GE 2 Kugeln aus dem Behälter zu ziehen, bevor Sie Ihr Schätzintervall für den unbekannten Anteil schwarzer Kugeln angeben. Für welche der beiden Aktionen

n_0 : keine Stichprobenziehung,

n_2 : Stichprobenziehung im Umfang $n = 2$,

werden Sie sich entscheiden?

Der Schadenerwartungswert der n_0-Stichprobe ist laut Priorianalyse

$$\text{ESE}(n_0) = 8.51 = \text{EWPI}.$$

Für das Stichprobenergebnis $x = 2$ ist der Schadenerwartungswert der n_2-Stichprobe aus der Posterioranalyse mit 7.9093 bekannt. Die Schadenerwartungswerte für $x = 0$ und 1 werden analog berechnet. Sie sind in folgender Tabelle zusammengestellt:

x_i	a''_{opt}	$\text{SE}''(a_{opt}\|x)$	$f_{\beta B}(x)$	$\text{SE}''(a_{opt}\|x) \cdot f_{\beta B}(x)$
0	(0.2022,0.3022)	7.9093	0.30	2.372
1	(0.4500,0.5500)	8.1375	0.40	3.255
2	(0.6978,0.7978)	7.9093	0.30	2.372
			1.00	8.000=ESE(n_2)

Der Entscheidungsschadenerwartungswert der n_2-Stichprobe ist 8 GE und der erwartete Wert der Stichprobeninformation[37]

$$\begin{aligned}
\mathrm{EWSI}(n_2) &= \mathrm{ESE}(n_0) - \mathrm{ESE}(n_2) \\
&= \mathrm{SE}'(a_{opt}) - \sum_{x=0}^{2} \mathrm{SE}''(a_{opt}|x) \cdot f_X(x) \\
&= 8.505 - 8.000 \\
&= 0.505.
\end{aligned}$$

Um den EWSI nach der zweiten Formel zu berechnen, benötigt man folgende Zwischenwerte:

x_i	(1) $F_\beta(0.45)$	(2) $G_\beta(0.55)$	(3) $\mathrm{SE}''(a'_{opt}|x)$	(4) $\mathrm{SE}''(a''_{opt}|x)$	(5) (3)-(4)
0	0.7438	0.1312	8.750	7.909	0.841
1	0.4069	0.4069	8.138	8.138	0
2	0.1312	0.7438	8.750	7.909	0.841

Der EWSI ist nach der zweiten Formel

$$\begin{aligned}
\mathrm{EWSI}(n_2) &= \sum_{x=0}^{2} \left[\mathrm{SE}''(a'_{opt}|x) - \mathrm{SE}''(a''_{opt}|x)\right] \cdot f_{\beta B}(x) \\
&= 0.841 \cdot 0.3 + 0 \cdot 0.40 + 0.841 \cdot 0.3 \\
&= 0.505.
\end{aligned}$$

Die Stichprobenziehung von 2 Kugeln kostet 0.60 GE. Der erwartete Nettowert der Stichprobeninformation ist daher negativ:

$$\begin{aligned}
\mathrm{ENSI}(n_2) &= \mathrm{EWSI}(n_2) - \mathrm{K}(n_2) \\
&= 0.505 - 0.60 \\
&= -0.095.
\end{aligned}$$

Da der ENSI für n_2 negativ ist, werden Sie auf die Stichprobenentnahme von 2 Kugeln verzichten und an Hand Ihrer Prioriinformation das Schätzintervall für den Anteil schwarzer Kugeln angeben.

(β) Für variables n

Wieviele Kugeln sollten Sie aus dem Behälter ziehen, bevor Sie ein Schätzintervall der Länge $T_o - T_u = 0.1$ für den Anteil schwarzer Kugeln angeben, wenn Sie für jede Kugel, die Sie ziehen wollen, 0.3 GE bezahlen müssen?
Da der erwartete Wert der perfekten Information gleich

$$\mathrm{EWPI} = 8.51 = \mathrm{ESE}(n_0)$$

[37]Vgl. 3.1 Bernoulli Modell S. 420f.

ist und $k = 0.3$, können höchstens

$$n_{max} < \frac{\text{EWPI}}{k} = \frac{8.51}{0.3} \cong 28$$

Kugelziehungen in Frage kommen. Tatsächlich besitzt keine Stichprobe einen positiven erwarteten Nettowert der Stichprobeninformation. wie folgende Grafik auszugsweise zeigt:

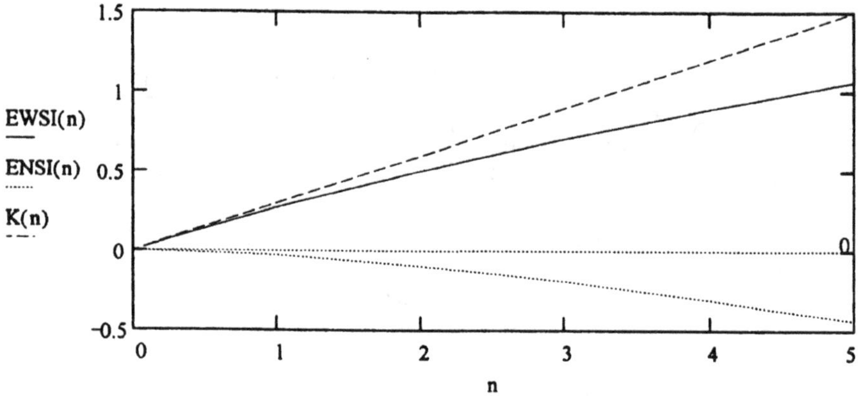

EWSI(n), ENSI(n), K(n) für das Kugelbeispiel, Intervallschätzverfahren für π, konstante Schadenfunktion

Sie werden daher keine Stichprobenziehung durchführen und an Hand Ihrer Prioriinformation eine Intervallschätzung für den unbekannten Anteil an schwarzen Kugeln abgeben.

(d) Fallstudie

Die Verwaltung eines Krankenhauses will für die 3000 Beschäftigten des Krankenhauses eine Grippeschutzimpfung auf freiwilliger Basis organisieren. Für die Bestellung des Impfstoffes reicht es, wenn der Anteil der Beschäftigten, die von der Grippeschutzimpfung Gebrauch machen werden, in einem Intervall von 10 Prozentpunkten bekannt ist. Wenn der wahre Anteil außerhalb des Schätzintervalls liegt. muß entweder Impfstoff nachbestellt oder überflüssiger

Impfstoff vernichtet werden. Für die Nachbestellung kann mit einem Schaden von 150 GE gerechnet werden und bei der Beseitigung von überflüssigem Impfstoff mit 200 GE.

Der für die Impfung Verantwortliche erwartet, daß sich jeder zweite an der Schutzimpfung beteiligen wird. Dieser Vermutung entspricht eine hypothetische Stichprobe mit dem Umfang $n' = 20$. Aus Zeitgründen können nicht alle Beschäftigten befragt werden, ob sie an der Impfung teilnehmen. Es besteht nur die Möglichkeit für eine telephonische Umfrage bei 30 Beschäftigten. Die Kosten dafür belaufen sich auf 15 GE. Soll das Schätzintervall für den Anteil der Beschäftigten, die an einer Grippeschutzimpfung teilnehmen, allein an Hand der Prioriinformation bestimmt werden oder soll auch die mögliche Stichprobeninformation berücksichtigt werden?

Für die Schäden, die entstehen, wenn das Schätzintervall den wahren Anteil nicht enthält, gilt folgende Schadenfunktion

$$s(a,\pi) = \begin{cases} 200 & \text{für } \pi < T_u, \\ 150 & \text{für } \pi > T_o. \end{cases}$$

Die Prioriinformationen können durch eine Betaverteilung mit den Parametern

$$x' = 10, \quad n' = 20$$

dargestellt werden. Wenn der Verantwortliche für die Schutzimpfung das Schätzintervall an Hand seiner Prioriinformation bestimmen will, dann muß gelten:

$$\left(\frac{T_u}{T_u + 0.10}\right)^{10-1} \cdot \left(\frac{1 - T_u}{1 - T_u - 0.10}\right)^{20-10-1} = \frac{150}{200}.$$

Wenn man für $T_u = 0.4107$ einsetzt, dann ist die Gleichung erfüllt. Auf Grund der Prioriinformation ist der unbekannte Anteil im Intervall (0.4107, 0.5107) zu erwarten, da

$$T_o = T_u + 0.10 = 0.4107 + 0.10 = 0.5107.$$

Der Schadenerwartungswert dieses Schätzintervalls errechnet sich nach folgender Formel:

$$\begin{aligned} \text{SE}'(a_{opt}) &= s_u \cdot F_\beta(T_u|10,10) + s_o \cdot G_\beta(T_o|10,10) \\ &= 200 \cdot F_\beta(0.4107|10,10) + 150 \cdot G_\beta(0.5107|10,10) \\ &= 111.9995. \end{aligned}$$

Wenn man eine Stichprobe des Umfanges $n = 30$ als Zusatzinformation in Betracht zieht, dann ist zuerst zu prüfen, ob der ENSI dieser Stichprobe positiv ist. Der Entscheidungsschadenerwartungswert dieser Stichprobe wird mit Hilfe der Formel

$$\begin{aligned} \text{ESE}(n_{30}) &= \sum_{x=0}^{30} [200 \cdot F_\beta(T_u|10+x, 40-x) + \\ &+ 150 \cdot G_\beta(T_u + 0.10|10+x, 40-x)] \cdot f_{\beta B}(x|10,20,30) \end{aligned}$$

bestimmt. T_u muß dabei für jedes x die Bedingung

$$200 \cdot f_\beta(T_u|10+x, 40-x) = 150 \cdot f_\beta(T_u + 0.10|10+x, 40-x)$$

erfüllen. Der Schadenerwartungswert ist

$$\text{ESE}(n_{30}) = 81.2729$$

und der EWSI daher

$$\begin{aligned} \text{EWSI}(n_{30}) &= 111.9995 - 81.2729 \\ &= 30.7267. \end{aligned}$$

Da die telefonische Befragung 15 GE kostet, ist der ENSI gleich

$$\begin{aligned} \text{ENSI}(n_{30}) &= 30.7267. - 15 \\ &= 15.7267. \end{aligned}$$

Der ENSI ist positiv. Der Verantwortliche für die Grippeschutzimpfung wird 30 zufällig ausgewählte Beschäftigte telefonisch befragen lassen, ob sie die Schutzimpfung in Anspruch nehmen werden. An Hand dieser Informationen und jenen seiner Priorivermutung wird er das Schätzintervall für den unbekannten Anteil berechnen.

3.2 Lineare Schadenfunktion

(a) Priorianalyse

Wenn Ihr Schätzintervall den wahren Anteil an schwarzen Kugeln nicht enthält, dann kostet Sie jeder Prozentpunkt Abweichung des wahren Anteils von den Intervallgrenzen 0.3 GE. Welches Intervall ist unter diesen geänderten Bedingungen Ihr optimales, wenn die Prioriinformation wieder $n' = 4, x' = 2$ ist und die Länge des Intervalls 10 Prozentpunkte aufweisen soll?

Da der Schaden pro Prozentpunkt Abweichung um 0.30 GE wächst, muß folgende lineare Schadenfunktion berücksichtigt werden:

$$s(a, \pi) = \begin{cases} 0 & \text{für } T_u \leq \pi \leq T_o, \\ 30 \cdot (T_u - \pi) & \text{für } \pi < T_u, \\ 30 \cdot (\pi - T_o) & \text{für } \pi > T_o. \end{cases}$$

s_u der Schaden pro Prozenpunkt Überschätzung des wahren Parameters ist gleich dem Schaden pro Prozentpunkt Unterschätzung s_o. Daher ist

$$s_u = s_o = 30 = 0.3 \cdot 100.$$

Kein Schaden tritt auf, wenn π, der unbekannte Anteil an schwarzen Kugeln, innerhalb des Schätzintervalls liegt. Da die Intervallänge 10 Prozentpunkte beträgt, ist

$$T_o = T_u + c = T_u + 0.10.$$

Die Grenzen des Intervalls mit minimalem Schadenerwartungswert müssen die Bedingung[38]

$$s_u \cdot F(T_u) = s_o \cdot G(T_o)$$

erfüllen. Für das vorliegende Beispiel muß also gelten

$$\begin{aligned} 30 \cdot F_\beta(T_u|x', n' - x') &= 30 \cdot G_\beta(T_o|x', n' - x) \\ 30 \cdot F_\beta(T_u|2, 2) &= 30 \cdot G_\beta(T_u + 0.1|2, 2)\,. \end{aligned}$$

Setzt man für $T_u = 0.45$ ein, dann ist diese Bedingung erfüllt. Sie werden daher behaupten, daß der unbekannte Anteil schwarzer Kugeln im Intervall $[0.45, 0.55]$ liegt.

Der Schadenerwartungswert wird mit Hilfe der Formel

$$\text{SE}'(a_{opt}) = s_u \cdot L_0^{T_u}(\pi) + s_o \cdot L_{T_o}^1(\pi)$$

berechnet. Er ist für das vorliegende Intervall

$$\begin{aligned} \text{SE}'(a_{opt}) &= 30 \cdot L_0^{0.45}(\pi|2, 2) + 30 \cdot L_{0.55}^1(\pi|2, 2) \\ &= 30 \cdot 0.0706 + 30 \cdot 0.0706 \\ &= 4.2373. \end{aligned}$$

(b) Posteriorianalyse

Wie ändert sich das Schätzintervall und der entsprechende Schadenerwartungswert, wenn Sie zusätzlich zu Ihrer Prioriinformation erfahren, daß zwei aus dem Behälter gezogene Kugeln schwarz sind?

Die Parameter der Posterioriverteilung sind

$$x'' = 4 \text{ und } n'' = 6.$$

Die Intervalluntergrenze ist für diese Verteilung und die oben angeführte lineare Schadenfunktion

$$T_u = 0.6347$$

und die Obergrenze

$$T_o = T_u + 0.10 = 0.7347.$$

Der Schadenerwartungswert ist

$$\begin{aligned} \text{SE}''(a_{opt}|x) &= 30 \cdot L_0^{0.6347}(\pi|4, 2) + 30 \cdot L_{0.7347}^1(\pi|4, 2) \\ &= 3.0181. \end{aligned}$$

---

[38] Vgl. 3.2 Lineare Schadenfunktion S. 388.

(c) Präposteriorianalyse

(α) **Für fixes** n

Für welche der beiden Aktionen

n_0 : keine Stichprobenziehung

n_2 : Stichprobenziehung im Umfang $n = 2$

werden Sie sich entscheiden, wenn die Stichprobenziehung 0.6 GE kostet?
Der Schadenerwartungswert der n_0-Stichprobe ist

$$\mathrm{ESE}(n_0) = 4.237 = \mathrm{EWPI}$$

und der der n_2-Stichprobe kann aus folgender Tabelle berechnet werden:

x_i	a''_{opt}	$\mathrm{SE}''(a''_{opt}\|x)$	$f_{\beta B}(x)$	$\mathrm{SE}''(a''_{opt}\|x) \cdot f_{\beta B}(x)$
0	(0.2653,0.3652)	3.0181	0.30	0.9054
1	(0.4500,0.5500)	3.3277	0.40	1.3312
2	(0.6347,0.7347)	3.0181	0.30	0.9054
			1.00	3.1420 =ESE(n_2)

Der erwartete Wert der Stichprobeninformation ist

$$\begin{aligned} \mathrm{EWSI}(n_2) &= \mathrm{ESE}(n_0) - \mathrm{ESE}(n_2) \\ &= 4.2373 - 3.1420 \\ &= 1.0954 \end{aligned}$$

und der erwartete Nettowert der Stichprobeninformation

$$\begin{aligned} \mathrm{ENSI}(n_2) &= \mathrm{EWSI}(n_2) - \mathrm{K}(n_2) \\ &= 1.0954 - 0.6 \\ &= 0.4954. \end{aligned}$$

Da dieser Wert positiv ist, werden Sie vor der Angabe eines Schätzintervalls für π eine Stichprobe im Umfang von $n = 2$ ziehen.

(β) **Für variables** n

Wie groß ist der Umfang der Stichprobe mit maximalem Nettowert der Stichprobeninformation?

Der Stichprobenumfang ist jedenfalls kleiner als

$$n_{max} < \frac{\mathrm{EWPI}}{k} = \frac{4.237}{0.3} \cong 14.$$

In folgender Grafik sind die in Frage kommenden Umfänge dargestellt:

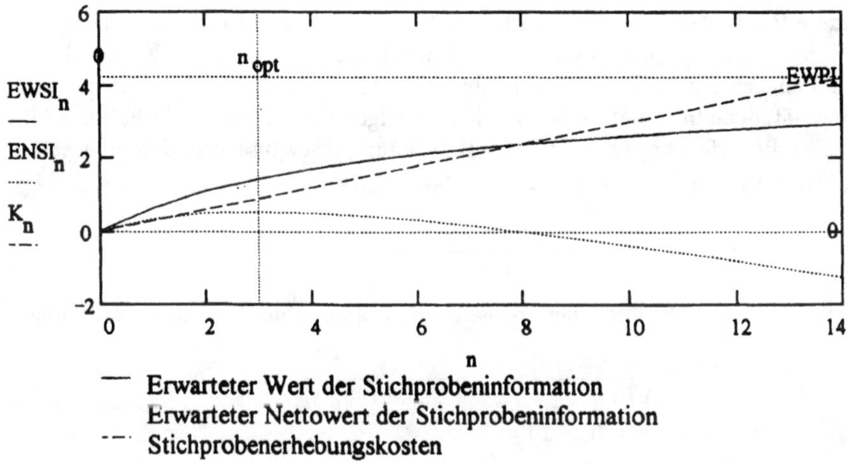

EWSI(n), ENSI(n) und K(n) für das Kugelbeispiel, Intervallschätzverfahren für π, lineare Schadenfunktion

Die Stichprobe mit dem Umfang $n = 3$ besitzt unter den 14 möglichen Stichproben den maximalen ENSI. Sie werden daher für 0.9 GE 3 Kugeln dem Behälter entnehmen und an Hand des Ergebnisses ein optimales Schätzintervall für den unbekannten Anteil schwarzer Kugeln berechnen.

(d) Fallstudie

Für ein neues Produkt benötigt die Rechnungsabteilung eine Intervallschätzung des künftigen Abnehmeranteils. Die Intervallänge soll nicht mehr als 5%-Punkte betragen. Auf Grund der bisherigen Erfahrung mit der Markteinführung ähnlicher Produkte kann aus den Marktanteilen dieser Produkte der Erwartungswert mit

$$E(\pi) = 0.20$$

und die Varianz mit

$$V(\pi) = 0.0145$$

berechnet werden. Wenn der wahre Anteil größer ist als die Intervallobergrenze, dann ist mit einem entgangenen Gewinn pro Prozentpunkt Abweichung in der

Höhe von 200 GE zu rechnen. Bei der Abweichung des wahren Anteils von der Intervalluntergrenze tritt ein Schaden in der gleichen Höhe auf.

Da derzeit eine Stichprobenbefragung von 20 Personen auf einem Testmarkt für andere Produkte vorbereitet wird, könnte auch das neue Produkt im Hinblick auf die Kaufbereitschaft bei den 20 Personen getestet werden. Die Kosten dafür belaufen sich auf 3 GE. Soll die Rechnungsabteilung diese Gelegenheit nützen, um zusätzliche Informationen über den künftigen Käuferanteil zu erhalten oder reichen die Erfahrungswerte für die Berechnung einer Intervallschätzung aus?

Aus dem Erwartungswert und der Varianz von π

$$E(\pi) = \frac{x'}{n'}, \quad V(\pi) = \frac{x' \cdot (n' - x')}{n'^2 \cdot (n' + 1)}$$

erhält man mit Hilfe folgender Formeln die Parameter der Prioribetaverteilung:

$$\begin{aligned} n' &= \frac{E(\pi) \cdot (1 - E(\pi))}{V(\pi)} - 1 = \frac{0.2 \cdot (1 - 0.2)}{0.0145} - 1 = 10 \\ x' &= E(\pi) \cdot n = 0.2 \cdot 10 = 2. \end{aligned}$$

Auf Grund der Angaben liegt folgende Schadenfunktion vor:

$$s(a, \pi) = \begin{cases} 200 \cdot (T_u - \pi) & \text{für } \pi < T_u, \\ 200 \cdot (\pi - T_o) & \text{für } \pi > T_o. \end{cases}$$

Für diese lineare Schadenfunktion und die vorgegebene Intervallänge von $c = 0.05$ sind die Intervallgrenzen bestimmt durch

$$200 \cdot F_\beta(T_u|2,8) = 200 \cdot G_\beta(T_u + 0.05|2,8).$$

Wenn man für $T_u = 0.1555$ einsetzt, dann ist diese Gleichung erfüllt. Die Rechnungsabteilung kann daher mit einem Intervall von (0.1555, 0.2055) für den künftigen Käuferanteil rechnen, wenn sie nur die Prioriinformation berücksichtigt. Der Schadenerwartungswert dieser Schätzung ist

$$\begin{aligned} \text{SE}(a_{opt}) &= 200 \cdot L_0^{0.1555}(\pi|2,8) + 200 \cdot L_{0.2055}^1(\pi|2,8) \\ &= 14.4674. \end{aligned}$$

Für eine Stichprobe des Umfanges $n = 20$ wird der Entscheidungsschadenerwartungswert mit Hilfe der Formel

$$\begin{aligned} \text{ESE}(n_{20}) &= \sum_{x=0}^{20} \Big[200 \cdot L_0^{T_u}(\pi|2 + x, 30 - 2 - x) + \\ &+ \; 200 \cdot L_{T_u+0.05}^1(\pi|2 + x, 30 - 2 - x)\Big] \cdot f_{\beta B}(x|2, 10, 20) \end{aligned}$$

berechnet. T_u und $T_o = T_u + 0.05$ müssen dabei jeweils der oben angegebenen Bedingung entsprechen. Als Ergebnis erhält man

$$\text{ESE}(n_{20}) = 6.6066.$$

Der EWSI ist daher für diese Stichprobe

$$\begin{aligned} \text{EWSI}(n_{20}) &= 14.4674 - 6.6066 \\ &= 7.8608. \end{aligned}$$

Da die Beteiligung an der Stichprobenbefragung nur 3 GE kostet, ist der ENSI positiv:

$$\begin{aligned} \text{ENSI}(n_{20}) &= 7.8608 - 3 \\ &= 4.8608. \end{aligned}$$

Die Information aus der Stichprobenbefragung ist daher bei der Berechnung des Schätzintervalls für den künftigen Käuferanteil zu berücksichtigen. Der erwartete Schaden sinkt dadurch von 14.4674 um 33.6% auf 9.6066.

3.3 Quadratische Schadenfunktion

(a) Priorianalyse

Wenn der wahre Anteil schwarzer Kugeln nicht im Schätzintervall liegt, sondern außerhalb, dann verursacht dies einen Schaden von 0.3 GE bei einer Abweichung um nur einen Prozentpunkt von der Ober- oder Untergrenze des Intervalls. Mit jedem zusätzlichen Prozentpunkt Abweichung wächst dieser Schaden im Quadrat. Eine Abweichung des wahren π um z.B. drei Prozentpunkte von der Obergrenze des Schätzintervalls kostet also

$$0.03^2 \cdot 300 = 0.27 \text{ GE}.$$

Welches Schätzintervall werden Sie unter dieser Voraussetzung für den unbekannten Anteil π annehmen?

Für die quadratische Schadenfunktion

$$s(a,\pi) = \begin{cases} 0 & \text{für } T_u \le \pi \le T_o = T_u + c, \\ 300 \cdot (T_u - \pi)^2 & \text{für } \pi < T_u, \\ 300 \cdot (\pi - T_o)^2 & \text{für } \pi > T_o \end{cases}$$

müssen die Intervallgrenzen des optimalen Intervalls die Bedingung[39]

$$s_u \cdot L_0^{T_u}(\pi) = s_o \cdot L_{T_o}^1(\pi)$$

erfüllen. Für $s_u = s_o = 300$ und die Prioribetaverteilung mit $x' = 2$ und $n' = 4$ muß also gelten

$$300 \cdot L_0^{T_u}(\pi|2,2) = 300 \cdot L_{T_o}^1(\pi|2,2).$$

Wenn man für $T_u = 0.45$ und $T_o = 0.55$ einsetzt, dann ist diese Bedingung erfüllt. Sie werden also auch bei der vorausgesetzten quadratischen Schadenfunktion behaupten, daß der unbekannte Anteil schwarzer Kugeln im Intervall

[39] Vgl. 3.3 Quadratische Schadenfunktion S. 392ff.

(0.45,0.55) liegt. Den Schadenerwartungswert dieses optimalen Intervalls berechnet man mit der Formel

$$SE'(a_{opt}) = s_u \cdot Q_0^{T_u}(\pi) + s_o \cdot Q_{T_o}^1(\pi).$$

Wenn man für $T_u = 0.45$ und $T_o = 0.55$ einsetzt, dann ist

$$\begin{aligned} Q_0^{0.45}(\pi) &= 0.0168, \\ Q_{0.55}^1(\pi) &= 0.0168 \end{aligned}$$

und der Schadenerwartungswert

$$\begin{aligned} SE'(a_{opt}) &= 300 \cdot 0.0168 + 300 \cdot 0.0168 \\ &= 10.0875. \end{aligned}$$

(b) Posterioranalyse

Welchen Einfluß auf das Schätzintervall hat die Information, daß zwei zusätzlich aus dem Behälter gezogene Kugeln schwarz sind?

Durch diese Stichprobeninformation ändern sich die Parameter der Betaverteilung

$$\begin{aligned} x'' &= x' + x = 2 + 2 = 4 \\ n'' &= n' + n = 4 + 2 = 6. \end{aligned}$$

Für diese Posterioriverteilung und die obige quadratische Schadenfunktion ist die Intervalluntergrenze

$$T_u = 0.6120$$

und die Obergrenze

$$T_o = T_u + 0.10 = 0.7120.$$

Der Schadenerwartungswert für dieses Intervall ist

$$\begin{aligned} SE''(a_{opt}|x) &= 300 \cdot Q_0^{0.612}(\pi|4,2) + 300 \cdot Q_{0.712}^1(\pi|4,2) \\ &= 300 \cdot 0.0114 + 300 \cdot 0.0080 \\ &= 5.8296. \end{aligned}$$

(c) Präposterioranalyse

(α) **Für fixes** n

Wie entscheiden Sie sich, wenn Sie vor der Posterioranalyse wissen, daß die Stichprobenziehung im Umfang von $n = 2$ 2 GE kostet?

In diesem Fall müssen Sie sich für eine der beiden Aktionen

n_0 : keine Stichprobenziehung

n_2 : Stichprobenziehung im Umfang $n = 2$

entscheiden. Der Schadenerwartungswert der n_0-Stichprobe ist

$$\text{ESE}(n_0) = 10.08 = \text{EWPI}$$

und der der n_2-Stichprobe 6.1846, wie folgende Berechnungstabelle zeigt:

x_i	a''_{opt}	$\text{SE}''(a''_{opt}\|x)$	$f_{\beta B}(x)$	$\text{SE}''(a''_{opt}\|x) \cdot f_{\beta B}(x)$
0	(0.288,0.388)	5.8171	0.30	1.7451
1	(0.450,0.550)	6.7359	0.40	2.6944
2	(0.612,0.712)	5.8171	0.30	1.7451
			1.00	6.1846 = $\text{ESE}(n_2)$

Der erwartete Wert der Stichprobeninformation ist

$$\begin{aligned}\text{EWSI}(n_2) &= 10.0875 - 6.1846 \\ &= 3.8978.\end{aligned}$$

Da die Stichprobenkosten 2 GE betragen, ist der erwartete Nettowert der Stichprobeninformation

$$\begin{aligned}\text{ENSI}(n_2) &= \text{EWSI}(n_2) - \text{K}(n_2) \\ &= 3.8978 - 2.0 \\ &= 1.8978.\end{aligned}$$

Dieser Wert ist positiv. Sie werden daher für 2 GE 2 Kugeln ziehen und an Hand der Ziehungsergebnisse ein Schätzintervall für den unbekannten Anteil π bestimmen.

(β) Für variables n

Welchen Stichprobenumfang wählen Sie, wenn Sie pro Einheit (hier Kugel) 1 GE bezahlen müssen?

Der maximal in Frage kommende Umfang ist kleiner als

$$n_{max} < \frac{\text{EWPI}}{k} = \frac{10.0875}{1.0} \cong 10.$$

Für die in Frage kommenden Umfänge sind die relevanten Erwartungswerte in folgender Grafik zusammengefaßt:

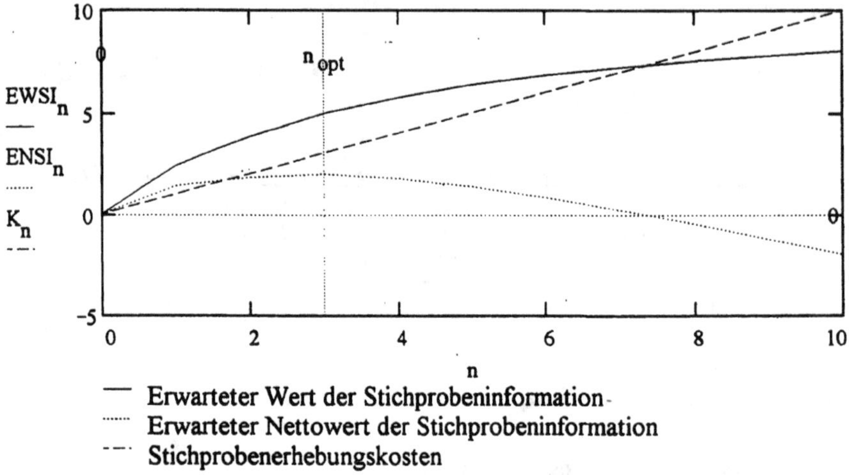

EWSI(n), ENSI(n) und K(n) für das Kugelbeispiel, Intervallschätzverfahren für π, quadratische Schadenfunktion

Da die Stichprobe mit dem Umfang $n = 3$ den größten erwarteten Nettowert der Stichprobeninformation mit 1.974 besitzt, werden Sie um den Betrag von 3 GE 3 Kugeln ziehen und auf Grund der Ziehungsergebnisse eine Intervallschätzung für den unbekannten Anteil an schwarzen Kugeln abgeben.

(d) Fallstudie

Ein Zoologe vermutet auf Grund seiner Erfahrung mit ziemlicher Sicherheit (95%), daß mindestens 10% und höchstens 50% einer bestimmten Tierpopulation im Untersuchungsgebiet einen schwierig feststellbaren, genetischen Defekt aufweisen. Er möchte für den Anteil der Tierpopulation, die diesen Defekt hat, ein Schätzintervall angeben, das nur 10%-Punkte Intervallänge hat. Da die mit dem Schätzintervall verknüpften Folgerungen schwerwiegend sind, will er eine quadratische Schadenfunktion für die Schätzung verwenden, bei der der Schaden pro Prozentpunkt Abweichung von der Ober- oder Untergrenze des Intervalls 1000 GE ausmacht. Für seine Schätzung könnte er auch die Information aus der genetischen Untersuchung von 10 Exemplaren dieser Tierpopulation verwenden. Die Kosten für diese Untersuchung belaufen sich aber auf 2 GE.

Soll der Zoologe das gesuchte Schätzintervall für den unbekannten Anteil der Tiere mit dem bestimmten genetischen Defekt an Hand seiner Prioriinformation bestimmen oder soll er auch die Zusatzinformationen aus der Untersuchung von 10 Tieren berücksichtigen?
Wenn man unterstellt, daß sich die Prioriinformation des Zoologen auf eine Normalverteilung bezieht,

$$W(0.10 \leq \pi \leq 0.50) = 0.95,$$

dann ist der Erwartungswert von π gleich

$$E(\pi) = \frac{0.5 + 0.1}{2} = 0.3$$

und die Varianz

$$\begin{aligned} 4 \cdot \sqrt{V(\pi)} &= 0.5 - 0.1 \\ V(\pi) &= 0.01, \end{aligned}$$

da bei der Normalverteilung rund 95% aller Fälle innerhalb der 2-fachen Standardabweichung ober- und unterhalb des Erwartungswertes liegen. Aus dem so berechneten Erwartungswert und der Varianz kann man mit Hilfe der Formeln

$$\begin{aligned} n' &= \frac{E(\pi) \cdot (1 - E(\pi))}{V(\pi)} - 1, \\ x' &= n' \cdot E(\pi) \end{aligned}$$

die Parameter der Prioribetaverteilung ableiten. Sie sind

$$\begin{aligned} n' &= \frac{0.3 \cdot (1 - 0.3)}{0.01} - 1 = 20, \\ x' &= 20 \cdot 0.3 = 6. \end{aligned}$$

Aus den Überlegungen des Zoologen über die möglichen Schäden einer Fehlschätzung läßt sich folgende Schadenfunktion ableiten:

$$s(a, \pi) = \begin{cases} 0 & \text{für } T_u \leq \pi \leq T_o = T_u + 0.1, \\ 1000 \cdot (T_u - \pi)^2 & \text{für } T_u > \pi, \\ 1000 \cdot (\pi - T_o)^2 & \text{für } T_o < \pi. \end{cases}$$

Die Intervallgrenzen, die an Hand der Prioriinformation berechnet werden können, müssen die Bedingung

$$1000 \cdot L_0^{T_u}(\pi|6, 14) = 1000 \cdot L_{T_u+0.1}^{1}(\pi|6, 14)$$

erfüllen. Wenn man für

$$T_u = 0.2537$$

einsetzt, dann ist diese Bedingung erfüllt. Der Zoologe kann daher an Hand seiner Prioriinformation behaupten, daß der Anteil der Tiere mit genetischem Defekt zwischen 0.2537 und 0.3537 liegt. Der Schadenerwartungswert dieses optimalen Schätzintervalls ist gleich

$$\begin{aligned} \mathrm{SE}'(a_{opt}) &= 1000 \cdot \left[Q_0^{0.2537}(\pi|6.14) + Q_{0.3537}^1(\pi|6,14)\right]. \\ &= 4.1263. \end{aligned}$$

Der Entscheidungsschadenerwartungswert für die Untersuchung von 10 Tieren wird mit Hilfe der Formel

$$\begin{aligned} \mathrm{ESE}(n_{10}) &= \sum_{x=0}^{10} 1000 \cdot \left[\int_0^{T_u} (T_u - \pi)^2 \cdot f(\pi|6+x, 30-6-x)\, d\pi + \right. \\ &\quad + \left. \int_{T_u+0.1}^1 (\pi - T_u - 0.1)^2 \cdot f(\pi|6+x, 30-6-x)\, d\pi\right] \cdot \\ &\quad \cdot\ f_{\beta B}(x|6,20,10) \end{aligned}$$

berechnet. Er ist gleich

$$\mathrm{ESE}(n_{10}) = 2.2261$$

und der EWSI daher

$$\begin{aligned} \mathrm{EWSI}(n_{10}) &= 4.1263 - 2.2261 \\ &= 1.9002. \end{aligned}$$

Da die Untersuchung 2 GE kostet, ist der ENSI für diese Stichprobe negativ:

$$\begin{aligned} \mathrm{ENSI}(n_{10}) &= 1.9002 - 2 \\ &= -0.0998. \end{aligned}$$

Der Zoologe wird daher auf die Untersuchung von 10 Tieren verzichten und das an Hand seiner Prioriinformationen berechnete Schätzintervall verwenden.

Wenn der Zoologe keine Intervallschätzung durchführen will, sondern eine Punktschätzung, dann ist der EWSI für diese Punktschätzung gleich

$$\begin{aligned} \mathrm{EWSI}(n_{10}) &= s \cdot V(\pi) \cdot \frac{n}{n+n'} \\ &= 1000 \cdot \frac{6 \cdot 14}{20^2 \cdot 21} \cdot \frac{10}{10+20} \\ &= 3.3333. \end{aligned}$$

Zieht man von diesem Wert die Untersuchungskosten in der Höhe von 2 GE ab, dann erhält man einen positiven ENSI:

$$\begin{aligned} \mathrm{ENSI}(n_{10}) &= 3.3333 - 2 \\ &= 1.3333. \end{aligned}$$

Für eine Punktschätzung würde der Zoologe daher die Untersuchung von 10 Tieren bezahlen und die Information daraus für seine Punktschätzung verwenden. Für eine Intervallschätzung reichen dagegen seine Prioriinformationen.

Kapitel III

Mittelwert μ

1 Testverfahren

1.1 Konstante Schadenfunktion

(a) Priorianalyse

Bisher hatte jede Kugel im Behälter entweder die Farbe schwarz oder nicht schwarz. Die Entscheidungsprobleme drehten sich alle um den Anteil dieser schwarzen Kugeln im Behälter. Nun ist die Farbe der Kugel unwichtig. Jede Kugel ist mit einer reellen Zahl beschriftet und die Entscheidungsprobleme betreffen den Durchschnitt aus diesen Zahlen. Konkret wissen Sie nur, daß die Streuung der Zahlen auf den Kugeln um ihren unbekannten Durchschnitt, gemessen durch die Varianz σ^2, gleich 100 ist. Außerdem haben Sie in Erfahrung gebracht, daß die Vermutung besteht, der Zahlendurchschnitt sei 100. Ihre Aufgabe besteht darin, zu entscheiden, ob der Durchschnitt aus den Zahlen auf den Kugeln im Behälter höchstens gleich 98 ist oder größer. Wenn Sie behaupten, der Durchschnitt sei höchstens gleich 98 und dies trifft tatsächlich zu, dann erhalten Sie 19 GE. Wenn Sie hingegen der Ansicht sind, daß der Durchschnitt größer ist als 98, dann bekommen Sie beim Zutreffen dieser Ansicht nur 1 GE. Wie sollen Sie sich entscheiden?

Ihre beiden Aktionen sind

a_0 : Der Behälter enthält Kugeln mit einem Zahlendurchschnitt kleiner gleich 98.

a_1 : Der Behälter enthält Kugeln mit einem Zahlendurchschnitt größer als 98.

Die möglichen Zustände des Behälters sind

$$H_0 \;:\; \mu \leq 98,$$
$$H_1 \;:\; \mu > 98,$$

wobei μ das Zeichen für den unbekannten Durchschnitt ist. Die den Gewinnmöglichkeiten entsprechende konstante Schadenfunktion ist

$$\begin{aligned} s(a_0, \mu) &= \begin{cases} 0 & \text{für } \mu \leq 98, \\ s_2 = 1 & \text{für } \mu > 98, \end{cases} \\ s(a_1, \mu) &= \begin{cases} s_1 = 19 & \text{für } \mu \leq 98, \\ 0 & \text{für } \mu > 98. \end{cases} \end{aligned}$$

Bei einer konstanten Schadenfunktion erhält man die Schadenerwartungswerte der beiden Aktionen durch die Gewichtung der konstanten Momente mit s_1 und s_2. Im Gauß Modell wird für den unbekannten Durchschnitt μ angenommen, daß er normalverteilt[1] ist. Die konstanten Momente sind daher

$$\begin{aligned} K_{-\infty}^{98}(\mu) &= F_N(98|\mu', \sigma^2/n') = \int_{-\infty}^{98} \frac{1}{\sqrt{2\pi\sigma^2/n'}} \cdot \exp\left\{-\frac{(\mu-\mu')^2}{2\cdot\sigma^2/n'}\right\} d\mu, \\ K_{98}^{\infty}(\mu) &= G_N(98|\mu', \sigma^2/n') = \int_{98}^{\infty} \frac{1}{\sqrt{2\pi\sigma^2/n'}} \cdot \exp\left\{-\frac{(\mu-\mu')^2}{2\cdot\sigma^2/n'}\right\} d\mu. \end{aligned}$$

Apriori kann die Vermutung berücksichtigt werden, daß der Zahlendurchschnitt 100 sei. Der Durchschnitt der Priorinormalverteilung ist daher

$$\mu' = 100.$$

Die Varianz der Prioriverteilung ist

$$\sigma'^2 = \frac{\sigma^2}{n'}.$$

Da σ^2 mit 100 bekannt ist, muß lediglich n' bestimmt werden. n' kann als hypothetischer Stichprobenumfang interpretiert werden. Wenn man z.B. der Ansicht ist, daß die Vermutung über den Zahlendurchschnitt von 100 einer Stichprobenziehung von 4 Kugeln entspricht, dann ist

$$n' = 4$$

und

$$\sigma'^2 = \frac{100}{4} = 25.$$

Mit Hilfe der beiden Parameter μ' und σ'^2 kann man nun die konstanten Momente berechnen:

$$\begin{aligned} K_{-\infty}^{98}(\mu) &= F_N(98|100, 25) = 0.3446 \\ K_{98}^{\infty}(\mu) &= G_N(98|100, 25) = 0.6554. \end{aligned}$$

[1]Vgl. 4.1 Normalverteilung, S. 317ff.

Die Schadenerwartungswerte sind daher[2]

$$\begin{aligned}\text{SE}'(a_0) &= s_2 \cdot K_{98}^{\infty}(\mu) = 1 \cdot 0.6554 = 0.6554,\\ \text{SE}'(a_1) &= s_1 \cdot K_{-\infty}^{98}(\mu) = 19 \cdot 0.3446 = 6.5470.\end{aligned}$$

Die Aktion a_0 hat den kleineren Schadenerwartungswert. Sie werden daher behaupten, daß der Behälter Kugeln enthält mit einem Zahlendurchschnitt kleiner gleich 98.

Die Zusammenfassung dieses Entscheidungsproblems findet man in folgender Übersicht:

Aktion	Zustand			
a_i	$\mu \le 98$	$\mu > 98$	$\text{SE}'(a_i)$	
a_0	0	1	0.6554	$\Rightarrow a'_{opt} = a_0$
a_1	19	0	6.5470	
$K'(\mu)$	0.3446	0.6554		

(b) Posteriorianalyse[3]

Sie ziehen aus dem Behälter 10 Kugeln mit Zurücklegen. Auf den Kugeln sind folgende Zahlen vermerkt:

94.784, 105.162, 112.131, 103.084, 96.839,
111.645, 103.452, 105.144, 106.090, 104.055.

Der Durchschnitt $\overline{x}$ aus diesen $n = 10$ Zahlen ist

$$\begin{aligned}\overline{x} &= \frac{1}{n} \cdot \sum_{i=1}^{n} x_i = \frac{1}{10} \cdot (94.784 + \cdots + 104.055)\\ &= 104.24.\end{aligned}$$

Wie ändert sich die Entscheidung durch diese Stichprobeninformation?

Man verknüpft die Stichprobeninformationen

$$n = 10, \quad \overline{x} = 104.24$$

mit den Prioriinformationen

$$n' = 4, \quad \mu' = 100$$

durch die Formeln[4]

$$\begin{aligned}\mu'' &= \frac{n' \cdot \mu' + n \cdot \overline{x}}{n' + n} = \frac{4 \cdot 100 + 10 \cdot 104.24}{4 + 10} = 103.0286\\ \sigma''^2 &= \frac{\sigma^2}{4 + 10} = 7.1429.\end{aligned}$$

[2] Vgl. 1.1 Konstante Schadenfunktion, S. 372.
[3] Vgl. Braverman (1972, S. 398).
[4] Vgl. 4.6 Verteilungen von μ, 344ff.

Die Posterioriwahrscheinlichkeiten der beiden Hypothesen können nun mit Hilfe der Normalverteilung und den beiden Parametern μ'' und σ''^2 berechnet werden. Sie sind

$$\begin{aligned}W''(\mu \leq 98) &= \int_{-\infty}^{98} f_N(\mu|\mu'' = 103.0286, \sigma''^2 \doteq 7.1429)\, d\mu \\ &= 0.0299 \\ W''(\mu > 98) &= 1 - W''(\mu \leq 98) \\ &= 0.9701.\end{aligned}$$

Die Gewichtung der Wahrscheinlichkeiten mit den möglichen Schäden führt zu den Schadenerwartungswerten der beiden Aktionen. In folgender Übersicht sind sie in der rechten Randspalte angeführt.

Aktion a_i	Zustand $\mu \leq 98$	$\mu > 98$	$SE''(a_i)$	
a_0	0	1	0.9700	
a_1	19	0	0.5691	$\Rightarrow a''_{opt} = a_1$
$K''(\mu)$	0.0299	0.9701		

Sie werden behaupten, der Zahlendurchschnitt ist größer als 98. In folgender Grafik sind die Priori- und Posterioriverteilung von μ eingezeichnet.

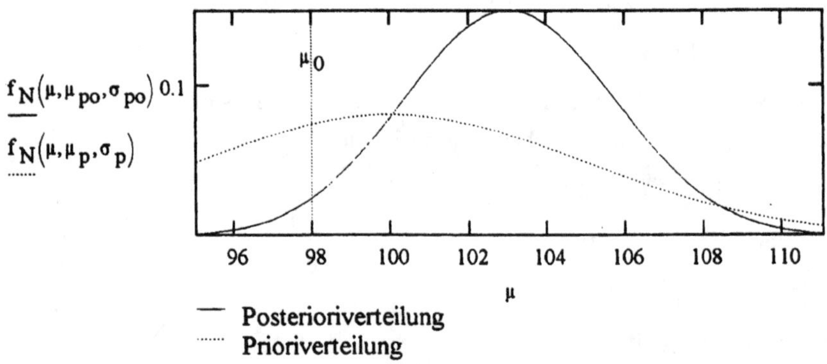

Priori- und Posterioriverteilung von μ

(c) Präposteriorianalyse

(α) Für fixes n

Wie entscheiden Sie, wenn die Entnahme von 10 Kugeln aus dem Behälter nicht umsonst ist, sondern z.B. 0.10 GE kostet? Werden Sie unter diesen Umständen die 10 Kugeln ziehen oder werden Sie an Hand der Prioriinformation entscheiden?

Die beiden Aktionen sind hier

$$\begin{aligned} n_0 &: \text{Keine zusätzlichen Stichprobeninformationen } (n = 0), \\ n_{10} &: \text{Stichprobeninformationen im Umfang } n = 10. \end{aligned}$$

Man wird auch hier jene Aktion wählen, die den geringeren Schadenerwartungswert aufweist. Der Schadenerwartungswert der n_0-Stichprobe ist bekanntlich 0.6554 GE, das ist der Schadenerwartungswert der priori optimalen Aktion:

$$\text{ESE}(n_0) = 0.6554.$$

Um den Entscheidungsschadenerwartungswert der n_{10}-Stichprobe zu berechnen, benötigt man die Werte der bivariaten Normalverteilung[5] von $\overline{X}$ und μ. Denn

$$\begin{aligned} \text{ESE}(n_{10}) &= s_2 \cdot m_{00}^{(12)} + s_1 \cdot m_{00}^{(21)} \\ &= s_2 \cdot \int_{-\infty}^{c_1} \int_{c_2}^{\infty} f_{2N}(\overline{x}, \mu | \boldsymbol{m}, \boldsymbol{V}) d\mu \, d\overline{x} + \\ &+ s_1 \cdot \int_{c_1}^{\infty} \int_{-\infty}^{c_2} f_{2N}(\overline{x}, \mu | \boldsymbol{m}, \boldsymbol{V}) \, d\mu \, d\overline{x}. \end{aligned}$$

Die bivariate Normalverteilung von $(\overline{X}, \mu)$ ist durch die Parameter[6]

$$\boldsymbol{m} = \begin{pmatrix} \mu' \\ \mu' \end{pmatrix}$$

und

$$\boldsymbol{V} = \sigma^2 \cdot \begin{pmatrix} 1/n' + 1/n & 1/n' \\ 1/n' & 1/n' \end{pmatrix}$$

bestimmt, die im vorliegenden Beispiel gleich sind

$$\begin{aligned} \boldsymbol{m} &= \begin{pmatrix} 100 \\ 100 \end{pmatrix}, \\ \boldsymbol{V} &= 100 \cdot \begin{pmatrix} 1/4 + 1/10 & 1/4 \\ 1/4 & 1/4 \end{pmatrix} = \begin{pmatrix} 35 & 25 \\ 25 & 25 \end{pmatrix}. \end{aligned}$$

---

[5]Vgl. 4.3 Zweidimensionale Normalverteilung, S. 327ff.

[6]Vgl. 4.6 Verteilungen von μ, (b) Parameter der bivariaten Normalverteilung, S. 346ff.

Die Integrationsgrenze c_1 ist gegeben durch[7]

$$\begin{aligned} c_1 &= \frac{n'+n}{n}\left(\mu_0 - z_\alpha \cdot \frac{\sigma}{\sqrt{n+n'}}\right) - \frac{n'}{n}\cdot\mu' \\ &= \frac{4+10}{10}\left(98 + 1.6449 \cdot \frac{10}{\sqrt{10+4}}\right) - \frac{4}{10}\cdot 100 \\ &= 103.3545, \end{aligned}$$

wobei

$$F_Z(z_\alpha) = \frac{s_2}{s_2+s_1} = \frac{1}{1+19} = 0.05$$

ist und z_α daher das 5-te Perzentil der Normalverteilung ist:

$$z_{0.05} = -1.6449.$$

Die zweite Integrationsgrenze c_2 ist gleich μ_0, also

$$c_2 = 98.$$

Da

$$\int_{-\infty}^{103.355}\int_{98}^{\infty} f_{2N}(\overline{x},\mu|\boldsymbol{m},\boldsymbol{V})d\mu\, d\overline{x} = 0.3739$$

ist und

$$\int_{103.355}^{\infty}\int_{\infty}^{98} f_{2N}(\overline{x},\mu|\boldsymbol{m},\boldsymbol{V})d\mu\, d\overline{x} = 0.0038,$$

kann mit Hilfe dieser Angaben der Entscheidungsschadenerwartungswert der n_{10}-Stichprobe berechnet werden. Er ist

$$\begin{aligned} \text{ESE}(n_{10}) &= 1\cdot 0.3739 + 19\cdot 0.0038 \\ &= 0.4461. \end{aligned}$$

Berücksichtigt man auch die Kosten der Ziehung von 0.10 GE, dann ist der Schadenerwartungswert der n_{10}-Stichprobe noch immer geringer als der der n_0-Stichprobe. Sie werden sich daher für die Entnahme von 10 Kugeln entscheiden.

Zum gleichen Ergebnis kommt man natürlich über die Berechnung des erwarteten Wertes der Stichprobeninformation. Dieser Wert ist bekanntlich

$$\begin{aligned} \text{EWSI}(n_{10}) &= \text{ESE}(n_0) - \text{ESE}(n_{10}) \\ &= 0.6554 - 0.4461 \\ &= 0.2093. \end{aligned}$$

[7]Vgl. 1.2 Gauß Modell, (a) Konstante Schadenfunktion, S. 401.

Man kann diesen Wert aber auch direkt über die bivariate Normalverteilung berechnen. Die allgemeine Formel ist

$$\text{EWSI}(n_i) = \begin{cases} s_2 \cdot m_{00}^{(22)} - s_1 \cdot m_{00}^{(21)} & \text{für } a'_{opt} = a_0, \\ s_1 \cdot m_{00}^{(11)} - s_2 \cdot m_{00}^{(12)} & \text{für } a'_{opt} = a_1. \end{cases}$$

Im vorliegenden Beispiel ist $a'_{opt} = a_0$. Daher ist der EWSI für $n = 10$ gleich

$$\begin{aligned} \text{EWSI}(n_{10}) &= s_2 \cdot m_{00}^{(22)} - s_1 \cdot m_{00}^{(21)} \\ &= 1 \cdot 0.2815 - 19 \cdot 0.0038 \\ &= 0.2093, \end{aligned}$$

weil

$$m_{00}^{(22)} = \int_{103.355}^{\infty} \int_{98}^{\infty} f_{2N}(\overline{x}, \mu | \boldsymbol{m}, \boldsymbol{V}) d\mu \, d\overline{x} = 0.2815$$

ist und bekanntlich $m_{00}^{(21)} = 0.0038$.
Da die Kosten für die Stichprobe 0.10 GE betragen, ist der erwartete Nettowert der Stichprobe gleich

$$\begin{aligned} \text{ENSI}(n_{10}) &= \text{EWSI}(n_{10}) - \text{K}(n_{10}) \\ &= 0.2093 - 0.10 \\ &= 0.1093. \end{aligned}$$

Dieser Wert ist positiv. Daher kommt man zur gleichen Entscheidung, nämlich eine Stichprobe im Umfang von $n = 10$ zu berücksichtigen.

(β) **Für variables** n

Vor der Entscheidung, ob der Zahlendurchschnitt größer oder kleiner als 98 ist, können Sie gegen eine Gebühr von 0.01 GE pro Kugel eine beliebige Anzahl von Kugeln ziehen. Für wieviel Kugeln sollen Sie sich entscheiden?
Der maximal in Frage kommende Stichprobenumfang ist in diesem Fall gleich

$$n_{max} < \frac{\text{EWPI}}{k} = \frac{0.6554}{0.01} \cong 66.$$

Für die relevanten Stichprobenumfänge sind in folgender Grafik der erwartete Wert der Stichprobeninformation, der erwartete Nettowert der Stichprobe sowie die Kostenfunktion eingetragen.

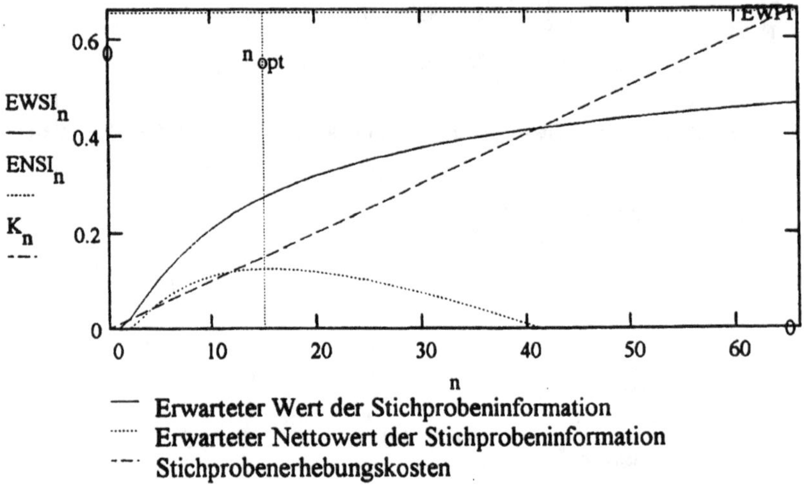

EWSI(n), ENSI(n) und K(n) für das Kugelbeispiel, Testverfahren für μ, konstante Schadenfunktion

Da $n = 15$ mit 0.1232 den maximalen ENSI besitzt, werden Sie vor der Entscheidung über den Zahlendurchschnitt 15 Kugeln aus dem Behälter entnehmen und an Hand der Ergebnisse dieser Stichprobe Ihre Entscheidung treffen. Wenn der Zahlendurchschnitt dieser 15 Kugeln höchstens

$$
\begin{aligned}
\bar{x} &\leq c_1 \\
&= \frac{n'+n}{n} \cdot \left(\mu_0 - z_\alpha \cdot \frac{\sigma}{\sqrt{n+n'}}\right) - \frac{n'}{n} \cdot \mu' \\
&= \frac{4+15}{15} \cdot \left(98 + 1.645 \cdot \frac{10}{\sqrt{15+4}}\right) - \frac{4}{15} \cdot 100 \\
&= 102.2436
\end{aligned}
$$

ist, dann werden Sie sich für a_0 entscheiden und behaupten, daß der Behälter Kugeln mit einem Zahlendurchschnitt kleiner gleich 98 enthält. Ist das $\bar{x}$ der Stichprobe größer als 102.2436,

$$\bar{x} > 102.2436,$$

dann werden Sie a_1 wählen und behaupten, daß der Zahlendurchschnitt der Kugeln größer ist als 98.

(d) Fallstudie

Das Teilstück einer Autobahn kann entweder durch ein landwirtschaftlich genutztes Gebiet geführt oder durch einen Tunnel umfahren werden. Wenn die durchschnittliche Ablösesumme pro m^2 höchstens 100 GE ausmacht, dann ist es günstiger, das Teilstück auf der Erde zu bauen. Unter der Erde ist die Errichtung des Autobahnteilstückes günstiger, wenn die durchschnittlichen Kosten pro m^2 landwirtschaftlich genutzten Bodens über 100 GE liegen. Die Verantwortlichen der Straßenbaugesellschaft rechnen mit $20 \cdot 10^6$ Mio GE Opportunitätskosten, wenn die Autobahn auf der Erde gebaut wird und die Ablösekosten pro m^2 über 100 GE liegen und mit $80 \cdot 10^6$ Mio GE Opportunitätskosten, wenn die Tunnelvariante gewählt wird und die Durchschnittskosten pro m^2 unter 100 GE sind.

In dem landwirtschaftlich genutzten Gebiet gibt es über 1000 Besitzer. Der Agrarreferent des Bezirkes vermutet, daß der durchschnittliche Verkaufspreis pro m^2 Grund mit großer Wahrscheinlichkeit zwischen 93 und 117 GE liegt. Aus vergleichbaren Gebieten weiß man, daß die Standardabweichung bei den Verkaufspreisen höchstens 20 GE ausmacht. Welche Variante soll gewählt werden, wenn außerdem bekannt ist, daß vom Agraramt des Bezirkes die Befragung eines Besitzers um 10^5 GE durchgeführt wird?

Die Verantwortlichen der Straßenbaugesellschaft müssen eine der beiden Aktionen

$$\begin{aligned} a_0 &: \text{ Autobahnbau auf der Erde,} \\ a_1 &: \text{ Tunnelvariante} \end{aligned}$$

wählen. Da die Grundkosten für die Wahl von entscheidender Bedeutung sind, kann das Entscheidungsproblem einschließlich der Opportunitätskosten wie folgt dargestellt werden:

Aktion	Zustand	
a_i	$\mu \leq 100$	$\mu > 100$
a_0	0	$20 \cdot 10^6$
a_1	$80 \cdot 10^6$	0

Die Prioriinformation des Agrarreferenten besagt

$$W'(93 \leq \mu \leq 117) = 0.95.$$

Unterstellt man eine Normalverteilung, dann ist der Erwartungswert gleich[8]

$$E(\mu) = \frac{93 + 117}{2} = 105$$

[8]Vgl. 1.3 Erwartungswert und Varianz, S. 247.

und die Varianz

$$V(\mu) = \left[\frac{117-93}{3.92}\right]^2 \cong 40,$$

da bei einer Normalverteilung die Bedingung

$$W\left(E(\mu) - 1.96 \cdot \sqrt{V(\mu)} < \mu < E(\mu) + 1.96 \cdot \sqrt{V(\mu)}\right) = 0.95$$

gilt. Daraus folgt, daß die Differenz zwischen der Ober- und Untergrenze des 95-%igen Intervalls gleich ist

$$\left[E(\mu) + 1.96 \cdot \sqrt{V(\mu)}\right] - \left[E(\mu) - 1.96 \cdot \sqrt{V(\mu)}\right] = 3.92 \cdot \sqrt{V(\mu)}.$$

Da die Varianz der Verkaufspreise mit

$$\sigma^2 = 20^2 = 400$$

bekannt ist, ist der hypothetische Stichprobenumfang der Prioriinformation gleich

$$n' = \frac{\sigma^2}{\sigma'^2} = \frac{400}{40} = 10.$$

Mit Hilfe dieser Parameter kann man nun die Priorischadenerwartungswerte der beiden Aktionen berechnen:

$$\begin{aligned}
\mathrm{SE}'(a_0) &= s_2 \cdot K_{100}^{\infty}(\mu) = 20 \cdot 10^6 \cdot \int_{100}^{\infty} f_N(\mu|105, 40)\, d\mu = 1.5708 \cdot 10^7 \\
\mathrm{SE}'(a_1) &= s_1 \cdot K_{-\infty}^{100}(\mu) = 80 \cdot 10^6 \cdot \int_{-\infty}^{100} f_N(\mu|105, 40)\, d\mu = 1.7168 \cdot 10^7
\end{aligned}$$

Da der Schadenerwartungswert für a_0 kleiner ist als der für a_1, wird sich die Geschäftsführung der Straßenbaugesellschaft nicht für die Tunnelvariante entscheiden, sondern die Autobahn durch das landwirtschaftliche Gebiet bauen, wenn sie nur die Prioriinformationen berücksichtigen will. Da die Befragungskosten relativ gering sind, muß sich die Geschäftsführung überlegen, ob sie nicht vor der Entscheidung Stichprobeninformationen über den durchschnittlichen Grundstückspreis einholt.

Der maximal in Frage kommende Stichprobenumfang ist

$$n_{max} < \frac{\mathrm{EWPI}}{k} = \frac{1.5708 \cdot 10^7}{10^5} \cong 157.$$

Von diesen 157 möglichen Stichproben hat jene mit dem Umfang $n = 24$ den größten erwarteten Nettowert der Stichprobeninformation, wie folgende Graphik zeigt:

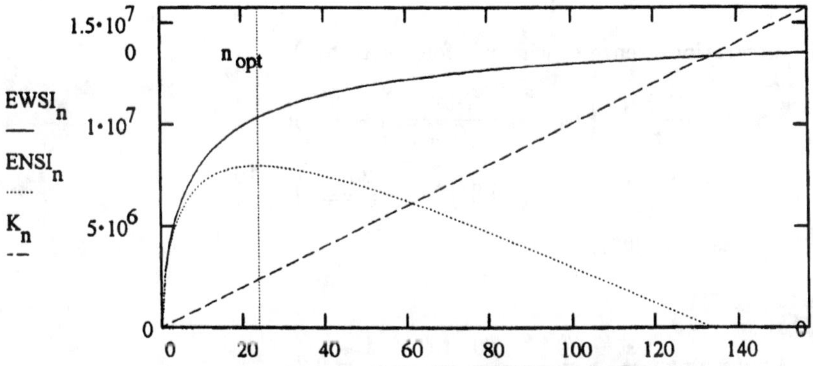

EWSI(n), ENSI(n) und K(n) für die Fallstudie „Tunnelprojekt"

Um den ENSI dieser optimalen Stichprobe zu berechnen, berücksichtigt man, daß

$$a'_{opt} = a_0$$

ist. Daher wird der EWSI nach folgender Formel bestimmt:

$$\begin{aligned} \text{EWSI}(n_i) &= s_2 \cdot m_{00}^{(22)} - s_1 \cdot m_{00}^{(21)} \\ &= s_2 \cdot \int_{c_1}^{\infty} \int_{c_2}^{\infty} f_{2N}(\overline{x}, \mu | \boldsymbol{m}, \boldsymbol{V}) \, d\mu \, d\overline{x} \\ &- s_1 \cdot \int_{c_1}^{\infty} \int_{-\infty}^{c_2} f_{2N}\overline{x}, \mu | \boldsymbol{m}, \boldsymbol{V}) \, d\mu, d\overline{x}. \end{aligned}$$

Der Mittelwertsvektor $\boldsymbol{m}$ ist gleich

$$\boldsymbol{m} = \begin{pmatrix} \mu' \\ \mu' \end{pmatrix} = \begin{pmatrix} 105 \\ 105 \end{pmatrix},$$

und die Varianzmatrix $\boldsymbol{V}$ ist

$$\begin{aligned} \boldsymbol{V} &= \sigma^2 \cdot \begin{pmatrix} 1/n' + 1/n & 1/n' \\ 1/n' & 1/n' \end{pmatrix} = 400 \cdot \begin{pmatrix} 1/10 + 1/24 & 1/10 \\ 1/10 & 1/10 \end{pmatrix} \\ &= \begin{pmatrix} 2823.53 & 40 \\ 40 & 40 \end{pmatrix}. \end{aligned}$$

Die Integrationsgrenze c_1 wird wie folgt berechnet:

$$\begin{aligned} c_1 &= \frac{n'+n}{n} \cdot \left(\mu_0 - z_\alpha \cdot \frac{\sigma}{\sqrt{n+n'}} \right) - \frac{n'}{n} \cdot \mu' \\ &= \frac{10+24}{24} \cdot \left(100 + 0.8416 \cdot \frac{20}{\sqrt{24+10}} \right) - \frac{10}{24} \cdot 105 \\ &= 102.0061. \end{aligned}$$

Da für z_α

$$F_Z(z_\alpha) = \frac{s_2}{s_2 + s_1} = \frac{20 \cdot 10^6}{20 \cdot 10^6 + 80 \cdot 10^6} = 0.20$$

gelten muß, ist z_α das 20.te Perzentil der Standardnormalverteilung:

$$z_{0.20} = -0.8416.$$

Die zweite Integrationsgrenze c_2 ist gleich μ_0, also

$$c_2 = 100.$$

Mit Hilfe dieser Parameter und Grenzen kann nun der EWSI berechnet werden. Er ist

$$\begin{aligned} \text{EWSI}(n_{24}) &= 20 \cdot 10^6 \int_{102.0061}^{\infty} \int_{100}^{\infty} f_{2N}\left(\overline{x}, \mu | \boldsymbol{m}, \boldsymbol{V}\right) \, d\mu \, d\overline{x} - \\ &- 80 \cdot 10^6 \int_{102.0061}^{\infty} \int_{-\infty}^{100} f_{2N}(\overline{x}, \mu | \boldsymbol{m}, \boldsymbol{V}) \, d\mu \, d\overline{x} \\ &= 10.3261 \cdot 10^6. \end{aligned}$$

Zieht man davon die Erhebungskosten ab, dann erhält man den ENSI:

$$\begin{aligned} \text{ENSI}(n_{24}) &= 10.3261 \cdot 10^6 - 10^5 \cdot 24 \\ &= 7.9261 \cdot 10^6. \end{aligned}$$

Die Verantwortlichen der Straßenbaugesellschaft werden also zuerst zum Preis von $24 \cdot 10^5$ 24 Grundbesitzer befragen lassen und an Hand dieser zusätzlichen Information über den durchschnittlichen Grundstückspreis die Entscheidung fällen, ob die Tunnelvariante gewählt wird oder nicht. Wenn die Grundkosten pro m^2 in dieser Stichprobe im Schnitt höchstens

$$\overline{x} = c_1 \leq 102.0062$$

betragen, dann wird die Straßenbaugesellschaft die Autobahn auf der Erde bauen.

Wenn

$$\bar{x} > 102.0062$$

ist, dann wird sie die Tunnelvariante wählen.

1.2 Lineare Schadenfunktion

(a) Priorianalyse

Wie ändert sich die Entscheidungsanalyse, wenn statt einer konstanten eine lineare Gewinn- bzw. Schadenfunktion angenommen wird?

Sie erhalten nun nicht immer 1 GE, wenn Sie behaupten, daß der Durchschnitt größer als 98 ist, unabhängig von der Abweichung des wahren Durchschnittes μ von 98, sondern Ihr Gewinn wächst um 1 GE pro Abweichungseinheit, wenn Ihre Behauptung richtig ist. Das gleiche gilt für die Entscheidung, daß der Durchschnitt kleiner ist als 98. Wenn dies tatsächlich zutrifft, erhalten Sie 19 GE pro Abweichungseinheit des wahren Durchschnittes von 98. Die entsprechende Schadenfunktion sieht folgendermaßen aus:

$$\begin{aligned}
s(a_0,\mu) &= \begin{cases} 0 & \text{für } \mu \le 98, \\ 1\cdot(\mu-98) & \text{für } \mu > 98, \end{cases} \\
s(a_1,\mu) &= \begin{cases} 19\cdot(98-\mu) & \text{für } \mu \le 98, \\ 0 & \text{für } \mu > 98. \end{cases}
\end{aligned}$$

Die Schadenerwartungswerte für die beiden Aktionen ergeben sich hier aus den linearen Momenten der Normalverteilung.[9] Die entsprechenden Formeln sind:

$$\begin{aligned}
\mathrm{SE}'(a_0) &= s_2\cdot\int_c^{\infty}(\mu-c)\cdot f_N(\mu|\mu',\sigma^2/n')\,d\mu \\
&= s_2\cdot L_c^{\infty}(\mu) \\
&= s_2\cdot\frac{\sigma}{\sqrt{n'}}\cdot[f_Z(z)-z\cdot G_Z(z)], \\
\mathrm{SE}'(a_1) &= s_1\cdot\int_{-\infty}^{c}(c-\mu)\cdot f_N(\mu|\mu',\sigma^2/n')\,d\mu \\
&= s_1\cdot L_{-\infty}^{c}(\mu) \\
&= s_1\cdot\frac{\sigma}{\sqrt{n'}}\cdot[z\cdot F_Z(z)+f_Z(z)]
\end{aligned}$$

mit

$$z = (c-\mu')/(\sigma/\sqrt{n'}).$$

[9] Vgl. 4.1 Normalverteilung, (d) Lineare und quadratische Momente, S. 321 und 1.2 Lineare Schadenfunktion, S 372.

Für die Angaben des Beispiels sind die Schadenerwartungswerte gleich

$$\begin{aligned} \text{SE}'(a_0) &= 1 \cdot 5 \cdot [0.3683 + 0.40 \cdot 0.6554] \\ &= 3.1522 \\ \text{SE}'(a_1) &= 19 \cdot 5 \cdot [(-0.40) \cdot 0.3446 + 0.3683] \\ &= 21.8917 \end{aligned}$$

mit

$$z = (98 - 100)/5 = -0.40.$$

Da der Schadenerwartungswert für a_0 geringer ist als der für a_1, werden Sie behaupten, daß der Zahlendurchschnitt kleiner gleich 98 ist. In folgender Tabelle ist die Analyse nochmals zusammengefaßt:

Aktion	Zustand		
a_i	$\mu \leq 98$	$\mu > 98$	$\text{SE}'(a_i)$
a_0	0	1	3.1522 $\Rightarrow a'_{opt} = a_0$
a_1	19	0	21.8917
$L'(\mu)$	1.1522	3.1522	

(b) Posteriorianalyse

Berücksichtigt man neben der Prioriinformation auch die Stichprobeninformation

$$n = 10, \quad \overline{x} = 104.24,$$

dann sind die Parameter der Posteriorinormalverteilung

$$\mu'' = 103.0286 \text{ und } \sigma''^2 = 7.1429.$$

Die Schadenerwartungswerte sind nun

$$\begin{aligned} \text{SE}''(a_0) &= 1 \cdot \int_{98}^{\infty} (\mu - 98) \cdot f_N(\mu|\mu'' = 103.0286, \sigma''^2 = 7.1429)\, d\mu \\ &= 5.0596 \\ \text{SE}''(a_1) &= 19 \cdot \int_{-\infty}^{98} (98 - \mu) \cdot f_N(\mu|103.0286, 7.1429)\, d\mu \\ &= 0.5889. \end{aligned}$$

Durch die Stichprobe ändert sich die optimale Entscheidung. a_1 ist nun die Aktion mit dem minimalen Schadenerwartungswert.

Aktion	Zustand		
a_i	$\mu \leq 98$	$\mu > 98$	$\text{SE}'(a_i)$
a_0	0	1	5.0596
a_1	19	0	0.5889 $\Rightarrow a''_{opt} = a_1$
$L''(\mu)$	0.0310	5.0596	

(c) Präposteriorianalyse

(α) Für fixes n

Werden Sie 10 Kugeln aus dem Behälter ziehen, wenn diese Entnahme mit Kosten von 0.10 GE verknüpft ist oder werden Sie an Hand der Prioriinformation entscheiden?

Die beiden Aktionen sind wieder

$$\begin{aligned} n_0 &: \text{ Keine zusätzlichen Stichprobeninformationen,} \\ n_{10} &: \text{ Stichprobeninformationen im Umfang } n = 10. \end{aligned}$$

Für diese Entscheidung berechnet man den erwarteten Wert der Stichprobeninformation. Er ist für eine lineare Schadenfunktion gleich

$$\text{EWSI}(n_i) = \begin{cases} s_2 \cdot m_{01}^{(22)} - s_1 \cdot m_{01}^{(21)} & \text{für } a'_{opt} = a_0, \\ s_1 \cdot m_{01}^{(11)} - s_2 \cdot m_{01}^{(12)} & \text{für } a'_{opt} = a_1. \end{cases}$$

Da $a'_{opt} = a_0$ ist, bestimmt man den EWSI mit der Formel

$$\begin{aligned} \text{EWSI}(n_{10}) &= s_2 \cdot m_{01}^{(22)} - s_1 \cdot m_{01}^{(21)} \\ &= s_2 \cdot \int_{c_1}^{\infty} \int_{c_2}^{\infty} (\mu - c_2) \cdot f_{2N}(\overline{x}, \mu) \, d\mu \, d\overline{x} - \\ &- s_1 \cdot \int_{c_1}^{\infty} \int_{-\infty}^{c_2} (c_2 - \mu) \cdot f_{2N}(\overline{x}, \mu) \, d\mu \, d\overline{x}. \end{aligned}$$

Die Integrationsgrenze c_1 wird wieder mit der Formel

$$c_1 = \frac{n + n'}{n} \cdot \left(\mu_0 - z_\alpha \cdot \frac{\sigma}{\sqrt{n + n'}} \right) - \frac{n'}{n} \cdot \mu'$$

berechnet. z_α muß bei einer linearen Schadenfunktion die Bedingung[10]

$$s_1[z \cdot F_Z(z) + f_Z(z)] = s_2 \cdot [f_Z(z) - z \cdot G_Z(z)]$$

erfüllen. Für das numerische Beispiel ist diese Bedingung erfüllt, wenn man für z_α gleich -1.1402 annimmt: c_1 ist daher

$$\begin{aligned} c_1 &= \frac{10 + 4}{10} \cdot \left(98 + 1.1402 \cdot \frac{10}{\sqrt{10 + 4}} \right) - \frac{4}{10} \cdot 100 \\ &= 101.4655, \end{aligned}$$

und c_2 ist gleich

$$c_2 = 98 = \mu_0.$$

[10]Vgl. 1.2 Gauß Modell, (b) Lineare Schadenfunktion, S 402.

Mit Hilfe dieser Angaben kann nun der EWSI berechnet werden. Er ist gleich

$$\begin{aligned} \text{EWSI}(n_{10}) &= 1 \cdot 2.4554 - 19 \cdot 0.016146 \\ &= 2.1486, \end{aligned}$$

und der erwartete Nettowert der Stichprobeninformation ist

$$\begin{aligned} \text{ENSI}(n_{10}) &= 2.1486 - 0.10 \\ &= 2.0486. \end{aligned}$$

Da der ENSI positiv ist, werden Sie für die Gebühr von 0.10 GE 10 Kugeln entnehmen und erst nach der Berücksichtigung dieser Stichprobeninformation die Entscheidung fällen, ob der Zahlendurchschnitt aller Kugeln größer oder kleiner als 98 ist.

(β) **Für variables** n

Wieviele Kugeln ziehen Sie aus dem Behälter, wenn Sie pro Kugel eine Gebühr von 0.01 GE bezahlen müssen?

Die Anzahl der möglichen Aktionen ist in diesem Fall gleich 315, da

$$n_{max} < \frac{\text{EWPI}}{k} = \frac{3.1522}{0.01} \cong 315$$

ist. Für einige mögliche Aktionen sind in folgender Grafik der EWSI, der ENSI und die Kostenfunktion angegeben:

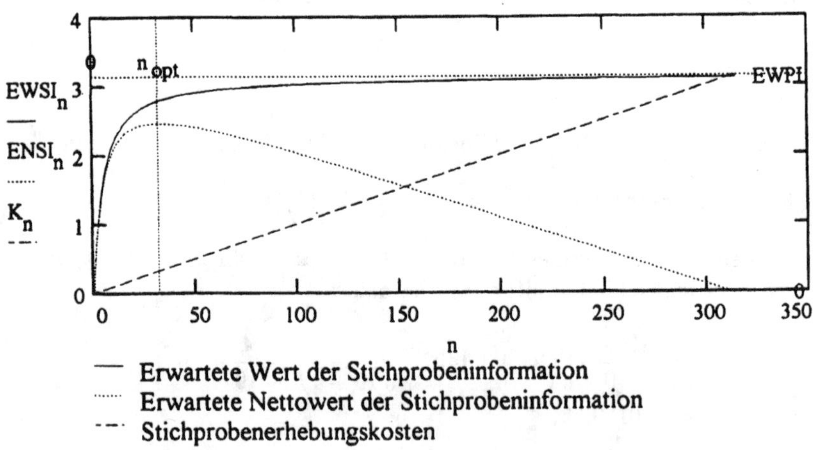

EWSI(n), ENSI(n) und K(n) für das Kugelbeispiel, Testverfahren für μ, lineare Schadenfunktion

Der größte erwartete Nettowert der Stichprobeninformation wird bei $n = 33$ erreicht. Sie werden daher für die Gebühr von $0.01 \cdot 33 = 0.33$ GE 33 Kugeln aus dem Behälter entnehmen, den Zahlendurchschnitt berechnen und an Hand dieser Stichprobeninformation und der Prioriinformation die Entscheidung treffen, ob der Zahlendurchschnitt größer oder kleiner ist als 98. Wenn der Zahlendurchschnitt dieser Stichprobe kleiner gleich c_1 ist

$$\begin{aligned}\overline{x} &\leq c_1 \\ &= \frac{33+4}{33} \cdot \left(98 + 1.140 \cdot \frac{10}{\sqrt{33+4}}\right) - \frac{4}{33} \cdot 100 \\ &= 99.8592,\end{aligned}$$

dann werden Sie a_0 wählen. Ist

$$\overline{x} > 99.8592,$$

dann entscheiden sie sich für a_1 und behaupten, daß der Zahlendurchschnitt der Kugeln im Behälter größer als 98 ist.

Wenn die beiden Schäden für die möglichen Fehlentscheidungen gleich groß sind,

$$s = s_1 = s_2,$$

dann kann man mit Hilfe der Formel[11]

$$\begin{aligned}n_{opt} &= \begin{cases} n* & \text{für } n* \geq 0, \text{ENSI}(n*) \geq 0 \\ 0 & \text{sonst} \end{cases} \\ n* &\cong \left[\frac{s \cdot n'}{2 \cdot k_s} \cdot \sigma' \cdot f_Z(z')\right]^{1/2} - n', \quad z' = \frac{\mu_0 - \mu'}{\sigma'}\end{aligned}$$

den optimalen Stichprobenumfang näherungsweise berechnen. Sie erhalten z.B. 10 GE pro Einheit Abweichung vom wahren Durchschnitt, unabhängig davon, ob Sie richtigerweise behauptet haben, daß der Durchschnitt größer oder kleiner als 98 ist. In diesem Fall ist der optimale Stichprobenumfang

$$\begin{aligned}n_{opt} &\cong \left[\frac{10 \cdot 4}{2 \cdot 0.01} \cdot 5 \cdot f_Z(-0.4)\right]^{1/2} - 4 \\ &\cong 57,\end{aligned}$$

und der Erwartungswert dieser Stichprobeninformation ist

$$\begin{aligned}\text{EWSI}(n_{57}) &= s \cdot L_{-\infty}^{\mu_0}(\mu''|\mu', \sigma^2_{\mu''}) \\ &= 10 \cdot L_{-\infty}^{98}(\mu''|100, 23.3607) \\ &= 10.9096,\end{aligned}$$

[11] Vgl. 1.3 Lineare Schadenfunktion mit $s_1 = s_2$, (b) Gauß Modell, S. 404.

da

$$\sigma^2_{\mu''} = \sigma^2 \cdot \left(\frac{1}{n'} - \frac{1}{n+n'}\right) = 100 \cdot \left(\frac{1}{4} - \frac{1}{57+4}\right) = 23.3607$$

ist. Der erwartete Nettowert der Stichprobeninformation ist

$$\begin{aligned} \mathrm{ENSI}(n_{57}) &= 10.9096 - 57 \cdot 0.01 \\ &= 10.3395. \end{aligned}$$

(d) Fallstudie

Ein Spielwarenerzeuger muß entscheiden, ob er das neue Spiel „Strategie“auf den Markt bringen soll. Die Fixkosten (Ausrüstung für die Erzeugung, Miete, Versicherung, etc.) belaufen sich für das neue Spiel auf 36000 GE und die variablen Kosten (für Material, Arbeit, etc.) auf 4 GE pro Spiel. Der Verkaufspreis beträgt 10 GE. Der Hersteller beliefert ca. 1000 Spielwarenläden. 50 zufällig ausgewählte Läden hatten von einem ähnlichen Spiel im Schnitt 6.5 Stück mit einer Varianz von 5 bestellt. Soll der Unternehmer das neue Spiel „Strategie“ auf den Markt bringen oder soll er vor der Entscheidung noch weitere Informationen von den Spielwarenläden einholen?

Die Befragung der Spielläden wird ihm zu folgenden Kosten angeboten: Fixe Kosten 2000 GE und pro Befragung 10 GE.

Der Unternehmer steht vor der Entscheidung, eine der beiden folgenden Alternativen zu wählen:

a_0 : Spiel nicht produzieren

a_1 : Spiel produzieren

Die Gewinnfunktion hängt von der unbekannten Abnahme $1000 \cdot \mu$ ab. Für die Alternative a_0 ist sie einfach

$$g(a_0, \mu) = 0.$$

Für die Alternative a_1 ist sie gleich

$$\begin{aligned} g(a_1, \mu) &= -36.000 + (10 - 4) \cdot \mu \cdot 1000 \\ &= -36000 + 6000 \cdot \mu. \end{aligned}$$

Durch Gleichsetzen der beiden Gewinnfunktionen

$$g(a_0, \mu) = g(a_1, \mu)$$

erhält man eine Gleichung, deren Lösung den Break-even Punkt μ_0 liefert:

$$\begin{aligned} 0 &= -36000 + 6000 \cdot \mu_0 \\ \mu_0 &= 6. \end{aligned}$$

Erst ab einer verkauften Stückzahl des Spiels über 6000 kann der Unternehmer mit einem Gewinn rechnen. Sein Entscheidungsproblem kann daher wie folgt in einer Gewinntabelle zusammengefaßt werden:

Aktion	Zustand	
a_i	$\mu \leq 6$	$\mu > 6$
a_0	0	0
a_1	$-36000 + 6000 \cdot \mu$	$-36000 + 6000 \cdot \mu$

Bei einer durchschnittlichen Abnahme pro Spielwarenladen von höchstens 6 Stück ist a_0 die richtige Aktion und es treten daher bei der Wahl von a_1 Schäden in der Höhe von

$$0 - (-36000 + 6000 \cdot \mu) = 6000 \cdot (6 - \mu)$$

auf. Bei einer durchschnittlichen Abnahme von mehr als 6 Stück ist a_1 die richtige Aktion. Wählt der Unternehmer in dieser Situation a_0, dann hat er einen entgangenen Gewinn von

$$-36000 + 6000 \cdot \mu - 0 = 6000 \cdot (\mu - 6).$$

Das Entscheidungsproblem in Form von Opportunitätskosten kann daher folgendermaßen dargestellt werden:

Aktion	Zustand	
a_i	$\mu \leq 6$	$\mu > 6$
a_0	0	$6000 \cdot (\mu - 6)$
a_1	$6000 \cdot (6 - \mu)$	0

Betrachtet man die Bestellmengen der 50 zufällig ausgewählten Spielwarenhändler für ein ähnliches Spiel als Prioriinformation und unterstellt dafür eine Normalverteilung, dann sind die Parameter dieser Normalverteilung

$$\begin{aligned} \mu' &= 6.5 \\ \sigma'^2 &= 5. \end{aligned}$$

Aus der Definition der Priorivarianz folgt die Varianz σ^2:

$$\begin{aligned} \sigma'^2 &= \frac{\sigma^2}{n'} = \frac{\sigma^2}{50} = 5 \\ \sigma^2 &= 250. \end{aligned}$$

Aus Erfahrung mit dem Verkauf solcher Spiele weiß der Unternehmer, daß die Streuung der Verkaufsmengen höchstens $\sqrt{250}$ ist.

Mit Hilfe von μ' und σ'^2 kann der Schadenerwartungswert für die beiden Aktionen berechnet werden. Für a_0 ist er

$$\begin{aligned} \text{SE}'(a_0) &= s_2 \cdot \int_6^\infty (\mu - 6) \cdot f_N(\mu|6.5, 5)\, d\mu \\ &= 6000 \cdot 1.1643 \\ &= 6985.6269, \end{aligned}$$

und für a_1 ist er gleich

$$\begin{aligned} \mathrm{SE}(a_1) &= s_1 \cdot \int_{-\infty}^{6} (6-\mu) \cdot f_N(\mu|6.5, 5)\, d\mu \\ &= 6000 \cdot 0.6643 \\ &= 3985.6269. \end{aligned}$$

Zum gleichen Ergebnis kommt man, wenn man von der Gewinnfunktion für a_1

$$g(a_1, \mu) = -36000 + 6000 \cdot \mu$$

ausgeht. Der priori erwartete Gewinn[12] für a_1 ist

$$E'\left[g(a_1, \mu')\right] = -36000 + 6000 \cdot 6.5 = 3000,$$

und die entsprechende Varianz ist

$$V'\left[g(a_1, \mu')\right] = 6000^2 \cdot 5 = 1.8 \cdot 10^8.$$

Da für a_0

$$g(a_0, \mu) = 0$$

ist, sind die beiden Schadenerwartungswerte gleich

$$\begin{aligned} \mathrm{SE}'(a_0) &= L_0^{\infty}\left(g|E'(g),\ \sqrt{V'(g)}\right) \\ &= L_0^{\infty}\left(g|3000, \sqrt{1.8 \cdot 10^8}\right) \\ &= 6985.6269, \\ \mathrm{SE}'(a_1) &= L_{-\infty}^{0}\left(g|3000, \sqrt{1.8 \cdot 10^8}\right) \\ &= 3985.6269. \end{aligned}$$

Der Unternehmer wird a_1 wählen, also das Spiel „Strategie“ erzeugen, wenn er sich nur auf seine Prioriinformation verläßt. Will er jedoch seinen Informationsstand verbessern, indem er Spielwarenhändler befragen läßt, wieviele Spiele sie kaufen werden, dann kann er den maximal in Frage kommenden Stichprobenumfang wie folgt bestimmen: Da der ENSI einer in Frage kommenden Stichprobe positiv sein muß, gilt

$$\mathrm{EWPI} - \mathrm{K}(n_i) > 0.$$

Im vorliegenden Fall ist

$$\mathrm{K}(n_i) = k_f + k_v \cdot n.$$

[12]Vgl. 1.6 Erwartungswert der Funktion einer Zufallsvariablen, S. 249.

Daher gilt

$$\begin{aligned} \text{EWPI} - k_f - k_v \cdot n_i &> 0 \\ \text{EWPI} - k_f &> k_v \cdot n_i \\ \frac{\text{EWPI}}{k_v} - \frac{k_f}{k_v} &> n_i \end{aligned}$$

und eingesetzt für

$$\text{K}(n_i) = 2000 + 10 \cdot n_i$$

erhält man

$$n_{max} < \frac{3985.6269}{10} - \frac{2000}{10} \cong 199.$$

Der maximal in Frage kommende Stichprobenumfang ist also kleiner als 199. Da $s_1 = s_2$ ist, kann man den optimalen Stichprobenumfang nach folgender Formel näherungsweise bestimmen:

$$\begin{aligned} n_{opt} &\cong \left[\frac{s \cdot \sigma' \cdot n'}{2 \cdot k_v} \cdot f_Z(z')\right]^{1/2} - n' \\ &= \left[\frac{6000 \cdot \sqrt{5} \cdot 50}{2 \cdot 10} \cdot 0.3891\right]^{1/2} - 50 \\ &= 64.2401 \end{aligned}$$

mit

$$f_Z(z') = f_Z\left(\frac{\mu_0 - \mu'}{\sigma'}\right) = f_Z\left(\frac{6 - 6.5}{\sqrt{5}}\right) = 0.3891.$$

Da jedoch der Korrelationskoeffizient gleich ist[13]

$$\rho = \left(\frac{n}{n + n'}\right)^{1/2} = \left(\frac{64}{64 + 50}\right)^{1/2} = 0.75,$$

muß man mit einer schlechten Näherung rechnen. Die Näherung ist nur gut, wenn ρ nahe bei 1 liegt, der hypothetische Stichprobenumfang n' im Verhältnis zu n also sehr viel kleiner ist. Tatsächlich ist der optimale Stichprobenumfang gleich

$$n_{opt} = 78,$$

---

[13] Vgl. 2.5 Erwartungswerte, Varianzen und Kovarianz, S. 271ff und 4.6 Verteilungen von μ, (b) Parameter der bivariaten Normalverteilung, S. 346ff.

wie man aus folgender Grafik entnehmen kann.

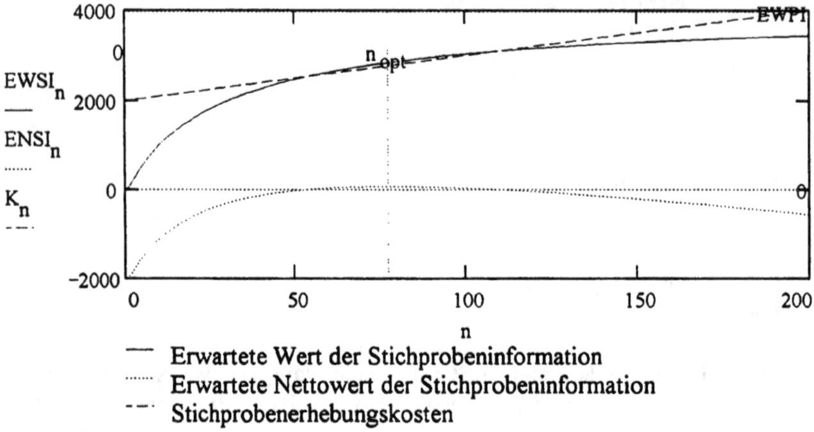

EWSI(n), ENSI(n) und K(n) für die Fallstudie „Spielwarenerzeuger"

Der EWSI dieser Stichprobe wird mit Hilfe der Formel

$$
\begin{aligned}
\mathrm{EWSI}(n_i) &= s \cdot L_{-\infty}^{\mu_0}(\mu'') \\
&= s \cdot \sigma_{\mu''} \cdot [z \cdot F_Z(z) + f_Z(z)]
\end{aligned}
$$

berechnet. da die priori optimale Aktion a_1 ist. $\sigma^2_{\mu''}$ ist gleich

$$
\begin{aligned}
\sigma^2_{\mu''} &= \sigma^2 \cdot \left(\frac{1}{n'} - \frac{1}{n'+n}\right) \\
&= 250 \cdot \left(\frac{1}{50} - \frac{1}{50+78}\right) \\
&= 3.0469
\end{aligned}
$$

und

$$
z = \frac{\mu_0 - \mu'}{\sigma_{\mu''}} = \frac{6 - 6.5}{\sqrt{3.0469}} = -0.2864.
$$

Der EWSI ist daher

$$
\begin{aligned}
\mathrm{EWSI}(n_{78}) &= 6000 \cdot \sqrt{3.0469}\,[-0.2864 \cdot F_Z(-0.2864) + f_Z(-0.2864)] \\
&= 2848.4449,
\end{aligned}
$$

und der ENSI ist

$$\begin{aligned} \text{ENSI}(n_{78}) &= 2848.4449 - 2000 - 78 \cdot 10 \\ &= 68.4449. \end{aligned}$$

Da der ENSI positiv ist, wird der Unternehmer den Auftrag für die Befragung von 78 zufällig ausgewählten Spielwarenhändlern geben und an Hand dieser zusätzlichen Informationen entscheiden, ob er das neue Spiel „Strategie“ auf den Markt bringt oder nicht.

Welchen Einfluß hat die Prioriinformation insbesondere der hypothetische Stichprobenumfang n' auf den optimalen Stichprobenumfang? Gilt generell die Aussage: „Je größer der hypothetische Stichprobenumfang n' umso kleiner der erforderliche optimale Stichprobenumfang n_{opt}"?

Im vorliegenden Beispiel ist mit $n' = 50$ der hypothetische Stichprobenumfang relativ groß und der entsprechende optimale Stichprobenumfang gleich 78. Wenn die obige Aussage gilt, kann man annehmen, daß bei Verringerung des hypothetischen Stichprobenumfanges n' der entsprechende optimale Stichprobenumfang steigt. Anders ausgedrückt: Je geringer das Vertrauen in die Prioriinformation umso mehr Stichprobeneinheiten sind vermutlich für den Stichprobenumfang erforderlich. Diese Vermutung ist jedoch falsch. Beim hypothetischen Stichprobenumfang $n' = 1$ ist der entsprechende optimale Stichprobenumfang nicht größer als 78, sondern mit 43 fast um die Hälfte kleiner. Bis zum hypothetischen Stichprobenumfang von $n' = 30$ steigt der entsprechende optimale Stichprobenumfang auf 79 an und erst ab diesem Umfang gilt die obige Aussage wie man folgender Grafik entnehmen kann: Je größer n' umso kleiner n_{opt}!

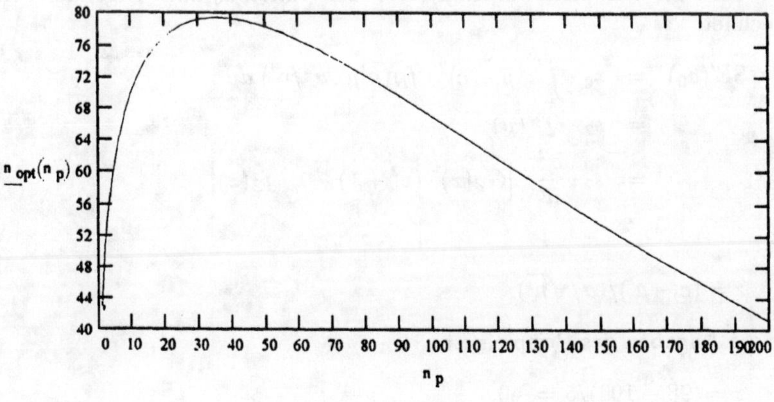

Sensitivitätsanalyse von n'

Paradoxerweise ist es bei Testverfahren im Hinblick auf den optimalen Stichprobenumfang unter Umständen günstiger, weniger Prioriinformationen zu besitzen.

1.3 Quadratische Schadenfunktion

(a) Priorianalyse

Die Geldeinheiten, die Sie gewinnen, sollen nun nicht linear mit der Abweichung des wahren Durchschnittes μ von 98 wachsen, sondern quadratisch. Wenn Sie z.B. behaupten, daß der Zahlendurchschnitt im Behälter größer gleich 98 ist und der Durchschnitt ist tatsächlich 100, dann gewinnen Sie

$$1 \cdot (100 - 98)^2 = 4 \text{ GE}.$$

Analoges gilt für den Fall, daß Sie als Zahlendurchschnitt einen Wert kleiner gleich 98 annehmen. Wenn der wahre Durchschnitt z.B. 95 ist, dann erhalten Sie

$$19 \cdot (98 - 95)^2 = 171 \text{ GE}.$$

Die entsprechende Schadenfunktion ist

$$\begin{aligned} s(a_0, \mu) &= \begin{cases} 0 & \text{für } \mu \leq 98, \\ 1 \cdot (\mu - 98)^2 & \text{für } \mu > 98, \end{cases} \\ s(a_1, \mu) &= \begin{cases} 19 \cdot (98 - \mu)^2 & \text{für } \mu \leq 98, \\ 0 & \text{für } \mu > 98. \end{cases} \end{aligned}$$

Wenn alle anderen Angaben gleich bleiben,

$$\mu' = 100, \quad n' = 4, \quad \sigma^2 = 100,$$

dann wird der Schadenerwartungswert[14] der Aktion a_0 nach folgender Formel berechnet:

$$\begin{aligned} \text{SE}'(a_0) &= s_2 \cdot \int_c^\infty (\mu - c)^2 \cdot f_N(\mu|\mu', \sigma^2/n')\, d\mu \\ &= s_2 \cdot Q_c^\infty(\mu) \\ &= s_2 \cdot \frac{\sigma^2}{n'} \cdot \left[G_Z(z) \cdot (z^2 + 1) - z \cdot f_Z(z)\right] \end{aligned}$$

mit

$$z = (c - \mu')/(\sigma/\sqrt{n'}).$$

Für die Angaben des Beispiels ist

$$z = (98 - 100)/5 = -0.4$$

[14]Vgl. 1.3 Quadratische Schadenfunktion, S. 373.

und der Schadenerwartungswert für a_0

$$\begin{aligned} \mathrm{SE}'(a_0) &= 1 \cdot 25 \cdot [0.6554 \cdot (-0.4^2 + 1) + 0.4 \cdot 0.3683] \\ &= 22.6899. \end{aligned}$$

Die Formel für den Schadenerwartungswert der Aktion a_1 ist

$$\begin{aligned} \mathrm{SE}'(a_1) &= s_1 \cdot \int_{-\infty}^{c} (c-\mu)^2 \cdot f_N(\mu|\mu', \sigma^2/n')\, d\mu \\ &= s_1 \cdot Q_{-\infty}^{c}(\mu) \\ &= s_1 \cdot \frac{\sigma^2}{n'} \cdot \left[F_Z(z) \cdot (z^2+1) + z \cdot f_Z(z)\right] \end{aligned}$$

mit z, wie oben definiert. Für die Zahlenangaben des Beispiels ist er gleich

$$\begin{aligned} \mathrm{SE}'(a_1) &= 19 \cdot 25 \cdot [0.3446 \cdot (-0.4^2 + 1) - 0.4 \cdot 0.3683] \\ &= 119.8913. \end{aligned}$$

Da a_0 den geringeren Schadenerwartungswert aufweist, werden Sie behaupten, daß der Zahlendurchschnitt höchstens 98 ist.

Aktion	Zustand			
a_i	$\mu \leq 98$	$\mu > 98$	$\mathrm{SE}'(a_i)$	
a_0	0	1	22.6899	$\Rightarrow a'_{opt} = a_0$
a_1	19	0	119.8913	
$Q'(\mu)$	6.3104	22.6899		

(b) Posterioranalyse

Die Berücksichtigung der Stichprobeninformation

$n = 10, \quad \overline{x} = 104.24$

führt zu folgenden Schadenerwartungswerten:

$$\begin{aligned} \mathrm{SE}''(a_0) &= 1 \cdot \int_{98}^{\infty} (\mu - 98)^2 \cdot f_N(\mu|\mu'' = 103.0286,\ \sigma''^2 = 7.1429)\, d\mu \\ &= 32.3713, \\ \mathrm{SE}''(a_1) &= 19 \cdot \int_{-\infty}^{98} (98-\mu)^2 \cdot f_N(\mu|103.0286, 7.1429)\, d\mu \\ &= 1.1036. \end{aligned}$$

Da der Schadenerwartungswert von a_1 geringer ist als der von a_0, werden Sie behaupten, daß der Zahlendurchschnitt über 98 liegt.

Aktion	Zustand			
a_i	$\mu \leq 98$	$\mu > 98$	$\mathrm{SE}''(a_i)$	
a_0	0	1	32.3713	$\Rightarrow a''_{opt} = a_1$
a_1	19	0	1.1036	
$Q''(\mu)$	0.0581	32.3713		

(c) Präposteriorianalyse

(α) Für fixes n

Auch hier stellt sich die Frage, ob die Entnahme einer Stichprobe im Umfang von 10 Kugeln durchgeführt werden soll oder nicht, wenn die Kosten dafür 0.10 GE betragen. Da die Entnahme nur dann gerechtfertigt ist, wenn der erwartete Nettowert dieser Stichprobe positiv ist, muß zuerst der erwartete Wert der Stichprobeninformation berechnet werden. Bei einer quadratischen Schadenfunktion sind die Formeln gleich

$$\mathrm{EWSI}(n_i) = \begin{cases} s_2 \cdot m_{02}^{(22)} - s_1 \cdot m_{02}^{(21)} & \text{für } a'_{opt} = a_0, \\ s_1 \cdot m_{02}^{(11)} - s_2 \cdot m_{02}^{(12)} & \text{für } a'_{opt} = a_1. \end{cases}$$

Im vorliegenden Beispiel ist $a'_{opt} = a_0$. Daher wird der EWSI nach der ersten Formel berechnet:

$$\begin{aligned} \mathrm{EWSI}(n_{10}) &= s_2 \cdot m_{02}^{(22)} - s_1 \cdot m_{02}^{(21)} \\ &= s_c \cdot \int_{c_1}^{\infty} \int_{c_2}^{\infty} (\mu - c_2)^2 \cdot f_{2N}(\overline{x}, \mu)\, d\mu\, d\overline{x} \\ &- s_1 \cdot \int_{c_1}^{\infty} \int_{-\infty}^{c_2} (c_2 - \mu)^2 \cdot f_{2N}(\overline{x}, \mu)\, d\mu\, d\overline{x}. \end{aligned}$$

c_2 ist hier $98 = \mu_0$ und c_1 wird wieder nach der Formel

$$c_1 = \frac{n+n'}{n} \cdot \left(\mu_0 - z_\alpha \cdot \frac{\sigma}{\sqrt{n+n'}}\right) - \frac{n'}{n} \cdot \mu'$$

berechnet. Das z_α muß bei einer quadratischen Schadenfunktion der Bedingung[15]

$$F_Z(z) + \frac{z}{z^2+1} \cdot f_Z(z) = \frac{s_2}{s_1 + s_2}$$

entsprechen. Diese Bedingung ist für das Beispiel erfüllt, wenn man für z -0.911 annimmt:

$$\begin{aligned} F_Z(-0.911) + \frac{-0.911}{(-0.911)^2+1} \cdot f_Z(-0.911) &= \frac{1}{19+1} \\ 0.1811 - 0.4978 \cdot 0.2634 &= 0.05. \end{aligned}$$

c_1 ist daher

$$\begin{aligned} c_1 &= \frac{10+4}{10} \cdot \left(98 + 0.911 \cdot \frac{10}{\sqrt{10+4}}\right) - \frac{4}{10} \cdot 100 \\ &= 100.6085. \end{aligned}$$

Der EWSI für $n = 10$ ist

$$\begin{aligned} \mathrm{EWSI}(n_{10}) &= 1 \cdot 12.1870 - 19 \cdot 0.6128 \\ &= 0.5437 \end{aligned}$$

und der erwartete Nettowert ist

$$\mathrm{ENSI}(n_{10}) = 0.5437 - 0.10 = 0.4437.$$

---

[15] Vgl. 1.2 Gauß Modell, (c) Quadratische Schadenfunktion, S. 402.

Da der Stichprobenumfang von $n = 10$ einen positiven ENSI hat, werden Sie für die Gebühr von 0.10 GE 10 Kugeln ziehen und an Hand dieser Informationen Ihre Entscheidung über den Zahlendurchschnitt der Kugeln treffen.

(β) **Für variables** n

Um die optimale Anzahl von Kugeln zu bestimmen, die Sie für Ihre Entscheidung aus dem Behälter entnehmen sollen, müssen Sie zuerst n_{max} bestimmen. Da der Schadenerwartungswert der priori optimalen Aktion gleich

$$\mathrm{SE}'(a_0) = 22.6896 = \mathrm{EWPI}$$

ist, ist n_{max} kleiner als

$$n_{max} < \frac{\mathrm{EWPI}}{k} = \frac{22.6896}{0.01} \cong 2269$$

bei Kosten von 0.01 GE pro Kugel. Von diesen 2269 Stichprobenumfängen hat der Stichprobenumfang $n = 274$ den maximalen erwarteten Nettowert der Stichprobeninformation:

$$\mathrm{ENSI}(n_{274}) = 12.6798.$$

In folgender Grafik sind für einige n der EWSI, ENSI und die Kostenfunktion eingezeichnet:

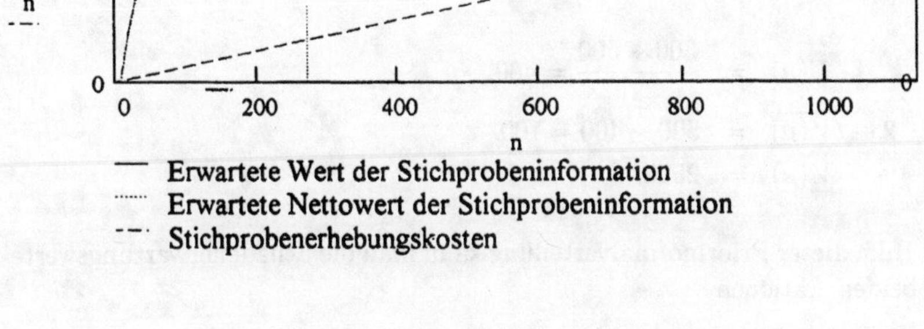

EWSI(n), ENSI(n) und K(n) für das Kugelbeispiel, Testverfahren für μ, quadratische Schadenfunktion

Sie werden daher 274 Kugeln aus dem Behälter ziehen und an Hand dieser Stichprobeninformationen (und Prioriinformationen) entscheiden, ob der Zahlendurchschnitt aller Kugeln größer oder kleiner ist als 98. Wenn der Durchschnitt dieser Stichprobe kleiner gleich

$$\begin{aligned}\overline{x} &\leq c_1 \\ &= \frac{4+274}{274} \cdot \left(98 + 0.911 \cdot \frac{10}{\sqrt{4+274}}\right) - \frac{4}{274} \cdot 100 \\ &= 98.5251\end{aligned}$$

ist, dann wählen Sie a_0, sonst a_1.

(d) Fallstudie

Durch den Lerneffekt entstehen bei höheren Produktionszahlen geringere Kosten, da der Arbeiter z.B. für die Herstellung des 1000. Stückes weniger Zeit benötigt als für das 1. Stück. Der Herstellung eines neuen, sehr arbeitsintensiven Produktes wird daher keine lineare, sondern eine quadratische Kostenfunktion unterstellt. Der Break-even-Punkt für die Einführung des neuen Produktes liegt bei 500 Stück pro Händler. Die Opportunitätskosten für eine Einheit Abweichung von diesem Break-even-Punkt betragen 3 GE. Der Marketingleiter der Herstellerfirma rechnet mit einer durchschnittlichen Nachfrage pro Händler, die mit großer Wahrscheinlichkeit (95%) zwischen 300 und 500 Stück liegt. Auf Grund seiner Erfahrung mit ähnlichen Produkten beziffert er die Obergrenze für die Streuung der verkauften Stücke mit 50. Wie soll sich die Firmenleitung im Hinblick auf die Herstellung des neuen Produktes entscheiden, wenn ihr außerdem die Beteiligung an einer Händlerumfrage im Umfang von $n = 100$ um 10 GE angeboten wird?

Die Vermutung des Marketingleiters über die Abnahme pro Händler

$$W'(300 \leq \mu \leq 500) = 0.95,$$

liefert folgende Parameter für die unterstellte Priorinormalverteilung:

$$\begin{aligned}E(\mu) &= \frac{300+500}{2} = 400, \\ 2 \cdot \sqrt{V(\mu)} &= 500 - 400 = 100 \\ V(\mu) &= 2500.\end{aligned}$$

Mit Hilfe dieser Priorinormalverteilung kann man die Schadenerwartungswerte der beiden Aktionen

a_0 : Verzicht auf die Herstellung des neuen Produktes

a_1 : Herstellung des neuen Produktes

berechnen. Für die Schadenfunktion

$$s(a_0,\mu) = \begin{cases} 0 & \text{für } \mu \le 500, \\ 3\cdot(\mu-500)^2 & \text{für } \mu > 500, \end{cases}$$

$$s(a_1,\mu) = \begin{cases} 3\cdot(500-\mu)^2 & \text{für } \mu \le 500, \\ 0 & \text{für } \mu > 500, \end{cases}$$

ist der Schadenerwartungswert für a_0 gleich

$$\begin{aligned} \mathrm{SE}'(a_0) &= 3\cdot\int_{500}^{\infty}(\mu-500)^2\cdot f_N(\mu|400,2500)\,d\mu \\ &= 43.2655 \end{aligned}$$

und für a_1

$$\begin{aligned} \mathrm{SE}'(a_1) &= 3\cdot\int_{-\infty}^{500}(500-\mu)^2\cdot f_N(\mu|400,2500)\,d\mu \\ &= 37456.7345. \end{aligned}$$

Da der Schadenerwartungswert für a_0 der kleinere von beiden ist, wird die Firmenleitung auf die Herstellung des neuen Produktes verzichten, wenn sie nur die Prioriinformation berücksichtigt. Dieser Prioriinformation entspricht ein hypothetischer Stichprobenumfang von

$$n' = 1,$$

da

$$\sigma'^2 = 2500 = \frac{\sigma^2}{n'}$$

ist und die mittlere Streuung σ, laut Marketingleiter höchstens 50 Stück beträgt. Dieses geringe Gewicht der Prioriinformation verursacht unter anderem die relativ hohen Schadenerwartungswerte der Priorianalyse.

Für eine Stichprobe mit dem Umfang $n = 100$ berechnet man den EWSI mit Hilfe der Formel

$$\begin{aligned} \mathrm{EWSI}(n_i) &= s\cdot\left(m_{02}^{(22)} - m_{02}^{(21)}\right) \\ &= s\cdot\left[\int_{c_1}^{\infty}\int_{c_2}^{\infty}(\mu-c_2)^2\cdot f_{2N}(\bar{x},\mu|\boldsymbol{m},\boldsymbol{V})\,d\mu\,d\bar{x}\right. \\ &\quad - \left.\int_{c_1}^{\infty}\int_{-\infty}^{c_2}(c_2-\mu)^2\cdot f_{2N}(\bar{x},\mu|\boldsymbol{m},\boldsymbol{V})\,d\mu,d\bar{x}\right], \end{aligned}$$

da a_0 die priori optimale Aktion ist und $s_1 = s_2 = s$.
Der Mittelwertsvektor $\boldsymbol{m}$ ist gleich

$$\boldsymbol{m} = \begin{pmatrix}\mu'\\ \mu'\end{pmatrix} = \begin{pmatrix}400\\ 400\end{pmatrix}$$

und die Varianzmatrix ist

$$\begin{aligned} \boldsymbol{V} &= \sigma^2 \cdot \begin{pmatrix} 1/n' + 1/n & 1/n' \\ 1/n' & 1/n' \end{pmatrix} = 2500 \begin{pmatrix} 1 + 1/100 & 1 \\ 1 & 1 \end{pmatrix} \\ &= \begin{pmatrix} 2525 & 2500 \\ 2500 & 2500 \end{pmatrix}. \end{aligned}$$

Für c_1 berechnet man den Wert

$$\begin{aligned} c_1 &= \frac{n + n'}{n} \cdot \left(\mu_0 - z_\alpha \cdot \frac{\sigma}{\sqrt{n + n'}} \right) - \frac{n'}{n} \cdot \mu' \\ &= \frac{100 + 1}{100} \cdot \left(500 - 0 \cdot \sqrt{\frac{2500}{100 + 1}} \right) - \frac{1}{100} \cdot 400 \\ &= 501. \end{aligned}$$

z_α ist für $s_1 = s_2$ immer 0, da

$$F_Z(0) + \frac{0}{0^2 + 1} \cdot f_Z(0) = 0.5 = \frac{3}{3 + 3}$$

ist. c_2 ist gleich $\mu_0 = 500$. Der EWSI ist daher

$$\begin{aligned} \mathrm{EWSI}(n_{100}) &= 3 \cdot \left[\int_{501}^{\infty} \int_{500}^{\infty} (\mu - 500)^2 \cdot f_{2N}(\overline{x}, \mu)\, d\mu\, d\overline{x} - \right. \\ &\quad - \left. \int_{501}^{\infty} \int_{-\infty}^{500} (500 - \mu)^2 \cdot f_{2N}(\overline{x}, \mu)\, d\mu\, d\overline{x} \right] \\ &= 11.7195 \end{aligned}$$

und der ENSI gleich

$$\mathrm{ENSI}(n_{100}) = 11.7195 - 10 = 1.7195.$$

Da der ENSI positiv ist, wird sich die Firmenleitung an der Umfrage beteiligen und erst nach Erhalt dieser Information entscheiden, ob das neue Produkt hergestellt wird oder nicht.

Durch eine Stichprobe im Umfang von $n = 100$ sinkt der Schadenerwartungswert von

$$\mathrm{ESE}(n_0) = 43.2655$$

auf den Betrag von

$$\begin{aligned} \mathrm{ESE}(n_{100}) &= s \cdot \left(m_{02}^{(12)} + m_{02}^{(21)} \right) \\ &= 31.5460. \end{aligned}$$

Angenommen die Stichprobe im Umfang von $n = 100$ führt zu einer durchschnittlichen Bestellmenge von

$$\overline{x} = 510$$

Stück, dann wird diese Stichprobeninformation mit der Prioriinformation verknüpft. Die Parameter der Posteriornormalverteilung sind in diesem Fall gleich

$$\begin{aligned}\mu'' &= \frac{n' \cdot \mu' + n \cdot \overline{x}}{n' + n} = \frac{1 \cdot 400 + 100 \cdot 510}{1 + 100} = 508.9109,\\ \sigma''^2 &= \frac{\sigma^2}{n' + n} = \frac{2500}{1 + 100} = 24.7524.\end{aligned}$$

Die Schadenerwartungswerte der beiden Aktionen sind nun

$$\begin{aligned}\mathrm{SE}''(a_0) &= s_2 \cdot \int_c^\infty (\mu - c)^2 \cdot f_N(\mu|\mu'', \sigma''^2)\, d\mu\\ &= s_2 \cdot \sigma''^2 \cdot \left[G_Z(z) \cdot (z^2 + 1) - z \cdot f_Z(z)\right]\\ &= 311.6902,\\ \mathrm{SE}''(a_1) &= s_1 \cdot \sigma''^2 \cdot \left[F_Z(z) \cdot (z^2 + 1) + z \cdot f_z(z)\right]\\ &= 0.7791,\end{aligned}$$

da

$$z = \frac{\mu_0 - \mu''}{\sigma''} = \frac{500 - 508.910}{\sqrt{24.7524}} = -1.7911$$

ist und $s_1 = s_2 = 3$. In folgender Tabelle ist die Posteriorianalyse zusammengefaßt:

Aktion	Zustand		
a_i	$\mu \leq 500$	$\mu > 500$	$\mathrm{SE}''(a_i\|x)$
a_0	0	$3 \cdot (\mu - 500)^2$	311.6902
a_1	$3 \cdot (500 - \mu)^2$	0	0.7791

Bei diesem Stichprobenergebnis ist die Aktion a_1 die optimale. Ihr Schadenerwartungswert beträgt nur 0.7791 GE. Die Firmenleitung wird daher das neue Produkt herstellen und nicht auf die Herstellung verzichten, wie dies an Hand der Prioriinformation nahegelegt wird.

Die Grafik zeigt den Verlauf der Posteriorischadenerwartungswerte für ausgewählte $\overline{x}$ der Stichprobe im Umfang $n = 100$:

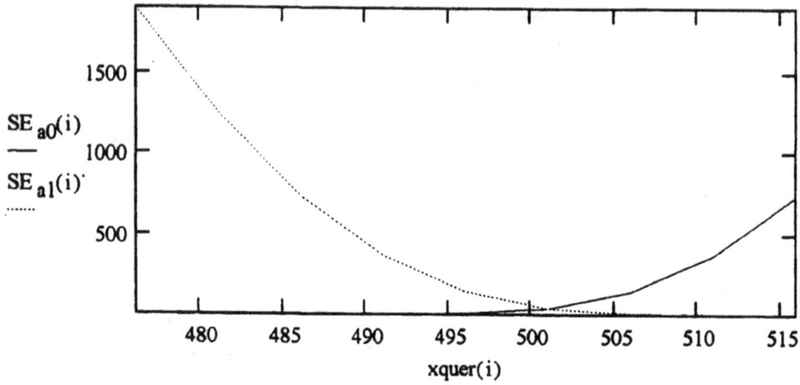

Schadenerwartungswerte für $n = 100$ und einige $\overline{x}$

Bei $\overline{x} = 501$ sind die beiden Schadenerwartungswerte gleich groß

$$\mathrm{SE}''(a_0|x) = 37.1287 = \mathrm{SE}''(a_1|x).$$

Wenn daher der Durchschnitt aus den nachgefragten Stücken in der Stichprobe kleiner gleich 501 ist. wird die Aktion a_0 gewählt und a_1, wenn der Durchschnitt größer als 501 ist. Den Wert von 501 berechnet man mit der Formel für c_1.

2 Punktschätzverfahren

2.1 Konstante Schadenfunktion

(a) Priorianalyse

Um zu schätzen, wie groß der Zahlendurchschnitt auf den Kugeln in einem Behälter ist, erfahren Sie, daß bei vier Kugelziehungen (mit Zurücklegen) der Durchschnitt 100 betragen hat. Außerdem wissen Sie, daß die Zahlen auf den Kugeln normalverteilt sind mit der Varianz von 100. Welchen Schätzwert werden Sie für den unbekannten Zahlendurchschnitt angeben, wenn Sie nur eine richtige Schätzung (± 2) nichts kostet, aber eine Überschätzung des

wahren Wertes ($a > \mu$) 19 GE Opportunitätskosten verursacht und eine Unterschätzung ($a < \mu$) 1 GE?
Für diese konstante Schadenfunktion

$$s(a,\mu) = \begin{cases} 0 & \text{für } a = \mu, (\varepsilon = 2), \\ s_u = 19 & \text{für } a > \mu, \\ s_o = 1 & \text{für } a < \mu \end{cases}$$

berechnet man den Schätzwert[16] mit minimalem Schadenerwartungswert nach der Formel

$$a'_{opt} = \mu' + \sigma' \cdot z'_{opt},$$

wobei z'_{opt} gleich ist

$$z'_{opt} = \sigma' \cdot \frac{\ln(s_o/s_u)}{2\varepsilon},$$

und ε die tolerierte Abweichung ist.
An Hand der Prioriinformationen

$$\mu' = 100, \quad n' \doteq 4, \quad \sigma^2 = 100$$

ergibt sich als optimaler Schätzwert

$$a'_{opt} = 100 + \sqrt{\frac{100}{4}} \cdot (-3.6805) = 81.5973,$$

da

$$z'_{opt} = 5 \cdot \frac{\ln(1/19)}{2 \cdot 2} = -3.6805$$

ist. Sie werden also behaupten, daß der Zahlendurchschnitt der Kugeln im Behälter gleich 81.5973 ist. Der Schadenerwartungswert der optimalen Aktion wird mit Hilfe der Formel

$$\begin{aligned} \mathrm{SE}'(a_{opt}) &= s_u \cdot K_{-\infty}^{a_{opt}-\varepsilon}(\mu) + s_o \cdot K_{a_{opt}+\varepsilon}^{\infty}(\mu) \\ &= s_u \cdot F_Z\left(z'_{opt} - \frac{\varepsilon}{\sigma'}\right) + s_o \cdot G_Z\left(z'_{opt} + \frac{\varepsilon}{\sigma'}\right) \end{aligned}$$

berechnet. Für das Beispiel ist er gleich

$$\begin{aligned} \mathrm{SE}'(a_{opt}) &= 19 \cdot F_Z\left(-3.6805 - \frac{2}{5}\right) + 1 \cdot G_Z\left(-3.6805 + \frac{2}{5}\right) \\ &= 0.9999. \end{aligned}$$

0.9999 ist nicht nur der Schadenerwartungswert der priori optimalen Aktion, sondern auch der Schadenerwartungswert der n_0-Stichprobe.

[16]Vgl. 2.1 Konstante Schadenfunktion, S. 378.

(b) Posterioranalyse

Welchen Schätzwert geben Sie für den Zahlendurchschnitt an, wenn Sie die zusätzlichen Stichprobeninformationen

$$n = 10, \quad \overline{x} = 104.24$$

besitzen?

Die Verknüpfung der Priori- mit dieser Stichprobeninformation führt zu den Parametern der Posteriorinormalverteilung

$$\mu'' = 103.0286, \quad \sigma''^2 = 7.1429$$

und daher zu folgendem optimalen Schätzwert für μ:

$$\begin{aligned} a''_{opt} &= \mu'' + \sigma'' \cdot z''_{opt} \\ &= 103.0286 + \sqrt{7.1429} \cdot (-1.9673) \\ &= 97.7706, \end{aligned}$$

mit

$$\begin{aligned} z''_{opt} &= \sigma'' \cdot \frac{\ln(s_O/s_u)}{2 \cdot \varepsilon} \\ &= \sqrt{7.1429} \cdot \frac{\ln(1/19)}{2 \cdot 2} \\ &= -1.9673. \end{aligned}$$

Nach Bekanntheit der Stichprobeninformation ist der optimale Schätzwert für den Zahlendurchschnitt 97.7706 und der Schadenerwartungswert dieser Schätzung gleich

$$\begin{aligned} \text{SE}''(a_{opt}) &= s_u \cdot F_Z\left(z''_{opt} - \frac{\varepsilon}{\sigma''}\right) + s_o \cdot G_Z\left(z''_{opt} + \frac{\varepsilon}{\sigma''}\right) \\ &= 19 \cdot F_Z\left(-1.9673 - \frac{2}{\sqrt{7.1429}}\right) \\ &+ 1 \cdot G_Z\left(-1.9673 + \frac{2}{\sqrt{7.1429}}\right) \\ &= 0.9514. \end{aligned}$$

Durch die konkrete Stichprobe im Umfang $n = 10$ hat sich der Schadenerwartungswert der priori optimalen Aktion von 0.999 auf nunmehr 0.9514 reduziert.

(c) Präposteriorianalyse

(α) Für fixes n

Beim Kenntnisstand der Prioriinformation erhalten Sie das Angebot, daß Sie um 0.10 GE 10 Kugeln aus dem Behälter ziehen dürfen, bevor Sie einen Schätzwert für den unbekannten Zahlendurchschnitt abgeben müssen. Sollen Sie dieses Angebot annehmen?

Wenn der erwartete Nettowert der Stichprobeninformation für $n = 10$ positiv ist, dann werden Sie das Angebot annehmen. Der erwartete Wert der Stichprobeninformation wird nach der Formel[17]

$$\begin{aligned} \mathrm{EWSI}(n_i) &= \mathrm{ESE}(n_0) - \mathrm{ESE}(n_i) \\ &= \left[s_u \cdot F_Z\left(z'_{opt} - \frac{\varepsilon}{\sigma'}\right) - s_o \cdot F_Z\left(z'_{opt} + \frac{\varepsilon}{\sigma'}\right)\right] - \\ &- \left[s_u \cdot F_Z\left(z''_{opt} - \frac{\varepsilon}{\sigma''}\right) - s_o \cdot F_Z\left(z''_{opt} + \frac{\varepsilon}{\sigma''}\right)\right] \end{aligned}$$

bestimmt. Der Schadenerwartungswert für die n_o-Stichprobe ist mit 0.9999 von der Priorianalyse bekannt. Jener der n_{10}-Stichprobe wurde bei der Posteriorianalyse mit 0.9514 berechnet. Daher ist der EWSI gleich

$$\mathrm{EWSI}(n_{10}) = 0.9999 - 0.9514 = 0.0485.$$

Da der ENSI mit

$$\mathrm{ENSI}(n_{10}) = 0.0485 - 0.10 = -0.0515$$

negativ ist, werden Sie auf das Angebot einer Stichprobenziehung im Umfang von $n = 10$ verzichten und an Hand Ihrer Priorianalyse den unbekannten Zahlendurchschnitt mit 81.5973 schätzen.

(β) Für variables n

Wenn das Angebot der Stichprobenziehung nicht auf 10 Kugeln beschränkt ist, sondern sich auf beliebig viele Ziehungen bezieht, dann müssen Sie entscheiden, ob und wieviele Kugeln Sie aus dem Behälter entnehmen sollten, um eine Schätzung über den Zahlendurchschnitt abzugeben. Pro gezogener Kugel müssen Sie eine Gebühr von 0.01 GE bezahlen.

Der maximal in Frage kommende Stichprobenumfang ist in diesem Fall

$$n_{max} < \frac{\mathrm{EWPI}}{k} = \frac{0.9999}{0.01} \cong 100.$$

Der optimale Stichprobenumfang kann mit Hilfe folgender Formel berechnet werden:[18]

$$\frac{\varepsilon \cdot s_u}{\sigma \cdot \sqrt{n + n'}} \cdot f_Z(z) - k = 0$$

[17] Vgl. 2.2 Gauß Modell für μ, (a) Konstante Schadenfunktion, S. 409.
[18] Ebenda.

und

$$z = \frac{z'_{opt} \cdot \sigma \cdot \sqrt{n'} - \varepsilon \cdot (n + n')}{\sigma \cdot \sqrt{n + n'}}.$$

Für die Daten des Beispiels ist diese Gleichung

$$\frac{2 \cdot 19}{10 \cdot \sqrt{(n+4)}} \cdot fz\left(\frac{-3.6805 \cdot 10 \cdot \sqrt{4} - 2 \cdot (n+4)}{10 \cdot \sqrt{n+4}}\right) - 0.01 = 0.$$

Zwischen 0 und 100 gibt es zwei Nullstellen, wie folgende Grafik zeigt:

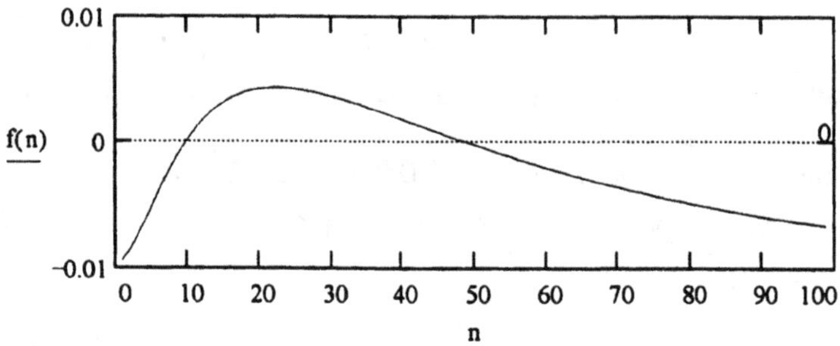

Verlauf der Funktion $f(n) = \frac{d}{dn} ENSI(n) = \frac{\varepsilon \cdot s_u}{\sigma \cdot \sqrt{n + n'}} \cdot fz(z) - k$ *zwischen* $n = 1$ *und* $n = 100$

Die Newton'sche Näherungsmethode liefert als erste Lösung für $n = 48.6294$, aufgerundet 49 Einheiten und als zweite $n = 9.83$, aufgerundet 10 Einheiten. Da für $n = 10$ der ENSI mit -0.0515 negativ und für $n = 49$ positiv ist, ist der optimale Stichprobenumfang

$$n = 49.$$

Der erwartete Nettowert der Stichprobeninformation erreicht mit 0.0523 bei $n = 49$ sein Maximum.

(d) Fallstudie

Ein Medienforscher möchte die durchschnittliche Fernsehzeit erwachsener Bewohner einer Stadt bestimmen. Auf Grund von Untersuchungen in anderen

Städten weiß er, daß die durchschnittliche Fernsehzeit zwischen 1/2 und 3 1/2 Stunden liegt. Im Hinblick auf eine Fehlschätzung sind die möglichen Schäden, die mit einer Unterschätzung des wahren Wertes verknüpft sind, doppelt so gravierend wie jene einer Überschätzung. Welchen Wert soll der Medienforscher für die durchschnittliche Fernsehzeit auf Grund seiner derzeitigen Kenntnisse annehmen und wieviel Bewohner der Stadt sollte er im Hinblick auf ihre Fernsehzeit befragen, um seinen Kenntnisstand zu verbessern, wenn die Befragung eines Einwohners 0.001 GE kostet?

Da die durchschnittliche Fernsehzeit in andern Städten zwischen 1/2 und 3 1/2 Stunden liegt, kann man als Prioriinformation

$$W'(0.5 \leq \mu \leq 3.5) = 0.997$$

annehmen. Gewichtet man diese Informationen gleich einem hypothetischen Stichprobenumfang von[19]

$$n' = 1$$

und unterstellt eine Normalverteilung für die durchschnittliche Fernsehzeit, dann ist

$$\begin{aligned} 6 \cdot \sigma' &= 3.5 - 0.5 = 3 \\ \sigma' &= 0.5. \end{aligned}$$

Da $n' = 1$ ist, folgt, daß auch

$$\sigma = \sigma'$$

ist. Die Schadenfunktion des Medienforschers ist konstant mit einem Schadenverhältnis

$$s_u : s_o = 1 : 2.$$

Daher kann man schreiben,

$$s(a, \mu) = \begin{cases} 0 & \text{für } a = \mu \pm 1/2, \\ 1 & \text{für } a > \mu, \\ 2 & \text{für } a < \mu. \end{cases}$$

Der optimale Schätzwert für die durchschnittliche Fernsehzeit kann auf Grund der Prioriinformation mit

$$\begin{aligned} a'_{opt} &= \mu' + \sigma' \cdot z'_{opt} \\ &= 2 + 0.5 \cdot 0.3466 \\ &= 2.1733 \end{aligned}$$

[19]Die Diskussion und Darstellung „vager“ Prioriinformationen findet man bei Jeffreys (1961), Lindley (1965), Box, Tiao (1973), Villagas (1975) und Berger (1985).

Stunden angenommen werden. z'_{opt} wird dabei mit Hilfe der Formel

$$\begin{aligned} z'_{opt} &= \sigma' \cdot \frac{ln\,(s_o/s_u)}{2\cdot\varepsilon} \\ &= 0.5 \cdot \frac{ln(2/1)}{2\cdot 0.5} \\ &= 0.3466 \end{aligned}$$

berechnet. Der Schadenerwartungswert dieser Schätzung ist

$$\begin{aligned} \mathrm{SE}'(a_{opt}) &= s_u \cdot F_Z\left(z'_{opt} - \frac{\varepsilon}{\sigma'}\right) + s_o \cdot G_Z\left(z'_{opt} + \frac{\varepsilon}{\sigma'}\right) \\ &= 1 \cdot F_Z\left(0.3466 - \frac{0.5}{0.5}\right) + 2 \cdot G_Z\left(0.3466 + \frac{0.5}{0.5}\right) \\ &= 0.4349. \end{aligned}$$

Da die Befragung eines Einwohners 0.001 GE kostet, ist der maximal in Frage kommende Stichprobenumfang gleich

$$n_{max} < \frac{\mathrm{EWPI}}{k} = \frac{0.4349}{0.001} \cong 435.$$

Unter diesen möglichen Umfängen findet man den optimalen mit Hilfe der Gleichung

$$\begin{aligned} \frac{\varepsilon \cdot s_u}{\sigma \cdot \sqrt{n+n'}} &\cdot f_Z\left(\frac{\sigma^2 \cdot \ln(s_o/s_u) - 2\cdot\varepsilon^2\cdot(n+n')}{2\cdot\varepsilon\cdot\sigma\cdot\sqrt{n+n'}}\right) - k = 0 \\ \frac{0.5 \cdot 1}{0.5 \cdot \sqrt{n+1}} &\cdot f_Z\left(\frac{0.25 \cdot \ln(2/1) - 2\cdot 0.25\cdot(n+1)}{2\cdot 0.5\cdot 0.5\cdot\sqrt{n+1}}\right) - 0.001 = 0. \end{aligned}$$

Die Lösung dieser Gleichung ist

$$n = 9.3246.$$

Der EWSI einer Stichprobe im Umfang von $n = 9$ ist

$$\begin{aligned} \mathrm{EWSI}(n_9) &= \mathrm{ESE}(n_0) - \mathrm{ESE}(n_9) \\ &= 0.4349 - \left[s_u \cdot F_Z\left(z''_{opt} - \frac{\varepsilon}{\sigma''}\right) - s_o \cdot F_Z\left(z''_{opt} + \frac{\varepsilon}{\sigma''}\right)\right] \\ &= 0.4349 - \left[1 \cdot F_Z\left(0.1096 - \frac{0.5}{0.1581}\right)\right. \\ &- \left.2 \cdot F_Z\left(0.1096 + \frac{0.5}{0.1581}\right)\right] \\ &= 0.4327 \end{aligned}$$

mit

$$\sigma'' = \frac{\sigma}{\sqrt{n+n'}} = \frac{0.5}{\sqrt{9+1}} = 0.1581$$

und

$$z''_{opt} = \sigma'' \cdot \frac{\ln(s_o/s_u)}{2 \cdot \varepsilon} = 0.1581 \cdot \frac{\ln(2/1)}{2 \cdot 0.5} = 0.1096.$$

Da der ENSI mit

$$\text{ENSI}(n_9) = 0.4327 - 9 \cdot 0.001 = 0.4237$$

positiv ist, ist $n = 9$ der optimale Stichprobenumfang. Der Medienforscher wird daher 9 Bewohner nach ihrer täglichen Fernsehzeit befragen und diese Information für seine Schätzung der durchschnittlichen Fernsehzeit verwenden.

2.2 Lineare Schadenfunktion

(a) Priorianalyse

Die Opportunitätskosten sind nicht mehr konstante Beträge, sondern wachsen pro Einheit Abweichung der Schätzung vom wahren Wert linear:

$$s(a,\mu) = \begin{cases} 0 & \text{für } a = \mu \\ 19 \cdot (a - \mu) & \text{für } a > \mu, \\ 1 \cdot (\mu - a) & \text{für } a < \mu. \end{cases}$$

Welcher Schätzwert für den unbekannten Zahlendurchschnitt hat nun den minimalen Schadenerwartungswert?

Der optimale Schätzwert wird mit Hilfe der Formel

$$a'_{opt} = \mu' + \sigma' \cdot z'_{opt}$$

berechnet, wobei für z'_{opt} folgende Bedingung erfüllt sein muß:[20]

$$F_Z(z'_{opt}) = \frac{s_o}{s_o + s_u}.$$

Für die Daten des Beispiels ist a'_{opt} gleich

$$a'_{opt} = 100 + \sqrt{\frac{100}{4}} \cdot (-1.6449) = 91.7757,$$

da

$$F_Z(z'_{opt}) = F_Z(-1.6449) = \frac{1}{1+19} = 0.05$$

ist. Der Schadenerwartungswert dieses Schätzwertes ist

$$\begin{aligned} \text{SE}'(a_{opt}) &= s_u \cdot L_{-\infty}^{a_{opt}}(\mu) + s_o \cdot L_{a_{opt}}^{\infty}(\mu) \\ &= [(s_u + s_o) \cdot f_Z(z_{opt})] \cdot \sigma' \\ &= [(19+1) \cdot f_Z(-1.6449)] \cdot 5 \\ &= 10.3136. \end{aligned}$$

[20] Vgl. 2.2 Lineare Schadenfunktion, S. 381.

Ihre Schätzung des Zahlendurchschnittes wird also 91.7757 betragen mit einem Schadenerwartungswert von 10.3136.

(b) Posteriorianalyse

Wenn Sie außer der Prioriinformation noch die Stichprobeninformation

$$n = 10, \quad \overline{x} = 104.24$$

zur Verfügung haben, dann wird Ihre Schätzung gleich sein

$$\begin{aligned} a''_{opt} &= \mu'' + \sigma'' \cdot z''_{opt} \\ &= 103.0286 + \sqrt{7.1429} \cdot (-1.6449) \\ &= 98.6325 \end{aligned}$$

mit

$$F(z''_{opt}) = F(-1.6449) = \frac{s_o}{s_o + s_u} = \frac{1}{1+19} = 0.05.$$

Der Schadenerwartungswert dieser Schätzung ist gleich

$$\begin{aligned} \mathrm{SE}''(a_{opt}) &= \left[(s_u + s_o) \cdot f_Z(z''_{opt})\right] \cdot \sigma'' \\ &= [(19+1) \cdot f_Z(-1.6449)] \cdot \sqrt{7.1429} \\ &= 5.5128. \end{aligned}$$

Mit Hilfe der Stichprobeninformation wird Ihre Schätzung für den Zahlendurchschnitt 98.6325 betragen und der Schadenerwartungswert 5.5128.

(c) Präposteriorianalyse

(α) Für fixes n

Wie werden Sie sich entscheiden, wenn Sie beim Kenntnisstand der Priorianalyse das Angebot erhalten, 10 Kugeln um 0.10 GE ziehen zu dürfen?

Der erwartete Wert der Stichprobeninformation ist bei einer linearen Schadenfunktion gegeben durch[21]

$$\begin{aligned} \mathrm{EWSI}(n_i) &= \mathrm{ESE}(n_0) - \mathrm{ESE}(n_i) \\ &= [(s_u + s_o) \cdot f_Z(z_{opt})] \cdot \sigma \cdot \left(\frac{1}{\sqrt{n'}} - \frac{1}{\sqrt{n+n'}}\right) \\ &= [(s_u + s_o) \cdot f_Z(z_{opt})] \cdot \sigma_{\mu''}. \end{aligned}$$

Für die Angaben des Beispiels ist er

$$\begin{aligned} \mathrm{EWSI}(n_{10}) &= [(19+1) \cdot f_Z(-1.6449)] \cdot 10 \cdot \left(\frac{1}{\sqrt{4}} - \frac{1}{\sqrt{10+4}}\right) \\ &= 4.8007. \end{aligned}$$

[21] Vgl. 2.2 Gauß Modell für μ, (b) Lineare Schadenfunktion, S. 412.

Der erwartete Nettowert der Stichprobeninformation ist

$$\mathrm{ENSI}(n_{10}) = 4.8007 - 0.10 = 4.7007.$$

Da dieser Wert positiv ist, werden Sie das Angebot annehmen, 10 Kugeln um 0.10 GE aus dem Behälter zu ziehen und erst dann Ihre Schätzung für den Zahlendurchschnitt abgeben.

(β) Für variables n

Wenn Sie beliebig viele Kugeln für die Gebühr von 0.01 GE pro Kugel aus dem Behälter ziehen können, dann können Sie den Stichprobenumfang, für den der Schadenerwartungswert minimal ist, nach folgender Formel berechnen:[22]

$$\begin{aligned} n_{opt} &= \left[\frac{(s_u + s_o)\cdot f_Z(z_{opt})\cdot \sigma}{2\cdot k}\right]^{2/3} - n' = \\ &= \left[\frac{19+1)\cdot f_Z(\;1.6449)\cdot 10}{2\cdot 0.01}\right]^{2/3} - 4 \\ &= 98.0633. \end{aligned}$$

Sie werden also 98 Kugeln aus dem Behälter ziehen und an Hand dieser Informationen und der Prioriinformationen den optimalen Schätzwert für den Zahlendurchschnitt berechnen. Der Entscheidungsschadenerwartungswert dieser Schätzung ist

$$\begin{aligned} \mathrm{ESE}(n_{98}) &= [(s_u + s_o)\cdot f_Z(z_{opt})]\cdot \sigma'' \\ &= [(19+1)\cdot f_Z(-1.6449)]\cdot \sqrt{\frac{100}{98+4}} \\ &= 2.0424 \end{aligned}$$

und der EWSI ist daher

$$\begin{aligned} \mathrm{EWSI}(n_{98}) &= \mathrm{ESE}(n_0) - \mathrm{ESE}(n_{98}) \\ &= 10.3136 - 2.0424 \\ &= 8.2712. \end{aligned}$$

Der erwartete Nettowert dieser Stichprobeninformation ist

$$\mathrm{ENSI}(n_{98}) = 8.2712 - 98\cdot 0.01 = 7.2912.$$

(d) Fallstudie

Fabian Hahn, ein Fischimporteur, bekommt für die kommenden Weihnachtsfeiertage ein Sonderangebot an Weihnachtskarpfen. Fabian Hahn beliefert ca.

[22]Vgl. 2.2 Gauß Modell für μ, (b) Lineare Schadenfunktion, S. 412.

200 Händler, die in den letzten Jahren im Durchschnitt zwischen 24 und 30 kg Karpfen bestellt haben. Das Kilogramm Fisch kostet Fabian Hahn 20 GE und er verkauft das Kilogramm um 100 GE an die Detailhändler. Wieviel kg Karpfen soll Fabian Hahn für das Weihnachtsgeschäft bestellen? Oder soll er zuerst einige Detailhändler fragen, wieviel kg sie heuer kaufen wollen? Die Kosten der Befragung eines Händlers belaufen sich auf 0.1 GE. An Fixkosten entstehen 10 GE.

Da das Kilogramm Fisch um 20 GE vom Importeur gekauft wird, hat Fabian Hahn Opportunitätskosten in dieser Höhe, wenn er den Fisch wegen mangelnder Nachfrage nicht weiterverkaufen kann. Andererseits hat er pro Kilogramm Fisch, der nachgefragt wird, aber von ihm nicht mehr rechtzeitig geliefert werden kann, einen entgangenen Gewinn von 100 – 20=80 GE. Die lineare Schadenfunktion hat daher folgendes Aussehen:

$$s(a,\mu) = \begin{cases} 0 & \text{für } a = \mu, \\ 20 \cdot (a - \mu) & \text{für } a > \mu, \\ 80 \cdot (\mu - a) & \text{für } a < \mu. \end{cases}$$

Auf Grund der Tatsache, daß die Nachfrage bisher im Schnitt immer zwischen 24 und 30 kg lag, kann man unter der Voraussetzung einer normalverteilten Nachfrage die Varianz wie folgt berechnen:

$$W(24 \leq \mu \leq 30) = 0.997.$$

In einer Normalverteilung umfaßt das Intervall

$$\mu \pm 3 \cdot \sigma$$

99.7% der Gesamtfälle. Daher ist σ gleich

$$\begin{aligned} 6 \cdot \sigma &= 30 - 24 = 6 \\ \sigma &= 1. \end{aligned}$$

Der optimale Schätzwert für die zu erwartende Nachfrage nach Weihnachtskarpfen wird mit der Formel

$$a'_{opt} = \mu' + \sigma' \cdot z'_{opt}$$

berechnet. Wenn Fabian Hahn den Vergangenheitswerten das geringe Gewicht von

$$n' = 1$$

beimißt, dann sind die Parameter der Priorinormalverteilung gleich

$$\mu' = 27$$

sowie

$$\sigma'^2 = \frac{1}{1} = 1.$$

Der optimale Schätzwert ist

$$a'_{opt} = 27 + 1 \cdot 0.8416 = 27.8416,$$

da die Bedingung

$$F_Z(z'_{opt}) = \frac{s_o}{s_o + s_u} = \frac{80}{80 + 20} = 0.8$$

für

$$z'_{opt} = 0.8416$$

erfüllt ist. Der Schadenerwartungswert dieser Schätzung ist

$$\begin{aligned} \mathrm{SE}'(a_{opt}) &= [(s_u + s_o) \cdot f_Z(z_{opt})] \cdot \sigma' \\ &= [(20 + 80) \cdot f_z(0.8416)] \cdot 1 \\ &= 27.9962. \end{aligned}$$

Wenn Fabian Hahn 200 Fischhändler beliefert, dann wird er

$$200 \cdot 27.8416 = 5568.32$$

Kilogramm Weihnachtskarpfen auf Grund der Priorianalyse bestellen. Will er jedoch zusätzlich Befragungsergebnisse von Detailhändlern berücksichtigen, dann wird er

$$\begin{aligned} n_{opt} &= \left[\frac{\sqrt{n'} \cdot \mathrm{EWPI}}{2 \cdot k}\right]^{2/3} - n' \\ &= \left[\frac{1 \cdot 27.9943}{2 \cdot 0.1}\right]^{2/3} - 1 \\ &= 25.96 \end{aligned}$$

aufgerundet 26 Händler im Hinblick auf die von Ihnen zu erwartende Bestellmenge befragen. Der EWSI dieser optimalen Stichprobe ist gleich

$$\begin{aligned} \mathrm{EWSI}(n_{26}) &= [(s_u + s_o) \cdot f_Z(z_{opt})] \cdot \sigma \cdot \left(\frac{1}{\sqrt{n'}} - \frac{1}{\sqrt{n' + n}}\right) \\ &= [(20 + 80) \cdot f_Z(0.8417)] \cdot 1 \cdot \left(\frac{1}{\sqrt{1}} - \frac{1}{\sqrt{1 + 26}}\right) \\ &= 22.6083 \end{aligned}$$

und der ENSI ist

$$\mathrm{ENSI}(n_{26}) = 22.6083 - 10 - 26 \cdot 0.1 = 10.0083.$$

Da dieser Wert positiv ist, ist 26 tatsächlich der optimale Stichprobenumfang. Betragen die Fixkosten der Händlerbefragung nicht 10 GE, sondern z.B. 25

GE, dann wäre der ENSI für $n = 26$ negativ und die Berücksichtigung von Stichprobeninformationen in diesem Fall nicht sinnvoll.

Wenn Fabian Hahn die Vergangenheitswerte stärker gewichten will, dann reduziert sich dementsprechend der optimale Stichprobenumfang. Ist z.B. Fabian Hahn der Ansicht, daß die Vergangenheitswerte einer hypothetischen Stichprobe des Umfanges

$$n' = 10$$

entsprechen, dann ist der optimale Stichprobenumfang

$$n_{opt} = 17,$$

da

$$n_{opt} + n' = 27$$

sein muß. Prioriinformationen mit einem Gewicht von

$$n' \geq 27$$

haben zur Folge, daß für die Punktschätzung keine Stichprobeninformationen berücksichtigt werden.

2.3 Quadratische Schadenfunktion

(a) Priorianalyse

Wenn die Opportunitätskosten nicht linear, sondern quadratisch mit der Abweichung des Schätzwertes vom wahren Wert wachsen,

$$s(a,\mu) = \begin{cases} 0 & \text{für } a = \mu \\ 19 \cdot (a-\mu)^2 & \text{für } a > \mu, \\ 1 \cdot (\mu - a)^2 & \text{für } a < \mu, \end{cases}$$

dann berechnet man den optimalen Schätzwert für den unbekannten Zahlendurchschnitt nach folgender Formel:

$$a'_{opt} = \mu' + \sigma' \cdot z'_{opt}.$$

z_{opt} muß folgende Bedingung erfüllen:[23]

$$s_u \cdot [z_{opt} \cdot F_Z(z_{opt}) + f_Z(z_{opt})] = s_o \cdot [f_Z(z_{opt}) - z_{opt} \cdot G_Z(z_{opt})].$$

Für die Angaben des Beispiels ist

$$z_{opt} = -1.1402.$$

[23] Vgl. 2.3 Quadratische Schadenfunktion, S. 383.

Der optimale Schätzwert ist daher

$$a'_{opt} = 100 + 5 \cdot (-1.1402) = 94.2991,$$

und der Schadenerwartungswert dieser Schätzung ist

$$\begin{aligned}
\mathrm{SE}'(a_{opt}) &= s_u \cdot Q_{-\infty}^{a_{opt}}(\mu) + s_o \cdot Q_{a_{opt}}^{\infty}(\mu) \\
&= [s_u \cdot F_Z(z_{opt}) + s_o \cdot G_Z(z_{opt})] \cdot \sigma'^2 \\
&= [19 \cdot F_Z(-1.1402) + 1 \cdot G_Z(-1.1402)] \cdot 25 \\
&= 82.1984.
\end{aligned}$$

(b) Posteriorianalyse

Wenn neben der Prioriinformation noch die Stichprobeninformation

$$n = 10, \quad \overline{x} = 104.24$$

zur Verfügung steht, dann berechnen Sie den optimalen Schätzwert für den unbekannten Zahlendurchschnitt wie folgt:

$$\begin{aligned}
a''_{opt} &= \mu'' + \sigma'' \cdot z''_{opt} \\
&= 103.0286 + \sqrt{7.1429} \cdot (-1.1402) \\
&= 99.9813.
\end{aligned}$$

Der Schadenerwartungswert dieser optimalen Schätzung ist

$$\begin{aligned}
\mathrm{SE}''(a_{opt}) &= [s_u \cdot F_Z(z_{opt}) + s_o \cdot G_Z(z_{opt})] \cdot \sigma''^2 \\
&= [19 \cdot F_Z(-1.1402) + 1 \cdot G_Z(-1.1402)] \cdot \frac{100}{14} \\
&= 23.4853.
\end{aligned}$$

(c) Präposteriorianalyse

(α) Für fixes n

Welche der beiden Aktionen

n_0 : keine Stichprobeninformation

n_{10} : Stichprobe im Umfang $n = 10$

werden Sie wählen, wenn Sie für die 10 Kugeln 0.10 GE insgesamt bezahlen müssen?

Der erwartete Wert der Stichprobeninformation ist[24]

$$\begin{aligned}
\mathrm{EWSI}(n_{10}) &= \mathrm{ESE}(n_0) - \mathrm{ESE}(n_{10}) \\
&= 82.1984 - 23.4853 \\
&= 58.7131
\end{aligned}$$

[24]Vgl. 2.2 Gauß Modell für μ, (c) Quadratische Schadenfunktion, S 417.

und der erwartete Nettowert ist

$$\text{ENSI}(n_{10}) = 58.7131 - 0.10 = 58.6131.$$

Da der Wert positiv ist, werden Sie sich für die Aktion „Stichprobe im Umfang $n = 10$" entscheiden.

(β) Für variables n

Bei beliebigem Stichprobenumfang kann der optimale Stichprobenumfang mit Hilfe der Formel[25]

$$n_{opt} = \left[\frac{(s_u \cdot F_Z(z_{opt}) + s_o \cdot G_Z(z_{opt})) \cdot \sigma^2}{k}\right]^{1/2} - n'$$

berechnet werden. Für die Angaben des Beispiels ist er gleich

$$\begin{aligned} n_{opt} &= \left[\frac{(19 \cdot F_Z(-1.14) + 1 \cdot G_Z(-1.14)) \cdot 100}{0.01}\right]^{1/2} - 4 \\ &= 177.344. \end{aligned}$$

Sie werden 177 Kugeln für die Gebühr von 1.77 ziehen und an Hand dieses Stichprobenergebnisses und der Prioriinformationen die optimale Schätzung für den Zahlendurchschnitt abgeben. Der Schadenerwartungswert dieser Stichprobe ist

$$\text{ESE}(n_{177}) = 1.8171,$$

der erwartete Wert dieser Stichprobe ist

$$\text{EWSI}(n_{177}) = 82.1984 - 1.8171 = 80.3813,$$

und der erwartete Nettowert ist

$$\text{ENSI}(n_{177}) = 80.3813 - 177 \cdot 0.01 = 78.6118.$$

(d) Fallstudie

Ein Biologe untersucht die Gewichtszunahme einer bestimmten Tierart unter dem Einfluß eines Mastfutters. Er möchte eine Schätzung für die durchschnittliche Gewichtszunahme innerhalb eines gegebenen Zeitintervalls abgeben, wobei er vorerst nur weiß, daß die Gewichtszunahme normalverteilt ist und im vorgegebenen Zeitintervall höchstens 36 Gewichtseinheiten betragen kann. Er will seiner Schätzung eine quadratische Schadenfunktion unterstellen und ist der Ansicht, daß eine Abweichung seiner Schätzung vom wahren Wert um 10 Gewichtseinheiten einen Schaden von 1000 Geldeinheiten verursacht. Wieviele Versuchstiere soll er seiner Schätzung zu Grunde legen, wenn ein Versuchstier 1 GE kostet und für die Versuchsdurchführung 5 GE veranschlagt werden

[25] Ebenda.

müssen? Wie steht es mit einer Empfehlung eines Kollegen, der 30 Versuchstiere vorschlägt?
Bei einer quadratischen Schadenfunktion gilt

$$s \cdot (a-\mu)^2 = s \cdot (10)^2.$$

Der Schaden pro Abweichungseinheit ist daher

$$\begin{aligned} s \cdot (10)^2 &= 1000 \\ s &= 10 \end{aligned}$$

Geldeinheiten. Die quadratische Schadenfunktion ist

$$s(a,\mu) = \begin{cases} 0 & \text{für } a = \mu, \\ 10 \cdot (a-\mu)^2 & \text{für } a \neq \mu. \end{cases}$$

Da die Gewichtszunahme höchstens 36 Einheiten betragen kann, gilt

$$W(0 \leq \mu \leq 36) = 0.997$$

und daher

$$\begin{aligned} 6 \cdot \sigma &= 36 \\ \sigma &= 6. \end{aligned}$$

Der optimale Schätzwert für die durchschnittliche Gewichtszunahme wird an Hand der Prioriinformation mit Hilfe der Formel

$$a'_{opt} = \mu' + \sigma' \cdot z'_{opt}$$

berechnet. Setzt man $n' = 1$ voraus, dann ist $\sigma' = 6$. z'_{opt} muß die Bedingung

$$s_u \cdot [z_{opt} \cdot F_Z(z_{opt}) + f_Z(z_{opt})] = s_o \cdot [f_Z(z_{opt}) - z_{opt} \cdot G_Z(z_{opt})]$$

erfüllen. Für

$$z'_{opt} = 0$$

stimmt diese Gleichung. Der optimale Schätzwert ist daher gleich dem Durchschnitt für $s_u = s_o$.

$$a'_{opt} = \mu' = 18.$$

Der Biologe wird daher auf Grund seiner Prioriinformation behaupten, daß die durchschnittliche Gewichtszunahme unter dem Einfluß des Mastfutters 18 Gewichtseinheiten beträgt. Der Schadenerwartungswert dieser Schätzung ist

$$\text{SE}'(a_{opt}) = s \cdot \sigma'^2 = 10 \cdot 36 = 360.$$

Für eine Stichprobe wird der Biologe 18 Versuchstiere verwenden, da der erwartete Nettowert dieser Stichprobe unter den

$$n_{max} < \frac{360}{1} - \frac{5}{10} \cong 355$$

möglichen Stichproben am größten ist. Diesen optimalen Stichprobenumfang berechnet man mit der Formel

$$n_{opt} = \sigma \cdot \sqrt{\frac{s}{k}} - n' = 6 \cdot \sqrt{\frac{10}{1}} - 1 = 17.97$$

und den entsprechenden EWSI mit der Formel

$$\begin{aligned} \text{EWSI}(n_{18}) &= s \cdot \sigma^2 \cdot \left(\frac{1}{n'} - \frac{1}{n+n'}\right) \\ &= 10 \cdot 36 \cdot \left(\frac{1}{1} - \frac{1}{18+1}\right) \\ &= 341.0526. \end{aligned}$$

Der erwartete Nettowert ist

$$\text{ENSI}(n_{18}) = 341.0526 - 18 \cdot 1 - 5 = 318.0526.$$

Wenn er den Rat seines Kollegen befolgt und 30 Versuchstiere heranzieht, dann ist der EWSI gleich

$$\text{EWSI}(n_{30}) = 10 \cdot 36 \cdot \left(\frac{1}{1} - \frac{1}{30+1}\right) = 348.3871$$

und der ENSI gleich

$$\text{ENSI}(n_{30}) = 348.3871 - 30 \cdot 1 - 5 = 313.3871.$$

Der erwartete Nettowert einer Stichprobe im Umfang von $n = 30$ ist um rund 5 GE geringer als der einer Stichprobe mit $n = 18$. Daher ist es vernünftiger, daß der Biologe nur 18 Versuchstiere seiner Schätzung zu Grunde legt.

Was ist der optimale Stichprobenumfang, wenn der Biologe keine quadratische, sondern eine lineare Schadenfunktion verwendet? n_{opt} wird in diesem Fall mit Hilfe der Formel

$$n_{opt} = 0.6316 \cdot \sqrt{\sigma} \cdot \sqrt{\frac{s}{k}} - n'$$

berechnet. Für die Angaben des Beispiels ist

$$n_{opt} = 0.6316 \cdot \sqrt{6} \cdot \sqrt{\frac{10}{1}} - 1 = 3.89.$$

Bei einer linearen Schadenfunktion reichen 4 Versuchstiere für eine optimale Schätzung. Der EWSI wird dabei mit der Formel

$$\begin{aligned} \mathrm{EWSI}(n_4) &= 0.3989 \cdot s \cdot \sigma \cdot \left(\frac{1}{\sqrt{n'}} - \frac{1}{\sqrt{n+n'}}\right) \\ &= 0.3989 \cdot 10 \cdot 6 \cdot \left(1 - \frac{1}{\sqrt{5}}\right) \\ &= 13.2304 \end{aligned}$$

bestimmt und der ENSI ist gleich

$$\mathrm{ENSI}(n_4) = 13.2304 - 4.1 - 5 = 4.2304.$$

3 Intervallschätzverfahren

3.1 Konstante Schadenfunktion

(a) Priorianalyse

Zum Unterschied vom Punktschätzverfahren sollen Sie nicht einen einzelnen Schätzwert des Zahlendurchschnittes der Kugeln im Behälter abgeben, sondern ein Intervall, in dem der unbekannte Durchschnitt liegt. Wenn das Intervall mit der Unter- und Obergrenze (T_u, T_o) die Länge von

$$c = T_o - T_u = 10$$

Einheiten aufweisen soll und alle anderen Angaben vom Punktschätzverfahren übernommen werden,

$$\mu' = 100, \quad n' = 4, \quad \sigma^2 = 100,$$

dann ist in diesem Fall die konstante Schadenfunktion gleich

$$s(a,\mu) = \; = \begin{cases} 0 & \text{für } T_u \le \mu \le T_o = T_u + 10, \\ s_u = 19 & \text{für } \mu < T_u, \\ s_O = 1 & \text{für } \mu > T_o. \end{cases}$$

Für die Grenzen des Intervalls mit minimalem Schadenerwartungswert muß gelten[26]

$$s_u \cdot f_N(T_u|\mu' = 100, \sigma'^2 = 25) = s_o \cdot f_N(T_u + 10|100, 25).$$

Wenn man die Grenzen mit den Formeln

$$\begin{aligned} T_u &= \mu' - \frac{c}{2} + \sigma'^2 \cdot \frac{\ln(s_o/s_u)}{c} = 100 - \frac{10}{2} + 25 \cdot \frac{\ln(1/19)}{10} = 87.6389 \\ T_o &= T_u + c = 87.6389 + 10 = 97.6389 \end{aligned}$$

[26]Vgl. 3.1 Konstante Schadenfunktion, S. 386.

berechnet, dann ist die Bedingung der Intervallänge erfüllt. Sie werden daher behaupten, daß der Zahlendurchschnitt der Kugeln zwischen 87.6389 und 97.6389 liegt. Der Schadenerwartungswert dieses Intervalls wird mit der Formel

$$\mathrm{SE}'(a_{opt}) = s_u \cdot F_Z\left(\frac{\sigma' \cdot \ln(\frac{s_o}{s_u})}{c} - \frac{c}{2 \cdot \sigma'}\right) + s_o \cdot G_Z\left(\frac{\sigma' \cdot \ln(\frac{s_o}{s_u})}{c} + \frac{c}{2 \cdot \sigma'}\right)$$

berechnet. Er ist

$$\begin{aligned} \mathrm{SE}'(a_{opt}) &= 19 \cdot F_Z(-2.4722) + 1 \cdot G_Z(-0.4722) \\ &= 0.8092. \end{aligned}$$

(b) Posteriorianalyse

Welches Schätzintervall für den Zahlendurchschnitt geben Sie an, wenn Sie neben Ihren Prioriinformationen noch die zusätzlichen Stichprobeninformationen

$$n = 10, \quad \overline{x} = 104.24$$

besitzen?

Die Grenzen des optimalen Intervalls sind

$$\begin{aligned} T_u &= \mu'' - \frac{c}{2} + \sigma''^2 \cdot \frac{\ln(s_o/s_u)}{c} \\ &= 103.0286 - \frac{10}{2} + 7.1429 \cdot \frac{\ln(1/19)}{10} \\ &= 95.9254 \\ T_o &= T_u + 10 = 105.9254. \end{aligned}$$

Durch die Stichprobeninformation ist nun das optimale Schätzintervall [95.9254, 105.9254].

Der Schadenerwartungswert des optimalen Schätzintervalls ist von der Realisation des Stichprobendurchschnittes unabhängig. Nur der Umfang der Stichprobe spielt eine Rolle:

$$\begin{aligned} \mathrm{SE}''(a_{opt}|x) &= s_u \cdot F_Z\left(\frac{\sigma'' \cdot \ln(s_o/s_u)}{c} - \frac{c}{2 \cdot \sigma''}\right) \\ &+ s_o \cdot G_Z\left(\frac{\sigma'' \cdot \ln(s_o/s_u)}{c} + \frac{c}{2 \cdot \sigma''}\right) \\ &= 19 \cdot F_Z\left(\frac{10}{\sqrt{14}} \cdot \frac{\ln(1/19)}{10} - \frac{10 \cdot \sqrt{14}}{2 \cdot 10}\right) \\ &+ 1 \cdot G_Z\left(\frac{\ln(1/19)}{\sqrt{14}} + \frac{\sqrt{14}}{2}\right) \\ &= 0.2139. \end{aligned}$$

(c) Präposteriorianalyse

(α) Für fixes n

Nach der Priorianalyse ist das optimale Schätzintervall [87.639; 97.639] und der Schadenerwartungswert gleich 0.8092. Ist es sinnvoll, um den Betrag von 0.10 GE 10 Kugeln aus dem Behälter zu ziehen, um ein Schätzintervall zu berechnen, das Priori- und Stichprobeninformationen berücksichtigt?

Der erwartete Wert der Stichprobeninformation ist[27]

$$\begin{aligned}
&\mathrm{EWSI}(n_{10}) = \mathrm{ESE}(n_0) - \mathrm{ESE}(n_{10}) = \\
&= \left[s_u \cdot F_Z\left(\frac{\sigma' \cdot \ln(\frac{s_o}{s_u})}{c} - \frac{c}{2\sigma'}\right) - s_o \cdot F_Z\left(\frac{\sigma' \cdot \ln(\frac{s_o}{s_u})}{c} + \frac{c}{2\sigma'}\right)\right] - \\
&- \left[s_u \cdot F_Z\left(\frac{\sigma'' \cdot \ln(\frac{s_o}{s_u})}{c} - \frac{c}{2\sigma''}\right) - s_o \cdot F_Z\left(\frac{\sigma'' \cdot \ln(\frac{s_o}{s_u})}{c} + \frac{c}{2\sigma''}\right)\right] \\
&= 0.8092 - 0.2139 \\
&= 0.5952
\end{aligned}$$

und der erwartete Nettowert ist

$$\mathrm{ENSI}(n_{10}) = \mathrm{EWSI}(n_{10}) - 0.10 = 0.4952.$$

Da der erwartete Nettowert positiv ist, werden Sie 10 Kugeln um den Betrag von 0.10 GE aus dem Behälter entnehmen und an Hand der Priori- und Stichprobeninformationen das optimale Schätzintervall berechnen.

(β) Für variables n

Wenn die Ziehung einer Kugel 0.01 GE kostet, dann ist der maximal in Frage kommende Stichprobenumfang kleiner als

$$n_{max} < \frac{\mathrm{ESE}(n_o)}{k} = \frac{0.8092}{0.01} \cong 81.$$

Durch sukzessives Berechnen des $\mathrm{ENSI}(n_i)$ für $n = 1$ bis $n = 81$ kann man jenen Stichprobenumfang finden, für den der ENSI am größten ist. In folgender

[27] Vgl. 3.2 Gauß Modell, (a) Konstante Schadenfunktion, S. 420.

Grafik sind einige Werte eingezeichnet.

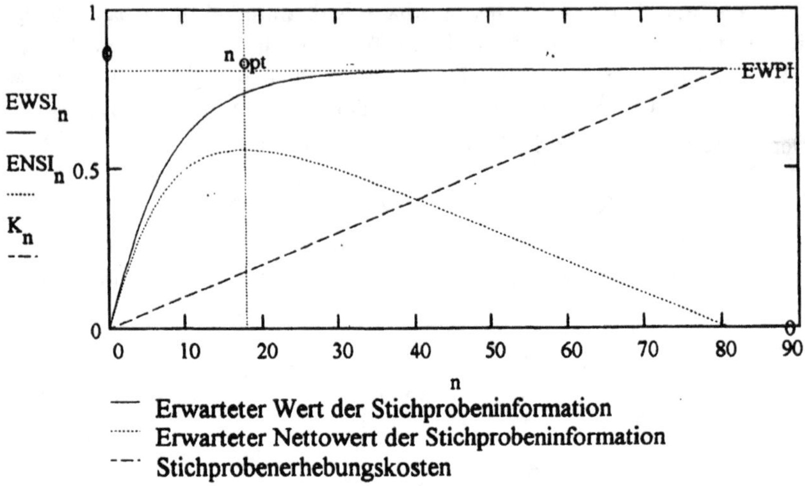

EWSI(n); ENSI(n) und K(n) für das Kugelbeispiel, Intervallschätzverfahren für μ, konstante Schadenfunktion

Bei $n = 18$ ist der ENSI mit 0.5582 am größten.

(d) Fallstudie

Für ein neues Medikament, das gegen eine bestimmte Krankheit eingesetzt wird, soll ein Arzt einen Wert für die durchschnittliche Heilungsdauer angeben. Es steht nur fest, daß die durchschnittliche Heilungsdauer zwischen 3 und 9 Tagen liegt. Für den Schätzwert soll der Arzt ein Intervall mit einer Länge von einem Tag bestimmen. Da die Überschätzung der durchschnittlichen Heilungsdauer für ihn genauso unangenehm ist, wie die Unterschätzung, nimmt der Arzt die Opportunitätskosten einer Fehlschätzung mit 1 an und bezieht die Kosten der Erhebung der relevanten Daten eines Patienten auf diesen Wert. Diese Kosten betragen 0.001 GE oder 1/1000 der Opportunitätskosten der Fehlschätzung. Welches Intervall soll der Arzt für die durchschnittliche Heilungsdauer angeben und wieviele Patienten soll er seiner Schätzung zu Grunde legen?

Da die durchschnittliche Heilungsdauer zwischen 3 und 9 Tagen liegt,

$$W'(3 \leq \mu \leq 9) = 0.997.$$

kann man die Priorivarianz mit

$$\begin{aligned} 6 \cdot \sigma' &= 9 - 3 = 6 \\ \sigma'^2 &= 1 \end{aligned}$$

annehmen, wenn man eine Normalverteilung für die durchschnittliche Heilungsdauer voraussetzt. Da man die Varianz σ^2 der Heilungsdauer nicht kennt, kann man für die Prioriinformation den hypothetischen Stichprobenumfang von $n' = 1$ ansetzten. Dann folgt für die Varianz

$$\sigma^2 = 1,$$

da

$$\sigma'^2 = \frac{\sigma^2}{n'} = \frac{1}{1} = 1.$$

Auf Grund der Angaben über die Opportunitätskosten kommt man zu folgender konstanten Schadenfunktion:

$$s(a, \mu) = \begin{cases} 0 & \text{für } T_u \leq \mu \leq T_o = T_u + 1, \\ 1 & \text{sonst.} \end{cases}$$

Da in diesem Fall

$$s_u = s_o = s = 1$$

ist, ist das optimale Intervall für die durchschnittliche Heilungsdauer gleich

$$\begin{aligned} T_u &= \mu - \frac{c}{2} + \sigma'^2 \cdot \frac{\ln(s_o/s_u)}{c} = 6 - \frac{1}{2} + 1 \cdot \frac{\ln(1/1)}{1} = 5.50 \\ T_o &= T_u + 1 = 6.50. \end{aligned}$$

Der Erwartungswert der Priorinormalverteilung ist gleich

$$E(\mu) = \mu' = \frac{3+9}{2} = 6.$$

Der Arzt wird daher behaupten, daß die durchschnittliche Heilungsdauer zwischen 5.5 und 6.5 Tagen beträgt, wenn er nur die Prioriinformation berücksichtigt. Der Schadenerwartungswert dieser Schätzung wird mit Hilfe der Formel

$$\text{SE}'(a_{opt}) = 2 \cdot s \cdot F_Z\left(-\frac{c}{2 \cdot \sigma'}\right)$$

bestimmt. Da $c = 1$ ist und $\sigma' = 1$, ist der EWPI gleich

$$\begin{aligned} \text{SE}'(a_{opt}) &= \text{EWPI} \\ &= 2 \cdot 1 \cdot F_Z\left(-\frac{1}{2 \cdot 1}\right) \\ &= 0.6171. \end{aligned}$$

Die Kosten pro Patienten belaufen sich auf 0.001 GE. Daher ist der maximal in Frage kommende Stichprobenumfang gleich

$$n_{max} < \frac{0.6171}{0.001} \cong 617.$$

Um den Stichprobenumfang zu ermitteln, für den der ENSI maximal ist, kann man die erste Ableitung des ENSI gleich Null setzen und diese Gleichung mit Hilfe des Newton'schen Näherungsverfahren lösen.[28] Für den Spezialfall von $s_u = s_o = s$ ist der ENSI gegeben durch die Formel

$$\begin{aligned} \text{ENSI}(n) &= \text{EWSI}(n) - k \cdot n \\ &= 2 \cdot s \cdot \left[F_Z\left(-\frac{c \cdot \sqrt{n'}}{2 \cdot \sigma}\right) - F_Z\left(-\frac{c \cdot \sqrt{n' + n}}{2 \cdot \sigma}\right)\right] - k \cdot n. \end{aligned}$$

Die erste Ableitung ist gleich

$$\frac{d}{dn}\text{ENSI}(n) = \frac{s \cdot c}{2 \cdot \sigma \cdot \sqrt{n' + n}} \cdot f_Z\left(-\frac{c \cdot \sqrt{n + n'}}{2 \cdot \sigma}\right) - k.$$

Wenn man diese Ableitung gleich Null setzt und die Werte des Beispiels einsetzt, dann erhält man folgende Gleichung:

$$\frac{1 \cdot 1}{2 \cdot 1 \cdot \sqrt{1 + n}} \cdot \frac{1}{\sqrt{2 \cdot \pi}} \cdot \exp\left\{-\frac{1}{2}\left(\frac{1 \cdot \sqrt{n + 1}}{2 \cdot 1}\right)^2\right\} - 0.001 = 0.$$

Für $n = 27.9087$ ist diese Gleichung erfüllt. Daher ist der optimale Stichprobenumfang

$$n = 28.$$

Der Arzt wird 28 Patienten beobachten und an Hand dieser Informationen ein Schätzintervall für die durchschnittliche Heilungsdauer abgeben. Der erwartete Nettowert dieser Stichprobe ist gleich

$$\begin{aligned} \text{ENSI}(n_{28}) &= 2 \cdot 1 \cdot \left[F_Z\left(-\frac{1 \cdot \sqrt{1}}{2 \cdot 1}\right) - F_Z\left(-\frac{1 \cdot \sqrt{1 + 28}}{2 \cdot 1}\right)\right] - 0.001 \cdot 28 \\ &= 0.5820. \end{aligned}$$

In welchem Ausmaß die gewählte Intervallänge für den unbekannten Mittelwert den optimalen Stichprobenumfang beeinflußt, zeigt folgende Tabelle für die

[28] Vgl. 3.2 Gauß Modell, (a) Konstante Schadenfunktion, S. 420.

Daten dieses Beispiels:

c	n_{opt}	ENSI(n_{opt})
0.20	204	0.5641
0.30	142	0.6659
0.40	102	0.6971
0.50	77	0.6983
1.00	28	0.5820
1.50	14	0.4356
2.00	9	0.3067
4.00	2	0.0430
6.00	1	0.0017
8.00	0	−0.0001

Je kürzer die gewählte Intervallänge ist, umso größer ist der optimale Stichprobenumfang, der für diese Schätzung notwendig ist.

3.2 Lineare Schadenfunktion

(a) Priorianalyse

Statt der konstanten Schadenfunktion soll dem Kugelbeispiel die lineare Schadenfunktion

$$s(a,\mu) = \begin{cases} 0 & \text{für } T_u \leq \mu \leq T_o = T_u + 10, \\ 19 \cdot (T_u - \mu) & \text{für } \mu < T_u, \\ 1 \cdot (\mu - T_o) & \text{für } \mu > T_o \end{cases}$$

zu Grunde gelegt werden. Wie lautet nun das Intervall mit minimalem Schadenerwartungswert?

Die Grenzen des Intervalls werden nach den Formeln

$$\begin{aligned} T_u &= \mu' + \sigma' \cdot z'_u \\ T_0 &= T_u + c \end{aligned}$$

berechnet, wobei z'_u aus der Bedingung[29]

$$s_u \cdot F_Z(z) = s_o \cdot [1 - F_Z(z + c/\sigma')]$$

abgeleitet wird. Für die Angaben des Beispiels

$$\mu' = 100, \quad \sigma^2 = 100, \quad n' = 4, \quad s_u = 19, \quad s_o = 1$$

und

$$c = T_o - T_u = 10$$

[29]Vgl. 3.2 Lineare Schadenfunktion, S. 388.

ist z_u gleich

$$z_u = -1.954,$$

wenn es obige Bedingung erfüllt. Das z_o berechnet man mit der Formel

$$z_o = z_u + c/\sigma' = 0.046.$$

Die Intervalluntergrenze T_u ist

$$T_u = 100 + 5 \cdot (-1.954) = 90.230,$$

und die Intervallobergrenze ist

$$T_o = T_u + 10 = 90.250 + 10 = 100.230.$$

Bei einer linearen Schadenfunktion werden Sie der Ansicht sein, daß der unbekannte Zahlendurchschnitt zwischen 90.23 und 100.23 liegt. Der Schadenerwartungswert dieses optimalen Intervalls wird nach der Formel

$$\begin{aligned} \mathrm{SE}(a_{opt}) &= s_u \cdot L_{-\infty}^{T_u}(\mu) + s_o \cdot L_{T_o}^{\infty}(\mu) \\ &= \sigma' \cdot [s_u \cdot (z_u \cdot F_Z(z_u) + f_Z(z_u)) + s_o \cdot (f_Z(z_o) - z_o \cdot G_Z(z_o))] \end{aligned}$$

berechnet. Für die Daten des Beispiels ist er

$$\mathrm{SE}(a_{opt}) = 2.7935.$$

(b) Posterioranalyse

Ergänzt man die Prioriinformationen um die Stichprobeninformationen

$$n = 10, \quad \overline{x} = 104.24,$$

dann sind die Grenzen des optimalen Intervalls

$$\begin{aligned} T_u &= \mu'' + \sigma'' \cdot z_u \\ &= 103.0286 + \frac{10}{\sqrt{14}} \cdot (-2.5211) \\ &= 96.2906 \end{aligned}$$

und

$$T_o = T_u + 10 = 96.2906 + 10 = 106.2906.$$

Der unbekannte Zahlendurchschnitt liegt zwischen 96.2937 und 106.2937. Die Wahrscheinlichkeit dafür, daß μ in diesem Intervall liegt, kann mit Hilfe der Formel

$$W(T_u \leq \mu \leq T_o) = 1 - \frac{s_o + s_u}{s_o} \cdot F_N(T_u)$$

berechnet werden. Im gegenständlichen Fall ist sie

$$\begin{aligned} W(96.2906 \leq \mu \leq 106.2906) &= 1 - \frac{1+19}{1} \cdot 0.0059 \\ &= 0.8820. \end{aligned}$$

Der Schadenerwartungswert des Intervalls ist

$$\begin{aligned} \text{SE}(n_{10}) &= s_u \cdot L_{-\infty}^{T_u}(\mu|x) + s_o \cdot L_{T_o}^{\infty}(\mu|x) \\ &= 0.2390. \end{aligned}$$

(c) Präposteriorianalyse

(α) Für fixes n

Ist die Posterioranalyse vernünftig, wenn die Entnahme von 10 Kugeln 0.10 GE kostet?

Der erwartete Wert der Stichprobeninformation[30] für eine Stichprobe im Umfang $n = 10$ ist

$$\begin{aligned} \text{EWSI}(n_{10}) &= \text{ESE}(n_o) - \text{ESE}(n_{10}) \\ &= 2.7935 - 0.2390 \\ &= 2.5544 \end{aligned}$$

und der erwartete Nettowert

$$\text{ENSI}(n_{10}) = 2.5544 - 0.10 = 2.4544.$$

Die Entnahme von 10 Kugeln erscheint offensichtlich sinnvoll, um an Hand der Stichproben- und Prioriinformation ein optimales Schätzintervall zu berechnen.

(β) Für variables n

Setzt man wieder Kosten von 0.01 GE pro Ziehung einer Kugel voraus, dann ist der maximal in Frage kommende Stichprobenumfang jedenfalls kleiner als

$$n_{max} < \frac{\text{ESE}(n_0)}{k} = \frac{2.7935}{0.01} \cong 279.$$

Die sukzessive Berechnung des $\text{ENSI}(n_i)$ für $n = 1$ bis $n = 279$ zeigt, daß bei einem Stichprobenumfang von $n = 18$ der maximale erwartete Nettowert der Stichprobeninformation mit 2.5603 erreicht wird. Die relevanten Werte sind in

[30] Vgl. 3.2 Gauß Modell, (b) Lineare Schadenfunktion, S. 422.

folgender Grafik zusammengestellt:

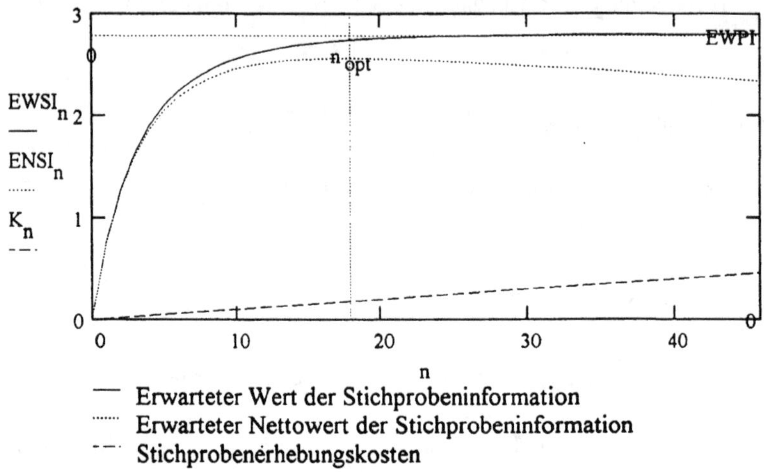

EWSI(n), ENSI(n) und K(n) für das Kugelbeispiel, Intervallschätzverfahren für μ, lineare Schadenfunktion

Beim derzeitigen Stand des Prioriwissens ist die optimale Strategie 18 Kugeln aus dem Behälter zu ziehen, die entsprechenden Stichprobeninformationen mit den Prioriinformationen zu verknüpfen und auf Grund dieser Informationen ein Intervall für den unbekannten Zahlendurchschnitt zu berechnen.

(d) Fallstudie

Der Obstimporteur Jakob Birne hatte letztes Jahr eine spezielle Apfelsorte importiert. Die von ihm belieferten 500 Obst- und Gemüsehändler hätten zwischen 22.5 und 27.5 kg von dieser Apfelsorte abgenommen. Um den heurigen Import dieser Sorte zu planen, will Jakob Birne ein Schätzintervall für den Durchschnitt der Bestellmengen bestimmen. Er importiert das Kilogramm um 20 GE und verkauft es um 40 GE. Da eine zu große Intervallänge kalkulationsmindernd wirkt, berücksichtigt Jakob Birne pro Einheit Intervallänge einen Schaden von 5 GE. Welches Schätzintervall soll er auf Grund der Vorjahresdaten annehmen? Wieviele Händler sollte er im Hinblick auf die zu erwartende Bestellmenge befragen, wenn diese Befragung pro Händler 0.1 GE verursacht?

Wenn man für die Bestellmengen Normalverteilung voraussetzen kann, dann gilt

$$W(22.5 \leq \mu \leq 27.5) = 0.997,$$

und σ ist

$$\begin{aligned} 6 \cdot \sigma &= 27.5 - 22.5 = 5 \\ \sigma &= 5/6. \end{aligned}$$

Da nur ein Jahr als Information zur Verfügung steht, ist

$$\sigma'^2 = \frac{\sigma^2}{n'} = \frac{(5/6)^2}{1} = 25/36.$$

Die Intervallänge ist nicht fix vorgegeben, sondern selbst eine lineare Schadenfunktion. Die Abweichung der wahren Durchschnittsmenge von der Intervalluntergrenze verursacht pro Kilogramm einen Schaden von 20 GE, da die nicht verkauften Äpfel nicht weiterverwertet werden. Die Abweichung der wahren Durchschnittsmenge von der Intervallobergrenze bedeutet pro Kilogramm einen entgangenen Gewinn von 40-20=20 GE. Kombiniert mit dem Schaden der Intervallänge, liegt dem Entscheidungsproblem folgende Schadenfunktion zu Grunde:

$$s(a, \mu) = 5 \cdot (T_o - T_u) + \begin{cases} 20 \cdot (T_u - \mu) & \text{für } \mu < T_u, \\ 20 \cdot (\mu - T_o) & \text{für } \mu > T_o. \end{cases}$$

An Hand der Informationen des letzten Jahres erhält man folgende Intervallgrenzen:

$$\begin{aligned} T_u &= \mu' + z_u \cdot \sigma' = 25 - 0.6745 \cdot (5/6) = 24.4379, \\ T_o &= \mu' + z_o \cdot \sigma' = 25 + 0.6745 \cdot (5/6) = 25.5621. \end{aligned}$$

Für $s_u = s_o = s$ muß z_u bzw. z_o die Bedingung[31]

$$F_Z(z_u) = \frac{s_l}{s} = G_Z(z_o) = 1 - F_Z(z_u)$$

erfüllen. Da $s_l = 5$ und $s = 20$ ist, gilt

$$F_Z(-0.6745) = 0.25 = G_Z(0.6745).$$

Jakob Birne kann also annehmen, daß die durchschnittliche Bestellmenge zwischen 24.44 und 25.56 kg liegt, wenn er nur die Vorjahresinformationen nutzt. Der Schadenerwartungswert dieser Schätzung wird mit der Formel

$$\text{SE}'(a_{opt}) = 2 \cdot s \cdot f_Z(z_u) \cdot \sigma'$$

[31] Vgl. 3.2 Lineare Schadenfunktion, S. 388.

berechnet. Für die Angaben des Beispiels ist er gleich

$$\mathrm{SE}'(a_{opt}) = 2 \cdot 20 \cdot f_Z(-0.6745) \cdot (5/6) = 10.5926.$$

Wenn Jakob Birne Händler befragen will, wieviel sie in diesem Jahr von der speziellen Apfelsorte bestellen wollen, dann wird er den optimalen Stichprobenumfang mit der Formel[32]

$$n_{opt} = \begin{cases} n* & \text{für } n* \geq 0,\ \mathrm{ENSI}(n*) \geq 0 \\ 0 & \text{sonst} \end{cases}$$

$$n* = \left[\frac{\sqrt{n'}}{2 \cdot k} \cdot \mathrm{EWPI}\right]^{2/3} - n'$$

berechnen. Da die Befragung eines Händlers 0.1 GE kostet, ist

$$n* = \left[\frac{\sqrt{1}}{2 \cdot 0.1} \cdot 10.5926\right]^{2/3} - 1 = 13.1029$$

und der entsprechende EWSI gleich

$$\begin{aligned} \mathrm{EWSI}(n_{13}) &= \left[s_l \cdot (z_o - z_u) + s_u \cdot L_{-\infty}^{z_u}(z) + s_o \cdot L_{z_o}^{\infty}(z)\right] \cdot (\sigma' - \sigma'') \\ &= 7.7616. \end{aligned}$$

Da der ENSI mit

$$\mathrm{ENSI}(n_{13}) = 7.7616 - 13 \cdot 0.1 = 6.4616$$

positiv ist, ist $n = 13$ tatsächlich der optimale Stichprobenumfang. Jakob Birne wird daher 13 Händler befragen, wieviel Kilogramm der speziellen Apfelsorte sie bestellen wollen.

Wenn z.B. bei dieser Befragung eine durchschnittliche Bestellmenge von

$$\overline{x} = 26$$

Kilogramm herauskommt, dann sind die Parameter der Posteriorinormalverteilung gleich

$$\begin{aligned} \mu'' &= \frac{1 \cdot 25 + 13 \cdot 26}{1 + 13} = 25.9286 \\ \sigma''^2 &= \frac{25/36}{1 + 13} = 0.0496 \end{aligned}$$

und die Intervallgrenzen sind

$$\begin{aligned} T_u &= 25.9285 - 0.6745 \cdot \sqrt{0.0496} = 25.7784, \\ T_o &= 25.9285 + 0.6745 \cdot \sqrt{0.0496} = 26.0788. \end{aligned}$$

[32]Vgl. 3.2 Gauß Modell, (b) Lineare Schadenfunktion, S. 422.

Jakob Birne kann annehmen, daß die unbekannte Bestellmenge zwischen 25.78 und 26.08 kg liegen wird. Die Wahrscheinlichkeit dafür ist

$$W(25.7782 \leq \mu \leq 26.0787) = 1 - \frac{2 \cdot s_l}{s} = 0.50.$$

Wieviele Obsthändler sollte Jakob Birne befragen, wenn er für die durchschnittliche Bestellmenge keine Intervall-, sondern eine Punktschätzung will? In diesem Fall wird der optimale Stichprobenumfang mit der Formel

$$\begin{aligned} n_{opt} &= \begin{cases} n* & \text{für } n* \geq 0, \text{ENSI}(n*) \geq 0 \\ 0 & \text{sonst} \end{cases} \\ n* &= \left[\frac{s \cdot \sigma \cdot f_Z(z_{opt})}{k}\right]^{2/3} - n' \end{aligned}$$

berechnet. Da für $s_u = s_o = s$ z_{opt} gleich 0 ist

$$\begin{aligned} F_Z(z_{opt}) &= \frac{s_o}{s_o + s_u} = \frac{20}{40} = 0.5 \\ F_Z(0) &= 0.5, \end{aligned}$$

vereinfacht sich die Formel für den optimalen Stichprobenumfang:

$$\begin{aligned} n* &= 0.5419 \cdot \left[\frac{s \cdot \sigma}{k}\right]^{2/3} - n' \\ &= 0.5419 \cdot \left[\frac{20 \cdot (5/6)}{0.1}\right]^{2/3} - 1 \\ &= 15.4124. \end{aligned}$$

Da der ENSI von $n = 15$ mit

$$\begin{aligned} \text{ENSI}(n_{15}) &= s \cdot (\sigma' - \sigma'') - k \cdot n_{15} \\ &= 20 \cdot \frac{5}{6}\left(1 - \frac{1}{16}\right) - 0.1 \cdot 15 \\ &= 14.1250 \end{aligned}$$

positiv ist, wird Jakob Birne für eine Punktschätzung 15 Obsthändler befragen.

3.3 Quadratische Schadenfunktion

(a) Priorianalyse

Welche Änderung bewirkt eine quadratische Schadenfunktion für die Grenzen des optimalen Intervalls? Die quadratische Schadenfunktion sei

$$s(a, \mu) = \begin{cases} 0 & \text{für } T_u \leq \mu \leq T_o = T_u + 10, \\ 19 \cdot (T_u - \mu)^2 & \text{für } \mu < T_u, \\ 1 \cdot (\mu - T_o)^2 & \text{für } \mu > T_o. \end{cases}$$

Die Intervallgrenzen werden wieder nach den Formeln

$$\begin{aligned} T_u &= \mu' + \sigma' \cdot z'_u \\ T_o &= T_u + c \end{aligned}$$

berechnet. z'_u muß dabei die Bedingung[33]

$$\begin{aligned} s_u \cdot L_{-\infty}^{T_u}(\mu) &= s_o \cdot L_{T_u+c}^{\infty}(\mu) \\ s_u \cdot [f_Z(z) + z \cdot F_Z(z)] &= s_o \cdot [f_Z(z + c/\sigma') - (z + c/\sigma') \cdot G_Z(z + c/\sigma')] \end{aligned}$$

erfüllen. Für die Daten des Beispiels

$$\mu' = 100, \quad \sigma^2 = 100, \quad n' = 4, \quad s_u = 19, \quad s_o = 1, \quad k = 0.01$$

und

$$c = T_o - T_u = 10$$

ist

$$z_u = -1.7682$$

und

$$z_0 = z_u + c/\sigma' = -1.7682 + 10/5 = 0.2318.$$

Die Intervallgrenzen sind daher

$$T_u = 100 + 5 \cdot (-1.7682) = 91.1590$$

und

$$T_o = 91.1501 + 10 = 101.1590.$$

Sie werden behaupten, daß bei einer quadratischen Schadenfunktion der unbekannte Zahlendurchschnitt zwischen 91.159 und 101.159 liegen wird. Der Schadenerwartungswert dieses Intervalls ist

$$\begin{aligned} \text{SE}'(a_{opt}) &= s_u \cdot Q_{-\infty}^{T_u}(\mu) + s_o \cdot Q_{T_u+c}^{\infty}(\mu) \\ &= \sigma'^2 \cdot \Big\{ s_u \cdot \Big[F_Z(z_u) \cdot (z_u^2 + 1) + z_u \cdot f_Z(z_u) \Big] \\ &+ s_o \cdot \Big[G_Z(z_o) \cdot \Big(z_o^2 + 1 \Big) - z_o \cdot f_Z(z_o) \Big] \Big\} \\ &= 13.8168. \end{aligned}$$

(b) Posterioranalyse

Durch die Stichprobeninformationen

$$n = 10, \quad \overline{x} = 104.24$$

[33] Vgl. 3.3 Quadratische Schadenfunktion, S. 392.

ändern sich die Intervallgrenzen wie folgt:

$$\begin{aligned} T_u &= 103.0286 + \frac{10}{\sqrt{14}} \cdot (-2.4418) = 96.5026, \\ T_o &= T_u + c = 96.5026 + 10 = 106.5026. \end{aligned}$$

Der Schadenerwartungswert dieses optimalen Intervalls sinkt auf

$$\mathrm{SE}''(a_{opt}|x) = 0.4662.$$

(c) Präposteriorianalyse

(α) **Für fixes** n

Bei Kosten von 0.10 GE für die Entnahme von 10 Kugeln ist der erwartete Wert der Stichprobeninformation gegeben durch[34]

$$\begin{aligned} \mathrm{EWSI}(n_{10}) &= \mathrm{ESE}(n_0) - \mathrm{ESE}(n_{10}) \\ &= 13.8168 - 0.4662 \\ &= 13.3506 \end{aligned}$$

und der erwartete Nettowert

$$\mathrm{ENSI}(n_{10}) = 13.3506 - 0.10 = 13.2506.$$

Unter diesen Voraussetzungen ist die Entnahme von 10 Kugeln aus dem Behälter angebracht, bevor man eine Schätzung des Intervalls für den unbekannten Zahlendurchschnitt abgibt.

(β) **Für variables** n

Wenn die Kosten pro gezogener Kugel 0.01 GE betragen, dann ist der maximal in Frage kommende Stichprobenumfang kleiner als

$$n_{max} < \frac{\mathrm{ESE}(n_0)}{k} = \frac{13.8168}{0.01} \cong 1382.$$

Der Stichprobenumfang mit maximalem erwarteten Nettowert der Stichprobeninformation liegt mit 13.5696 bei $n = 20$. Einige Werte sind in folgender Grafik

[34]Vgl. 3.2 Gauß Modell, (c) Quadratische Schadenfunktion, S. 424.

dargestellt:

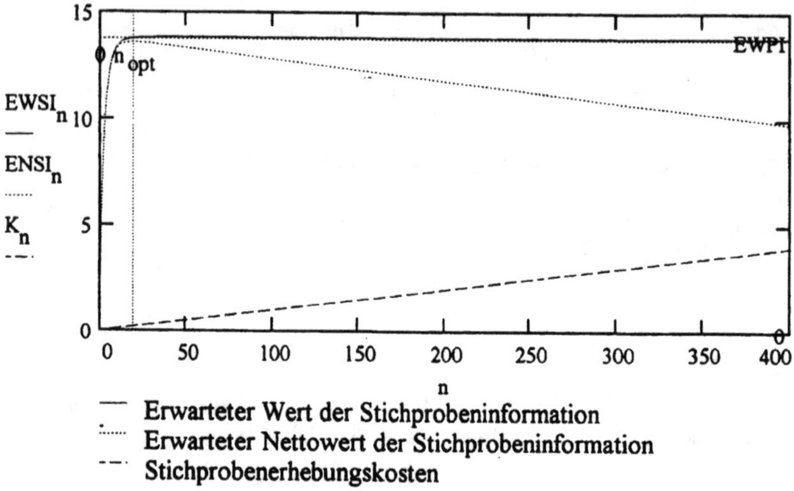

EWSI(n), ENSI(n) und K(n) für das Kugelbeispiel, Intervallschätzverfahren für μ, quadratische Schadenfunktion

Sie werden daher 20 Kugeln aus dem Behälter für die Gebühr von 0.20 GE entnehmen und auf Grund dieser Stichproben- und Prioriinformation ein Intervall für den unbekannten Zahlendurchschnitt berechnen.

(d) Fallstudie

Die Regierung eines Landes benötigt für ihre Raumordnungspolitik das durchschnittliche Einkommen pro Familie in einer unterentwickelten Region. Auf Grund von Erhebungen in ähnlichen Gebieten kann apriori von einem durchschnittlichen Familieneinkommen in der Höhe von 10000 GE ausgegangen werden. Diese Information entspricht einer hypothetischen Stichprobe von $n' = 9$. Außerdem ist bekannt, daß die mittlere Streuung (σ) der Einkommen höchstens 1200 GE ausmacht. Die Landesregierung beauftragt ein Sozialforschungsinstitut mit einer eventuellen Erhebung über das durchschnittliche Familieneinkommen in dieser Region. Das Institut soll eine Intervallschätzung für das durchschnittliche Einkommen liefern, wobei die Intervallänge 1000 GE betragen soll. Die Schätzung soll an Hand einer quadratischen Schadenfunktion erfolgen, bei der der Schaden für die Abweichung des wahren Wertes um eine Einheit von der Untergrenze bzw. Obergrenze 5 GE ausmacht. Welches Intervall für das durchschnittliche Familieneinkommen soll der Leiter des Forschungsinstitutes der Regierung melden, wenn er weiß, daß die Befragung einer Familie 200 GE an Reise- und Interviewerkosten verursacht und fixe Befragungskosten für die Auswertung und Stichprobenplanung von 10000 GE auftreten?

Wenn man voraussetzen kann, daß das Familieneinkommen normalverteilt ist, dann kann man die Prioriinformation durch die Parameter

$$\mu' = 10000$$

und

$$\sigma' = \frac{1200}{\sqrt{9}} = 400$$

konkretisieren. Die Schadenfunktion ist laut Regierungsvorgabe quadratisch mit den Schäden pro Einheit Über- und Unterschätzung von

$$s_u = s_o = s = 5.$$

Ausführlich geschrieben ist

$$s(a, \mu) = \begin{cases} 0 & \text{für } T_u \leq \mu \leq T_o = T_u + 1000, \\ 5 \cdot (T_u - \mu)^2 & \text{für } \mu < T_u, \\ 5 \cdot (\mu - T_o)^2 & \text{für } \mu > T_o \end{cases}$$

die Schadenfunktion des Entscheidungsproblems. Die Intervalluntergrenze wird an Hand der Formel

$$T_u = \mu' + \sigma' \cdot z'$$

berechnet, wobei

$$z' = -\frac{c}{2 \cdot \sigma'} = -\frac{1000}{2 \cdot 400} = -1.25$$

ist. T_u ist daher gleich

$$T_u = 10000 + 400 \cdot (-1.25) = 9500$$

und T_o

$$T_o = T_u + 1000 = 10500.$$

Ohne Stichprobeninformation wird der Leiter des Forschungsinstitutes für das unbekannte durchschnittliche Familieneinkommen das Intervall von 9500 bis 10500 GE angeben. Der Schadenerwartungswert dieses Intervalls ist

$$\begin{aligned} \mathrm{SE}'(a_{opt}) &= 2 \cdot s \cdot \sigma'^2 \cdot \left[F_Z(z') \cdot (z'^2 + 1) + z' \cdot f_Z(z')\right] \\ &= 2 \cdot 5 \cdot 400^2 \cdot \left[F_T(-1.25) \cdot (-1.25^2 + 1) - 1.25 \cdot f_Z(-1.25)\right] \\ &= 67865.9013. \end{aligned}$$

Bei 200 GE variablen und 10000 GE fixen Kosten für eine Stichprobenerhebung kommt maximal der Stichprobenumfang von

$$n_{max} < \frac{67865 \cdot 9013}{200} - \frac{10000}{200} \cong 289$$

in Frage. Die Stichprobe mit dem Umfang $n = 20$ hat den größten erwarteten Nettowert der Stichprobeninformation, wie folgende Grafik zeigt:

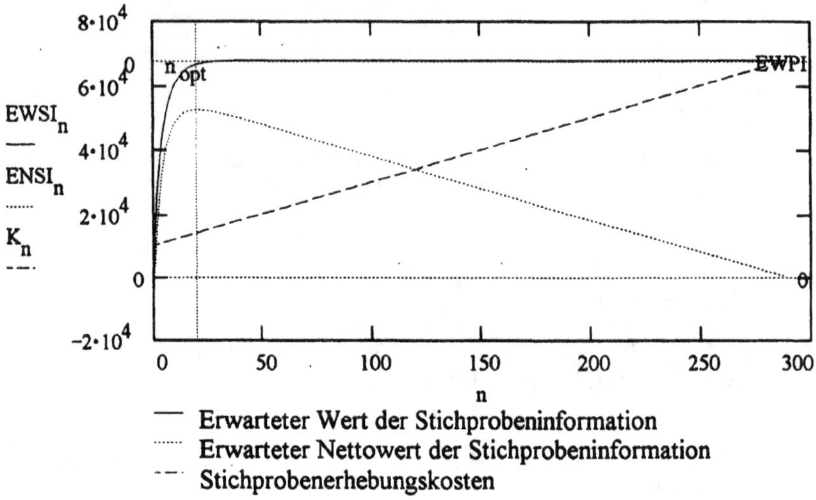

EWSI(n), ENSI(n) und K(n) für die Fallstudie „Familieneinkommen"

Der EWSI dieser Stichprobe wird mit der Formel[35]

$$\begin{aligned}
\text{EWSI}(n_i) &= \text{EWPI} - 2 \cdot s \cdot \frac{\sigma^2}{n' + n} \cdot \left[F_Z(z'') \cdot (z''^2 + 1) + z'' \cdot f_Z(z'') \right], \\
z'' &= -\frac{c \cdot \sqrt{n + n'}}{2 \cdot \sigma}
\end{aligned}$$

berechnet. Für $n = 20$ ist

$$z'' = -\frac{1000 \cdot \sqrt{20 + 9}}{2 \cdot 1200} = -2.2438$$

und der EWSI daher gleich

$$\begin{aligned}
\text{EWSI}(n_{20}) &= 67865.0 - 2 \cdot 5 \cdot \frac{1200^2}{9 + 20} \cdot \left[F_Z(-2.2438) \cdot (-2.2438^2 + 1) \right. \\
&- \left. 2.2438 \cdot f_Z(-2.2438) \right] \\
&= 66500.6476.
\end{aligned}$$

[35]Vgl. 3.2 Gauß Modell, (c) Quadratische Schadenfunktion, S. 424.

Der ENSI ist

$$\text{ENSI}(n_{20}) = 66500.6476 - 20 \cdot 200 - 2000 = 52500.6476.$$

Der Leiter des Forschungsinstitutes wird der Landesregierung empfehlen, eine Umfrage bei 20 zufällig ausgewählten Familien durchzuführen und das Familieneinkommen zu erheben. An Hand dieser Informationen kann dann das gewünschte Schätzintervall berechnet werden.

Wenn die Landesregierung keine Intervallschätzung, sondern eine Punktschätzung für das durchschnittliche Familieneinkommen wünscht, dann ist der optimale Stichprobenumfang gleich

$$\begin{aligned} n_{opt} &= \sqrt{\frac{s}{k} \cdot n' \cdot \sigma^2} - n' \\ &= \sqrt{\frac{5}{200} \cdot 9 \cdot 400^2} - 9 \\ &= 180.74. \end{aligned}$$

Der EWSI dieses Umfanges ist

$$\text{EWSI}(n_{181}) = s \cdot \frac{\sigma^2}{n + n'} = 5 \cdot \frac{1200^2}{181 + 9} = 37894.7368$$

und der erwartete Nettowert dieser Stichprobe

$$\text{ENSI}(n_{181}) = 37894.7368 - 181 \cdot 200 = 1694.7368.$$

Durch eine Punktschätzung erhöht sich der optimale Stichprobenumfang von 20 auf 181.

Kapitel IV

Differenz δ

Hier werden die Entscheidungsprobleme behandelt, die im Zusammenhang mit der Differenz zweier Mittelwerte und mit der Differenz zweier Anteilswerte auftreten. Dabei wird in diesem Abschnitt vorausgesetzt, daß die Stichprobeninformationen aus zwei unabhängigen Stichproben stammen und im folgenden Abschnitt, daß sie aus zwei abhängigen Stichproben ermittelt werden. Da in beiden Fällen die schon bekannte Normalverteilung zur Darstellung der Priori- und Stichprobeninformation verwendet wird, werden nicht mehr alle Kombinationen zwischen Test- und Schätzverfahren einerseits und Schadenfunktionen andererseits angeführt, sondern nur mehr an einigen Beispielen die Vorgangsweise erläutert.

1 Differenz $\delta_\mu = \mu_1 - \mu_2$ für unabhängige Stichproben

1.1 Testverfahren für eine konstante Schadenfunktion

(a) Priorianalyse

Nicht mehr ein Behälter, sondern zwei Behälter enthalten Kugeln, die mit reellen Zahlen beschriftet sind. Der Durchschnitt der Zahlenwerte sowohl im ersten Behälter als auch der des zweiten Behälters ist unbekannt. Sie wissen nur, daß die Streuung der Zahlenwerte um ihren unbekannten Durchschnitt im ersten Behälter 10 und im zweiten 12 ist, gemessen durch die Standardabweichung. Auf Grund früherer Ziehungen vermutet man, daß der Zahlendurchschnitt im ersten Behälter gleich groß ist wie im zweiten, nämlich 100. Sie müssen entscheiden, ob der Zahlendurchschnitt im ersten oder zweiten Behälter größer ist. Wenn Sie behaupten, daß der Zahlendurchschnitt der Kugeln des zweiten Behälters größer oder gleich groß ist wie der Zahlendurchschnitt im ersten Behälter, dann erhalten Sie 19 GE, wenn dies tatsächlich zutrifft. Sind Sie hingegen der Ansicht, daß der Zahlendurchschnitt im ersten Behälter größer ist als im zweiten, dann erhalten Sie 1 GE beim Zutreffen dieser Ansicht. Wie sollen Sie sich entscheiden?

Die beiden Aktionen sind

a_0: Zweiter Behälter: Der Zahlendurchschnitt der Kugeln im zweiten Behälter ist größer oder gleich groß wie der im ersten.

a_1: Erster Behälter: Der Zahlendrchschnitt im ersten Behälter ist größer als der des zweiten.

Wenn man mit μ_1 den unbekannten Zahlendurchschnitt des ersten Behälters bezeichnet und mit μ_2 den des zweiten, dann kann man die Umweltzustände wie folgt beschreiben:

$$\begin{aligned} H_0 &: \mu_1 \le \mu_2, \\ H_1 &: \mu_1 > \mu_2. \end{aligned}$$

Man kann aber auch zur Kennzeichnung der Umweltzustände die Differenz

$$\delta_\mu = \mu_1 - \mu_2$$

heranziehen. In diesem Fall schreibt man die Hypothesen folgendermaßen:

$$\begin{aligned} H_0 &: \delta_\mu \le 0, \\ H_1 &: \delta_\mu > 0. \end{aligned}$$

Den Gewinnmöglichkeiten entspricht die konstante Schadenfunktion:

$$\begin{aligned} s(a_0, \delta_\mu) &= \begin{cases} 0 & \text{für } \delta_\mu \le 0, \\ s_2 = 1 & \text{für } \delta_\mu > 0, \end{cases} \\ s(a_1, \delta_\mu) &= \begin{cases} s_1 = 19 & \text{für } \delta_\mu \le 0, \\ 0 & \text{für } \delta_\mu > 0. \end{cases} \end{aligned}$$

Da apriori die Vermutung besteht, daß beide Behälter den Zahlendurchschnitt von 100 haben, ist

$$\mu'_1 = 100 = \mu'_2.$$

Wenn man der Ansicht ist, daß dieser Vermutung eine hypothetische Stichprobe von

$$n'_1 = 4 = n'_2$$

entspricht, dann sind die beiden Priorivarianzen gleich

$$\sigma_1'^2 = \frac{\sigma_1^2}{n'_1} = \frac{10^2}{4} = 25$$

und

$$\sigma_2'^2 = \frac{\sigma_2^2}{n_2'} = \frac{12^2}{4} = 36.$$

Man kann diese Prioriinformationen in Form des Mittelwertsvektors[1]

$$\boldsymbol{m}' = \begin{pmatrix} \mu_1' \\ \mu_2' \end{pmatrix} = \begin{pmatrix} 100 \\ 100 \end{pmatrix}$$

und der Varianz- Kovarianzmatrix

$$\boldsymbol{V}' = \begin{pmatrix} \sigma_{11}' & \sigma_{12}' \\ \sigma_{21}' & \sigma_{22}' \end{pmatrix} = \begin{pmatrix} 25 & 0 \\ 0 & 36 \end{pmatrix}$$

ausdrücken. Dabei ist $\sigma_{11}' = \sigma_1'^2$ und $\sigma_{22}' = \sigma_2'^2$. Die Kovarianz $\sigma_{12}' = \sigma_{21}'$ ist hier Null. Mit Hilfe des Differenzvektors

$$\boldsymbol{d} = \begin{pmatrix} 1 \\ -1 \end{pmatrix}$$

kann man nun einfach die Parameter der Priorinormalverteilung der Zufallsvariable δ_μ berechnen, vorausgesetzt die beiden Prioriverteilungen von μ_1 und μ_2 sind normalverteilt. Der Priorierwartungswert von δ_μ ist gleich

$$\begin{aligned} \delta_\mu' &= \boldsymbol{d}^T \cdot \boldsymbol{m}' \\ &= (1, -1) \cdot \begin{pmatrix} 100 \\ 100 \end{pmatrix} \\ &= 0 \end{aligned}$$

und die Varianz $\sigma_{\delta_\mu}'^2$ ist

$$\begin{aligned} \sigma_{\delta_\mu}'^2 &= \boldsymbol{d}^T \cdot \boldsymbol{V}' \cdot \boldsymbol{d} \\ &= (1, -1) \cdot \begin{pmatrix} 25 & 0 \\ 0 & 36 \end{pmatrix} \cdot \begin{pmatrix} 1 \\ -1 \end{pmatrix} \\ &= 61. \end{aligned}$$

Mit Hilfe dieser beiden Parameter können die konstanten Momente der Normalverteilung mit der Dichte

$$f(\delta_\mu | \delta_\mu' = 0, \sigma_{\delta_\mu}'^2 = 61)$$

berechnet werden:

$$\begin{aligned} K_{-\infty}^0(\delta_\mu) &= F_N(0|\delta_\mu', \sigma_{\delta_\mu}'^2) = F_N(0|0, 61) = 0.50, \\ K_0^\infty &= G_N(0|0, 61) = 0.50. \end{aligned}$$

[1]Vgl. 4.7 Verteilungen von δ, (a) Normalverteilungen des Gauß Modells, S. 349ff.

Die Schadenerwartungswerte sind daher

$$\begin{aligned}\mathrm{SE}'(a_0) &= s_2 \cdot K_{-\infty}^{0}(\delta_\mu) = 1 \cdot 0.50 = 0.50,\\ \mathrm{SE}'(a_1) &= s_1 \cdot K_0^{\infty}(\delta_\mu) = 19 \cdot 0.50 = 9.50.\end{aligned}$$

Da die Aktion a_0 den kleineren Schadenerwartungswert hat, werden Sie behaupten, daß der Zahlendurchschnitt der Kugeln im zweiten Behälter größer oder gleich groß ist wie der im ersten. Die entsprechende Entscheidungstabelle sieht folgendermaßen aus:

Aktion	Zustand		
a_i	$\delta_\mu \le 0$	$\delta_\mu > 0$	$\mathrm{SE}'(a_i)$
a_0	0	1	0.50
a_1	19	0	9.50
$K'(\delta_\mu)$	0.50	0.50	

$\Rightarrow a'_{opt} = a_0$

(b) Posteriorianalyse

Eine Ziehung von 10 Kugeln mit Zurücklegen aus dem ersten Behälter brachte folgendes Ergebnis:

99.089, 116.472, 92.677, 92.527, 125.674,
114.798, 93.014, 101.908, 84.982, 109.557.

Der Durchschnitt aus diesen 10 Zahlen ist

$$\bar{x}_1 = 103.07.$$

Aus dem zweiten Behälter wurden 8 Kugeln mit Zurücklegen gezogen mit folgendem Ergebnis:

117.146, 106.169, 89.895, 96.833,
102.146, 81.012, 85.856, 93.152.

Der Durchschnitt dieser 8 Zahlen ist

$$\bar{x}_2 = 96.53.$$

Ändert sich durch diese Stichprobeninformationen Ihre Entscheidung?

Um die Parameter der Posteriorinormalverteilung für die Zufallsvariable δ_μ zu erhalten, verknüpft man die Stichprobeninformationen mit den Prioriinformationen wie folgt: Die Stichprobeninformationen sind

$$\bar{\boldsymbol{x}} = \begin{pmatrix} \bar{x}_1 \\ \bar{x}_2 \end{pmatrix} = \begin{pmatrix} 103.07 \\ 96.53 \end{pmatrix}$$

und

$$\boldsymbol{V} = \begin{pmatrix} \sigma_1^2/n_1 & 0 \\ 0 & \sigma_2^2/n_2 \end{pmatrix} = \begin{pmatrix} 10 & 0 \\ 0 & 18 \end{pmatrix}.$$

Die Varianzmatrix der Posterioriinformation wird mit Hilfe der Formel[2]

$$\boldsymbol{V}'' = \left(\boldsymbol{V}'^{-1} + \boldsymbol{V}^{-1}\right)^{-1}$$

berechnet und der Mittelwertsvektor mit der Formel

$$\boldsymbol{m}'' = \boldsymbol{V}'' \cdot \left(\boldsymbol{V}'^{-1} \cdot \boldsymbol{m}' + \boldsymbol{V}^{-1} \cdot \bar{\boldsymbol{x}}\right).$$

Für das Beispiel ist

$$\begin{aligned}\boldsymbol{V}'' &= \left[\begin{pmatrix} 25 & 0 \\ 0 & 36 \end{pmatrix}^{-1} + \begin{pmatrix} 10 & 0 \\ 0 & 18 \end{pmatrix}^{-1}\right]^{-1} \\ &= \begin{pmatrix} 50/7 & 0 \\ 0 & 12 \end{pmatrix}\end{aligned}$$

und

$$\begin{aligned}\boldsymbol{m}'' &= \begin{pmatrix} 50/7 & 0 \\ 0 & 12 \end{pmatrix} \cdot \left[\begin{pmatrix} 1/25 & 0 \\ 0 & 1/36 \end{pmatrix} \cdot \begin{pmatrix} 100 \\ 100 \end{pmatrix}\right. \\ &+ \left.\begin{pmatrix} 1/10 & 0 \\ 0 & 1/18 \end{pmatrix} \cdot \begin{pmatrix} 103.07 \\ 96.53 \end{pmatrix}\right] \\ &= \begin{pmatrix} 102.1920 \\ 97.6866 \end{pmatrix}.\end{aligned}$$

Der Erwartungswert der Posteriorinormalverteilung von δ_μ wird mit der Formel

$$\delta''_{\mu|\bar{x}} = \boldsymbol{d}^T \cdot \boldsymbol{m}''$$

berechnet und die Varianz mit der Formel

$$\sigma''^2_{\delta_{\mu|x}} = \boldsymbol{d}^T \cdot \boldsymbol{V}'' \cdot \boldsymbol{d}.$$

Für das Beispiel ist

$$\delta''_{\mu|\bar{x}} = (1, -1) \cdot \begin{pmatrix} 102.1920 \\ 97.6866 \end{pmatrix} = 4.5062$$

und

$$\sigma''^2_{\delta_{\mu|\bar{x}}} = (1, -1) \cdot \begin{pmatrix} 50/7 & 0 \\ 0 & 12 \end{pmatrix} \cdot \begin{pmatrix} 1 \\ -1 \end{pmatrix} = 19.1429.$$

Mit Hilfe dieser Parameter können nun die beiden konstanten Momente der Normalverteilung mit der Dichte

$$f(\delta_\mu | \delta''_{\mu|\bar{x}} = 4.5062, \sigma''^2_{\delta_{\mu|\bar{x}}} = 19.1429)$$

berechnet werden:

$$\begin{aligned}K^0_{-\infty}(\delta_\mu|\overline{x}) &= F_N(0|4.5062,\ 19.1429) = 0.1516, \\ K^\infty_0(\delta_\mu|\overline{x}) &= G_N(0|4.5062,\ 19.1429) = 0.8485.\end{aligned}$$

[2]Vgl. 4.7 Verteilungen von δ, (a) Normalverteilungen des Gauß Modells, S. 351.

Die entsprechenden Schadenerwartungswerte sind in folgender Übersicht angeführt:

Aktion	Zustand		-	
a_i	$\delta_\mu \leq 0$	$\delta_\mu > 0$	$SE''(a_i)$	
a_0	0	1	0.8485	$\Rightarrow a''_{opt} = a_0$
a_1	19	0	2.8789	
$K''(\delta_\mu)$	0.1516	0.8485		

Auch nach Berücksichtigung der Stichprobeninformation ist a_0 die optimale Aktion. Sie werden daher weiterhin behaupten, daß der Zahlendurchschnitt im ersten Behälter nicht größer als der im zweiten Behälter ist.

Die beiden Priori- und Posteriorinormalverteilungen sind in folgender Grafik dargestellt. Dabei unterscheiden sich die beiden Prioridichten nur durch ihre Varianz und die Posterioridichten sowohl durch ihre Varianz als auch Erwartungswerte.

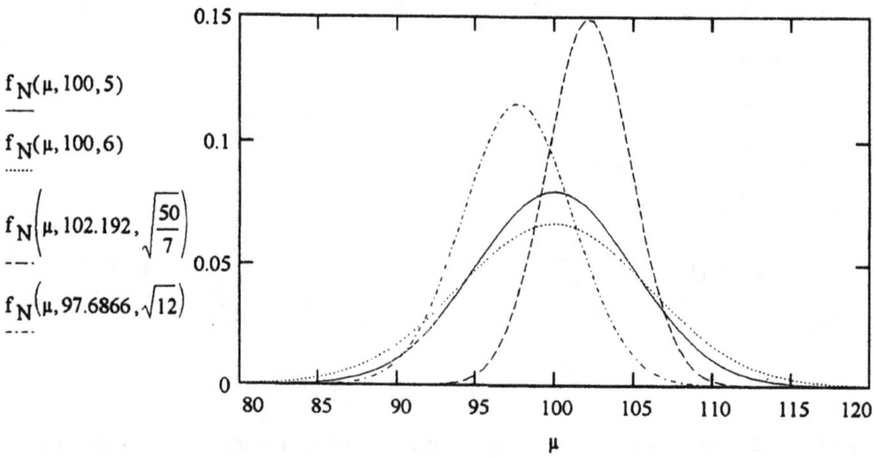

Priori- und Posterioridichten

(c) Präposteriorianalyse

(α) Für fixes n_1 und n_2

Werden Sie 10 Kugeln aus dem ersten Behälter und 8 Kugeln aus dem zweiten Behälter ziehen, wenn diese Entnahme nicht umsonst ist, sondern 0.10 GE kostet?

Die beiden zur Wahl stehenden Aktionen sind hier

$$\begin{aligned}(n_0, n_0) &: \text{ Keine Stichprobeninformationen } (n_1 = n_2 = 0).\\ (n_{10}, n_8) &: \text{ Stichprobeninformationen im Umfang von } n_1 = 10,\ n_2 = 8.\end{aligned}$$

Da die priori optimale Aktion a_0 ist, berechnet man den erwarteten Wert der Stichprobeninformation nach der Formel

$$\text{EWSI}(n_i, n_j) = s_2 \cdot m_{00}^{(22)} - s_1 \cdot m_{00}^{(21)},$$

Wenn a_1 die priori optimale Aktion ist, dann berechnet man den EWSI nach der Formel

$$\text{EWSI}(n_i, n_j) = s_1 \cdot m_{00}^{(11)} - s_2 \cdot m_{00}^{(12)}.$$

Dann zieht man die Kosten für die Stichprobenziehung vom EWSI ab und stellt fest, ob der so erhaltene Nettowert der Stichprobe positiv ist. In diesem Fall wählen Sie die Aktion „Stichprobenziehung mit n_{10} und n_8".

Für die Berechnung der partiellen Momente $m_{00}^{(22)}$ und $m_{00}^{(21)}$ der bivariaten Normalverteilung von $(\delta_{\bar{x}}, \delta_\mu)$ benötigt man die Parameter[3]

$$\boldsymbol{m}(\delta_{\bar{x}}, \delta_\mu) = \begin{pmatrix}\delta'_\mu\\ \delta'_\mu\end{pmatrix} = \begin{pmatrix}0\\0\end{pmatrix}$$

und

$$\boldsymbol{V}(\delta_{\bar{x}}, \delta_\mu) = \begin{pmatrix}\sigma^2_{\delta_{\bar{x}}} & \sigma'^2_{\delta_\mu}\\ \sigma'^2_{\delta_\mu} & \sigma'^2_{\delta_\mu}\end{pmatrix} = \begin{pmatrix}89 & 61\\ 61 & 61\end{pmatrix}.$$

$\sigma^2_{\delta_{\bar{x}}}$ wird mit Hilfe der Formel

$$\sigma^2_{\delta_{\bar{x}}} = \boldsymbol{d}^T \cdot (\boldsymbol{V}' + \boldsymbol{V}) \cdot \boldsymbol{d}$$

berechnet. Für das vorliegende Beispiel ist

$$\begin{aligned}\sigma^2_{\delta_{\bar{x}}} &= (1,\ -1) \cdot \left[\begin{pmatrix}25 & 0\\ 0 & 36\end{pmatrix} + \begin{pmatrix}10 & 0\\ 0 & 18\end{pmatrix}\right] \cdot \begin{pmatrix}1\\-1\end{pmatrix}\\ &= 89.\end{aligned}$$

[3]Vgl. 4.7 Verteilungen von δ, (b) Parameter der bivariaten Normalverteilung von $(\delta_{\bar{x}}, \delta_\mu)$, S. 353.

Weiters ist die Integrationsgrenze c_1 mit Hilfe der Formel[4]

$$c_1 = \sigma^2_{\delta_{\bar{x}|\mu}} \cdot \left[\left(\frac{1}{\sigma'^2_{\delta_\mu}} + \frac{1}{\sigma^2_{\delta_{\bar{x}|\mu}}} \right) \cdot \left(\delta_{\mu_0} - \sigma_{\delta_{\mu|\bar{x}}} \cdot z \right) - \frac{\delta'_\mu}{\sigma'^2_{\delta_\mu}} \right]$$

zu bestimmen. Da

$$\sigma^2_{\delta_{\bar{x}|\mu}} = \boldsymbol{d}^T \cdot \boldsymbol{V} \cdot \boldsymbol{d} = (1 \quad -1) \cdot \begin{pmatrix} 10 & 0 \\ 0 & 18 \end{pmatrix} \cdot \begin{pmatrix} 1 \\ -1 \end{pmatrix} = 28$$

ist und

$$F_Z(-1.6449) = \frac{s_2}{s_2 + s_1} = \frac{1}{1 + 19} = 0.05,$$

erhält man c_1 durch Einsetzen in obige Formel:

$$c_1 = 28 \cdot \left[\left(\frac{1}{61} + \frac{1}{28} \right) \cdot \left(0 - \sqrt{19.1428} \cdot (-1.6449) \right) - \frac{0}{61} \right] = 10.5000.$$

Die zweite Integrationsgrenze c_2 ist gleich δ_{μ_0} also

$$c_2 = 0.$$

Die partiellen Momente $m_{00}^{(22)}$ und $m_{00}^{(21)}$ sind

$$\int_{10.5}^{\infty} \int_{0}^{\infty} f_{2N} \left(\delta_{\bar{x}}, \delta_\mu | \boldsymbol{m}, \boldsymbol{V} \right) d\delta_\mu \, d\delta_{\bar{x}} = 0.1305$$

$$\int_{10.5}^{\infty} \int_{-\infty}^{0} f_{2N} \left(\delta_{\bar{x}}, \delta_\mu | \boldsymbol{m}, \boldsymbol{V} \right) d\delta_\mu \, d\delta_{\bar{x}} = 0.0023$$

und der EWSI daher gleich

$$\begin{aligned} \text{EWSI}(n_{10}, n_8) &= s_2 \cdot m_{00}^{(22)} - s_1 \cdot m_{00}^{(21)} \\ &= 0.0871. \end{aligned}$$

Da die Stichprobenentnahme 0.10 GE kostet, ist der erwartete Nettowert der Stichprobe

$$\begin{aligned} \text{ENSI}(n_{10}, n_8) &= \text{EWSI}(n_{10}, n_8) - K(n_{10}, n_8) \\ &= 0.0871 - 0.10 \\ &= -0.0129 \end{aligned}$$

negativ. Sie werden daher auf die Stichprobenentnahme von 10 Kugeln aus dem ersten Behälter und 8 Kugeln aus dem zweiten Behälter verzichten.

[4]Vgl. 1.2 Gauß Modell, (a) Konstante Schadenfunktion, S. 401.

(β) Für variables n_1 und n_2

Wieviele Kugeln ziehen Sie aus dem ersten und aus dem zweiten Behälter, wenn Sie pro gezogener Kugel 0.005 GE bezahlen müssen?

Da die Ziehungskosten der Stichproben kleiner sein müssen als der erwartete Wert der perfekten Information,

$$n_1 \cdot k_1 + n_2 \cdot k_2 < \text{EWPI},$$

kann man die beiden maximal in Frage kommenden Stichprobenumfänge nach den Formeln

$$n_{1,max} < \frac{\text{EWPI}}{k_1}, \quad n_{2,max} < \frac{\text{EWPI}}{k_2}$$

bestimmen. Für die Angaben des Beispiels ist

$$n_{1,max} < \frac{0.50}{0.005} = 100$$

und

$$n_{2,max} < \frac{0.50}{0.005} = 100.$$

Unter den möglichen Stichprobenumfängen hat die Kombination

$$n_1 = 0, \quad n_2 = 9$$

mit

$$\text{ENSI}(n_0, n_9) = 0.0316$$

den größten positiven erwarteten Nettowert der Stichprobeninformation. Sie werden daher für den Betrag von

$$0 \cdot 0.005 + 9 \cdot 0.005 = 0.045$$

0 Kugeln aus dem ersten Behälter ziehen und 9 aus dem zweiten. Erst nach Berücksichtigung dieser Stichprobeninformationen werden Sie sich entscheiden, ob Sie a_0 oder a_1 annehmen.

(d) Fallstudie

Der Futtermittelhersteller Kraft plant ein neues Futtermittel für die Kälbermast auf den Markt zu bringen. Es stehen ihm dafür zwei Rezepturen zur Verfügung. Die erste Rezeptur verursacht für ein Planungsjahr Kosten in der Höhe von ca. 30000 GE und die zweite von ca. 40000 GE. Die erste und billigere Rezeptur verspricht eine durchschnittliche Gewichtszunahme pro Kalb und Woche von 4.5 kg, die zweite teurere eine durchschnittliche Zunahme von 5 kg.

Wenn Herr Kraft das in der Herstellung billigere Futtermittel auf den Markt bringt und das teuere nicht besser ist, dann erwartet er keinen Kundenverlust.

Ist aber das teuere Futtermittel tatsächlich besser, dann werden Kunden vermutlich zur Konkurrenz abwandern. Herr Kraft bewertet diesen eventuellen Kundenverlust mit ca. 20000 GE.

Bevor Herr Kraft entscheidet, ob er das Futtermittel nach der ersten oder zweiten Rezeptur herstellen soll, plant er einen Versuch mit beiden Futtermitteln, um die durchschnittliche Gewichtszunahme pro Woche und Kalb zu testen. Wieviele Kälber soll er bei diesem Test verwenden, wenn ein Kalb Kosten von 50 GE verursacht und bekannt ist, daß die Gewichtszunahme pro Woche eine Streuung (Standardabweichung) von höchstens 1/2 kg aufweist?

Der Priorimittelwert der ersten Rezeptur ist 4.5 kg/Woche und der zweiten 5 kg/Woche:

$$\mu'_1 = 4.5, \quad \mu'_2 = 5.0.$$

Die möglichen Kosten einschließlich der eventuellen Kundenverluste für die möglichen Umweltzustände

$$\mu_1 \leq \mu_2 \text{ oder } \delta_\mu \leq 0$$
$$\mu'_1 > \mu'_2 \text{ oder } \delta_\mu > 0$$

sowie die beiden Aktionen

a_0 : Erzeugung des Futtermittels nach der ersten Rezeptur

a_1 : Erzeugung des Futtermittels nach der zweiten Rezeptur

zeigt folgende Tabelle:

Aktion	Zustand	
a_i	$\mu_1 \leq \mu_2$	$\mu_1 > \mu_2$
a_0	30000	30000+20000
a_1	40000	40000

Durch Umwandlung in Opportunitätskosten kommt man zu folgender Schadentabelle:

Aktion	Zustand	
a_i	$\mu_1 \leq \mu_2$	$\mu_1 > \mu_2$
a_0	0	10000
a_1	10000	0

Wenn man für die beiden Durchschnittsangaben der beiden Rezepturen jeweils einen hypothetischen Stichprobenumfang von

$$n'_1 = n'_2 = 1$$

annimmt, dann sind die Priorivarianzen

$$\sigma'^2_1 = \sigma'^2_2 = 0.5^2.$$

Der Mittelwertsvektor der Prioriinformation ist

$$\boldsymbol{m}' = \begin{pmatrix} 4.5 \\ 5.0 \end{pmatrix}$$

und die Varianz- Kovarianzmatrix

$$\boldsymbol{V}' = \begin{pmatrix} 0.25 & 0 \\ 0 & 0.25 \end{pmatrix}.$$

Der Priorierwartungswert der Differenz ist

$$\delta'_\mu = \boldsymbol{d}^T \cdot \boldsymbol{m}' = -0.5$$

und die Priorivarianz

$$\sigma'^2_{\delta_\mu} = \boldsymbol{d}^T \cdot \boldsymbol{V}' \cdot \boldsymbol{d} = 0.5.$$

Mit Hilfe dieser beiden Parameter kann man die Priorischadenerwartungswerte berechnen:

$$\begin{aligned} \text{SE}'(a_0) &= s_2 \cdot K^0_{-\infty}(\delta_\mu| -0.5,\ 0.5) = 2397.5006 \\ \text{SE}'(a_1) &= s_1 \cdot K^\infty_0(\delta_\mu| -0.5,\ 0.5) = 7602.4994. \end{aligned}$$

Da der Schadenerwartungswert für a_0 kleiner ist als der für a_1, wird sich Herr Kraft ohne weitere Stichprobeninformation für die Erzeugung der Futtermittel nach der ersten Rezeptur entscheiden:
Der erwartete Wert der perfekten Information ist

$$\text{EWPI} = 2397.5006.$$

Die beiden maximal in Frage kommenden Stichprobenumfänge sind

$$\begin{aligned} n_{1,max} &< \frac{2397.5}{50} \cong 48, \\ n_{2,max} &< \frac{2397.5}{50} \cong 48, \end{aligned}$$

da sich die Kosten für ein Versuchskalb auf 50 GE belaufen.
Wenn man z.B. den erwarteten Nettowert der Stichprobeninformation für

$$n_1 = 10, \quad n_2 = 15$$

berechnen will, dann benötigt man bekanntlich zuerst den entsprechenden EWSI. Da a_0 die priori optimale Aktion ist, wird dieser Wert nach der Formel

$$\text{EWSI}\,(n_{10}, n_{15}) = s_2 \cdot m^{(22)}_{00} - s_1 \cdot m^{(21)}_{00}$$

berechnet. Zur Berechnung der partiellen Momente $m^{(22)}_{00}$ und $m^{(21)}_{00}$ benötigt man die Parameter

$$\boldsymbol{m}\,(\delta_{\overline{x}}, \delta_\mu) = \begin{pmatrix} \delta'_\mu \\ \delta'_\mu \end{pmatrix} = \begin{pmatrix} -0.5 \\ -0.5 \end{pmatrix}$$

und

$$V(\delta_{\overline{x}}, \delta_\mu) = \begin{pmatrix} \sigma^2_{\delta_{\overline{x}}} & \sigma'^2_{\delta_\mu} \\ \sigma'^2_{\delta_\mu} & \sigma'^2_{\delta_\mu} \end{pmatrix} = \begin{pmatrix} 0.542 & 0.5 \\ 0.5 & 0.5 \end{pmatrix}.$$

$\sigma^2_{\delta_{\overline{x}}}$ wird mit Hilfe der Formel

$$\begin{aligned} \sigma^2_{\delta_{\overline{x}}} &= \boldsymbol{d}^T \cdot (\boldsymbol{V}' + \boldsymbol{V}) \cdot \boldsymbol{d} \\ &= (1,\ -1) \cdot \left[\begin{pmatrix} 0.25 & 0 \\ 0 & 0.25 \end{pmatrix} + \begin{pmatrix} 0.25/10 & 0 \\ 0 & 0.25/15 \end{pmatrix} \right] \cdot \begin{pmatrix} 1 \\ -1 \end{pmatrix} \\ &= 0.5417 \end{aligned}$$

berechnet. Die beiden Integrationsgrenzen sind

$$\begin{aligned} c_2 &= 0, \\ c_1 &= 0.0417 \cdot \left[\left(\frac{1}{0.5} + \frac{1}{0.0417} \right) \cdot (0 - 0.0417 \cdot 0) - \frac{-0.5}{0.5} \right] \\ &= 0.0417, \end{aligned}$$

da

$$\begin{aligned} \sigma^2_{\delta_{\overline{x}}|\mu} &= (1,\ -1) \cdot \begin{pmatrix} 0.025 & 0 \\ 0 & 0.01\dot{6} \end{pmatrix} \cdot \begin{pmatrix} 1 \\ -1 \end{pmatrix} \\ &= 0.0417 \end{aligned}$$

ist. Der EWSI kann nun über die bivariate Normalverteilung berechnet werden. Er ist

$$\begin{aligned} \text{EWSI}(n_{10}, n_{15}) &= 10000 \cdot \int_{0.0417}^{\infty} \int_0^{\infty} f_{2N}(\delta_{\overline{x}}, \delta_\mu | \boldsymbol{m}, \boldsymbol{V})\ d\delta_\mu\ d\delta_{\overline{x}} - \\ &- 10000 \cdot \int_{0.0417}^{\infty} \int_{-\infty}^{0} f_{2N}(\delta_{\overline{x}}, \delta_\mu | \boldsymbol{m}, \boldsymbol{V})\ d\delta_\mu\ d\delta_{\overline{x}} \\ &= 1705.5235 \end{aligned}$$

und der ENSI ist gleich

$$\begin{aligned} \text{ENSI}(n_{10}, n_{15}) &= 1705.5235 - 10 \cdot 50 - 15 \cdot 50 \\ &= 455.5235. \end{aligned}$$

Da der ENSI für $n_1 = 10$ und $n_2 = 15$ positiv ist, wären diese Stichprobenumfänge jedenfalls eine brauchbare Versuchsanlage. Den größten positiven ENSI erhält man jedoch bei der Kombination

$$n_1 = n_2 = 6.$$

Der entsprechende ENSI ist gleich

$$\text{ENSI}(n_6, n_6) = 1405.5235.$$

Herr Kraft wird daher je 6 Kälber mit dem Futtermittel nach der ersten Rezeptur und mit dem nach der zweiten Rezeptur füttern. An Hand der so gewonnenen Daten wird er sich entscheiden, ob er das neue Futtermittel nach der ersten oder zweiten Rezeptur herstellen wird.

1.2 Testverfahren für eine lineare Schadenfunktion

(a) Priorianalyse

Sie müssen wieder entscheiden, ob der Zahlendurchschnitt im ersten Behälter größer ist als im zweiten. Wenn Sie behaupten, daß der Zahlendurchschnitt der Kugeln des ersten Behälters größer ist als im zweiten und dies trifft tatsächlich zu, dann erhalten Sie 20 GE pro Einheit Abweichung vom Zahlendurchschnitt des ersten Behälters. Den gleichen Betrag erhalten Sie, wenn Sie angeben, daß der Durchschnitt des zweiten Behälters größer ist als der des ersten und dies richtig ist. Außerdem wissen Sie, daß die Standardabweichung der Zahlenwerte im ersten Behälter 10 ist und im zweiten 12. Ihre Vermutung, daß in beiden Behältern der Zahlendurchschnitt gleich 100 ist, wollen Sie durch eine hypothetische Stichprobe von je

$$n'_1 = 4 = n'_2$$

zum Ausdruck bringen. Die beiden Aktionen sind

a_0 : Zweiter Behälter: Der Zahlendurchschnitt des zweiten Behälters ist größer oder gleich dem Durchschnitt des ersten.

a_1 : Erster Behälter: Der Zahlendurchschnitt des ersten Behälters ist größer als im zweiten.

Wie sollen Sie sich entscheiden, wenn Sie 200 GE Spieleinsatz zahlen müssen? Die Prioriinformationen sind gegeben durch

$$\boldsymbol{m}' = \begin{pmatrix} 100 \\ 100 \end{pmatrix}$$

und

$$\boldsymbol{V}' = \begin{pmatrix} 10^2/4 & 0 \\ 0 & 12^2/4 \end{pmatrix} = \begin{pmatrix} 25 & 0 \\ 0 & 36 \end{pmatrix}.$$

Bezeichnet man mit g_f den fixen und mit g_v den variablen Gewinn, dann sind die Gewinnfunktionen für die beiden Aktionen

$$\begin{aligned} w_1 &= g_{f1} + g_{v1} \cdot \mu_1 = -200 + 20 \cdot \mu_1 \\ w_2 &= g_{f2} + g_{v2} \cdot \mu_2 = -200 + 20 \cdot \mu_2 \end{aligned}$$

oder in Matrixschreibweise

$$\boldsymbol{w} = \boldsymbol{g} + \boldsymbol{G} \cdot \boldsymbol{m}.$$

Dabei ist $\boldsymbol{w}$ der „Wertvektor"

$$\boldsymbol{w} = \begin{pmatrix} w_1 \\ w_2 \end{pmatrix},$$

$\boldsymbol{g}$ der Vektor der fixen Gewinne

$$\boldsymbol{g} = \begin{pmatrix} g_{f1} \\ g_{f2} \end{pmatrix},$$

$\boldsymbol{m}$ der Mittelwertsvektor

$$\boldsymbol{m} = \begin{pmatrix} \mu_1 \\ \mu_2 \end{pmatrix}$$

und $\boldsymbol{G}$ die Matrix der variablen Gewinne

$$\boldsymbol{G} = \begin{pmatrix} g_{v1} & 0 \\ 0 & g_{v2} \end{pmatrix}.$$

Der Erwartungswertvektor der Prioriverteilung von $\boldsymbol{w}$ ist[5]

$$\begin{aligned} E(\boldsymbol{w}') &= \boldsymbol{g} + \boldsymbol{G} \cdot \boldsymbol{m}' \\ &= \begin{pmatrix} -200 \\ -200 \end{pmatrix} + \begin{pmatrix} 20 & 0 \\ 0 & 20 \end{pmatrix} \cdot \begin{pmatrix} 100 \\ 100 \end{pmatrix} \\ &= \begin{pmatrix} 1800 \\ 1800 \end{pmatrix} \end{aligned}$$

und die Varianzmatrix von $\boldsymbol{w}'$ ist

$$\begin{aligned} V(\boldsymbol{w}') &= \boldsymbol{G} \cdot \boldsymbol{V}' \cdot \boldsymbol{G}^T \\ &= \begin{pmatrix} 20 & 0 \\ 0 & 20 \end{pmatrix} \cdot \begin{pmatrix} 25 & 0 \\ 0 & 36 \end{pmatrix} \cdot \begin{pmatrix} 20 & 0 \\ 0 & 20 \end{pmatrix} \\ &= \begin{pmatrix} 100 \cdot 10^2 & 0 \\ 0 & 144 \cdot 10^2 \end{pmatrix}. \end{aligned}$$

Mit Hilfe des Differenzvektors

$$\boldsymbol{d} = \begin{pmatrix} 1 \\ -1 \end{pmatrix}$$

kann man die Parameter der Priorinormalverteilung der Zufallsvariable

$$\delta_w = w_1 - w_2$$

berechnen. Der Priorierwartungswert von δ_w ist gleich

$$\begin{aligned} \delta'_w &= \boldsymbol{d}^T \cdot (\boldsymbol{g} + \boldsymbol{G} \cdot \boldsymbol{m}') \\ &= (1, \; -1) \cdot \begin{pmatrix} 1800 \\ 1800 \end{pmatrix} \\ &= 0 \end{aligned}$$

[5]Vgl. 4.7 Verteilungen von δ, (e) Differenz $\delta_w = w_1 - w_2$, S. 355f.

und die Varianz ist

$$\begin{aligned}\sigma'^2_{\delta_w} &= \boldsymbol{d}^T \cdot (\boldsymbol{G} \cdot \boldsymbol{V}' \cdot \boldsymbol{G}) \cdot \boldsymbol{d} \\ &= (1,\ -1) \cdot \begin{pmatrix} 100 \cdot 10^2 & 0 \\ 0 & 144 \cdot 10^2 \end{pmatrix} \cdot \begin{pmatrix} 1 \\ -1 \end{pmatrix} \\ &= 24400.\end{aligned}$$

Für die Differenz δ_w ist die Gewinntabelle gegeben durch:

Aktion	Zustand	
a_i	$\delta_w \le 0$	$\delta_w > 0$
a_0	w_1	0
a_1	0	w_2

Bei der Wahl der Aktion a_0 und dem Zutreffen des Zustandes $\delta_w \le 0$ können Sie mit dem Gewinn w_1 rechnen. Wenn Sie jedoch bei diesem Umweltzustand a_1 wählen, erhalten Sie nichts. Für den Umweltzustand $\delta_w > 0$ gewinnen Sie w_2, wenn Sie sich für die Aktion a_1 entscheiden und 0 bei a_0.

Um die Schadenerwartungswerte der beiden Aktionen zu berechnen, muß die Gewinntabelle in eine Schadentabelle verwandelt werden. Nach dem Opportunitätskostenkonzept, das der Schadentabelle zu Grunde liegt, haben Sie beim Zutreffen des Umweltzustandes $\delta_w \le 0$ keinen Schaden, wenn Sie a_0 wählen und einen Schaden (= entgangener Gewinn) von w_1 bei der Wahl von a_1. Wenn der Zustand $\delta_w > 0$ gilt, dann haben Sie keinen Schaden bei der Wahl von a_1 und einen entgangenen Gewinn von w_2 bei a_0. In folgender Schadentabelle sind diese Überlegungen zusammengefaßt:

Aktion	Zustand	
a_i	$\delta_w \le 0$	$\delta_w > 0$
a_0	0	w_2
a_1	w_1	0

Da die Gewinnfunktionen und daher auch die Schadenfunktionen linear sind, werden die Schadenerwartungswerte der beiden Aktionen mit Hilfe der linearen Momente der Normalverteilung berechnet. Die Schadenerwartungswerte der beiden Aktionen sind

$$\begin{aligned}\mathrm{SE}'(a_0) &= L_0^\infty(\delta_w|\delta'_w, \sigma'^2_{\delta_w}) = L_0^\infty(\delta_w|0,\ 24400) = 62.3168, \\ \mathrm{SE}'(a_1) &= L_{-\infty}^0(\delta_w|0,\ 24400) = 62.3168.\end{aligned}$$

Der erwartete Wert der perfekten Information ist

$$\mathrm{EWPI} = 62.3168.$$

(b) Posteriorianalyse

Eine Stichprobenziehung von 10 Kugeln aus dem ersten Behälter lieferte einen Durchschnitt von

$$\bar{x}_1 = 103.07$$

und eine Ziehung von 8 Kugeln aus dem zweiten einen Durchschnitt von

$$\bar{x}_2 = 96.53.$$

Die Stichprobeninformationen sind

$$\bar{\boldsymbol{x}} = \begin{pmatrix} 103.07 \\ 96.53 \end{pmatrix}$$

und

$$\boldsymbol{V} = \begin{pmatrix} 10^2/n_1 & 0 \\ 0 & 12^2/n_2 \end{pmatrix} = \begin{pmatrix} 10 & 0 \\ 0 & 18 \end{pmatrix}.$$

Die Varianzmatrix der Posteriorinormalverteilung ist gleich[6]

$$\begin{aligned} \boldsymbol{V}'' &= \left(\boldsymbol{V}'^{-1} + \boldsymbol{V}^{-1}\right)^{-1} \\ &= \begin{pmatrix} 50/7 & 0 \\ 0 & 12 \end{pmatrix}, \end{aligned}$$

und der Mittelwertsvektor ist

$$\begin{aligned} \boldsymbol{m}'' &= \boldsymbol{V}'' \cdot \left(\boldsymbol{V}'^{-1} \cdot \boldsymbol{m}' + \boldsymbol{V}^{-1} \cdot \bar{\boldsymbol{x}}\right) \\ &= \begin{pmatrix} 102.1929 \\ 97.6866 \end{pmatrix}. \end{aligned}$$

Der Mittelwertsvektor der Posterioriverteilung von $\boldsymbol{w}$ ist nun

$$\begin{aligned} E(\boldsymbol{w}|\bar{\boldsymbol{x}}) &= \boldsymbol{g} + \boldsymbol{G} \cdot \boldsymbol{m}'' \\ &= \begin{pmatrix} -200 \\ -200 \end{pmatrix} + \begin{pmatrix} 20 & 0 \\ 0 & 20 \end{pmatrix} \cdot \begin{pmatrix} 102.1920 \\ 97.6866 \end{pmatrix} \\ &= \begin{pmatrix} 1843.8571 \\ 1753.7333 \end{pmatrix} \end{aligned}$$

und die Varianzmatrix von $\boldsymbol{w}$ ist

$$\begin{aligned} V(\boldsymbol{w}|\bar{\boldsymbol{x}}) &= \boldsymbol{G} \cdot \boldsymbol{V}'' \cdot \boldsymbol{G}^T \\ &= \begin{pmatrix} 20 & 0 \\ 0 & 20 \end{pmatrix} \cdot \begin{pmatrix} 50/7 & 0 \\ 0 & 12 \end{pmatrix} \cdot \begin{pmatrix} 20 & 0 \\ 0 & 20 \end{pmatrix} \\ &= \begin{pmatrix} 2875.1429 & 0 \\ 0 & 4800 \end{pmatrix}. \end{aligned}$$

[6] Vgl. 4.7 Verteilungen von δ, (e) Differenz $\delta_w = w_1 - w_2$, S. 356.

Der Posteriorierwartungswert von δ_w ist gleich

$$\begin{aligned}\delta''_w &= \boldsymbol{d}^T \cdot (\boldsymbol{g} + \boldsymbol{G} \cdot \boldsymbol{m}'') \\ &= 90.1238\end{aligned}$$

und die Posteriorivarianz ist

$$\begin{aligned}\sigma''^2_{\delta_w} &= \boldsymbol{d}^T \cdot (\boldsymbol{G} \cdot \boldsymbol{V}'' \cdot \boldsymbol{G}^T) \cdot \boldsymbol{d} \\ &= 7657.1429.\end{aligned}$$

Die Posteriorischadenerwartungswerte sind

$$\begin{aligned}\mathrm{SE}''(a_0) &= L_0^\infty(\delta_w|\delta''_w, \sigma''^2_w) = L_0^\infty(\delta_w|90.1238,\ 7657.1429) = 97.0082, \\ \mathrm{SE}''(a_1) &= L_{-\infty}^0(\delta_w|90.1238\ 7657.1429) = 6.8844.\end{aligned}$$

a_1 ist die Aktion mit dem geringeren Schadenerwartungswert. Sie werden daher behaupten, der Zahlendurchschnitt im ersten Behälter ist größer.

(c) Präposteriorianalyse

(α) Für fixes n_1 und n_2

Ziehen Sie 10 Kugeln aus dem ersten Behälter und 8 aus dem zweiten, wenn diese Ziehung insgesamt 18 GE kostet und Sie den Informationsstand der Priorianalyse besitzen?

Der Vektor

$$\boldsymbol{w}'' = \boldsymbol{g} + \boldsymbol{G} \cdot \boldsymbol{m}''$$

ist vor der Ziehung einer Stichprobe ein Zufallsvektor. Die Parameter seiner bivariaten Normalverteilung sind

$$\begin{aligned}E(\boldsymbol{w}'') &= \boldsymbol{w}' \\ &= \boldsymbol{g} + \boldsymbol{G} \cdot \boldsymbol{m}' \\ &= \begin{pmatrix} 1800 \\ 1800 \end{pmatrix}\end{aligned}$$

und

$$\begin{aligned}V(\boldsymbol{w}'') &= \boldsymbol{V}' - \boldsymbol{V}'' \\ &= \begin{pmatrix} 125/7 & 0 \\ 0 & 24 \end{pmatrix}.\end{aligned}$$

Diese Ergebnisse ermöglichen die Berechnung der Parameter für die Zufallsvariable

$$\delta''_w = w''_1 - w''_2.$$

Sie ist normalverteilt mit den Parametern

$$\begin{aligned} E(\delta_{w''}) &= \boldsymbol{d}^T \cdot \boldsymbol{w}' \\ &= 0 \end{aligned}$$

und

$$\begin{aligned} V(\delta_{w''}) &= \sigma^2_{\delta_{w''}} \\ &= \boldsymbol{d}^T \cdot \boldsymbol{G} \cdot (\boldsymbol{V}' - \boldsymbol{V}'') \cdot \boldsymbol{G}^T \cdot \boldsymbol{d} \\ &= 16742.8571. \end{aligned}$$

Da die priori optimale Aktion a_0 ist, ist der erwartete Wert der Stichprobeninformation gleich

$$\begin{aligned} \mathrm{EWSI}(n_{10}, n_8) &= L_0^\infty(\delta_{w''}|0,\ 16742.8571) \\ &= 51.6208 \end{aligned}$$

und der erwartete Nettowert gleich

$$\begin{aligned} \mathrm{ENSI}(n_{10}, n_8) &= \mathrm{EWSI}(n_{10}, n_8) - 18 \\ &= 33.6208. \end{aligned}$$

Da dieser Wert positiv ist, werden Sie sich für eine Stichprobenziehung von $n_1 = 10$ und $n_2 = 8$ entscheiden, bevor Sie eine der beiden Aktionen a_0 oder a_1 wählen.

(β) Für variables n_1 und n_2

Für die Ziehung einer Kugel aus dem ersten Behälter müssen Sie 1 GE bezahlen und für eine Kugel aus dem zweiten Behälter ebenfalls 1 GE. Wieviele Kugeln werden Sie unter diesen Voraussetzungen entnehmen?

Die maximal in Frage kommenden Stichprobenumfänge sind

$$\begin{aligned} n_{1,max} &< \frac{\mathrm{EWPI}}{k_1} = \frac{62.3168}{1} \cong 62, \\ n_{2,max} &< \frac{\mathrm{EWPI}}{k_2} = \frac{62.3168}{1} \cong 62. \end{aligned}$$

In folgender Grafik sind einige Kombinationen der Stichprobenumfänge eingezeichnet:

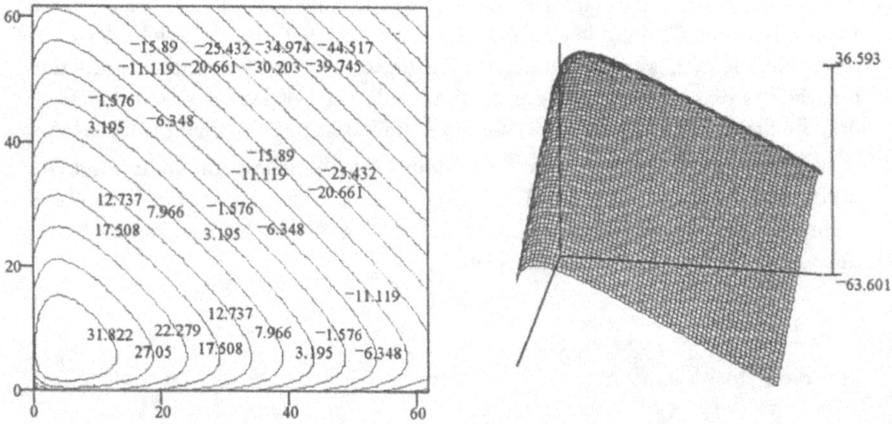

ENSI
Umrißdarstellung des ENSI

ENSI
Flächendarstellung des ENSI

ENSI(n_i, n_j) für das Kugelbeispiel, Testverfahren für δ_w, lineare Schadenfunktion

Da die Kombination

$$n_1 = 4 \text{ und } n_2 = 6$$

den größten positiven ENSI besitzt, werden Sie diese Anzahl von Kugeln aus den beiden Behältern entnehmen, bevor Sie sich für a_0 oder a_1 entscheiden.

(d) Fallstudie

Der Geschäftsleitung einer großen Handelskette stehen für die Errichtung einer neuen Filiale zwei Standorte zur Wahl. Der erste betrifft eine eher ländliche Gemeinde mit 10000 Haushalten und der zweite Standort liegt in einer Industriegemeinde mit 12000 Haushalten. Die jährlichen Fixkosten für Mieten und Löhne etc. belaufen sich in beiden Standorten auf 10^6 GE. Auf Grund seiner Erfahrung rechnet der Marketingchef der Handelskette mit 90 bis 110 verkauften Waren pro Haushalt und Jahr in der ländlichen Gemeinde und mit 100 bis 140 verkauften Waren pro Haushalt und Jahr in der Industriegemeinde. Der

Durchschnittspreis pro Ware ist 10 GE. Bei diesem Preis macht die Firma einen Deckungsbeitrag von 20%. Die Geschäftsleitung will sich für jenen Standort entscheiden, der den größeren Umsatz erwarten läßt. Vor der Entscheidung für einen der beiden Standorte will der Marketingchef eine Umfrage bei den Haushalten der Gemeinden durchführen, um festzustellen, wieviele Waren sie vermutlich kaufen werden. Wieviele Haushalte soll er in den beiden Gemeinden befragen, wenn die Befragung eines Haushaltes 1 GE kostet und bekannt ist, daß die Streuung der gekauften Ware pro Haushalt und Jahr 20 Stück beträgt?

Setzt man voraus, daß die verkauften Waren pro Haushalt und Jahr einer Normalverteilung folgen und der Marketingleiter der Ansicht ist, daß seine Intervalle die unbekannten Durchschnitte mit ca. 95% Wahrscheinlichkeit enthalten, dann sind die beiden Priorimittelwerte

$$\mu'_L = 100, \quad \mu'_I = 120$$

und die Priorivarianzen

$$\sigma'^2_L = 5^2, \quad \sigma'^2_I = 10^2,$$

da

$$\begin{aligned} 110 - 90 &= 20 = 4 \cdot \sigma'_L \\ 140 - 100 &= 40 = 4 \cdot \sigma'_I \end{aligned}$$

ist. Die hypothetischen Stichprobenumfänge sind

$$n'_L = 16, \quad n'_I = 4,$$

da

$$n'_L = \frac{\sigma^2}{\sigma'^2_L} = \frac{20^2}{5^2} = 16$$

und

$$n'_I = \frac{\sigma^2}{\sigma'^2_I} = \frac{20^2}{10^2} = 4$$

sind. Die beiden zur Wahl stehenden Aktionen sind

a_0 : Standort in der ländlichen Gemeinde,

a_1 : Standort in der Industriegemeinde

und die beiden Umweltzustände sind

$$H_0 : \mu_L \le \mu_I, \quad H_1 : \mu_L > \mu_I.$$

Die Gewinnfunktionen für die beiden Aktionen errechnen sich folgendermaßen:

$$\begin{aligned} w_L &= -10^6 + (10 \cdot 0.2 \cdot \mu_L \cdot 10000) \\ &= -10^6 + 8 \cdot 10^4 \cdot \mu_L, \\ w_I &= -10^6 + (10 \cdot 0.2 \cdot \mu_I \cdot 12000) \\ &= -10^6 + 9.6 \cdot 10^4 \cdot \mu_I. \end{aligned}$$

Der priori erwartete Wert der beiden Aktionen ist daher gleich

$$\begin{aligned} E(\boldsymbol{w}') &= \begin{pmatrix} -10^6 \\ -10^6 \end{pmatrix} + \begin{pmatrix} 8 \cdot 10^4 & 0 \\ 0 & 9.6 \cdot 10^4 \end{pmatrix} \cdot \begin{pmatrix} 100 \\ 120 \end{pmatrix} \\ &= \begin{pmatrix} 7 \cdot 10^6 \\ 1.052 \cdot 10^7 \end{pmatrix} \end{aligned}$$

und die Varianzmatrix von $\boldsymbol{w}'$ ist

$$\begin{aligned} V(\boldsymbol{w}') &= \begin{pmatrix} 8 \cdot 10^4 & 0 \\ 0 & 9.6 \cdot 10^4 \end{pmatrix} \cdot \begin{pmatrix} 25 & 0 \\ 0 & 100 \end{pmatrix} \cdot \begin{pmatrix} 8 \cdot 10^4 & 0 \\ 0 & 9.6 \cdot 10^4 \end{pmatrix} \\ &= \begin{pmatrix} 1.6 \cdot 10^{11} & 0 \\ 0 & 9.216 \cdot 10^{11} \end{pmatrix}. \end{aligned}$$

Der Priorierwartungswert von δ'_w ist gleich

$$\delta'_w = -3.52 \cdot 10^6,$$

und die entsprechende Varianz ist

$$\sigma'^2_{\delta w} = 1.0816 \cdot 10^{12}.$$

Die Priorischadenerwartungswerte der beiden Aktionen sind

$$\begin{aligned} \text{SE}'(a_o) &= L_0^\infty(\delta_w | -3.52 \cdot 10^6,\ 1.0816 \cdot 10^{12}) = 95.6692, \\ \text{SE}'(a_1) &= L_{-\infty}^0(\delta_w | -3.52 \cdot 10^6,\ 1.0816 \cdot 10^{12}) = 3.52 \cdot 10^6. \end{aligned}$$

Die Geschäftsleitung wird sich für den Industriestandort entscheiden, wenn sie nur die Prioriinformation berücksichtigt.

Da der EWPI gleich

$$\text{EWPI} = 95.6692$$

ist, sind die beiden maximal in Frage kommenden Stichprobenumfänge

$$\begin{aligned} n_{1,max} &< \frac{95.6692}{1} \cong 96, \\ n_{2,max} &< \frac{95.6692}{1} \cong 96. \end{aligned}$$

Will man z.B. in der ländlichen Gemeinde 10 Haushalte und in der Industriegemeinde 8 Haushalte befragen, dann kann man den erwarteten Wert dieser

Stichprobe wie folgt bestimmen: Der Erwartungswert der Posteriorimittelwerte ist wieder gleich dem Erwartungswert der Priorimittelwerte

$$E(\boldsymbol{w}'') = \boldsymbol{w}' = \begin{pmatrix} 7 \cdot 10^6 \\ 1.052 \cdot 10^7 \end{pmatrix}$$

und die Differenz dieser Mittelwerte ist

$$\delta''_w = -3.52 \cdot 10^6.$$

Die Varianz dieser Differenz ist

$$\begin{aligned} \sigma^2_{\delta''_w} &= (1, \; -1) \cdot \begin{pmatrix} 8 \cdot 10^4 & 0 \\ 0 & 9.6 \cdot 10^4 \end{pmatrix} \cdot \left[\begin{pmatrix} 25 & 0 \\ 0 & 100 \end{pmatrix} \right. \\ &\quad - \left. \begin{pmatrix} \frac{400}{16+10} & 0 \\ 0 & \frac{400}{4+8} \end{pmatrix} \right] \cdot \begin{pmatrix} 8 \cdot 10^4 & 0 \\ 0 & 9.6 \cdot 10^4 \end{pmatrix} \cdot \begin{pmatrix} 1 \\ -1 \end{pmatrix} \\ &= 6.7594 \cdot 10^{11}. \end{aligned}$$

Mit diesen Parametern kann man den EWSI dieser beiden Stichproben berechnen. Er ist gleich

$$\begin{aligned} \text{EWSI}\,(n_{10}, n_8) &= L(\delta_{w''} | -3.52 \cdot 10^6, \; 6.7594 \cdot 10^{11}) \\ &= 1.6270 \end{aligned}$$

und der entsprechende ENSI ist

$$\text{ENSI}(n_{10}, n_8) = 1.6270 - 10 - 8 = -16.3730.$$

Da der ENSI negativ ist, kommt diese Stichprobenkombination nicht in Frage. Auch alle anderen Kombinationen besitzen keinen positiven ENSI. Die Geschäftsleitung wird daher auf Stichprobeninformationen verzichten und an Hand der Prioriinformationen eine Entscheidung über den Standort der neuen Filiale fällen.

1.3 Punktschätzverfahren für eine lineare Schadenfunktion

(a) Priorianalyse

Ihre Aufgabe besteht darin, einen Schätzwert für die Differenz zwischen den Zahlendurchschnitten der Kugeln in den beiden Behältern anzugeben. Über den Inhalt der Behälter wissen Sie nur, daß die Standardabweichungen 10 bzw. 12 sind und die Vermutung besteht, daß die Durchschnitte jeweils 100 betragen. Sie müssen 19 GE pro Abweichungseinheit zahlen, wenn Ihr Schätzwert größer ist als die wahre Differenz und 1GE pro Abweichungseinheit, wenn Ihr

Schätzwert unterhalb der wahren Differenz liegt. Welchen Schätzwert für die Durchschnittsdifferenz sollen Sie unter diesen Umständen abgeben, wenn Sie der Ansicht sind, daß die Vermutung über die Gleichheit der Durchschnitte je einer hypothetischen Stichprobe von 4 entspricht?

Die den Angaben entsprechende Schadenfunktion ist linear mit folgenden Werten:

$$s(a, \delta_\mu) = \begin{cases} 0 & \text{für } a = \delta_\mu, \\ 19 \cdot (a - \delta_\mu) & \text{für } a > \delta_\mu, \\ 1 \cdot (\delta_\mu - a) & \text{für } a < \delta_\mu. \end{cases}$$

δ_μ ist die unbekannte Differenz zwischen den Zahlendurchschnitten der beiden Behälter. Bei einer linearen Schadenfunktion wird der optimale Schätzwert mit Hilfe der Formel

$$a'_{opt} = \delta'_\mu + \sigma'_{\delta_\mu} \cdot z'_{opt}$$

berechnet. z'_{opt} muß die Bedingung

$$F_Z\left(z'_{opt}\right) = \frac{s_o}{s_o + s_u}$$

erfüllen. Für das Beispiel gilt

$$F_Z(-1.6449) = \frac{1}{1+19} = 0.05.$$

δ'_μ ist

$$\delta'_\mu = \mu'_1 - \mu'_2 = 100 - 100 = 0$$

und $\sigma'^2_{\delta_\mu}$ bekanntlich

$$\begin{aligned} \sigma'^2_{\delta_\mu} &= \boldsymbol{d}^T \cdot \boldsymbol{V}' \cdot \boldsymbol{d} \\ &= (1, \quad -1) \cdot \begin{pmatrix} 100/4 & 0 \\ 0 & 144/4 \end{pmatrix} \cdot \begin{pmatrix} 1 \\ -1 \end{pmatrix} \\ &= 61. \end{aligned}$$

Daher ist der priori optimale Schätzwert gleich

$$\begin{aligned} a'_{opt} &= 0 + \sqrt{61} \cdot (-1.6449) \\ &= -12.8467. \end{aligned}$$

Sie werden deshalb behaupten, daß die Differenz -12.8467 Einheiten beträgt. Der Durchschnitt des ersten Behälters ist um 12.8467 Einheiten kleiner als der des zweiten. Diese Schätzung hat den geringsten Schadenerwartungswert. Dieser ist berechenbar mit der Formel:

$$\begin{aligned} \mathrm{SE}'(a_{opt}) &= [(s_u + s_o) \cdot f_Z(z_{opt})] \cdot \sigma'_{\delta_\mu} \\ &= [(19+1) \cdot f_Z(-1.6449)] \cdot \sqrt{61} \\ &= 16.1103. \end{aligned}$$

(b) Posteriorianalyse

Die Stichprobeninformationen sind

$$n_1 = 10, \quad \bar{x}_1 = 103.07$$

und

$$n_2 = 8, \quad \bar{x}_2 = 96.53.$$

Wie verändern diese Ergebnisse Ihre Schätzung der Differenz?

Die Formel für den optimalen Schätzwert ist auch hier

$$a''_{opt} = \delta''_{\mu|\bar{x}} + \sigma''_{\delta_{\mu|\bar{x}}} \cdot z''_{opt}.$$

Der Erwartungswert der Posteriorinormalverteilung ist auf Grund der Berechnungen im Zusammenhang mit dem Beispiel des Testverfahrens gleich

$$\begin{aligned} \delta''_{\mu|\bar{x}} &= \boldsymbol{d}^T \cdot \boldsymbol{m}'' \\ &= \begin{pmatrix} 1 \\ -1 \end{pmatrix} \cdot \begin{pmatrix} 102.1920 \\ 97.6866 \end{pmatrix} \\ &= 4.5062 \end{aligned}$$

und die Varianz ist gleich

$$\begin{aligned} \sigma''^2_{\delta_{\mu|\bar{x}}} &= \boldsymbol{d}^T \cdot \boldsymbol{V}'' \cdot \boldsymbol{d} \\ &= (1, \ -1) \cdot \begin{pmatrix} 50/7 & 0 \\ 0 & 12 \end{pmatrix} \cdot \begin{pmatrix} 1 \\ -1 \end{pmatrix} \\ &= 19.1429. \end{aligned}$$

Der posteriori optimale Schätzwert ist daher

$$\begin{aligned} a''_{opt} &= 4.5062 + \sqrt{19.1429} \cdot (-1.6449) \\ &= -2.6905 \end{aligned}$$

und der entsprechende Schadenerwartungswert ist

$$\begin{aligned} \mathrm{SE}''(a_{opt}) &= \left[(s_u + s_o) \cdot f_Z(z''_{opt})\right] \cdot \sigma''_{\delta_{\mu|\bar{x}}} \\ &= [(19+1) \cdot f_Z(-1.6449)] \cdot \sqrt{19.1429} \\ &= 9.0249. \end{aligned}$$

(c) Präposteriorianalyse

(α) Für fixes n_1 und n_2

Wie entscheiden Sie sich, wenn Sie beim Kenntnisstand der Priorianalyse das Angebot erhalten, daß Sie um den Betrag von 2.6 GE 10 Kugeln aus dem ersten Behälter und 8 Kugeln aus dem zweiten ziehen dürfen? Nehmen Sie dieses Angebot an?

Den EWSI berechnet man bei einer linearen Schadenfunktion nach der Formel

$$\text{EWSI}(n_i, n_j) = [(s_u + s_o) \cdot f_Z(z_{opt})] \cdot \left(\sigma'_{\delta_\mu} - \sigma''_{\delta_{\mu|\bar{x}}}\right).$$

Für das Beispiel ist er

$$\begin{aligned} \text{EWSI}(n_{10}, n_8) &= [(19+1) \cdot f_Z(-1.6449)] \cdot \left(\sqrt{61} - \sqrt{19.1429}\right) \\ &= 7.0854, \end{aligned}$$

da

$$\begin{aligned} \sigma'^2_{\delta_\mu} &= \boldsymbol{d}^T \cdot \boldsymbol{V}' \cdot \boldsymbol{d} \\ &= (1, \ -1) \cdot \begin{pmatrix} 25 & 0 \\ 0 & 36 \end{pmatrix} \cdot \begin{pmatrix} 1 \\ -1 \end{pmatrix} \\ &= 61 \end{aligned}$$

und

$$\begin{aligned} \sigma''^2_{\delta_{\mu|\bar{x}}} &= \boldsymbol{d}^T \cdot \boldsymbol{V}'' \cdot \boldsymbol{d} \\ &= (1, \ -1) \cdot \begin{pmatrix} 50/7 & 0 \\ 0 & 12 \end{pmatrix} \cdot \begin{pmatrix} 1 \\ -1 \end{pmatrix} \\ &= 19.1429 \end{aligned}$$

ist. Wenn man davon die Stichprobenkosten von 2.6 GE abzieht, dann erhält man den ENSI mit

$$\text{ENSI}(n_{10}, n_8) = 7.0854 - 2.6 = 4.4854.$$

Da dieser Wert positiv ist, werden Sie das Angebot annehmen und 10 Kugeln aus dem ersten sowie 8 aus dem zweiten Behälter ziehen.

(β) Für variables n_1 und n_2

Wieviele Kugeln entnehmen Sie, wenn Sie pro Kugel aus dem ersten Behälter 0.3 GE zahlen müssen und 0.6 GE pro Kugel aus dem zweiten Behälter?

Auch hier können Sie zuerst die jeweils maximal in Frage kommenden Stichprobenumfänge bestimmen.

Da der EWPI gleich

$$\text{EWPI} = \text{ESE}(n_0) = 16.1103$$

ist, sind die maximalen Stichprobenumfänge

$$\begin{aligned} n_{1,max} &< \frac{\text{EWPI}}{k_1} = \frac{16.1103}{0.3} \cong 54, \\ n_{2,max} &< \frac{\text{EWPI}}{k_2} = \frac{16.1103}{0.6} \cong 27. \end{aligned}$$

Insgesamt kommen daher maximal $54 \cdot 27 = 1458$ Kombinationen in Frage. Die optimale Kombination liefert die Lösung des nichtlinearen Gleichungssystems:[7]

$$\frac{\sigma_1^2}{(n_1' + n_1)^2} \cdot \frac{(s_u + s_o) \cdot f_Z(z_{opt})}{2 \cdot \sqrt{\frac{\sigma_1^2}{n_1'+n_1} + \frac{\sigma_2^2}{n_2'+n_2}}} = k_1$$

$$\frac{\sigma_2^2}{(n_2' + n_2)^2} \cdot \frac{(s_u + s_o) \cdot f_Z(z_{opt})}{2 \cdot \sqrt{\frac{\sigma_1^2}{n_1'+n_1} + \frac{\sigma_2^2}{n_2'+n_2}}} = k_2.$$

Wenn man die entsprechenden Werte des Beispiels in das Gleichungssystem einsetzt und nach n_1 und n_2 auflöst, dann erhält man als Lösung

$$n_1 = 3.5956 \quad n_2 = 2.4451.$$

Da die Kombination $n_1 = 4$ und $n_2 = 2$ mit 1.2484 den größten erwarteten Nettowert der Stichprobeninformation aufweist, werden Sie die entsprechende Anzahl von Kugeln aus den beiden Behältern entnehmen und an Hand der Ergebnisse verknüpft mit den Prioriinformationen Ihren Schätzwert für die Differenz bestimmen.

(d) Fallstudie

Der Leiter einer Studienberatungsstelle möchte herausfinden, um wieviele Semester sich die durchschnittliche Studiendauer für ein bestimmtes Studium in den beiden Universitätsorten A und B unterscheidet. In beiden Orten belaufen sich die Lebenshaltungs- und Studienkosten auf etwa 10000 GE pro Semester. Auch die Standardabweichung der Studiendauer ist mit 2 Semestern in beiden Orten gleich groß. Im Universitätsort A behauptet man, daß die durchschnittliche Studiendauer für das in Frage kommende Studium mit 95% Wahrscheinlichkeit zwischen 10 und 14 Semestern liegt, im Ort B hingegen zwischen 10 und 16 Semestern. Wieviele Absolventen des betreffenden Studiums soll der Leiter in den beiden Universitätsorten für die Schätzung der Differenz in der durchschnittlichen Studiendauer berücksichtigen, wenn die Erhebung der Studiendauer eines Absolventen in beiden Orten 100 GE kostet?

Da die Lebens- und Studienkosten in beiden Orten 10000 GE pro Semester betragen, wird man folgende lineare Schadenfunktion der Schätzung unterstellen:

$$s(a, \delta_\mu) = \begin{cases} 0 & \text{für } a = \delta_\mu, \\ 10000 \cdot (a - \delta_\mu) & \text{für } a > \delta_\mu, \\ 10000 \cdot (\delta_\mu - a) & \text{für } a < \delta_\mu. \end{cases}$$

δ_μ ist die unbekannte Differenz in der durchschnittlichen Studiendauer in den beiden Orten:

$$\delta_\mu = \mu_A - \mu_B.$$

[7] Vgl. 2.2 Gauß Modell, (b) Lineare Schadenfunktion, S. 412.

Wenn z.B. der Schätzwert a für die Differenz $\mu_A - \mu_B$ gleich 0 Semester ist und die tatsächliche Differenz δ_μ 2 Semester, dann hat ein Student, der auf die Empfehlung des Leiters der Studienberatung hört und nach A geht, mit einer im Schnitt um 2 Semester längeren Studienzeit zu rechnen, was einen Schaden von

$$10000 \cdot (2 - 0) = 20000$$

entspricht. Ist die tatsächliche Differenz -2 Semester und der Student geht nach B, dann liegt sein Schaden ebenfalls bei 20000 GE.
Da die durchschnittliche Studiendauer in A zwischen 10 und 14 Semestern mit 95% Wahrscheinlichkeit liegt, ist der Priorimittelwert von A gleich

$$\mu'_A = 12,$$

die Varianz gleich

$$\sigma'^2_A = \left(\frac{14 - 10}{4}\right)^2 = 1$$

und der hypothetische Stichprobenumfang

$$n'_A = \frac{\sigma^2}{\sigma'^2_A} = \frac{4}{1} = 4.$$

Für den Studienort B sind die entsprechenden Prioriinformationen

$$\begin{aligned} \mu'_B &= 13, \\ \sigma'^2_B &= \left(\frac{16 - 10}{4}\right)^2 = 2.25, \\ n'_B &= \frac{4}{2.25} = 1.78. \end{aligned}$$

Da im vorliegenden Fall

$$s_u = s_o = 10000$$

ist, ist

$$z'_{opt} = 0$$

und der Priorierwartungswert

$$\delta'_\mu = \mu'_A - \mu'_B = -1$$

der optimale Schätzwert für die Differenz in der durchschnittlichen Studiendauer. Im Schnitt dauert das Studium im Ort A um 1 Semester kürzer. Der Schadenerwartungswert dieser Schätzung ist

$$\begin{aligned} \text{SE}'(a_{opt}) &= [(10000 + 10000) \cdot f_Z(0)] \cdot \sigma'_{\delta_\mu} \\ &= 20000 \cdot 0.3989 \cdot \sqrt{3.25} \\ &= 14384.0685, \end{aligned}$$

da

$$\sigma'^2_{\delta_\mu} = \frac{\sigma^2}{n'_A} + \frac{\sigma^2}{n'_B} = 1 + 2.25 = 3.25.$$

Der erwartete Wert der perfekten Information ist also gleich

$$\text{EWPI} = 14384.0685$$

und die maximal in Frage kommenden Stichprobenumfänge

$$n_{A,max} < \frac{14384.0685}{100} \cong 144,$$
$$n_{B,max} < \frac{14384.0685}{100} \cong 144.$$

Die optimalen Stichprobenumfänge sind

$$n_A = 11, \quad n_B = 13.$$

Man kann diese Umfänge mit Hilfe der folgenden beiden nichtlinearen Gleichungen berechnen:

$$\frac{\sigma_A^2}{n_A''^2} \cdot \frac{(s_u + s_o) \cdot f_Z(z_{opt})}{2 \cdot \sqrt{\frac{\sigma_A^2}{n_A''} + \frac{\sigma_B^2}{n_B''} -}} - k_A = 0,$$
$$\frac{\sigma_B^2}{n_B''^2} \cdot \frac{(s_u + s_o) \cdot f_Z(z_{opt})}{2 \cdot \sqrt{\frac{\sigma_A^2}{n_A''} + \frac{\sigma_B^2}{n_B''} -}} - k_B = 0.$$

Wenn man in diese Gleichungen einsetzt

$$\frac{2^2}{n_A''^2} \cdot \frac{(10000 + 10000) \cdot f_Z(0)}{2 \cdot \sqrt{\frac{2^2}{n_A''} + \frac{2^2}{n_B''}}} = 100$$
$$\frac{2^2}{n_B''^2} \cdot \frac{(10000 + 10000) \cdot f_Z(0)}{2 \cdot \sqrt{\frac{2^2}{n_A''} + \frac{2^2}{n_B''}}} = 100$$

und nach n''_A und n''_B auflöst, dann erhält man als Lösung

$$\begin{aligned} n''_A &= 14.71 \\ n_A &= n''_A - n'_A \\ &= 14.71 - 4 \\ &\cong 11 \end{aligned}$$

und

$$\begin{aligned} n''_B &= 14.71 \\ n_B &= n''_B - n'_B \\ &= 14.71 - 1.78 \\ &\cong 13. \end{aligned}$$

Der EWSI dieser Umfänge ist

$$\begin{aligned} \text{EWSI}(n_{11}, n_{13}) &= [(10000 + 10000) \cdot f_Z(0)] \cdot \left(\sqrt{3.25} - \sqrt{0.5373}\right) \\ &= 8529.2828 \end{aligned}$$

mit

$$\begin{aligned} \sigma''^2_{\delta_\mu|\bar{x}} &= \frac{\sigma^2}{n'_A + n_A} + \frac{\sigma^2}{n'_B + n_B} = \frac{4}{4+11} + \frac{4}{1.78+23} \\ &= 0.5373. \end{aligned}$$

Da der ENSI mit

$$\begin{aligned} \text{ENSI}(n_{11}, n_{13}) &= 8529.2828 - 10 \cdot 11 - 10 \cdot 13 \\ &= 6129.2828 \end{aligned}$$

positiv ist, wird der Leiter der Studienberatungsstelle 11 Absolventen im Universitätsort A und 13 Absolventen in B im Hinblick auf ihre Studiendauer befragen. An Hand dieser Stichprobeninformationen und den schon bekannten Prioriinformationen wird er die Differenz in der durchschnittlichen Studiendauer schätzen.

1.4 Intervallschätzverfahren für eine quadratische Schadenfunktion

(a) Priorianalyse

Um Ihre Gewinnchancen zu vergrößern, müssen Sie die Differenz zwischen den Zahlendurchschnitten der beiden Behälter nicht durch eine einzige Zahl schätzen, sondern dürfen dafür ein Intervall mit der Länge 10 angeben. Alle anderen Angaben bleiben gleich, bis auf die Schadenfunktion. Sie soll nicht linear, sondern quadratisch sein. In diesem Fall hat sie folgendes Aussehen:

$$s(a, \delta_\mu) = \begin{cases} 0 & \text{für } T_u \leq \delta_\mu \leq T_o = T_u + 10, \\ 19 \cdot (T_u - \delta_\mu)^2 & \text{für } \delta_\mu < T_u, \\ 1 \cdot (\delta_\mu - T_o)^2 & \text{für } \delta_\mu > T_o. \end{cases}$$

Die beiden Intervallgrenzen werden mit Hilfe der Formeln

$$\begin{aligned} T_u &= \delta'_\mu + \sigma'_{\delta_\mu} \cdot z'_u \\ T_o &= T_u + c \end{aligned}$$

berechnet. Dabei muß z'_u die Bedingung

$$s_u \cdot [f_Z(z) + z \cdot F_Z(z)] = s_o \cdot \left[f_Z(z + c/\sigma'_{\delta_\mu}) - (z + c/\sigma'_{\delta_\mu}) \cdot G_Z(z + c/\sigma'_{\delta_\mu})\right]$$

erfüllen. Wenn man für

$$z = -1.521$$

wählt, dann ist diese Bedingung erfüllt, da

$$c = T_o - T_u = 10$$

und

$$\sigma'^2_{\delta_\mu} = 61$$

ist. z_o ist dann

$$z_o = z_u + c/\sigma'_{\delta_\mu} = -1.521 + 10/\sqrt{61} = -0.2406$$

und die Intervallgrenzen sind

$$\begin{aligned} T_u &= 0 + \sqrt{61} \cdot (-1.521) = -11.8792, \\ T_o &= -11.8794 + 10 = -1.8792. \end{aligned}$$

Sie werden daher behaupten, daß die unbekannte Differenz zwischen den beiden Zahlendurchschnitten im Intervall

$$(T_u, T_o) = (-11.8792,\ -1.8792)$$

liegt. Der Schadenerwartungswert für dieses Intervall ist

$$\begin{aligned} \mathrm{SE}'(a_{opt}) &= s_u \cdot Q_{-\infty}^{T_u}(\delta_\mu) + s_o \cdot Q_{T_u+c}^{\infty}(\delta_\mu) \\ &= s_u \cdot \sigma'^2_{\delta_\mu} \cdot \left[F_Z(z_u) \cdot (z_u^2 + 1) + z_u \cdot f_Z(z_u)\right] + \\ &+ s_o \cdot \sigma'^2_{\delta_\mu} \cdot \left[G_F(z_o) \cdot (z_o^2 + 1) - z_o \cdot f_Z(z_o)\right] \\ &= 69.1773. \end{aligned}$$

(b) Posteriorianalyse

Durch die Stichprobeninformationen

$$n_1 = 10, \quad \overline{x}_1 = 103.07$$

und

$$n_2 = 8, \quad \overline{x}_2 = 96.53$$

ändern sich die Intervallgrenzen.

$\sigma''^2_{\delta_{\mu|\overline{x}}}$ ist gleich

$$\sigma''^2_{\delta_{\mu|\overline{x}}} = 19.1429$$

und $\delta''_{\mu|\bar{x}}$ ist gleich

$$\delta''_{\mu|\bar{x}} = 4.5062.$$

Wegen der geänderten Varianz ist nun z_u gleich

$$z_u = -1.872$$

und

$$z_o = -1.872 + 10/\sqrt{19.1429} = 0.4136.$$

Die neuen Intervallgrenzen sind

$$\begin{aligned} T_u &= \delta''_{\mu|\bar{x}} + \sigma''_{\delta_{\mu|\bar{x}}} \cdot z_u \\ &= 4.5062 + \sqrt{19.1429} \cdot (-1.872) \\ &= -3.6844, \\ T_o &= -3.6844 + 10 \\ &= 6.3156. \end{aligned}$$

Der Schadenerwartungswert dieses optimalen Posterioriintervalls sinkt auf

$$\text{SE}''(a_{opt}|x) = 7.7521.$$

(c) Präposteriorianalyse

(α) für fixes n_1 und n_2

Wenn man für die Entnahme von 10 Kugeln aus dem ersten Behälter und 8 Kugeln aus dem zweiten insgesamt 2.6 GE zahlen muß, ist der EWSI gegeben durch

$$\begin{aligned} \text{EWSI}(n_{10}, n_8) &= \text{ESE}(n_0, n_0) - \text{ESE}(n_{10}, n_8) \\ &= 69.1773 - 7.7521 \\ &= 61.4252 \end{aligned}$$

und der erwartete Nettowert durch

$$\begin{aligned} \text{ENSI}(n_{10}, n_8) &= 61.4252 - 2.6 \\ &= 58.8252. \end{aligned}$$

Die Entnahme von 10 Kugeln aus dem ersten Behälter und 8 aus dem zweiten ist für 2.6 GE angebracht, da der Nettowert positiv ist.

(β) Für variables n_1 und n_2

Wenn die Kosten für die Ziehung einer Kugel aus dem ersten Behälter 7 GE betragen, dann ist der maximal in Frage kommende Umfang für die erste Stichprobe

$$n_{1,max} < \frac{\text{EWPI}}{k_1} = \frac{69.1774}{7} \cong 10.$$

Für die zweite Stichprobe ist er gleich

$$n_{2,max} < \frac{\text{EWPI}}{k_2} = \frac{69.1774}{3} \cong 23,$$

wenn die Kosten für die Ziehung einer Kugel aus dem zweiten Behälter 3 GE ausmachen. Insgesamt kommen daher 230 Kombinationen von Stichprobenumfängen in Frage. Einige zeigt folgende Grafik:

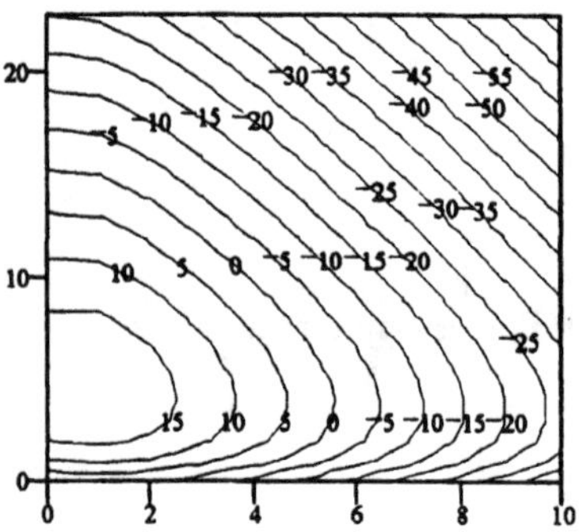

ENSI
Umrißdarstellung des ENSI

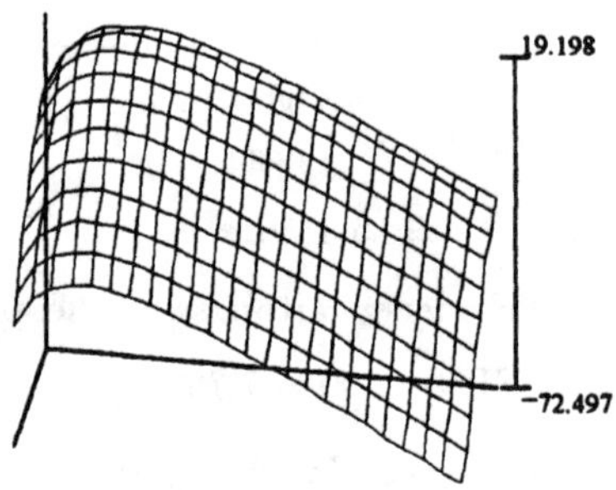

ENSI
Flächendarstellung des ENSI

ENSI(n_i, n_j) für das Kugelbeispiel, Intervallschätzverfahren für δ_μ, quadratische Schadenfunktion

Den maximalen erwarteten Nettowert der Stichprobeninformation bieten die Stichprobenumfänge

$$n_1 = 1 \text{ und } n_2 = 4$$

mit einem EWSI von

$$\text{EWSI}(n_1, n_4) = 38.1799$$

und einem ENSI von

$$\text{ENSI}(n_1, n_4) = 19.1979.$$

Sie werden daher diese Stichproben an Kugeln den Behältern entnehmen und an Hand dieser Stichproben- und Prioriinformationen ein Intervall für die unbekannte Differenz der Zahlendurchschnitte berechnen.

(d) Fallstudie

Für eine bestimmte Tätigkeit in einem Industriebetrieb sind angeblich Frauen besser geeignet als Männer. Sie benötigen im Schnitt eine Sekunde weniger Zeit als Männer. Dieses Ergebnis beruht auf einem Test von 5 Frauen und 5 Männern. Um diese Vermutung zu überprüfen, soll im eigenen Betrieb ein Versuch mit je 10 Männern und Frauen unternommen werden, der 10 GE kostet. Dabei soll eine Intervallschätzung für die durchschnittliche Zeitdifferenz bestimmt werden. Das Intervall soll eine Länge von 1 sec aufweisen und der Schätzung soll eine quadratische Schadenfunktion unterstellt werden, bei der der Schaden pro Einheit Abweichung von der Intervallschätzung mit 10 GE angenommen wird. Ist es sinnvoll, diesen Versuch durchzuführen, wenn man weiß, daß die Standardabweichungen bei dieser Tätigkeit sowohl für Frauen als auch für Männer höchstens 3 sec betragen?

Wenn man voraussetzen kann, daß die Zeiten, die die Männer und Frauen für diese Tätigkeit benötigen, normalverteilt sind, dann sind die Prioriinformationen gleich

$$\begin{aligned} \delta'_\mu &= \mu'_M - \mu'_F = 1 \\ n'_M &= 5 = n'_F \\ \sigma'^2_M &= \frac{3^2}{5} = \sigma'^2_F \\ \sigma'^2_{\delta_\mu} &= \frac{3^2}{5} + \frac{3^2}{5} = \frac{18}{5}. \end{aligned}$$

Die Schadenfunktion hat folgendes Aussehen:

$$s(a, \delta_\mu) = \begin{cases} 0 & \text{für } T_u \leq \delta_\mu \leq T_o = T_u + 1, \\ 10 \cdot (T_u - \delta_\mu)^2 & \text{für } \delta_\mu < T_u, \\ 10 \cdot (\delta_\mu - T_o)^2 & \text{für } \delta_\mu > T_o. \end{cases}$$

Das z'_u, das die Bedingung

$$s_u \cdot [z \cdot F_Z(z) + f_Z(z)] = s_o \cdot [f_Z(z + c/\sigma'_{\delta_\mu}) - (z + c/\sigma'_{\delta_\mu}) \cdot G_Z(z + c/\sigma'_{\delta_\mu})]$$

erfüllt, ist

$$z'_u = -0.2635$$

und das entsprechende z_o ist

$$\begin{aligned} z'_o &= z_u + \left(\frac{c}{\sigma'_{\delta_\mu}}\right) \\ &= 0.2635. \end{aligned}$$

Das optimale Intervall für die durchschnittliche Zeitdifferenz hat die Intervallgrenzen

$$T_u = 1 + \sqrt{\frac{18}{5}} \cdot (-0.2635) = 0.5$$

und

$$T_o = 1 + \sqrt{\frac{18}{5}} \cdot 0.2635 = 1.5.$$

Der Schadenerwartungswert dieses optimalen Intervalls und damit der erwartete Wert der perfekten Information ist

$$\begin{aligned} \mathrm{SE}'(a_{opt}) &= s_u \cdot \sigma'^2_{\delta_\mu} \cdot Q^{z'_u}_{-\infty}(z) + s_o \cdot \sigma'^2_{\delta_\mu} \cdot Q^{\infty}_{z'_o}(z) \\ &= 10 \cdot 1.1593 + 10 \cdot 1.1593 \\ &= 23.1866. \end{aligned}$$

Da der Versuch im eigenen Betrieb mit je 10 Männern und Frauen 10 GE kostet, muß der erwartete Wert dieses Versuchs mindestens

$$23.1866 - 10 = 13.1866$$

GE betragen. In der Bedingung für z_u ersetzt man σ'_{δ_μ} durch

$$\sigma''_{\delta_\mu} = \sqrt{\frac{3^2}{5+10} + \frac{3^2}{5+10}} = 1.0954.$$

Das z_u, das dieser neuen Bedingung entspricht, ist

$$z''_u = -0.4564$$

und das z_o ist

$$z''_o = 0.4565$$

Der Posteriorischadenerwartungswert dieses Versuches ist

$$\begin{aligned} \mathrm{SE}''(a_{opt}) &= s_u \cdot \sigma''^2_{\delta_\mu} \cdot Q^{z''_u}_{-\infty}(z) + s_o \cdot \sigma''^2_{\delta_\mu} \cdot Q^{\infty}_{z''_o}(z) \\ &= 10 \cdot 0.2730 + 10 \cdot 0.2730 \\ &= 5.4592, \end{aligned}$$

und der EWSI ist

$$\begin{aligned} \mathrm{EWSI}(n_{10}, n_{10}) &= \mathrm{SE}'(a_{opt}) - \mathrm{SE}''(a_{opt}) \\ &= 23.1866 - 5.4592 \\ &= 17.7274. \end{aligned}$$

Da dieser Wert größer ist als die Kosten von 10 GE, ist es sinnvoll, diesen Versuch durchzuführen.

Wenn man eine Punktschätzung für die durchschnittliche Zeitdifferenz bestimmen will, dann kann man die optimalen Stichprobenumfänge mit folgenden Formeln bestimmen:[8]

$$\begin{aligned} n_{1,opt} &= \left[\frac{s_u \cdot F_Z(z_{opt}) + s_o \cdot G_Z(z_{opt})}{k_1}\right]^{1/2} \cdot \sigma_1 - n_1', \\ n_{2,opt} &= \left[\frac{s_u \cdot F_Z(z_{opt}) + s_o \cdot G_Z(z_{opt})}{k_2}\right]^{1/2} \cdot \sigma_2 - n_2'. \end{aligned}$$

z_{opt} wird so bestimmt, daß es folgende Bedingung erfüllt:

$$s_u \cdot [z_{opt} \cdot F_Z(z_{opt}) + f_Z(z_{opt})] = s_o \cdot [f_Z(z_{opt}) - z_{opt} \cdot G_Z(z_{opt})].$$

Für das Beispiel ist

$$z_{opt} = 0$$

und

$$n_{1,opt} = 8.4164 = n_{2,opt}.$$

Man wird daher für eine Punktschätzung 9 Männer und 9 Frauen berücksichtigen. Da die optimalen Stichprobenumfänge für Intervallschätzungen immer kleiner sind als die der entsprechenden Punktschätzung, kann man für die obige Intervallschätzung sicherlich mit weniger als je 10 Personen das Auslangen finden. In folgender Grafik ist der ENSI für einige Kombinationen der möglichen

[8]Vgl. 2.2 Gauß Modell für μ, (c) Quadratische Schadenfunktion, S. 417.

Stichprobenumfänge für die Intervallschätzung eingezeichnet.

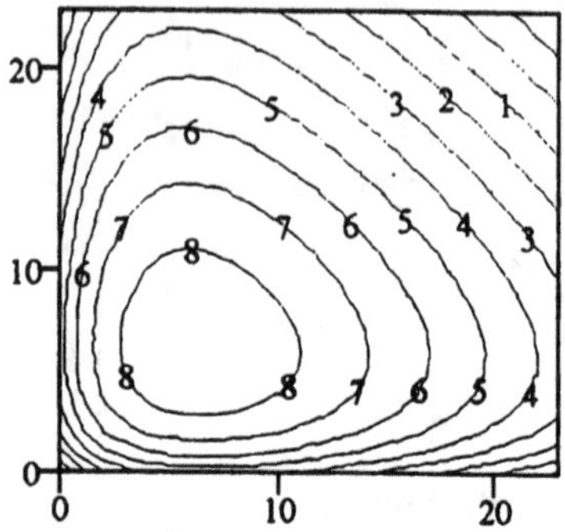

ENSI
Umrißdarstellung des ENSI

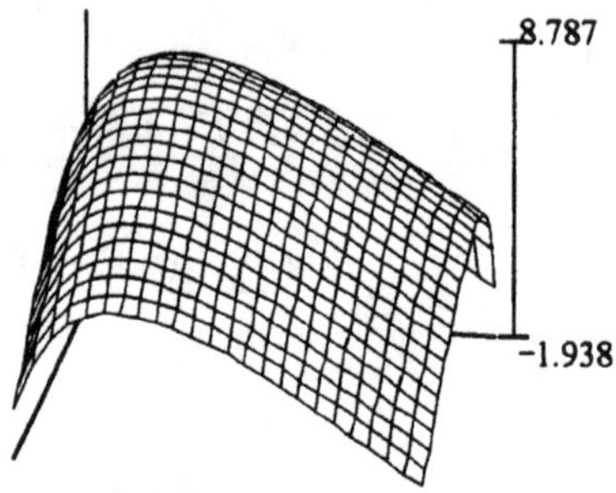

ENSI
Flächendarstellung des ENSI

ENSI(n_i, n_j) *für die Fallstudie „Zeitvergleich"*

Die optimale Kombination liegt bei den Stichprobenumfängen

$$n_M = 6 = n_F$$

mit einem ENSI von

$$\text{ENSI}(n_6, n_6) = 8.7875.$$

Für eine Intervallschätzung reicht es, wenn je 6 Männer und Frauen getestet werden.

2 Differenz $\delta_\mu = \mu_1 - \mu_2$ für abhängige Stichproben

In diesem Abschnitt wird vorausgesetzt, daß die Stichprobeninformationen aus zwei abhängigen Stichproben stammen. An Hand des Kugelbeispiels kann man sich diese Situation dadurch veranschaulichen, daß nicht mehr Kugeln aus zwei

Behältern gezogen werden, sondern wieder Kugeln aus einem Behälter. Jede Kugel ist aber nicht nur mit einer Zahl beschriftet, sondern mit zwei. Die erste Zahl auf der Kugel ist für die erste Stichprobe und die zweite für die zweite Stichprobe. Zwischen beiden Zahlen muß keine Abhängigkeit bestehen. Dies entspricht der Situation bei zwei unabhängigen Stichproben. Wenn dies nicht der Fall ist, muß diese Abhängigkeit bei der Behandlung von Entscheidungsproblemen berücksichtigt werden. Für ein Testproblem mit konstanter Schadenfunktion wird diese Situation im folgenden gezeigt.

(a) Priorianalyse

Sowohl der Durchschnitt der Zahlenwerte auf der ersten Seite der Kugeln als auch der auf der zweiten Seite ist unbekannt. Sie wissen nur, daß die Standardabweichungen 10 bzw. 12 betragen und die Vermutung besteht, daß beide Durchschnitte gleich 100 sind. Dieser Vermutung entspricht Ihrer Ansicht nach je eine hypothetische Stichprobe vom Umfang 4. Außerdem wissen Sie, daß der Korrelationskoeffizient zwischen den Zahlen auf beiden Seiten der Kugeln 0.5 ist. Die Ihnen zur Wahl stehenden Aktionen als auch Konsequenzen aus den Fehlentscheidungen entsprechen den Angaben des Beispiels für unabhängige Stichproben. Sie müssen sich also für eine der Aktionen

a_0: Zweiter Behälter: Der Zahlendurchschnitt der Zahlen auf der zweiten Seite der Kugel ist größer oder gleich groß wie der auf der ersten Seite

a_1: Erster Behälter: Der Zahlendurchschnitt auf der ersten Seite ist größer als der auf der zweiten Seite

entscheiden. Da auch die Umweltzustände gleich sind wie bei dem Beispiel für zwei unabhängige Stichproben

$$H_0 : \mu_1 \leq \mu_2 \text{ bzw. } H_0 : \delta_\mu \leq 0,$$
$$H_1 : \mu_1 > \mu_2 \text{ bzw. } H_1 : \delta_\mu > 0,$$

entspricht der Gewinnmöglichkeit die konstante Schadenfunktion

$$s(a_0, \delta_\mu) = \begin{cases} 0 & \text{für } \delta_\mu \leq 0, \\ s_2 = 1 & \text{für } \delta_\mu > 0, \end{cases}$$
$$s(a_1, \delta_\mu) = \begin{cases} s_1 = 19 & \text{für } \delta_\mu \leq 0, \\ 0 & \text{für } \delta_\mu > 0. \end{cases}$$

Der Erwartungswertvektor der Priorinormalverteilung ist

$$\boldsymbol{m}' = \begin{pmatrix} 100 \\ 100 \end{pmatrix}$$

und die Priorivarianzen sind

$$\sigma_1'^2 = \frac{\sigma_1^2}{n'} = \frac{100}{4} = 25 = \sigma'_{11},$$
$$\sigma_2'^2 = \frac{\sigma_2^2}{n'} = \frac{144}{4} = 36 = \sigma'_{22}.$$

Da Sie wissen, daß der Korrelationskoeffizient gleich

$$\rho = 0.50$$

ist, können Sie die Priorikovarianz bestimmen.
Für die Kovarianz gilt

$$\sigma_{12} = \left(\rho^2 \cdot \sigma_{11} \cdot \sigma_{22}\right)^{1/2}.$$

Daher ist die Kovarianz gleich

$$\sigma_{12} = (0.25 \cdot 100 \cdot 144)^{1/2} = 60$$

und die Priorikovarianz

$$\sigma'_{12} = \frac{\sigma_{12}}{n'} = \frac{60}{4} = 15.$$

Die Varianzmatrix der Priorinormalverteilung ist

$$\boldsymbol{V}' = \begin{pmatrix} 25 & 15 \\ 15 & 36 \end{pmatrix}.$$

Für die Zufallsvariable δ_μ erhält man aus diesen Angaben folgende Zahlenwerte für die Parameter der Priorinormalverteilung:[9]

$$\begin{aligned} \delta'_\mu &= \boldsymbol{d}^T \cdot \boldsymbol{m}' = 0, \\ \sigma'^2_{\delta_\mu} &= \boldsymbol{d}^T \cdot \boldsymbol{V}' \cdot \boldsymbol{d} = 31. \end{aligned}$$

Mit Hilfe dieser Normalverteilung kann man die Schadenerwartungswerte berechnen, die hier mit jenen für die beiden unabhängigen Stichproben übereinstimmen, wie folgende Entscheidungstabelle zeigt:

Aktion	Zustand			
a_i	$\delta_\mu \leq 0$	$\delta_\mu > 0$	$\mathrm{SE}'(a_i)$	
a_0	0	1	0.50	$\Rightarrow a''_{opt} = a_0$
a_1	19	0	9.50	
$K'(\delta_\mu)$	0.50	0.50		

(b) Posteriorianalyse

Aus dem Behälter werden 10 Kugeln mit Zurücklegen gezogen und die beiden Zahlen auf jeder Kugel registriert. Der Durchschnitt aus den 10 Zahlen der ersten Seite ist gleich

$$\bar{x}_1 = 103.07.$$

[9]Vgl. 4.7 Verteilungen von δ, (d) Zusammenfassung für δ_μ, S. 354.

Von der zweiten Seite ist der Durchschnitt der 10 Zahlen gleich

$$\bar{x}_2 = 96.53.$$

Wie ändert sich durch diese Stichprobeninformation Ihre Entscheidung?
Die Stichprobeninformationen sind

$$\bar{\boldsymbol{x}} = \begin{pmatrix} 103.07 \\ 96.53 \end{pmatrix}$$

und

$$\boldsymbol{V} = \begin{pmatrix} 10 & 6 \\ 6 & 14.4 \end{pmatrix},$$

da

$$\begin{aligned} \sigma_{11} &= \frac{\sigma_1^2}{n} = \frac{100}{10} = 10 \\ \sigma_{22} &= \frac{\sigma_2^2}{n} = \frac{144}{10} = 14.4 \end{aligned}$$

ist und die Kovarianz wieder mit der Formel

$$\begin{aligned} \sigma_{12} &= \left(\rho^2 \cdot \sigma_{11} \cdot \sigma_{22}\right)^{1/2} \\ &= (0.25 \cdot 10 \cdot 14.4)^{1/2} \\ &= 6 \end{aligned}$$

berechnet wird.
Die Varianzmatrix der Posteriorinormalverteilung ist

$$\begin{aligned} \boldsymbol{V}'' &= \left(\boldsymbol{V}'^{-1} + \boldsymbol{V}^{-1}\right)^{-1} \\ &= \left[\begin{pmatrix} 25 & 15 \\ 15 & 36 \end{pmatrix}^{-1} + \begin{pmatrix} 10 & 6 \\ 6 & 14.4 \end{pmatrix}^{-1}\right]^{-1} \\ &= \frac{1}{7} \cdot \begin{pmatrix} 50 & 30 \\ 30 & 72 \end{pmatrix} \end{aligned}$$

und der Erwartungswertvektor ist

$$\begin{aligned} \boldsymbol{m}'' &= \boldsymbol{V}'' \cdot \left(\boldsymbol{V}'^{-1} \cdot \boldsymbol{m}' + \boldsymbol{V}^{-1} \cdot \bar{\boldsymbol{x}}\right) \\ &= \boldsymbol{V}'' \cdot \left[\begin{pmatrix} 25 & 15 \\ 15 & 36 \end{pmatrix}^{-1} \cdot \begin{pmatrix} 100 \\ 100 \end{pmatrix} + \begin{pmatrix} 10 & 6 \\ 6 & 14.4 \end{pmatrix}^{-1} \cdot \begin{pmatrix} 103.07 \\ 96.53 \end{pmatrix}\right] \\ &= \begin{pmatrix} 102.1920 \\ 97.5214 \end{pmatrix}. \end{aligned}$$

Für δ_μ ist der Erwartungswert der Posteriorinormalverteilung gleich

$$\delta''_{\mu|\bar{x}} = \boldsymbol{d}^T \cdot \boldsymbol{m}'' = 4.6714$$

und die Varianz

$$\sigma''^2_{\delta_{\mu|\bar{x}}} = \boldsymbol{d}^T \cdot \boldsymbol{V}'' \cdot \boldsymbol{d} = 8.8571.$$

Mit diesen beiden Parametern können die Schadenerwartungswerte berechnet werden.

Sie sind in folgender Entscheidungstabelle ausgewiesen:

Aktion a_i	Zustand $\delta_\mu \leq 0$	$\delta_\mu > 0$	SE$''(a_i)$	
a_0	0	1	0.9418	$\Rightarrow a''_{opt} = a_0$
a_1	19	0	1.1067	
$K''(\delta_\mu)$	0.0583	0.9418		

(c) Präposteriorianalyse

(α) **Für fixes** n

Ziehen Sie 10 Kugeln für die zwei Stichproben aus dem Behälter, wenn die Ziehung insgesamt 0.10 GE kostet?

Die beiden Aktionen sind

n_0 : Keine Stichprobeninformation,

n_{10} : Stichproben im Umfang von $n_1 = n_2 = 10$.

Da die priori optimale Aktion a_0 ist, wird der EWSI mit der Formel

$$\text{EWSI}(n_i) = s_2 \cdot m_{00}^{(22)} - s_1 \cdot m_{00}^{(21)}$$

berechnet. Die Parameter der bivariaten Normalverteilung von $(\delta_{\bar{x}}, \delta_\mu)$ sind

$$\boldsymbol{m}(\delta_{\bar{x}}, \delta_\mu) = \begin{pmatrix} \delta'_\mu \\ \delta'_\mu \end{pmatrix} = \begin{pmatrix} 0 \\ 0 \end{pmatrix}$$

und

$$\boldsymbol{V}(\delta_{\bar{x}}, \delta_\mu) = \begin{pmatrix} \sigma^2_{\delta_{\bar{x}}} & \sigma^2_{\delta_\mu} \\ \sigma^2_{\delta_\mu} & \sigma^2_{\delta_\mu} \end{pmatrix} = \begin{pmatrix} 43.4 & 31 \\ 31 & 31 \end{pmatrix}$$

mit

$$\begin{aligned} \sigma^2_{\delta_{\bar{x}}} &= \boldsymbol{d}^T \cdot (\boldsymbol{V}' + \boldsymbol{V}) \cdot \boldsymbol{d} \\ &= \boldsymbol{d}^T \cdot \left[\begin{pmatrix} 25 & 15 \\ 15 & 36 \end{pmatrix} + \begin{pmatrix} 10 & 6 \\ 6 & 14.4 \end{pmatrix} \right] \cdot \boldsymbol{d} \\ &= 43.4. \end{aligned}$$

Da

$$\sigma^2_{\bar{x}|\mu} = \boldsymbol{d}^T \cdot \boldsymbol{V} \cdot \boldsymbol{d} = 12.4$$

ist und

$$F_Z(-1.645) = 1/(1+19) = 0.05,$$

kann man die Integrationsgrenze c_1 wie folgt berechnen:

$$\begin{aligned}
c_1 &= \sigma^2_{\delta_{\bar{x}}|\mu} \cdot \left[\left(1/\sigma^2_{\delta_\mu} + 1/\sigma^2_{\delta_{\mu|\bar{x}}}\right) \cdot \left(\delta_{\mu_0} - \sigma_{\delta_{\mu|\bar{x}}} \cdot z\right) - \delta'_\mu/\sigma^2_{\delta_\mu}\right] \\
&= 12.4 \cdot \left[(1/31 + 1/12.4) \cdot (0 - \sqrt{8.8571} \cdot (-1.645)) - 0/31\right] \\
&= 6.8539.
\end{aligned}$$

Die partiellen Momente sind

$$\begin{aligned}
m_{00}^{(22)} &= \int_{6.8539}^{\infty} \int_0^{\infty} f_{2N}(\delta_{\bar{x}}, \delta_\mu | \boldsymbol{m}, \boldsymbol{V})\, d\delta_\mu\, d\delta_{\bar{x}} = 0.1467 \\
m_{00}^{(21)} &= \int_{6.8539}^{\infty} \int_{-\infty}^{0} f_{2N}(\delta_{\bar{x}}, \delta_\mu | \boldsymbol{m}, \boldsymbol{V})\, d\delta_\mu\, d\delta_{\bar{x}} = 0.0024
\end{aligned}$$

und der EWSI daher

$$\begin{aligned}
\text{EWSI}(n_{10}) &= 1 \cdot 0.1467 - 19 \cdot 0.0024 \\
&= 0.1016.
\end{aligned}$$

Wenn man davon die Stichprobenkosten von 0.10 GE abzieht, erhält man den erwarteten Nettowert der Stichprobeninformation mit

$$\text{ENSI}(n_{10}) = 0.1016 - 0.10 = 0.0016.$$

Da dieser Wert positiv ist, werden Sie die beiden Stichproben in Form von 10 Kugeln aus dem Behälter entnehmen, bevor Sie Ihre Entscheidung treffen.

(β) Für variables n
Wieviele Kugeln ziehen Sie, wenn Sie pro gezogener Kugel 0.01 GE bezahlen müssen?
Der maximal in Frage kommende Stichprobenumfang ist kleiner als

$$n_{max} < \frac{\text{EWPI}}{k} = \frac{0.50}{0.01} = 50$$

und der optimale Stichprobenumfang ist

$$n_{opt} = 11,$$

wie man aus der folgenden Grafik entnehmen kann:

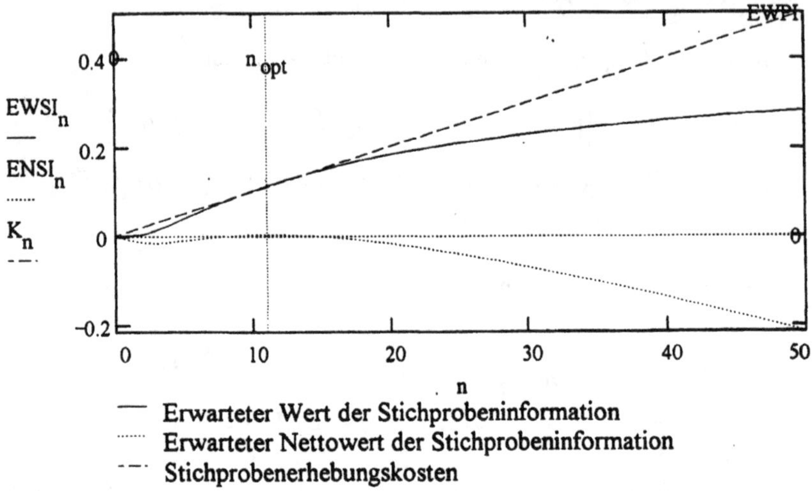

EWSI(n), ENSI(n) und K(n) für das Kugelbeispiel, Testverfahren für δ_μ, konstante Schadenfunktion, abhängige Stichproben

Der ENSI der optimalen Stichprobe ist

$$\text{ENSI}(n_{11}) = 0.0021.$$

(d) Fallstudie

Ein Transportunternehmer muß sich entscheiden, ob er seine 100 LKW mit Normal- oder Superkraftstoff tanken soll. Mit Normalkraftstoff benötigt er für 100 km im Schnitt 10 l und mit Superkraftstoff angeblich um 20% weniger. Der Liter Normalkraftstoff kostet 10 GE, der Superkraftstoff 11.5 GE. Mit wievielen LKW soll er den Unterschied zwischen Normal- und Superkraftstoff testen, wenn er weiß, daß die Streuung sowohl für Normal- wie Superkraftstoff 1 1/2 Liter beträgt und die Korrelation zwischen Normal- und Superkraftstoffverbrauch gemessen jeweils an einem Auto höchstens 0.7 ist?

Der Transportunternehmer muß sich für eine der beiden Aktionen

a_0 : Normalkraftstoff tanken

a_1 : Superkraftstoff tanken

entscheiden. Die entsprechenden Umweltzustände dieses Entscheidungsproblems können durch folgende Hypothesen ausgedrückt werden:

$$\begin{aligned} H_0 &: \mu_N \leq \mu_S \text{ bzw. } H_0 \cdot \delta_\mu \leq 0, \;\; \delta_\mu = \mu_N - \mu_S \\ H_1 &: \mu_N > \mu_S \text{ bzw. } H_1 : \delta_\mu > 0. \end{aligned}$$

Die „Wertfunktionen" der beiden Aktionen sind hier gleich

$$\begin{aligned} w_N &= 0 - 10 \cdot 100 \cdot \mu_N, \\ w_S &= 0 - 11.5 \cdot 100 \cdot \mu_S. \end{aligned}$$

Da die beiden Priorimittelwerte gleich

$$\mu'_N = 10$$

und

$$\mu'_S = 8 \;\; (= 10 - 20\%)$$

sind, ist der Erwartungswertvektor $\boldsymbol{m}'$ der Priorinormalverteilung

$$\boldsymbol{m}' = \begin{pmatrix} 10 \\ 8 \end{pmatrix}$$

und die Varianzmatrix der Priorinormalverteilung ist

$$\boldsymbol{V} = \begin{pmatrix} 2.250 & 1.575 \\ 1.575 & 2.250 \end{pmatrix},$$

wenn man einen hypothetischen Stichprobenumfang von

$$n' = 1$$

berücksichtigt. Die Kovarianz ergibt sich aus der Beziehung

$$\begin{aligned} \sigma_{12} &= (\rho^2 \cdot \sigma_1^2 \cdot \sigma_2^2)^{1/2} = (0.7^2 \cdot 1.5^2 \cdot 1.5^2)^{1/2} \\ &= 1.575. \end{aligned}$$

Der Erwartungswert von δ_w ist gleich

$$\begin{aligned} \delta'_w &= \boldsymbol{d}^T \cdot (\boldsymbol{g} + \boldsymbol{G} \cdot \boldsymbol{m}') \\ &= (1, \;\; -1) \cdot \left[\begin{pmatrix} 0 \\ 0 \end{pmatrix} + \begin{pmatrix} -1000 & 0 \\ 0 & -1150 \end{pmatrix} \cdot \begin{pmatrix} 10 \\ 8 \end{pmatrix} \right] \\ &= -800 \end{aligned}$$

und die Varianz $\sigma'^2_{\delta w}$ ist

$$\begin{aligned} \sigma'^2_{\delta w} &= \boldsymbol{d}^T \cdot (\boldsymbol{G} \cdot \boldsymbol{V}' \cdot \boldsymbol{G}) \cdot \boldsymbol{d} \\ &= (1, \;\; -1) \cdot \left[\begin{pmatrix} -1000 & 0 \\ 0 & -1150 \end{pmatrix} \cdot \begin{pmatrix} 2.250 & 1.575 \\ 1.575 & 2.250 \end{pmatrix} \right. \\ &\quad \left. \cdot \begin{pmatrix} -1000 & 0 \\ 0 & -1150 \end{pmatrix} \right] \cdot \begin{pmatrix} 1 \\ -1 \end{pmatrix} \\ &= 1.6031 \cdot 10^6. \end{aligned}$$

Mit Hilfe dieser beiden Parameter kann man die Priorischadenerwartungswerte der beiden Aktionen berechnen:

$$\begin{aligned} \mathrm{SE}'(a_0) &= L_0^{\infty}\left(\delta_w \middle| -800, 1.603 \cdot 10^6\right) = 202.7209, \\ \mathrm{SE}'(a_1) &= L_{-\infty}^{0}\left(\delta_w \middle| -800, 1.603 \cdot 10^6\right) = 1002.7209. \end{aligned}$$

An Hand der Prioriinformation wird sich der Transportunternehmer für den Normalkraftstoff entscheiden. Der erwartete Wert der perfekten Information und damit auch die Obergrenze der Ausgaben für zusätzliche Informationen ist

$$\mathrm{EWPI} = 202.7209.$$

Für den Transportunternehmer entstehen 1.5 GE Zusatzkosten pro Liter Kraftstoff und LKW. Daher ist k gleich 1.5 GE und der maximal in Frage kommende Stichprobenumfang

$$n_{max} < \frac{202.7209}{1.5} \cong 135.$$

Für einige der in Frage kommenden Stichprobenumfänge sind der EWSI, der ENSI und die Kosten in folgender Grafik eingetragen:

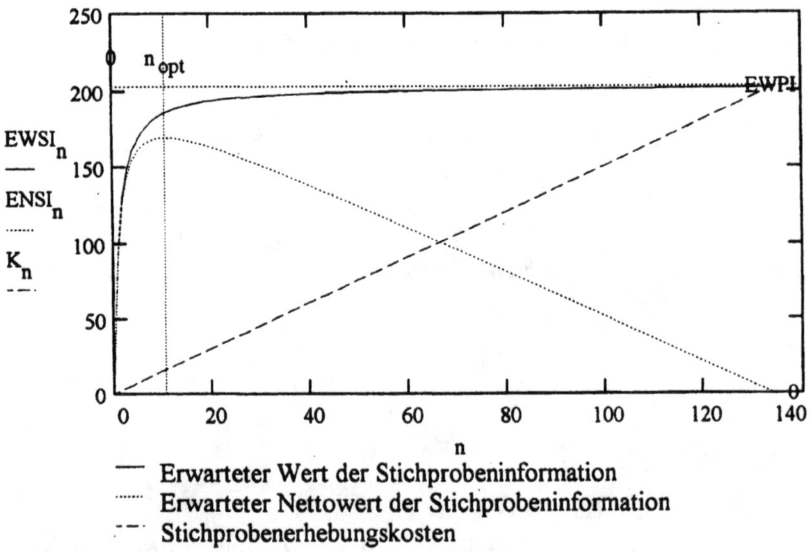

Der maximale ENSI ergibt sich bei einem Stichprobenumfang von

$$n_{opt} = 11.$$

Für diesen Umfang ist der ENSI gleich

$$\mathrm{ENSI}(n_{11}) = 168.7631$$

und der EWSI

$$\mathrm{EWSI}(n_{11}) = 185.2631.$$

Da die priori optimale Aktion a_0 ist, berechnet man den EWSI mit Hilfe der Formel

$$\begin{aligned} \mathrm{EWSI}(n_{11}) &= L\left(\delta_{w''} \mid -800, 1.46953 \cdot 10^6\right) \\ &= 185.262. \end{aligned}$$

Der Parameter -800 ist gleich

$$E(\delta''_w) = \boldsymbol{d}^T \cdot \boldsymbol{w}' = -800$$

und $1.46953 \cdot 10^6$ ist gleich

$$\begin{aligned} V(\delta_{w''}) &= \boldsymbol{d}^T \cdot \boldsymbol{G} \cdot (V' - \boldsymbol{V}'') \cdot \boldsymbol{G}^T \cdot \boldsymbol{d} \\ &= \boldsymbol{d}^T \cdot \boldsymbol{G} \cdot \begin{pmatrix} 2.0625 & 1.4438 \\ 1.4438 & 2.0625 \end{pmatrix} \cdot \boldsymbol{G}^T \cdot \boldsymbol{d} \end{aligned}$$

und $\boldsymbol{V}''$ ist

$$\begin{aligned} \boldsymbol{V}'' &= \left(\boldsymbol{V}'^{-1} + \boldsymbol{V}^{-1}\right)^{-1} \\ &= \left[\begin{pmatrix} 2.250 & 1.575 \\ 1.575 & 2.250 \end{pmatrix}^{-1} + \frac{1}{11} \cdot \begin{pmatrix} 2.259 & 1.575 \\ 1.575 & 2.250 \end{pmatrix}^{1}\right]^{-1} \\ &= \begin{pmatrix} 0.1875 & 0.1313 \\ 0.1313 & 0.1875 \end{pmatrix}. \end{aligned}$$

Der Transportunternehmer wird 11 LKW einmal mit Normalkraftstoff und einmal mit Superkraftstoff tanken und jeweils feststellen, wieviel Liter Kraftstoff der LKW für 100 km benötigt. Mit Hilfe dieser Informationen und den Prioriinformationen wird er die Entscheidung treffen, ob er für seine LKW Normal- oder Superkraftstoff tanken wird.

3 Differenz $\delta_\pi = \pi_1 - \pi_2$

Bei genügend großem Stichprobenumfang konvergiert die Binomialverteilung gegen die Normalverteilung. Wegen dieser Konvergenz ist man berechtigt, Entscheidungsprobleme die Anteilswertdifferenzen betreffen, näherungsweise mit Hilfe des Gauß Modells zu lösen. Die Vorgangsweise wird an Hand eines Punktschätzproblems mit linearer Schadenfunktion erklärt.

(a) Priorianalyse

Zwei Behälter enthalten Kugeln, die entweder schwarz oder nicht schwarz sind. Der Anteil der schwarzen Kugeln im ersten Behälter als auch im zweiten Behälter ist unbekannt. Sie wissen nur von einer vorhergegangenen Ziehung, daß von 100 gezogenen Kugeln des ersten Behälters 50 und von 100 gezogenen Kugeln des zweiten Behälters 40 schwarz waren. Wenn Sie die Differenz zwischen den Anteilen an schwarzen Kugeln in den beiden Behältern richtig angeben, dann erhalten Sie einen beträchtlichen Gewinn. Liegt Ihre Schätzung jedoch unterhalb der wahren Differenz, dann müssen Sie pro Prozentpunkt Abweichung 1 GE bezahlen und 19 GE pro Prozentpunkt Abweichung, wenn Ihr Schätzwert größer ist als die wahre Differenz. Welchen Schätzwert für die Anteilsdifferenz werden Sie angeben?

Die lineare Schadenfunktion ist

$$s(a, \delta_\pi) = \begin{cases} 0 & \text{für } a = \delta_\pi, \\ 19 \cdot (a - \delta_\pi) & \text{für } a > \delta_\pi, \\ 1 \cdot (\delta_\pi - a) & \text{für } a < \delta_\pi. \end{cases}$$

Die unbekannte Differenz zwischen den Anteilswerten der beiden Behälter ist

$$\delta_\pi = \pi_1 - \pi_2.$$

Der optimale Schätzwert für diese Differenz wird bei einer linearen Schadenfunktion nach der Formel[10]

$$a'_{opt} = \sin(a'_{opt,z})$$

berechnet. $a'_{opt,z}$ ist der optimale Schätzwert der transformierten Zufallsvariable und wird nach der Formel

$$a'_{opt,z} = \delta'_z + \sigma'_{\delta_\pi} \cdot z'_{opt}$$

berechnet. z'_{opt} ist für

$$\frac{s_o}{s_o + s_u} = \frac{1}{1 + 19} = 0.05$$

gleich

$$-1.6449.$$

δ'_z ist gleich

$$\begin{aligned} \delta'_z &= \operatorname{asin}\left(\sqrt{\pi'_1}\right) - \operatorname{asin}\left(\sqrt{\pi'_2}\right) \\ &= \operatorname{asin}\left(\sqrt{50/100}\right) - \operatorname{asin}\left(\sqrt{40/100}\right) \\ &= 0.1007 \end{aligned}$$

[10]Vgl. 4.7 Verteilungen von δ, (f) Differenz $\delta\pi_1 - \pi_2$, S. 357ff.

und die Varianz $\sigma'^2_{\delta_\pi}$ ist

$$\begin{aligned}\sigma'^2_{\delta_\pi} &= \left[4 \cdot n_1'^2 \cdot (n_1' + 1)\right]^{-1} + \left[4 \cdot n_2'^2 \cdot (n_2' + 1)\right]^{-1} \\ &= \left[4 \cdot 100^2 \cdot (100 + 1)\right]^{-1} + \left[4 \cdot 100^2 \cdot (100 + 1)\right]^{-1} \\ &= 4.9505 \cdot 10^{-7}.\end{aligned}$$

Daher ist

$$\begin{aligned}a'_{opt,z} &= 0.1007 + \left(4.9505 \cdot 10^{-7}\right)^{1/2} \cdot (-1.6449) \\ &= 0.0995\end{aligned}$$

und

$$\begin{aligned}a'_{opt} &= \sin(0.0995) \\ &= 0.0994.\end{aligned}$$

Sie werden daher die Differenz zwischen beiden Anteilswerten mit rund 10% beziffern. Der Schadenerwartungswert dieser Schätzung ist

$$\begin{aligned}\mathrm{SE}'(a_{opt}) &= \left[(s_u + s_o) \cdot f_Z(z'_{opt})\right] \cdot \sigma'_{\delta_\pi} \\ &= [(19 + 1) \cdot f_Z(-1.6449)] \cdot (4.9505 \cdot 10^{-7})^{1/2} \\ &= 1.4513 \cdot 10^{-3}.\end{aligned}$$

(b) Posteriorianalyse

Eine Stichprobenziehung von 100 Kugeln aus dem ersten Behälter führte zu 52 schwarzen Kugeln und die Ziehung von 120 Kugeln aus dem zweiten Behälter zu 45 schwarzen. Wie ändert sich durch diese Stichprobeninformationen Ihre Schätzung?

Für den optimalen Schätzwert benötigt man

$$\begin{aligned}\delta''_z &= \operatorname{asin}\left(\sqrt{\pi''_1}\right) - \operatorname{asin}\left(\sqrt{\pi''_2}\right) \\ &= \operatorname{asin}\left(\sqrt{\frac{50 + 52}{100 + 100}}\right) - \operatorname{asin}\left(\sqrt{\frac{40 + 45}{100 + 120}}\right) \\ &= 0.1246\end{aligned}$$

und

$$\begin{aligned}\sigma''^2_{\delta_\pi|x} &= \left[4 \cdot n_1''^2 \cdot (n_1'' + 1)\right]^{-1} + \left[4 \cdot n_2''^2 \cdot (n_2'' + 1)\right]^{-1} \\ &= \left[4 \cdot 200^2 \cdot (200 + 1)\right]^{-1} + \left[4 \cdot 220^2 \cdot (220 + 1)\right]^{-1} \\ &= 5.4467 \cdot 10^{-8}.\end{aligned}$$

$a''_{opt,z}$ ist gleich

$$\begin{aligned} a''_{opt,z} &= 0.1246 + (5.4467 \cdot 10^{-8})^{1/2} \cdot (-1.645) \\ &= 0.1243 \end{aligned}$$

und

$$a''_{opt} = \sin(0.1243) = 0.1239.$$

Nach der Stichprobenziehung werden Sie behaupten, daß die Anteilsdifferenz 12.39% beträgt. Der Schadenerwartungswert dieser Schätzung ist

$$\begin{aligned} \mathrm{SE}''(a_{opt}|x) &= [(s_u + s_o) \cdot f_Z(z_{opt})] \cdot \sigma''_{\delta_\pi|x} \\ &= 2.06272 \cdot (5.4467 \cdot 10^{-8})^{1/2} \\ &= 4.8140 \cdot 10^{-4}. \end{aligned}$$

(c) Präposteriorianalyse

(α) Für fixes n_1 und n_2

Sie müssen an Hand der Prioriinformationen entscheiden, ob Sie eine Stichprobe im Umfang von $n_1 = 100$ und $n_2 = 120$ um den Betrag von 10^{-3} GE ziehen wollen. Da der erwartete Wert der Stichprobeninformation gleich

$$\begin{aligned} \mathrm{EWSI}(n_{100}, n_{120}) &= \mathrm{ESE}(n_0, n_0) - \mathrm{ESE}(n_{100}, n_{120}) \\ &= 1.4513 \cdot 10^{-3} - 4.8140 \cdot 10^{-4} \\ &= 9.6990 \cdot 10^{-4} \end{aligned}$$

ist, ist der erwartete Nettowert der Stichprobeninformation negativ

$$\begin{aligned} \mathrm{ENSI}(n_{100}, n_{120}) &= 9.6990 \cdot 10^{-4} - 10^{-3} \\ &= -3.01 \cdot 10^{-5}. \end{aligned}$$

Sie werden daher auf die Stichprobenziehung um diesen Betrag verzichten und an Hand der Prioriinformation entscheiden.

(β) Für variables n_1 und n_2

Wieviele Kugeln ziehen Sie aus den beiden Behältern, wenn Sie pro Kugel aus dem ersten Behälter $9 \cdot 10^{-6}$ GE bezahlen müssen und pro Kugel aus dem zweiten Behälter $12 \cdot 10^{-6}$ GE?

Die maximal in Frage kommenden Stichprobenumfänge sind

$$\begin{aligned} n_{1,max} &< \frac{\mathrm{EWPI}}{k_1} = \frac{1.4513 \cdot 10^{-3}}{9 \cdot 10^{-6}} \cong 161, \\ n_{2,max} &< \frac{\mathrm{EWPI}}{k_2} = \frac{1.4513 \cdot 10^{-3}}{12 \cdot 10^{-6}} = 121. \end{aligned}$$

Insgesamt kommen $161 \cdot 121 = 19481$ Kombinationen in Frage. Davon haben aber nur einige wenige einen positiven ENSI. Die mit den größten positiven ENSI zeigt folgende Grafik:

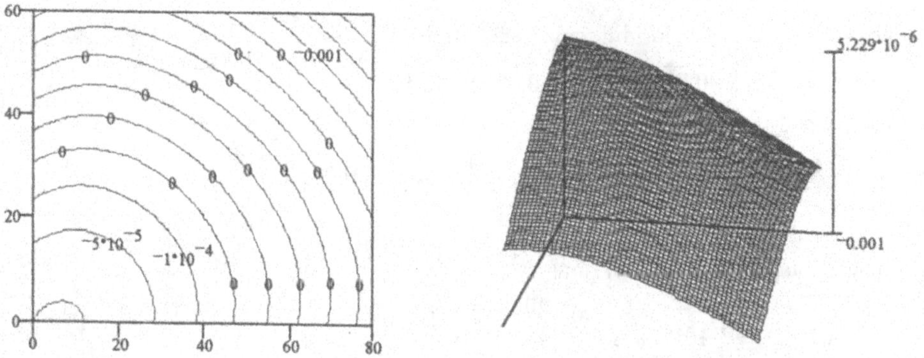

ENSI
Umrißdarstellung des ENSI

ENSI
Flächendarstellung des ENSI

ENSI(n_i, n_j) *für das Kugelbeispiel, Punktschätzverfahren für* δ_π*, lineare Schadenfunktion*

Da die Kombination (n_6, n_0) mit $5.2287 \cdot 10^{-6}$ den größten ENSI besitzt, werden Sie 6 Kugeln aus dem ersten Behälter ziehen und 0 aus dem zweiten, bevor Sie sich entscheiden.

(d) Fallstudie

Für die Behandlung einer bestimmten Krankheit stehen 2 Medikamente zur Verfügung. Eine klinische Untersuchung in den USA bei je 100 Patienten zeigte bei 75 Patienten einen Heilungserfolg, die mit dem Medikament 1 behandelt wurden und bei 72 Patienten, die das Medikament 2 anwandten. Ein Pharmakonzern möchte das Patent für eines der beiden Medikamente erwerben und plant daher an einer deutschen Klinik einen Versuch mit beiden Medikamenten, um einen Schätzwert für die Differenz in den Anteilswerten der Geheilten zu erhalten. Wieviele Patienten sollen mit dem Medikament 1 und 2 behandelt werden, wenn pro Prozentpunkt Abweichung der wahren Differenz von der geschätzten mit Opportunitätskosten von 10^5 zu rechnen ist und die Behandlung eines Patienten Kosten von 0.1 GE verursacht?

Wenn man die Ergebnisse aus der USA als Prioriinformation betrachtet, dann sind

$$x_1' = 75, \quad n_1' = 100,$$
$$x_2' = 72, \quad n_2' = 100.$$

Die transformierte Prioridifferenz der Anteilswerte ist

$$\delta_z = \text{asin}\left(\sqrt{0.75}\right) - \text{asin}\left(\sqrt{0.72}\right) = 0.034$$

und die Priorivarianz ist

$$\begin{aligned} \sigma_{\delta\pi}'^2 &= \left[4 \cdot 100^2 \cdot (100+1)\right]^{-1} + \left[4 \cdot 100^2 \cdot (100+1)\right]^{-1} \\ &= 4.9505 \cdot 10^{-7}. \end{aligned}$$

Für die lineare Schadenfunktion

$$s(a, \delta_\pi) = \begin{cases} 0 & \text{für } a = \delta_\pi, \\ 10^5 \cdot (a - \delta_\pi) & \text{für } a > \delta_\pi, \\ 10^5 \cdot (\delta_\pi - a) & \text{für } a < \delta_\pi \end{cases}$$

ist das z_{opt} gleich Null, da

$$F_Z(0) = 0.5 = \frac{10^5}{10^5 + 10^5}.$$

Der optimale Schätzwert für die Differenz in den Heilungserfolgen der beiden Medikamente ist auf Grund der Prioriinformationen mit

$$a'_{opt,z} = 0.0340 + \sqrt{4.9505 \cdot 10^{-7}} \cdot 0 = 0.0340$$
$$a'_{opt} = \sin(0.0340) = 0.0340$$

anzunehmen. Der Schadenerwartungswert dieser optimalen Schätzung ist

$$\begin{aligned} \text{SE}(a'_{opt}) &= \left[(10^5 + 10^5) \cdot f_Z(0)\right] \cdot \sqrt{4.9505 \cdot 10^{-7}} \\ &= 56.139. \end{aligned}$$

Für den Versuch werden die Verantwortlichen des Pharmakonzerns höchstens 56.139 GE ausgeben.

Die optimalen Stichprobenumfänge für den Versuch werden mit Hilfe des folgenden Gleichungssystems berechnet:[11]

$$\frac{(10^5 + 10^5) \cdot f_Z(0)}{8 \cdot \sqrt{[4 \cdot n_1''^2 \cdot (n_1'' + 1)]^{-1} + [4 \cdot n_2''^2 \cdot (n_2'' + 1)]^{-1}}} \cdot \frac{3 \cdot n_1'' + 2}{n_1''^3 (n_1'' + 1)^2} = 0.10$$

$$\frac{(10^5 + 10^5) \cdot f_Z(0)}{8 \cdot \sqrt{[4 \cdot n_1''^2 \cdot (n_1'' + 1)]^{-1} + [4 \cdot n_2''^2 \cdot (n_2'' + 1)]^{-1}}} \cdot \frac{3 \cdot n_2'' + 2}{n_2''^3 (n_2'' + 1)^2} = 0.10$$

[11]Vgl. 2.2 Gauß Modell für μ, (b) Lineare Schadenfunktion, S. 416.

Das Ergebnis ist für n_1'' und n_2'' gleich

$$n_1'' = 177.7391, \quad n_{1,opt} = 177.7391 - 100 \cong 78,$$
$$n_2'' = 177.7391, \quad n_{2,opt} = 177.7391 - 100 \cong 78.$$

Die Verantwortlichen des Pharmakonzerns werden daher je 78 Patienten für die Behandlung mit den beiden Medikamenten einplanen.
Der EWSI dieses Stichprobenplanes ist gleich

$$\begin{aligned} \text{EWSI}(n_{78}, n_{78}) &= \text{EWPI} - [(s_u + s_o) \cdot f_Z(z_{opt})] \cdot \sigma''_{\delta_\pi} \\ &= 32.4482, \end{aligned}$$

da

$$\begin{aligned} \sigma''^2_{\delta_\pi} &= \left[4 \cdot (100 + 78)^2 \cdot (178 + 1)\right]^{-1} + \left[4 \cdot (100 + 78)^2 \cdot (178 + 1)\right]^{-1} \\ &= 8.8161 \cdot 10^{-8} \end{aligned}$$

ist. Der ENSI ist mit

$$\begin{aligned} \text{ENSI}(n_{78}, n_{78}) &= 32.4482 - 0.1 \cdot 78 - 0.1 \cdot 78 \\ &= 16.8482 \end{aligned}$$

positiv. Daher sind

$$n_1 = 78 = n_2$$

tatsächlich optimale Stichprobenumfänge.

Kapitel V

Regressionskoeffizient β

Das Modell mit zweiseitig beschrifteten Kugeln in einem Behälter kann auch für die Erklärung der bivariaten linearen Regressionsanalyse herangezogen werden. In den beiden folgenden Abschnitten wird ein Testproblem für β und ein Punktschätzproblem für Y_{n+1} erläutert.
Die bivariate lineare Regressionsfunktion[1]

$$Y = \beta_0 + \beta_1 \cdot x + \varepsilon$$

drückt die Abhängigkeit zwischen X und Y durch eine lineare Funktion aus. β_0 und β_1 sind die unbekannten Regressionskoeffizienten, wobei β_1 (Steigung) angibt, um wieviel Einheiten sich die abhängige Variable Y verändert, wenn sich die unabhängige Variable X um eine Einheit verändert. β_0 ist gleich dem Ordinatenabstand des Schnittpunktes der Geraden mit der Y-Achse (Achsenabschnitt). Die ε sind unabhängige, normalverteilte Zufallsvariablen (Fehlervariablen) mit dem Erwartungswert 0 und der Varianz σ_ε^2.
Die Punktschätzungen b_0 und b_1 für die Parameter β_0 und β_1 werden so bestimmt, daß durch die lineare Regressionsfunktion

$$\hat{y} = b_0 + b_1 \cdot x$$

eine möglichst gute Schätzung $\hat{y}$ für die Ausprägung y der Zufallsvariable Y bestimmt ist. Ein geeignetes Maß für die Güte dieser Schätzung ist die Summe der Abweichungsquadrate:

$$SAQ = \sum_{i=1}^{n} (y_i - b_0 - b_1 \cdot x_i)^2 .$$

[1]Vgl. 4.8 Verteilungen von β, S. 360ff.

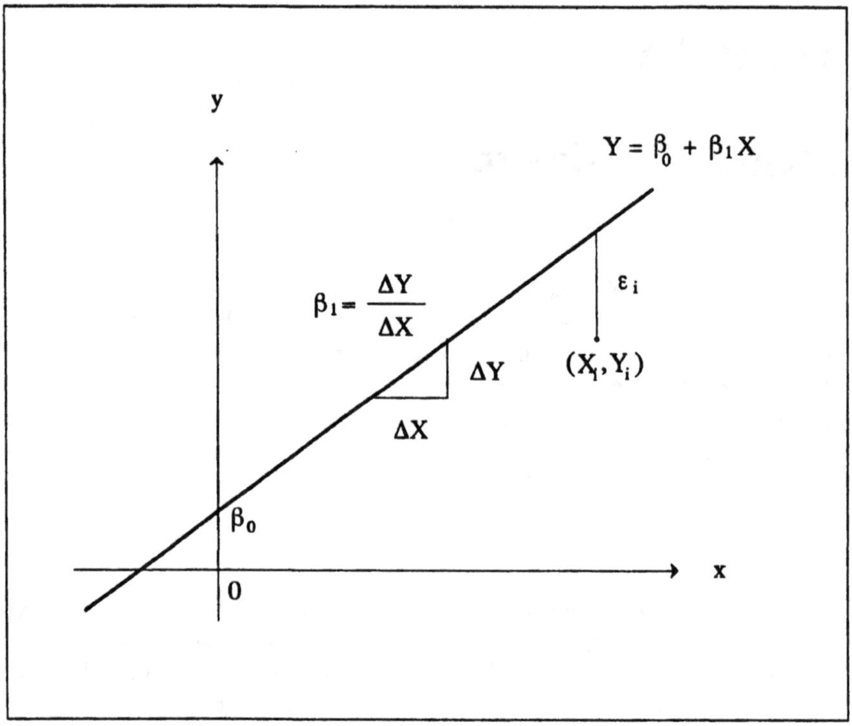

Die bivariate lineare Regressionsfunktion

Die Schätzungen b_0 und b_1 sollen so bestimmt werden, daß die SAQ der beobachteten Werte y_i von den durch die Regressionsfunktion an der Stelle x_i gelieferten Werte $\hat{y}_i = b_0 + b_1 \cdot x_i$ minimal wird. Somit ergeben sich b_0 und b_1 als Lösungen des sogenannten Normalengleichungssystems

$$\begin{aligned} \frac{\partial}{\partial b_0} SAQ &= -2 \cdot \sum_{i=1}^{n} (y_i - b_0 - b_1 \cdot x_i) \stackrel{!}{=} 0, \\ \frac{\partial}{\partial b_1} SAQ &= -2 \cdot \sum_{i=1}^{n} (y_i - b_0 - b_1 \cdot x_i) \cdot x_i \stackrel{!}{=} 0. \end{aligned}$$

Die Lösungen sind

$$\begin{aligned} b_1 &= \frac{\sum(x_i - \overline{x}) \cdot (y_i - \overline{y})}{\sum(x_i - \overline{x})^2} = \frac{s_{xy}}{s_x^2}, \\ b_0 &= \overline{y} - b_1 \cdot \overline{x}. \end{aligned}$$

b_0 und b_1 heißen auch Kleinste-Quadratschätzer für β_0 und β_1 und die Berechnungsmethode heißt Methode der kleinsten Quadrate.

Die SAQ liefert auch die Basis für die Schätzung der Varianz der Fehlervariablen σ_ε^2. Sie kann an Hand einer Stichprobe wie folgt berechnet werden:[2]

$$\begin{aligned} s_e^2 &= \sum_{i=1}^{n} (y_i - b_0 - b_1 \cdot x_i)^2 / (n-2) \\ &= \sum_{i=1}^{n} (y_i - \hat{y}_i)^2 / (n-2) \\ &= \sum_{i=1}^{n} e_i^2 / (n-2). \end{aligned}$$

Die Varianz des Regressionskoeffizienten β_1 ist

$$\begin{aligned} V(\beta_1) = \sigma_{\beta_1}^2 &= V\left(\frac{\sum_{i=1}^{n}(x_i - \overline{x}) \cdot (Y_i - \overline{Y})}{\sum_{i=1}^{n}(x_i - \overline{x})^2}\right) \\ &= V\left(\frac{\sum_{i=1}^{n}(x_i - \overline{x}) \cdot Y_i}{\sum_{i=1}^{n}(x_i - \overline{x})^2}\right) \\ &= \left(\frac{\sum_{i=1}^{n}(x_i - \overline{x})}{\sum_{i=1}^{n}(x_i - \overline{x})^2}\right)^2 \cdot V(Y_i) \\ &= \frac{\sigma_\varepsilon^2}{\sum_{i=1}^{n}(x_i - \overline{x})^2} = \frac{\sigma_\varepsilon^2}{\sigma_x^2} \cdot \frac{1}{n}. \end{aligned}$$

Durch die Transformation

$$Y = \alpha + \beta \cdot (x - \overline{x}) + \varepsilon$$

[2]Diese Formel gilt für $n \geq 30$. Wenn $n < 30$ ist und σ_ε^2 unbekannt, dann findet man die entsprechenden Formeln z.B. bei Raiffa, Schlaifer (1972), Broemeling (1985).

vereinfachen sich manche Formeln. β_0 ist dann gleich

$$\beta_0 = \alpha - \beta \cdot \overline{x}$$

und

$$\beta_1 = \beta.$$

1 Testverfahren für β und eine konstante Schadenfunktion

(a) Priorianalyse

In einem Behälter mit zweiseitig beschrifteten Kugeln vermutet man, daß sich die Zahl auf der Rückseite der Kugel im Schnitt um eine Einheit erhöht, wenn sich die Zahl auf der Vorderseite um eine Einheit erhöht. Sie wollen diese Vermutung über den unbekannten Regressionskoeffizienten β in Form einer hypothetischen Stichprobe des Umfanges $n' = 4$ berücksichtigen. Außerdem wissen Sie, daß die Zahlen sowohl auf der Vorderseite als auch auf der Rückseite bivariat normalverteilt sind mit den Standardabweichungen $\sigma_\varepsilon = 10$ und $\sigma_x = 12$. Wenn Sie behaupten, daß der unbekannte Regressionskoeffizient β höchstens 1 ist und dies trifft tatsächlich zu, dann erhalten Sie 19 GE und 1 GE, wenn Sie richtigerweise behaupten, daß der Regressionskoeffizient β größer als 1 ist. Wie sollen Sie sich entscheiden ?

Die beiden Aktionen sind in diesem Fall

a_0 : Der Regressionskoeffizient β ist höchstens 1,

a_1 : Der Regressionskoeffizient β ist größer als 1

und die beiden Umweltzustände sind

$$H_0 : \beta \leq 1 \text{ und } H_1 : \beta > 1.$$

Die konstante Schadenfunktion ergibt sich aus den Angaben wie folgt:

$$\begin{aligned} s(a_0, \beta) &= \begin{cases} 0 & \text{für } \beta \leq 1, \\ s_2 = 1 & \text{für } \beta > 1, \end{cases} \\ s(a_1, \beta) &= \begin{cases} s_1 = 19 & \text{für } \beta \leq 1, \\ 0 & \text{für } \beta > 1. \end{cases} \end{aligned}$$

Da vermutet wird, daß sich mit der Erhöhung der Zahl um eine Einheit auf der Vorderseite der Kugel auch die Zahl auf der Rückseite um eine Einheit erhöht, ist der Priorierwartungswert gleich

$$E(\beta) = \beta' = 1.$$

Die Priorivarianz wird nach der Formel[3]

$$V(\beta) = \sigma_\beta'^2 = \frac{\sigma_\varepsilon^2}{\sigma_x^2} \cdot \frac{1}{n'} = \frac{10^2}{12^2} \cdot \frac{1}{4} = 0.1736$$

berechnet, wobei σ_x^2 die Varianz der Zahlwerte der Vorderseite ist und $\sigma_\varepsilon^2 = \sigma_y^2$ die Varianz der Rückseite (bei Unabhängigkeit von X und Y). Die beiden Schadenerwartungswerte sind daher

$$\begin{aligned} \text{SE}'(a_0) &= 1 \cdot G_N(1|1, 0.1736) = 0.50, \\ \text{SE}'(a_1) &= 19 \cdot F_N(1|1, 0.1736) = 9.50. \end{aligned}$$

Da a_0 den geringeren Schadenerwartungswert hat, werden Sie behaupten, daß der unbekannte Regressionskoeffizient β nicht größer als 1 ist.

(b) Posterioranalyse

Das Ergebnis von 10 Ziehungen zeigt folgende Aufstellung, wobei x_i die i-te Zahl der Vorderseite und y_i die der Rückseite repräsentiert:

x_i	y_i	$x_i - \overline{x}$	$(x_i - \overline{x}) \cdot y_i$	$(x_i - \overline{x})^2$
97	114	-0.6	-68.4	0.36
102	111	4.4	488.4	19.36
91	83	-6.6	-547.8	43.56
91	90	-6.6	-594.0	43.56
94	93	-3.6	-334.8	12.96
101	96	3.4	326.4	11.56
102	115	4.4	506.0	19.36
102	118	4.4	519.2	19.36
99	87	1.4	121.8	1.96
97	95	-0.6	-57.0	0.36
976	1002		359.8	172.4

Der Durchschnitt der Zahlen von der Vorderseite ist

$$\overline{x} = \sum x_i/n = 976/10 = 97.6$$

und der der Rückseite ist

$$\overline{y} = \sum y_i/n = 1002/10 = 100.2.$$

Der Regressionskoeffizient b dieser Stichprobe ist

$$\begin{aligned} b &= \frac{\sum(x_i - \overline{x}) \cdot (y_i - \overline{y})}{\sum(x_i - \overline{x})^2} = \frac{\sum(x_i - \overline{x}) \cdot y_i}{\sum(x_i - \overline{x})^2} \\ &= \frac{359.8}{172.4} = 2.0870 \end{aligned}$$

[3]Vgl. 4.8 Verteilungen von β, (a) Normalverteilungen des Gauß Modells, S. 360f.

und die Regressionsfunktion der Stichprobe ist

$$\begin{aligned} y_i &= a + b \cdot (x_i - \overline{x}) \\ &= 100.2 + 2.0870 \cdot (x_i - 97.6), \end{aligned}$$

da

$$a = \overline{y} = 100.2$$

ist. Mit b_0 und b_1 ist die Funktion gleich

$$\begin{aligned} y_i &= a - b \cdot \overline{x} + b \cdot x_i \\ &= 100.2 - 2.0870 \cdot 97.6 + 2.0870 \cdot x_i \\ &= -103.4912 + 2.0870 \cdot x_i. \end{aligned}$$

In folgender Grafik sind die Beobachtungswerte und die daraus abgeleitete lineare Regressionsfunktion eingezeichnet:

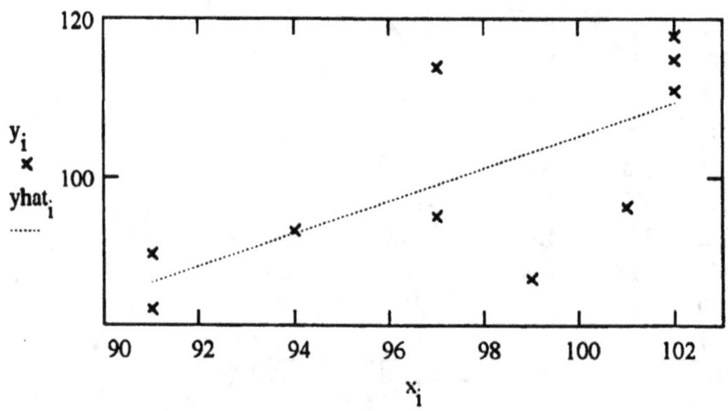

Beobachtungswerte und lineare Regressionsfunktion

Die Stichprobeninformationen über β sind

$$b = 2.0870$$

und

$$V(b|\beta) = \sigma^2_{b|\beta} = \frac{\sigma^2_\varepsilon}{s^2_x} \cdot \frac{1}{n} = \frac{100}{172.4} = 0.58.$$

Diese werden mit den Prioriinformationen durch die Formeln[4]

$$\begin{aligned}\beta'' &= \frac{n'\cdot\beta'+n\cdot b}{n'+n} = \frac{4\cdot 1+10\cdot 2.0870}{4+10} = 1.7764\\ \sigma''^2_{\beta|b} &= \frac{\sigma^2_\varepsilon}{n'\cdot\sigma^2_x+n\cdot s^2_x} = \frac{100}{576+172.4} = 0.1336\end{aligned}$$

verknüpft. Die Posteriorischadenerwartungswerte sind

$$\begin{aligned}\mathrm{SE}''(a_0) &= s_2\cdot G_N\left(\beta_0|\beta'',\sigma''^2_{\beta|b}\right)\\ &= 1\cdot 0.9832\\ &= 0.9832,\\ \mathrm{SE}''(a_1) &= s_1\cdot F_N(\beta_0|1.7764,\ 0.1336)\\ &= 19\cdot 0.0168\\ &= 0.3198.\end{aligned}$$

Da nun die Aktion a_1 den kleineren Schadenerwartungswert hat, werden Sie behaupten, daß der unbekannte Regressionskoeffizient β größer ist als 1.

(c) Präposteriorianalyse

(α) Für fixes n

Wenn Sie beim Wissensstand der Priorianalyse das Angebot erhalten, 10 Kugeln um 0.05 GE aus dem Behälter zu ziehen, dann müssen Sie entscheiden, ob der erwartete Wert der Stichprobeninformation größer ist als dieser Betrag. Da die priori optimale Aktion a_0 ist, wird der EWSI nach der Formel

$$\mathrm{EWSI}(n_i) = s_2\cdot m^{(22)}_{00} - s_1\cdot m^{(21)}_{00}$$

berechnet. Die Parameter der bivariaten Normalverteilung von b und β sind[5]

$$\begin{aligned}\boldsymbol{m}(b,\beta) &= \begin{pmatrix} b'\\ b'\end{pmatrix} = \begin{pmatrix}1\\1\end{pmatrix}\\ \boldsymbol{V}(b,\beta) &= \begin{pmatrix}\sigma^2_b & \sigma'^2_\beta\\ \sigma'^2_\beta & \sigma'^2_\beta\end{pmatrix} = \begin{pmatrix}0.2431 & 0.1736\\ 0.1736 & 0.1736\end{pmatrix}\end{aligned}$$

mit

$$\begin{aligned}\sigma^2_b &= \sigma^2_\varepsilon\cdot\left(\frac{1}{n'\cdot\sigma^2_x}+\frac{1}{n\cdot\sigma^2_x}\right)\\ &= 100\cdot\left(\frac{1}{576}+\frac{1}{1440}\right)\\ &= 0.2431.\end{aligned}$$

[4]Vgl. auch Iversen (1984, S. 47), Box, Tiao (1973, S. 501).

[5]Vgl. 4.8 Verteilungen von β, (b) Parameter der bivariaten Normalverteilung von α und β, S. 365.

Die Integrationsgrenze c_1 wird nach der Formel

$$c_1 = \sigma^2_{b|\beta} \cdot \left[\left(\frac{1}{\sigma'^2_\beta} + \frac{1}{\sigma^2_{b|\beta}}\right) \cdot \left(\beta_0 - \sigma_{\beta|b} \cdot z_{opt}\right) - \frac{\beta'}{\sigma'^2_\beta}\right]$$

berechnet. Da s_x^2 nicht bekannt ist, wird $\sigma^2_{b|\beta}$ nach der Formel

$$\sigma^2_{b|\beta} = \frac{\sigma^2_\varepsilon}{\sigma^2_x} \cdot \frac{1}{n} = \frac{100}{144} \cdot \frac{1}{10} = 0.0694$$

bestimmt. Dies gilt auch für $\sigma''^2_{\beta|b}$:

$$\sigma''^2_{\beta|b} = \frac{\sigma^2_\varepsilon}{n' \cdot \sigma^2_x + n \cdot \sigma^2_x} = \frac{100}{576 + 1440} = 0.0496.$$

Da für $s_1 = 1$ und $s_2 = 19$ z_{opt} gleich

$$z_{opt} = -1.6449,$$

ist, ist c_1 gleich

$$\begin{aligned} c_1 &= 0.0694 \cdot \left[\left(\frac{1}{0.1736} + \frac{1}{0.0694}\right) \cdot \left(1 - \sqrt{0.0496} \cdot (-1.6449)\right) - \frac{1}{0.1736}\right] \\ &= 1.5130 \end{aligned}$$

und

$$c_2 = \beta_0 = 1.$$

Damit kann man die Momente der bivariaten Normalverteilung berechnen. Sie sind

$$\begin{aligned} m^{(22)}_{00} &= \int_{1.513}^{\infty} \int_{1}^{\infty} f_{2N}(b, \beta|\boldsymbol{m}, \boldsymbol{V}) db\, d\beta = 0.1467, \\ m^{(21)}_{00} &= \int_{1.513}^{\infty} \int_{-\infty}^{1} f_{2N}(b, \beta|\boldsymbol{m}, \boldsymbol{V}) db\, d\beta = 2.3754 \cdot 10^{-3}. \end{aligned}$$

Der EWSI ist daher

$$\text{EWSI}(n_{10}) = 1 \cdot 0.1467 - 19 \cdot 2.3754 \cdot 10^{-3} = 0.1016.$$

Da dieser Wert größer ist als die Stichprobenkosten von 0.05, werden Sie diesen Betrag bezahlen und die Stichprobe von 10 Kugeln ziehen, bevor Sie sich entscheiden.

(β) Für variables n

Wieviele Kugeln entnehmen Sie, wenn die Ziehung einer Kugel 0.005 GE kostet?

Der maximal in Frage kommende Stichprobenumfang ist jedenfalls kleiner als

$$n_{max} < \frac{\text{EWPI}}{k} = \frac{0.500}{0.005} = 100,$$

da der Schadenerwartungswert der priori optimalen Aktion 0.50 ist. Der EWSI und der ENSI für die Stichprobenumfänge zeigt folgende Grafik:

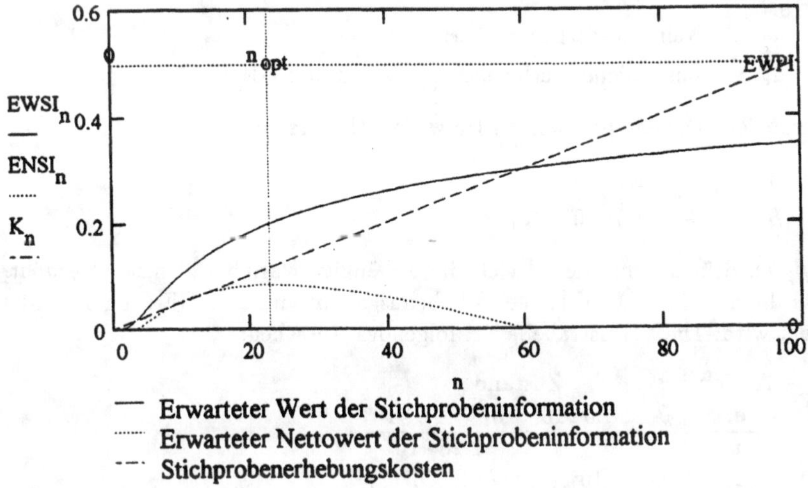

EWSI(n), ENSI(n) und K(n) für das Kugelbeispiel, Testverfahren für den Regressionskoeffizienten β_1, konstante Schadenfunktion

Da der Stichprobenumfang von 23 mit 0.08268 den maximalen positiven ENSI aufweist, werden Sie diese Anzahl von Kugeln entnehmen, bevor Sie Ihre Entscheidung treffen.

(d) Fallstudie

Eine international tätige Firma für Markenartikel plant die Erhöhung der Werbeausgaben auf einem nationalen Markt für eine bestimmte Marke, bei der sie 25% Deckungsbeitrag vom Umsatz erreicht. Man weiß aus internationalen Untersuchungen, daß die Erhöhung der Werbeausgaben um 1 Mio den Umsatz im Schnitt um 4.5 Mio GE erhöht. Außerdem ist bekannt, daß $\sigma_\varepsilon^2 \leq 10^6$ ist und die Standardabweichung für die entsprechenden Werbeausgaben international 10^4 ausmachen. Die Geschäftsleitung will die Werbeausgaben um 2 Mio GE erhöhen, wenn in diesem internationalen Markt zumindest der internationale Schnitt von 4.5 Mio gilt. Vor der Entscheidung möchte die Geschäftsleitung wegen der eventuell vorhandenen nationalen Besonderheiten eine Marktuntersuchung im betreffenden Land durchführen, um den Zusammenhang zwischen Werbeausgaben und Umsatz zu überprüfen. Wieviele Firmen sollen bei dieser Untersuchung berücksichtigt werden, wenn die Analyse einer Firma Kosten von 1000 GE verursacht?

Die Geschäftsleitung muß sich für eine der beiden Aktionen

a_0 : Keine zusätzlichen Werbeausgaben

a_1 : Zusätzliche Werbeausgaben von 2 Mio GE

entscheiden. Die entsprechenden Umweltzustände sind

$$\begin{aligned} H_0 &: \beta_1 < 4.5 \cdot 10^6, \\ H_1 &: \beta_1 \geq 4.5 \cdot 10^6, \end{aligned}$$

da β_1 ausdrückt, um wieviel sich die abhängige Variable „Umsatz" erhöht, wenn die unabhängige Variable „Werbeausgaben" um eine GE (hier 10^6 GE) erhöht wird. Die Verlusttabelle hat folgendes Aussehen:

Aktion	Zustand	
a_i	$\beta_1 < 4.5 \cdot 10^6$	$\beta_1 \geq 4.5 \cdot 10^6$
a_0	0	$2.25 \cdot 10^6$
a_1	$2 \cdot 10^6$	$2 \cdot 10^6$

Wenn $\beta_1 \geq 4.5 \cdot 10^6$ der wahre Umweltzustand ist, dann hat man bei der Wahl von „a_0 : Keine zusätzlichen Werbeausgaben" mit einem entgangenen Gewinn von mindestens 2.25 Mio GE zu rechnen, da man in diesem Fall mit einem zusätzlichen Umsatz von mindestens 9 Mio GE rechnen kann. 25% davon sind der ausgewiesene entgangene Gewinn. Die dieser Verlusttabelle entsprechende Opportunitätskostentabelle ist:

Aktion	Zustand	
a_i	$\beta_1 < 4.5 \cdot 10^6$	$\beta_1 \geq 4.5 \cdot 10^6$
a_0	0	$s_2 = 0.25 \cdot 10^6$
a_1	$s_1 = 2 \cdot 10^6$	0

Als Prioriinformation über β_1 dienen die internationalen Daten:

$$\begin{aligned} E(\beta) &= \beta_1' = 4.5 \cdot 10^6, \\ V(\beta) &= \sigma_\beta'^2 = \frac{10^{12}}{10^8} = 10^4. \end{aligned}$$

Dabei wurden diese Daten mit einem hypothetischen Stichprobenumfang von

$$n' = 1$$

gewichtet. Die Priorischadenerwartungswerte sind

$$\begin{aligned}
\mathrm{SE}'(a_0) &= 0.25 \cdot 10^6 \cdot G_N(4.5|4.5, 10^2) = 1.25 \cdot 10^5, \\
\mathrm{SE}'(a_1) &= 2 \cdot 10^6 \cdot F_N(4.5|4.5, 10^2) = 10^6.
\end{aligned}$$

Der erwartete Wert der perfekten Information ist daher

$$\mathrm{EWPI} = 125000.$$

Da die Untersuchung einer Firma Kosten von 1000 GE verursacht, ist der maximal in Frage kommende Stichprobenumfang gleich

$$n_{max} \leq \frac{125000}{1000} = 125.$$

Unter diesen 125 möglichen Stichprobenumfängen hat der Umfang

$$n_{opt} = 18$$

den größten positiven erwarteten Nettowert der Stichprobeninformation von

$$\mathrm{ENSI}(n_{18}) = 68177.6215.$$

Die Geschäftsleitung wird daher 18 Firmen in die Untersuchung für den Zusammenhang zwischen Umsatz und Werbeausgaben einbeziehen.
Den EWSI dieses Stichprobenumfanges

$$\mathrm{EWSI}(n_{18}) = 86177.6215$$

berechnet man mit Hilfe der bivariaten Normalverteilung:

$$\begin{aligned}
\mathrm{EWSI}(n_{18}) &= s_2 \cdot m_{00}^{(22)} - s_1 \cdot m_{00}^{(21)} \\
&= 0.25 \cdot 10^6 \cdot 0.3821 - 2 \cdot 10^6 \cdot 0.0047.
\end{aligned}$$

Die Berechnung der Momente der bivariaten Normalverteilung erfordert folgende Zwischenwerte:

$$\begin{aligned}
\sigma''^2_{\beta|b} &= \frac{(10^6)^2}{(10^4)^2 \cdot (1+18)} = 526.358 \\
\sigma^2_b &= 10^2 \cdot \left(\frac{1}{10^8 \cdot 1} + \frac{1}{10^8 \cdot 18}\right) = 10555.5556 \\
\sigma^2_{b|\beta} &= \frac{10^{12}}{10^8 \cdot 18} = 555.5556 \\
c_1 &= 555.5556 \cdot \left[\left(\frac{1}{10^2} + \frac{1}{555.5556}\right) \cdot (4.5 \cdot 10^6 - \right. \\
&- \left. \sqrt{526.3158} \cdot (-1.2206) - \frac{4.5 \cdot 10^6}{10^2}\right] \\
&= 4.5 \cdot 10^6.
\end{aligned}$$

Das $z = -1.2206$ wurde so bestimmt, daß gilt

$$F_Z(z) = \frac{s_2}{s_2 + s_1} = \frac{0.25 \cdot 10^6}{0.25 \cdot 10^6 + 2 \cdot 10^6} = 0.1111.$$

Mit Hilfe dieser Parameter kann man nun die beiden standardisierten Merkmale für die bivariate Standardnormalverteilung berechnen:

$$\begin{aligned} z_1 &= \frac{c_1 - \beta'}{\sigma_b} = 0.2877, \\ z_2 &= \frac{\beta_0 - \beta'}{\sigma'_\beta} = 0. \end{aligned}$$

Der Korrelationskoeffizient ist

$$\rho = \frac{\sigma'^2_\beta}{\sigma'_\beta \cdot \sigma_b} = 0.9733.$$

In folgender Grafik sind der EWSI und der ENSI sowie die Kostenfunktion für n von 0 bis 100 eingetragen. Die Kurve des ENSI hat bei $n = 18$ ihr Maximum.

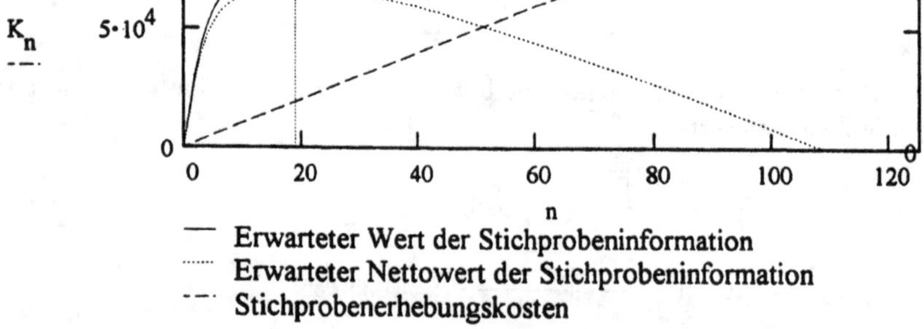

EWSI(n). ENSI(n) und K(n) für die Fallstudie „Werbeausgaben“

2 Punktschätzverfahren für Y_{n+1} und eine lineare Schadenfunktion

(a) Priorianalyse

An Hand der Priorikenntnisse des Beispiels vom vorhergehenden Abschnitt sollen Sie einen Schätzwert für die Zahl auf der Rückseite der Kugel angeben, nachdem Ihnen die Vorderseite gezeigt wurde. Die Zahl auf der Vorderseite ist gleich

$$x_{n+1} = 98.$$

Wenn Sie die Zahl auf der Rückseite richtig angeben, dann erhalten Sie einen großen Gewinn. Sie müssen aber 19 GE pro Abweichungseinheit bezahlen, wenn Ihr Schätzwert größer ist als die richtige Zahl und 1 GE pro Abweichungseinheit, wenn Ihr Schätzwert kleiner ist als die Zahl auf der Rückseite. Welchen Schätzwert sollen Sie angeben, wenn Sie zudem vermuten, daß der Priorimittelwert für die Zahlen auf der Vorderseite gleich dem auf der Rückseite ist, nämlich

$$\mu_x' = \mu_y' = 100.$$

Die Schadenfunktion für dieses Schätzproblem ist linear:

$$s(a, Y_{n+1}) = \begin{cases} 0 & \text{für } a = Y_{n+1}, \\ 19 \cdot (a - Y_{n+1}) & \text{für } a > Y_{n+1}, \\ 1 \cdot (Y_{n+1} - a) & \text{für } a < Y_{n+1}. \end{cases}$$

Y_{n+1} ist die zu schätzende Zahl auf der Rückseite der Kugel und a die abgegebene Schätzung.

Y_{n+1} ist normalverteilt mit dem Erwartungswert[6]

$$E(Y_{n+1}) = \alpha' + \beta' \cdot (x_{n+1} - \mu_x').$$

Da α' gleich dem Priorimittelwert von μ_y' ist und β' gleich 1, ist dieser Erwartungswert gleich

$$\begin{aligned} E(Y_{n+1}) &= 100 + 1 \cdot (98 - 100) \\ &= 98 \end{aligned}$$

und die Varianz ist

$$\begin{aligned} V(Y_{n+1}) &= \sigma_{y_{n+1}}'^2 = \sigma_\varepsilon^2 \cdot \left[1 + \frac{1}{n'} + \frac{(x_{n+1} - \mu_x')^2}{n' \cdot \sigma_x^2}\right] \\ &= 100 \cdot \left[1 + \frac{1}{4} + \frac{(98 - 100)^2}{4 \cdot 144}\right] = 125.6944. \end{aligned}$$

[6] Vgl. 4.8 Verteilungen von β, (a) Normalverteilungen des Gauß Modells, S. 364f.

Der optimale Schätzwert ist allgemein gleich

$$a'_{opt} = E(Y_{n+1}) + \sigma'_{y_{n+1}} \cdot z_{opt}.$$

Für $s_o = 1$ und $s_u = 19$ ist

$$z_{opt} = -1.6449.$$

a'_{opt} ist daher

$$\begin{aligned} a'_{opt} &= 98 + \sqrt{125.6944} \cdot (-1.6449) \\ &= 79.5590. \end{aligned}$$

Sie werden behaupten, daß auf der Rückseite der Kugel die Zahl 79.559 steht. Dies ist die Schätzung mit minimalem Schadenerwartungswert.

Der Schadenerwartungswert dieser Schätzung ist

$$\begin{aligned} \mathrm{SE}'(a_{opt}) &= [(s_u + s_o) \cdot f_Z(z_{opt})] \cdot \sigma'_{y_{n+1}} \\ &= [(19+1) \cdot f_Z(-1.6449)] \cdot \sqrt{125.6944} \\ &= 23.1258. \end{aligned}$$

(b) Posteriorianalyse

Wie ändert sich Ihre optimale Schätzung, wenn neben dem Prioriwissen auch die Informationen der Stichprobe von 10 Kugeln zur Verfügung stehen?

Die Posterioriinformationen sind bekanntlich

$$\beta'' = \frac{n' \cdot \beta' + n \cdot b}{n' + n} = \frac{4 \cdot 1 + 10 \cdot 2.0870}{4 + 10} = 1.7764$$

und

$$\alpha'' = \frac{n' \cdot \alpha' + n \cdot a}{n' + n} = \frac{4 \cdot 100 + 10 \cdot 100.2}{4 + 10} = 100.1429.$$

Der Erwartungswert der Normalverteilung von Y_{n+1} ist daher

$$\begin{aligned} E(Y_{n+1}|\boldsymbol{y}) &= \alpha'' + \beta'' \cdot (x_{n+1} - \overline{x}) \\ &= 100.1429 + 1.7764 \cdot (98 - 97.6) \\ &= 100.8534 \end{aligned}$$

und die Varianz ist gleich

$$\begin{aligned} V(Y_{n+1}|\boldsymbol{y}) &= \sigma''^2_{y_{n+1}} = \sigma^2_\varepsilon \cdot \left[1 + \frac{1}{n''} + \frac{(x_{n+1} - \overline{x})^2}{n'' \cdot s^2_x}\right] \\ &= 100 \cdot \left[1 + \frac{1}{14} + \frac{(98 - 97.6)^2}{14 \cdot 17.24}\right] \\ &= 107.2091. \end{aligned}$$

Der optimale Schätzwert ist nun

$$\begin{aligned} a''_{opt} &= 100.8534 + \sqrt{107.2091} \cdot (-1.6449) \\ &= 83.8223 \end{aligned}$$

und der Schadenerwartungswert

$$\begin{aligned} \mathrm{SE}''(a_{opt}) &= [(19+1) \cdot f_Z(-1.6449)] \cdot \sqrt{107.2091} \\ &= 21.3577. \end{aligned}$$

(c) Präposteriorianalyse

(α) **Für fixes** n

Beim Wissensstand der Priorianalyse erhalten Sie das Angebot, 10 Kugeln um 0.5 GE aus dem Behälter zu ziehen. Nehmen Sie das Angebot an?

Der EWSI wird berechnet nach der Formel:

$$\mathrm{EWSI}(n_i) = [(s_u + s_o) \cdot f_Z(z_{opt})] \cdot \left(\sigma'_{y_{n+1}} - \sigma''_{y_{n+1}}\right).$$

Da in der Posteriorivarianz

$$\sigma''^2_{y_{n+1}} = \sigma^2_\varepsilon \cdot \left[1 + \frac{1}{n''} + \frac{(x_{n+1} - \overline{x})^2}{n'' \cdot s^2_x}\right]$$

sowohl $\overline{x}$ als auch s^2_x vor der Ziehung der Stichprobe unbekannt sind, werden Sie durch ihre Priorischätzungen ersetzt. Die Posteriorivarianz ist daher

$$\begin{aligned} \sigma''^2_{y_{n+1}} &= \sigma^2_\varepsilon \cdot \left[1 + \frac{1}{n''} + \frac{(x_{n+1} - \mu'_x)^2}{n'' \cdot \sigma^2_x}\right] \\ &= 100 \cdot \left[1 + \frac{1}{14} + \frac{(98-100)^2}{14 \cdot 144})^2\right] \\ &= 107.3413. \end{aligned}$$

Der EWSI ist gleich

$$\begin{aligned} \mathrm{EWSI}(n_{10}) &= [(19+1) \cdot f_Z(-1.6449)] \cdot \left(\sqrt{125.6944} - \sqrt{107.3413}\right) \\ &= 1.7549. \end{aligned}$$

Da dieser Wert größer ist als 0.5, ist auch der ENSI positiv:

$$\begin{aligned} \mathrm{ENSI}(n_{10}) &= \mathrm{EWSI}(n_{10}) - 0.5 \\ &= 1.7549 - 0.5 \\ &= 1.2549. \end{aligned}$$

Sie werden daher das Angebot annehmen.

(β) Für variables n

Wieviele Kugeln ziehen Sie, wenn die Entnahme einer Kugel 0.05 GE kostet? Der maximal in Frage kommende Stichprobenumfang ist hier kleiner als

$$n_{max} < \frac{\text{EWPI}}{k} = \frac{23.1259}{0.05} \cong 463.$$

Um den optimalen Stichprobenumfang zu ermitteln, löst man die nullgesetzte erste Ableitung des ENSI nach n auf:[7]

$$\begin{aligned}\frac{d}{dn}\text{ENSI} &= \frac{1}{2} \cdot \frac{(s_u + s_o) \cdot f_Z(z_{opt}) \cdot \sigma_\varepsilon \cdot [\sigma_x^2 + (x_{n+1} - \mu_x')^2]}{(n' + n)^{3/2} \cdot \sigma_x \cdot \sqrt{\sigma_x^2 \cdot (n' + n + 1) + (x_{n+1} - \mu_x')^2}} - k \\ &= \frac{1}{2} \cdot \frac{(19 + 1) \cdot f_Z(-1.645) \cdot 10 \cdot [12^2 + (98 - 100)^2]}{(4 + n)^{3/2} \cdot 12 \cdot \sqrt{12^2 \cdot (4 + n + 1) + (98 - 100)^2}} - 0.05.\end{aligned}$$

Als Lösung erhält man

$$n = 10.31.$$

Da $n = 10$ der Umfang mit dem größten positiven ENSI ist, werden Sie diese Anzahl von Kugeln entnehmen, die entsprechenden Parameter a'' und b'' berechnen und eine Schätzung für Y_{n+1} abgeben. Der erwartete Nettowert dieser Stichprobeninformation ist 1.2549:

$$\text{ENSI}(n_{10}) = 1.2549.$$

(d) Fallstudie

Die Leitung einer Kuranstalt möchte mit einer neuen Reduktionskost werben. Sie beabsichtigt jedem Gast, der innerhalb von 2 Wochen mit dieser Reduktionskost eine bestimmte Gewichtsabnahme erreicht, einen Betrag von 200 GE zu bezahlen und für jedes Kilogramm mehr, 200 GE pro Kilogramm über dem Schätzwert.

Wieviele Personen soll die Leitung der Kuranstalt testen, um eine Punktschätzung für die Gewichtsabnahme nach Anwendung der Reduktionskost zu erhalten, wenn ihr als Prioriinformation die Ergebnisse von 5 Personen zur Verfügung stehen, die die Reduktionskost angewendet haben? Außerdem ist vom Hersteller der Reduktionskost bekannt, daß der Schätzfehler der Regressionsfunktion höchstens $\sigma_\varepsilon^2 \leq 0.5$ ist und die Kosten pro Person und Versuch 0.05 GE betragen.

Wochen der Anwendung	2	5	1	4	3
Gewichtsabnahme	5	11	4	9	6

[7] Vgl. 2.2 Gauß Modell für μ, (b) Lineare Schadenfunktion, S. 414.

Wenn man die Ergebnisse der 5 Personen als Prioriinformation nimmt, dann erhält man folgende Prioriparameter:

x_i	y_i	$x_i - \overline{x}$	$(x_i - \overline{x}) \cdot y_i$	$(x_i - \overline{x})^2$
2	5	-1	-5	1
5	11	2	22	4
1	4	-2	-8	4
4	9	1	9	1
3	6	0	0	0
15	35		18	10

$$\begin{aligned}\mu'_x &= 15/5 = 3\\ \alpha' &= \mu'_y = 35/5 = 7\\ \beta' &= 18/10 = 1.80.\end{aligned}$$

Der Priorierwartungswert ist daher gleich

$$E(Y_{n+1}) = 7 + 1.8 \cdot (x_{n+1} - 3)$$

und da

$$x_{n+1} = 2$$

Wochen ist, erhält man

$$E(Y_{n+1}) = 5.2.$$

Die Priorivarianz ist

$$\begin{aligned}\sigma'^2_{y_{n+1}} &= 0.5 \cdot \left[1 + \frac{1}{5} + \frac{(2-3)^2}{5 \cdot 2}\right]\\ &= 0.65,\end{aligned}$$

wenn man für σ_x^2 als Schätzwert die Streuung der x-Werte aus der Prioriinformation nimmt

$$\sigma_x^2 = 2.$$

Der optimale Schätzwert für die Gewichtsabnahme nach einer zweiwöchigen Anwendung der Reduktionskost ist auf Grund der Prioriinformationen gegeben durch

$$a'_{opt} = 5.2 + \sqrt{0.65} \cdot 0.0131 = 5.2105.$$

Die Zahl 0.0131 ist das z_{opt}, das die Bedingung

$$s_u \cdot f_Z(z_{opt}) = s_o \cdot \sigma'_{y_{n+1}} \cdot G_Z(z_{opt})$$

erfüllt. Zu dieser Bedingung kommt man, wenn man berücksichtigt, daß folgende gemischte Schadenfunktion vorliegt:

$$s(a, Y_{n+1}) = \begin{cases} 0 & \text{für } a = Y_{n+1}, \\ 200 & \text{für } a > Y_{n+1}, \\ 200 \cdot (Y_{n+1} - a) & \text{für } a < Y_{n+1}. \end{cases}$$

Jede Person, die unter dem angegebenen Schätzwert bei ihrer Gewichtsabnahme nach 2 Wochen liegt, erhält 200 GE. Dies ist der konstante Teil der Schadenfunktion. Da jede Person, deren Gewichtsabnahme über dem Schätzwert liegt, pro kg 200 GE erhält, ist dieser Teil der Schadenfunktion linear. Für diese gemischte Schadenfunktion muß im vorliegenden Fall das z_{opt} die Gleichung

$$200 \cdot f_Z(z_{opt}) = 200 \cdot \sqrt{0.65} \cdot G_Z(z_{opt})$$

erfüllen. Wie schon erwähnt trifft dies für

$$z'_{opt} = 0.0131$$

zu. Der Schadenerwartungswert der priorioptimalen Schätzung ist[8]

$$\begin{aligned} \mathrm{SE}'(a_{opt}) &= s_u \cdot F_Z(z'_{opt}) + s_o \cdot \sigma'_{y_{n+1}} \cdot L^{\infty}_{z'_{opt}}(z) \\ &= 200 \cdot F_Z(0.0131) + 200 \cdot \sqrt{0.65} \cdot L^{\infty}_{0.0131}(z) \\ &= 164.3221. \end{aligned}$$

Da dieser Schadenerwartungswert zugleich der erwartete Wert der perfekten Information ist und die Kosten pro Versuchsperson 0.05 GE betragen, ist der maximal in Frage kommende Stichprobenumfang

$$n_{max} \leq \frac{164.3221}{0.05} \cong 3287.$$

Der optimale Stichprobenumfang für den geplanten Versuch ist

$$n_{opt} = 26.$$

Der ENSI für diesen Stichprobenumfang ist

$$\mathrm{ENSI}(n_{26}) = 5.7024.$$

Bei der Berechnung wurde berücksichtigt, daß

$$\sigma''^2_{y_{n+1}} = \sqrt{0.5} \cdot \left[1 + \frac{1}{5+26} + \frac{(2-3)^2}{(5+26) \cdot 2}\right] = 0.5242$$

[8]Vgl. 2.2 Gauß Modell für μ, (d) Beispiel für den EWSI bei einer gemischten Schadenfunktion, S. 419.

ist und z_{opt} daher die Bedingung

$$\frac{\sqrt{0.5242} \cdot G_Z(z''_{opt})}{f_Z(z''_{opt})} = \frac{200}{200}$$

erfüllen muß. Dies ist für

$$z''_{opt} = -0.1187$$

der Fall. Der EWSI für diesen optimalen Stichprobenumfang ist[9]

$$\begin{aligned}
\text{EWSI}(n_{26}) &= s_u \cdot \left[F_Z(z'_{opt}) - F_Z(z''_{opt})\right] + \\
&+ s_o \cdot \left[\sigma'_{y_{n+1}} \cdot L^{\infty}_{z'_{opt}}(z) - \sigma''_{y_{n+1}} \cdot L^{\infty}_{z''_{opt}}(z)\right] \\
&= 200 \cdot [F_Z(0.0131) - F_Z(-0.1187)] + \\
&+ 200 \cdot \left[\sqrt{0.65} \cdot L^{\infty}_{0.0131}(z) - \sqrt{0.5242} \cdot L^{\infty}_{-0.1187}(z)\right] \\
&= 7.0024.
\end{aligned}$$

Für den geplanten Versuch zur Schätzung der Gewichtsabnahme innerhalb von 2 Wochen mit der neuen Reduktionskost wird die Leitung der Kuranstalt 26 Personen heranziehen und an Hand der Ergebnisse dieser Stichprobe und der Prioriinformation einen Schätzwert für diese Gewichtsabnahme ermitteln.

[9] Vgl. 2.2 Gauß Modell für μ, (d) Beispiel für den EWSI bei einer gemischten Schadenfunktion, S. 419.

Teil B: Theorie

Kapitel I

Verteilungstheorie

1 Eindimensionale Verteilung

1.1 Wahrscheinlichkeits- und Dichtefunktion

Wenn man beim zweimaligen Ziehen (mit Zurücklegen) einer Kugel aus einem Behälter die Frage untersucht, wie oft eine schwarze Kugel erscheint, dann sind 0, 1 oder 2 die möglichen Ergebnisse.[1] Welches Ergebnis tatsächlich eintritt, läßt sich nicht im voraus mit Sicherheit sagen. Variable, wie hier die Anzahl schwarzer Kugeln, deren Werte vom Zufall abhängen, heißen Zufallsvariablen und werden mit Großbuchstaben wie X oder Y bezeichnet. Der einzelne Wert, den eine Zufallsvariable annimmt, heißt Realisation der Zufallsvariable und wird mit entsprechendem Kleinbuchstaben ausgedrückt. So sind beim zweimaligen Ziehen einer Kugel 0, 1 und 2 die möglichen Realisationen der Zufallsvariable X „Anzahl der schwarzen Kugeln".

Jede reelle Funktion f heißt Wahrscheinlichkeitsfunktion für eine Zufallsvariable X, wenn sie folgende Eigenschaften besitzt:

1. $f(x)\begin{cases} \geq 0 & \text{für } x \in X, \\ = 0 & \text{für } x \notin X, \end{cases}$

2. $\sum\limits_{x\in X} f(x) = 1.$

Sie heißt Dichtefunktion, wenn gilt:

1. $f(x) \geq 0, \quad -\infty < x < \infty,$

2. $\int_{-\infty}^{\infty} f(x)\, dx = 1.$

---

[1] Eine ausführliche Darstellung findet man etwa bei O'Hagan (1988), Viertl (1990, Kapitel I-IV), Chung (1978).

Nur diskrete Verteilungen haben eine Wahrscheinlichkeitsfunktion, mit der die Wahrscheinlichkeit berechnet werden kann, daß die Zufallsvariable X genau den Wert x annimmt:

$$f(x) = W(X = x).$$

Für das Zufallsexperiment „Einmaliger Münzwurf“sind 0 und 1 die möglichen Realisationen der Zufallsvariable X „Anzahl der Kopfwürfe“. Diese Zufallsvariable hat bei einer fairen Münze

$$f(x) = \begin{cases} 1/2 & \text{für } x = 0, 1, \\ 0 & \text{sonst} \end{cases}$$

als Wahrscheinlichkeitsfunktion. Die Wahrscheinlichkeit für keinen Kopfwurf ist z.B.

$$f(0) = W(X = 0) = \frac{1}{2}.$$

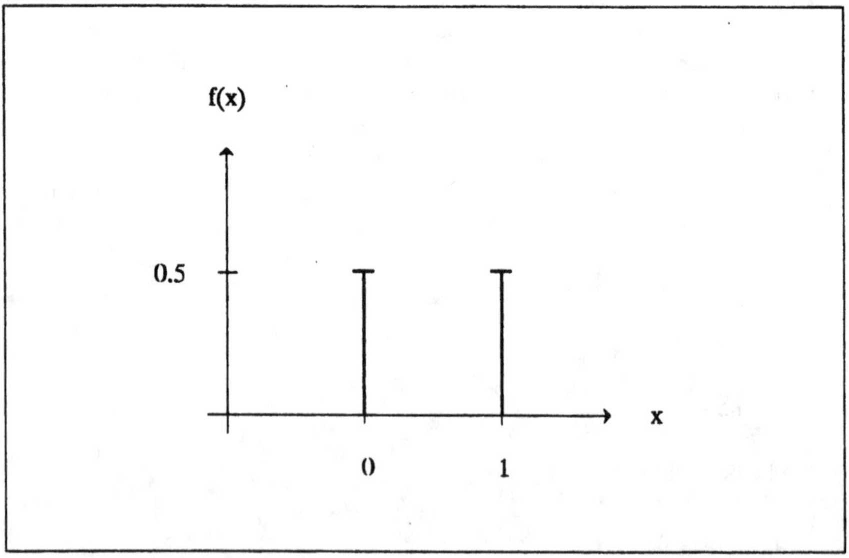

Wahrscheinlichkeitsfunktion für „Einmaliger Münzwurf“

Stetige Verteilungen besitzen eine Dichtefunktion, die jedoch nicht die Wahrscheinlichkeit angibt, daß die Zufallsvariable X genau den Wert x annimmt. Ist z.B. bekannt, daß die Ankunft eines Busses in der Zeit von 0 bis 5 Minuten in 5 gleichlangen Zeitabschnitten gleich wahrscheinlich ist, dann ist die entsprechende Dichtefunktion

$$f(x) = \begin{cases} 1/5 & \text{für } 0 \leq x \leq 5, \\ 0 & \text{sonst.} \end{cases}$$

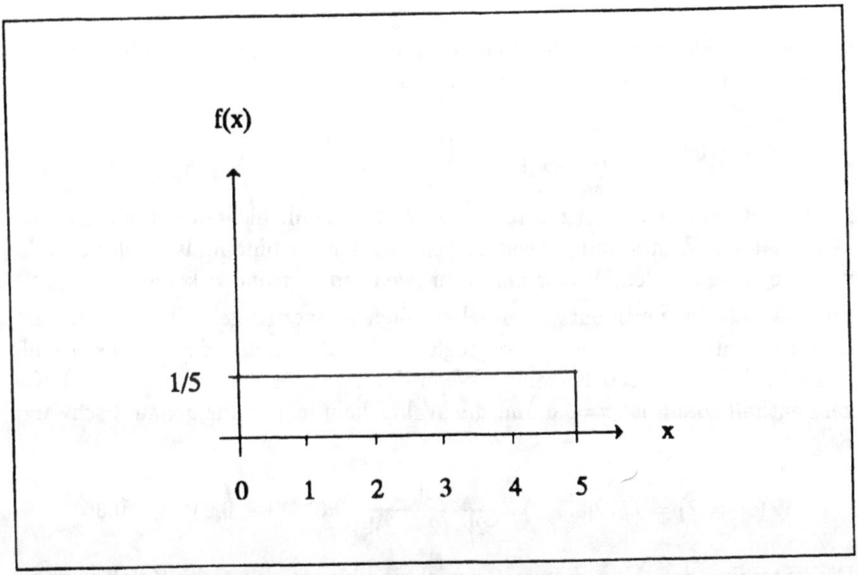

Dichtefunktion für „Ankunft eines Busses"

Man kann hier die Wahrscheinlichkeit angeben, daß der Bus z.B. innerhalb der 3. Minute ankommt. Sie ist

$$W(2 < x \leq 3) = 0.2.$$

Es gibt aber keine positive Wahrscheinlichkeit dafür, daß die Zufallsvariable X „Busankunft" z.B. genau den Wert 2.7 annimmt:

$$W(X = 2.7) = 0.$$

Die allgemeine Formel für die Dichtefunktion einer Gleichverteilung ist

$$f_G(x|a,b) = \begin{cases} \dfrac{1}{b-a} & \text{für } a \le x \le b, \\ 0 & \text{sonst.} \end{cases}$$

Dichte- und Wahrscheinlichkeitsfunktion werden durch ein kleines f gekennzeichnet, wobei ein Index als Hinweis auf die entsprechende Verteilung dient. Innerhalb der Klammern werden zuerst die Realisation der Zufallsvariable angegeben und nach dem senkrechten Strich die Parameter, die für die Berechnung der entsprechenden Dichte bzw. Wahrscheinlichkeit notwendig sind.

$$f_B(x|\pi, n)$$

ist z.B. die Abkürzung für die Wahrscheinlichkeitsfunktion der Binomialverteilung, die von den Paramtern π und n abhängt.

$$f_B(x|\pi, n) = \frac{n!}{x! \cdot (n-x)!} \cdot \pi^x \cdot (1-\pi)^{n-x}$$

ist die entsprechende Formel für diese Wahrscheinlichkeitsfunktion. Mit ihr kann man die Wahrscheinlichkeit berechnen, daß die binomialverteilte Zufallsvariable X genau den Wert x annimmt, wenn man π und n kennt.

Für das Zufallsexperiment „Zweimaliges Ziehen einer Kugel mit Zurücklegen“, sind bekanntlich 0, 1 und 2 die möglichen Realisationen der Zufallsvariable „Anzahl der schwarzen Kugeln“. Wenn der Behälter 6 schwarze von 10 Kugeln enthält, dann ist π=0.6 und die Wahrscheinlichkeit für genau 2 schwarze Kugeln

$$W(X=2) = f_B(2|0.6, 2) = \frac{2!}{2! \cdot (2-2)!} \cdot 0.6^2 \cdot (1-0.6)^{2-2} = 0.36.$$

Die Tatsache, daß X in diesem Beispiel eine binomialverteilte Zufallsvariable ist mit $\pi = 0.6$ und $n = 2$, drückt man wie folgt aus:

$$X \sim B(0.6, 2).$$

1.2 Verteilungsfunktion

Verteilungsfunktionen werden mit einem großen F abgekürzt. Auch hier weist der Index auf die entsprechende Verteilung hin.

$$F_B(x|\pi, n)$$

ist z.B. die Verteilungsfunktion der Binomialverteilung. In den Klammern werden wieder zuerst die Realisation der Zufallsvariablen und nach dem senkrechten Strich die Parameter der Verteilung angegeben.

Jede Verteilungsfunktion (stetig oder diskret) gibt die Wahrscheinlichkeit an, daß die jeweilige Zufallsvariable X höchstens den Wert der entsprechenden Realisation annimmt. $F_B(x|\pi, n)$ ist also die Wahrscheinlichkeit, daß die Zufallsvariable X höchstens den Wert x annimmt:

$$F_B(x|\pi, n) = W(X \leq x).$$

Umgekehrt wird die Wahrscheinlichkeit, daß eine Zufallsvariable mindestens den Wert einer bestimmten Realisation annimmt, mit G abgekürzt. So wird z.B. die Wahrscheinlichkeit, daß die binomialverteilte Zufallsvariable X mindestens gleich x ist, wie folgt ausgedrückt:

$$G_B(x|\pi, n) = W(X \geq x).$$

Allgemein sind F und G folgendermaßen definiert:

$$F(a) = \begin{cases} \sum\limits_{x \leq a} f(x) & \text{X diskret,} \\ \int_{-\infty}^{a} f(x)\,dx & \text{X stetig,} \end{cases}$$

$$G(a) = \begin{cases} \sum\limits_{x \geq a} f(x) & \text{X diskret,} \\ \int_{a}^{\infty} f(x)\,dx & \text{X stetig.} \end{cases}$$

$f(x)$ ist die Wahrscheinlichkeits- bzw. Dichtefunktion der entsprechenden Verteilung.

Für das zweimalige Ziehen einer Kugel mit X „Anzahl der schwarzen Kugeln" und $\pi = 0.6$ ist z.B. die Wahrscheinlichkeit für höchstens 1 schwarze Kugel

$$W(X \leq 1) = F_B(1|0.6, 2) = \sum_{x=0}^{1} f_B(x|0.6, 2) = 0.16 + 0.48 = 0.64$$

und für mindestens 1 schwarze Kugel

$$W(X \geq 1) = G_B(1|0.6, 2) = \sum_{x=1}^{2} f_B(x|0.6, 2) = 0.48 + 0.36 = 0.84.$$

Im Beispiel „Ankunft eines Busses innerhalb von 5 Minuten " ist

$$F_G(x|a, b) = \frac{x - a}{b - a}$$

die Verteilungsfunktion einer stetigen Gleichverteilung mit den Parametern a und b, da

$$\int_a^x \frac{1}{b-a}\,dx = \frac{x}{b-a}\Big|_a^x = \frac{x-a}{b-a}$$

ist. Für $a = 0$ und $b = 5$ ist die Verteilungsfunktion

$$F_G(x|a = 0, b = 5) = \begin{cases} x/5 & \text{für } 0 \leq x \leq 5, \\ 0 & \text{sonst.} \end{cases}$$

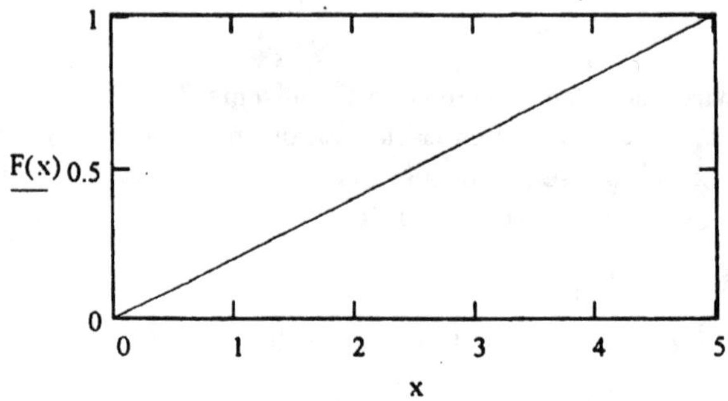

Verteilungsfunktion für „Ankunft eines Busses“

Die Wahrscheinlichkeit, daß z.B. der Bus längstens in 2 Minuten ankommt, ist

$$\begin{aligned} W(X \leq 2) &= F_G(2|a=0, b=5) \\ &= \int_0^2 f(x)\, dx \\ &= \frac{2}{5} \\ &= 0.4 \end{aligned}$$

und daß er frühestens in 2 Minuten ankommt,

$$\begin{aligned} W(X \geq 2) &= G_G(2|0,5) \\ &= \int_2^5 f(x)\, dx \\ &= 1 - F_G(2|0,5) \\ &= 0.6. \end{aligned}$$

Für eine stetige Verteilung gilt allgemein

$$F(a) + G(a) = 1$$

und für eine diskrete

$$F(a) + G(a) = 1 + f(a),$$

wobei $f(a)$ die entsprechende Wahrscheinlichkeitsfunktion ist.

1.3 Erwartungswert und Varianz

Der Erwartungswert $\mu = E(X)$ und die Varianz $\sigma^2 = V(X)$ einer Verteilung sind allgemein wie folgt definiert:

$$
\begin{aligned}
E(X) &= \begin{cases} \sum\limits_{x \in X} x \cdot f(x) & \text{X diskret,} \\ \int_{-\infty}^{\infty} x \cdot f(x)\, dx & \text{X stetig,} \end{cases} \\
V(X) &= \begin{cases} \sum\limits_{x \in X} (x-\mu)^2 \cdot f(x) & \text{X diskret,} \\ \int_{-\infty}^{\infty} (x-y)^2 \cdot f(x)\, dx & \text{X stetig.} \end{cases}
\end{aligned}
$$

Beim Zufallsexperiment „Zweimaliges Ziehen einer Kugel“ drückt z.B. der Erwartungswert aus, wieviele schwarze Kugeln man im Durchschnitt erwarten kann. Er ist

$$
\begin{aligned}
E(X) &= \sum_{x=0}^{2} x \cdot f_B(x|0.6, 2) \\
&= 0 \cdot 0.16 + 1 \cdot 0.48 + 2 \cdot 0.36 \\
&= 1.2.
\end{aligned}
$$

Die Varianz für dieses Experiment ist

$$
\begin{aligned}
V(X) &= \sum_{x=0}^{2} (x-1.2)^2 \cdot f_B(x|0.6, 2) \\
&= (0-1.2)^2 \cdot 0.16 + (1-1.2)^2 \cdot 0.48 + (2-1.2)^2 \cdot 0.36 \\
&= 0.48.
\end{aligned}
$$

Die Wurzel aus der Varianz, die sog. Standardabweichung, drückt in diesem Beispiel aus, um wieviel die Anzahl der schwarzen Kugeln im Mittel vom Erwartungswert abweicht:

$$\sqrt{V(X)} = \sqrt{0.48} = 0.6928.$$

Für die Zufallsvariable X „Ankunft eines Busses innerhalb von 5 Minuten“, ist der Erwartungswert

$$E(X) = \int_0^5 x \cdot f(x)\, dx = \int_0^5 x \cdot \frac{1}{5}\, dx = 2.5$$

und die Varianz

$$V(X) = \int_0^5 (x-2.5)^2 \cdot \frac{1}{5}\, dx = \frac{25}{12}.$$

Man wird im Durchschnitt 2.5 Minuten auf den Bus warten mit einer Standardabweichung von

$$\sqrt{V(X)} = \sqrt{25/12} = 1.44$$

Minuten.

Für die Varianz gibt es eine zweite Berechnungsformel, wie folgende Ableitung zeigt:

$$\begin{aligned} V(X) &= E(X-\mu)^2 \\ &= E\left(X^2 - 2\cdot X\cdot\mu + \mu^2\right) \\ &= E\left(X^2\right) - E(2\cdot X\cdot\mu) + E\left(\mu^2\right) \\ &= E\left(X^2\right) - 2\cdot\mu\cdot E(X) + \mu^2. \end{aligned}$$

Da $\mu = E(X)$ ist, ist

$$\begin{aligned} V(X) &= E\left(X^2\right) - 2[E(X)]^2 + [E(X)]^2 \\ &= E\left(X^2\right) - \mu^2. \end{aligned}$$

Mit dieser Formel ist die Varianz häufig leichter zu berechnen. Für das Zufallsexperiment „Zweimaliges Ziehen einer Kugel“ ist die Varianz nach dieser Formel

$$\begin{aligned} V(X) &= E\left(X^2\right) - \mu^2 \\ &= \sum_{x=0}^{2} x^2 \cdot f_B(x|0.6,2) - 1.2^2 \\ &= \left(0^2\cdot 0.16 + 1^2\cdot 0.48 + 2^2\cdot 0.36\right) - 1.2^2 \\ &= 0.48. \end{aligned}$$

1.4 Perzentile

x_q ist das q-te Perzentil der Zufallsvariable X, wenn gilt

$$\begin{aligned} q - f(x_q) < F(x_q) &\leq q \text{ für } X \text{ diskret,} \\ F(x_q) &= q \text{ für } X \text{ stetig} \end{aligned}$$

und

$$q = \frac{i}{100}, \quad i = 1, 2, \ldots, 100.$$

Das q-te Perzentil einer Zufallsvariable X ist also jene Realisation, für die gilt:

$$W(X \leq x_q) = q.$$

Das 50.te Perzentil der Zufallsvariable X nennt man Zentralwert $\tilde{\mu}$:

$$x_{1/2} = \tilde{\mu}.$$

Für die Zufallsvariable X „Ankunft eines Busses innerhalb von 5 Minuten“ ist der Zentralwert 2.5 Minuten, da

$$W(X \leq 2.5) = \int_0^{2.5} f(x)\, dx = \int_0^{2.5} \frac{1}{5}\, dx = 0.50.$$

1.5 Modus

Jene Realisation einer Zufallsvariable, für die die Dichte- bzw. Wahrscheinlichkeitsfunktion ihr Maximum annimmt, bezeichnet man als Modus der entsprechenden Verteilung:

$$M(X) = \max f(x)$$

Bei manchen Verteilungen existieren mehrere Modi oder auch keiner.

Für das Zufallsexperiment, „Zweimaliges Werfen einer Münze" ist der Modus 1 Mal Wappen. Für diese Realisation der Zufallsvariablen ist die Wahrscheinlichkeit 0.5 maximal. Beim Zufallsexperiment „Dreimaliges Werfen einer Münze" gibt es zwei Modi, nämlich 1 Mal Wappen und 2 Mal Wappen. Für jede dieser Realisationen ist die Wahrscheinlichkeit 0.375.

1.6 Erwartungswert der Funktion einer Zufallsvariablen

Wenn $g(x)$ eine Funktion der Zufallsvariablen X ist, dann ist der Erwartungswert von $g(x)$

$$E\ (g(x)) = \begin{cases} \sum\limits_{x \in X} g(x) \cdot f(x) & \text{X diskret,} \\ \int_{-\infty}^{\infty} g(x) \cdot f(x)\, dx & \text{X stetig.} \end{cases}$$

Bekommt man z.B. beim Zufallsexperiment „Zweimaliges Ziehen einer Kugel aus einem Behälter mit 6 schwarzen Kugeln " den Betrag von 100 GE, wenn man dabei keine schwarze Kugel zieht, dann ist

$$g(x) = \begin{cases} 100 & \text{für } x = 0 \\ 0 & \text{für } x = 1,2 \end{cases}$$

und

$$\begin{aligned} E\ (g(x)) &= \sum_{x=0}^{2} g(x) \cdot f_B(x|0.6, 2) \\ &= 100 \cdot 0.16 + 0 \cdot 0.48 + 0 \cdot 0.36 \\ &= 16. \end{aligned}$$

Man wird bei diesem Zufallsexperiment einen Betrag von 16 GE erwarten.

Für die lineare Funktion

$$g(x) = a \cdot X + b$$

ist der Erwartungswert

$$E\ (g(x)) = E(a \cdot X + b) = a \cdot E(X) + b$$

und die Varianz

$$\begin{aligned} V\ (g(x)) &= E\,[g(x) - E\ (g(x))]^2 \\ &= E\left[g(x)^2\right] - [E\ (g(x))]^2 \\ &= E\left[(a \cdot X + b)^2\right] - [a \cdot E(X) + b)]^2 \\ &= a^2 \cdot E\left(X^2\right) - a^2 \cdot [E(X)]^2 \\ &= a^2 \cdot V(X). \end{aligned}$$

Wenn die Zufallsvariablen $X_1, \ldots, X_n$ den gleichen Erwartungswert

$$E(X_1) = \cdots = E(X_n) = \mu$$

und die gleiche Varianz

$$V(X_1) = \cdots = V(X_n) = \sigma^2$$

haben, dann gilt für den Erwartungswert der Funktion

$$\overline{X} = \sum_{i=1}^{n} X_i/n$$

dieser Zufallsvariablen

$$E(\overline{X}) = E\left(\sum_{i=1}^{n} X_i/n\right) = \sum_{i=1}^{n} E(X_i)/n = n \cdot \mu/n = \mu$$

und für die Varianz von $\overline{X}$

$$\begin{aligned} V(\overline{X}) &= V\left(\sum_{i=1}^{n} X_i/n\right) = V\left(\sum_{i=1}^{n} X_i\right)/n^2 = \sum_{i=1}^{n} V(X_i)/n^2 = \\ &= n \cdot \sigma^2/n^2 = \sigma^2/n. \end{aligned}$$

1.7 Momente

Das r-te Moment einer Zufallsvariable X um den Punkt c ist der Erwartungswert der Funktion

$$g(x) = (X - c)^r.$$

Ausführlich geschrieben ist das r-te Moment von X

$$m_r = E(X - c)^r = \begin{cases} \sum_{x \in X} (x - c)^r \cdot f(x) & \text{X diskret,} \\ \int_{-\infty}^{\infty} (x - c)^r \cdot f(x)\, dx & \text{X stetig.} \end{cases}$$

Im Hinblick auf den Punkt c unterscheidet man zwei Arten von Momenten. Wenn c = 0 ist, dann spricht man von gewöhnlichen Momenten oder Momenten um den Ursprung. Man kürzt sie mit μ_r ab:

$$\mu_r = E(X^r) = \begin{cases} \sum\limits_{x \in X} x^r \cdot f(x) & \text{X diskret,} \\ \int_{-\infty}^{\infty} x^r \cdot f(x)\, dx & \text{X stetig.} \end{cases}$$

Das bekannteste gewöhnliche Moment ist μ, der Mittelwert oder Erwartungswert einer Zufallsvariable X:

$$\mu_1 = E(X) = \mu.$$

Von zentralen Momenten oder auch Momenten um den Erwartungswert spricht man, wenn in der allgemeinen Definition der Momente $c = E(X) = \mu$ gesetzt wird. Man kürzt sie mit σ_r ab:

$$\sigma_r = E(X - \mu)^r = \begin{cases} \sum\limits_{x \in X} (x - \mu)^r \cdot f(x) & \text{X stetig,} \\ \int_{-\infty}^{\infty} (x - \mu)^r \cdot f(x)\, dx & \text{X stetig.} \end{cases}$$

Von besonderer Bedeutung ist das zweite zentrale Moment. Es ist die Varianz einer Zufallsvariablen:

$$\sigma_2 = E(x - \mu)^2 = V(x) = \sigma^2.$$

1.8 Momenterzeugende Funktion

Den Erwartungswert der Funktion

$$g(x) = e^{xt}$$

bezeichnet man als momenterzeugende Funktion, da mit ihr die Momente einer Verteilung bestimmt werden können, falls sie existieren. Ausführlich schreibt man

$$M_x(t) = E\left(e^{xt}\right) = \begin{cases} \sum\limits_{x \in X} e^{xt} \cdot f(x) & \text{X diskret,} \\ \int_{-\infty}^{\infty} e^{xt} \cdot f(x)\, dx & \text{X stetig.} \end{cases}$$

Entwickelt man $M_x(t)$ als Reihe

$$\begin{aligned} M_x(t) &= E\left(1 + t \cdot x + \frac{t^2}{2!} \cdot x^2 + \frac{t^3}{3!} \cdot x^3 + \cdots\right) \\ &= 1 + t \cdot E(X) + \frac{t^2}{2!} \cdot E(X^2) + \frac{t^3}{3!} \cdot E\left(X^3\right) + \cdots \\ &= 1 + t \cdot \mu_1 + \frac{t^2}{2!} \cdot \mu_2 + \frac{t^3}{3!} \cdot \mu_3 + \cdots, \end{aligned}$$

dann sieht man, daß die Koeffizienten von $t^r/r!$ die r-ten Momente um den Ursprung sind. Differenziert man nach t

$$\frac{d}{dt}M_x(t) = E(X) + t \cdot E(X^2) + \frac{3 \cdot t^2}{3!}E(X^3) + \cdots$$

und setzt $t = 0$, so erhält man das erste Moment um den Ursprung:

$$\frac{d}{dt}M_x(0) = E(X) = \mu_1.$$

Differenziert man zweimal nach t

$$\frac{d^2}{dt^2}M_x(t) = E(X^2) + t \cdot E(X^3) + \cdots$$

und setzt wieder $t = 0$, so gibt dies das zweite Moment um den Ursprung:

$$\frac{d^2}{dt^2}M_x(0) = E(X^2) = \mu_2.$$

Wenn man also $M_x(t)$ r-mal differenziert (vorausgesetzt, dies ist möglich)

$$\begin{aligned}\frac{d^r}{dt^r}M_x(t) &= E\left(\frac{d^r}{dt^r}e^{xt}\right)\\ &= E\left(x^r \cdot e^{xt}\right)\end{aligned}$$

und setzt t gleich 0, dann erhält man das r-te Moment um Null:

$$\frac{d^r}{dt^r}M_x(0) = E\left(X^r\right) = \mu_r.$$

Für das Zufallsexperiment „Zweimaliges Ziehen einer Kugel aus einem Behälter mit 6 schwarzen Kugeln“ ist die Wahrscheinlichkeitsfunktion

$$f_B(x|0.6, 2) = \binom{2}{x} \cdot 0.6^x \cdot (1 - 0.6)^{2-x}$$

und die momenterzeugende Funktion daher

$$\begin{aligned}M_x(t) &= \sum_{x=0}^{2} e^{xt} \cdot f_B(x|0.6, 2)\\ &= e^{0t} \cdot \binom{2}{0} \cdot 0.6^0 \cdot 0.4^2 + e^{1t} \cdot \binom{2}{1} \cdot 0.6^1 \cdot 0.4^1\\ &+ e^{2t} \cdot \binom{2}{2} \cdot 0.6^2 \cdot 0.4^0\\ &= 0.16 + e^t \cdot 0.48 + e^{2t} \cdot 0.36.\end{aligned}$$

Um den Erwartungswert dieser Binomialverteilung mit Hilfe der momenterzeugenden Funktion zu berechnen, bestimmt man die erste Ableitung von $M_x(t)$

$$\frac{d}{dt}M_x(t) = e^t \cdot 0.48 + 2 \cdot e^{2t} \cdot 0.36$$

und setzt t gleich Null:

$$\begin{aligned}\frac{d}{dt}M_x(0) &= 0.48 + 2 \cdot 0.36\\ &= 1.20.\end{aligned}$$

Für die Varianz bestimmt man die zweite Ableitung der momenterzeugenden Funktion

$$\frac{d^2}{dt^2}M_x(t) = e^t \cdot 0.48 + e^{2t} \cdot 1.44,$$

setzt $t = 0$, um $E(X^2)$ zu erhalten

$$\frac{d^2}{dt^2}M_x(0) = 1.92,$$

und zieht das Quadrat von $E(X)$ davon ab:

$$\begin{aligned}V(X) &= E\left(X^2\right) - [E(X)]^2\\ &= 1.92 - 1.20^2\\ &= 0.48.\end{aligned}$$

Man kann die Varianz aber auch direkt mit Hilfe der momenterzeugenden Funktion berechnen. Denn für $X + c$ ist die momenterzeugende Funktion

$$M_{x+c}(t) = E\left(e^{(x+c)\cdot t}\right) = e^{ct} \cdot E\left(e^{xt}\right) = e^{ct} \cdot M_x(t).$$

Setzt man $c = -\mu$, so erhält man die momenterzeugende Funktion für die zentralen Momente:

$$M_{x-\mu}(t) = E\left(e^{(x-\mu)\cdot t}\right) = e^{-\mu t} \cdot E\left(e^{xt}\right) = e^{-\mu t} \cdot M_x(t).$$

Direkte Ableitung und Nullsetzen von t zeigt, daß

$$\frac{d^r}{dt^r}M_{x-\mu}(0) = \sigma_r$$

ist. Da die Varianz das zweite zentrale Moment ist, bestimmt man zuerst die momenterzeugende Funktion für die zentralen Momente des Beispiels

$$\begin{aligned}M_{x-\mu}(t) &= \sum_{x=0}^{n} e^{(x-1.20)\cdot t} \cdot f(x|0.6, 2)\\ &= e^{-1.20t} \cdot 0.16 + e^{-0.20t} \cdot 0.48 + e^{0.80t} \cdot 0.36,\end{aligned}$$

sucht die zweite Ableitung

$$\begin{aligned}\frac{d^2}{dt^2}M_{x-\mu}(t) &= \frac{1}{625}\left(144 \cdot e^{4t/5} + 12 \cdot e^{-t/5} + 144 \cdot e^{-6t/5}\right)\\ &= e^{-1.20t} \cdot 0.2304 + e^{-0.20t} \cdot 0.0192 + e^{0.80t} \cdot 0.2304\end{aligned}$$

.und setzt $t = 0$:

$$\frac{d^2}{dt^2} M_{x-\mu}(0) = 0.48.$$

Man kann die Varianz aber auch über die Formel

$$\begin{aligned} M_{x-\mu}(t) &= e^{-\mu t} \cdot M_x(t) \\ &= \frac{1}{e^{-1.20t}} \cdot \left(0.16 + e^t \cdot 0.48 + e^{2t} \cdot 0.36\right) \end{aligned}$$

bestimmen. Die zweite Ableitung ist wieder

$$\frac{d^2}{dt^2} M_{x-\mu}(t) = e^{-1.20t} \cdot 0.2304 + e^{-0.20t} \cdot 0.0192 + e^{0.80t} \cdot 0.2304$$

und die Varianz daher

$$\frac{d^2}{dt^2} M_{x-\mu}(0) = 0.48.$$

Für das Zufallsexperiment „Ankunft eines Busses innerhalb von 5 Minuten" ist die Dichtefunktion

$$f(x) = \begin{cases} 1/5 & \text{für } 0 \leq x \leq 5 \\ 0 & \text{sonst,} \end{cases}$$

und die momenterzeugende Funktion daher

$$\begin{aligned} M_x(t) &= \int_0^5 e^{xt} \cdot \frac{1}{5}\, dx \\ &= \frac{1}{5 \cdot t} \cdot \left(e^{5t} - 1\right). \end{aligned}$$

Den Erwartungswert dieser Gleichverteilung kann man auch durch die erste Ableitung dieser Funktion bestimmen. Die erste Ableitung ist

$$\frac{d}{dt} M_x(t) = e^{5t} \cdot \left(\frac{1}{t} - \frac{1}{5 \cdot t^2}\right) + \frac{1}{5 \cdot t^2}.$$

Um daraus den Erwartungswert von X zu erhalten, bestimmt man den Grenzwert dieses Ausdruckes für $t \to 0$:

$$\lim_{t \to 0} \left[e^{5t} \cdot \left(\frac{1}{t} - \frac{1}{5 \cdot t^2}\right) + \frac{1}{5 \cdot t^2}\right] = 2.50 = E(X).$$

1.9 Partielle Momente

(a) Partielle Erwartungswerte

Die linken partiellen Momente der Ordnung r einer Zufallsvariable X sind

$$m_r^{(1)} = \begin{cases} \sum\limits_{x \leq c} (c - x)^r \cdot f(x) & \text{X diskret,} \\ \int_{-\infty}^{c} (c - x)^r \cdot f(x)\, dx & \text{X stetig,} \end{cases}$$

und die rechten partiellen Momente sind

$$m_r^{(2)} = \begin{cases} \sum_{x \geq c} (x-c)^r \cdot f(x) & \text{X diskret,} \\ \int_c^{\infty} (x-c)^r \cdot f(x)\, dx & \text{X stetig.} \end{cases}$$

Die Bezeichnung „partiell" leitet sich aus der Tatsache ab, daß gilt

$$\begin{aligned} m_r &= m_r^{(1)} + m_r^{(2)} \\ &= \int_{-\infty}^{c} (c-x)^r \cdot f(x)\, dx + \int_c^{\infty} (x-c)^r \cdot f(x)\, dx. \end{aligned}$$

Für $c = 0$ und $r = 1$ erhält man den linken und rechten partiellen Erwartungswert einer Zufallsvariablen:

$$\begin{aligned} \mu_1 &= \mu_1^{(1)} + \mu_1^{(2)} \\ &= E_{-\infty}^{c}(X) + E_c^{\infty}(X) \\ &= \begin{cases} \sum_{x \leq c} x \cdot f(x) + \sum_{x \geq c} x \cdot f(x) - c \cdot f(x) & \text{X diskret,} \\ \int_{-\infty}^{c} x \cdot f(x)\, dx + \int_c^{\infty} x \cdot f(x)\, dx & \text{X stetig.} \end{cases} \end{aligned}$$

Beim Zufallsexperiment „zweimaliges Ziehen einer Kugel" ist der Erwartungswert

$$E(X) = 1.2$$

und die beiden partiellen Erwartungswerte für $c = 1$ sind

$$\begin{aligned} E_0^1(X) &= \sum_{x=0}^{1} x \cdot f_B(x|0.6, 2) = 0 \cdot 0.16 + 1 \cdot 0.48 = 0.48, \\ E_1^2(X) &= \sum_{x=1}^{2} x \cdot f_B(x|0.6, 2) = 1 \cdot 0.48 + 2 \cdot 0.36 = 1.2. \end{aligned}$$

Da X eine diskrete Zufallsvariable ist, gilt die Relation

$$\begin{aligned} \mu &= E_0^1(X) + E_1^2(X) - 1 \cdot f(x) \\ &= 0.48 + 1.2 - 0.48 \\ &= 1.20. \end{aligned}$$

Der Erwartungswert der Zufallsvariable „Ankunft eines Busses innerhalb von 5 Minuten" ist

$$E(X) = 2.50.$$

Die beiden partiellen Erwartungswerte für $c = 2$ sind

$$\begin{aligned} E_0^2(X) &= \int_0^2 x \cdot f(x)\, dx = \int_0^2 x \cdot \frac{1}{5}\, dx = \left. \frac{x^2}{10} \right|_0^2 = 0.40, \\ E_2^5(X) &= \int_2^5 x \cdot \frac{1}{5}\, dx = \left. \frac{x^2}{10} \right|_2^5 = 2.10. \end{aligned}$$

Da X in diesem Beispiel eine stetige Zufallsvariable ist, gilt

$$E(X) = E_0^2(X) + E_2^5(X) = 0.40 + 2.10 = 2.50.$$

(b) Konstante, lineare und quadratische partielle Momente

Von besonderer Bedeutung sind die partiellen Momente der Ordnung 0, 1 und 2 um den Punkt c. Wenn $r = 0$ ist, dann nennt man die beiden partiellen Momente linkes und rechtes konstantes Moment. Sie sind für eine absolut stetige Zufallsvariable wie folgt definiert:

$$\begin{aligned} m_0^{(1)} &= K_{-\infty}^{c}(X) = \int_{-\infty}^{c} (c-x)^0 \cdot f(x)\, dx = F(c), \\ m_0^{(2)} &= K_c^{\infty}(X) = \int_{c}^{\infty} (x-c)^0 \cdot f(x)\, dx = G(c). \end{aligned}$$

Die konstanten Momente sind also gleich dem Wert der Verteilungsfunktion für c und dem Komplement dazu.

Wenn $r = 1$ ist, dann bezeichnet man die beiden partiellen Momente als linkes und rechtes lineares Moment:

$$\begin{aligned} m_1^{(1)} &= L_{-\infty}^{c}(X) = \int_{-\infty}^{c} (c-x) \cdot f(x)\, dx, \\ m_1^{(2)} &= L_c^{\infty}(X) = \int_{c}^{\infty} (x-c) \cdot f(x)\, dx. \end{aligned}$$

Mit Hilfe der partiellen Erwartungswerte kann man die beiden linearen Momente auch folgendermaßen ausdrücken:

$$\begin{aligned} L_{-\infty}^{c}(X) &= \int_{-\infty}^{c} (c-x) \cdot f(x)\, dx \\ &= c \cdot \int_{-\infty}^{c} f(x)\, dx - \int_{-\infty}^{c} x \cdot f(x)\, dx \\ &= c \cdot F(c) - E_{-\infty}^{c}(X), \\ L_c^{\infty}(X) &= \int_{c}^{\infty} (x-c) \cdot f(x)\, dx \\ &= E_c^{\infty}(X) - c \cdot G(c). \end{aligned}$$

Für die Zufallsvariable „Ankunft eines Busses innerhalb von 5 Minuten“ und $c = 2$ sind die linearen Momente:

$$\begin{aligned} L_0^2(X) &= \int_0^2 (2-x) \cdot \frac{1}{5}\, dx = \left.\frac{2 \cdot x}{5}\right|_0^2 - \left.\frac{x^2}{10}\right|_0^2 = 0.40 \\ &= 2 \cdot F(2) - E_0^2(X) = 2 \cdot 0.4 - 0.40 = 0.40, \\ L_2^5(X) &= \int_2^5 (x-2) \cdot \frac{1}{5}\, dx = \left.\frac{x^2}{10}\right|_2^5 - \left.\frac{2 \cdot x}{10}\right|_2^5 = 0.90 \\ &= E_2^5(X) - 2 \cdot G(2) = 2.10 - 2 \cdot 0.6 = 0.90. \end{aligned}$$

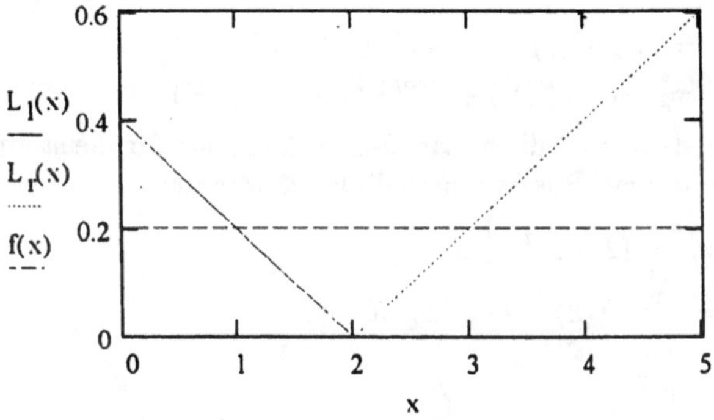

Lineare Momente für „Ankunft eines Busses"

Da die Summe der beiden partiellen Erwartungswerte einer stetigen Verteilung gleich $E(X)$ ist, gilt für die Differenz zwischen beiden linearen Momenten einer stetigen Zufallsvariablen

$$\begin{aligned} L_{-\infty}^{c}(X) - L_{c}^{\infty}(X) &= \left[c \cdot F(c) - E_{-\infty}^{c}(X)\right] - \left[E_{c}^{\infty}(X) - c \cdot G(c)\right] \\ &= c \cdot [F(c) + G(c)] - \left[E_{-\infty}^{c}(X) + E_{c}^{\infty}(X)\right] \\ &= c - E(X). \end{aligned}$$

Für das Beispiel ist dies

$$\begin{aligned} L_{0}^{2}(X) - L_{2}^{5}(X) &= 0.40 - 0.90 = -0.50, \\ c - E(X) &= 2 - 2.5 = -0.50. \end{aligned}$$

Von quadratischen partiellen Momenten spricht man, wenn $r = 2$ ist:

$$\begin{aligned} m_2^{(1)} &= Q_{-\infty}^{c}(X) = \int_{-\infty}^{c} (c - x)^2 \cdot f(x)\, dx, \\ m_2^{(2)} &= Q_{c}^{\infty}(X) = \int_{c}^{\infty} (x - c)^2 \cdot f(x)\, dx. \end{aligned}$$

Auch die quadratischen Momente lassen sich mit Hilfe der partiellen Erwartungswerte ausführlich schreiben:

$$Q_{-\infty}^{c}(X) = \int_{-\infty}^{c} (c - x)^2 \cdot f(x)\, dx$$

$$
\begin{aligned}
&= c^2 \cdot F(c) - 2 \cdot c \cdot E_{-\infty}^{c}(X) + E_{-\infty}^{c}(X^2) \\
&= c \cdot L_{-\infty}^{c}(Y) + E_{-\infty}^{c}(Y^2) - c \cdot E_{-\infty}^{c}(Y), \\
Q_c^{\infty}(X) &= \int_c^{\infty} (x-c)^2 \cdot f(x)\, dx \\
&= c^2 \cdot G(c) - 2 \cdot c \cdot E_c^{\infty}(X) + E_c^{\infty}(X^2) \\
&= -c \cdot L_c^{\infty}(Y) + E_c^{\infty}(Y^2) - c \cdot E_c^{\infty}(Y).
\end{aligned}
$$

Wenn $c = 2$ ist, dann sind die quadratischen Momente für die stetige Zufallsvariable „Ankunft eines Busses innerhalb von 5 Minuten"

$$
\begin{aligned}
Q_0^2(X) &= \int_0^2 (2-x)^2 \cdot \frac{1}{5}\, dx \\
&= 2^2 \cdot F(2) - 2 \cdot 2 \cdot E_0^2(X) + E_0^2(X^2) \\
&= \frac{8}{15}, \\
Q_2^5(X) &= \int_2^5 (x-2)^2 \cdot \frac{1}{5}\, dx \\
&= 2^2 \cdot G(2) - 1 \cdot 2 \cdot E_2^5(X) + E_2^5(X^2) \\
&= \frac{27}{15}.
\end{aligned}
$$

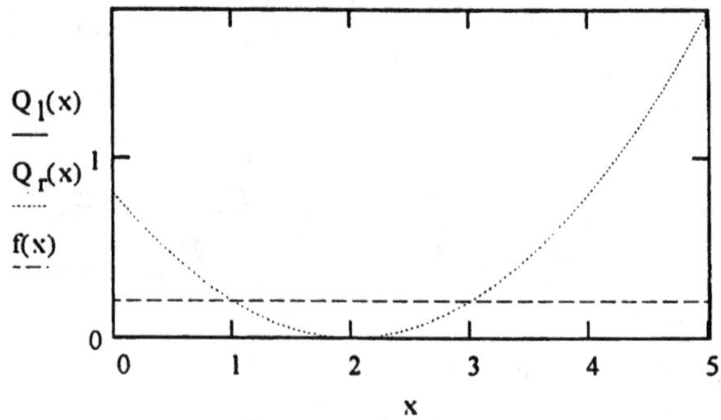

Quadratische Momente für „Ankunft eines Busses"

Wenn $c = \mu$ ist, dann ist die Summe der beiden quadratischen Momente einer stetigen Zufallsvariable gleich der Varianz

$$V(X) = Q_{-\infty}^{\mu}(X) + Q_{\mu}^{\infty}(X).$$

Ansonsten gilt

$$V(X) = Q_{-\infty}^{c}(X) + Q_{c}^{\infty}(X) - (c-\mu)^2,$$

da

$$\begin{aligned} V(X) + (c-\mu)^2 &= E(X^2) - \mu^2 + c^2 - 2 \cdot \mu \cdot c + \mu^2 \\ &= E(X^2) - 2 \cdot \mu \cdot c + c^2 \end{aligned}$$

und

$$\begin{aligned} Q_{-\infty}^{c}(X) + Q_{c}^{\infty}(X) &= c^2 \cdot [F(c) + G(c)] - 2 \cdot c \cdot \left[E_{-\infty}^{c}(X) + E_{c}^{\infty}(X)\right] \\ &+ \left[E_{-\infty}^{c}(X^2) + E_{c}^{\infty}(X^2)\right] \\ &= c^2 - 2 \cdot c \cdot E(X) + E\left(X^2\right). \end{aligned}$$

Für das Beispiel ist

$$V(X) = \frac{25}{12}$$

und

$$Q_0^2(X) + Q_2^5(X) - (2-2.5)^2 = \frac{8}{15} + \frac{27}{15} - \left(-\frac{1}{2}\right)^2 = \frac{25}{12}.$$

1.10 Momenterzeugende Funktion für partielle Momente

Man kann die beiden partiellen Erwartungswerte auch mit Hilfe der momenterzeugenden Funktion für partielle Momente berechnen. Für die momenterzeugende Funktion um den Ursprung gilt[2]

$$\begin{aligned} M_x(t) &= E\left(e^{xt}\right) \\ &= E_{-\infty}^{c}\left(e^{xt}\right) + E_{c}^{\infty}\left(e^{xt}\right) \\ &= M_x^{(1)}(t) + M_x^{(2)}(t). \end{aligned}$$

Für das Beispiel „Zweimaliges Ziehen einer Kugel“ ist die momenterzeugende Funktion

$$\begin{aligned} M_x(t) &= \sum_{x=0}^{2} e^{xt} \cdot f_B(x|0.6,2) \\ &= 0.16 + e^t \cdot 0.48 + e^{2t} \cdot 0.36 \end{aligned}$$

und die momenterzeugende Funktion für den linken partiellen Erwartungswert

$$\begin{aligned} M_x^{(1)}(t) &= E_0^1\left(e^{xt}\right) \\ &= \sum_{x=0}^{1} e^{xt} \cdot f_B(x|0.6,2) \\ &= 0.16 + e^t \cdot 0.48. \end{aligned}$$

[2] Vgl. Grimmett, Stirzaker (1982, S. 160).

Die erste Ableitung ist gleich

$$\frac{d}{dt}M_x^{(1)}(t) = e^t \cdot 0.48,$$

und für $t = 0$ erhält man den linken partiellen Erwartungswert

$$\frac{d}{dt}M_x^{(1)}(0) = 0.48 = E_0^1(X).$$

Für den rechten partiellen Erwartungswert ist die momenterzeugende Funktion

$$\begin{aligned} M_x^{(2)}(t) &= E_1^2\left(e^{xt}\right) \\ &= \sum_{x=1}^{2} e^{xt} \cdot f_B(x|0.6, 2) \\ &= e^t \cdot 0.48 + e^{2t} \cdot 0.36 \end{aligned}$$

und die erste Ableitung

$$\frac{d}{dt}M_x^{(2)}(t) = e^t \cdot 0.48 + 2 \cdot e^{2t} \cdot 0.36.$$

Für $t = 0$ erhält man[3]

$$\frac{d}{dt}M_x^{(2)}(0) = 1.20 = E_1^2(X).$$

Die momenterzeugende Funktion vom Beispiel „Ankunft eines Busses“ ist für den linken partiellen Erwartungswert

$$\begin{aligned} M_x^{(1)}(t) &= \int_0^2 e^{xt} \cdot \frac{1}{5}\, dx \\ &= \frac{1}{5 \cdot t} \cdot \left(e^{2t} - 1\right). \end{aligned}$$

Die erste Ableitung dieser Funktion ist

$$\frac{d}{dt}M_x^{(1)}(t) = e^{2t}\left(\frac{2}{5 \cdot t} - \frac{1}{5 \cdot t^2}\right) + \frac{1}{5 \cdot t^2},$$

und der Grenzwert dieses Ausdruckes für $t \to 0$ ist

$$\lim_{t \to 0}\left[e^{2t}\left(\frac{2}{5 \cdot t} - \frac{1}{5 \cdot t^2}\right) + \frac{1}{5 \cdot t^2}\right] = 0.4 = E_0^2(X).$$

[3]Da X eine diskrete Zufallszahl ist, gilt

$$\begin{aligned} E(X) &= E_0^1(X) + E_1^2(X) - 1 \cdot f(x) \\ &= 0.48 + 1.20 - 0.48 \\ &= 1.20. \end{aligned}$$

Analog kann man den rechten partiellen Erwartungswert über die momenterzeugende Funktion berechnen.

Man kann nicht nur partielle Momente um den Ursprung, sondern auch partielle Momente um ein beliebiges c mit Hilfe momenterzeugender Funktionen bestimmen. Diese sind für linke und rechte Momente wie folgt definiert:

$$\begin{aligned} M^{(1)}_{c-x}(t) &= e^{ct} \cdot E^{c}_{-\infty}\left(e^{-xt}\right) = e^{ct} \cdot M^{(1)}_{x}(-t), \\ M^{(2)}_{x-c}(t) &= e^{-ct} \cdot E^{\infty}_{c}\left(e^{xt}\right) = e^{-ct} \cdot M^{(2)}_{x}(t). \end{aligned}$$

Für das Beispiel „Busankunft“ ist die momenterzeugende Funktion für das linke Moment

$$\begin{aligned} M^{(1)}_{2-x}(t) &= e^{2t} \cdot E^{2}_{0}\left(e^{-xt}\right) \\ &= e^{2t} \cdot M^{(1)}_{x}(-t) \\ &= \frac{1}{5 \cdot t} \cdot \left(e^{2t} - 1\right). \end{aligned}$$

Die erste Ableitung dieser Funktion ist

$$\frac{d}{dt} M^{(1)}_{2-x}(t) = \frac{1}{5 \cdot t^2} + \frac{e^{2t}}{5 \cdot t}\left(2 - \frac{1}{t}\right).$$

Der Grenzwert dieses Ausdruckes für $t \to 0$ ist 0.40, der Wert des oben berechneten linken linearen Momentes. Das rechte Moment kann analog berechnet werden. Die momenterzeugende Funktion ist in diesem Fall

$$\begin{aligned} M^{(2)}_{x-2}(t) &= \frac{1}{e^{2t}} \cdot M^{(2)}_{x}(t) \\ &= \frac{1}{5 \cdot t}\left(e^{3t} - 1\right). \end{aligned}$$

Die erste Ableitung dieser Funktion und der Grenzwert dieses Ausdruckes für $t \to 0$ ist 0.90. Dies ist der Wert des rechten linearen Momentes.

Um die partiellen quadratischen Momente zu berechnen, bestimmt man die zweite Ableitung der momenterzeugenden Funktion und setzt $t = 0$. Für das Beispiel „Busankunft“ist

$$\begin{aligned} \frac{d^2}{dt^2} M^{(1)}_{2-x}(t) &= \frac{d^2}{dt^2}\left[\frac{1}{5 \cdot t}\left(e^{2t} - 1\right)\right] \\ &= \frac{1}{5 \cdot t^3}\left[\left(2 \cdot t^2 - 2 \cdot t - 1\right) \cdot 2 \cdot e^{2 \cdot t} - 2\right] \\ \frac{d^2}{dt^2} M^{(1)}_{2-x}(0) &= \frac{8}{15} \end{aligned}$$

das linke quadratische Moment und das rechte ist

$$\frac{d^2}{dt^2} M^{(2)}_{x-2}(t) = \frac{d^2}{dt^2}\left[\frac{1}{5 \cdot t}\left(e^{3t} - 1\right)\right]$$

$$\begin{aligned} &= \frac{1}{5 \cdot t^3}\left[\left(9 \cdot t^2 - 6 \cdot t + 2\right) \cdot e^{3t} - 2\right] \\ \frac{d^2}{dt^2} M_{x-2}^{(2)}(0) &= \frac{27}{15}. \end{aligned}$$

2 Zweidimensionale Verteilungen

2.1 Gemeinsame Verteilung

Sind X und Y zwei Zufallsvariable, dann gibt die gemeinsame Verteilungsfunktion dieser Zufallsvariablen die Wahrscheinlichkeit dafür an, daß die Zufallsvariable X höchstens den Wert x und die Zufallsvariable Y höchstens den Wert y annimmt:

$$F(x, y) = W(X \leq x, Y \leq y).$$

Definiert man beim Zufallsexperiment „Zweimaliges Ziehen einer Kugel aus einem von 2 Behältern“ die Zufallsvariable X als Anzahl der schwarzen Kugeln

$$X = \begin{cases} 0 & \text{für 0 schwarze Kugeln,} \\ 1 & \text{für 1 schwarze Kugel,} \\ 2 & \text{für 2 schwarze Kugeln,} \end{cases}$$

und die Zufallsvariable Y als Behälter mit 2 oder 6 schwarzen Kugeln von 10

$$Y = \begin{cases} 2 & \text{für den Behälter mit 2 schwarzen Kugeln,} \\ 6 & \text{für den Behälter mit 6 schwarzen Kugeln,} \end{cases}$$

dann ist z. B. $f(x, y)$ mit

$X \backslash Y$	2	6
0	0.32	0.08
1	0.16	0.24
2	0.02	0.18

eine entsprechende gemeinsame Wahrscheinlichkeitsfunktion. Die Wahrscheinlichkeit für genau eine schwarze Kugel aus dem Behälter mit zwei schwarzen Kugeln ist z.B.

$$W(X = 1, Y = 2) = f(1, 2) = 0.16.$$

$f(x, y)$ ist eine Wahrscheinlichkeitsfunktion, da

$$\sum_{x \in X} \sum_{y \in Y} f(x, y) = 0.32 + 0.08 + \cdots + 0.18 = 1$$

ist und alle $f(x, y) \geq 0$ für $x \in X$ und $y \in Y$ sind.

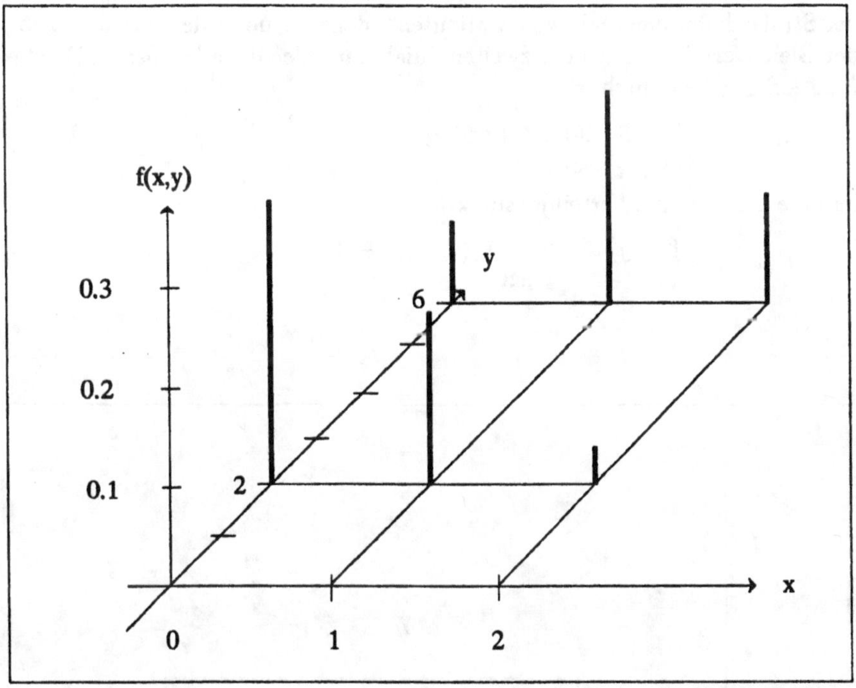

Zweidimensionale Wahrscheinlichkeitsfunktion für „Zweimaliges Ziehen einer Kugel aus einem von 2 Behältern"

Die gemeinsame Verteilungsfunktion $F(x, y)$ ist für dieses Beispiel gleich

$X \backslash Y$	2	6
0	0.32	0.40
1	0.48	0.80
2	0.50	1.00

Aus ihr kann man z.B. entnehmen, daß die Wahrscheinlichkeit für das gemeinsame Ereignis „höchstens eine schwarze Kugel aus dem Behälter mit höchstens

2 schwarzen von 10 Kugeln" gleich

$$W(X \leq 1, Y \leq 2) = F(1,2) = 0.48$$

ist.

Erweitert man das Busankunftsbeispiel um die Zufallsvariable Y „Ankunft einer Straßenbahn innerhalb von 3 Minuten", dann ist unter der Voraussetzung der Gleichverteilung auch der zweiten Zufallsvariablen die gemeinsame Dichtefunktion gegeben durch

$$f(x,y) = \begin{cases} 1/15 & \text{für } x \in (0,5),\ y \in (0,3), \\ 0 & \text{sonst} \end{cases}$$

und die gemeinsame Verteilungsfunktion

$$F(x,y) = \begin{cases} x \cdot y/15 & \text{für } x \in (0,5),\ y \in (0,3), \\ 0 & \text{sonst.} \end{cases}$$

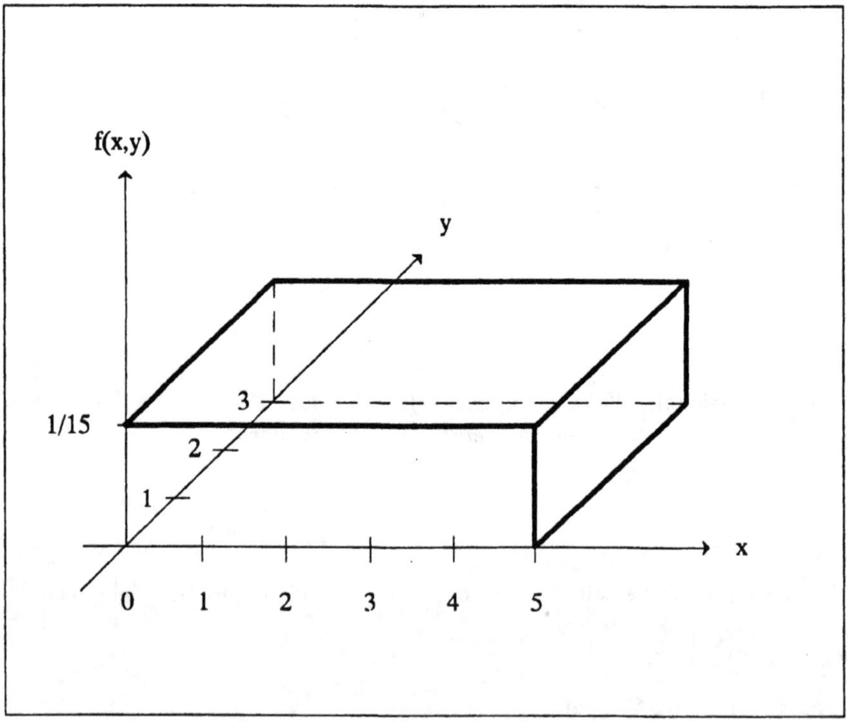

Zweidimensionale Dichtefunktion für die „Ankunft von Bus und Straßenbahn"

Die Wahrscheinlichkeit für höchstens zwei Minuten Wartezeit auf beide Verkehrsmittel ist

$$W(X \leq 2, Y \leq 2) = F(2,2) = \int_0^2 \int_0^2 \frac{1}{15}\, dy\, dx = \frac{4}{15}.$$

Die Wahrscheinlichkeit für mindestens zwei Minuten Wartezeit auf beide Verkehrsmittel ist

$$W(X \geq 2, Y \geq 2) = 1 - F(2,2) = \frac{11}{15}.$$

Will man diese Wahrscheinlichkeit direkt ermitteln, so sind drei Doppelintegrale zu berechnen:

$$\begin{aligned} W(X \geq 2, Y \geq 2) &= \int_2^5 \int_2^3 f(x,y)\, dy\, dx + \int_2^5 \int_0^2 f(x,y)\, dy\, dx \\ &+ \int_0^2 \int_2^3 f(x,y)\, dy\, dx \\ &= \frac{3}{15} + \frac{6}{15} + \frac{2}{15} \\ &= \frac{11}{15}. \end{aligned}$$

An Hand der Grafik auf der folgenden Seite ist dies leicht einzusehen. $W(X \leq 2, Y \leq 2)$ ist der schraffierte Teil des Körpers und $W(X \geq 2,\ Y \geq 2)$ der nicht schraffierte.

2.2 Randverteilungen

Die beiden eindimensionalen Randwahrscheinlichkeits- bzw. Randdichtefunktionen der gemeinsamen Wahrscheinlichkeits- bzw. Dichtefunktion $f(x,y)$ sind wie folgt definiert:

$$f_X(x) = \begin{cases} \sum\limits_{y \in Y} f(x,y) & \text{X,Y diskret,} \\ \int_{-\infty}^{\infty} f(x,y)\, dy & \text{X,Y stetig,} \end{cases}$$

$$f_Y(y) = \begin{cases} \sum\limits_{x \in X} f(x,y) & \text{X,Y diskret,} \\ \int_{-\infty}^{\infty} f(x,y)\, dx & \text{X,Y stetig.} \end{cases}$$

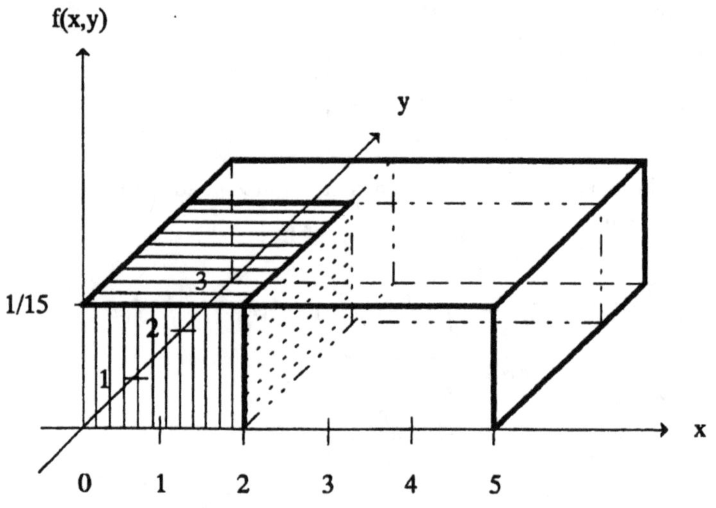

Wahrscheinlichkeit für $W(X \leq 2, Y \leq 2)$

Die Randwahrscheinlichkeits- bzw. Randdichtefunktion $f_X(x)$ erhält man aus der gemeinsamen Wahrscheinlichkeits- bzw. Dichtefunktion, indem man y aussummiert bzw. ausintegriert. Auf die gleiche Art ermittelt man $f_Y(y)$. Beim Zufallsexperiment „Zweimalige Ziehung einer Kugel aus einem von zwei Behältern" ergeben sich die beiden Randwahrscheinlichkeitsfunktionen als Summe der Zeilen- bzw. Spaltenelemente der gemeinsamen Wahrscheinlichkeitsfunktion:

$X\backslash Y$	2	6	$f_X(x)$
0	0.32	0.08	0.40
1	0.16	0.24	0.40
2	0.02	0.18	0.20
$f_Y(y)$	0.50	0.50	1

Die Wahrscheinlichkeit, 0 schwarze Kugeln bei 2 Ziehungen zu erhalten, ist z.B.

$$\begin{aligned} f_X(0) &= f(0,2)+f(0,6) \\ &= 0.32+0.08 \\ &= 0.40. \end{aligned}$$

Die Wahrscheinlichkeit, daß die gezogene Kugel unabhängig von ihrer Farbe aus dem Behälter mit 2 schwarzen Kugeln stammt, ist

$$\begin{aligned} f_Y(2) &= f(0,2)+f(1,2)+f(2,2) \\ &= 0.32+0.16+0.02 \\ &= 0.50. \end{aligned}$$

Für das Beispiel „Ankunft eines Busses und einer Straßenbahn" sind die Randdichten

$$f_X(x) = \begin{cases} 1/5 & \text{für } x \in (0,5), \\ 0 & \text{sonst,} \end{cases}$$

da

$$\int_0^3 \frac{1}{15}\, dy = \frac{1}{5}$$

ist und

$$f_Y(y) = \begin{cases} 1/3 & \text{für } y \in (0,3), \\ 0 & \text{sonst,} \end{cases}$$

da

$$\int_0^5 \frac{1}{15}\, dx = \frac{1}{3}$$

ist. Wenn die gemeinsame Wahrscheinlichkeits- bzw. Dichtefunktion gleich dem Produkt aus den Randwahrscheinlichkeits- bzw. Randdichtefunktionen ist, dann sind die beiden Zufallsvariablen X und Y (stochastisch) unabhänig. Da im Beispiel „Ankunft eines Busses und einer Straßenbahn" die gemeinsame Dichte gleich dem Produkt aus den Randdichten ist,

$$f(x,y) = \frac{1}{15} = f_X(x)\cdot f_Y(y) = \frac{1}{5}\cdot\frac{1}{3},$$

sind X und Y stochastisch unabhängig. Beim Kugelbeispiel gilt dies nicht, da z.B.

$$f(0,0) = 0.32 \neq f_X(0)\cdot f_Y(0) = 0.40\cdot 0.50 = 0.20.$$

X und Y sind in diesem Fall stochastisch abhängig.

2.3 Bedingte Verteilungen

Die bedingte Wahrscheinlichkeitsfunktion $f(x|y)$ gibt die Wahrscheinlichkeit an, daß die Zufallsvariable X den Wert x annimmt, unter der Voraussetzung, daß die Zufallsvariable Y den Wert y angenommen hat. Die bedingte Wahrscheinlichkeitsfunktion kann aus der gemeinsamen und der Randwahrscheinlichkeitsfunktion wie folgt bestimmt werden:[4]

$$f(x|y) = \frac{f(x,y)}{f_Y(y)}.$$

Die bedingte Wahrscheinlichkeitsfunktion $f(y|x)$ wird analog bestimmt:

$$f(y|x) = \frac{f(x,y)}{f_X(x)}.$$

Im Zufallsexperiment „Zweimalige Kugelziehung aus einem von zwei Behältern" ist z.B. die bedingte Wahrscheinlichkeit für das Ereignis „Keine schwarze Kugel unter der Voraussetzung, daß der Behälter mit 2 schwarzen Kugeln gewählt wurde" gleich

$$f(x=0|y=2) = \frac{f(0,2)}{f_Y(2)} = \frac{0.32}{0.50} = 0.64.$$

Die bedingten Wahrscheinlichkeitsfunktionen von X sind für die möglichen Realisationen von Y in folgender Tabelle angeführt:

$X\backslash Y$	2	6
0	0.64	0.16
1	0.32	0.48
2	0.05	0.36
Σ	1.00	1.00

Die Wahrscheinlichkeit für die Ziehung des Behälters mit 6 schwarzen Kugeln, unter der Voraussetzung, daß von den 2 aus dem Behälter entnommenen Kugeln 1 schwarz war, ist

$$f(y=6|x=1) = \frac{f(6,1)}{f_X(1)} = \frac{0.24}{0.40} = 0.60.$$

Die bedingten Wahrscheinlichkeitsfunktionen von Y, gegeben x, sind

$X\backslash Y$	2	6	Σ
0	0.80	0.20	1.00
1	0.40	0.60	1.00
2	0.10	0.90	1.00

[4]Vgl. DeGroot (1986, S. 57ff).

Für das Beispiel „Ankunft eines Busses und einer Straßenbahn" sind die bedingten Dichten gleich

$$f(x|y) = \begin{cases} 1/5 & \text{für } x \in (0,5), \\ 0 & \text{sonst,} \end{cases}$$

da

$$\frac{f(x,y)}{f_X(x)} = \frac{1/15}{1/3} = \frac{1}{5}$$

ist und

$$f(y|x) = \begin{cases} 1/3 & \text{für } y \in (0,3), \\ 0 & \text{sonst,} \end{cases}$$

da

$$\frac{f(x,y)}{f_Y(y)} = \frac{1/15}{1/5} = \frac{1}{3}$$

ist.

2.4 Bayes Theorem

Aus der Definition für die bedingte Wahrscheinlichkeitsfunktion

$$f(x|y) = \frac{f(x,y)}{f_Y(y)}$$

bzw.

$$f(y|x) = \frac{f(x,y)}{f_X(x)}$$

folgt für die gemeinsame Wahrscheinlichkeitsfunktion

$$\begin{aligned} f(x,y) &= f_Y(y) \cdot f(x|y) \\ &= f_X(x) \cdot f(y|x). \end{aligned}$$

Die Randwahrscheinlichkeitsfunktionen sind daher

$$f_Y(y) = \begin{cases} \sum\limits_{x \in X} f(x,y) = \sum\limits_{x \in X} f_X(x) \cdot f(y|x) & \text{X,Y diskret,} \\ \int_{-\infty}^{\infty} f(x,y)\, dx = \int_{-\infty}^{\infty} f_X(x) \cdot f(y|x)\, dx & \text{X,Y stetig,} \end{cases}$$

$$f_X(x) = \begin{cases} \sum\limits_{y \in Y} f(x,y) = \sum\limits_{y \in Y} f_Y(y) \cdot f(x|y) & \text{X,Y, diskret,} \\ \int_{-\infty}^{\infty} f(x,y)\, dy = \int_{-\infty}^{\infty} f_Y(y) f(x|y)\, dy & \text{X,Y stetig} \end{cases}$$

und die bedingten Wahrscheinlichkeitsfunktionen

$$f(y|x) = \begin{cases} \dfrac{f_Y(y) \cdot f(x|y)}{\sum\limits_{y \in Y} f_Y(y) \cdot f(x|y)} & \text{X,Y diskret,} \\ \dfrac{f_Y(y) \cdot f(x|y)}{\int_{-\infty}^{\infty} f_Y(y) \cdot f(x|y) dy} & \text{X,Y stetig,} \end{cases}$$

$$f(x|y) = \begin{cases} \dfrac{f_X(x) \cdot f(y|x)}{\sum\limits_{x \in X} f_X(x) \cdot f(y|x)} & \text{X,Y diskret,} \\ \dfrac{f_X(x) \cdot f(y|x)}{\int_{-\infty}^{\infty} f_X(x) \cdot f(y|x) dx} & \text{X,Y stetig.} \end{cases}$$

In dieser Form bezeichnet man die Formel für die bedingte Wahrscheinlichkeitsfunktion auch als Bayes Theorem.[5] In der Formel von $f(y|x)$ ist die Randwahrscheinlichkeitsfunktion $f_Y(y)$ die Wahrscheinlichkeitsfunktion der Prioriverteilung von Y, $f(x|y)$ ist die sogenannte Likelihoodfunktion und $f(y|x)$ ist die Wahrscheinlichkeitsfunktion der Posterioriverteilung von Y. Die über die Formel

$$f_X(x) = \begin{cases} \sum\limits_{y \in Y} f_Y(y) \cdot f(x|y), \\ \displaystyle\int_{-\infty}^{\infty} f_Y(y) \cdot f(x|y)\, dy \end{cases}$$

bestimmte Randwahrscheinlichkeitsfunktion von X wird in diesem Zusammenhang als Wahrscheinlichkeitsfunktion der Prädiktivverteilung von X bezeichnet.

Im Zufallsexperiment „Zweimalige Kugelziehung aus einem von zwei Behältern" ist die Zufallsvariable Y der unbekannte Parameter π, der entweder 0.2 (2 schwarze Kugeln von 10) oder 0.6 (6 schwarze Kugeln von 10) ist. Da einer der beiden Behälter zufällig ausgewählt wird, ist

$$f(\pi) = \begin{cases} 1/2 & \text{für } \pi = 0.2,\ 0.6, \\ 0 & \text{sonst} \end{cases}$$

die Wahrscheinlichkeitsfunktion der Prioriverteilung. Die Zufallsvariable X ist die Anzahl der schwarzen Kugeln bei 2 Ziehungen mit Zurücklegen. Die Likelihoodfunktion ist daher

$$f(x|\pi) = \begin{cases} \dbinom{2}{x} \cdot \pi^x \cdot (1-\pi)^{2-x} & \text{für } x = 0,\ 1,\ 2 \\ 0 & \text{sonst,} \end{cases}$$

und die Wahrscheinlichkeitsfunktion der Posterioriverteilung ist

$$f(\pi|x) = \begin{cases} \dfrac{f(\pi) \cdot f(x|\pi)}{\sum\limits_{\pi} f(\pi) \cdot f(x|\pi)} & \text{für } x = 0,\ 1,\ 2 \\ 0 & \text{sonst.} \end{cases}$$

[5] Beispiele für die Anwendung der Bayes Formel in der Praxis zeigt Borovcnik (1992, S. 221 ff).

Die Prioriwahrscheinlichkeit für jeden der beiden Behälter ist 0.5. Nach der Ziehung von 2 Kugeln, von denen z.B. 1 schwarz war, ist die Posterioriwahrscheinlichkeit für den Behälter mit 6 schwarzen Kugeln

$$\begin{aligned} f(\pi = 0.6 | x = 1) &= \frac{f(0.6) \cdot f(1|0.6)}{\sum\limits_{\pi} f(\pi) \cdot f(1|\pi)} \\ &= \frac{0.5 \cdot 0.48}{0.5 \cdot 0.48 + 0.5 \cdot 0.32} \\ &= 0.60. \end{aligned}$$

Die Bayes'sche Formel für die Berechnung der Posterioriwahrscheinlichkeit wird auch in der Form

$$f(\pi|x) \propto f(\pi) \cdot f(x|\pi)$$

ausgedrückt, wobei der unterdrückte Nenner bloß als Skalierungsfaktor betrachtet wird, der so gewählt werden muß, daß

$$\sum_{\pi} f(\pi) \cdot f(x|\pi)$$

gleich 1 ist. Wenn X und Y stetige Zufallsvariablen sind, dann muß dieser Nenner so gewählt werden, daß

$$\int_{-\infty}^{\infty} f_Y(y) \cdot f(x|y)\, dy$$

gleich 1 ist.

2.5 Erwartungswerte, Varianzen und Kovarianz

Für eine zweidimensionale Zufallsvariable ist

$$E_{x,y}(X,Y) = \begin{cases} \sum\limits_{x \in X} \sum\limits_{y \in Y} x \cdot y \cdot f(x,y) & X, Y \text{ diskret,} \\ \int_{-\infty}^{\infty} \int_{-\infty}^{\infty} x \cdot y \cdot f(x,y)\, dx\, dy & X, Y \text{ stetig} \end{cases}$$

der gemeinsame Erwartungswert und für eine reelle Funktion $g(x, y)$ dieser zwei Zufallsvariablen ist der gemeinsame Erwartungswert

$$E_{x,y}(g(x,y)) = \begin{cases} \sum\limits_{x \in X} \sum\limits_{y \in Y} g(x,y) \cdot f(x,y) & X, Y \text{ diskret,} \\ \int_{-\infty}^{\infty} \int_{\infty}^{\infty} g(x,y) \cdot f(x,y)\, dx\, dy & X, Y \text{ stetig.} \end{cases}$$

Der Erwartungswert der zweidimensionalen Zufallsvariable „Ankunft eines Busses innerhalb von 5 Minuten" und „Ankunft einer Straßenbahn innerhalb von

3 Minuten" ist

$$\begin{aligned} E(X,Y) &= \int_0^5 \int_0^3 x \cdot y \cdot \frac{1}{15}\, dy\, dx \\ &= \int_0^5 x \cdot \frac{y^2}{2} \cdot \frac{1}{15}\Big|_0^3 dx \\ &= \frac{9}{30} \cdot \frac{x^2}{2}\Big|_0^5 \\ &= \frac{15}{4}. \end{aligned}$$

Beim Zufallsexperiment „Zweimaliges Ziehen einer Kugel aus einem von zwei Behältern" wird folgende Schadenfunktion unterstellt:

$$g(x,y) = \begin{cases} 10 & \text{für } x = 0,1 \text{ und } y = 6, \\ 30 & \text{für } x = 2 \text{ und } y = 2, \\ 0 & \text{sonst.} \end{cases}$$

Der gemeinsame Erwartungswert ist in diesem Fall

$$\begin{aligned} E_{x,y}(g(x,y)) &= \sum_{x\in X} \sum_{y \in Y} g(x,y) \cdot f(x,y) \\ &= g(0,2) \cdot f(0,2) + g(0,6) \cdot f(0,6) + \cdots \\ &+ g(2,2) \cdot f(2,2) + g(2,6) \cdot f(2,6) \\ &= 0 \cdot 0.32 + 10 \cdot 0.08 + \cdots + 30 \cdot 0.02 + 0 \cdot 0.18 \\ &= 3.8. \end{aligned}$$

Man kann im Schnitt einen Schaden von 3.8 pro Zufallsexperiment erwarten. Wenn man den Erwartungswert von $g(x,y)$ im Hinblick auf die bedingte Wahrscheinlichkeitsfunktion $f(x|y)$ bildet, dann erhält man den sogenannten bedingten Erwartungswert von X gegeben y:

$$E_{x|y}(g(x,y)) = \begin{cases} \sum_{x\in X} g(x,y) \cdot f(x|y) & X,Y \text{ diskret}, \\ \int_{-\infty}^{\infty} g(x,y) \cdot f(x|y)\, dx & X,Y \text{ stetig}. \end{cases}$$

Analog ist der bedingte Erwartungswert $E_{y|x}g(x,y)$ definiert.
Im oben erwähnten Zufallsexperiment ist der bedingte Erwartungswert $E_{y|x}g(x,y)$ für $x = 0$

$$\begin{aligned} E_{y|x}(g(x,y)) &= g(0,2) \cdot f(2|0) + g(0,6) \cdot f(6|0) \\ &= 0 \cdot 0.8 + 10 \cdot 0.2 \\ &= 2. \end{aligned}$$

Man kann im Schnitt einen Schaden von 2 pro Zufallsexperiment erwarten, wenn man 0 schwarze Kugeln gezogen hat.

Die weiteren bedingten Erwartungswerte für $x = 1$ und 2 kann man folgender Tabelle entnehmen:

$X\backslash Y$	2	6	$E_{y\|x}g(x,y)$
0	0.80	0.20	2
1	0.40	0.60	6
2	0.10	0.90	3

Wenn man berücksichtigt, daß die gemeinsame Wahrscheinlichkeits- bzw. Dichtefunktion gleich

$$\begin{aligned} f(x,y) &= f_X(x) \cdot f(y|x) \\ &= f_Y(y) \cdot f(x|y) \end{aligned}$$

ist, dann kann man den gemeinsamen Erwartungswert der reellen Funktion $g(x,y)$ der zweidimensionalen Zufallsvariable auch wie folgt berechnen:

$$\begin{aligned} E_{x,y}(g(x,y)) &= \sum_{x \in X} \sum_{y \in Y} g(x,y) \cdot f(x,y) \\ &= \sum_X \left[\sum_Y g(x,y) \cdot f(x,y) \right] \\ &= \sum_X \left[\sum_Y g(x,y) \cdot f(y|x) \cdot f_X(x) \right] \\ &= \sum_X \left[\sum_Y g(x,y) \cdot f(y|x) \right] f_X(x) \\ &= \sum_X \left[E_{y|x} g(x,y) \right] f_X(x) \\ &= E_x E_{y|x}(g(x,y)). \end{aligned}$$

Mit E_x wird auf die Erwartungswertbildung im Hinblick auf die Randverteilung von X hingewiesen. Analog ist E_y definiert. Wenn man die Summation von X und Y vertauscht, gilt auch:

$$E_x E_{y|x}(g(x,y)) = E_y E_{x|y}(g(x,y)).$$

3.8 ist der gemeinsame Erwartungswert für $g(x,y)$ beim Zufallsexperiment „Zweimaliges Ziehen einer Kugel aus einem von zwei Behältern“ laut direkter Berechnung. Mit Hilfe der bedingten Erwartungswerte kommt man zum gleichen Ergebnis:

$$\begin{aligned} E_{x,y}(g(x,y)) &= E_x E_{y|x}(g(x,y)) \\ &= \sum_{x=0}^{2} E_{y|x}(g(x,y)) \cdot f_X(x) \\ &= E_{y|0} g(0,y) \cdot f_X(0) + E_{y|1} g(1,y) \cdot f_X(1) \\ &+ E_{y|2} g(2,y) \cdot f_X(2) \\ &= 2 \cdot 0.4 + 6 \cdot 0.4 + 3 \cdot 0.2 \\ &= 3.8. \end{aligned}$$

Die Kovarianz einer zweidimensionalen Zufallsvariablen ist wie folgt definiert:

$$C(X,Y) = \begin{cases} \sum\limits_{x\in X}\sum\limits_{y\in Y}(x-\mu_x)\cdot(y-\mu_y)\cdot f(x,y) & \text{X,Y diskret} \\ \int_{-\infty}^{\infty}\int_{-\infty}^{\infty}(x-\mu_x)\cdot(y-\mu_y)\cdot f(x,y)\,dy\,dx & \text{X,Y stetig.} \end{cases}$$

Für die Kovarianz gilt

$$C(X,Y) = E(X,Y) - E(X)\cdot E(Y),$$

wie man leicht nachprüfen kann.

Die Kovarianz von X und Y für das Zufallsexperiment „Zweimaliges Ziehen einer Kugel aus einem von 2 Behältern" ist

$$\begin{aligned} C(X,Y) &= 2.92 - 0.80\cdot 4.00 \\ &= -0.28, \end{aligned}$$

da

$$\begin{aligned} E(X,Y) &= \sum_{x\in X}\sum_{y\in Y} x\cdot y\cdot f(x,y) \\ &= 0.2\cdot 0.32 + 0\cdot 6\cdot 0.08 + \cdots + 2\cdot 2\cdot 0.02 + 2\cdot 6\cdot 0.18 \\ &= 2.92 \end{aligned}$$

ist und

$$E(X) = 0.80, \quad E(Y) = 4.00.$$

Die auf das Intervall $[-1,1]$ normierte Kovarianz von X und Y bezeichnet man als Korrelationskoeffizient ρ_{XY}. Die Normierung erreicht man, indem man die Kovarianz durch das Produkt aus den Standardabweichungen von X und Y dividiert:

$$\rho_{XY} = \frac{C(X,Y)}{\sqrt{V(X)\cdot V(Y)}}.$$

Wenn X und Y unabhängig sind, dann ist der Korrelationskoeffizient gleich Null. Die Umkehrung dieses Satzes gilt nicht generell. Wenn die Kovarianz bzw. der Korrelationskoeffizient 0 ist, müssen X und Y nicht unabhängig sein.

Den Wert +1 oder -1 nimmt der Korrelationskoeffizient an, wenn zwischen X und Y eine lineare Relation besteht. Ist $\rho_{XY} > 0$, dann variieren X und Y gleichläufig, ist $\rho_{XY} < 0$, dann gegenläufig.

Für X und Y aus dem Zufallsexperiment „Zweimaliges Ziehen einer Kugel aus einem von 2 Behältern" ist

$$\rho_{XY} = \frac{-0.28}{\sqrt{0.56\cdot 4.00}} = -0.1871,$$

da

$$\begin{aligned} V(X) &= E(X^2) - \mu_x^2 \\ &= 0^2 \cdot 0.40 + 1^2 \cdot 0.40 + 2^2 \cdot 0.20 - 0.80^2 \\ &= 0.56 \end{aligned}$$

ist und

$$\begin{aligned} V(Y) &= E(Y^2) - \mu_y^2 \\ &= 2^2 \cdot 0.50 + 6^2 \cdot 0.50 - 4^2 \\ &= 4.00. \end{aligned}$$

Da die beiden stetigen Zufallsvariablen in „Ankunft eines Busses und einer Straßenbahn“ stochastisch unabhängig sind, ist die Kovarianz

$$\begin{aligned} C(X,Y) &= E(X,Y) - E(X) \cdot E(Y) \\ &= \frac{15}{4} - \frac{5}{2} \cdot \frac{3}{2} \\ &= 0 \end{aligned}$$

und daher auch der Korrelationskoeffizient.
Wenn man die beiden Zufallsvariablen X und Y als Zufallsvektor

$$\boldsymbol{x} = \begin{pmatrix} X \\ Y \end{pmatrix}$$

anschreibt, dann ist der Erwartungswert dieses Zufallsvektors gleich

$$E(\boldsymbol{x}) = \begin{pmatrix} E(X) \\ E(Y) \end{pmatrix} = \begin{pmatrix} \mu_x \\ \mu_y \end{pmatrix} = \boldsymbol{m}$$

und die Varianz- Kovarianzmatrix dieses Vektors ist

$$\begin{aligned} V(\boldsymbol{x}) &= E(\boldsymbol{x} - \boldsymbol{m}) \cdot (\boldsymbol{x} - \boldsymbol{m})^T \\ &= E\left[\begin{pmatrix} X - \mu_x \\ Y - \mu_y \end{pmatrix} \cdot (X - \mu_x, Y - \mu_y)\right] \\ &= E\begin{pmatrix} (X - \mu_x)^2 & (X - \mu_x) \cdot (Y - \mu_y) \\ (Y - \mu_y) \cdot (X - \mu_y) & (Y - \mu_y)^2 \end{pmatrix} \\ &= \begin{pmatrix} E(X - \mu_x)^2 & E(X - \mu_x) \cdot (Y - \mu_y) \\ E(Y - \mu_y) \cdot (X - \mu_x) & E(Y - \mu_y)^2 \end{pmatrix} \\ &= \begin{pmatrix} \sigma_{11} & \sigma_{12} \\ \sigma_{21} & \sigma_{22} \end{pmatrix}. \end{aligned}$$

Dabei ist

$$\begin{aligned} \sigma_{11} &= E(X - \mu_x)^2 = \sigma_x^2 = V(X) \\ \sigma_{22} &= E(Y - \mu_x)^2 = \sigma_y^2 = V(Y) \end{aligned}$$

und

$$\sigma_{12} = \sigma_{21} = E(X - \mu_x) \cdot (Y - \mu_y) = C(X, Y).$$

Die Varianz-Kovarianzmatrix kürzt man mit

$$\boldsymbol{V} = V(\boldsymbol{x})$$

ab. Für das Zufallsexperiment „Zweimaliges Ziehen einer Kugel aus einem von 2 Behältern“ ist der Mittelwertsvektor gegeben durch

$$\boldsymbol{m} = \begin{pmatrix} \mu_x \\ \mu_y \end{pmatrix} = \begin{pmatrix} 0.80 \\ 4.00 \end{pmatrix}$$

und die Varianz- Kovarianzmatrix

$$\boldsymbol{V} = \begin{pmatrix} \sigma_{11} & \sigma_{12} \\ \sigma_{21} & \sigma_{22} \end{pmatrix} = \begin{pmatrix} 0.56 & -0.28 \\ -0.28 & 4.00 \end{pmatrix}.$$

Für die Funktion

$$g(x, y) = a \cdot X + b \cdot Y$$

ist der Erwartungswert gleich

$$E\left(g(x, y)\right) = E(a \cdot X + b \cdot Y) = a \cdot E(X) + b \cdot E(Y)$$

oder in Vektorschreibweise

$$E\left(g(x, y)\right) = (a, b) \cdot \begin{pmatrix} \mu_x \\ \mu_y \end{pmatrix} = \mathbf{c}^T \cdot \boldsymbol{m}$$

mit

$$\mathbf{c} = \begin{pmatrix} a \\ b \end{pmatrix}.$$

Die Varianz der Funktion $g(x, y)$ ist gleich

$$\begin{aligned} V(a \cdot X + b \cdot Y) &= E\left[(a \cdot X + b \cdot Y) - (a\mu_x + b\mu_y)\right]^2 \\ &= E\left[a \cdot (X - \mu_x) + b \cdot (Y - \mu_y)\right]^2 \\ &= E\Big[a^2 \cdot (X - \mu_x)^2 + b^2 \cdot (Y - \mu_y)^2 + \\ &+ 2 \cdot a \cdot b \cdot (X - \mu_x)(Y - \mu_y)\Big] \\ &= a^2 \cdot V(X) + b^2 \cdot V(Y) + 2 \cdot a \cdot b \cdot C(X, Y) \\ &= a^2 \cdot \sigma_{11} + b^2 \cdot \sigma_{22} + 2 \cdot a \cdot b \cdot \sigma_{12}. \end{aligned}$$

Mit Hilfe der Varianz-Kovarianzmatrix $\boldsymbol{V}$ kann diese Varianz auch wie folgt geschrieben werden:

$$V(a \cdot X + b \cdot Y) = V(\mathbf{c}^T \cdot \boldsymbol{m}) = \mathbf{c}^T \cdot \boldsymbol{V} \cdot \mathbf{c},$$

da

$$\boldsymbol{c}^T \cdot \boldsymbol{V} \cdot \boldsymbol{c} = a^2 \cdot \sigma_{11} + 2 \cdot a \cdot b \cdot \sigma_{12} + b^2 \cdot \sigma_{22}.$$

Allgemein gilt für die Funktion

$$g(x,y) = \boldsymbol{d} + \boldsymbol{C} \cdot \boldsymbol{x}$$

mit

$$\boldsymbol{d} = \begin{pmatrix} d_1 \\ d_2 \end{pmatrix}, \quad \boldsymbol{C} = \begin{pmatrix} c_1 & 0 \\ 0 & c_2 \end{pmatrix}$$

als Konstante und

$$\boldsymbol{x} = \begin{pmatrix} X \\ Y \end{pmatrix},$$

daß der Erwartungswert gleich ist

$$\begin{aligned} E\left(g(x,y)\right) &= E(\boldsymbol{d} + \boldsymbol{C} \cdot \boldsymbol{x}) \\ &= \boldsymbol{d} + \boldsymbol{C} \cdot E(\boldsymbol{x}) \\ &= \boldsymbol{d} + \boldsymbol{C} \cdot \boldsymbol{m} \end{aligned}$$

und die Varianz ist

$$\begin{aligned} V\left(g(x,y)\right) &= V(\boldsymbol{d} + \boldsymbol{C} \cdot \boldsymbol{x}) \\ &= \boldsymbol{C}^T \cdot \boldsymbol{V} \cdot \boldsymbol{C}. \end{aligned}$$

2.6 Erwartungswert einer von zwei gemeinsam verteilten Zufallsvariablen

Auch dann, wenn $g(x,y)$ tatsächlich nur von Y abhängt

$$g(x,y) = h(y),$$

gilt die aufgezeigte Beziehung zwischen gemeinsamen und bedingten Erwartungswerten:

$$E_{x,y}\left(h(y)\right) = E_x E_{y|x}\left(h(y)\right) = E_y\left(h(y)\right).$$

Analog gilt für

$$\begin{aligned} g(x,y) &= h(x) \\ E_{x,y}\left(h(x)\right) &= E_y E_{x|y}\left(h(x)\right) = E_x\left(h(x)\right). \end{aligned}$$

Wird z.B. die Schadenfunktion

$$g(x,y) = h(y) = \begin{cases} 10 & \text{für } y = 6 \\ 0 & \text{sonst} \end{cases}$$

im weiter oben angeführten Zufallsexperiment vorausgesetzt, dann ist der Erwartungswert nach der direkten Berechnung

$$\begin{aligned} E_{x,y}(h(y)) &= 10 \cdot 0.08 + 10 \cdot 0.24 + 10 \cdot 0.18 \\ &= 5 \end{aligned}$$

bzw.

$$\begin{aligned} E_y(h(y)) &= \sum_{y \in Y} h(y) f_Y(y) \\ &= 0 \cdot 0.5 + 10 \cdot 0.5 \\ &= 5. \end{aligned}$$

Die drei bedingten Erwartungswerte sind

$$\begin{aligned} E_{y|0}(h(y)) &= h(2) \cdot f(2|0) + h(6) \cdot f(6|0) \\ &= 0 \cdot 0.8 + 10 \cdot 0.2 = 2 \\ E_{y|1}(h(y)) &= 0 \cdot 0.4 + 10 \cdot 0.6 = 6 \\ E_{y|2}(h(y)) &= 0 \cdot 0.1 + 10 \cdot 0.9 = 9 \end{aligned}$$

und der Erwartungswert der bedingten Erwartungswerte ist ebenfalls 5:

$$E_x E_{y|x}(h(y)) = 2 \cdot 0.4 + 6 \cdot 0.4 + 9 \cdot 0.2 = 5.$$

Wenn die Zufallsvariable Y ein unbekannter Parameter ist (z.B. π), dann ist $f_Y(y)$ die Wahrscheinlichkeitsfunktion der Prioriverteilung, $h(y)$ die priori optimale Aktion a'_{opt} und es gilt

$$E_y(a'_{opt}) = E_x E_{y|x}(a'_{opt}).$$

Der Index y weißt auf die Erwartungswertbildung hinsichtlich der Prioriverteilung hin, $y|x$ bezieht sich auf die Posterioriverteilung und x ist der Hinweis, daß der Erwartungswert mit Hilfe der Prädiktivverteilung zu bilden ist. Es ist daher

$$\mathrm{SE}'(a'_{opt}) = E_x\left[\mathrm{SE}''(a'_{opt}|x)\right]$$

und die beiden Formeln für den erwarteten Wert der Stichprobeninformation sind daher identisch:

$$\begin{aligned} \mathrm{EWSI}(n_i) &= \mathrm{SE}'(a'_{opt}|x) - E_x\left[\mathrm{SE}''(a''_{opt}|x)\right] \\ &= E_x\left[\mathrm{SE}''(a'_{opt}|x) - \mathrm{SE}''(a''_{opt}|x)\right]. \end{aligned}$$

Die Erwartungswertbildung über die bedingten Erwartungswerte gilt natürlich auch für die Funktion $g(x,y) = X$

$$E_{x,y}(X) = E_y E_{x|y}(X) = E_x(X).$$

Im angeführten Zufallsexperiment ist

$$\begin{aligned} E_x(X) &= \sum_{x \in X} x \cdot f_x(x) \\ &= 0 \cdot 0.40 + 1 \cdot 0.40 + 2 \cdot 0.20 \\ &= 0.80. \end{aligned}$$

Zum gleichen Ergebnis kommt man über die bedingten Erwartungswerte. Die beiden bedingten Erwartungswerte sind

$$\begin{aligned} E_{x|2}(X) &= 0 \cdot 0.64 + 1 \cdot 0.32 + 2 \cdot 0.04 = 0.40 \\ E_{x|6}(X) &= 0 \cdot 0.16 + 1 \cdot 0.48 + 2 \cdot 0.36 = 1.20 \end{aligned}$$

und der Erwartungswert daraus ist

$$E_y E_{x|y}(X) = 0.40 \cdot 0.50 + 1.20 \cdot 0.50 = 0.80.$$

2.7 Varianz einer von zwei gemeinsam verteilten Zufallsvariablen

Dem bedingten Erwartungswert $E_{x|y}(X)$ entsprechend ist die bedingte Varianz von X, gegeben y, definiert:

$$V_{x|y}(X) = E_{x|y}\left(X - \mu_{x|y}\right)^2$$

mit $\mu_{x|y} = E_{x|y}(X)$. Da die Varianz von X gleich der Varianz der Randverteilung von X ist,

$$V(X) = E(X - \mu)^2 = V_x(X),$$

kann man die Varianz von X auch nach folgender Formel berechnen:

$$V(X) = E_y V_{x|y}(X) + V_y E_{x|y}(X).$$

Im Zufallsexperiment „Zweimaliges Ziehen einer Kugel aus einem von zwei Behältern“ ist die Varianz von X

$$\begin{aligned} V(X) &= \sum_{x \in X} (x - \mu)^2 \cdot f_X(x) \\ &= (0 - 0.80)^2 \cdot 0.40 + (1 - 0.80)^2 \cdot 0.40 + (2 - 0.80)^2 \cdot 0.20 \\ &= 0.56. \end{aligned}$$

Die beiden bedingten Varianzen sind

$$\begin{aligned} V_{x|2}(X) &= (0 - 0.40)^2 \cdot 0.64 + (1 - 0.40)^2 \cdot 0.32 + (2 - 0.40)^2 \cdot 0.04 \\ &= 0.32 \\ V_{x|6}(X) &= (0 - 1 \cdot 20)^2 \cdot 0.16 + (1 - 1.20)^2 \cdot 0.48 + (2 - 1.20)^2 \cdot 0.36 \\ &= 0.48 \end{aligned}$$

und der Erwartungswert daraus

$$E_y V_{x|y}(X) = 0.32 \cdot 0.50 + 0.48 \cdot 0.50 = 0.40.$$

Die Varianz der bedingten Erwartungswerte ist

$$\begin{aligned} V_y E_{x|y}(X) &= (0.40 - 0.80)^2 \cdot 0.50 + (1.20 - 0.80)^2 \cdot 0.50 \\ &= 0.16 \end{aligned}$$

und die Varianz von X daher

$$\begin{aligned} V(X) &= E_y V_{x|y}(X) + V_y E_{x|y}(X) \\ &= 0.40 + 0.16 \\ &= 0.56, \end{aligned}$$

wie schon oben direkt berechnet.
Zu der Berechnungsformel der Varianz von X über die bedingten Varianzen kommt man, wenn man in

$$V(X) = E(X - \mu)^2 = E_y E_{x|y}(X - \mu)^2$$

das Quadrat um den bedingten Erwartungswert $\mu_{x|y}$ erweitert und ausmultipliziert:

$$\begin{aligned} (X - \mu)^2 &= \left(X - \mu_{x|y} + \mu_{x|y} - \mu\right)^2 \\ &= \left(X - \mu_{x|y}\right)^2 + \left(\mu_{x|y} - \mu\right)^2 + 2\left(X - \mu_{x|y}\right) \cdot \left(\mu_{x|y} - \mu\right). \end{aligned}$$

Da

$$\begin{aligned} E_y E_{x|y}\left(X - \mu_{x|y}\right)^2 &= E_y V_{x|y}(X) \\ E_y E_{x|y}\left(\mu_{x|y} - \mu\right)^2 &= V_y E_{x|y}(X) \end{aligned}$$

ist und

$$E_y\left[E_{x|y}\left(X - \mu_{x|y}\right)\right]\left(\mu_{x|y} - \mu\right) = E_y\left[0 \cdot \left(\mu_{|y} - \mu\right)\right] = 0$$

ist, gilt

$$V(X) = E_y V_{x|y}(X) + V_y E_{x|y}(X).$$

2.8 Momente

Es sei (X, Y) eine zweidimensionale Zufallsvariable. Dann ist der Erwartungswert der Funktion

$$g(x, y) = (X - c_1)^r \cdot (Y - c_2)^s$$

das $r+s$-te Moment dieser Zufallsvariable um die Punkte c_1 und c_2:

$$\begin{aligned} m_{rs} &= E\left[(X-c_1)^r \cdot (Y-c_2)^s\right] \\ &= \begin{cases} \sum\limits_{x\in X}\sum\limits_{y\in Y}(x-c_1)^r\cdot(y-c_2)^s\cdot f(x,y) & X,Y \text{ diskret} \\ \int_{-\infty}^{\infty}\int_{-\infty}^{\infty}(x-c_1)^r\cdot(y-c_2)^s\cdot f(x,y)\,dx\,dx & X,Y \text{ stetig.} \end{cases} \end{aligned}$$

$r+s$ ist die Ordnung des Moments. So wie bei den eindimensionalen Momenten unterscheidet man im Hinblick auf die Punkte c_1 und c_2 zwei Arten: Wenn $c_1 = c_2 = 0$ ist, spricht man von gewöhnlichen zweidimensionalen Momenten

$$\mu_{rs} = E(X^r \cdot Y^s)$$

und von zentralen Momenten spricht man, wenn $c_1 = E(X) = \mu_x$ und $c_2 = E(Y) = \mu_y$ ist:

$$\sigma_{rs} = E\left[(x-\mu_x)^r \cdot (Y-\mu_y)^s\right].$$

Es können zwei gewöhnliche Momente erster Ordnung existieren

$$\mu_{10} = E(X), \quad \mu_{01} = E(Y),$$

die, wie man leicht einsieht, die Erwartungswerte der beiden Randverteilungen sind. Gewöhnliche Momente zweiter Ordnung gibt es drei:

$$\mu_{20} = E(X^2), \quad \mu_{02} = E(Y^2), \quad \mu_{11} = E(XY).$$

μ_{11} ist der in (e) ausführlich besprochene gemeinsame Erwartungswert einer zweidimensionalen Zufallsvariablen.

Die beiden zentralen Momente erster Ordnung sind beide gleich Null:

$$\sigma_{10} = E\left[(x-\mu_{10})\right] = 0, \quad \sigma_{01} = E\left[(Y-\mu_{01})\right] = 0.$$

Zentrale Momente zweiter Ordnung gibt es ebenfalls drei:

$$\begin{aligned} \sigma_{20} &= E\left[(X-\mu_{10})^2\right] = \sigma_1^2 \\ \sigma_{02} &= E\left[(Y-\mu_{01})^2\right] = \sigma_2^2 \\ \sigma_{11} &= E\left[(X-\mu_{10})\cdot(Y-\mu_{01})\right]. \end{aligned}$$

σ_{20} und σ_{02} sind die Varianzen der beiden Randverteilungen und σ_{11} ist die Kovarianz von XY.

2.9 Momenterzeugende Funktionen

Auch bei einer zweidimensionalen Zufallsvariablen kann man die Momente über eine momenterzeugende Funktion bestimmen. In diesem Fall ist der Erwartungswert der Funktion

$$g(x,y) = e^{t_1 x + t_2 y}$$

die momenterzeugende Funktion. Sie wird wie folgt geschrieben

$$E\left(e^{t_1 x + t_2 y}\right) = M_{x,y}\left(t_1, t_2\right)$$

und als momenterzeugende Funktion der gemeinsamen Verteilung von (X, Y) bezeichnet. Durch partielle Differentiation erhält man die Momente um Null:

$$\frac{\partial^{m+n}}{\partial t_1^m \partial t_2^n} M_{x,y}\left(t_1, t_2\right)|_{t_1=t_2=0} = E\left(X^m Y^n\right).$$

Zum Beispiel ist

$$\begin{aligned}
&\frac{\partial}{\partial t_1} M_{x,y}(0,0) = E(X) \\
&\frac{\partial}{\partial t_2} M_{x,y}(0,0) = E(Y) \\
&\frac{\partial}{\partial t_1 \partial t_2} M_{x,y}(0,0) = E(XY).
\end{aligned}$$

Für das Zufallsexperiment „Ankunft eines Busses und einer Straßenbahn" ist die momenterzeugende Funktion

$$\begin{aligned}
M_{x,y}(t_1, t_2) &= \int_0^5 \int_0^3 e^{t_1 x + t_2 y} \cdot \frac{1}{15}\, dy\, dx \\
&= \frac{1}{15 \cdot t_1 \cdot t_2} \cdot \left[e^{5t_1 + 3t_2} - e^{5t_1} - e^{3t_2} + 1\right].
\end{aligned}$$

Durch partielles Ableiten und Nullsetzen der Variablen t_1 und t_2 erhält man die gewünschten Momente. So ist z.B. die partielle Ableitung nach t_1

$$\begin{aligned}
\frac{\partial}{\partial t_1} M_{x,y}(t_1, t_2) &= \frac{1}{15 \cdot t_1 \cdot t_2} \cdot \left[(5 \cdot t_1 - 1) \cdot e^{5 \cdot t_1 + 3 \cdot t_2}\right. \\
&- \left.(5 \cdot t_1 - 1) \cdot e^{5 \cdot t_1} + e^{3 \cdot t_2} - 1\,\right].
\end{aligned}$$

Wenn man t_1 und t_2 gleich Null setzt, erhält man als Grenzwert den Erwartungswert von X:

$$\frac{\partial}{\partial t_1} M_{x,y}(0,0) = 2.5 = E(X).$$

Auch die zentralen Momente kann man mit Hilfe einer momenterzeugenden Funktion berechnen. Sie ist für $x + c_1$ und $y + c_2$ wie folgt definiert:

$$\begin{aligned}
M_{x+c_1, y+c_2}\left(t_1, t_2\right) &= E\left(e^{(x+c_1) \cdot t_1 + (y+c_2) \cdot t_2}\right) \\
&= e^{c_1 \cdot t_1 + c_2 \cdot t_2} \cdot E\left(e^{x \cdot t_1 + y \cdot t_2}\right) \\
&= e^{c_1 \cdot t_1 + c_2 \cdot t_2} \cdot M_{x,y}\left(t_1, t_2\right).
\end{aligned}$$

Wenn man $c_1 = -\mu_x$ und $c_2 = -\mu_y$ setzt, dann erhält man die momenterzeugende Funktion für die zentralen Momente:

$$M_{x-\mu_x,y-\mu_y}(t_1, t_2) = e^{-\mu_x \cdot t_1 - \mu_y \cdot t_2} \cdot M_{x,y}(t_1, t_2).$$

Auch hier erhält man durch partielles Ableiten und Nullsetzen der Variablen t_1 und t_2 die gewünschten Momente. Für das Beispiel ist die momenterzeugende Funktion der zentralen Momente

$$\begin{aligned} M_{x-\mu_x,y-\mu_y}(t_1, t_2) &= M_{x,y}(t_1, t_2) \cdot e^{-\mu_x t_1 - \mu_y t_2} \\ &= \frac{1}{15 \cdot t_1 \cdot t_2} \cdot \left(e^{5 \cdot t_1 + 3 \cdot t_2} - e^{5 \cdot t_1} - e^{3 \cdot t_2} + 1\right) \cdot e^{-2.5 t_1 - 1.5 t_2} \end{aligned}$$

Wenn man diese Funktion zweimal nach t_1 partiell ableitet und t_1 und t_2 in diesem Ausdruck Null setzt, dann bekommt man als Ergebnis die Varianz von X:

$$\begin{aligned} \frac{\partial^2}{\partial t_1^2} M_{x-\mu_x,y-\mu_y}(t_1, t_2) &= \frac{e^{5t_1/2}}{60 \cdot t_1 \cdot t_2} \cdot \Big[\left(25 \cdot t_1^2 - 20 \cdot t_1 + 8\right) \\ &\quad \cdot \left(e^{3t_2/2} - e^{3t_2/2}\right)\Big] \\ \frac{\partial^2}{\partial t_1^2} M_{x-\mu_x,y-\mu_y}(0,0) &= \frac{25}{12} = V(X). \end{aligned}$$

Andere zentrale Momente können analog berechnet werden.

2.10 Partielle Momente

Für eine zweidimensionale Zufallsvariable existieren nicht nur zwei, sondern vier partielle Momente. Betrachtet man z.B. das gewöhnliche Moment einer stetigen zweidimensionalen Zufallsvariable

$$\mu_{11} = E(XY),$$

so kann dieses Moment in folgende partielle Momente zerlegt werden:

$$\begin{aligned} &\int_{-\infty}^{c_1} \int_{-\infty}^{c_2} x \cdot y \cdot f(x, y)\, dy\, dx = \mu_{11}^{(11)}, \\ &\int_{-\infty}^{c_1} \int_{c_2}^{\infty} x \cdot y \cdot f(x, y)\, dy\, dx = \mu_{11}^{(12)}, \\ &\int_{c_1}^{\infty} \int_{-\infty}^{c_2} x \cdot y \cdot f(x, y)\, dy\, dx = \mu_{11}^{(21)}, \\ &\int_{c_1}^{\infty} \int_{c_2}^{\infty} x \cdot y \cdot f(x, y)\, dy\, dx = \mu_{11}^{(22)}. \end{aligned}$$

Der gemeinsame Erwartungswert $E(X, Y)$ ist also gleich

$$\mu_{11} = \mu_{11}^{(11)} + \mu_{11}^{(12)} + \mu_{11}^{(21)} + \mu_{11}^{(22)}.$$

Diese Aufteilung in vier partielle Momente gilt auch für die zwei gewöhnlichen Momente erster Ordnung:

$$\begin{aligned}\mu_{10} &= \mu_{10}^{(11)} + \mu_{10}^{(12)} + \mu_{10}^{(21)} + \mu_{10}^{(22)} = E(X),\\ \mu_{01} &= \mu_{01}^{(11)} + \mu_{01}^{(12)} + \mu_{01}^{(21)} + \mu_{01}^{(22)} = E(Y).\end{aligned}$$

$\mu_{01}^{(21)}$ ist z.B. folgendes Doppelintegral

$$\int_{c_1}^{\infty}\int_{-\infty}^{c_2} y \cdot f(x,y)\,dy\,dx.$$

Für die zweidimensionale Zufallsvariable „Ankunft von Bus und Straßenbahn" sind die entsprechenden partiellen Momente für $c_1 = 2$ und $c_2 = 1$ in folgender Tabelle zusammengestellt:

	$\mu^{(11)}$	$\mu^{(12)}$	$\mu^{(21)}$	$\mu^{(22)}$	$\sum$
μ_{11}	$\frac{1}{15}$	$\frac{8}{15}$	$\frac{7}{20}$	$\frac{14}{5}$	$\frac{15}{4}$
μ_{10}	$\frac{2}{15}$	$\frac{4}{15}$	$\frac{7}{10}$	$\frac{7}{5}$	$\frac{5}{2}$
μ_{01}	$\frac{1}{15}$	$\frac{8}{15}$	$\frac{1}{10}$	$\frac{4}{5}$	$\frac{3}{2}$

Die vier konstanten partiellen Momente sind für eine absolut stetige zweidimensionale Zufallsvariable

$$\begin{aligned}m_{00}^{(11)} &= \int_{-\infty}^{c_1}\int_{-\infty}^{c_2} (c_1 - x)^0 \cdot (c_2 - y)^0 \cdot f(x\ y)\,dy\,dx\\ &= \int_{-\infty}^{c_1}\int_{-\infty}^{c_2} f(x\ y)\,dy\,dx,\\ m_{00}^{(12)} &= \int_{-\infty}^{c_1}\int_{c_2}^{\infty} f(x\ y)\,dy\,dx,\\ m_{00}^{(21)} &= \int_{c_1}^{\infty}\int_{-\infty}^{c_2} f(x\ y)\,dy\,dx,\\ m_{00}^{(22)} &= \int_{c_1}^{\infty}\int_{c_2}^{\infty} f(x\ y)\,dy\,dx.\end{aligned}$$

Die Summe dieser partiellen Momente ist 1, wie leicht einzusehen ist:

$$m_{00}^{(11)} + m_{00}^{(12)} + m_{00}^{(21)} + m_{00}^{(22)} = 1.$$

Für $c_1 = 2$ und $c_2 = 1$ sind die konstanten partiellen Momente für das Beispiel „Ankunft von Bus und Straßenbahn"

$$m_{00}^{(11)} + m_{00}^{(12)} + m_{00}^{(21)} + m_{00}^{(22)} = \frac{2}{15} + \frac{4}{15} + \frac{1}{5} + \frac{2}{5} = 1.$$

Von den linearen partiellen Momenten einer zweidimensionalen stetigen Zufallsvariablen sind folgende vier von Bedeutung

$$m_{01}^{(11)} = \int_{-\infty}^{c_1}\int_{-\infty}^{c_2} (c_1 - x)^0 \cdot (c_2 - y)^1 \cdot f(x,y)\,dy\,dx,$$

$$
\begin{aligned}
&= \int_{-\infty}^{c_1}\int_{-\infty}^{c_2} (c_2 - y)\cdot f(x,y)\,dy\,dx,\\
m_{01}^{(12)} &= \int_{-\infty}^{c_1}\int_{c_2}^{\infty} (y - c_2)\cdot f(x,y)\,dy\,dx,\\
m_{01}^{(12)} &= \int_{c_1}^{\infty}\int_{-\infty}^{c_2} (c_2 - y)\cdot f(x,y)\,dy\,dx,\\
m_{01}^{(22)} &= \int_{c_1}^{\infty}\int_{c_2}^{\infty} (y - c_2)\cdot f(x,y)\,dy\,dx.
\end{aligned}
$$

Für das Beispiel „Ankunft von Bus und Straßenbahn" und $c_1 = 2$, $c_2 = 1$ sind die entsprechenden linearen partiellen Momente

$$
m_{01}^{(11)} = \frac{1}{15},\quad m_{01}^{(12)} = \frac{4}{15},\quad m_{01}^{(21)} = \frac{1}{10},\quad m_{01}^{(22)} = \frac{2}{5}.
$$

Auch von den quadratischen partiellen Momenten sind jene für die Statistik von Bedeutung, bei denen sich das Quadrat auf die zweite Variable bezieht:

$$
m_{02}^{(11)},\quad m_{02}^{(21)},\quad m_{02}^{(12)},\quad m_{02}^{(22)}.
$$

Die entsprechenden Momente sind für das Beispiel:

$$
\begin{aligned}
m_{02}^{(11)} &= \int_0^2\int_0^1 \frac{(1-y)^2}{15}\,dy\,dx = \frac{2}{45},\\
m_{02}^{(12)} &= \int_0^2\int_1^3 \frac{(y-1)^2}{15}\,dy\,dx = \frac{16}{45},\\
m_{02}^{(21)} &= \int_2^5\int_0^1 \frac{(1-y)^2}{15}\,dy\,dx = \frac{1}{15},\\
m_{02}^{(22)} &= \int_2^5\int_1^3 \frac{(y-1)^2}{15}\,dy\,dx = \frac{8}{15}.
\end{aligned}
$$

2.11 Momenterzeugende Funktion für die partiellen Momente

Auch die momenterzeugende Funktion einer zweidimensionalen Zufallsvariablen für Momente um den Ursprung kann in vier momenterzeugende Funktionen für partielle Momente werden:

$$
\begin{aligned}
M_{x,y}(t_1,t_2) &= E\left(e^{xt_1+yt_2}\right)\\
&= M_{x,y}^{(11)}(t_1,t_2) + M_{x,y}^{(12)}(t_1,t_2) +\\
&+ M_{x,y}^{(21)}(t_1,t_2) + M_{x,y}^{(22)}(t_1,t_2).
\end{aligned}
$$

Z.B. kann $M_{x,y}^{(11)}(t_1,t_2)$ ausführlich für eine absolut stetige zweidimensionale Zufallsvariable folgendermaßen geschrieben werden:

$$
M_{x,y}^{(11)}(t_1,t_2) = \int_{-\infty}^{c_1}\int_{-\infty}^{c_2} e^{xt_1+yt_2}\cdot f(x,y)\,dy\,dx.
$$

Die weiteren partiellen momenterzeugenden Funktionen sind analog definiert. Für das Beispiel „Ankunft von Bus und Straßenbahn" ist die momenterzeugende Funktion $M_{x,y}^{(11)}(t_1, t_2)$ für $c_1 = 2$ und $c_2 = 1$.

$$M_{x,y}^{(11)}(t_1, t_2) = \frac{1}{15 \cdot t_1 \cdot t_2} \cdot \left(e^{2t_1+t_2} - e^{2t_1} - e^{t_2} + 1\right).$$

Partielle Ableitung z.B. nach t_1 und Nullsetzen von t_1 und t_2 führt zum gewöhnlichen partiellen Moment erster Ordnung:

$$\frac{\partial}{\partial t_1} M_{x,y}^{(11)}(0,0) = \frac{2}{15} = \mu_{10}^{(11)}.$$

Für partielle Momente um ein beliebiges c_1 und c_2 kann man ebenfalls entsprechende momenterzeugende Funktionen finden. Die momenterzeugenden Funktionen für den Fall von c_1 ist 0 und c_2 ist beliebig haben folgende Struktur:

$$\begin{aligned} M_{x,c_2-y}(t_1, t_2) &= e^{c_2 t_2} \cdot E\left(e^{xt_1 - yt_2}\right) \\ &= e^{c_2 t_2} \cdot M_{x,y}(t_1, t_2) \\ M_{x,y-c_2}(t_1, t_2) &= \frac{1}{e^{c_2 t_2}} \cdot M_{x,y}(t_1, t_2). \end{aligned}$$

Die vier partiellen momenterzeugenden Funktionen werden wieder analog zur obigen Definition bestimmt. Für das numerische Beispiel ist

$$\begin{aligned} M_{x,1-y}^{(11)}(t_1, t_2) &= e^{t_2} \int_0^2 \int_0^1 e^{xt_1 - yt_2} \cdot \frac{1}{15}\, dy\, dx \\ &= \frac{1}{15 \cdot t_1 \cdot t_2} \cdot \left(e^{2t_1+t_2} - e^{2t_1} - e^{t_2} + 1\right). \end{aligned}$$

Die partielle Ableitung nach t_2 und das Nullsetzen von t_1 und t_2 in dieser Ableitung liefert z.B. das partielle Moment $m_{01}^{(11)}$:

$$\frac{\partial}{\partial t_2} M_{x,1-y}^{(11)}(0,0) = \frac{1}{15} = m_{01}^{(11)}.$$

3 Verteilungen des Bernoulli Modells

Aus einer Urne mit einer unbekannten Anzahl schwarzer und nichtschwarzer Kugeln wird eine erste Kugel zufällig entnommen und festgestellt, ob sie schwarz oder nichtschwarz ist. Nachdem die Farbe festgestellt ist, wird sie wieder in die Urne zurückgelegt, der Inhalt gemischt und eine zweite Kugel wieder zufällig gezogen. Auch diese Kugel wird nach der Feststellung ihrer Farbe wieder in die Urne zurückgelegt, bevor eine weitere (eventuell dieselbe) Kugel herausgegriffen wird. Eine Stichprobenziehung, die auf diese Art erfolgt, bezeichnet man als Bernoulli Prozeß. Für diesen Prozeß gilt, daß die

Ergebnisse der einzelnen Ziehungen voneinander unabhängig sind und für jede Ziehung die gleiche Verteilung gegeben ist.

In der Realität entsprechen diesem Urnenmodell viele Situationen, in denen Stichprobeninformationen dadurch gewonnen werden, daß man z.B. Menschen fragt, ob sie mit einer bestimmten Meinung konform gehen oder ob sie ein bestimmtes Produkt kaufen. Die Antwortmöglichkeiten in diesen Beispielen sind dichotom: Zustimmung oder Ablehnung, Käufer oder Nichtkäufer. Die Antwort der i-ten Person kann man daher wie folgt kennzeichnen:

$$x_i = \begin{cases} 1 & \text{für Zustimmung, Käufer, usw.} \\ 0 & \text{für Ablehnung, Nichtkäufer, usw.} \end{cases}$$

Wenn man die Anzahl der Ziehungen n vorgibt, dann kann man bei Kenntnis des Anteils π an schwarzen Kugeln im Behälter die Wahrscheinlichkeit berechnen, daß dabei genau x schwarze Kugeln gezogen werden. Die entsprechende Verteilung ist die Binomialverteilung. Da aber der Anteil π an schwarzen Kugeln unbekannt ist, drückt man seine Prioriinformationen über diesen Anteil durch eine „konjungierte" Verteilung aus. Für die Binomialverteilung ist die Betaverteilung eine konjungierte Verteilung.

Der Vorteil von konjugierten Verteilungen[6] liegt in der Tatsache, daß die Posterioriverteilung zur selben Verteilungsfamilie gehört, wie die Prioriverteilung. Im Bernoulli Modell ist daher auch die Posterioriverteilung betaverteilt.[7] Neben der Binomialverteilung und der Betaverteilung wird im folgenden auch die Betabinomialverteilung und ihre Eigenschaften beschrieben, da sie auch in unmittelbarem Zusammenhang mit dem Bernoulli Modell steht. Zum einen ist sie Prädiktivverteilung des Modells zum anderen gemeinsame Verteilung von π und X.

3.1 Binomialverteilung

(a) Wahrscheinlichkeits- und Verteilungsfunktion

Die Zufallsvariable X ist binomialverteilt, wenn sie die Wahrscheinlichkeitsfunktion

$$f_B(x|\pi,n) = \begin{cases} \binom{n}{x} \cdot \pi^x \cdot (1-\pi)^{n-x} & \text{für } x = 1,\ldots,n \text{ und } 0 \le \pi \le 1, \\ 0 & \text{sonst} \end{cases}$$

besitzt.

[6]Vgl. Bernardo, Smith (1994, S. 265), Berger (1985, S. 130).
[7]Vgl. Marinell, (1987, S. 79).

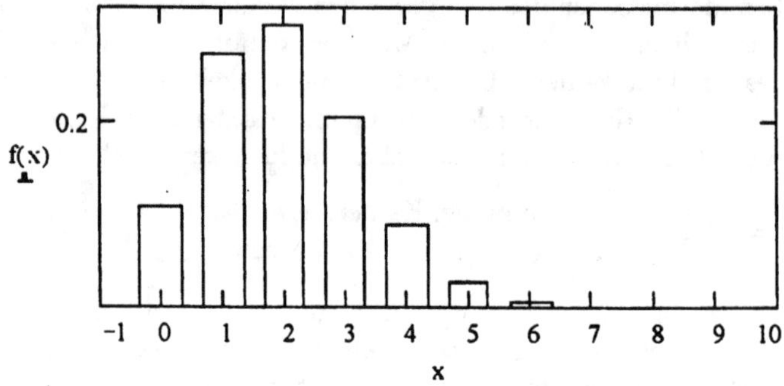

Wahrscheinlichkeitsfunktion der Binomialverteilung für $\pi = 0.2$ und $n = 10$

$\binom{n}{x}$ ist der Binomialkoeffizient, der folgendermaßen berechnet wird:

$$\binom{n}{x} = \frac{n!}{x!(n-x)!} = \frac{\Gamma(n+1)}{\Gamma(x+1)\cdot\Gamma(n-x+1)}$$

mit

$$n! = n\cdot(n-1)\cdot(n-2)\cdots 3\cdot 2\cdot 1.$$

Da

$$\begin{aligned}\sum_{x=0}^{n} f_B(x|\pi,n) &= \sum_{x=0}^{n}\binom{n}{x}\cdot\pi^x\cdot(1-\pi)^{n-x}\\ &= [\pi+(1-\pi)]^n\\ &= 1\end{aligned}$$

ist, ist $f_B(x|\pi,n)$ tatsächlich eine Wahrscheinlichkeitsfunktion. Die Verteilungsfunktion ist

$$F_B(c|\pi,n) = \sum_{x=0}^{c}\binom{n}{x}\cdot\pi^x\cdot(1-\pi)^{n-x}$$

und das Komplement dazu

$$G_B(c+1|\pi,n) = \sum_{x=c+1}^{n}\binom{n}{x}\cdot\pi^x\cdot(1-\pi)^{n-x}.$$

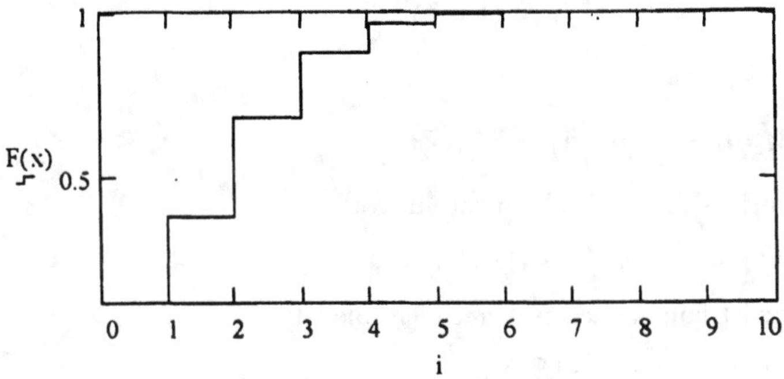

Verteilungsfunktion der Binomialverteilung für $\pi = 0.2$ und $n = 10$

(b) Momenterzeugende Funktion

Die momenterzeugende Funktion der Binomialverteilung ist

$$\begin{aligned} M_x(t) &= E\left(e^{x \cdot t}\right) \\ &= \sum_{x=0}^{n} e^{x \cdot t} \cdot \binom{n}{x} \cdot \pi^x \cdot (1-\pi)^{n-x} \\ &= \sum_{x=0}^{n} \binom{n}{x} \cdot \left(\pi \cdot e^t\right)^x \cdot (1-\pi)^{n-x} \\ &= \left[\pi \cdot e^t + (1-\pi)\right]^n . \end{aligned}$$

Die Differentiation nach t ergibt

$$\frac{d}{dt} M_x(t) = n \cdot \left[\pi \cdot e^t + (1-\pi)\right]^{n-1} \cdot \pi \cdot e^t$$

und für $t = 0$ ist

$$\frac{d}{dt} M_x(0) = n \cdot \pi .$$

Dies ist das erste Moment um Null. der Erwartungswert der Binomialverteilung:

$$E(X) = \mu_1 = n \cdot \pi .$$

Die zweite Ableitung der momenterzeugenden Funktion ist gleich

$$\begin{aligned}\frac{d^2}{dt^2}M_x(t) &= n\cdot(n-1)\cdot\left[\pi\cdot e^t+(1-\pi)\right]^{n-2}\cdot(\pi\cdot e^t)^2\\ &+ n\cdot\left[\pi\cdot e^t+(1-\pi)\right]^{n-1}\cdot\pi\cdot e^t\end{aligned}$$

und für $t=0$ folgt

$$\frac{d^2}{dt^2}M_x(0)=n\cdot(n-1)\cdot\pi^2+n\cdot\pi.$$

Das Ergebnis ist das zweite Moment um Null:

$$E\left(X^2\right)=\mu_2=n\cdot(n-1)\cdot\pi^2+n\cdot\pi.$$

Die Varianz ist nun einfach zu berechnen. Sie ist

$$\begin{aligned}V(X) &= E\left(X^2\right)-[E(X)]^2\\ &= n\cdot(n-1)\cdot\pi^2+n\cdot\pi-(n\cdot\pi)^2\\ &= n\cdot\pi\cdot(1-\pi).\end{aligned}$$

(c) Momenterzeugende Funktion für partielle Momente

Die momenterzeugende Funktion für die linken partiellen Momente der Binomialverteilung ist gleich

$$\begin{aligned}M_x^{(1)}(t) &= E_0^c\left(e^{t\cdot x}\right)\\ &= E_0^c\left(1+t\cdot X+\frac{t^2}{2!}\cdot X^2+\frac{t^3}{3!}\cdot X^3+\cdots\right)\\ &= 1+t\cdot E_0^c(X)+\frac{t^2}{2!}\cdot E(X^2)+\frac{t^3}{3!}\cdot E(X^3)+\cdots\\ &= \sum_{r=0}^{\infty}\frac{t^r}{r!}\cdot E_0^c(X^r)\end{aligned}$$

und für die rechten partiellen Momente

$$M_x^{(2)}(t)=\sum_{r=0}^{\infty}\frac{t^r}{r!}\cdot E_c^n(X^r).$$

Der linke partielle Erwartungswert der Binomialverteilung ist die erste Ableitung der momenterzeugenden Funktion für $t=0$:

$$\begin{aligned}\frac{d}{dt}M_x^{(1)}(t) &= E_o^c(X)+t\cdot E_0^c(X^2)+\frac{t^2}{2!}\cdot E_0^c(X^3)+\cdots\\ \frac{d}{dt}M_x^{(1)}(0) &= E_0^c(X)\\ &= \sum_{x=0}^{c}x\cdot f_B(x|\pi,n).\end{aligned}$$

Den linken partiellen Erwartungswert kann man auch über die Formel

$$E(X) \cdot F_B(c-1|\pi, n-1)$$

berechnen, da

$$\begin{aligned}
\sum_{x=0}^{c} x \cdot f_B(x|\pi, n) &= \sum_{x=1}^{c} \cdot \frac{n!}{x!(n-x)!} \cdot \pi^x \cdot (1-\pi)^{n-x} \\
&= \sum_{x=1}^{c} n \cdot \frac{x}{n} \cdot \frac{n}{x} \cdot \frac{(n-1)!}{(x-1)!(n-x)!} \cdot \pi \cdot \pi^{x-1} \cdot (1-\pi)^{n-x} \\
&= n \cdot \pi \cdot \sum_{x=0}^{c-1} \frac{(n-1)!}{(x-1)!(n-x)!} \cdot \pi^{x-1} \cdot (1-\pi)^{n-x} \\
&= n \cdot \pi \cdot F_B(c-1|\pi, n-1).
\end{aligned}$$

Der rechte partielle Erwartungswert der Binomialverteilung ist

$$\begin{aligned}
E_{c+1}^{n}(X) &= \sum_{x=c+1}^{n} x \cdot f_B(x|\pi, n) \\
&= E(X) \cdot G_B(c|\pi, n-1).
\end{aligned}$$

Die zweiten Ableitungen der momenterzeugenden Funktion führen zu

$$E_0^c(X^2) = \sum_{x=0}^{c} x^2 \cdot f_B(x|\pi, n)$$

und

$$E_{c+1}^{n}(X^2) = \sum_{x=c+1}^{n} x^2 \cdot f_B(x|\pi, n).$$

3.2 Betaverteilung

(a) Dichte- und Verteilungsfunktion

Der Anteilswert π kann Werte zwischen 0 und 1 annehmen. Wenn π eine betaverteilte Zufallsvariable ist, dann hat sie die Dichtefunktion

$$f_\beta(\pi|x, n-x) = \begin{cases} \dfrac{1}{B(x, n-x)} \cdot \pi^{x-1} \cdot (1-\pi)^{n-x-1} & \text{für } x = 0, 1, \ldots, n \\ 0 & \text{sonst} \end{cases}$$

mit den Paramtern x und $n - x$.

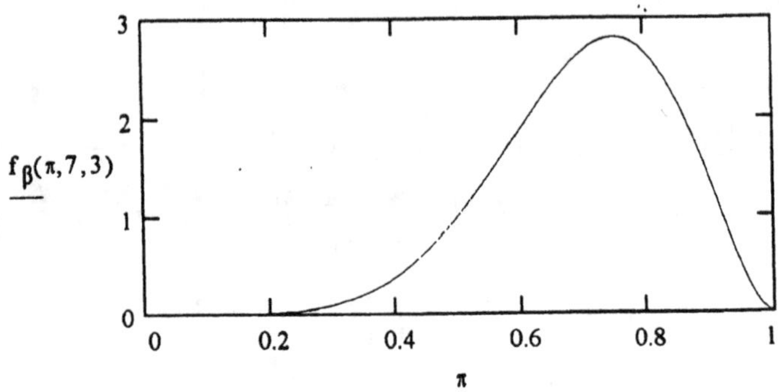

Dichtefunktion der Betaverteilung für $x = 7$ und $n = 10$

$B(x, n - x)$ ist die Abkürzung für die Betafunktion, die wie folgt definiert ist:

$$B(x, n - x) = \int_0^1 \pi^{x-1} \cdot (1 - \pi)^{n-x-1} d\pi.$$

Wenn x und n ganzzahlig sind, dann gilt

$$B(x, n - x) = \frac{(x - 1)!(n - x - 1)!}{(n - 1)!}.$$

Für $x = 1$ und $n = 2$ ist z.B. die Betafunktion

$$B(1, 1) = \int_0^1 \pi^{1-1} \cdot (1 - \pi)^{2-1-1} d\pi = \int_0^1 d\pi = \pi \mid_0^1 = 1,$$

oder nach der zweiten Formel

$$B(1, 1) = \frac{(1 - 1)!(2 - 1 - 1)!}{(2 - 1)!} = \frac{0!\ 0!}{1!} = 1,$$

wenn man berücksichtigt, daß $0! = 1$ ist.

Daß $f_B(\pi|x, n - x)$ eine Dichtefunktion ist, kann man leicht zeigen:

$$\begin{aligned} 1 &= \int_{-\infty}^{\infty} f(x)\, dx \\ &= \int_0^1 f_\beta(\pi|x, n - x)\, d\pi \end{aligned}$$

$$
\begin{aligned}
&= \frac{1}{B(x,n-x)} \int_0^1 \pi^{x-1} \cdot (1-\pi)^{n-x-1} d\pi \\
&= \frac{1}{B(x,n-x)} \cdot B(x,n-x) \\
&= 1.
\end{aligned}
$$

Die Werte der Verteilungsfunktion der Betaverteilung

$$F_\beta(\pi|x,n-x) = \int_0^\pi f_\beta(t|x,n-x)\,dt$$

und ihres Komplements

$$G_\beta(\pi|x,n-x) = \int_\pi^1 f_\beta(t|x,n-x)\,dt$$

können, abgesehen von einigen speziellen Fällen, nicht direkt berechnet werden, sondern ihre Berechnung erfordert numerische Integrationsmethoden.

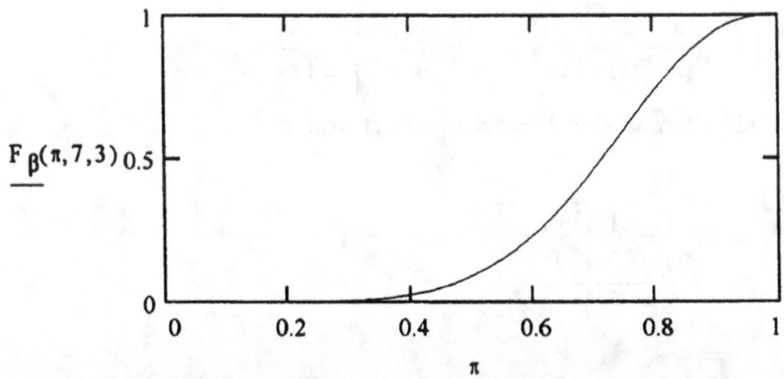

Verteilungsfunktion der Betaverteilung für $x = 7$ und $n = 10$

Für die positive Zahl r gilt allgemein

$$
\begin{aligned}
E(\pi^r) &= \frac{1}{B(x,n-x)} \int_0^1 \pi^{x+r-1} \cdot (1-\pi)^{n-x-1} d\pi \\
&= \frac{B(x+r,n-x)}{B(x,n-x)} \\
&= \frac{\Gamma(x+r)\cdot\Gamma(n)}{\Gamma(n+r)\cdot\Gamma(x)}.
\end{aligned}
$$

(b) Momenterzeugende Funktion

Die momenterzeugende Funktion der Betaverteilung ist

$$\begin{aligned} M_\pi(t) &= E\left(e^{t\cdot\pi}\right) \\ &= E\left(1 + t\cdot\pi + \frac{t^2}{2!}\cdot\pi^2 + \frac{t^3}{3!}\cdot\pi^3 + \cdots\right) \\ &= 1 + t\cdot E(\pi) + \frac{t^2}{2!}\cdot E\left(\pi^2\right) + \frac{t^3}{3!}\cdot E\left(\pi^3\right) + \ldots \\ &= \sum_{r=0}^{\infty}\frac{t^r}{r!}\cdot E\left(\pi^r\right) \\ &= \sum_{r=0}^{\infty}\frac{t^r}{r!}\cdot\frac{\Gamma(x+r)\cdot\Gamma(n)}{\Gamma(n+r)\cdot\Gamma(x)} \\ &= 1 + t\cdot\frac{\Gamma(x+1)\cdot\Gamma(n)}{\Gamma(n+1)\cdot\Gamma(x)} + \frac{t^2}{2!}\cdot\frac{\Gamma(x+2)\cdot\Gamma(n)}{\Gamma(n+2)\cdot\Gamma(x)} + \ldots \end{aligned}$$

Die erste Ableitung der momenterzeugenden Funktion nach t ist

$$\frac{d}{dt}M_\pi(t) = \frac{\Gamma(x+1)\cdot\Gamma(n)}{\Gamma(n+1)\cdot\Gamma(x)} + t\cdot\frac{\Gamma(x+2)\cdot\Gamma(n)}{\Gamma(n+2)\cdot\Gamma(x)} + \ldots$$

und für $t = 0$ erhält man den Erwartungswert von π

$$\begin{aligned} \frac{d}{dt}M_\pi(0) &= \frac{\Gamma(x+1)\cdot\Gamma(n)}{\Gamma(n+1)\cdot\Gamma(x)} \\ &= \frac{x\cdot\Gamma(x)\cdot\Gamma(n)}{n\cdot\Gamma(n)\cdot\Gamma(x)} \\ &= \frac{x}{n}. \end{aligned}$$

Die zweite Ableitung führt zu $E(\pi^2)$, wenn man $t = 0$ setzt:

$$\begin{aligned} \frac{d^2}{dt^2}M_\pi(t) &= \frac{\Gamma(x+2)\cdot\Gamma(n)}{\Gamma(n+2)\cdot\Gamma(x)} + t\cdot\frac{\Gamma(x+3)\cdot\Gamma(n)}{\Gamma(n+3)\cdot\Gamma(x)} + \ldots \\ \frac{d^2}{dt^2}M_\pi(0) &= \frac{\Gamma(x+2)\cdot\Gamma(n)}{\Gamma(n+2)\cdot\Gamma(x)} \\ &= \frac{x\cdot(x+1)\cdot\Gamma(x)\cdot\Gamma(n)}{n\cdot(n+1)\cdot\Gamma(n)\cdot\Gamma(x)} \\ &= \frac{x\cdot(x+1)}{n\cdot(n+1)}. \end{aligned}$$

Mit $E(\pi^2)$ und $E(\pi)$ kann die Varianz von π bestimmt werden. Sie ist

$$V(\pi) = E(\pi^2) - [E(\pi)]^2$$

$$= \frac{x \cdot (x+1)}{n \cdot (n+1)} - \frac{x^2}{n^2}$$
$$= \frac{x \cdot (n-x)}{n^2 \cdot (n+1)}.$$

Für die Betaverteilung mit $x = 1$ und $n = 2$ ist

$$E(\pi) = \frac{x}{n} = \frac{1}{2}$$

und

$$E(\pi^2) = \frac{x \cdot (x+1)}{n \cdot (n+1)} = \frac{1 \cdot (1+1)}{2 \cdot (2+1)} = \frac{1}{3}.$$

Die Varianz ist

$$V(\pi) = \frac{x \cdot (n-x)}{n^2 \cdot (n+1)} = \frac{1 \cdot (2-1)}{2^2 \cdot (2+1)} = \frac{1}{12}.$$

(c) Momenterzeugende Funktionen für partielle Momente

Für die partiellen Momente der Betaverteilung gilt

$$\begin{aligned} E_0^c(\pi^r) &= E(\pi^r) \cdot F_\beta(c|x+r, n-x), \\ E_c^1(\pi^r) &= E(\pi^r) \cdot G_\beta(c|x+r, n-x), \end{aligned}$$

da z.B.

$$\begin{aligned} E_0^c(\pi^r) &= E(\pi^r) \cdot F_\beta(c|x+r, n-x) \\ &= \frac{\Gamma(x+r) \cdot \Gamma(n)}{\Gamma(n+r) \cdot \Gamma(x)} \cdot \\ &\quad \cdot \int_0^c \frac{\Gamma(n+r)}{\Gamma(x+r) \cdot \Gamma(n-x)} \cdot \pi^{x+r-1} \cdot (1-\pi)^{n-x-1} d\pi \\ &= \int_0^c \pi^r \cdot \frac{\Gamma(n)}{\Gamma(x) \cdot \Gamma(n-x)} \cdot \pi^{x-1} \cdot (1-\pi)^{n-x-1} d\pi \\ &= \int_0^c \pi^r \cdot f_\beta(\pi|x, n-x)\, d\pi \end{aligned}$$

ist.

Die momenterzeugenden Funktionen für die partiellen Momente der Betaverteilung sind daher

$$\begin{aligned} M_\pi^{(1)}(t) &= \sum_{r=0}^{\infty} \frac{t^r}{r!} \cdot \frac{\Gamma(x+r) \cdot \Gamma(n)}{\Gamma(n+r) \cdot \Gamma(x)} \cdot F_\beta(c|x+r, n-x), \\ M_\pi^{(2)}(t) &= \sum_{r=0}^{\infty} \frac{t^r}{r!} \cdot \frac{\Gamma(x+r) \cdot \Gamma(n)}{\Gamma(n+r) \cdot \Gamma(x)} \cdot G_\beta(c|x+r, n-x). \end{aligned}$$

Der linke partielle Erwartungswert der Betaverteilung ist die erste Ableitung der momenterzeugenden Funktion für $t = 0$:

$$\begin{aligned}
\frac{d}{dt}M_\pi^{(1)}(t) &= \frac{\Gamma(x+1)\cdot\Gamma(n)}{\Gamma(n+1)\cdot\Gamma(x)}\cdot F_\beta(c|x+1,n-x)+ \\
&+ \; t\cdot\frac{\Gamma(x+2)\cdot\Gamma(n)}{\Gamma(n+2)\cdot\Gamma(x)}\cdot F_\beta(c|x+2,n-x)+\cdots \\
\frac{d}{dt}M_\pi^{(1)}(0) &= \frac{\Gamma(x+1)\cdot\Gamma(n)}{\Gamma(n+1)\cdot\Gamma(x)}\cdot F_\beta(c|x+1,n-x) \\
&= \frac{x}{n}\cdot F_\beta(c|x+1,n-x).
\end{aligned}$$

Der linke partielle Erwartungswert ist auch das erste linke partielle Moment um Null:

$$m_1^{(1)} = E_0^c(\pi) = \frac{x}{n}\cdot F_\beta(c|x+1,n-x).$$

Den rechten partiellen Erwartungswert kann man auf die gleiche Art berechnen. Er ist

$$m_1^{(2)} = E_c^1(\pi) = \frac{x}{n}\cdot G_\beta(c|x+1,n-x).$$

Für die Betaverteilung mit $x = 1$, $n = 2$ und $c = 0.6$ ist

$$E_0^{0.6}(\pi) = \frac{1}{2}\cdot F_\beta(0.6|2,1) = 0.18$$

und

$$E_{0.6}^1(\pi) = \frac{1}{2}\cdot G_\beta(0.6|2,1) = 0.32.$$

Mit Hilfe der partiellen Erwartungswerte kann man auch die linearen partiellen Momente der Betaverteilung bestimmen. Sie sind

$$\begin{aligned}
L_0^c(\pi) &= \int_0^c (c-\pi)\cdot f_\beta(\pi|x,n-x)\,d\pi \\
&= c\cdot F_\beta(c|x,n-x) - E_0^c(\pi), \\
L_c^1(\pi) &= \int_c^1 (\pi-c)\cdot f_\beta(\pi|x,n-x)\,d\pi \\
&= E_c^1(\pi) - c\cdot G_\beta(c|x,n-x).
\end{aligned}$$

Für das numerische Beispiel sind die linearen Momente gegeben durch

$$\begin{aligned}
L_0^{0.6}(\pi) &= 0.6\cdot 0.6 - 0.18 = 0.18, \\
L_{0.6}^1(\pi) &= 0.32 - 0.6\cdot 0.4 = 0.08.
\end{aligned}$$

Die zweite Ableitung der momenterzeugenden Funktion für die partiellen Momente liefert die partiellen Erwartungswerte von π^2:

$$\begin{aligned}
\frac{d^2}{dt^2}M_\pi^{(1)}(0) &= \frac{\Gamma(x+2)\cdot\Gamma(n)}{\Gamma(n+2)\cdot\Gamma(x)}\cdot F_\beta(c|x+2,n-x) \\
&= \frac{x\cdot(x+1)}{n\cdot(n+1)}\cdot F_\beta(c|x+2,n-x) \\
&= E_0^c(\pi^2), \\
\frac{d^2}{dt^2}M_\pi^{(2)}(0) &= \frac{x\cdot(x+1)}{n\cdot(n+1)}\cdot G_\beta(c|x+2,n-x) \\
&= E_c^1(\pi^2).
\end{aligned}$$

Mit ihnen können die quadratischen Momente der Betaverteilung berechnet werden. Sie sind gegeben durch

$$\begin{aligned}
Q_0^c(\pi) &= \int_0^c (c-\pi)^2\cdot f_\beta(\pi|x,n-x)\,d\pi \\
&= c^2\cdot F_\beta(c|x,n-x) - 2\cdot c\cdot E_0^c(\pi) + E_0^c(\pi^2), \\
Q_c^1(\pi) &= \int_c^1 (\pi-c)^2\cdot f_\beta(\pi|x,n-x)\,d\pi \\
&= c^2\cdot G_\beta(c|x,n-x) - 2\cdot c\cdot E_c^1(\pi) + E_c^1(\pi^2).
\end{aligned}$$

Für die Betaverteilung mit den Parametern $x = 1$, $n = 2$ und $c = 0.6$ sind die quadratischen Momente

$$\begin{aligned}
Q_0^{0.6}(\pi) &= 0.6^2\cdot 0.6 - 2\cdot 0.6\cdot 0.36 + \frac{1\cdot(1+1)}{2\cdot(2+1)}\cdot 0.216 \\
&= 0.0720, \\
Q_{0.6}^1(\pi) &= 0.6^2\cdot 0.4 - 2\cdot 0.6\cdot 0.64 + \frac{1}{3}\cdot 0.784 \\
&= 0.0213.
\end{aligned}$$

3.3 Betabinomialverteilung von X

(a) Wahrscheinlichkeits- und Verteilungsfunktion

Die Zufallsvariable X ist betabinomialverteilt, wenn sie die Wahrscheinlichkeitsfunktion

$$\begin{aligned}
f_{\beta B}(x|x',n',n) &= \binom{n}{x}\cdot\frac{B(x'+x,n'+n-x'-x)}{B(x',n'-x')} \\
&= \frac{n!}{x!(n-x)!}\cdot\frac{(n'-1)!}{(x'-1)!(n'-x'-1)!} \\
&\quad\cdot\frac{(x'+x-1)!(n'+n-x'-x-1)!}{(n'+n-1)!}
\end{aligned}$$

besitzt mit den Parametern x', n' und n.

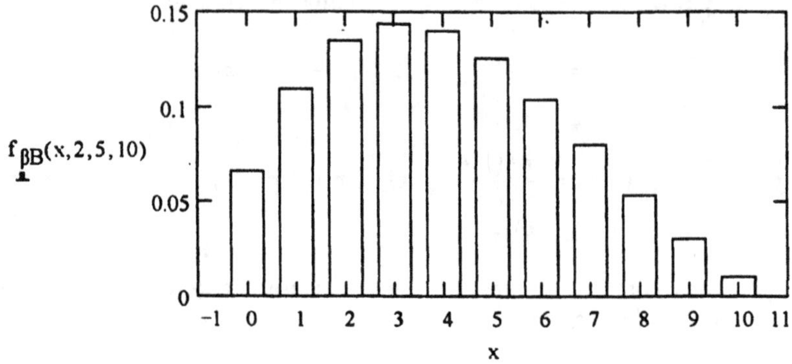

Wahrscheinlichkeitsfunktion der Betabinomialverteilung für $x' = 2$, $n' = 5$ und $n = 10$

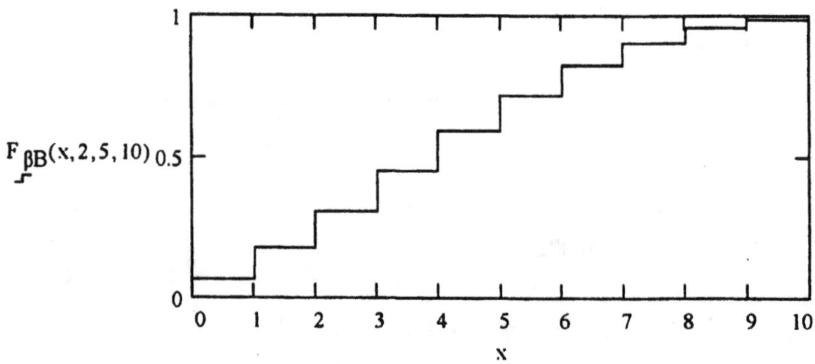

Verteilungsfunktion der Betabinomialverteilung für $x' = 2$, $n' = 5$, $n = 10$

Die Verteilungsfunktion dieser diskreten Zufallsvariablen ist

$$F_{\beta B}(c|x', n', n) = \sum_{x=0}^{c} f_{\beta B}(x|x', n', n)$$

und ihr Komplement ist

$$G_{\beta B}(c+1|x',n',n) = \sum_{x=c+1}^{n} f_{\beta B}(x|x',n',n).$$

(b) Momenterzeugende Funktion

Die momenterzeugende Funktion der Betabinomialverteilung ist

$$M_x(t) = \sum_{x=0}^{n} e^{xt} \cdot f_{\beta B}(x|x',n',n).$$

Um den Erwartungswert von X zu bestimmen, leitet man diese Funktion nach t ab

$$\frac{d}{dt}M_x(t) = \sum_{x=0}^{n} x \cdot e^{xt} \cdot f_{\beta B}(x|x',n',n)$$

und setzt t gleich Null:

$$\begin{aligned}
\frac{d}{dt}M_x(0) &= \sum_{x=0}^{n} x \cdot f_{\beta B}(x|x',n',n) \\
&= \sum_{x=0}^{n} x \cdot \int_0^1 f_{\beta}(\pi|x',n'-x') \cdot f_B(x|\pi,n)\, d\pi \\
&= \int_0^1 \left[\sum_{x=0}^{n} x \cdot f_B(x|\pi,n)\right] \cdot f_{\beta}(\pi|x',n'-x')\, d\pi \\
&= \int_0^1 n \cdot \pi \cdot f_{\beta}(\pi|x',n'-x')\, d\pi \\
&= n \cdot \frac{x'}{n'}.
\end{aligned}$$

Für den Erwartungswert von X^2 bestimmt man zuerst die zweite Ableitung der momenterzeugenden Funktion

$$\frac{d^2}{dt^2}M_x(t) = \sum_{x=0}^{n} x^2 \cdot e^{xt} \cdot f_{\beta B}(x|x',n',n)$$

und setzt wieder t gleich Null:

$$\begin{aligned}
\frac{d^2}{dt^2}M_x(0) &= \sum_{x=0}^{n} x^2 \cdot f_{\beta B}(x|x',n',n) \\
&= \int_0^1 \left[\sum_{x=0}^{n} x^2 \cdot f_B(x|\pi,n)\right] \cdot f_{\beta}(\pi|x',n'-x')\, d\pi \\
&= \int_0^1 \left[n \cdot (n-1) \cdot \pi^2 + n \cdot \pi\right] \cdot f_{\beta}(\pi|x',n'-x')\, d\pi \\
&= n \cdot (n-1) \cdot \frac{x' \cdot (x'+1)}{n' \cdot (n'+1)} + n \cdot \frac{x'}{n'} \\
&= E(X^2).
\end{aligned}$$

Die Varianz der Betabinomialverteilung ist nun

$$\begin{aligned} V(X) &= E(X^2) - [E(X)]^2 \\ &= n \cdot (n-1) \cdot \frac{x' \cdot (x'+1)}{n' \cdot (n'+1)} + n \cdot \frac{x'}{n'} - \left(n \cdot \frac{x'}{n'}\right)^2 \\ &= n \cdot (n+n') \cdot \frac{x' \cdot (n'-x')}{n'^2 \cdot (n'+1)}. \end{aligned}$$

Für die Betabinomialverteilung mit den Parametern $x' = 1$, $n' = 2$ und $n = 2$ ist der Erwartungswert

$$E(X) = n \cdot \frac{x'}{n'} = 2 \cdot \frac{1}{2} = 1$$

und die Varianz

$$\begin{aligned} V(X) &= n \cdot (n+n') \cdot \frac{x' \cdot (n'-x')}{n'^2 \cdot (n'+1)} \\ &= 2 \cdot (2+2) \cdot \frac{1 \cdot (2-1)}{2^2 \cdot (2+1)} \\ &= \frac{2}{3}. \end{aligned}$$

(c) Momenterzeugende Funktion für partielle Momente

Die momenterzeugende Funktion für die linken partiellen Momente der Betabinomialverteilung ist

$$M_x^{(1)}(t) = \sum_{x=0}^{c} e^{xt} \cdot f_{\beta B}(x|x', n', n).$$

Die erste Ableitung und das Nullsetzen von t führt zum linken partiellen Erwartungswert

$$\frac{d}{dt} M_x^{(1)}(0) = \sum_{x=0}^{c} x \cdot f_{\beta B}(x|x', n', n) = E_0^c(X)$$

und der rechte partielle Erwartungswert wird analog berechnet. Er ist

$$E_{c+1}^n(X) = \sum_{x=c+1}^{n} x \cdot f_{\beta B}(x|x', n', n).$$

Auf die gleiche Art können die partiellen Momente von X^2 bestimmt werden. Das linke partielle Moment von X^2 ist

$$E_0^c(X^2) = \sum_{x=0}^{c} x^2 \cdot f_{\beta B}(x|x', n', n)$$

und das rechte

$$E_{c+1}^{n}(X^2) = \sum_{x=c+1}^{n} x^2 \cdot f_{\beta B}(x|x', n', n).$$

Mit Hilfe der partiellen Erwartungswerte können die linearen und quadratischen Momente berechnet werden. Die linearen sind definiert durch die Formeln

$$\begin{aligned}
L_0^c(X) &= \sum_{x \le c} (c - x) \cdot f_{\beta B}(x|x', n', n) \\
&= c \cdot F_{\beta B}(c|x', n', n) - E_0^c(X), \\
L_{c+1}^{n}(X) &= \sum_{x \ge c} (x - c) \cdot f_{\beta B}(x|x', n', n) \\
&= E_{c+1}^{n}(X) - c \cdot G_{\beta B}(c + 1|x', n', n).
\end{aligned}$$

Für die Parameter $x' = 1, n' = 2$ und $n = 2$ der Betabinomialverteilung sowie $c = 1$ sind die linearen Momente gegeben durch

$$\begin{aligned}
L_0^1(X) &= 1 \cdot \frac{2}{3} - \frac{1}{3} \\
&= \frac{1}{3}, \\
L_2^2(X) &= \frac{2}{3} - 1 \cdot \frac{1}{3} \\
&= \frac{1}{3},
\end{aligned}$$

da die partiellen Erwartungswerte gleich sind

$$\begin{aligned}
E_0^1(X) &= \sum_{x=0}^{1} x \cdot f_{\beta B}(x|1, 2, 2) \\
&= 0 \cdot \frac{1}{3} + 1 \cdot \frac{1}{3} \\
&= \frac{1}{3}
\end{aligned}$$

und

$$\begin{aligned}
E_2^2(X) &= \sum_{x=2}^{2} x \cdot f_{\beta B}(x|1, 2, 2) \\
&= 2 \cdot \frac{1}{3} \\
&= \frac{2}{3}.
\end{aligned}$$

Die partiellen quadratischen Momente sind

$$\begin{aligned}
Q_0^c(X) &= \sum_{x\leq c}(c-x)^2\cdot f_{\beta B}(x|x',n',n)\\
&= c^2\cdot F_{\beta B}(c|x',n',n) - 2\cdot c\cdot E_0^c(X) + E_0^c(X^2),\\
Q_{c+1}^n(X) &= \sum_{x\geq c}(c-x)^2\cdot f_{\beta B}(x|x',n',n)\\
&= c^2\cdot G_{\beta B}(c+1|x',n',n) - 2\cdot c\cdot E_{c+1}^n(X) + E_{c+1}^n(X^2).
\end{aligned}$$

Für die Angaben des Beispiels sind die quadratischen Momente

$$\begin{aligned}
Q_0^1(X) &= 1^2\cdot\frac{2}{3} - 2\cdot 1\cdot\frac{1}{3} + \frac{1}{3} = \frac{1}{3},\\
Q_2^2(X) &= 1^2\cdot\frac{1}{3} - 2\cdot 1\cdot\frac{2}{3} + \frac{4}{3} = \frac{1}{3},
\end{aligned}$$

da

$$E_0^1(X^2) = 0^2\cdot\frac{1}{3} + 1^2\cdot\frac{1}{3} = \frac{1}{3}$$

und

$$E_2^2(X^2) = 2^2\cdot\frac{1}{3} = \frac{4}{3}.$$

3.4 Betabinomialverteilung von π''

(a) Wahrscheinlichkeitsfunktion und Momente

Der Erwartungswert der Posterioribetaverteilung

$$\pi'' = E(\pi|x) = \frac{x'+x}{n'+n}$$

ist vor der Ziehung einer Stichprobe des Umfanges n eine Zufallsvariable, da die Realisation der Zufallsvariable X unbekannt ist. Die Verteilung von π'' kann über die Verteilung von X bestimmt werden, indem man die Formel von π'' nach x auflöst:

$$x = (n+n')\cdot\pi'' - x'.$$

Da X vor der Ziehung einer Stichprobe betabinomialverteilt ist, ist π'' ebenfalls betabinomialverteilt[8]

$$f(\pi'') = f_{\beta B}\left((n+n')\cdot\pi'' - x'|x',n',n\right)$$

[8]Vgl. Raiffa, Schlaifer (1972, S. 265).

und der Erwartungswert von π'' ist

$$\begin{aligned} E(\pi'') &= \frac{x' + E(X)}{n' + n} \\ &= \frac{x' + n \cdot \frac{x'}{n'}}{n' + n} \\ &= \frac{x'}{n'}, \end{aligned}$$

da

$$E(X) = n \cdot \frac{x'}{n'}$$

ist. π'' ist eine lineare Funktion von X:

$$\pi'' = \frac{1}{(n' + n)} \cdot X + \frac{1}{(n' + n)} \cdot x'.$$

Daher ist die Varianz von π'' gleich

$$\begin{aligned} V(\pi'') &= \frac{1}{(n' + n)^2} \cdot V(X) \\ &= \frac{1}{(n' + n)^2} \cdot n \cdot (n + n') \cdot \frac{x'}{n'^2} \cdot \frac{n' - x'}{n' + 1} \\ &= \frac{n}{n' + n} \cdot \frac{x'}{n'^2} \cdot \frac{n' - x'}{n' + 1} \\ &= \frac{n}{n' + n} \cdot V(\pi). \end{aligned}$$

Da für die Varianz gilt

$$V(\pi'') = E(\pi''^2) - [E(\pi'')]^2,$$

ist

$$\begin{aligned} E\left(\pi''^2\right) &= \frac{n}{n' + n} \cdot V(\pi) + \left(\frac{x'}{n'}\right)^2 \\ &= \frac{x'}{n'} \cdot \frac{x' \cdot (n' + n + 1) + n}{(n' + 1) \cdot (n' + n)}. \end{aligned}$$

(b) Partielle Momente

Die partiellen Erwartungswerte von π'' sind

$$\begin{aligned} E_0^c(\pi'') &= \sum_{x=0}^{x-} \frac{x' + x}{n' + n} \cdot f_{\beta B}(x|x', n', n) \\ &= \frac{x'}{n'} \cdot F_{\beta B}(x^-|x' + 1, n' + 1, n), \end{aligned}$$

$$\begin{aligned} E_c^1(\pi'') &= \sum_{x=x^+}^{n} \frac{x'+x}{n'+n} \cdot f_{\beta B}(x|x',n',n) \\ &= \frac{x'}{n'} \cdot G_{\beta B}(x^+|x'+1,n'+1,n). \end{aligned}$$

x^- und x^+ sind ganze Zahlen, die folgendermaßen bestimmt werden:

$$\begin{aligned} x^+ &\equiv \text{kleinste ganze Zahl } \geq x = (n+n')\cdot c - x', \\ x^- &\equiv \text{größte ganze Zahl } \leq x = (n+n')\cdot c - x'. \end{aligned}$$

Partielle Erwartungswerte können für π'' nur berechnet werden, wenn c die Ungleichung

$$\frac{x'}{n'+n} < c < \frac{x'+n}{n'+n}$$

erfüllt.

Die Gleichung

$$\sum_{x=0}^{x-} \frac{x'+x}{n'+n} \cdot f_{\beta B}(x|x',n',n) = \frac{x'}{n'} \cdot F_{\beta B}(x^-|x'+1,n'+1,n)$$

gilt, da die linke Seite gleich ist

$$\sum_{x=0}^{x^-} \frac{x'+x}{n'+n} \cdot \frac{n!(n'-1)!(x'+x-1)!(n'+n-x'-x-1)!}{x!(n-x)!(x'-1)!(n'-x'-1)!(n'+n-1)!}.$$

Definiert man $x^* = x'+1$ und $n^* = n'+1$, dann kann man diese Summe folgendermaßen schreiben:

$$\sum_{x=0}^{x^-} \frac{x^*+x-1}{n*+n-1} \cdot \frac{n!(n^*-2)!(x^*+x-2)!(n^*+n-x^*-x-1)!}{x!(n-x)!(x^*-2)!(n^*-x^*-1)!(n^*+n-2)!}.$$

Berücksichtigt man außerdem, daß

$$\frac{x'}{n'} = \frac{x^*-1}{n^*-1}$$

ist, dann ist diese Summe gleich

$$\frac{x'}{n'} \cdot \sum_{x=0}^{x^-} \frac{n!(n^*-1)!(x^*+x-1)!(n^*+n-x^*-x-1)!}{x!(n-x)!(x^*-1)!(n^*-x^*-1)!(n^*+n-1)!}$$

oder

$$\frac{x'}{n'} \cdot \sum_{x=0}^{x^-} f_{\beta B}(x|x^*,n^*,n) = E(\pi) \cdot \sum_{x=0}^{x^-} f_{\beta B}(x|x'+1,n'+1,n).$$

Die linearen Momente sind

$$\begin{aligned} L_0^c(\pi'') &= \sum_{\pi'' \le c} (c - \pi'') \cdot f(\pi'') \\ &= c \cdot F_{\beta B}(x^- | x', n', n) - E_0^c(\pi''), \\ L_c^1(\pi'') &= \sum_{\pi'' \ge c} (\pi'' - c) \cdot f(\pi'') \\ &= E_c^1(\pi'') - c \cdot G_{\beta B}(x^+ | x', n', n). \end{aligned}$$

Für $x' = 1$, $n' = 2$ und $n = 2$ ist der Erwartungswert von π''

$$E(\pi'') = \frac{x'}{n'} = \frac{1}{2}$$

und die partiellen Erwartungswerte für $c = 0.6$

$$\begin{aligned} E_0^{0.6}(\pi'') &= \frac{1}{2} \cdot F_{\beta B}(1|1+1, 2+1, 2) \\ &= \frac{1}{2} \cdot 0.5 \\ &= 0.25, \\ E_{0.6}^1(\pi'') &= \frac{1}{2} \cdot G_{\beta B}(2|2, 3, 2) \\ &= 0.25, \end{aligned}$$

da

$$x^- = 1 < 1.4 = (2+2) \cdot 0.6 - 1$$

und

$$x^+ = 2 > 1.4$$

ist. Die linearen Momente sind

$$\begin{aligned} L_0^{0.6}(\pi'') &= 0.6 \cdot F_{\beta B}(1|1, 2, 2) - 0.25 \\ &= 0.6 \cdot \frac{2}{3} - 0.25 \\ &= 0.15 \end{aligned}$$

und

$$\begin{aligned} L_{0.6}^1(\pi'') &= 0.25 - 0.6 \cdot G_{\beta B}(2|1, 2, 2) \\ &= 0.25 - 0.6 \cdot \frac{1}{3} \\ &= 0.05. \end{aligned}$$

Die quadratischen Momente erfordern die Berechnung der partiellen Erwartungswerte von π''^2, da

$$\begin{aligned} Q_0^c(\pi'') &= \sum_{\pi''\leq c} (c-\pi'')^2 \cdot f(\pi'') \\ &= \sum_{\pi''\leq c} (c^2 - 2\cdot c\cdot \pi'' + \pi''^2)\cdot f(\pi'') \\ &= c^2 \cdot F_{\beta B}(x^-|x', n'n) - 2\cdot c\cdot E_0^c(\pi'') + E_0^c(\pi''^2) \end{aligned}$$

ist und

$$Q_c^1(\pi'') = c^2 \cdot G_{\beta B}(x^+|x', n', n) - 2\cdot c\cdot E_0^1(\pi'') + E_c^1(\pi''^2).$$

Die partiellen Erwartungswerte von π''^2 sind

$$\begin{aligned} E_0^c(\pi''^2) &= \sum_{x=0}^{x^-} \left(\frac{x'+x}{n'+n}\right)^2 \cdot f_{\beta B}(x|x', n', n), \\ E_c^1(\pi''^2) &= \sum_{x=x^+}^{n} \left(\frac{x'+x}{n'+n}\right)^2 \cdot f_{\beta B}(x|x', n', n). \end{aligned}$$

Für $x' = 1$, $n' = 2$ und $n = 2$ ist der Erwartungswert von π''^2

$$E(\pi''^2) = \frac{x'}{n'} \cdot \frac{x'! \cdot (n'+n+1)+n}{(n'+1)\cdot(n'+n)} = \frac{1}{2}\cdot\frac{1\cdot(2+2+1)+2}{(2+1)\cdot(2+2)} = \frac{7}{24}$$

und die partiellen Erwartungswerte für $c = 0.6$ sind

$$\begin{aligned} E_0^{0.6}(\pi''^2) &= \sum_{x=0}^{1} \left(\frac{1+x}{2+2}\right)^2 \cdot f_{\beta B}(x|1,2,2) \\ &= \frac{1}{16}\cdot\frac{1}{3} + \frac{4}{16}\cdot\frac{1}{3} \\ &= \frac{5}{48}, \\ E_{0.6}^1(\pi''^2) &= \sum_{x=2}^{2} \left(\frac{1+x}{2+2}\right)^2 \cdot f_{\beta B}(x|1,2,2) \\ &= \frac{9}{16}\cdot\frac{1}{3} \\ &= \frac{9}{48}. \end{aligned}$$

Die quadratischen Momente sind nun

$$\begin{aligned} Q_0^{0.6}(\pi'') &= c^2 \cdot F_{\beta B}(x^-|x', n', n) - 2c\cdot E_0^c(\pi'') + E_0^c(\pi''^2) \\ &= 0.6^2 \cdot \frac{2}{3} - 2\cdot 0.6\cdot 0.25 + \frac{5}{48} \\ &= 0.0442, \\ Q_{0.6}^1(\pi'') &= c^2 \cdot G_{\beta B}(x^+|x', n', n) - 2\cdot c\cdot E_c^1(\pi'') + E_c^1(\pi''^2) \\ &= 0.6^2 \cdot \frac{1}{3} - 2\cdot 0.6\cdot 0.25 + \frac{9}{48} \\ &= 0.0075. \end{aligned}$$

3.5 Gemeinsame Betabinomialverteilung von X und π

(a) Wahrscheinlichkeitsdichtefunktion

Wenn X eine binomialverteilte Zufallsvariable ist und π eine betaverteilte, dann ist die zweidimensionale Zufallsvariable (X, π) betabinomialverteilt mit der Wahrscheinlichkeitsfunktion

$$\begin{aligned} f_{\beta B}(x, \pi | x', n', n) &= \int_0^1 f_B(x|\pi, n) \cdot f_\beta(\pi | x', n' - x')\, d\pi \\ &= \binom{n}{x} \cdot \pi^x \cdot (1-\pi)^{n-x} \cdot \frac{1}{B(x', n'-x')} \cdot \\ &\cdot \ \pi^{x'-1} \cdot (1-\pi)^{n'-x'-1} \\ &= \frac{1}{B(x', n'-x')} \cdot \binom{n}{x} \cdot \pi^{(x'+x)-1} \\ &\cdot \ (1-\pi)^{(n'+n)-(x'+x)-1} \end{aligned}$$

für $x = 0, 1, \ldots, n$ und $0 \leq \pi \leq 1$. Zur gleichen gemeinsamen Wahrscheinlichkeitsfunktion kommt man, wenn man voraussetzt, daß X betabinomialverteilt und π betaverteilt ist mit den Parametern $x'' = x' + x$ und $n'' = n' + n$:

$$\begin{aligned} f_{\beta B}(x, \pi | x', n', n) &= \int_0^1 f_{\beta B}(x | x', n', n) \cdot f_\beta(\pi | x'', n'' - x'')\, d\pi \\ &= \frac{B(x'+x, n'+n-x'-x)}{B(x', n'-x')} \cdot \binom{n}{x} \cdot \frac{1}{B(x'', n''-x'')} \\ &\cdot \ \pi^{x''-1} \cdot (1-\pi)^{n''-x''-1} \\ &= \frac{1}{B(x', n'-x')} \cdot \binom{n}{x} \cdot \pi^{x''-1} \cdot (1-\pi)^{n''-x''-1}. \end{aligned}$$

Da X eine diskrete und π eine stetige Zufallsvariable ist, bezeichnet man die gemeinsame Wahrscheinlichkeitsfunktion auch als gemischte Wahrscheinlichkeitsfunktion. $f_{\beta B}(x, \pi | x', n', n)$ ist eine Wahrscheinlichkeitsfunktion, da

$$\begin{aligned} \sum_{x=0}^{n} \int_0^1 f_{\beta B}(x, \pi | x', n', n)\, d\pi &= \int_0^1 \left[\sum_{x=0}^{n} f_B(x|n, \pi) \right] \cdot f_\beta(\pi | x', n' - x')\, d\pi \\ &= \int_0^1 1 \cdot f_\beta(\pi | x', n' - x')\, d\pi \\ &= 1. \end{aligned}$$

(b) Partielle Momente

Die Verteilungsfunktion kann in folgenden vier Varianten auftreten:

$$m_{00}^{(11)} = \sum_{x=0}^{c_1} \int_0^{c_2} f_{\beta B}(x, \pi | x', n', n)\, d\pi$$

$$
\begin{aligned}
&= \frac{1}{B(x', n'-x')} \sum_{x=0}^{c_1} \binom{n}{x} \int_0^{c_2} \pi^{(x'+x)-1} \\
&\quad \cdot (1-\pi)^{(n'+n)-(x'+x)-1} d\pi \\
m_{00}^{(12)} &= \sum_{x=0}^{c_1} \int_{c_2}^1 f_{\beta B}(x, \pi | x', n', n)\, d\pi \\
m_{00}^{(21)} &= \sum_{x=c_1+1}^{n} \int_0^{c_2} f_{\beta B}(x, \pi | x', n', n)\, d\pi \\
m_{00}^{(22)} &= \sum_{x=c_1+1}^{n} \int_{c_2}^1 f_{\beta B}(x, \pi | x', n', n)\, d\pi .
\end{aligned}
$$

Für die numerischen Werte $x' = 1$, $n' = 2$, $n = 2$ sowie $c_1 = 1$ und $c_2 = 0.6$ sind die entsprechenden Ergebnisse in folgender Tabelle zusammengestellt:

$X\backslash^\pi$	$m_{00}^{(i1)}$	$m_{00}^{(i2)}$	Σ
$m_{00}^{(1j)}$	0.5280	$0.138\dot{6}$	$0.6\dot{6}$
$m_{00}^{(2j)}$	0.0720	$0.261\dot{3}$	$0.3\dot{3}$
Σ	0.600	0.4000	1.00

Natürlich gilt für die vier partiellen Momente nullter Ordnung:

$$m_{00}^{(11)} + m_{00}^{(12)} + m_{00}^{(21)} + m_{00}^{(22)} = 1.$$

Die beiden Randverteilungen sind

$$
\begin{aligned}
m_{00}^{(11)} + m_{00}^{(12)} &= 0.6\dot{6} = F_{\beta B}(c_1 | x', n', n) = F_{\beta B}(1|1,2,2), \\
m_{00}^{(21)} + m_{00}^{(22)} &= 0.3\dot{3} = G_{\beta B}(c_1 + 1 | x', n', n) = G_{\beta B}(2|1,2,2)
\end{aligned}
$$

und

$$
\begin{aligned}
m_{00}^{(11)} + m_{00}^{(21)} &= 0.60 = F_\beta(c_2 | x', n'-x') = F_\beta(0.6|1,1) \\
m_{00}^{(12)} + m_{00}^{(22)} &= 0.40 = G_\beta(c_2 | x', n'-x') = G_\beta(0.6|1,1).
\end{aligned}
$$

Die rechte Randverteilung ist die Verteilung von X und damit von

$$\pi'' = \frac{x' + X}{n' + n},$$

die sich durch das Ausintegrieren von π ergibt:

$$
\begin{aligned}
F_{\beta B}(c_1 | x', n'+n) &= \sum_{x=0}^{c_1} \left[\int_0^{c_2} f_\beta(\pi | x'', n''-x'')\, d\pi + \right. \\
&\quad + \left. \int_{c_2}^1 f_\beta(\pi | x'', n''-x'')\, d\pi \right] \cdot f_{\beta B}(x | x', n', n) \\
&= \sum_{x=0}^{c_1} f_{\beta B}(x | x', n', n),
\end{aligned}
$$

$$\begin{aligned}
G_{\beta B}(c_1+1|x',n'+n) &= \sum_{x=c_1+1}^{n}\left[\int_0^{c_2} f_\beta(\pi|x'',n''-x'')\,d\pi + \right.\\
&+ \left.\int_{c_2}^{1} f_\beta(\pi|x'',n''-x'')d\pi\right]\cdot f_{\beta B}(x|x',n',n)\\
&= \sum_{x=c_1+1}^{n} f_{\beta B}(x|x',n',n).
\end{aligned}$$

Die untere Randverteilung ist die Verteilung von π, da in diesem Fall X aussummiert wird:

$$\begin{aligned}
F_\beta(c_2|x',n'-x') &= \int_0^{c_2}\left[\sum_{x=0}^{c_1} f_B(x|n,\pi)+\sum_{c_1+1}^{n} f_B(x|n,\pi)\right]\cdot\\
&\cdot\ f_\beta(\pi|x',n'-x')\,d\pi,\\
&= \int_0^{c_2} f_\beta(\pi|x',n'-x')\,d\pi\\
G_\beta(c_2|x',n'-x') &= \int_{c_2}^{1}\left[\sum_{x=0}^{c_1} f_B(x|n,\pi)+\sum_{c_1+1}^{n} f_B(x|n,\pi)\right]\cdot\\
&\cdot\ f_\beta(\pi|x',n'-x')\,d\pi\\
&= \int_{c_2}^{1} f_\beta(\pi|x',n'-x')\,d\pi.
\end{aligned}$$

(c) Momenterzeugende Funktion

Die momenterzeugende Funktion der zweidimensionalen Zufallsvariable (X,π) ist

$$\begin{aligned}
M_{x,\pi}(t_1,t_2) &= \sum_{x=0}^{n}\int_0^1 e^{x\cdot t_1+\pi\cdot t_2} f_{\beta B}(x,\pi|x',n',n)\,d\pi\\
&= \sum_{x=0}^{n}\int_0^1 e^{\pi t_2}\cdot f_\beta(\pi|x',n'-x')\cdot e^{x t_1}\cdot f_B(x|n,\pi)\,d\pi\\
&= \int_0^1\left[\sum_{x=0}^{n} e^{x t_1}\cdot f_B(x|n,\pi)\right]\cdot e^{\pi t_2}\cdot f_\beta(\pi|x',n'-x')\,d\pi\\
&= \int_0^1\left[\pi\cdot e^{t_1}+(1-\pi)\right]^n\cdot e^{\pi t_2}\cdot f_\beta(\pi|,x',n'-x')\,d\pi\\
&= \left[\pi\cdot e^{t_1}+(1-\pi)\right]^n\cdot\sum_{r=0}^{\infty}\frac{t_2^r}{r!}\cdot\frac{\Gamma(x'+r)\cdot\Gamma(n')}{\Gamma(n'+r)\cdot\Gamma(x')}.
\end{aligned}$$

Die beiden gewöhnlichen Momente erster Ordnung um Null erhält man durch partielles Differenzieren und Nullsetzen von t_1 und t_2:

$$\frac{\partial}{\partial t_1}M_{x,\pi}(t_1,t_2) = n\cdot\left[\pi\cdot e^{t_1}+(1-\pi)\right]^{n-1}\cdot\pi\cdot e^{t_1}$$

$$
\begin{aligned}
& \cdot \sum_{r=0}^{\infty} \frac{t_2^r}{r!} \cdot \frac{\Gamma(x'+r)\cdot\Gamma(n')}{\Gamma(n'+r)\cdot\Gamma(x')} \\
\frac{\partial}{\partial t_1} M_{x,\pi}(0,0) &= n\cdot\pi = \mu_{10} = E(X), \\
\frac{\partial}{\partial t_2} M_{x,\pi}(0,0) &= \frac{x'}{n'} = \mu_{01} = E(\pi).
\end{aligned}
$$

Das gewöhnliche Moment zweiter Ordnung μ_{11} ergibt sich aus den gemischten partiellen Ableitungen und Nullsetzen von t_1 und t_2:

$$
\frac{\partial}{\partial t_1 \partial t_2} M_{x,\pi}(0,0) = n\cdot\pi\cdot\frac{x'}{n'} = E(X,\pi).
$$

Da die beiden Zufallsvariablen X und π stochastisch unabhängig sind, ist

$$
E(X,\pi) = E(X)\cdot E(\pi),
$$

also ist die Kovarianz und damit der Korrelationskoeffizient gleich Null.

Von den partiellen Momenten der zweidimensionalen Zufallsvariable (X,π) werden für die Berechnung des EWSI jene benötigt, die sich auf die zweite Variable π beziehen. Daher werden nur die partiellen Momente $\mu_{0r}^{(ij)}$ und $m_{0r}^{(ij)}$ näher analysiert. Die momenterzeugenden Funktionen für $\mu_{0r}^{(ij)}$ sind

$$
\begin{aligned}
M_{x,\pi}^{(ij)}(t_1,t_2) &= M_{\pi'}(t_2)\cdot m_{00}^{(ij)}(x'+r,n'+r,n) \\
i,j &= 1,2,
\end{aligned}
$$

da z.B. gilt

$$
\begin{aligned}
\mu_{0r}^{(11)} &= \sum_{x=0}^{c_1}\int_0^{c_2} x^0\cdot\pi^r\cdot f_{\beta B}(x,\pi|x',n',n)\,d\pi \\
&= \sum_{x=0}^{c_1}\int_0^{c_2} \pi^r\cdot f_{\beta B}(x,\pi|x',n',n)\,d\pi \\
&= \sum_{x=0}^{c_1}\int_0^{c_2} \pi^r\cdot\frac{\Gamma(n')}{\Gamma(x')\cdot\Gamma(n'-x')}\cdot\pi^{x'-1}\cdot(1-\pi)^{n'-x'-1}\cdot \\
&\quad\cdot \binom{n}{x}\cdot\pi^x\cdot(1-\pi)^{n-x}\,d\pi \\
&= \sum_{x=0}^{c_1}\int_0^{c_2} \frac{\Gamma(x'+r)\cdot\Gamma(n')}{\Gamma(n'+r)\cdot\Gamma(x')}\cdot\frac{\Gamma(n'+r)}{\Gamma(x'+r)\cdot\Gamma(n'+x')}\cdot\pi^{x'+r-1}\cdot \\
&\quad\cdot (1-\pi)^{n'-x'-1}\cdot\binom{n}{x}\cdot\pi^x\cdot(1-\pi)^{n-x}\,d\pi \\
&= E\left(\pi'^r\right)\cdot F_{\beta B}\left(c_1,c_2|x'+r,n'+r,n\right).
\end{aligned}
$$

Die momenterzeugende Funktion für $\mu_{0r}^{(11)}$ ist daher

$$
M_{x,\pi}^{(11)}\left(t_1,t_2\right) = M_{\pi'}\left(t_2\right)\cdot m_{00}^{(11)}\left(x'+r,n'+r,n\right).
$$

(d) Partielle Erwartungswerte

Um z.B. den ersten der vier möglichen partiellen Erwartungswerte von $\mu_{01}^{(11)}$ zu berechnen

$$\mu_{01}^{(11)} = \sum_{x=0}^{c_1} \int_0^{c_2} \pi \cdot f_{\beta B}(x, \pi | x', n', n)\, d\pi,$$

differenziert man die momenterzeugende Funktion

$$M_{x,\pi}^{(11)}(t_1, t_2) = \sum_{r=0}^{\infty} \frac{t_2^r}{r!} \cdot \frac{\Gamma(x'+r)\cdot\Gamma(n')}{\Gamma(n'+r)\cdot\Gamma(x')} \cdot \sum_{x=0}^{c_1} \int_0^{c_1} f(x, \pi | x'+r, n'+r, n)\, d\pi$$

nach t_2 und setzt t_2 gleich Null und $r = 1$:

$$\frac{\partial}{\partial t_2} M_{x,\pi}^{(11)}(0,0) = \frac{x'}{n'} \cdot \sum_{x=0}^{c_1} \int_0^{c_2} f_{\beta B}(x, \pi | x'+1, n'+1, n)\, d\pi.$$

Für das numerische Beispiel mit $x' = 1$, $n' = 2$, $n = 2$ sowie $c_1 = 1$ und $c_2 = 0.6$ ist $\mu_{01}^{(11)}$ gleich

$$\begin{aligned}
\frac{\partial}{\partial t_2} M_{x,\pi}^{(11)}(0,0) &= \frac{1}{2} \cdot \sum_{x=0}^{1} \int_0^{0.6} f_{\beta B}(x, \pi | 1+1, 2+1, 2)\, d\pi \\
&= \frac{1}{2} \cdot 0.2952 \\
&= 0.1476.
\end{aligned}$$

Die Werte der weiteren drei partiellen Momente können folgender Tabelle entnommen werden:

$X \backslash \pi$	$\mu_{01}^{(i1)}$	$\mu_{01}^{(i2)}$	Σ
$\mu_{01}^{(1j)}$	0.1476	0.1024	0.25
$\mu_{01}^{(2j)}$	0.0324	0.2176	0.25
Σ	0.1800	0.3200	0.50

Für die vier partiellen Momente erster Ordnung gilt

$$\mu_{01}^{(11)} + \mu_{01}^{(12)} + \mu_{01}^{(21)} + \mu_{01}^{(22)} = 0.50 = E(\pi).$$

Die Zeilensummen ergeben die partiellen Erwartungswerte von π''

$$\begin{aligned}
\mu_{01}^{(11)} + \mu_{01}^{(12)} &= 0.1476 + 0.1024 = 0.25 = E_0^{0.6}(\pi''), \\
\mu_{01}^{(21)} + \mu_{01}^{(22)} &= 0.0324 + 0.2176 = 0.25 = E_{0.6}^{1}(\pi''),
\end{aligned}$$

da

$$\begin{aligned}
E_0^{c_1}(\pi'') &= \sum_{x=0}^{c_1} \left[\int_0^{c_2} \pi \cdot f_\beta(\pi | x'', n''-x'')\, d\pi \right. \\
&\quad + \left. \int_{c_2}^{1} \pi \cdot f_\beta(\pi | x'', n''-x'')\, d\pi \right] \cdot f_{\beta B}(x | x', n', n) \\
&= \sum_{x=0}^{c_1} \pi'' \cdot f_{\beta B}(x | x', n', n)
\end{aligned}$$

ist und

$$\begin{aligned} E^1_{c_1+1}(\pi'') &= \sum_{x=c_1+1}^{n} \left[\int_0^{c_2} \pi \cdot f_\beta(\pi|x'', n''-x'')\, d\pi \right. \\ &+ \left. \int_{c_2}^1 \pi \cdot f_\beta(\pi|x'', n''-x'')\, d\pi \right] \cdot f_{\beta B}(x|x', n', n) \\ &= \sum_{x=c_1+1}^{n} \pi'' \cdot f_{\beta B}(x|x', n', n) \end{aligned}$$

ist. Die Spaltensummen sind die partiellen Erwartungswerte der Verteilung von π

$$\begin{aligned} \mu_{01}^{(11)} + \mu_{01}^{(21)} &= 0.1476 + 0.0324 = 0.18 = E_0^{0.6}(\pi), \\ \mu_{01}^{(12)} + \mu_{01}^{(22)} &= 0.1024 + 0.2176 = 0.32 = E_{0.6}^{1}(\pi). \end{aligned}$$

In diesem Fall wird die Variable X aussummiert:

$$\begin{aligned} E_0^{c_2}(\pi) &= \int_0^{c_2} \left[\sum_{x=0}^{c_1} f_B(x|n,\pi) + \sum_{c_1+1}^{n} f_B(x|n,\pi) \right] \\ &\cdot\ \pi \cdot f_\beta(\pi|x', n'-x')\, d\pi \\ &= \int_0^{c_2} \pi \cdot f_\beta(\pi|x', n'-x')\, d\pi, \\ E_{c_2}^1(\pi) &= \int_{c_2}^1 \left[\sum_{x=0}^{c_1} f_B(x|n,\pi) + \sum_{c_1+1}^{n} f_B(x|n,\pi) \right] \\ &\cdot\ \pi \cdot f_\beta(\pi|x', n'-x')\, d\pi \\ &= \int_{c_2}^1 \pi \cdot f_\beta(\pi|x', n'-x')\, d\pi. \end{aligned}$$

(e) Lineare Momente

Mit Hilfe der vier partiellen Erwartungswerte $\mu_{01}^{(ij)}$ kann man auch die vier partiellen linearen Momente $m_{01}^{(ij)}$ berechnen. $m_{01}^{(11)}$ ist z.B.

$$\begin{aligned} m_{01}^{(11)} &= \sum_{x=0}^{c_1} \int_0^{c_2} (c_2 - \pi) \cdot f_{\beta B}(x, \pi|x', n', n)\, d\pi \\ &= c_2 \cdot \sum_{x=0}^{c_1} \int_0^{c_2} f_{\beta B}(x, \pi|x, n, n)\, d\pi - \sum_{x=0}^{c_1} \int_0^{c_2} \pi \cdot f_{\beta B}(x, \pi|x', n', n)\, d\pi \\ &= c_2 \cdot m_{00}^{(11)} - \mu_{01}^{(11)}. \end{aligned}$$

Analog werden die weiteren drei partiellen linearen Momente bestimmt. Für das numerische Beispiel ist

$$\begin{aligned} m_{01}^{(11)} &= c_2 \cdot m_{00}^{(11)} - \mu_{01}^{(11)} \\ &= 0.6 \cdot 0.5280 - 0.1476 \\ &= 0.1692. \end{aligned}$$

In der folgenden Tabelle sind die vier linearen Momente zusammengestellt:

$x\backslash^{\pi}$	$m_{01}^{(i1)}$	$m_{01}^{(i2)}$	Δ
$m_{01}^{(1j)}$	0.1692	0.0192	0.15
$m_{01}^{(2j)}$	0.0108	0.0608	0.05
Σ	0.1800	0.0800	

Die Differenz Δ zwischen den beiden Elementen der ersten Zeile ist gleich dem linearen Moment von π''

$$m_{01}^{(11)} - m_{01}^{(12)} = 0.15 = L_0^{0.6}(\pi''),$$

da

$$\begin{aligned} L_0^{c_2}(\pi'') &= \sum_{x=0}^{c_1} \Big[\int_0^{c_2} (c_2 - \pi)\, f_\beta(\pi|x'', n'' - x'')\, d\pi - \\ &- \int_{c_2}^1 (\pi - c_2) \cdot f_\beta(\pi|x'', n'' - x'')\, d\pi \,\Big] f_{\beta B}(x|x', n', n) \\ &= \sum_{x=0}^{c_2} (c_2 - \pi'') \cdot f_{\beta B}(x|x', n', n) \end{aligned}$$

ist. Das gleiche gilt für die Differenz der beiden Elemente der zweiten Zeile

$$L_{0.6}^1(\pi'') = m_{01}^{(22)} - m_{01}^{(21)} = 0.05.$$

Hier ist das allgemeine Ergebnis

$$L_{c_2}^1(\pi'') = \sum_{x=c_2}^{1} (\pi'' - c_2) \cdot f_{\beta B}(x|x', n', n).$$

Die Spaltensummen sind die linearen Momente der Betaverteilung von π

$$\begin{aligned} m_{01}^{(11)} + m_{01}^{(21)} &= 0.18 = L_0^{0.6}(\pi), \\ m_{01}^{(12)} + m_{01}^{(22)} &= 0.08 = L_{0.6}^1(\pi), \end{aligned}$$

da bei der Summenbildung wieder die Variable X aussummiert wird:

$$\begin{aligned} L_0^{c_2}(\pi) &= \int_0^{c_2} \left[\sum_{x=0}^{c_1} f_B(x|n, \pi) + \sum_{x=c_1+1}^{n} f_B(x|n, \pi) \right] \cdot \\ &\quad \cdot\ (c_2 - \pi) \cdot f_\beta(\pi|x', n' - x')\, d\pi \\ &= \int_0^{c_2} (c_2 - \pi) \cdot f_\beta(\pi|x', n' - x')\, d\pi \\ L_{c_2}^1(\pi) &= \int_{c_2}^1 \left[\sum_{x=0}^{c_1} f_B(x|n, \pi) + \sum_{x=c_1+1}^{n} f_B(x|n, \pi) \right] \cdot \\ &\quad \cdot\ (\pi - c_2) \cdot f_\beta(\pi|x', n' - x')\, d\pi \\ &= \int_{c_2}^1 (\pi - c_2) \cdot f_\beta(\pi|x', n' - x')\, d\pi. \end{aligned}$$

(f) Quadratische Momente

Um die partiellen quadratischen Momente zu berechnen, benötigt man $\mu_{02}^{(ij)}$, die partiellen Erwartungswerte von X und π^2. Denn $m_{02}^{(11)}$ ist z.B.

$$\begin{aligned}
m_{02}^{(11)} &= \sum_{x=0}^{c_1} \int_0^{c_2} (c_2 - \pi)^2 \cdot f_{\beta B}(x, \pi | x', n', n)\, d\pi \\
&= \sum_{x=0}^{c_1} \int_0^{c_2} (c_2^2 - 2 \cdot c_2 \cdot \pi + \pi^2) \cdot f_{\beta B}(x, \pi | x', n', n)\, d\pi \\
&= c_2^2 \cdot m_{00}^{(11)} - 2 \cdot c_2 \cdot \mu_{01}^{(11)} + \mu_{02}^{(11)}.
\end{aligned}$$

Wenn man die zweiten partiellen Ableitungen der momenterzeugenden Funktion bildet und t_2 gleich Null setzt, dann erhält man die vier partiellen Erwartungswerte von X und π^2. $\mu_{02}^{(11)}$ ist z.B.

$$\begin{aligned}
\frac{\partial^2}{\partial t_2^2} M_{x,\pi}^{(11)}(0,0) &= \frac{x'}{n'} \cdot \frac{(x'+1)}{(n'+1)} \cdot m_{00}^{(11)}(x'+2, n'+2, n) \\
&= \frac{1}{2} \cdot \frac{(1+1)}{(2+1)} \cdot m_{00}^{(11)}(3,4,2) \\
&= \frac{1}{3} \cdot 0.169343 \\
&= 0.0564479.
\end{aligned}$$

Das partielle quadratische Moment $m_{02}^{(11)}$ ist daher

$$\begin{aligned}
m_{02}^{(11)} &= 0.6^2 \cdot 0.5280 - 2 \cdot 0.6 \cdot 0.1476 + 0.0564479 \\
&= 0.069408.
\end{aligned}$$

Die anderen drei partiellen quadratischen Momente werden analog berechnet. Für das numerische Beispiel sind sie in folgender Tabelle zusammengestellt:

$x \backslash \pi$	$m_{02}^{(i1)}$	$m_{02}^{(i2)}$	Σ
$m_{02}^{(1j)}$	0.069408	0.00392533	0.0733
$m_{02}^{(2j)}$	0.002592	0.017408	0.0200
Σ	0.0720	0.213	0.0933

In der letzten Zeile stehen die partiellen quadratischen Momente von π

$$\begin{aligned}
m_{02}^{(11)} + m_{02}^{(21)} &= 0.0720 = Q_0^{0.6}(\pi), \\
m_{02}^{(12)} + m_{02}^{(22)} &= 0.0213 = Q_{0.6}^{1}(\pi),
\end{aligned}$$

da auch hier durch die Summenbildung die Variable X aussummiert wird:

$$Q_0^{c_2}(\pi) = \int_0^{c_2} \left[\sum_{x=0}^{c_1} f_B(x|n,\pi) + \sum_{x=c_1+1}^{n} f_B(x|n,\pi) \right] \cdot$$

$$
\begin{aligned}
&\cdot \quad (c_2-\pi)^2 \cdot f_\beta(\pi|x',n'-x')\, d\pi \\
&= \int_0^{c_2} (c_2-\pi)^2 \cdot f_\beta(\pi|x',n'-x')\, d\pi, \\
Q^1_{c_2}(\pi) &= \int_{c_2}^1 \left[\sum_{x=0}^{c_1} f_B(x|n,\pi) + \sum_{x=c_1+1}^{n} f_B x|n,\pi) \right] \cdot \\
&\cdot \quad (\pi-c_2)^2 \cdot f_\beta(\pi|x',n'-x')\, d\pi \\
&= \int_{c_2}^1 (\pi-c_2)^2 \cdot f_\beta(\pi|x',n'-x')\, d\pi.
\end{aligned}
$$

3.6 Verteilungen von π

Der Bernoulli Prozeß ist dadurch gekennzeichnet, daß die Stichprobeninformation in Form einer Binomialverteilung vorliegt und die Prioriinformation durch eine Betaverteilung ausgedrückt wird.

Wenn die Prioriverteilung von π betaverteilt ist mit den Parametern x' und $n'-x'$, dann ist

$$f(\pi) = c_1 \cdot \pi^{x'-1} \cdot (1-\pi)^{n'-x'-1}$$

die Prioridichte und

$$f(x|\pi) = c \cdot \pi^{x} \cdot (1-\pi)^{n-x}$$

die entsprechende Likelihoodfunktion des Bernoulli Modells. c_1 und c sind geeignete Konstante. Mit Hilfe des Bayes Theorems erhält man die Dichtefunktion der Posterioriverteilung:

$$
\begin{aligned}
f(\pi|x) &\propto f(\pi) \cdot f(x|\pi) \\
&= c_1 \cdot \pi^{x'-1} \cdot (1-\pi)^{n'-x'-1} \cdot c \cdot \pi^{x} \cdot (1-\pi)^{n-x} \\
&= c_2 \cdot \pi^{(x'+x)-1} \cdot (1-\pi)^{(n'+n)-(x'+x)-1}.
\end{aligned}
$$

Dies ist wieder die Dichtefunktion einer Betaverteilung mit den Parametern

$$
\begin{aligned}
x'' &= x'+x \\
n'' &= n'+n
\end{aligned}
$$

und einem geeignet gewählten Skalierungsfaktor $c_2 = c_1 \cdot c$.[9]

Im Nenner des Bayes Theorems steht bekanntlich die Wahrscheinlichkeits- bzw. Dichtefunktion der sogenannten Prädiktivverteilung:

$$
f_X(x) = \begin{cases} \sum\limits_{y\in Y} f_Y(y) \cdot f(x|y) & \text{Y diskret,} \\ \int_{-\infty}^{\infty} f_Y(y) \cdot f(x|y)dy & \text{Y stetig.} \end{cases}
$$

[9]Vgl. Marinell (1987, S. 79).

Da im Bernoulli Modell $Y = \pi$ ist und π eine stetige Prioriverteilung besitzt, ist die Prädiktivverteilung von X

$$\begin{aligned}
f_X(x) &= \int_0^1 f(\pi) \cdot f(x|\pi) d\pi \\
&= \int_0^1 f_\beta(\pi|x', n'-x') \cdot f_B(x|\pi, n) d\pi \\
&= \frac{n!}{x!(n-x)!} \cdot \frac{1}{B(x', n'-x')} \\
&\cdot \int_0^1 \pi^{x+x'-1} \cdot (1-\pi)^{(n+n')-(x+x')-1} d\pi \\
&= \binom{n}{x} \cdot \frac{B\left[x'+x, (n'+n)-(x'+x)\right]}{B(x', n'-x')} \\
&= f_{\beta B}(x|x', n', n).
\end{aligned}$$

Im Zähler der Bayes'schen Formel steht die gemeinsame Wahrscheinlichkeitsfunktion der beiden Zufallsvariablen X und π, die man über die Priori- und Stichprobenverteilung bestimmen kann

$$\begin{aligned}
f(x, \pi) &= f_\beta(\pi) \cdot f_B(x|\pi) \\
&= f_{\beta B}(x, \pi|x', n', n)
\end{aligned}$$

oder über die Posteriori- und Prädiktivverteilung

$$\begin{aligned}
f(x, \pi) &= f_{\beta B}(x) \cdot f_\beta(\pi|x) \\
&= f_{\beta B}(x, \pi|x', n', n).
\end{aligned}$$

In beiden Fällen ergibt sich die Betabinomialverteilung als gemeinsame Wahrscheinlichkeitsfunktion.

Die Verteilungen des Bernoulli Prozesses, die sich mit Hilfe der Bayes Formel ergeben

$$f(y|x) = \frac{f(x, y)}{f_X(x)} = \frac{f(y) \cdot f(x|y)}{\int f(y) \cdot f(x|y)\, dy},$$

sind in folgender Tabelle zusammengestellt:

Allgemein	Bezeichnung	Bernoulli Prozeß
$f(y)$	Prioriverteilung	$f_\beta(\pi\|x', n'-x')$
$f(x\|y)$	Stichprobenverteilung	$f_B(x\|\pi, n)$
$f(x, y)$	Gemeinsame Verteilung	$f_{\beta B}(x, \pi\|x', n', n)$
$f(y\|x)$	Posterioriverteilung	$f_\beta(\pi\|x'', n''-x'')$
$f(x)$	Prädiktivverteilung	$f_{\beta B}(x\|x', n', n)$

4 Verteilungen des Gauß Modells

Der Bernoulli Prozeß kann durch einen Behälter veranschaulicht werden, aus dem Kugeln mit Zurücklegen entnommen werden. Bei jeder Kugel wird nur festgestellt, ob ein bestimmtes Merkmal, z.B. die Farbe schwarz, vorhanden ist oder nicht. Das Vorhandensein des Merkmals kann mit 1, das Nichtvorhandensein mit 0 gekennzeichnet werden. Beim Gauß Prozeß kann nicht nur 0 und 1 auf der gezogenen Kugel vermerkt sein, sondern jede reelle Zahl. Jede Ziehung einer Kugel entspricht dann der Realisation einer Zufallsvariable $X_1, \ldots, X_i, \ldots$, für die vorausgesetzt wird, daß sie identisch normalverteilt sind:

$$f_N(x|\mu, \sigma^2) = \frac{1}{\sqrt{2 \cdot \pi} \cdot \sigma} e^{-(x-\mu)^2/2 \cdot \sigma^2}$$

mit $-\infty < x < \infty, -\infty < \mu < \infty$ und $\sigma^2 > 0$. Außerdem sind die Zufallsvariablen voneinander unabhängig, was durch die Ziehung mit Zurücklegen gewährleistet wird.

Wenn man voraussetzt, daß die Varianz σ^2 bekannt ist, dann hängt die Berechnung der Wahrscheinlichkeit, daß die Zufallsvariable X höchstens den Wert x annimmt, nur vom Mittelwert μ ab. Da μ nicht bekannt ist, drückt man die Prioriinformation über μ durch eine konjugierte Verteilung aus, die hier wieder eine Normalverteilung ist. Im Gauß Modell sind daher alle in Frage kommenden Verteilungen Normalverteilungen, für die im Folgenden die relevanten Eigenschaften abgeleitet werden.

4.1 Normalverteilung

(a) Dichte- und Verteilungsfunktion

Eine Zufallsvariable mit der Dichtefunktion

$$f_N(x|\mu, \sigma^2) = \frac{1}{\sqrt{2 \cdot \pi} \cdot \sigma} e^{-(x-\mu)^2/2 \cdot \sigma^2}$$

sowie $-\infty < x < \infty$ und $\pi = 3.14159...$, ist normalverteilt mit den Parametern μ und σ^2.

Die Verteilungsfunktion der Normalverteilung ist

$$F_N(c|\mu, \sigma^2) = \frac{1}{\sqrt{2\pi}\sigma} \int_{-\infty}^{c} e^{-(x-\mu)^2/2\sigma^2} dx$$

und ihr Komplement ist

$$G_N(c|\mu, \sigma^2) = \frac{1}{\sqrt{2\pi}\sigma} \int_{c}^{\infty} e^{-(x-\mu)^2/2\sigma^2} dx.$$

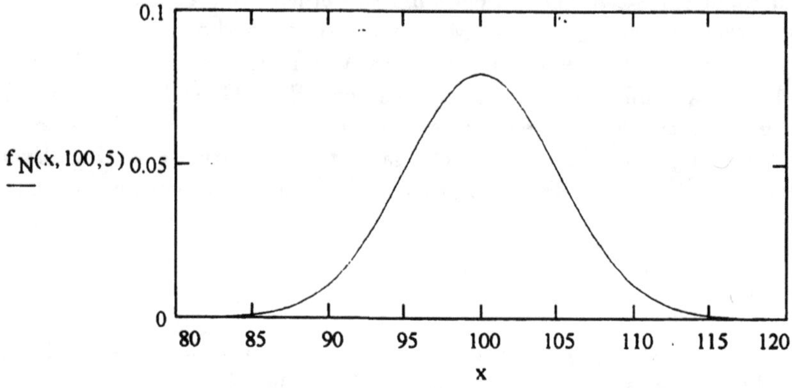

Dichtefunktion der Normalverteilung für $\mu = 100$ *und* $\sigma = 5$

Für $\mu = 100, \sigma^2 = 25$ und $c = 98$ ist der Wert der Verteilungsfunktion

$$F_N(98|100, 25) = 0.3446$$

und der von

$$G_N(98|100, 25) = 1 - 0.2446 = 0.6554.$$

(b) Momenterzeugende Funktion

Die momenterzeugende Funktion der Normalverteilung ist

$$\begin{aligned} M_x(t) &= \frac{1}{\sqrt{2\pi}\sigma}\int_{-\infty}^{\infty} e^{tx} \cdot e^{-(x-\mu)^2/2\sigma^2} dx \\ &= \frac{1}{\sqrt{2\pi}\sigma}\int_{-\infty}^{\infty} \exp\left\{-\frac{x^2 - 2x\mu + \mu^2 - xt2\sigma^2}{2\sigma^2}\right\} dx \\ &= \frac{1}{\sqrt{2\pi}\sigma}\int_{-\infty}^{\infty} \exp\left\{-\frac{x^2}{2\sigma^2} + x \cdot \frac{(t\sigma^2 + \mu)}{\sigma^2} - \frac{\mu^2}{2\sigma^2}\right\} dx \\ &= \frac{1}{\sqrt{2\pi}\sigma}\int_{-\infty}^{\infty} \exp\left\{-\frac{(x - \mu - \sigma^2 t)^2}{2\sigma^2} + \mu t + \frac{\sigma^2 t^2}{2}\right\} dx \\ &= e^{\mu t + \sigma^2 t^2/2}. \end{aligned}$$

Die erste Ableitung der momenterzeugenden Funktion ist

$$\frac{d}{dt}M_x(t) = (\mu + \sigma^2 \cdot t) \cdot e^{\mu t + \sigma^2 t^2/2} = (\mu + \sigma^2 \cdot t) \cdot M_x(t)$$

und für $t = 0$ erhält man den Erwartungswert der Normalverteilung

$$\frac{d}{dt}M_x(0) = \mu = E(X).$$

Die zweite Ableitung der momenterzeugenden Funktion ist

$$\frac{d^2}{dt^2}M_x(t) = \left[(\mu + \sigma^2 \cdot t)^2 + \sigma^2\right] \cdot M_x(t)$$

und liefert für $t = 0$ den Erwartungswert von X^2

$$\frac{d^2}{dt^2}M_x(0) = \mu^2 + \sigma^2 = E(X^2).$$

Die Varianz ist daher

$$\begin{aligned} V(X) &= E(X^2) - [E(X)]^2 \\ &= \mu^2 + \sigma^2 - \mu^2 \\ &= \sigma^2. \end{aligned}$$

Man kann die Varianz aber auch über die momenterzeugende Funktion der zentralen Momente bestimmen. Diese ist

$$M_{x-\mu}(t) = e^{-\mu t} \cdot M_x(t) = e^{\sigma^2 t^2/2}.$$

Die zweite Ableitung der Funktion nach t ist

$$\frac{d^2}{dt^2}M_{x-\mu}(t) = \left(\sigma^4 \cdot t^2 + \sigma^2\right) \cdot M_{x-\mu}(t)$$

und die Varianz erhält man für $t = 0$:

$$\frac{d^2}{dt^2}M_{x-\mu}(0) = \sigma^2 = V(X).$$

Allgemein gilt für die k-ten zentralen Momente der Normalverteilung

$$E(x - \mu)^k = \begin{cases} 0 & \text{für } k \text{ ungerade,} \\ 1 \cdot 3 \cdot 5 \cdot \dots \cdot (k-1) \cdot \sigma^k & \text{für } k \text{ gerade.} \end{cases}$$

(c) Momenterzeugende Funktionen für die partiellen Momente

Die momenterzeugende Funktion für das linke partielle Moment um Null ist

$$\begin{aligned} M_x^{(1)}(t) &= \frac{1}{\sqrt{2\pi}\sigma}\int_{-\infty}^{c} e^{xt}e^{-(x-\mu)^2/(2\sigma^2)}dx \\ &= \frac{1}{\sqrt{2\pi}\sigma}\int_{-\infty}^{c} \exp\left\{-\frac{(x-\sigma^2t-\mu)^2}{2\sigma^2}+\mu t+\frac{\sigma^2t^2}{2}\right\}dx \\ &= e^{\mu t+\sigma^2t^2/2}\cdot\frac{1}{\sqrt{2\pi}\sigma}\int_{-\infty}^{c-\sigma^2t} e^{-(x-\mu)^2/2\sigma^2}dx \\ &= e^{\mu t+\sigma^2t^2/2}\cdot F_N(c-\sigma^2\cdot t|\mu,\sigma^2) \end{aligned}$$

und für das rechte partielle Moment erhält man

$$M_x^{(2)}(t) = e^{\mu t+\sigma^2t^2/2}\cdot G_N(c-\sigma^2\cdot t|\mu,\sigma^2).$$

Die erste Ableitung des linken partiellen Momentes um Null ist

$$\begin{aligned} \frac{d}{dt}M_x^{(1)}(t) &= (\mu+\sigma^2\cdot t)\cdot e^{\mu t+\sigma^2t^2/2}\cdot F_N(c-\sigma^2\cdot t|\mu,\sigma^2)+ \\ &+ e^{\mu t+\sigma^2t^2/2}\cdot\frac{1}{\sqrt{2\pi}\sigma}\cdot e^{-(c-\sigma^2\cdot t-\mu)^2/2\sigma^2}\cdot(-\sigma^2) \\ &= (\mu-\sigma^2\cdot t)\cdot M_x^{(1)}(t)-\sigma^2\cdot e^{ct}\cdot\frac{1}{\sqrt{2\pi}\sigma}\cdot e^{-(c-\mu)^2/2\sigma^2} \\ &= (\mu+\sigma^2\cdot t)\cdot M_x^{(1)}(t)-\sigma^2\cdot e^{ct}\cdot f_N(c|\mu,\sigma^2). \end{aligned}$$

Wenn man t Null setzt, erhält man den linken partiellen Erwartungswert von X:

$$\frac{d}{dt}M_x^{(1)}(0) = \mu\cdot F_N(c|\mu,\sigma^2)-\sigma^2\cdot f_N(c|\mu,\sigma^2) = E_{-\infty}^{c}(X).$$

Auf die gleiche Art bestimmt man den rechten partiellen Erwartungswert von X. Er ist

$$\frac{d}{dt}M_x^{(2)}(0) = \mu\cdot G_N(c|\mu,\sigma^2)+\sigma^2\cdot f_N(c|\mu,\sigma^2) = E_{c}^{\infty}(X).$$

Für $\mu = 100, \sigma^2 = 25$ und $c = 98$ ist

$$E_{-\infty}^{98}(X) = 100\cdot 0.344578 - 25\cdot 0.073654 = 32.6165$$

und

$$E_{98}^{\infty}(X) = 100\cdot 0.655422 + 25\cdot 0.073654 = 67.3836.$$

Wenn man die zweiten Ableitungen der momenterzeugenden Funktionen nach t bestimmt und t Null setzt, erhält man den linken und rechten partiellen

Erwartungswert von X^2:

$$\begin{aligned}
\frac{d^2}{dt^2}M_x^{(1)}(t) &= \left[(\mu+\sigma^2\cdot t^2)^2+\sigma^2\right]\cdot M_x^{(1)}(t) \\
&- \sigma^2\cdot(c+\mu+\sigma^2\cdot t)\cdot e^{ct}\cdot f_N(c|\mu,\sigma^2), \\
\frac{d^2}{dt^2}M_x^{(1)}(0) &= (\mu^2+\sigma^2)\cdot F_N(c|\mu,\sigma^2)-\sigma^2\cdot(c+\mu)\cdot f_N(c|\mu,\sigma^2) \\
&= E_{-\infty}^{c}(X^2), \\
\frac{d^2}{dt^2}M_x^{(2)}(0) &= (\mu^2+\sigma^2)\cdot G_N(c|\mu,\sigma^2)+\sigma^2\cdot(c+\mu)\cdot f_N(c|\mu,\sigma^2) \\
&= E_{c}^{\infty}(X^2).
\end{aligned}$$

Für $\mu = 100, \sigma^2 = 25$ und $c = 98$ ist

$$\begin{aligned}
E_{-\infty}^{98}(X^2) &= (100^2+5^2)\cdot 0.344578 - 25\cdot(98+100)\cdot 0.073654 \\
&= 3089.81
\end{aligned}$$

und

$$\begin{aligned}
E_{98}^{\infty}(X^2) &= (100^2+5^2)\cdot 0.655422 + 25\cdot(98+100)\cdot 0.073654 \\
&= 6935.20.
\end{aligned}$$

(d) Lineare und quadratische Momente

Partielle Momente um c der Normalverteilung bestimmt man mit folgenden momenterzeugenden Funktionen:

$$\begin{aligned}
M_{c-x}^{(1)}(t) &= e^{ct}\cdot M_x^{(1)}(-t) = e^{ct}\cdot e^{\sigma^2 t^2/2-\mu\cdot t}\cdot F_N(c+\sigma^2\cdot t|\mu,\sigma^2) \\
&= e^{ct-\mu t+\sigma^2\cdot t^2/2}\cdot F_N(c+\sigma^2\cdot t|\mu,\sigma^2), \\
M_{x-c}^{(2)}(t) &= e^{-ct}\cdot M_x^{(2)}(t) = e^{-ct}\cdot e^{\mu t+\sigma^2 t^2/2}\cdot G_N(c-\sigma^2\cdot t|\mu,\sigma^2) \\
&= e^{\mu t-ct+\sigma^2 t^2/2}\cdot G_N(c-\sigma^2\cdot t|\mu,\sigma^2).
\end{aligned}$$

Mit Hilfe dieser beiden momenterzeugenden Funktionen kann man die linearen und quadratischen Momente der Normalverteilung direkt bestimmen. Die linearen Momente sind

$$\begin{aligned}
\frac{d}{dt}M_{c-x}^{(1)}(t) &= \sigma^2\cdot f_N(c|\mu,\sigma^2)+(c-\mu+\sigma^2\cdot t)\cdot M_{c-x}^{(1)}(t), \\
\frac{d}{dt}M_{c-x}^{(1)}(0) &= \sigma^2\cdot f_N(c|\mu,\sigma^2)+(c-\mu)\cdot F_N(c|\mu,\sigma^2) = L_{-\infty}^{c}(X), \\
\frac{d}{dt}M_{x-c}^{(2)}(t) &= \sigma^2\cdot f_N(c|\mu,\sigma^2)-(c-\mu+\sigma^2\cdot t)\cdot M_{x-c}^{(2)}(t), \\
\frac{d}{dt}M_{x-c}^{(2)}(0) &= \sigma^2\cdot f_N(c|\mu,\sigma^2)-(c-\mu)\cdot G_N(c|\mu,\sigma^2) = L_{c}^{\infty}(X),
\end{aligned}$$

und die quadratischen Momente sind

$$\begin{aligned}
\frac{d^2}{dt^2}M^{(1)}_{c-x}(0) &= \left[(c-\mu)^2+\sigma^2\right]\cdot F_N(c|\mu,\sigma^2)+(c-\mu)\cdot\sigma^2\cdot f_N(c|\mu,\sigma^2)\\
&= Q^{c}_{-\infty}(X),\\
\frac{d^2}{dt^2}M^{(2)}_{x-c}(0) &= \left[(c-\mu)^2+\sigma^2\right]\cdot G_N(c|\mu,\sigma^2)-(c-\mu)\cdot\sigma^2\cdot f_N(c|\mu,\sigma^2)\\
&= Q^{\infty}_{c}(X).
\end{aligned}$$

Für das Beispiel mit $\mu = 100, \sigma^2 = 25$ und $c = 98$ sind die linearen Momente

$$\begin{aligned}
L^{98}_{-\infty}(X) &= 25\cdot 0.073654+(98-100)\cdot 0.344578 = 1.1522,\\
L^{\infty}_{98}(X) &= 25\cdot 0.073654-(98-100)\cdot 0.655422 = 3.1522
\end{aligned}$$

und die quadratischen Momente

$$\begin{aligned}
Q^{98}_{-\infty}(X) &= \left[(98-100)^2+25\right]\cdot 0.344578+(98-100)\cdot 25\cdot 0.073654\\
&= 6.3101,\\
Q^{\infty}_{98}(X) &= \left[(98-100)^2+25\right]\cdot 0.655422-(98-100)\cdot 25\cdot 0.073654\\
&= 22.6899.
\end{aligned}$$

4.2 Standardnormalverteilung

(a) Dichte- und Verteilungsfunktion

Eine normalverteilte Zufallsvariable Z mit den Parametern $\mu = 0$ und $\sigma^2 = 1$ bezeichnet man als standardnormalverteilt. Sie hat die Dichtefunktion

$$f_Z(z|0,1) = \frac{1}{\sqrt{2\pi}}\cdot e^{-z^2/2}$$

und die Verteilungsfunktion

$$F_Z(c|0,1) = \frac{1}{\sqrt{2\pi}}\cdot\int_{-\infty}^{c} e^{-z^2/2}dz.$$

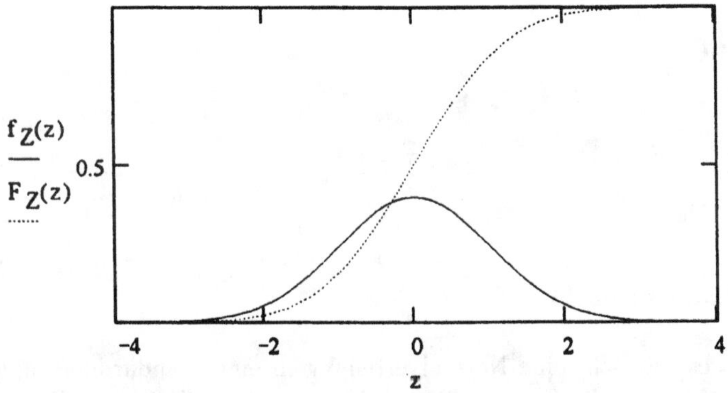

Dichte- und Verteilungsfunktion der Standardnormalverteilung

(b) Beweis der Dichtefunktion

Daß $f_Z(z|0,1)$ eine Dichtefunktion ist, erkennt man daran, daß

$$\int_{-\infty}^{\infty} f_Z(z|0,1)\, dz = \frac{1}{\sqrt{2\pi}} \cdot \int_{-\infty}^{\infty} e^{-z^2/2} dz$$

gleich 1 sein muß. Wenn man

$$z^2/2 = t$$

setzt, dann ist

$$dz = dt/\sqrt{2t}$$

und eingesetzt erhält man

$$\begin{aligned} \int_{-\infty}^{\infty} f_Z(z|0,1)\, dz &= 2 \cdot \int_{0}^{\infty} f_Z(z|0,1)\, dz \\ &= 2 \cdot \int_{0}^{\infty} \frac{1}{\sqrt{2\pi}} \cdot e^{-t} \cdot \frac{1}{\sqrt{2t}}\, dt \\ &= \frac{1}{\sqrt{\pi}} \int_{0}^{\infty} t^{-1/2} \cdot e^{-t} dt. \end{aligned}$$

Unter dem Integralzeichen steht die Gammafunktion für $\sqrt{\pi}$:

$$\int_0^\infty t^{-1/2} \cdot e^{-t} dt = \sqrt{\pi}.$$

Daher ist

$$\int_{-\infty}^\infty f_Z(z|0,1)\, dz = \frac{1}{\sqrt{\pi}} \cdot \sqrt{\pi} = 1.$$

(c) Transformation

Wie ist es möglich, eine Normalverteilung in eine Standardnormalverteilung zu transformieren? Für die Transformation einer Gleichverteilung mit den Parametern $a = 3$ und $b = 6$ in eine Gleichverteilung mit $a = 2$ und $b = 3$ zeigt die Grafik den Vorgang. Eine Transformation von X nach Z bedeutet, daß die in der Grafik schraffierten Flächenstücke gleich groß bleiben. Durch die Transformation ändert sich die Dichte- und Verteilungsfunktion in genau angebbarer Weise.[10]

Um dies zu zeigen, geht man von der Tatsache aus, daß für monoton steigende Transformationen die Wahrscheinlichkeit für die Ereignisse „Die Zufallsvariable X ist höchstens x_α“ und „Die Zufallsvariable $Y = 1 + x/3$ ist höchstens $1 + X_\alpha/3$“ gleich sind:

$$W(X \leq x_\alpha) = W(Y \leq \phi(x_\alpha))$$

mit

$$\phi(x) = 1 + x/3.$$

Es gilt also allgemein für monoton steigende Transformationen von Verteilungsfunktionen

$$F(\phi(x)) = F(x).$$

[10] Vgl. Bohley, (1989, S. 357).

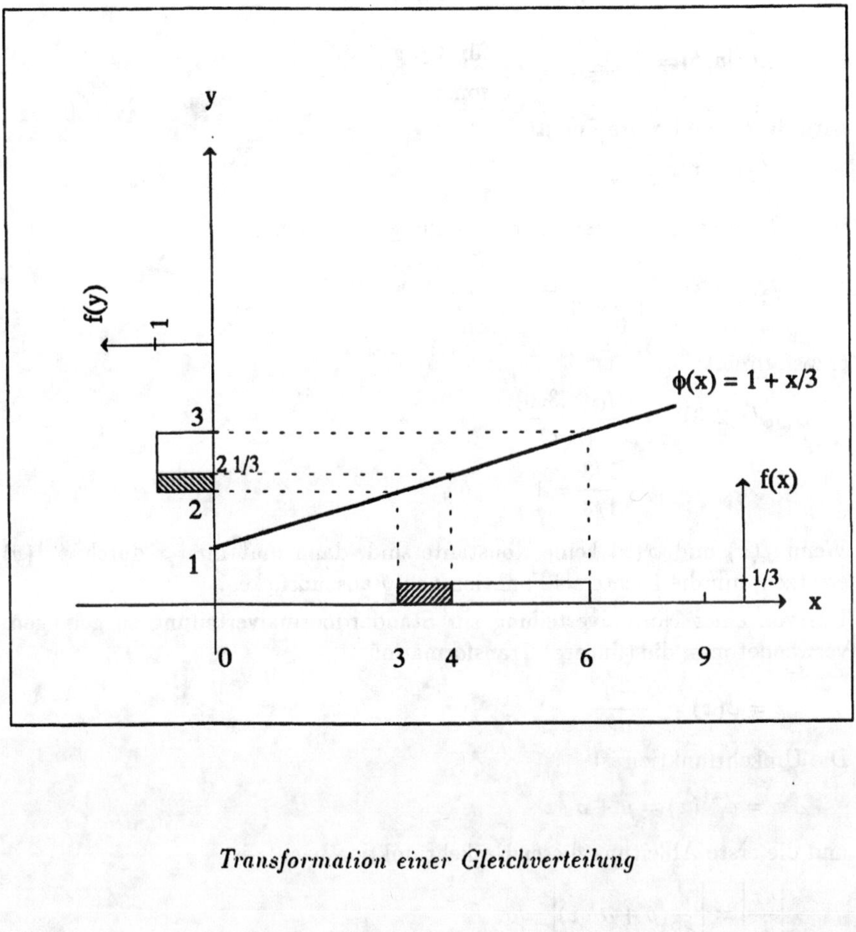

Transformation einer Gleichverteilung

Um die entsprechenden Dichtefunktionen zu erhalten, leitet man die Verteilungfunktion ab:

$$
\begin{aligned}
\frac{dF(\phi(x))}{dx} &= \frac{dF(x)}{dx} \\
\frac{dF(y)}{dy} \cdot \frac{dy}{dx} &= f(x) \\
f(y) \cdot \phi'(x) &= f(x).
\end{aligned}
$$

Die Dichtefunktion $f(y)$ ist also gleich

$$f(y) = \frac{f(x)}{\phi'(x)}.$$

Die Gleichverteilung mit der Dichtefunktion

$$f_G(x|a,b) = \begin{cases} \dfrac{1}{b-a} = \dfrac{1}{3} & \text{für } 3 \le x \le 6, \\ 0 & \text{sonst.} \end{cases}$$

wird durch die lineare Funktion

$$\phi(x) = 1 + \frac{x}{3}$$

in die Dichtefunktion der Gleichverteilung

$$f_G(y|a,b) = \begin{cases} \dfrac{1}{b-a} = 1 & \text{für } 2 \le x \le 3 \\ 0 & \text{sonst} \end{cases}$$

transformiert:

$$\begin{aligned} f_G(y|2,3) &= \frac{f_G(x|3,6)}{\phi'(x)} \\ &= \frac{1/3}{1/3} = 1. \end{aligned}$$

Wenn $f(x)$ und $\phi'(x)$ keine Konstante sind, dann muß man x durch $\phi^{-1}(y)$ ersetzen, um die Dichte als Funktion von y auszudrücken.

Um von einer Normalverteilung zur Standardnormalverteilung zu gelangen, verwendet man die (lineare) Transformation

$$z = \phi(x) = \frac{x-\mu}{\sigma}.$$

Die Umkehrfunktion ist

$$x = \phi^{-1}(z) = \mu + \sigma \cdot z$$

und die erste Ableitung dieser Umkehrfunktion nach z ist

$$\left|\frac{dx}{dz}\right| = \left|\frac{d}{dz}(\mu + \sigma \cdot z)\right| = \sigma.$$

Daher ist die Dichtefunktion der transformierten Zufallsvariable Z gleich

$$\begin{aligned} f_Z(z) &= f_X[\phi^{-1}(z)] \cdot |\sigma| \\ &= \frac{1}{\sqrt{2\cdot\pi}\cdot\sigma} \cdot e^{-(x-\mu)^2/2\cdot\sigma^2} \cdot \sigma \\ &= \frac{1}{\sqrt{2\cdot\pi}} \cdot e^{-(\mu+\sigma\cdot z-\mu)^2/2\cdot\sigma^2} \\ &= \frac{1}{\sqrt{2\cdot\pi}} \cdot e^{-z^2/2}. \end{aligned}$$

Dies ist die Dichtefunktion der Standardnormalverteilung. Zwischen der Dichtefunktion einer allgemeinen Normalverteilung und der der Standardnormalverteilung gilt also die Beziehung

$$f_X(c|\mu,\sigma^2) = \frac{1}{\sigma} \cdot f_Z(z)$$

mit $z = (x-\mu)/\sigma$. Für $\mu = 100$, $\sigma^2 = 25$ und $c = 98$ ist

$$\begin{aligned} f_X(98|100,25) &= \frac{1}{5} \cdot f_Z(-0.4) = \frac{1}{5} \cdot 0.36827 \\ &= 0.073654, \end{aligned}$$

da

$$f_Z(-0.4) = \frac{1}{\sqrt{2\pi}} \cdot e^{-(0.4)^2/2} = 0.36827$$

ist für

$$z = \frac{x-\mu}{\sigma} = \frac{98-100}{5} = -0.4.$$

Für die Verteilungsfunktionen einer allgemeinen Normalverteilung und der der Standardnormalverteilung gilt natürlich

$$F_X(c|\mu,\sigma^2) = F_Z(z_c|0,1)$$

mit

$$z_c = (c-\mu)/\sigma.$$

(d) Momenterzeugende Funktionen

Die momenterzeugenden Funktionen der Standardnormalverteilung erhält man aus den entsprechenden momenterzeugenden Funktionen der allgemeinen Normalverteilung durch die Substitution von $\mu = 0$ und $\sigma^2 = 1$. Für die Momente um Null ist z.B. die momenterzeugende Funktion

$$M_x(t) = e^{0 \cdot t + 1^2 \cdot t^2/2} = e^{t^2/2} = M_z(t).$$

Auf die gleiche Art können die weiteren momenterzeugenden Funktionen der Standardnormalverteilung bestimmt werden.

4.3 Zweidimensionale Normalverteilung

(a) Dichtefunktion

Eine zweidimensionale Zufallsvariable (X, Y) ist bivariat normalverteilt, wenn sie folgende gemeinsame Dichtefunktion besitzt:[11]

[11] Vgl. Bickel, Doksum (1977, S. 22).

$$f(x,y) = f_{2N}(x,y|\mu_x,\mu_y,\sigma_x,\sigma_y,\rho) = \frac{1}{2\cdot\pi\cdot\sigma_x\cdot\sigma_y\cdot\sqrt{1-\rho^2}}\cdot e^{-Q(x,y)/2}$$

mit $\sigma_x > 0, \sigma_y > 0, |\rho| < 1$ und Q ist die quadratische Form

$$\begin{aligned} Q(x,y) &= \frac{1}{1-\rho^2}\cdot\left[\left(\frac{x-\mu_x}{\sigma_x}\right)^2 - 2\cdot\rho\cdot\left(\frac{x-\mu_x}{\sigma_x}\right)\cdot\left(\frac{y-\mu_y}{\sigma_y}\right) + \right. \\ &\quad \left. + \left(\frac{y-\mu_y}{\sigma_y}\right)^2\right]. \end{aligned}$$

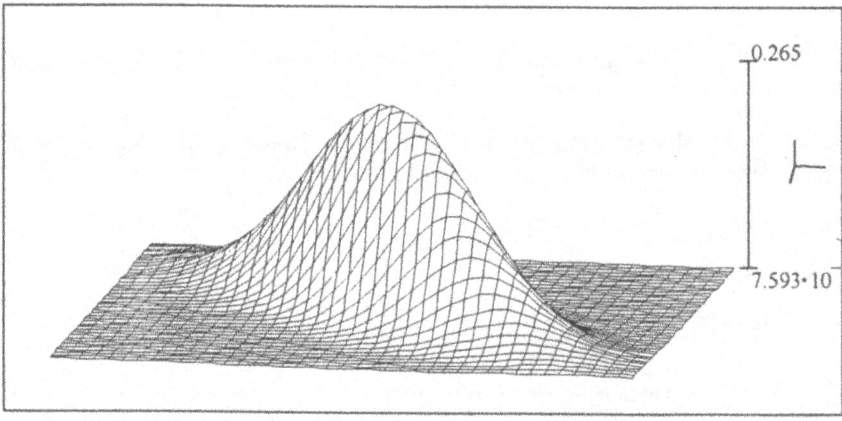

f

Dichtefunktion der zweidimensionalen Normalverteilung für
$\mu_x = 0 = \mu_y$, $\sigma_x^2 = 1 = \sigma_y^2$ *und* $\rho = 0.8$

Um zu zeigen, daß $f(x,y)$ tatsächlich eine gemeinsame Dichtefunktion ist, setzt man

$$z_x = \frac{x-\mu_x}{\sigma_x}, \quad z_y = \frac{y-\mu_y}{\sigma_y}$$

und erweitert $Q(x,y)$ um $(\rho\cdot z_y)^2$:

$$Q(x,y) = \frac{1}{1-\rho^2}\cdot\left[\left(\frac{x-\mu_x}{\sigma_x}\right)^2 - 2\cdot\rho\cdot\left(\frac{x-\mu_x}{\sigma_x}\right)\cdot\left(\frac{y-\mu_y}{\sigma_y}\right)\right.$$

$$
\begin{aligned}
& + \left(\frac{y-\mu_y}{\sigma_y}\right)^2\Bigg] \\
&= \frac{1}{1-\rho^2}\cdot\left[z_x^2 - 2\cdot\rho\cdot z_x\cdot z_y + z_y^2\right] \\
&= \frac{1}{1-\rho^2}\cdot\left[z_x^2 - 2\cdot\rho\cdot z_x\cdot z_y + (\rho\cdot z_y)^2 + \left(z_y^2 - (\rho\cdot z_y)^2\right)\right] \\
&= \frac{1}{1-\rho^2}\cdot(z_x-\rho\cdot z_y)^2 + \frac{1}{1-\rho^2}\cdot\left(z_y^2-(\rho\cdot z_y)^2\right) \\
&= \frac{1}{1-\rho^2}\cdot(z_x-\rho\cdot z_y)^2 + z_y^2.
\end{aligned}
$$

Löst man $(z_x - \rho\cdot z_y)^2$ nach x auf und substituiert man

$$\mu_{x|y} = \mu_x + \rho\cdot\frac{\sigma_x}{\sigma_y}\cdot(y-\mu_y),$$

dann ist $Q(x,y)$

$$Q(x,y) = \frac{1}{1-\rho^2}\cdot(x-\mu_{x|y})^2 + \left(\frac{y-\mu_y}{\sigma_y}\right)^2$$

und es folgt

$$
\begin{aligned}
f_Y(y) &= \int_{-\infty}^{\infty} f(x,y)\,dx \\
&= \frac{1}{\sigma_y\cdot\sqrt{2\cdot\pi}}\cdot\exp\left\{-\frac{(y-\mu_y)^2}{2\cdot\sigma_y^2}\right\}\cdot \\
&\quad\cdot \int_{-\infty}^{\infty}\frac{1}{\sigma_{x|y}\cdot\sqrt{2\cdot\pi}}\cdot\exp\left\{-\frac{(x-\mu_{x|y})^2}{2\cdot\sigma_{x|y}^2}\right\}dx,
\end{aligned}
$$

wobei

$$\sigma_{x|y}^2 = \sigma_x^2\cdot(1-\rho^2)$$

ist. Der Integrand ist die Dichtefunktion einer normalverteilten Zufallsvariable mit den Parametern $\mu_{x|y}$ und $\sigma_{x|y}^2$. Daher ist

$$f_Y(y) = \frac{1}{\sigma_y\cdot\sqrt{2\cdot\pi}}\cdot\exp\left\{-\frac{(y-\mu_y)^2}{2\cdot\sigma_y^2}\right\}$$

und

$$\int_{-\infty}^{\infty}\left\{\int_{-\infty}^{\infty} f(x,y)\,dx\right\}dy = \int_{-\infty}^{\infty} f_Y(y)\,dy = 1.$$

Aus dem Beweis folgt weiters, daß $f_Y(y)$ die Randdichte von Y ist, mit den Parametern μ_y und σ_y^2. Analoges gilt für die Randdichte von X. Außerdem ist die bedingte Dichte von $f(x|y)$ gleich

$$f(x|y) = \frac{f(x,y)}{f_Y(y)} = \frac{1}{\sigma_{x|y} \cdot \sqrt{2 \cdot \pi}} \cdot \exp\left\{-\frac{(x-\mu_{x|y})^2}{2 \cdot \sigma_{x|y}^2}\right\}.$$

Die Parameter dieser bedingten Dichte sind $\mu_{x|y}$ und $\sigma_{x|y}^2$. Auf die gleiche Art kann man die bedingte Dichte von $f(y|x)$ bestimmen. Sie ist

$$f(y|x) = \frac{f(x,y)}{f_X(x)} = \frac{1}{\sigma_{y|x} \cdot \sqrt{2 \cdot \pi}} \cdot \exp\left\{-\frac{(y-\mu_{y|x})^2}{2 \cdot \sigma_{y|x}^2}\right\}$$

mit

$$\mu_{y|x} = \mu_y + \rho \cdot \frac{\sigma_y}{\sigma_x} \cdot (x - \mu_x)$$

und

$$\sigma_{y|x}^2 = \sigma_y^2 \cdot (1 - \rho^2)$$

als Parameter.

(b) Verteilungsfunktion

Die Verteilungsfunktion kann in folgenden vier Varianten auftreten:

$$\begin{aligned}
m_{00}^{(11)} &= \int_{-\infty}^{c_1} \int_{-\infty}^{c_2} f_{2N}(x,y)\ dy\ dx, \\
m_{00}^{(12)} &= \int_{-\infty}^{c_1} \int_{c_2}^{\infty} f_{2N}(x,y)\ dy\ dx, \\
m_{00}^{(21)} &= \int_{c_1}^{\infty} \int_{-\infty}^{c_2} f_{2N}(x,y)\ dy\ dx, \\
m_{00}^{(22)} &= \int_{c_1}^{\infty} \int_{c_2}^{\infty} f_{2N}(x,y)\ dy\ dx.
\end{aligned}$$

Dabei kann man bei der Berechnung berücksichtigen, daß gilt[12]

$$\begin{aligned}
m_{00}^{(12)} &= F_N\left(c_1|\mu_x, \sigma_x^2\right) - m_{00}^{(11)}, \\
m_{00}^{(21)} &= F_N\left(c_2|\mu_y, \sigma_y^2\right) - m_{00}^{(11)}, \\
m_{00}^{(22)} &= 1 - F_N\left(c_1|\mu_x, \sigma_x^2\right) - F_N\left(c_2|\mu_y, \sigma_y^2\right) + m_{00}^{(11)}
\end{aligned}$$

mit

$$m_{00}^{(11)} = F_{2N}(c_1, c_2|\mu_x, \mu_y, \sigma_x^2, \sigma_y^2, \rho).$$

[12]Vgl. 2.1 Gemeinsame Verteilung, S. 262.

Für die Parameter $\mu_x = 100$, $\mu_y = 100$, $\sigma_x^2 = 35$, $\sigma_y^2 = 25$, $\rho = 0.8452$ und für die Grenzen $c_1 = 97.2$ und $c_2 = 98$ sind die entsprechenden numerischen Ergebnisse in folgender Tabelle zusammengestellt:

$X \backslash Y$	$m_{00}^{(i1)}$	$m_{00}^{(i2)}$	Σ
$m_{00}^{(1j)}$	0.2492	0.0688	0.3180
$m_{00}^{(2j)}$	0.0953	0.5867	0.6820
Σ	0.3445	0.6555	1.0000

Die rechte Randverteilung ist die Verteilung von X mit den Parametern $\mu_x = 100$ und $\sigma_x^2 = 35$:

$$\begin{aligned} m_{00}^{(11)} + m_{00}^{(12)} &= 0.3180 = F_N(97.2|100, 35), \\ m_{00}^{(21)} + m_{00}^{(22)} &= 0.6820 = G_N(97.2|100, 35). \end{aligned}$$

Die Verteilung von Y ist die untere Randverteilung mit den Parametern $\mu_y = 100$ und $\sigma_y^2 = 25$:

$$\begin{aligned} m_{00}^{(11)} + m_{00}^{(21)} &= 0.3445 = F_N(98|100, 25), \\ m_{00}^{(12)} + m_{00}^{(22)} &= 0.6555 = G_N(98|100, 25). \end{aligned}$$

(c) Matrixschreibweise

Die Darstellungsform der bivariaten Normalverteilung vereinfacht sich, wenn man die Matrixschreibweise verwendet. Es sei

$$\begin{aligned} \sigma_x^2 &= E(X - \mu_x)^2 = \sigma_{11} \\ \sigma_y^2 &= E(Y - \mu_y)^2 = \sigma_{22} \\ C(X, Y) &= E\left[(X - \mu_x) \cdot (Y - \mu_y)\right] = \sigma_{12}. \end{aligned}$$

Die Kovarianz ist dann gleich

$$\sigma_{12} = \rho \cdot \sigma_{11} \cdot \sigma_{22},$$

da

$$\rho = \frac{C(X, Y)}{\sqrt{V(X) \cdot V(Y)}} = \frac{\sigma_{12}}{\sqrt{\sigma_{11} \cdot \sigma_{22}}}$$

ist. Die Varianz- Kovarianzmatrix $\boldsymbol{V}$ ist

$$\boldsymbol{V} = \begin{pmatrix} \sigma_{11} & \sigma_{12} \\ \sigma_{21} & \sigma_{22} \end{pmatrix}$$

und die Determinante dieser Matrix ist

$$|\boldsymbol{V}| = \sigma_{11} \cdot \sigma_{22} - \sigma_{12}^2 = \sigma_{11} \cdot \sigma_{22} - \rho^2 \cdot \sigma_{11} \cdot \sigma_{22} = \sigma_{11} \cdot \sigma_{22} \cdot (1 - \rho^2).$$

Die Inverse der Varianz- Kovarianzmatrix ist

$$\begin{aligned} V^{-1} &= \frac{1}{|V|}\cdot\begin{pmatrix} \sigma_{22} & -\sigma_{21} \\ -\sigma_{12} & \sigma_{11}\end{pmatrix} = \frac{1}{1-\rho^2}\cdot\begin{pmatrix} \frac{1}{\sigma_{11}} & -\frac{\rho}{\sqrt{\sigma_{11}\cdot\sigma_{22}}} \\ -\frac{\rho}{\sqrt{\sigma_{11}\cdot\sigma_{22}}} & \frac{1}{\sigma_{22}}\end{pmatrix} \\ &= \frac{1}{1-\rho^2}\cdot\begin{pmatrix} \frac{1}{\sigma_x^2} & -\frac{\rho}{\sigma_x\cdot\sigma_y} \\ -\frac{\rho}{\sigma_x\cdot\sigma_y} & \frac{1}{\sigma_y^2}\end{pmatrix}. \end{aligned}$$

Die Elemente von V^{-1} sind die Koeffizienten in der quadratischen Form des Exponenten der bivariaten Normalverteilung. Man kann daher den Exponenten in folgender Form schreiben:

$$\begin{aligned} Q(x,y) &= (x-\mu_x, y-\mu_y)\cdot\begin{pmatrix} \frac{1}{\sigma_x^2\cdot(1-\rho^2)} & -\frac{\rho}{\sigma_x\cdot\sigma_y\cdot(1-\rho^2)} \\ -\frac{\rho}{\sigma_x\cdot\sigma_y\cdot(1-\rho^2)} & \frac{1}{\sigma_y^2\cdot(1-\rho^2)}\end{pmatrix} \\ &\quad\cdot\begin{pmatrix} x-\mu_x \\ y-\mu_y\end{pmatrix} \\ &= (\boldsymbol{x}-\boldsymbol{m})^T\cdot V^{-1}\cdot(\boldsymbol{x}-\boldsymbol{m}) \end{aligned}$$

mit

$$\boldsymbol{x} = \begin{pmatrix} x \\ y\end{pmatrix}, \quad \boldsymbol{m} = \begin{pmatrix} \mu_x \\ \mu_y\end{pmatrix}.$$

Die Dichtefunktion der bivariaten Normalverteilung ist daher in Matrixschreibweise

$$f(x,y) = (2\cdot\pi)^{-1}\cdot|V|^{-1/2}\cdot\exp\left[-\frac{1}{2}\cdot(\boldsymbol{x}-\boldsymbol{m})^T\cdot V^{-1}\cdot(\boldsymbol{x}-\boldsymbol{m})\right].$$

Statt

$$(X,Y)\sim N\left(\mu_x,\mu_y,\sigma_x^2,\sigma_y^2,\rho\right)$$

schreibt man auch

$$\boldsymbol{X}\sim N_2(\boldsymbol{m},\boldsymbol{V}),$$

wobei der Index 2 darauf hinweist, daß es sich um eine bivariate Normalverteilung handelt mit dem Mittelwertsvektor $\boldsymbol{m}$ und der Kovarianzmatrix $\boldsymbol{V}$.

4.4 Standardisierte zweidimensionale Normalverteilungen

(a) Standardisierung mit $\rho = 0$

Eine bivariate normalverteilte Zufallsvariable (Z_1, Z_2) bezeichnet man als standardisierte zweidimensionale Normalverteilung, wenn sie die Dichtefunktion

$$f(z_1, z_2) = (2\pi)^{-1} \cdot \exp\left[-\frac{1}{2} \cdot \boldsymbol{z}^T \cdot \boldsymbol{I} \cdot \boldsymbol{z}\right]$$

mit den Parametern $\boldsymbol{m} = \boldsymbol{0}, \boldsymbol{V} = \boldsymbol{I}$ und $\rho = \boldsymbol{0}$ hat.

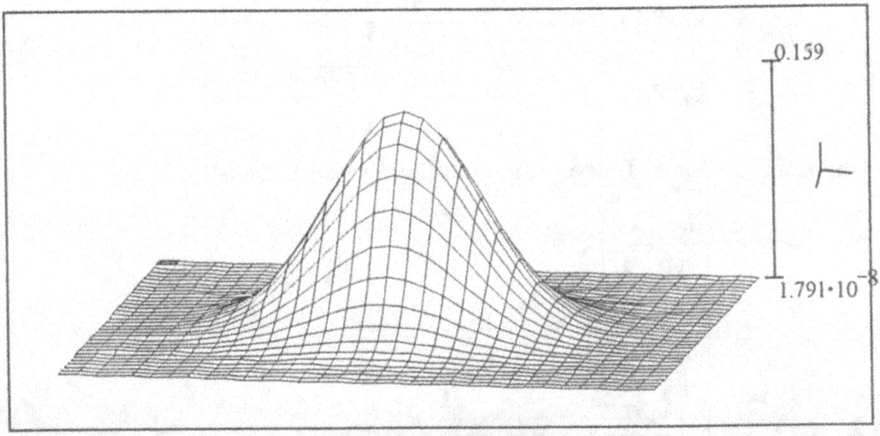

f

Dichtefunktion der standardisierten zweidimensionalen Normalverteilung mit $\rho = 0$

Jede beliebige zweidimensionale Normalverteilung kann mit Hilfe der Jacobi Transformation in diese standardisierte Normalverteilung überführt werden. Dazu werden die beiden Zufallsvariablen (Z_1, Z_2) wie folgt definiert:

$$\begin{pmatrix} Z_1 \\ Z_2 \end{pmatrix} = \begin{pmatrix} (1-\rho)^{-1/2} & 0 \\ 0 & (1-\rho)^{-1/2} \end{pmatrix} \cdot \begin{pmatrix} 1/\sqrt{2} & -1/\sqrt{2} \\ 1/\sqrt{2} & 1/\sqrt{2} \end{pmatrix} \cdot$$

$$\begin{pmatrix} \sigma_1^{-1} & 0 \\ 0 & \sigma_2^{-1} \end{pmatrix} \cdot \begin{pmatrix} X_1 - \mu_1 \\ X_2 - \mu_2 \end{pmatrix}.$$

Die erste Matrix von rechts führt zu Mittelwerten die Null sind, die zweite Matrix reduziert die Varianzen auf 1. Durch die in der dritten Matrix ausgedrückte Rotation erreicht man Unkorreliertheit, die in der vierten Matrix auf 1 normiert wird. Ausmultipliziert ist

$$Z_1 = \frac{1}{\sigma_1 \cdot \sigma_2 \cdot \sqrt{2} \cdot \sqrt{1-\rho}} \cdot [\sigma_2 \cdot (X_1 - \mu_1) - \sigma_1 \cdot (X_2 - \mu_2)]$$

und

$$Z_2 = \frac{1}{\sigma_1 \cdot \sigma_2 \cdot \sqrt{2} \cdot \sqrt{1-\rho}} \cdot [\sigma_2 \cdot (X_1 - \mu_1) + \sigma_1 \cdot (X_2 - \mu_2)] .$$

Die beiden Umkehrfunktionen sind

$$\begin{aligned} X_1 &= X_1(Z_1, Z_2) = \frac{\sigma_1 \cdot (Z_1 + Z_2) \cdot \sqrt{1-\rho} + \sqrt{2} \cdot \mu_1}{\sqrt{2}}, \\ X_2 &= X_2(Z_1, Z_2) = \frac{\sigma_2 \cdot (Z_1 - Z_2) \cdot \sqrt{1-\rho} - \sqrt{2} \cdot \mu_2}{\sqrt{2}}. \end{aligned}$$

Nun kann die Jacobi Determinante bestimmt werden. Sie ist

$$\begin{aligned} |\boldsymbol{J}| &= \left| \frac{\partial(x_1, x_2)}{\partial(z_1, z_2)} \right| \\ &= \begin{vmatrix} \frac{\partial x_1}{\partial z_1} & \frac{\partial x_2}{\partial z_1} \\ \frac{\partial x_1}{\partial z_2} & \frac{\partial x_2}{\partial z_2} \end{vmatrix} \\ &= \begin{vmatrix} \frac{\sigma_1 \cdot \sqrt{1-\rho}}{\sqrt{2}} & -\frac{\sigma_2 \cdot \sqrt{1-\rho}}{\sqrt{2}} \\ \frac{\sigma_1 \cdot \sqrt{1-\rho}}{\sqrt{2}} & \frac{\sigma_2 \cdot \sqrt{1-\rho}}{\sqrt{2}} \end{vmatrix} \\ &= \sigma_1 \cdot \sigma_2 \cdot \sqrt{1-\rho}. \end{aligned}$$

Die Dichtefunktion der transformierten Zufallsvariablen (Z_1, Z_2) ist daher

$$\begin{aligned} f(z_1, z_2) &= f\left[x_1(z_1, z_2), x_2(z_1, z_2)\right] \cdot |\boldsymbol{J}| \\ &= \frac{1}{2 \cdot \pi} \cdot \exp\left[-\frac{1}{2} \cdot \left(z_1^2 + z_2^2\right)\right]. \end{aligned}$$

Dies ist die Dichtefunktion der standardisierten bivariaten Normalverteilung. Man drückt dies auch folgendermaßen aus:

$$\boldsymbol{Z} \sim N_2(\boldsymbol{0}, \boldsymbol{I}).$$

(b) Standardisierung mit $\rho \neq 0$

Eine zweite mögliche Standardisierung berücksichtigt nur die Transformation der Mittelwerte auf Null und die Reduktion der Varianzen auf 1. Die beiden Zufallsvariablen (Z_1, Z_2) sind dann folgendermaßen definiert:

$$\begin{pmatrix} Z_1 \\ Z_2 \end{pmatrix} = \begin{pmatrix} \sigma_1^{-1} & 0 \\ 0 & \sigma_2^{-1} \end{pmatrix} \cdot \begin{pmatrix} X_1 - \mu_1 \\ X_2 - \mu_2 \end{pmatrix}$$

oder ausmultipliziert:

$$\begin{aligned} Z_1 &= (X_1 - \mu_1)/\sigma_1, \\ Z_2 &= (X_2 - \mu_2)/\sigma_2. \end{aligned}$$

Die Umkehrfunktionen sind

$$\begin{aligned} X_1 &= \mu_1 + Z_1 \cdot \sigma_1, \\ X_2 &= \mu_2 + Z_2 \cdot \sigma_2 \end{aligned}$$

und die Jacobi Determinante ist

$$\begin{aligned} |\boldsymbol{J}| &= \left| \frac{\partial(x_1, x_2)}{\partial(z_1, z_2)} \right| \\ &= \begin{vmatrix} \dfrac{\partial x_1}{\partial z_1} & \dfrac{\partial x_2}{\partial z_1} \\ \dfrac{\partial x_1}{\partial z_2} & \dfrac{\partial x_2}{\partial z_2} \end{vmatrix} \\ &= \begin{vmatrix} \sigma_1 & 0 \\ 0 & \sigma_2 \end{vmatrix} \\ &= \sigma_1 \cdot \sigma_2. \end{aligned}$$

Die Dichtefunktion dieser transformierten Zufallsvariablen (Z_1, Z_2) ist daher

$$\begin{aligned} f(z_1, z_2) &= f\left(x_1(z_1, z_2), x_2(z_1, z_2)\right) \cdot |\boldsymbol{J}| \\ &= \frac{1}{2 \cdot \pi \cdot \sqrt{1 - \rho^2}} \cdot \exp\left[-\frac{1}{2 \cdot (1 - \rho^2)} \cdot \left(z_1^2 - 2 \cdot z_1 \cdot z_2 \cdot \rho + z_2^2 \right) \right] \end{aligned}$$

Bei dieser Standardisierung wird die Korrelation zwischen den beiden Zufallsvariablen berücksichtigt. Man schreibt auch

$$(Z_1, Z_2) \sim N(0, 0, 1, 1, \rho)$$

oder

$$\boldsymbol{Z} \sim N_2(\boldsymbol{0}, \boldsymbol{V})$$

mit

$$\boldsymbol{V} = \begin{pmatrix} 1 & \rho \\ \rho & 1 \end{pmatrix}.$$

4.5 Momente der zweidimensionalen Normalverteilung

(a) Momenterzeugende Funktionen

Für die Momente um Null ist die momenterzeugende Funktion der bivariaten Normalverteilung

$$\begin{aligned}
M_{x,y}(t_1,t_2) &= \int_{-\infty}^{\infty}\int_{-\infty}^{\infty} e^{t_1\cdot x+t_2\cdot y}\cdot f_{2N}(x,y)\,dy\,dx \\
&= \int_{-\infty}^{\infty}\left\{\int_{-\infty}^{\infty} e^{t_2\cdot y}\cdot f(y|x)\,dy\right\} e^{t_1\cdot x}\cdot f(x)\,dx \\
&= \int_{-\infty}^{\infty}\left\{\exp\left[t_2\cdot\left(\mu_y+\rho\cdot\frac{\sigma_y}{\sigma_x}\cdot(x-\mu_x)\right)+\right.\right. \\
&+ \left.\left.\frac{1}{2}\cdot\sigma_y^2\cdot t_2^2\cdot(1-\rho^2)\right]\right\}\cdot e^{t_1 x}\cdot f(x)\,dx \\
&= \exp\left[t_2\cdot\mu_y-\rho\cdot\frac{\sigma_y}{\sigma_x}\cdot t_2\cdot\mu_x+\frac{1}{2}\cdot\sigma_y^2\cdot t_2^2\cdot(1-\rho^2)\right]\cdot \\
&\cdot \int_{-\infty}^{\infty} e^{t_1\cdot x}\cdot e^{(\rho\cdot\sigma_y/\sigma_x)x\cdot t_2}\cdot f(x)\,dx.
\end{aligned}$$

Da

$$\begin{aligned}
\int_{-\infty}^{\infty} e^{(t_1+\rho\cdot t_2\cdot\sigma_y/\sigma_x)\cdot x} f(x)\,dx &= \exp\left[\mu_x\cdot\left(t_1+\rho\cdot\frac{\sigma_y}{\sigma_x}\cdot t_2\right)+\right. \\
&+ \left.\frac{1}{2}\cdot\sigma_y^2\cdot\left(t_1+\rho\cdot t_2\cdot\frac{\sigma_y}{\sigma_x}\right)^2\right]
\end{aligned}$$

ist, gilt

$$\begin{aligned}
M_{x,y}(t_1,t_2) &= \exp\left[\mu_x\cdot t_1+\mu_y\cdot t_2+\frac{1}{2}\cdot\left(\sigma_x^2\cdot t_1^2+\right.\right. \\
&+ \left.\left.2\cdot\rho\cdot\sigma_x\cdot\sigma_y\cdot t_1\cdot t_2+\sigma_y^2\cdot t_2^2\right)\right]
\end{aligned}$$

Die erste partielle Ableitung der momenterzeugenden Funktion nach t_1 ist

$$\frac{\partial}{\partial t_1}M_{x,y}(t_1,t_2)=\left(\rho\cdot t_2\cdot\sigma_x\cdot\sigma_y+\sigma_x^2\cdot t_1+\mu_x\right)\cdot M_{x,y}(t_1,t_2).$$

Setzt man t_1 und t_2 gleich Null, dann erhält man $E(X)$:

$$\frac{\partial}{\partial t_1}M_{x,y}(0,0)=\mu_x=E(X).$$

Die erste partielle Ableitung nach t_2 ist

$$\frac{\partial}{\partial t_2}M_{x,y}(t_1,t_2)=\left(\rho\cdot t_1\cdot\sigma_x\cdot\sigma_y+\sigma_y^2\cdot t_2+\mu_y\right)\cdot M_{x,y}(t_1,t_2)$$

und für $t_1=t_2=0$ erhält man $E(Y)$:

$$\frac{\partial}{\partial t_2}M_{x,y}(0,0)=\mu_y=E(Y).$$

(b) Kovarianz

Die gemischten partiellen Ableitungen führen zum Erwartungswert von (X, Y):

$$\frac{\partial}{\partial t_1 \partial t_2} M_{x,y}(0,0) = \rho \cdot \sigma_x \cdot \sigma_y + \mu_x \cdot \mu_y = E(XY).$$

Die Kovarianz ist daher

$$\begin{aligned} C(XY) &= E(XY) - E(X) \cdot E(Y) \\ &= \rho \cdot \sigma_x \cdot \sigma_y + \mu_x \cdot \mu_y - \mu_x \cdot \mu_y \\ &= \rho \cdot \sigma_x \cdot \sigma_y. \end{aligned}$$

Man kann die Kovarianz auch direkt über die momenterzeugende Funktion für die zentralen Momente berechnen. Diese Funktion ist

$$\begin{aligned} M_{x-\mu_x, y-\mu_y}(t_1, t_2) &= e^{-\mu_x t_1 - \mu_y t_2} \cdot M_{x,y}(t_1, t_2) \\ &= \exp\left[\frac{1}{2} \cdot \left(\sigma_x^2 \cdot t_1^2 + 2 \cdot \rho \cdot \sigma_x \cdot \sigma_y \cdot t_1 \cdot t_2 + \sigma_y^2 \cdot t_2^2\right)\right]. \end{aligned}$$

Die gemischten partiellen Ableitungen nach t_1 und t_2 sind

$$\begin{aligned} \frac{\partial}{\partial t_1 \partial t_2} M_{x-\mu_x, y-\mu_y}(t_1, t_2) &= \left[\rho \cdot \sigma_x \cdot \sigma_y \left(\sigma_x^2 \cdot t_1^2 + \sigma_y^2 \cdot t_2^2 + 1\right) + \right. \\ &+ \left. \sigma_x \cdot \sigma_y \cdot t_1 \cdot t_2 \cdot (\rho^2 + 1)\right] \cdot M_{x-\mu_x, y-\mu_y}(t_1, t_2). \end{aligned}$$

Die Kovarianz erhält man, wenn man t_1 und t_2 gleich Null setzt:

$$\frac{\partial}{\partial t_1 \partial t_2} M_{x-\mu_x, y-\mu_y}(0,0) = \rho \cdot \sigma_x \cdot \sigma_y = C(XY).$$

Für das numerische Beispiel mit $\sigma_x^2 = 35$, $\sigma_y^2 = 25$ und $\rho = 0.8452$ ist die Kovarianz

$$\begin{aligned} C(X, Y) &= \rho \cdot \sigma_x \cdot \sigma_y \\ &= 0.8452 \cdot \sqrt{35} \cdot \sqrt{25} \\ &= 25. \end{aligned}$$

(c) Partielle Momente erster Ordnung

Von den partiellen Momenten der zweidimensionalen Normalverteilung werden nur jene analysiert, die sich auf die zweite Variable beziehen. Dies sind die partiellen Momente

$$\mu_{0r}^{(ij)} \text{ und } m_{0r}^{(ij)}.$$

Für die standardisierte bivariate Normalverteilung mit

$$U = \frac{X - \mu_x}{\sigma_x}, \quad V = \frac{Y - \mu_y}{\sigma_y}$$

und der Korrelation ρ ist die momenterzeugende Funktion für das partielle Moment $\mu_{0r}^{(11)}$ gleich

$$
\begin{aligned}
&M_{u,v}^{(11)}(t_1,t_2) = \\
&= \int_{-\infty}^{a}\int_{-\infty}^{b} e^{t_1u+t_2v}\cdot\frac{1}{2\pi\cdot\sqrt{1-\rho^2}}\cdot e^{-(u^2-2uv\rho+v^2)/2(1-\rho^2)}\,du\,dv \\
&= \int_{-\infty}^{a}\int_{-\infty}^{b} e^{t_1u+t_2v}\cdot\frac{1}{\sqrt{2\pi}\cdot\sqrt{1-\rho^2}}\cdot e^{-(u-\rho v)^2/2(1-\rho^2)}\,\cdot \\
&\cdot\frac{1}{\sqrt{2\pi}}e^{-v^2/2}\,du\,dv \\
&= \int_{-\infty}^{b}\left\{\int_{-\infty}^{a} e^{t_1u}\cdot f_{u|v}(u|v)\,du\right\}e^{t_2v}\cdot f_Z(v)\,dv \\
&= \int_{-\infty}^{b} e^{t_2v}\cdot f_Z(v)\cdot\left\{\exp\left[\rho v t_1+(1-\rho^2)t_1^2/2\right]\cdot\right. \\
&\left.\cdot F_N(a-(1-\rho^2)\cdot t_1|\rho v,1-\rho^2)\right\}\,dv \\
&= \exp\left[(1-\rho^2)t_1^2/2\right]\cdot\int_{-\infty}^{b} e^{t_2v+\rho v t_1}\cdot \\
&\cdot F_Z\left(\frac{a-(1-\rho^2)t_1-\rho v}{\sqrt{1-\rho^2}}\right)\cdot f_Z(v)\,dv \\
&= \exp\left[\left(t_1^2+t_2^2+2t_1t_2\rho\right)/2\right]\cdot\int_{-\infty}^{b-t_2-\rho t_1} f_Z(v)\cdot \\
&\cdot F_Z\left(\frac{a-(1-\rho^2)t_1-\rho v}{\sqrt{1-\rho^2}}\right)\,dv \\
&= M_{u,v}(t_1,t_2)\cdot\int_{-\infty}^{b-t_2-\rho t_1} f_Z(v)\cdot F_Z\left(\frac{a-(1-\rho^2)t_1-\rho v}{\sqrt{1-\rho^2}}\right)\,dv.
\end{aligned}
$$

Die erste partielle Ableitung dieser Funktion nach t_2 führt zu

$$
\begin{aligned}
&\frac{\partial}{\partial t_2}M_{u,v}^{(11)}(t_1,t_2) = \\
&= (t_2+t_1\rho)\cdot M_{u,v}^{(11)}(t_1,t_2)+M_{u,v}(t_1,t_2) \\
&\cdot\left[\frac{1}{\sqrt{2\pi}}\cdot\exp\left\{-\frac{(b-t_2-\rho t_1)^2}{2}\right\}\cdot\right. \\
&\cdot(-1)\cdot F_Z\left(\frac{a-(1-\rho^2)\cdot t_1-\rho(b-t_2-\rho t_1)}{\sqrt{1-\rho^2}}\right)+ \\
&\left.+\int_{-\infty}^{b-t_2-\rho t_1} f_Z(v)\cdot f_Z\left(\frac{a-(1-\rho^2)t_1-\rho v}{\sqrt{1-\rho^2}}\right)\cdot\left(\frac{-\rho}{\sqrt{1-\rho^2}}\right)dv\right] \\
&= (t_2+t_1\rho)\cdot M_{u,v}^{(11)}(t_1,t_2)+M_{u,v}(t_1,t_2)\cdot \\
&\cdot\left[-f_Z(b-t_2-\rho t_1)\cdot F_Z\left(\frac{a-(1-\rho^2)t_1-\rho(b-t_2-\rho t_1)}{\sqrt{1-\rho^2}}\right)-\right.
\end{aligned}
$$

$$-\rho \cdot fz(a-(1-\rho^2)t_1) \cdot Fz\left(\frac{(b-t_2-\rho t_1)-a\rho}{\sqrt{1-\rho^2}}\right)\Bigg].$$

Wenn man t_1 und t_2 gleich Null setzt, dann erhält man als Ergebnis $\mu_{01,s}^{(11)}$:

$$\begin{aligned}\frac{\partial}{\partial t_2} \cdot M_{u,v}^{(11)}(0,0) &= -fz(b) \cdot Fz\left(\frac{a-\rho \cdot b}{\sqrt{1-\rho^2}}\right) - \rho \cdot fz(a) \cdot \left(\frac{b-a\cdot\rho}{\sqrt{1-\rho^2}}\right) \\ &= \mu_{01,s}^{(11)}.\end{aligned}$$

Der Index „s" soll darauf hinweisen, daß dies das partielle Moment der standardisierten Normalverteilung ist. Da

$$v = \frac{y-\mu_y}{\sigma_y}$$

und daher

$$y = \mu_y + v \cdot \sigma_y$$

ist, ist das entsprechende Moment der nichtstandardisierten bivariaten Normalverteilung

$$\begin{aligned}\mu_{01}^{(11)} &= \int_{-\infty}^{c_1}\int_{-\infty}^{c_2} y \cdot f_{2N}(x,y)dy\,dx \\ &= \int_{-\infty}^{a}\int_{-\infty}^{b} (\mu_y + v\cdot\sigma_y)\cdot f(u,v)\,dv\,du \\ &= \mu_2 \cdot \int_{-\infty}^{a}\int_{-\infty}^{b} f(u,v)\,dv\,du + \sigma_y \cdot \int_{-\infty}^{a}\int_{-\infty}^{b} v\cdot f(u,v)\,dv\,du \\ &= \mu_2 \cdot m_{00}^{(11)} + \sigma_y \cdot \left[-fz(b)\cdot Fz\left(\frac{a-\rho\cdot b}{\sqrt{1-\rho^2}}\right) - \right. \\ &- \left. \rho\cdot fz(a)\cdot Fz\left(\frac{b-a\cdot\rho}{\sqrt{1-\rho^2}}\right)\right] \\ &= \mu_2 \cdot m_{00}^{(11)} + \sigma_y \cdot \mu_{01,s}^{(11)}.\end{aligned}$$

(d) Partielle Momente zweiter Ordnung

Analog erhält man das partielle Moment zweiter Ordnung $\mu_{02.s}^{(11)}$ der standardisierten Normalverteilung, wenn man die momenterzeugende Funktion zweimal partiell nach t_2 ableitet und anschließend t_1 und t_2 gleich Null setzt:

$$\begin{aligned}&\frac{\partial^2}{\partial t_2^2} M_{u,v}^{(11)}(0,0) = \\ &= m_{00}^{(11)} + b\cdot\left[-fz(b)\cdot Fz\left(\frac{a-\rho\cdot b}{\sqrt{1-\rho^2}}\right) - \rho\cdot fz(a)\cdot Fz\left(\frac{b-\rho\cdot a}{\sqrt{1-\rho^2}}\right)\right] + \\ &+\rho\cdot fz(a)\cdot\left[(1-\rho^2)\cdot fz\left(\frac{b-\rho\cdot a}{\sqrt{1-\rho^2}}\right) + (b-\rho\cdot a)\cdot Fz\left(\frac{b-\rho\cdot a}{\sqrt{1-\rho^2}}\right)\right] \\ &= \mu_{02,s}^{(11)}.\end{aligned}$$

Das entsprechende nichtstandardisierte partielle Moment ist

$$
\begin{aligned}
\mu_{02}^{(11)} &= \int_{-\infty}^{c_1}\int_{-\infty}^{c_2} y^2 \cdot f_{2N}(x,y)\,dy\,dx \\
&= \int_{-\infty}^{a}\int_{-\infty}^{b} (v \cdot \sigma_y + \mu_y)^2 \cdot f(u,v)\,dv\,du \\
&= \sigma_y^2 \cdot \int_{-\infty}^{a}\int_{-\infty}^{b} v^2 \cdot f(u,v)\,dv\,du + \\
&+ 2 \cdot \sigma_y \cdot \mu_y \cdot \int_{-\infty}^{a}\int_{-\infty}^{b} v \cdot f(u,v)\,dv\,du + \mu_y^2 \cdot m_{00}^{(11)} \\
&= \sigma_y^2 \cdot \mu_{02,s}^{(11)} + 2 \cdot \sigma_y \cdot \mu_y \cdot \mu_{01,s}^{(11)} + \mu_y^2 \cdot m_{00}^{(11)}
\end{aligned}
$$

oder eingesetzt

$$
\begin{aligned}
\mu_{02}^{(11)} &= (\sigma_y^2 + \mu_y^2) \cdot m_{00}^{(11)} + \sigma_y \cdot (\sigma_y \cdot b + 2 \cdot \mu_y) \cdot \\
&\cdot \left[-f_Z(b) \cdot F_Z\left(\frac{a-\rho \cdot b}{\sqrt{1-\rho^2}}\right) \rho \cdot f(a) \cdot F_Z\left(\frac{b-\rho \cdot a}{\sqrt{1-\rho^2}}\right)\right] + \\
&+ \sigma_y^2 \cdot \rho \cdot f_Z(a) \cdot \left[(1-\rho^2) \cdot f_Z\left(\frac{b-\rho \cdot a}{\sqrt{1-\rho^2}}\right) + (b-\rho \cdot a)\right. \\
&\cdot \left. F_Z\left(\frac{b-\rho \cdot a}{\sqrt{1-\rho^2}}\right)\right].
\end{aligned}
$$

Auf die gleiche Art wie für $\mu_{01}^{(11)}$ und $\mu_{02}^{(11)}$ beschrieben, kann man die restlichen drei partiellen Momente erster und zweiter Ordnung berechnen. Für $\mu_{01}^{(ij)}$ ist die allgemeine Formel

$$
\begin{aligned}
\mu_{01}^{(ij)} &= \mu_y \cdot m_{00}^{(ij)} + \sigma_y \cdot [+]^{(ij)} \text{ und für } \mu_{02}^{(ij)} \\
\mu_{02}^{(ij)} &= (\mu_y^2 + \sigma_y^2) \cdot m_{00}^{(ij)} + \sigma_y \cdot (\sigma_y \cdot b + 2 \cdot \mu_y) \cdot [+]^{(ij)} \\
&+ \sigma_y^2 \cdot \rho \cdot f_Z(a) \cdot [\times]^{(ij)}.
\end{aligned}
$$

Die Definitionen von $[+]^{(ij)}$ und $[\times]^{(ij)}$ sind in folgenden Tabellen enthalten:

$[+]^{(ij)}$	i1
1j	$-f_Z(b) \cdot F_Z\left(\frac{a-\rho \cdot b}{\sqrt{1-\rho^2}}\right) - \rho \cdot f_Z(a) \cdot F_Z\left(\frac{b-\rho \cdot a}{\sqrt{1-\rho^2}}\right)$
2j	$-f_Z(b) \cdot G_Z\left(\frac{a-\rho \cdot b}{\sqrt{1-\rho^2}}\right) + \rho \cdot f_Z(a) \cdot F_Z\left(\frac{b-\rho \cdot a}{\sqrt{1-\rho^2}}\right)$

$[+]^{(ij)}$	i2
1j	$f_Z(b) \cdot F_Z\left(\frac{a-\rho \cdot b}{\sqrt{1-\rho^2}}\right) - \rho \cdot f_Z(a) \cdot G_Z\left(\frac{b-\rho \cdot a}{\sqrt{1-\rho^2}}\right)$
2j	$f_Z(b) \cdot G_Z\left(\frac{a-\rho \cdot b}{\sqrt{1-\rho^2}}\right) + \rho \cdot f_Z(a) \cdot G_Z\left(\frac{b-\rho \cdot a}{\sqrt{1-\rho^2}}\right)$

$[\times]^{(ij)}$	i1
1j	$(1-\rho^2)\cdot f_Z\left(\frac{b-\rho\cdot a}{\sqrt{1-\rho^2}}\right)+(b-\rho\cdot a)\cdot F_Z\left(\frac{b-\rho\cdot a}{\sqrt{1-\rho^2}}\right)$
2j	$-(1-\rho)^2\cdot f_Z\left(\frac{b-\rho\cdot a}{\sqrt{1-\rho^2}}\right)-(b-\rho\cdot a)\cdot F_Z\left(\frac{b-\rho\cdot a}{\sqrt{1-\rho^2}}\right)$
$[\times]^{(ij)}$	i2
1j	$(1-\rho^2)\cdot f_Z\left(\frac{b-\rho\cdot a}{\sqrt{1-\rho^2}}\right)-(b-\rho\cdot a)\cdot G_Z\left(\frac{b-\rho\cdot a}{\sqrt{1-\rho^2}}\right)$
2j	$-(1-\rho)^2\cdot f_Z\left(\frac{b-\rho\cdot a}{\sqrt{1-\rho^2}}\right)+(b-\rho\cdot a)\cdot G_Z\left(\frac{b-\rho\cdot a}{\sqrt{1-\rho^2}}\right)$

(e) Numerisches Beispiel

Für die zweidimensionale Normalverteilung mit den Parametern

$$\boldsymbol{m} = \begin{pmatrix}100\\100\end{pmatrix}, \quad \boldsymbol{V} = \begin{pmatrix}35 & 25\\25 & 25\end{pmatrix}$$

und den Grenzen $c_1 = 97.2$, $c_2 = 98$, sind die numerischen Ergebnisse der partiellen Momente erster Ordnung $\mu_{01}^{(ij)}$ in folgender Tabelle zusammengefaßt:

$\mu_{01}^{(ij)}$	$\mu_{01}^{(i1)}$	$\mu_{01}^{(i2)}$	Σ
$\mu_{01}^{(1j)}$	23.4341	6.8586	30.2927
$\mu_{01}^{(2j)}$	9.1824	60.5249	69.7073
Σ	32.6165	67.3835	100.0000

Das partielle Moment $\mu_{01}^{(11)}$ wird z.B. folgendermaßen berechnet:

$$\begin{aligned}
\mu_{01}^{(11)} &= \mu_y \cdot m_{00}^{(11)} + \sigma_y \cdot \left[-f_Z(b)\cdot F_Z\left(\frac{a-\rho\cdot b}{\sqrt{1-\rho^2}}\right) -\right.\\
&- \left.\rho\cdot f_Z(a)\cdot F_Z\left(\frac{b-\rho\cdot a}{\sqrt{1-\rho^2}}\right)\right]\\
&= 100\cdot 0.2492 + 5\cdot[-f_Z(-0.4)\cdot F_Z(-0.2530) -\\
&- 0.8452\cdot f(-0.4733)\cdot F_Z(0)]\\
&= 100\cdot 0.2492 + 5\cdot[0.3683\cdot 0.4 - 0.8452\cdot 0.3567\cdot 0.5]\\
&= 23.4341.
\end{aligned}$$

a und b sind in diesem Beispiel

$$\begin{aligned}
a &= \frac{c_1-\mu_x}{\sigma_x} = \frac{97.2-100}{\sqrt{35}} = -0.4733\\
b &= \frac{c_2-\mu_y}{\sigma_y} = \frac{98-100}{\sqrt{25}} = -0.4000
\end{aligned}$$

und der Korrelationskoeffizient ρ ist bekanntlich

$$\rho = \frac{C(X,Y)}{\sigma_x\cdot\sigma_y} = \frac{25}{\sqrt{35\cdot 25}} = 0.8452.$$

In der unteren Randspalte der Tabelle findet man die partiellen Erwartungswerte erster Ordnung von Y, da natürlich gilt

$$\begin{aligned}\mu_{01}^{(11)}+\mu_{01}^{(21)} &= \mu_y\cdot F_Z(b)-\sigma_y\cdot f_Z(b)=E_{-\infty}^{c_2}(Y),\\ \mu_{01}^{(12)}+\mu_{01}^{(22)} &= \mu_y\cdot G_Z(b)+\sigma_y\cdot f_Z(b)=E_{c_2}^{\infty}(Y).\end{aligned}$$

Die vier partiellen Momente zweiter Ordnung $\mu_{02}^{(ij)}$ stehen für das Beispiel in folgender Tabelle:

$\mu_{02}^{(ij)}$	$\mu_{02}^{(i1)}$	$\mu_{02}^{(i2)}$	Σ
$\mu_{02}^{(1j)}$	2204.4310	686.7897	2891.2207
$\mu_{02}^{(2j)}$	885.3786	6248.4007	7133.7793
Σ	3089.8096	6935.1904	10025.00

Hier wurde das partielle Moment $\mu_{02}^{(11)}$ auf folgendem Weg bestimmt:

$$\begin{aligned}\mu_{02}^{(11)} &= \left(\mu_y^2+\sigma_y^2\right)\cdot m_{00}^{(11)}+\sigma_y\cdot(\sigma_y\cdot b+2\cdot\mu_y)\cdot[+]^{(11)}+\\ &+ \sigma_y^2\cdot\rho\cdot f_Z(a)\cdot[\times]^{(11)}\\ &= (100^2+5^2)\cdot 0.2492+5\cdot(5\cdot(-0.4)+2\cdot 100)\cdot[-0.2981]+\\ &+ 5^2\cdot 0.8452\cdot f_Z(-0.4733)\cdot[(1-0.8452)\cdot f_Z(0)+((-0.4)-\\ &- 0.8452\cdot(-0.4733))\cdot F_Z(0)]\\ &= 2204.431.\end{aligned}$$

In der unteren Randspalte der Tabelle stehen wieder die partiellen Erwartungswerte von Y^2:

$$\begin{aligned}\mu_{02}^{(11)}+\mu_{02}^{(21)} &= \left(\mu_y^2+\sigma_y^2\right)\cdot F_Z(b)-\sigma_y\cdot(\sigma_y\cdot b+2\cdot\mu_y)\cdot f_Z(b)\\ &= \left(\mu_y^2+\sigma_y^2\right)\cdot F_Z(b)-\sigma_y^2\cdot(c_2+\mu_y)\cdot f_N\left(c_2|\mu_y,\sigma_y^2\right)\\ &= E_{-\infty}^{c_2}(Y^2),\\ \mu_{02}^{(12)}+\mu_{02}^{(22)} &= \left(\mu_y^2+\sigma_y^2\right)\cdot G_Z(b)+\sigma_y\cdot(\sigma_y\cdot b+2\cdot\mu_y)\cdot f_Z(b)\\ &= \left(\mu_y^2+\sigma_y^2\right)\cdot G_Z(b)+\sigma_y^2\cdot(c_2+\mu_y)\cdot f_N(c_2|\mu_y,\sigma_y^2)\\ &= E_{c_2}^{\infty}(Y^2).\end{aligned}$$

(f) Lineare Momente

Mit Hilfe der gewöhnlichen partiellen Momente kann man nun die linearen und quadratischen partiellen Momente $m_{01}^{ij)}$ und $m_{02}^{(ij)}$ bestimmen. Das lineare partielle Moment $m_{01}^{(11)}$ ist z.B.:

$$\begin{aligned}m_{01}^{(11)} &= \int_{-\infty}^{c_1}\int_{-\infty}^{c_2}(c_2-y)\cdot f_{2N}(x,y)\,dy\,dx\\ &= c_2\cdot\int_{-\infty}^{c_1}\int_{-\infty}^{c_2}f_{2N}(x,y)\,dy\,dx-\int_{-\infty}^{c_1}\int_{-\infty}^{c_2}y\cdot f_{2N}(x,y)\,dy\,dx\\ &= c_2\cdot m_{00}^{(11)}-\mu_{01}^{(11)}.\end{aligned}$$

Die Formeln für die weiteren drei partiellen linearen Momente findet man in folgender Übersicht:

$m_{01}^{(ij)}$	$m_{01}^{(i1)}$	$m_{01}^{(i2)}$
$m_{01}^{(1j)}$	$c_2 \cdot m_{00}^{(11)} - \mu_{01}^{(11)}$	$\mu_{01}^{(12)} - c_2 \cdot m_{00}^{(12)}$
$m_{01}^{(2j)}$	$c_2 \cdot m_{00}^{(21)} - \mu_{01}^{(21)}$	$\mu_{01}^{(22)} - c_2 \cdot m_{00}^{(22)}$

Für das numerische Beispiel sind die entsprechenden Werte in folgender Tabelle zusammengefaßt:

$m_{01}^{(ij)}$	$m_{01}^{(i1)}$	$m_{01}^{(i2)}$	Δ
$m_{01}^{(1j)}$	0.9919	0.1207	0.8712
$m_{01}^{(2j)}$	0.1603	3.0315	2.8712
$\sum$	1.1522	3.1522	

In der Summenzeile findet man die linearen Momente der Zufallsvariable Y, da

$$\begin{aligned} m_{01}^{(11)} + m_{01}^{(21)} &= (c_2 - \mu_y) \cdot F_Z(b) + \sigma_y \cdot f_Z(b) \\ &= (c_2 - \mu_y) \cdot F_N(c_2) + \sigma_y^2 \cdot f_N(c_2) \\ &= L_{-\infty}^{c_2}(Y) \end{aligned}$$

ist und

$$\begin{aligned} m_{01}^{(12)} + m_{01}^{(22)} &= \sigma_y \cdot f_Z(b) - (c_2 - \mu_y)\, G_Z(b) \\ &= \sigma_y^2 \cdot f_N(c_2) - (c_2 - \mu_y) \cdot G_N(c_2) \\ &= L_{c_2}^{\infty}(Y). \end{aligned}$$

Die Differenzen Δ in der rechten Spalte sind die partiellen linearen Momente der Zufallsvariablen μ'',

$$\mu'' = \frac{n' - \mu' + n \cdot \overline{X}}{n' + n}.$$

In der ersten Zeile steht

$$m_{01}^{(11)} - m_{01}^{(12)} = 0.8712 = L_{-\infty}^{98}(\mu'')$$

und in der zweiten Zeile

$$m_{01}^{(22)} - m_{01}^{(21)} = 2.8712 = L_{98}^{\infty}(\mu'').$$

Die partiellen linearen Momente von μ'' sind hier wie folgt definiert:

$$\begin{aligned} L_{-\infty}^{c_2}(\mu'') &= (c_2 - \mu_y) \cdot F_Z(a) + \sigma_y \cdot \rho \cdot f_Z(a) \\ L_{c_2}^{\infty}(\mu'') &= \sigma_y \cdot \rho \cdot f_Z(a) - (c_2 - \mu_y) \cdot G_Z(a) \end{aligned}$$

mit

$$a = \frac{c_1 - \mu_x}{\sigma_x}.$$

(g) Quadratische Momente

Für die Berechnung der quadratischen partiellen Momente benötigt man sowohl die gewöhnlichen partiellen Momente erster Ordnung als auch zweiter Ordnung, da

$$\begin{aligned} m_{02}^{(ij)} &= \int_{-\infty}^{c_1}\int_{-\infty}^{c_2}(c_2-y)^2\cdot f_{2N}(x,y)\,dy\,dx \\ &= c_2^2\cdot m_{00}^{(ij)} - 2\cdot c_2\cdot \mu_{01}^{(ij)} + \mu_{02}^{(ij)} \end{aligned}$$

ist. Die numerischen Ergebnisse des laufenden Beispiels zeigt folgende Tabelle:

$m_{02}^{(ij)}$	$m_{02}^{(i1)}$	$m_{02}^{(i2)}$	Σ
$m_{02}^{(1j)}$	5.1061	2.8189	7.9250
$m_{02}^{(2j)}$	1.2040	19.8710	21.0750
Σ	6.3101	22.6899	29.0000

Die quadratischen Momente der Zufallsvariable Y stehen wieder in der letzten Zeile, denn

$$\begin{aligned} m_{02}^{(11)} + m_{02}^{(21)} &= \left[(c_2-\mu_y)^2+\sigma_y^2\right]\cdot F_Z(b) + \\ &+ \left[2\cdot\sigma_y\cdot(c_2-\mu_y)-\sigma_y^2\cdot b\right]\cdot f_Z(b). \end{aligned}$$

Setzt man für

$$b = (c_2-\mu_y)/\sigma_y$$

ein, dann ist

$$\begin{aligned} m_{02}^{(11)} + m_{02}^{(21)} &= \left[(c_2-\mu_y)^2+\sigma_y^2\right]\cdot F_Z(b) + (c_2-\mu_y)\cdot\sigma_y\cdot f_Z(b) \\ &= Q_{-\infty}^{c_2}(Y^2). \end{aligned}$$

Auf die gleich Art erhält man

$$\begin{aligned} m_{02}^{(12)} + m_{02}^{(22)} &= \left[(c_2-\mu_y)^2+\sigma_y^2\right]\cdot G_Z(b) - (c_2-\mu_y)\cdot\sigma_y\cdot f_Z(b) \\ &= Q_{c_2}^{\infty}(Y^2). \end{aligned}$$

4.6 Verteilungen von μ

(a) Normalverteilungen des Gauß Modells

Wenn die X_i normalverteilt sind mit den Parametern μ und σ^2

$$X_i \sim N(\mu,\sigma^2),\quad i=1,\ldots,n,$$

dann ist die Stichprobenverteilung von $\overline{X} = \sum_{i=1}^n X_i/n$ ebenfalls normalverteilt mit den Parametern μ und σ^2/n. Die Dichtefunktion dieser bedingten Normalverteilung ist also

$$f(\overline{x}|\mu) = f_N(\overline{x}|\mu,\sigma^2/n).$$

Drückt man die Prioriinformation über das unbekannte μ in Form einer Normalverteilung aus, dann ist die Dichtefunktion dieser Prioriverteilung

$$f(\mu) = f_N(\mu|\mu', \sigma^2/n').$$

μ' und $\sigma'^2 = \sigma^2/n'$ sind die beiden Parameter dieser Normalverteilung. Die gemeinsame Dichtefunktion der beiden Zufallsvariablen $\overline{X}$ und μ ist eine bivariate Normalverteilung:

$$\begin{aligned}
f(\overline{x}, \mu) &= f(\overline{x}|\mu) \cdot f(\mu) \\
&= (2\pi\sigma^2/n)^{-1/2} \cdot \exp\left\{-\frac{1}{2}\frac{(\overline{x}-\mu)^2}{\sigma^2/n}\right\} \cdot \\
&\cdot \quad (2\pi\sigma^2/n')^{-1/2} \cdot \exp\left\{-\frac{1}{2}\frac{(\mu-\mu')^2}{\sigma^2/n'}\right\} \\
&= (2\pi(\sigma/\sqrt{n}) \cdot \sigma/\sqrt{n'})^{-1} \cdot \exp\left\{-\frac{1}{2} \cdot \left[\frac{(\overline{x}-\mu)^2}{\sigma^2/n} + \frac{(\mu-\mu')^2}{\sigma^2/n'}\right]\right\} \\
&= (2\pi\sigma^2/\sqrt{n \cdot n'})^{-1} \cdot \exp\left\{-\frac{1}{2} \cdot Q(\overline{x}, \mu)\right\}.
\end{aligned}$$

Wenn man $Q(\overline{x}, \mu)$ ausmultipliziert und umformt, dann erhält man

$$\begin{aligned}
Q(\overline{x}, \mu) &= \frac{n}{\sigma^2} \cdot (\mu^2 - 2 \cdot \mu \cdot \overline{x} + \overline{x}^2) + \frac{n'}{\sigma^2} \cdot \left(\mu^2 - 2 \cdot \mu \cdot \mu' + \mu'^2\right) \\
&= \frac{1}{\sigma^2} \cdot (n' + n) \cdot \mu^2 - 2 \cdot \mu \cdot \frac{1}{\sigma^2} \cdot (n' \cdot \mu' + n \cdot \overline{x}) + \\
&+ \frac{1}{\sigma^2} \cdot (n' \cdot \mu'^2 + n \cdot \overline{x}^2).
\end{aligned}$$

Ergänzt man $Q(\overline{x}, \mu)$ um

$$\pm\frac{1}{\sigma^2} \cdot (n' + n) \cdot \mu''^2,$$

wobei μ'' gleich ist

$$\mu'' = \frac{n' \cdot \mu' + n \cdot \overline{x}}{n' + n},$$

dann ist $Q(\overline{x}, \mu)$ gleich

$$\begin{aligned}
Q(\overline{x}, \mu) &= \frac{1}{\sigma^2} \cdot (n' + n) \cdot (\mu - \mu'')^2 - \frac{1}{\sigma^2} \cdot (n' + n) \cdot \mu''^2 + \\
&+ \frac{1}{\sigma^2} \cdot (n \cdot \mu'^2 + n \cdot \overline{x}^2) \\
&= \frac{1}{\sigma^2} \cdot (n' + n) \cdot (\mu - \mu'')^2 - \\
&- \frac{1}{\sigma^2} \cdot \frac{(n' \cdot \mu')^2 + 2 \cdot n' \cdot \mu' \cdot n \cdot \overline{x} + (n \cdot \overline{x})^2}{n' + n} +
\end{aligned}$$

$$
\begin{aligned}
&+ \frac{1}{\sigma^2} \cdot \frac{(n'+n) \cdot n' \cdot \mu'^2 + (n'+n) \cdot n \cdot \overline{x}^2}{n'+n} \\
&= \frac{1}{\sigma^2} \cdot (n'+n) \cdot (\mu - \mu'')^2 + \frac{n \cdot n'}{\sigma^2 \cdot (n'+n)} \cdot (\overline{x} - \mu')^2 \\
&= \frac{1}{\sigma''^2} \cdot (\mu - \mu'')^2 + \frac{1}{\sigma_{\overline{x}}^2} \cdot (\overline{x} - \mu')^2
\end{aligned}
$$

mit

$$
\sigma''^2 = \left(\frac{1}{\sigma^2} \cdot (n'+n) \right)^{-1} = \frac{\sigma^2}{n'+n}
$$

und

$$
\sigma_{\overline{x}}^2 = \left(\frac{n \cdot n'}{\sigma^2 \cdot (n'+n)} \right)^{-1} = \sigma^2 \cdot \left(\frac{n'+n}{n' \cdot n} \right) = \sigma^2 \cdot \left(\frac{1}{n'} + \frac{1}{n} \right).
$$

Die bivariate Normalverteilung von $\overline{X}$ und μ kann daher auch folgendermaßen geschrieben werden:

$$
\begin{aligned}
f(\overline{x}, \mu) &= (2 \cdot \pi \cdot \sigma_{\overline{x}}^2)^{-1/2} \cdot \exp\left\{ -\frac{1}{2} \cdot \frac{(\overline{x} - \mu')^2}{\sigma_{\overline{x}}^2} \right\} \cdot \\
&\cdot \quad (2 \cdot \pi \cdot \sigma''^2)^{-1/2} \cdot \exp\left\{ -\frac{1}{2} \cdot \frac{(\mu - \mu'')^2}{\sigma''^2} \right\} \\
&= f(\overline{x}) \cdot f(\mu|\overline{x}).
\end{aligned}
$$

$f(\overline{x})$, die unbedingte Dichtefunktion von $\overline{X}$, ist neben $f(\mu)$ die zweite Randverteilung dieser zweidimensionalen Normalverteilung. Die Parameter dieser sogenannten Prädiktivverteilung von $\overline{X}$ sind μ' und $\sigma^2 \cdot (1/n' + 1/n)$:

$$
f(\overline{x}) = f_N\left(\overline{x}|\mu', \sigma^2 \cdot \left(\frac{1}{n'} + \frac{1}{n} \right) \right).
$$

Die Posterioriverteilung von μ ist $f(\mu|\overline{x})$, die zweite bedingte Verteilung der bivariaten Normalverteilung. Ihre Parameter sind μ'' und $\sigma^2/(n'+n)$:

$$
f(\mu|\overline{x}) = f_N\left(\mu|\mu'', \frac{\sigma^2}{n'+n} \right).
$$

(b) Parameter der bivariaten Normalverteilung

Die Parameter der bivariaten Normalverteilung sind nun einfach aus den Randverteilungen von $\overline{X}$ und μ zu bestimmen. Für beide Verteilungen ist μ' der Erwartungswert:

$$
\begin{aligned}
E_{\overline{x}}(\overline{X}) &= E_\mu E_{\overline{x}|\mu}(\overline{X}) = \mu', \\
E_\mu(\mu) &= E_{\overline{x}} E_{\mu|\overline{x}}(\mu) = E_{\overline{x}|\mu}(\mu) = \mu'.
\end{aligned}
$$

Die beiden Varianzen sind

$$\begin{aligned} V_x(\overline{X}) &= \sigma^2 \cdot \left(\frac{1}{n'} + \frac{1}{n}\right) = \sigma_\mu'^2 + \sigma_{\overline{x}|\mu}^2 = \sigma_{\overline{x}}^2, \\ V_\mu(\mu) &= \frac{\sigma^2}{n'} = \sigma_\mu'^2 = \sigma'^2. \end{aligned}$$

Der Korrelationskoeffizient ρ kann aus der Varianz einer der bedingten und der entsprechenden Randverteilung ermittelt werden. Für die bivariate Normalverteilung gilt

$$\sigma_{x|y}^2 = \sigma_x^2 \cdot (1 - \rho^2).$$

Das Quadrat des Korrelationskoeffizienten ist daher gleich

$$\rho^2 = 1 - \frac{\sigma_{x|y}^2}{\sigma_x^2} = \frac{\sigma_y^2}{\sigma_x^2}.$$

Im Gauß Prozeß entspricht μ der Zufallsvariable Y und $\overline{X}$ der Zufallsvariable X. Daher ist

$$\begin{aligned} \rho^2 &= \frac{\sigma_\mu^2}{\sigma_{\overline{x}}^2} \\ &= \frac{\sigma^2/n'}{\sigma^2(1/n' + 1/n)} \\ &= \frac{n}{n' + n}. \end{aligned}$$

Für die Kovarianz von X und Y gilt allgemein

$$\begin{aligned} C(X,Y) &= \sigma_x \cdot \sigma_y \cdot \rho \\ &= \sqrt{\sigma_x^2 \cdot \sigma_y^2 \cdot \frac{\sigma_y^2}{\sigma_x^2}} \\ &= \sigma_y^2 \end{aligned}$$

und für die Kovarianz von $\overline{X}$ und μ

$$\begin{aligned} C(\overline{X}, \mu) &= \sigma_\mu^2 \\ &= \frac{\sigma^2}{n'}. \end{aligned}$$

Die Kovarianz ist also gleich der Varianz der Prioriverteilung von μ. Die bivariate Normalverteilung von $\overline{X}$ und μ,

$$(\overline{X}, \mu) \sim N_2(\boldsymbol{m}, \boldsymbol{V}),$$

hat die Parameter

$$\boldsymbol{m} = \begin{pmatrix} \mu' \\ \mu' \end{pmatrix}$$

und

$$V = \begin{pmatrix} \sigma_{\overline{x}}^2 & \sigma_\mu^2 \\ \sigma_\mu^2 & \sigma_\mu^2 \end{pmatrix} = \sigma^2 \cdot \begin{pmatrix} \left(\frac{1}{n'} + \frac{1}{n}\right) & \frac{1}{n'} \\ \frac{1}{n'} & \frac{1}{n'} \end{pmatrix}.$$

(c) Verteilung von μ''

Der Parameter der Posteriorinormalverteilung μ'' ist vor der Ziehung einer Stichprobe eine Zufallsvariable

$$\begin{aligned} \mu'' &= \frac{n' \cdot \mu' + n \cdot \overline{X}}{n' + n} \\ &= \frac{n'}{n'+n} \cdot \mu' + \frac{n}{n'+n} \cdot \overline{X} \\ &= a + b \cdot \overline{X}. \end{aligned}$$

Der Erwartungswert dieser Zufallsvariable ist

$$\begin{aligned} E(\mu'') &= E(a + b \cdot \overline{X}) \\ &= a + b \cdot E(\overline{X}) \\ &= \frac{n'}{n'+n} \cdot \mu' + \frac{n}{n'+n} \cdot \mu' \\ &= \mu' \end{aligned}$$

und die Varianz ist

$$\begin{aligned} V(\mu'') &= b^2 \cdot V(\overline{X}) \\ &= \left(\frac{n}{n'+n}\right)^2 \cdot \sigma^2 \cdot \left(\frac{1}{n'} + \frac{1}{n}\right) \\ &= \sigma^2 \cdot \left(\frac{1}{n'} - \frac{1}{n'+n}\right). \end{aligned}$$

μ'' hat daher vor der Ziehung einer Stichprobe die Dichtefunktion[13]

$$f(\mu'') = f_N\left(\mu'' | \mu', \sigma^2 \cdot \left(\frac{1}{n'} - \frac{1}{n'+n}\right)\right).$$

(d) Zusammenfassung

Die Normalverteilungen des Gauß Prozesses für μ sind in folgender Tabelle zusammengestellt:

[13]Vgl. Raiffa, Schlaifer (1972, S. 297).

Allgemein	Bezeichnung	Normalverteilung mit	
		Mittelwert	Varianz
$f(y)$	Prioriverteilung	μ'	σ^2/n'
$f(x\|y)$	Stichprobenverteilung	μ	σ^2/n
$f(x,y)$	Gemeinsame Verteilung	$\begin{pmatrix}\mu'\\ \mu'\end{pmatrix}$	$\sigma^2 \cdot \begin{pmatrix}(1/n'+1/n) & 1/n'\\ 1/n' & 1/n'\end{pmatrix}$
$f(y\|x)$	Posterioriverteilung	μ''	$\sigma^2/(n'+n)$
$f(x)$	Prädiktivverteilung	μ'	$\sigma^2 \cdot (1/n'+1/n)$

4.7 Verteilungen von δ

(a) Normalverteilungen des Gauß Modells

Die Dichtefunktion der Stichprobennormalverteilung von

$$\bar{\boldsymbol{x}} = \begin{pmatrix}\bar{x}_1\\ \bar{x}_2\end{pmatrix}$$

ist abgekürzt gleich

$$f(\bar{\boldsymbol{x}}|\boldsymbol{m}) = f_{2N}(\bar{\boldsymbol{x}}|\boldsymbol{m}, \boldsymbol{V})$$

mit

$$\boldsymbol{m} = \begin{pmatrix}\mu_1\\ \mu_2\end{pmatrix}$$

und

$$\boldsymbol{V} = \begin{pmatrix}\sigma_{11} & 0\\ 0 & \sigma_{22}\end{pmatrix} = \begin{pmatrix}\sigma_1^2/n_1 & 0\\ 0 & \sigma_2^2/n_2\end{pmatrix}$$

für unabhängige Stichproben sowie

$$\boldsymbol{V} = \begin{pmatrix}\sigma_{11} & \sigma_{12}\\ \sigma_{21} & \sigma_{22}\end{pmatrix}$$

für abhängige Stichproben. Die Priorinormalverteilung für $\boldsymbol{m}$ sei

$$f(\boldsymbol{m}) = f_{2N}(\boldsymbol{m}|\boldsymbol{m}', \boldsymbol{V}')$$

mit

$$\boldsymbol{m}' = \begin{pmatrix}\mu_1'\\ \mu_2'\end{pmatrix}$$

und

$$\boldsymbol{V}' = \begin{pmatrix}\sigma_{11}' & 0\\ 0 & \sigma_{22}'\end{pmatrix} = \begin{pmatrix}\sigma_1^2/n_1' & 0\\ 0 & \sigma_2^2/n_2'\end{pmatrix}$$

bzw.

$$\boldsymbol{V}' = \begin{pmatrix} \sigma'_{11} & \sigma'_{12} \\ \sigma'_{21} & \sigma_{22} \end{pmatrix}.$$

Die gemeinsame Dichtefunktion der beiden Zufallsvektoren $\bar{\boldsymbol{x}}$ und $\boldsymbol{m}$ ist dann eine multivariate Normalverteilung:

$$\begin{aligned} f(\bar{\boldsymbol{x}}, \boldsymbol{m}) &= f(\bar{\boldsymbol{x}}|\boldsymbol{m}) \cdot f(\boldsymbol{m}) \\ &= K \cdot \exp\left[-\frac{1}{2} \cdot (\bar{\boldsymbol{x}} - \boldsymbol{m})^T \cdot \boldsymbol{V}^{-1} \cdot (\bar{\boldsymbol{x}} - \boldsymbol{m})\right] \cdot \\ &\cdot \quad K' \cdot \exp\left[-\frac{1}{2} \cdot (\boldsymbol{m} - \boldsymbol{m}')^T \cdot \boldsymbol{V}'^{-1} \cdot (\boldsymbol{m} - \boldsymbol{m}')\right] \\ &= K \cdot K' \cdot \exp\left\{-\frac{1}{2} \cdot \left[(\bar{\boldsymbol{x}} - \boldsymbol{m})^T \cdot \boldsymbol{V}^{-1} \cdot (\bar{\boldsymbol{x}} - \boldsymbol{m}) + \right.\right. \\ &+ \quad \left.\left.(\boldsymbol{m} - \boldsymbol{m}')^T \cdot \boldsymbol{V}'^{-1} \cdot (\boldsymbol{m} - \boldsymbol{m}')\right]\right\} \\ &= K \cdot K' \cdot \exp\left\{-\frac{1}{2} \cdot \boldsymbol{Q}\right\}. \end{aligned}$$

$\boldsymbol{Q}$ kann man folgendermaßen umformen:

$$\begin{aligned} \boldsymbol{Q} &= (\boldsymbol{m} - \bar{\boldsymbol{x}})^T \cdot \boldsymbol{V}^{-1} \cdot (\boldsymbol{m} - \bar{\boldsymbol{x}}) + (\boldsymbol{m} - \boldsymbol{m}')^T \cdot \boldsymbol{V}'^{-1} \cdot (\boldsymbol{m} - \boldsymbol{m}') \\ &= \boldsymbol{m}^T \cdot \boldsymbol{V}^{-1} \cdot \boldsymbol{m} - \bar{\boldsymbol{x}}^T \cdot \boldsymbol{V}^{-1} \cdot \boldsymbol{m} - \boldsymbol{m}^T \cdot \boldsymbol{V}^{-1} \cdot \bar{\boldsymbol{x}} + \bar{\boldsymbol{x}}^T \cdot \boldsymbol{V}^{-1} \cdot \bar{\boldsymbol{x}} + \\ &+ \boldsymbol{m}^T \cdot \boldsymbol{V}'^{-1} \cdot \boldsymbol{m} - \boldsymbol{m}'^T \cdot \boldsymbol{V}'^{-1} \cdot \boldsymbol{m} - \boldsymbol{m}^T \cdot \boldsymbol{V}'^{-1} \cdot \boldsymbol{m}' + \boldsymbol{m}'^T \cdot \boldsymbol{V}'^{-1} \cdot \boldsymbol{m}' \\ &= \boldsymbol{m}^T \cdot \left(\boldsymbol{V}'^{-1} + \boldsymbol{V}^{-1}\right) \cdot \boldsymbol{m} - \left(\bar{\boldsymbol{x}}^T \cdot \boldsymbol{V}^{-1} + \boldsymbol{m}'^T \boldsymbol{V}'^{-1}\right) \cdot \boldsymbol{m} - \\ &- \boldsymbol{m}^T \cdot \left(\boldsymbol{V}'^{-1} \cdot \boldsymbol{m}' + \boldsymbol{V}^{-1} \cdot \bar{\boldsymbol{x}}\right) + \bar{\boldsymbol{x}}^T \cdot \boldsymbol{V}^{-1} \cdot \bar{\boldsymbol{x}} + \boldsymbol{m}'^T \cdot \boldsymbol{V}'^{-1} \cdot \boldsymbol{m}' \\ &= \boldsymbol{m}^T \cdot \left(\boldsymbol{V}'^{-1} + \boldsymbol{V}^{-1}\right) \cdot \boldsymbol{m} - \left(\boldsymbol{V}'^{-1} \cdot \boldsymbol{m}' + \boldsymbol{V}^{-1} \cdot \bar{\boldsymbol{x}}\right)^T \cdot \boldsymbol{m} - \\ &- \boldsymbol{m}^T \cdot \left(\boldsymbol{V}'^{-1} \cdot \boldsymbol{m}' + \boldsymbol{V}^{-1} \cdot \bar{\boldsymbol{x}}\right) + \bar{\boldsymbol{x}}^T \cdot \boldsymbol{V}^{-1} \cdot \bar{\boldsymbol{x}} + \boldsymbol{m}'^T \cdot \boldsymbol{V}'^{-1} \cdot \boldsymbol{m}'. \end{aligned}$$

Setzt man in diesem Ausdruck

$$\begin{aligned} \boldsymbol{V}''^{-1} &= \left(\boldsymbol{V}'^{-1} + \boldsymbol{V}^{-1}\right) \\ \boldsymbol{m}'' &= \boldsymbol{V}'' \cdot \left(\boldsymbol{V}'^{-1} \cdot \boldsymbol{m}' + \boldsymbol{V}^{-1} \cdot \bar{\boldsymbol{x}}\right) \end{aligned}$$

und ergänzt ihn um

$$\pm \boldsymbol{m}''^T \cdot \boldsymbol{V}''^{-1} \cdot \boldsymbol{m}'',$$

dann erhält man für $\boldsymbol{Q}$

$$\begin{aligned} \boldsymbol{Q} &= \left\{\boldsymbol{m}^T \cdot \boldsymbol{V}''^{-1} \cdot \boldsymbol{m} - \boldsymbol{m}''^T \cdot \boldsymbol{V}''^{-1} \cdot \boldsymbol{m} - \boldsymbol{m}^T \cdot \boldsymbol{V}''^{-1} \cdot \boldsymbol{m}'' + \right. \\ &+ \left. \boldsymbol{m}''^T \cdot \boldsymbol{V}''^{-1} \cdot \boldsymbol{m}''\right\} + \left\{\bar{\boldsymbol{x}}^T \cdot \boldsymbol{V}^{-1} \cdot \bar{\boldsymbol{x}} + \boldsymbol{m}'^T \cdot \boldsymbol{V}'^{-1} \cdot \boldsymbol{m}' - \right. \\ &- \left. \boldsymbol{m}''^T \cdot \boldsymbol{V}''^{-1} \cdot \boldsymbol{m}''\right\} \\ &= (\boldsymbol{m} - \boldsymbol{m}'')^T \cdot \boldsymbol{V}''^{-1} \cdot (\boldsymbol{m} - \boldsymbol{m}'') + \boldsymbol{R}. \end{aligned}$$

$\boldsymbol{R}$ kann man weiter wie folgt umformen:

$$\begin{aligned}
\boldsymbol{R} &= \bar{\boldsymbol{x}}^T \cdot \boldsymbol{V}^{-1} \cdot \bar{\boldsymbol{x}} + \boldsymbol{m}'^T \cdot \boldsymbol{V}'^{-1} \cdot \boldsymbol{m}' - \boldsymbol{m}''^T \cdot \left(\boldsymbol{V}'^{-1} + \boldsymbol{V}^{-1}\right) \cdot \boldsymbol{m}'' \\
&= \bar{\boldsymbol{x}}^T \cdot (\boldsymbol{V}' + \boldsymbol{V})^{-1} \cdot \bar{\boldsymbol{x}} - \boldsymbol{m}'^T \cdot (\boldsymbol{V}' + \boldsymbol{V})^{-1} \cdot \bar{\boldsymbol{x}} - \\
&- \bar{\boldsymbol{x}}^T \cdot (\boldsymbol{V}' + \boldsymbol{V})^{-1} \cdot \boldsymbol{m}' + \boldsymbol{m}'^T \cdot (\boldsymbol{V}' + \boldsymbol{V})^{-1} \cdot \boldsymbol{m}' \\
&= (\bar{\boldsymbol{x}} - \boldsymbol{m}')^T \cdot (\boldsymbol{V}' + \boldsymbol{V})^{-1} \cdot (\bar{\boldsymbol{x}} - \boldsymbol{m}').
\end{aligned}$$

$\boldsymbol{Q}$ ist daher

$$\begin{aligned}
\boldsymbol{Q} &= (\boldsymbol{m} - \boldsymbol{m}'')^T \cdot \boldsymbol{V}''^{-1} \cdot (\boldsymbol{m} - \boldsymbol{m}'') + \\
&+ (\bar{\boldsymbol{x}} - \boldsymbol{m}')^T \cdot (\boldsymbol{V}' + \boldsymbol{V})^{-1} \cdot (\bar{\boldsymbol{x}} - \boldsymbol{m}')
\end{aligned}$$

und die multivariate Normalverteilung kann auch wie folgt geschrieben werden:

$$\begin{aligned}
f(\bar{\boldsymbol{x}}, \boldsymbol{m}) &= K'' \cdot \exp\left\{-\frac{1}{2}(\boldsymbol{m} - \boldsymbol{m})''^T \cdot \boldsymbol{V}''^{-1} \cdot (\boldsymbol{m} - \boldsymbol{m}'')\right\} \cdot \\
&\cdot\ K''' \cdot \exp\left\{-\frac{1}{2}(\bar{\boldsymbol{x}} - \boldsymbol{m}')^T \cdot (\boldsymbol{V}' + \boldsymbol{V})^{-1} \cdot (\bar{\boldsymbol{x}} - \boldsymbol{m}')\right\} \\
&= f(\boldsymbol{m}|\bar{\boldsymbol{x}}) \cdot f(\bar{\boldsymbol{x}}).
\end{aligned}$$

K, K', K'' und K''' sind Konstante, die weder $\bar{\boldsymbol{x}}$ noch $\boldsymbol{m}$ enthalten und allgemein die Form haben

$$K = (2 \cdot \pi)^{-1} \cdot |\boldsymbol{V}|^{-1/2}.$$

$f(\boldsymbol{m}|\bar{\boldsymbol{x}})$, der erste Faktor der gemeinsamen Dichte, ist die Posterioriverteilung von $\boldsymbol{m}$ mit den Parametern

$$\boldsymbol{m}'' = \boldsymbol{V}'' \cdot \left(\boldsymbol{V}'^{-1} \cdot \boldsymbol{m}' + \boldsymbol{V}^{-1} \cdot \bar{\boldsymbol{x}}\right)$$

und

$$\boldsymbol{V}'' = \left(\boldsymbol{V}'^{-1} + \boldsymbol{V}^{-1}\right)^{-1}.$$

Die Posterioriverteilung von $\boldsymbol{m}$ ist neben $f(\bar{\boldsymbol{x}}|\boldsymbol{m})$ die zweite bedingte bivariate Normalverteilung

$$f(\boldsymbol{m}|\bar{\boldsymbol{x}}) = f_{2N}(\boldsymbol{m}|\boldsymbol{m}'', \boldsymbol{V}'').$$

$f(\bar{\boldsymbol{x}})$ ist neben $f(\boldsymbol{\mu})$ die zweite Randverteilung mit dem Mittelwertsvektor

$$\boldsymbol{m}' = \begin{pmatrix} \mu_1' \\ \mu_2' \end{pmatrix}$$

und der Varianzmatrix

$$(\boldsymbol{V}' + \boldsymbol{V}).$$

Sie ist ebenfalls eine bivariate Normalverteilung

$$f(\bar{\boldsymbol{x}}) = f_{2N}(\bar{\boldsymbol{x}}|\boldsymbol{m}', \boldsymbol{V}' + \boldsymbol{V}).$$

Durch die Multiplikation der Mittelwertsvektoren und Varianzmatrizen mit dem Differenzvektor $\boldsymbol{d}$

$$\boldsymbol{d} = \begin{pmatrix} 1 \\ -1 \end{pmatrix}$$

erhält man die entsprechenden Parameter der univariaten Normalverteilungen der Zufallsvariable

$$\delta_\mu = \mu_1 - \mu_2 = \boldsymbol{d}^T \cdot \boldsymbol{m} = (1, -1) \cdot \begin{pmatrix} \mu_1 \\ \mu_2 \end{pmatrix}.$$

Die bedingte Stichprobenverteilung von $\delta_{\overline{x}|\mu}$

$$\delta_{\overline{x}|\mu} = \boldsymbol{d}^T \cdot \bar{\boldsymbol{x}} = \overline{x}_1 - \overline{x}_2$$

wird abgekürzt mit

$$f(\delta_{\overline{x}|\mu}|\delta_\mu) = f_N\left(\delta_{\overline{x}|\mu}|\delta_\mu, \sigma^2_{\overline{x}|\mu}\right)$$

und hat die Parameter δ_μ und

$$\sigma^2_{\delta_{\overline{x}|\mu}} = \boldsymbol{d}^T \cdot \boldsymbol{V} \cdot \boldsymbol{d}.$$

Für zwei unabhängige Stichproben ist

$$\sigma^2_{\delta_{\overline{x}|\mu}} = \sigma_{11} + \sigma_{22} = \frac{\sigma_1^2}{n_1} + \frac{\sigma_2^2}{n_2}$$

und für zwei abhängige gleich

$$\sigma^2_{\delta_{\overline{x}|\mu}} = (\sigma_{11} + \sigma_{22} - 2 \cdot \sigma_{12})/n.$$

Die Prioriverteilung von δ_μ ist normalverteilt

$$f(\delta_\mu) = f_N\left(\delta_\mu|\delta'_\mu, \sigma'^2_{\delta_\mu}\right)$$

mit den Parametern

$$\delta'_\mu = \boldsymbol{d}^T \cdot \boldsymbol{m}' = \mu'_1 - \mu'_2$$

und

$$\sigma'^2_{\delta_\mu} = \boldsymbol{d}^T \cdot \boldsymbol{V}' \cdot \boldsymbol{d}.$$

Die Posterioriverteilung von δ_μ, abgekürzt mit

$$f(\delta_\mu|\delta_{\overline{x}|\mu}) = f(\delta_\mu|\delta''_\mu, \sigma''^2_{\delta_{\mu|\overline{x}}}),$$

hat die Parameter

$$\delta''_\mu = \boldsymbol{d}^T \cdot \boldsymbol{m}'' = \mu''_1 - \mu''_2$$

und

$$\sigma''^2_{\mu|\bar{x}} = \boldsymbol{d}^T \cdot \boldsymbol{V}'' \cdot \boldsymbol{d}.$$

Schließlich hat die Prädiktivverteilung von $\delta_{\bar{x}}$,

$$f(\delta_{\bar{x}}) = f_N\left(\delta_{\bar{x}}|\delta'_\mu, \sigma^2_{\delta_{\bar{x}}}\right),$$

die Parameter δ'_μ und

$$\sigma^2_{\delta_{\bar{x}}} = \boldsymbol{d}^T \cdot (\boldsymbol{V}' + \boldsymbol{V}) \cdot \boldsymbol{d}.$$

(b) Parameter der bivariaten Normalverteilung von $(\delta_{\bar{x}}, \delta_\mu)$

Die beiden normalverteilten eindimensionalen Zufallsvariablen $\delta_{\bar{x}}$ und δ_μ bilden eine gemeinsame bivariate Normalverteilung mit folgenden Parametern:[14] Für beide Zufallsvariablen ist der Erwartungswert δ'_μ. Daher ist der Mittelwertsvektor gleich

$$\boldsymbol{m}(\delta_{\bar{x}}, \delta_\mu) = \begin{pmatrix} \delta'_\mu \\ \delta'_\mu \end{pmatrix}.$$

Die Varianzen sind $\sigma^2_{\delta_{\bar{x}}}$ und $\sigma^2_{\delta_\mu}$. Die Kovarianz zwischen beiden Variablen ist

$$C(\delta_{\bar{x}}, \delta_\mu) = \sigma^2_{\delta_\mu}.$$

Daher ist die Varianzmatrix der bivariaten Normalverteilung

$$\boldsymbol{V}(\delta_{\bar{x}}, \delta_\mu) = \begin{pmatrix} \sigma^2_{\delta_{\bar{x}}} & \sigma^2_{\delta_\mu} \\ \sigma^2_{\delta_\mu} & \sigma^2_{\delta_\mu} \end{pmatrix}.$$

(c) Verteilung von $\delta_{\mu''}$

Der Vektor $\boldsymbol{m}''$ ist vor der Ziehung einer Stichprobe ein Zufallsvektor

$$\boldsymbol{m}'' = \boldsymbol{V}'' \cdot (\boldsymbol{V}'^{-1} \cdot \boldsymbol{m}' + \boldsymbol{V}^{-1} \cdot \bar{\boldsymbol{x}}),$$

da $\bar{\boldsymbol{x}}$ nicht bekannt ist.
Mit Hilfe der Formel

$$E_y E_{x|y}(X) = E_x(X)$$

[14] Vgl. auch LaValle (1970, S. 548 f).

kann man den Erwartungswert des Zufallsvektors $\boldsymbol{m}''$ bestimmen. Dazu setzt man für $y \equiv \bar{\boldsymbol{x}}$ und für $x \equiv \boldsymbol{m}$ Dann folgt für den Erwartungswert von $\boldsymbol{m}''$

$$E_{\bar{\boldsymbol{x}}} E_{\boldsymbol{m}|\bar{\boldsymbol{x}}}(\boldsymbol{m}) = E_{\boldsymbol{m}}(\boldsymbol{m}) = \boldsymbol{m}'.$$

Die Varianz von $\boldsymbol{m}''$ kann man mit Hilfe der Formel

$$V(X) = E_y V_{x|y}(X) = V_y E_{x|y}(X)$$

bzw.

$$V_y E_{x|y}(X) = V(X) - E_y V_{x|y}(X)$$

ableiten. Auch hier setzt man für x und y die oben genannten Vektoren ein und erhält

$$\begin{aligned} V_{\bar{\boldsymbol{x}}} E_{\boldsymbol{m}|\bar{\boldsymbol{x}}}(\boldsymbol{m}) &= V(\boldsymbol{m}) - E_{\bar{\boldsymbol{x}}} V_{\boldsymbol{m}|\bar{\boldsymbol{x}}}(\boldsymbol{m}) \\ V(\boldsymbol{m}'') &= \boldsymbol{V}' - \boldsymbol{V}''. \end{aligned}$$

Für den Skalar

$$\delta_{\mu''} = \boldsymbol{d}^T \cdot \boldsymbol{m}'' = \mu_1'' - \mu_2'',$$

der vor der Ziehung einer Stichprobe eine Zufallsvariable ist, lassen sich die Parameter der univariaten Normalverteilung wieder mit Hilfe des Differenzvektors $\boldsymbol{d}$ bestimmen. Der Erwartungswert von $\delta_{\mu''}$ ist gleich

$$E(\delta_{\mu''}) = \delta_\mu' = \boldsymbol{d}^T \cdot \boldsymbol{m}' = \mu_1' - \mu_2'$$

und seine Varianz ist

$$V(\delta_{\mu''}) = \sigma^2_{\delta_{\mu''}} = \boldsymbol{d}^T \cdot (\boldsymbol{V}' - \boldsymbol{V}'') \cdot \boldsymbol{d}.$$

Die Dichtefunktion läßt sich daher wie folgt schreiben

$$f(\delta_{\mu''}) = f_N(\delta_{\mu''} | \delta_\mu', \sigma^2_{\delta_{\mu''}}).$$

(d) Zusammenfassung für δ_μ

Die Normalverteilungen des Gauß Prozesses für δ_μ sind in folgender Tabelle zusammengestellt:

Allgemein	Bezeichnung	Normalverteilung mit Mittelwert	Normalverteilung mit Varianz
$f(y)$	Prioriverteilung	δ_μ'	$\sigma'^2_{\delta_\mu}$
$f(x\|y)$	Stichprobenverteilung	δ_μ	$\sigma^2_{\delta_{\bar{x}\|\mu}}$
$f(x,y)$	Gemeinsame Verteilung	$\begin{pmatrix} \delta_\mu' \\ \delta_\mu' \end{pmatrix}$	$\begin{pmatrix} \sigma^2_{\delta_{\bar{x}}} & \sigma^2_{\delta_\mu} \\ \sigma^2_{\delta_\mu} & \sigma^2_{\delta_\mu} \end{pmatrix}$
$f(y\|x)$	Posterioriverteilung	δ_μ''	$\sigma^2_{\delta_{\mu\|\bar{x}}}$
$f(x)$	Prädiktivverteilung	δ_μ'	$\sigma^2 \delta_{\bar{x}}$

Die Mittelwerte sind durch folgende Formeln definiert:[15]

$$\begin{aligned}
\delta'_\mu &= \boldsymbol{d}^T \cdot \boldsymbol{m}' = \mu'_1 - \mu'_2, \\
\delta_\mu &= \boldsymbol{d}^T \cdot \boldsymbol{m} = \mu_1 - \mu_2, \\
\delta''_{\mu|\overline{x}} &= \boldsymbol{d}^T \cdot \boldsymbol{m}'' = \mu''_1 - \mu''_2, \\
\delta_{\overline{x}|\mu} &= \boldsymbol{d}^T \cdot \overline{\boldsymbol{x}} = \overline{x}_1 - \overline{x}_2.
\end{aligned}$$

Für die Varianzen von zwei unabhängigen Stichproben gelten folgende Definitionen:

$$\begin{aligned}
\sigma'^2_{\delta_\mu} &= \boldsymbol{d}^T \cdot \boldsymbol{V}' \cdot \boldsymbol{d} = \sigma'_{11} + \sigma'_{22} = \sigma_1^2/n'_1 + \sigma_2^2/n'_2, \\
\sigma^2_{\delta_{\overline{x}|\mu}} &= \boldsymbol{d}^T \cdot \boldsymbol{V} \cdot \boldsymbol{d} = \sigma_{11} + \sigma_{22} = \sigma_1^2/n_1 + \sigma_2^2/n_2, \\
\sigma''^2_{\delta_{\mu|\overline{x}}} &= \boldsymbol{d}^T \cdot \boldsymbol{V}'' \cdot \boldsymbol{d} = \sigma''_{11} + \sigma''_{22} = \sigma_1^2/n''_1 + \sigma_2^2/n''_2, \\
\sigma^2_{\delta_{\overline{x}}} &= \boldsymbol{d}^T \cdot (\boldsymbol{V} + \boldsymbol{V}) \cdot \boldsymbol{d} = \sigma_1^2 \cdot \left(\frac{1}{n'_1} + \frac{1}{n_1}\right) + \sigma_2^2 \cdot \left(\frac{1}{n'_2} + \frac{1}{n_2}\right), \\
\sigma^2_{\delta_{\mu''}} &= \boldsymbol{d}^T \cdot (\boldsymbol{V}' - \boldsymbol{V}'') \cdot \boldsymbol{d} = \sigma_1^2 \cdot \left(\frac{1}{n'_1} - \frac{1}{n''_1}\right) + \sigma_2^2 \cdot \left(\frac{1}{n'_2} - \frac{1}{n''_2}\right).
\end{aligned}$$

Für die Varianzen von zwei abhängigen Stichproben gelten folgende Definitionen ($n'_1 = n'_2 = n'$; $n_1 = n_2 = n$):

$$\begin{aligned}
\sigma'^2_{\delta_\mu} &= \boldsymbol{d}^T \cdot \boldsymbol{V}' \cdot \boldsymbol{d} = \left(\sigma_1^2 + \sigma_2^2 - 2 \cdot \sigma_{12}\right)/n', \\
\sigma^2_{\delta_{\overline{x}|\mu}} &= \boldsymbol{d}^T \cdot \boldsymbol{V} \cdot \boldsymbol{d} = \left(\sigma_1^2 + \sigma_2^2 - 2 \cdot \sigma_{12}\right)/n, \\
\sigma''^2_{\delta_{\mu|\overline{x}}} &= \boldsymbol{d}^T \cdot \boldsymbol{V}'' \cdot \boldsymbol{d} = \left(\sigma_1^2 + \sigma_2^2 - 2 \cdot \sigma_{12}\right)/n'', \\
\sigma^2_{\delta_{\overline{x}}} &= \boldsymbol{d}^T \cdot (\boldsymbol{V}' - \boldsymbol{V}) \cdot \boldsymbol{d} = \left(\sigma_1^2 + \sigma_2^2 - 2 \cdot \sigma_{12}\right) \cdot (1/n' + 1/n), \\
\sigma^2_{\delta_{\mu''}} &= \boldsymbol{d}^T \cdot (\boldsymbol{V}' - \boldsymbol{V}'') \cdot \boldsymbol{d} = (\sigma_1^2 + \sigma_2^2 - 2 \cdot \sigma_{12}) \cdot (1/n' - 1/n'').
\end{aligned}$$

(e) Differenz $\delta_w = w_1 - w_2$

Die w_i sind lineare Funktionen[16] der μ_i

$$\begin{aligned}
w_1 &= g_{f1} + g_{v1} \cdot \mu_1, \\
w_2 &= g_{f2} + g_{v2} \cdot \mu_2.
\end{aligned}$$

Da die μ_i normalverteilt sind, sind auch die w_i normalverteilt. Die beiden w_i sind in Matrixschreibweise gleich

$$\boldsymbol{w} = \boldsymbol{g} + \boldsymbol{G} \cdot \boldsymbol{m}$$

---

[15] Vgl. auch Iversen (1984, S 51), Guttman, Wilks, Hunter (1982, S. 198).

[16] Vgl. auch LaValle (1970. S. 568 f).

mit

$$\boldsymbol{w} = \begin{pmatrix} w_1 \\ w_2 \end{pmatrix}, \quad \boldsymbol{g} = \begin{pmatrix} g_{f1} \\ g_{f2} \end{pmatrix}, \quad \boldsymbol{m} = \begin{pmatrix} \mu_1 \\ \mu_2 \end{pmatrix}$$

und

$$\boldsymbol{G} = \begin{pmatrix} g_{v1} & 0 \\ 0 & g_{v2} \end{pmatrix}.$$

Da allgemein für $\boldsymbol{y} = \boldsymbol{a} + \boldsymbol{B} \cdot \boldsymbol{x}$ gilt

$$\begin{aligned} E(\boldsymbol{y}) &= \boldsymbol{a} + \boldsymbol{B} \cdot E(\boldsymbol{x}) \\ V(\boldsymbol{y}) &= \boldsymbol{B} \cdot V(\boldsymbol{x}) \cdot \boldsymbol{B}^T, \end{aligned}$$

ist der Erwartungswertvektor der Priorinormalverteilung von $\boldsymbol{w}$ gleich

$$E(\boldsymbol{w}) = \boldsymbol{g} + \boldsymbol{G} \cdot \boldsymbol{m}'$$

und die Varianzmatrix gleich

$$V(\boldsymbol{w}) = \boldsymbol{G} \cdot \boldsymbol{V}' \cdot \boldsymbol{G}^T.$$

Für die Posteriorinormalverteilung ist

$$E(\boldsymbol{w}|\bar{\boldsymbol{x}}) = \boldsymbol{g} + \boldsymbol{G} \cdot \boldsymbol{m}''$$

und

$$V(\boldsymbol{w}|\bar{\boldsymbol{x}}) = \boldsymbol{G} \cdot \boldsymbol{V}'' \cdot \boldsymbol{G}^T.$$

Die Differenz

$$\delta_w = \boldsymbol{d}^T \cdot \boldsymbol{w} = w_1 - w_2$$

ist ebenfalls normalverteilt mit den Parametern

$$\begin{aligned} \delta'_w &= \boldsymbol{d}^T \cdot (\boldsymbol{g} + \boldsymbol{G} \cdot \boldsymbol{m}') \\ \sigma'^2_{\delta_w} &= \boldsymbol{d}^T \cdot \left(\boldsymbol{G} \cdot \boldsymbol{V}' \cdot \boldsymbol{G}^T\right) \cdot \boldsymbol{d} \end{aligned}$$

für die Priorinormalverteilung und mit

$$\delta''_w = \boldsymbol{d}^T \cdot (\boldsymbol{g} + \boldsymbol{G} \cdot \boldsymbol{m}'')$$

und

$$\sigma''^2_{w|x} = \boldsymbol{d}^T \cdot \left(\boldsymbol{G} \cdot \boldsymbol{V}'' \cdot \boldsymbol{G}^T\right) \cdot \boldsymbol{d}$$

für die Posteriorinormalverteilung.
Vor der Ziehung von Stichproben ist der Vektor

$$\boldsymbol{w}'' = \boldsymbol{g} + \boldsymbol{G} \cdot \boldsymbol{m}''$$

ein Zufallsvektor. Die Parameter der Normalverteilung sind

$$\begin{aligned} E(\boldsymbol{w}'') &= \boldsymbol{w}' \\ &= \boldsymbol{g} + \boldsymbol{G} \cdot \boldsymbol{m}' \end{aligned}$$

und

$$V(\boldsymbol{w}'') = \boldsymbol{V}' - \boldsymbol{V}''.$$

Daher ist auch die Differenz

$$\delta_{w''} = w_1'' - w_2''$$

vor der Ziehung von Stichproben eine Zufallsvariable, die normalverteilt ist mit den Parametern

$$E\left(\delta_{w''}\right) = \boldsymbol{d}^T \cdot \boldsymbol{w}'$$

und

$$V\left(\delta_{w''}\right) = \boldsymbol{d}^T \cdot \boldsymbol{G} \cdot (\boldsymbol{V}' - \boldsymbol{V}'') \cdot \boldsymbol{G}^T \cdot \boldsymbol{d} = \sigma^2_{\delta_{w''}}.$$

(f) Differenz $\delta_\pi = \pi_1 - \pi_2$

Da bei genügend großen Stichprobenumfängen die Binomialverteilung und die Betaverteilung gegen die Normalverteilung konvergieren, kann für Entscheidungsprobleme im Zusammenhang mit zwei Anteilen das Gauß Modell als Näherungsmodell verwendet werden.

Um zu erreichen, daß die Varianz der Binomialverteilung nur von n und nicht auch von x abhängt, wird die sogenannte varianzstabilisierende Transformation

$$z = \operatorname{asin}\left(\sqrt{(x/n)}\right)$$

für die binomialverteilte Zufallsvariable X

$$X \sim B(n, \pi)$$

verwendet. Die Zufallsvariable Z ist näherungsweise normalverteilt

$$Z \sim N\left(E(Z), V(Z)\right)$$

mit dem Erwartungswert

$$E(Z) = \operatorname{asin}\left(\sqrt{\pi}\right)$$

und der Varianz

$$V(Z) = 1/(4 \cdot n),$$

vorausgesetzt $x \cdot (1 - x/n)$ ist größer als 5. Zu diesem Erwartungswert und dieser Varianz kommt man auf Grund folgender Überlegungen. Unter sehr allgemeinen Voraussetzungen gilt für

$$z = g(x)$$

näherungsweise auf Grund des Taylor'schen Theorems

$$z \cong g(E(X)) + (X - E(X)) \cdot \frac{d}{dx} g(E(X)).$$

Eine gute Approximation des Erwartungswertes von z ist daher

$$E(Z) \cong g(E(X))$$

und der Varianz von z

$$V(Z) \cong V(X) \cdot \left\{ \frac{d}{dx} g(E(X)) \right\}^2 .$$

Für die oben angeführte Transformation

$$g(x) = \text{asin}\left(\sqrt{(x/n)}\right)$$

ist

$$\frac{d}{dx} g(x) = (1/2n) \cdot [(x/n) \cdot \{1 - (x/n)\}]^{-1/2}$$

und daher

$$\frac{d}{dx} g(E(X)) = \frac{d}{dx} g(n \cdot \pi) = (1/2n) \cdot [\pi \cdot (1 - \pi)]^{-1/2} .$$

Da die Varianz der Binomialverteilung gleich

$$V(X) = n \cdot \pi \cdot (1 - \pi)$$

ist, erhält man für die Varianz von Z näherungsweise

$$\begin{aligned} V(Z) &\cong n \cdot \pi \cdot (1 - \pi) \cdot \left\{ (1/2n) \cdot [\pi(1 - \pi)]^{-1/2} \right\}^2 \\ &= 1/(4 \cdot n). \end{aligned}$$

Der Erwartungswert von Z ist näherungsweise

$$E(Z) \cong g(E(X)) = g(n \cdot \pi) = \text{asin}\left(\sqrt{\pi}\right).$$

Für die Betaverteilung von π

$$\pi \sim Be(x, n - x)$$

ist die varianzstabilisierende Transformation

$$g(\pi) = \operatorname{asin}\left(\sqrt{\pi}\right)$$

und die erste Ableitung

$$\frac{d}{d\pi}g(\pi) = (1/2n) \cdot [\pi \cdot (1-\pi)]^{-1/2}.$$

Daraus folgt

$$\begin{aligned}\frac{d}{d\pi}g(E(\pi)) &= \frac{d}{d\pi}g\left(\frac{x}{n}\right)\\ &= \left(\frac{1}{2\cdot n}\right)\cdot\left[\frac{x}{n}\cdot\left(1-\frac{x}{n}\right)\right]^{-1/2}\end{aligned}$$

Die Varianz von π ist

$$V(\pi) = \frac{x\cdot(n-x)}{n^2\cdot(n+1)} = \frac{\frac{x}{n}\cdot\left(1-\frac{x}{n}\right)}{n+1}$$

und von z daher

$$\begin{aligned}V(Z) &= \frac{\frac{x}{n}\cdot\left(1-\frac{x}{n}\right)}{n+1}\cdot\left[\frac{1}{2\cdot n}\cdot\left\{\frac{x}{n}\cdot\left(1-\frac{x}{n}\right)\right\}^{-1/2}\right]^2\\ &= \left[4\cdot n^2\cdot(n+1)\right]^{-1}.\end{aligned}$$

Der Erwartungswert von Z ist gleich

$$E(Z) \cong g(E(\pi)) = g\left(\frac{x}{n}\right) = \operatorname{asin}\left(\sqrt{x/n}\right).$$

Für die Differenz von zwei Anteilswerten

$$\delta_\pi = \pi_1 - \pi_2$$

erhält man nun mit Hilfe dieser Transformationen folgende Parameter für die entsprechenden Normalverteilungen:
Die Mittelwerte von δ_π sind

$$\delta_\pi = \sin(\delta_z)$$

und die δ_z sind

$$\begin{aligned}\delta_z' &= \operatorname{asin}\left(\sqrt{\pi_1'}\right) - \operatorname{asin}\left(\sqrt{\pi_2'}\right),\\ \delta_z &= \operatorname{asin}(\sqrt{\pi_1}) - \operatorname{asin}(\sqrt{\pi_2}),\\ \delta_z'' &= \operatorname{asin}\left(\sqrt{\pi_1''}\right) - \operatorname{asin}\left(\sqrt{\pi_2''}\right).\end{aligned}$$

Die Varianzen von δ_π sind

$$\begin{aligned}
\sigma'^2_{\delta_\pi} &= \left[4 \cdot n_1'^2 \cdot (n_1' + 1)\right]^{-1} + \left[4 \cdot n_2'^2 \cdot (n_2' + 1)\right]^{-1}, \\
\sigma^2_{\delta_{x|\pi}} &= [4 \cdot n_1]^{-1} + [4 \cdot n_2]^{-1}, \\
\sigma''^2_{\delta_{\pi|x}} &= \left[4 \cdot n_1''^2 \cdot (n_1'' + 1)\right]^{-1} + \left[4 \cdot n_2''^2 \cdot (n_2'' + 1)\right]^{-1}, \\
\sigma^2_{\delta_x} &= \sigma'^2_{\delta_\pi} + \sigma^2_{\delta_{x|\pi}}, \\
\sigma^2_{\delta_{\pi''}} &= \sigma'^2_{\delta_\pi} - \sigma''^2_{\delta_{\pi|x}}.
\end{aligned}$$

4.8 Verteilungen von $\boldsymbol{\beta}$

(a) Normalverteilungen des Gauß Modells

Als bivariaten linearen Regressionsprozeß definiert man einen Prozeß, der unabhängige Zufallsvariablen $Y_1, \ldots, Y_i, \ldots$ entsprechend dem Modell

$$Y_i = \beta_0 + \beta_1 \cdot x_i + \varepsilon_i$$

erzeugt, wobei die β_i die Regressionskoeffizienten sind. Die x_i-Werte sind bekannte Realisationen von Zufallsvariablen und die ε_i sind für gegebene β_i und x_i unabhängige normalverteilte Zufallsvariablen mit dem Mittelwert 0 und der Varianz σ_ε^2. Linear bezieht sich auf die Linearität der β und nicht auf die von x_i. Um einige Ausdrücke zu vereinfachen, ist es besser, anstelle von $\beta_0 + \beta_1 \cdot x_i$

$$\alpha + \beta \cdot (x_i - \overline{x})$$

zu schreiben. β_0 ist dann gleich

$$\beta_0 = \alpha - \beta \cdot \overline{x}$$

und

$$\beta_1 = \beta.$$

Wenn man

$$\begin{aligned}
\boldsymbol{\beta} &= (\alpha, \beta)^T, \\
\boldsymbol{e} &= (\varepsilon_1, \ldots, \varepsilon_n)^T
\end{aligned}$$

und alle Realisationen der n Zufallsvariablen Y_i

$$\boldsymbol{y} = (y_1, \ldots, y_n)^T$$

als Vektoren definiert, sowie alle $x_i - \overline{x}$ einschließlich einer Dummyvariable $x_0 = 1$ für alle i, als Matrix

$$\boldsymbol{X} = \begin{pmatrix} 1 & x_1 - \overline{x} \\ \vdots & \vdots \\ 1 & x_n - \overline{x} \end{pmatrix},$$

dann kann man das bivariate lineare Regressionsmodell wie folgt schreiben:

$$\boldsymbol{y} = \boldsymbol{X} \cdot \boldsymbol{\beta} + \boldsymbol{e}.$$

Da $\boldsymbol{e}$ multivariat normalverteilt ist mit dem Mittelwertsvektor $\mathbf{0}$ und der Varianzmatrix $\sigma_\varepsilon^2 \cdot \boldsymbol{I}$, ist auch $\boldsymbol{y}$ normalverteilt mit dem Mittelwertsvektor $\boldsymbol{X} \cdot \boldsymbol{\beta}$ und der Varianzmatrix $\sigma_\varepsilon^2 \cdot \boldsymbol{I}$. Die entsprechende Dichtefunktion ist gleich

$$\begin{aligned} f_N(\boldsymbol{y}|\boldsymbol{X} \cdot \boldsymbol{\beta}, \sigma^2 \cdot \boldsymbol{I}) &= (2 \cdot \pi \cdot \sigma_\varepsilon^2)^{-n/2} \cdot \\ &\cdot \exp\left\{-\frac{1}{2 \cdot \sigma_\varepsilon^2} \cdot (\boldsymbol{y} - \boldsymbol{X} \cdot \boldsymbol{\beta})^T \cdot (\boldsymbol{y} - \boldsymbol{X} \cdot \boldsymbol{\beta})\right\}. \end{aligned}$$

Wenn man

$$(\boldsymbol{y} - \boldsymbol{X} \cdot \boldsymbol{\beta})^T \cdot (\boldsymbol{y} - \boldsymbol{X} \cdot \boldsymbol{\beta})$$

im Exponenten um $\boldsymbol{X} \cdot \boldsymbol{b}$ erweitert, wobei $\boldsymbol{b}$ gleich ist

$$\boldsymbol{b} = \left(\boldsymbol{X}^T \cdot \boldsymbol{X}\right)^{-1} \cdot \boldsymbol{X}^T \cdot \boldsymbol{y},$$

dann erhält man

$$\begin{aligned} &(\boldsymbol{y} - \boldsymbol{X} \cdot \boldsymbol{b} + \boldsymbol{X} \cdot \boldsymbol{b} - \boldsymbol{X} \cdot \boldsymbol{\beta})^T \cdot (\boldsymbol{y} - \boldsymbol{X} \cdot \boldsymbol{b} + \boldsymbol{X} \cdot \boldsymbol{b} - \boldsymbol{X} \cdot \boldsymbol{\beta}) = \\ &= (\boldsymbol{y} - \boldsymbol{X} \cdot \boldsymbol{b})^T \cdot (\boldsymbol{y} - \boldsymbol{X} \cdot \boldsymbol{b}) + (\boldsymbol{X} \cdot \boldsymbol{b} - \boldsymbol{X} \cdot \boldsymbol{\beta})^T \cdot (\boldsymbol{X} \cdot \boldsymbol{b} - \boldsymbol{X} \cdot \boldsymbol{\beta}) + \\ &+ (\boldsymbol{y} - \boldsymbol{X} \cdot \boldsymbol{b})^T \cdot \boldsymbol{X} \cdot (\boldsymbol{b} - \boldsymbol{\beta}) + (\boldsymbol{b} - \boldsymbol{\beta})^T \cdot \boldsymbol{X}^T \cdot (\boldsymbol{y} - \boldsymbol{X} \cdot \boldsymbol{b}). \end{aligned}$$

Die letzten beiden Terme auf der rechten Seite sind Null, da

$$\boldsymbol{X}^T \cdot (\boldsymbol{y} - \boldsymbol{X} \cdot \boldsymbol{b}) = \boldsymbol{X}^T \cdot (\boldsymbol{y} - \boldsymbol{X} \cdot (\boldsymbol{X}^T \cdot \boldsymbol{X})^{-1} \cdot \boldsymbol{X}^T \cdot \boldsymbol{y}) = \mathbf{0}$$

ist, wenn man für $\boldsymbol{b}$ einsetzt. Man kann daher den Exponenten der Dichtefunktion von $\boldsymbol{y}$ auch wie folgt schreiben:

$$\begin{aligned} (\boldsymbol{y} - \boldsymbol{X} \cdot \boldsymbol{\beta})^T \cdot (\boldsymbol{y} - \boldsymbol{X} \cdot \boldsymbol{\beta}) &= (\boldsymbol{y} - \boldsymbol{X} \cdot \boldsymbol{b})^T \cdot (\boldsymbol{y} - \boldsymbol{X} \cdot \boldsymbol{b}) + \\ &+ (\boldsymbol{b} - \boldsymbol{\beta})^T \cdot \boldsymbol{X}^T \cdot \boldsymbol{X} \cdot (\boldsymbol{b} - \boldsymbol{\beta}). \end{aligned}$$

An dieser Schreibweise erkennt man, daß sich die Verteilung von $\boldsymbol{y}$ auch als Produkt der Verteilung von $\boldsymbol{b}$ und der Verteilung der Abweichungsquadrate $(\boldsymbol{y} - \boldsymbol{X} \cdot \boldsymbol{b})^T \cdot (\boldsymbol{y} - \boldsymbol{X} \cdot \boldsymbol{b})$ darstellen läßt. Außerdem sieht man, daß der Vektor der Regressionskoeffizienten $\boldsymbol{b}$ normalverteilt ist mit dem Erwartungswertvektor

$$E(\boldsymbol{b}|\boldsymbol{\beta}) = \boldsymbol{\beta} = \begin{pmatrix} \alpha \\ \beta \end{pmatrix}$$

und der Varianzmatrix

$$V(\boldsymbol{b}|\boldsymbol{\beta}) = \sigma_\varepsilon^2 \cdot \left(\boldsymbol{X}^T \cdot \boldsymbol{X}\right)^{-1} = \boldsymbol{V}.$$

Definiert man[17]

$$\begin{aligned} \boldsymbol{N} &= \boldsymbol{X}^T \cdot \boldsymbol{X} \\ &= \begin{pmatrix} n & \sum(x_i - \overline{x}) \\ \sum(x_i - \overline{x}) & \sum(x_i - \overline{x})^2 \end{pmatrix} \\ &= \begin{pmatrix} n & 0 \\ 0 & n \cdot s_x^2 \end{pmatrix}, \end{aligned}$$

dann ist die Varianzmatrix von $\boldsymbol{b}$ gleich

$$\begin{aligned} \boldsymbol{V} &= \sigma_\varepsilon^2 \cdot \boldsymbol{N}^{-1} \\ &= \sigma_\varepsilon^2 \cdot \begin{pmatrix} 1/n & 0 \\ 0 & 1/(n \cdot s_x^2) \end{pmatrix} \end{aligned}$$

und der Erwartungswertvektor

$$\begin{aligned} \boldsymbol{b} &= \boldsymbol{N}^{-1} \cdot \boldsymbol{X}^T \cdot \boldsymbol{y} = \\ &= \begin{pmatrix} 1/n & 0 \\ 0 & 1/(n \cdot s_x^2) \end{pmatrix} \cdot \begin{pmatrix} \sum_{i=1}^{n} y_i \\ \sum_{i=1}^{n} (x_i - \overline{x}) \cdot y_i \end{pmatrix} \\ &= \begin{pmatrix} \overline{y} \\ s_{xy}/s_x^2 \end{pmatrix}. \end{aligned}$$

Wenn man für den Vektor der unbekannten Regressionskoeffizienten $\boldsymbol{\beta}$ eine Priorinormalverteilung voraussetzt, dann ist die Dichtefunktion proportional zu

$$f(\boldsymbol{\beta}) \propto \exp\left\{ -\frac{1}{2 \cdot \sigma_\varepsilon^2} \cdot (\boldsymbol{\beta} - \boldsymbol{\beta}')^T \cdot \boldsymbol{N}' \cdot (\boldsymbol{\beta} - \boldsymbol{\beta}') \right\}.$$

Der Erwartungswertvektor dieser Verteilung ist $\boldsymbol{\beta}' = \begin{pmatrix} \alpha' \\ \beta' \end{pmatrix}$ und die Varianzmatrix gleich

$$\begin{aligned} \boldsymbol{V}' &= \sigma_\varepsilon^2 \cdot \boldsymbol{N}'^{-1} \cdot \\ &= \sigma_\varepsilon^2 \cdot \begin{pmatrix} 1/n' & 0 \\ 0 & 1/(n' \cdot \sigma_x^2) \end{pmatrix}. \end{aligned}$$

Verknüpft man diese Prioriverteilung mit der Stichprobenverteilung, dann erhält man die gemeinsame Verteilung mit dem Exponenten

$$\begin{aligned} f(\boldsymbol{\beta}, \boldsymbol{b}) &= f(\boldsymbol{\beta}) \cdot f(\boldsymbol{b}|\boldsymbol{\beta}) \\ &\propto \exp\left\{ -\frac{1}{2 \cdot \sigma_\varepsilon^2} \cdot \left[(\boldsymbol{\beta} - \boldsymbol{\beta}')^T \cdot \boldsymbol{N}' \cdot (\boldsymbol{\beta} - \boldsymbol{\beta}') + \right.\right. \\ &+ \left.\left. (\boldsymbol{b} - \boldsymbol{\beta})^T \cdot \boldsymbol{N} \cdot (\boldsymbol{b} - \boldsymbol{\beta}) \right] \right\}. \end{aligned}$$

[17]Vgl. Raiffa, Schlaifer (1972, S. 355f).

Bezeichnet man den Ausdruck in der eckigen Klammer mit $\boldsymbol{Q}$, dann ist $\boldsymbol{Q}$ gleich

$$\begin{aligned}\boldsymbol{Q} &= \boldsymbol{\beta}^T\cdot\boldsymbol{N}'\cdot\boldsymbol{\beta}-\boldsymbol{\beta}'^T\cdot\boldsymbol{N}'\cdot\boldsymbol{\beta}-\boldsymbol{\beta}^T\cdot\boldsymbol{N}'\cdot\boldsymbol{\beta}'+\boldsymbol{\beta}'^T\cdot\boldsymbol{N}'\cdot\boldsymbol{\beta}'+\boldsymbol{b}^T\cdot\boldsymbol{N}\cdot\boldsymbol{b}-\\ &- \boldsymbol{\beta}^T\cdot\boldsymbol{N}\cdot\boldsymbol{b}-\boldsymbol{b}^T\cdot\boldsymbol{N}\cdot\boldsymbol{\beta}+\boldsymbol{\beta}^T\cdot\boldsymbol{N}\cdot\boldsymbol{\beta}.\end{aligned}$$

Wenn man diese Terme wie folgt zusammenfaßt, erhält man für $\boldsymbol{Q}=\boldsymbol{Q}_1+\boldsymbol{Q}_2$:

$$\begin{aligned}\boldsymbol{Q}_1 &= \left(\boldsymbol{\beta}-[\boldsymbol{N}'+\boldsymbol{N}]^{-1}\cdot[\boldsymbol{N}'\cdot\boldsymbol{\beta}'+\boldsymbol{N}\cdot\boldsymbol{b}]\right)^T\cdot(\boldsymbol{N}'+\boldsymbol{N})\cdot\\ &\cdot\ (\boldsymbol{\beta}-[\boldsymbol{N}'+\boldsymbol{N}]^{-1}\cdot[\boldsymbol{N}'\cdot\boldsymbol{\beta}'+\boldsymbol{N}\cdot\boldsymbol{b}])\\ \boldsymbol{Q}_2 &= \boldsymbol{\beta}'^T\cdot\boldsymbol{N}'\cdot\boldsymbol{\beta}'+\boldsymbol{b}^T\cdot\boldsymbol{N}\cdot\boldsymbol{b}-(\boldsymbol{N}'\cdot\boldsymbol{\beta}'+\boldsymbol{N}\cdot\boldsymbol{b})^T\cdot\\ &\cdot\ (\boldsymbol{N}'+\boldsymbol{N})^{-1}\cdot(\boldsymbol{N}'\cdot\boldsymbol{\beta}'+\boldsymbol{N}\cdot\boldsymbol{b}).\end{aligned}$$

Setzt man für

$$\boldsymbol{N}'+\boldsymbol{N}=\boldsymbol{N}''$$

und für

$$\boldsymbol{N}''^{-1}\cdot(\boldsymbol{N}'\cdot\boldsymbol{\beta}'+\boldsymbol{N}\cdot\boldsymbol{b})=\boldsymbol{\beta}'',$$

dann ist $\boldsymbol{Q}_1$ gleich

$$\boldsymbol{Q}_1=(\boldsymbol{\beta}-\boldsymbol{\beta}'')\cdot\boldsymbol{N}''\cdot(\boldsymbol{\beta}-\boldsymbol{\beta}''),$$

und da $\boldsymbol{\beta}$ nur in $\boldsymbol{Q}_1$ vorkommt, ist dies auch der Exponent der Posterioriverteilung von $\boldsymbol{\beta}$:

$$f(\boldsymbol{\beta}|\boldsymbol{b}) \propto \exp\left\{-\frac{1}{2\cdot\sigma_\varepsilon^2}\cdot(\boldsymbol{\beta}-\boldsymbol{\beta}'')\cdot\boldsymbol{N}''\cdot(\boldsymbol{\beta}-\boldsymbol{\beta}''\right\}.$$

Der Erwartungswertvektor und die Varianzmatrix dieser Posterioriverteilung sind

$$\begin{aligned}\boldsymbol{\beta}'' &= \boldsymbol{N}''^{-1}\cdot(\boldsymbol{N}'\cdot\boldsymbol{\beta}'+\boldsymbol{N}\cdot\boldsymbol{b})\\ &= \boldsymbol{V}''\cdot\left(\boldsymbol{V}^{-1}\cdot\boldsymbol{\beta}'+\boldsymbol{V}^{-1}\cdot\boldsymbol{b}\right)\\ &= \frac{1}{n'+n}\begin{pmatrix} n'\cdot a'+n\cdot a\\ n'\cdot b'+n\cdot b\end{pmatrix}\\ \boldsymbol{V}'' &= \sigma_\varepsilon^2\cdot(\boldsymbol{N}'+\boldsymbol{N})^{-1}\\ &= \left(\boldsymbol{V}'^{-1}+\boldsymbol{V}^{-1}\right)^{-1}\\ &= \sigma_\varepsilon^2\cdot\begin{pmatrix}1/n'' & 0\\ 0 & 1/(n'\cdot\sigma_x^2+n\cdot s_x^2)\end{pmatrix}.\end{aligned}$$

Für die unbedingte Verteilung von $\boldsymbol{b}$ ist der Erwartungswertvektor gleich $\boldsymbol{\beta}'$ und die Varianzmatrix gleich

$$\boldsymbol{V}'+\boldsymbol{V}=\sigma_\varepsilon^2\cdot\begin{pmatrix}1/n'+1/n & 0\\ 0 & 1/(n'\cdot\sigma_x'^2)+1/(n\cdot s_x^2)\end{pmatrix}.$$

Zu diesem Ergebnis kommt man, wenn man bei der Ableitung der Randverteilung von $\bar{\boldsymbol{x}}$ in $\boldsymbol{R}$ für $\bar{\boldsymbol{x}}$ gleich $\boldsymbol{b}$ setzt, für $\boldsymbol{m}'$ gleich $\boldsymbol{\beta}'$ und für $\boldsymbol{m}''$ gleich $\boldsymbol{\beta}''$.

Die bedingte Verteilung von $\boldsymbol{y}$, gegeben $\boldsymbol{\beta}$, ist bekanntlich eine Normalverteilung mit dem Erwartungswert

$$E(\boldsymbol{y}|\boldsymbol{\beta}) = \boldsymbol{X} \cdot \boldsymbol{\beta}$$

und der Varianz

$$V(\boldsymbol{y}|\boldsymbol{\beta}) = \sigma_\varepsilon^2 \cdot \boldsymbol{I}.$$

Die unbedingte Verteilung von $\boldsymbol{y}$ ist ebenfalls normal, da

$$\boldsymbol{y} = \boldsymbol{X} \cdot \boldsymbol{\beta} + \boldsymbol{e}$$

die Summe unabhängiger normalverteilter Zufallsvariablen ist. Die Verteilung von $\boldsymbol{e}$ ist gleich

$$f(\boldsymbol{e}) = f_N\left(\mathbf{e}|\mathbf{0}, \sigma_\varepsilon^2 \cdot \boldsymbol{I}\right)$$

und die Verteilung von $\boldsymbol{\beta}$ ist gleich

$$f(\boldsymbol{\beta}) = f_N(\boldsymbol{\beta}|\boldsymbol{\beta}', \boldsymbol{V}').$$

Daher folgt für den Erwartungswert von $\boldsymbol{y}$

$$\begin{aligned} E(\boldsymbol{y}) &= E(\boldsymbol{X} \cdot \boldsymbol{\beta}) + E(\boldsymbol{e}) \\ &= \boldsymbol{X} \cdot E(\boldsymbol{\beta}) + \mathbf{0} \\ &= \boldsymbol{X} \cdot \boldsymbol{\beta}' \end{aligned}$$

und für die Varianz von $\boldsymbol{y}$

$$\begin{aligned} V(\boldsymbol{y}) &= V(\boldsymbol{X} \cdot \boldsymbol{\beta}) + V(\boldsymbol{e}) \\ &= \boldsymbol{X}^T \cdot V(\boldsymbol{\beta}) \cdot \boldsymbol{X} + \sigma_\varepsilon^2 \cdot \boldsymbol{I} \\ &= \boldsymbol{X}^T \cdot \boldsymbol{V}' \cdot \boldsymbol{X} + \sigma_\varepsilon^2 \cdot \boldsymbol{I}. \end{aligned}$$

Sucht man die Verteilung von Y_{n+1}, gegeben $\boldsymbol{y} = (y_1, \ldots, y_n)$, so kann man aus der unbedingten Verteilung von $\boldsymbol{y}$ ableiten, daß auch die Verteilung von Y_{n+1} eine Normalverteilung ist mit dem Erwartungswert

$$E(Y_{n+1}|\boldsymbol{y}) = \boldsymbol{x}_{n+1}^T \cdot \boldsymbol{\beta}''$$

und der Varianz

$$V(Y_{n+1}|\boldsymbol{y}) = \boldsymbol{x}_{n+1}^T \cdot \boldsymbol{V}'' \cdot \boldsymbol{x}_{n+1} + \sigma_\varepsilon^2.$$

Denn zum Zeitpunkt der Prognose von Y_{n+1} entspricht die Posterioriverteilung von $\boldsymbol{\beta}$ der Prioriverteilung. Man hat daher lediglich an Stelle von $\boldsymbol{\beta}'$

in der unbedingten Verteilung von $\boldsymbol{y}$, $\boldsymbol{\beta}''$ zu setzen und für $\boldsymbol{V}'$, $\boldsymbol{V}''$ sowie für $\boldsymbol{X}^T, \boldsymbol{x}^T_{(n+1)}$.

Der Erwartungswert der Normalverteilung von Y_{n+1} kann ausführlich wie folgt geschrieben werden:

$$\begin{aligned} E(Y_{n+1}|\boldsymbol{y}) &= \boldsymbol{x}^T_{n+1} \cdot \boldsymbol{\beta}'' \\ &= (1, x_{n+1} - \overline{x}) \cdot \begin{pmatrix} \alpha'' \\ \beta'' \end{pmatrix} \\ &= \alpha'' + \beta'' \cdot (x_{n+1} - \overline{x}). \end{aligned}$$

Für die Varianz von Y_{n+1} erhält man folgenden Ausdruck

$$\begin{aligned} V(Y_{n+1}|\boldsymbol{y}) &= \boldsymbol{x}^T_{n+1} \cdot \boldsymbol{V}'' \cdot \boldsymbol{x}_{n+1} + \sigma^2_\varepsilon \\ &= (1, x_{n+1} - \overline{x}) \cdot \begin{pmatrix} \sigma^2_\varepsilon/n'' & 0 \\ 0 & \sigma^2_\varepsilon/n'' \cdot s^2_x \end{pmatrix} \cdot \begin{pmatrix} 1 \\ x_{n+1} - \overline{x} \end{pmatrix} + \sigma^2_\varepsilon \\ &= \sigma^2_\varepsilon \cdot \left[1 + \frac{1}{n''} + \frac{(x_{n+1} - \overline{x})^2}{n'' \cdot s^2_x} \right]. \end{aligned}$$

(b) Parameter der bivariaten Normalverteilung von α und β

Die beiden eindimensionalen Zufallsvariablen a und α bilden eine gemeinsame bivariate Normalverteilung[18] mit dem Mittelwertsvektor

$$\boldsymbol{m}(a, \alpha) = \begin{pmatrix} \alpha' \\ \alpha' \end{pmatrix}$$

und der Varianzmatrix

$$\boldsymbol{V}(a, \alpha) = \begin{pmatrix} \sigma^2_a & \sigma'^2_\alpha \\ \sigma'^2_\alpha & \sigma'_\alpha \end{pmatrix} = \sigma^2_\varepsilon \cdot \begin{pmatrix} 1/n' + 1/n & 1/n' \\ 1/n' & 1/n' \end{pmatrix}.$$

α' ist der Priorimittelwert von $\boldsymbol{y}$ und σ^2_a die unbedingte Varianz von a:

$$\begin{aligned} \sigma^2_a &= \sigma'^2_\alpha + \sigma^2_{a|\alpha} \\ &= \sigma^2_\varepsilon \cdot \left(\frac{1}{n'} + \frac{1}{n} \right). \end{aligned}$$

Die Priorivarianz von α ist

$$\sigma'^2_\alpha = \sigma^2_\varepsilon / n'.$$

Für die beiden eindimensionalen Zufallsvariablen b und β ist der Mittelwertsvektor der gemeinsamen bivariaten Normalverteilung gleich

$$\boldsymbol{m}(b, \beta) = \begin{pmatrix} \beta' \\ \beta' \end{pmatrix}.$$

[18] Vgl. auch Press (1982, S. 247).

β' ist der Priorimittelwert von β, der gleich ist

$$b' = s'^2_{xy}/s'^2_x.$$

Die Varianzmatrix ist gleich

$$\boldsymbol{V}(b,\beta) = \begin{pmatrix} \sigma_b^2 & \sigma'^2_\beta \\ \sigma'^2_\beta & \sigma'^2_\beta \end{pmatrix} = \frac{\sigma_\varepsilon^2}{\sigma_x^2} \cdot \begin{pmatrix} 1/n' + 1/n & 1/n' \\ 1/n' & 1/n' \end{pmatrix},$$

da

$$\begin{aligned} \sigma_b^2 &= \sigma'^2_\beta + \sigma^2_{b|\beta} \\ &= \frac{\sigma_\varepsilon^2}{\sigma_x^2} \cdot \left(\frac{1}{n'} + \frac{1}{n}\right) \end{aligned}$$

und

$$\sigma'^2_\beta = \frac{\sigma_\varepsilon^2}{n' \cdot \sigma_x^2}.$$

(c) Verteilung von $\boldsymbol{\beta}''$

Vor der Ziehung einer Stichprobe[19] ist der Vektor

$$\boldsymbol{\beta}'' = \boldsymbol{V}'' \cdot \left(\boldsymbol{V}^{-1} \cdot \boldsymbol{\beta}' + \boldsymbol{V}^{-1} \cdot \boldsymbol{b}\right)$$

ein Zufallsvektor, da $\boldsymbol{b}$ nicht bekannt ist. Der Erwartungswert von $\boldsymbol{\beta}''$ ist gleich

$$E_{\boldsymbol{b}} E_{\boldsymbol{\beta}|\boldsymbol{b}}(\boldsymbol{\beta}) = E_{\boldsymbol{\beta}}(\boldsymbol{\beta}) = \boldsymbol{\beta}'$$

und die Varianz ist gleich

$$\begin{aligned} V_{\boldsymbol{b}} E_{\boldsymbol{\beta}|\boldsymbol{b}}(\boldsymbol{\beta}) &= V(\boldsymbol{\beta}) - E_{\boldsymbol{b}} V_{\boldsymbol{\beta}|\boldsymbol{b}}(\boldsymbol{\beta}) \\ &= \boldsymbol{V}' - \boldsymbol{V}''. \end{aligned}$$

Für den Parameter α'' ist der Erwartungswert

$$E(\alpha'') = \alpha'$$

und die Varianz

$$V(\alpha'') = \sigma_\varepsilon^2 \cdot (1/n' - 1/n'').$$

Der Erwartungswert von β'' ist

$$E(\boldsymbol{\beta}'') = \beta'$$

und die Varianz ist

$$V(\boldsymbol{\beta}'') = \frac{\sigma_\varepsilon^2}{\sigma_x^2} \cdot \left(\frac{1}{n'} - \frac{1}{n''}\right).$$

[19] Vgl. Raiffa, Schlaifer (1972, S. 342).

(d) Zusammenfassung für β

Für den Parameter α sind die relevanten Normalverteilungen in folgender Tabelle angeführt:

		Normalverteilung mit	
Allgemein	Bezeichnung	Mittelwert	Varianz
$f(\alpha)$	Prioriverteilung	α'	σ'^2_α
$f(a\|\alpha)$	Stichprobenverteilung	a	$\sigma^2_{a\|\alpha}$
$f(a,\alpha)$	Gemeinsame Verteilung	$\begin{pmatrix}\alpha' \\ \alpha'\end{pmatrix}$	$\begin{pmatrix}\sigma_a^2 & \sigma_\alpha^2 \\ \sigma_\alpha^2 & \sigma_\alpha^2\end{pmatrix}$
$f(\alpha\|a)$	Posterioriverteilung	α''	$\sigma''^2_{\alpha\|a}$
$f(a)$	Prädiktivverteilung	α'	σ_a^2

Die entsprechenden Verteilungen für den Parameter β zeigt folgende Tabelle:

		Normalverteilung mit	
Allgemein	Bezeichnung	Mittelwert	Varianz
$f(\beta)$	Prioriverteilung	β'	σ'^2_β
$f(b\|\beta)$	Stichprobenverteilung	b	$\sigma^2_{b\|\beta}$
$f(b,\beta)$	Gemeinsame Verteilung	$\begin{pmatrix}\beta' \\ \beta'\end{pmatrix}$	$\begin{pmatrix}\sigma_b^2 & \sigma_\beta^2 \\ \sigma_\beta^2 & \sigma_\beta^2\end{pmatrix}$
$f(\beta\|b)$	Posterioriverteilung	β''	$\sigma''^2_{\beta\|b}$
$f(b)$	Prädiktivverteilung	β'	σ_b^2

Kapitel II

Schadenerwartungswerte

Die Konsequenzen, die die Wahl einer bestimmten Aktion zur Folge hat, können in Form von Verlustfunktionen

$$v(a, \vartheta)$$

oder Gewinnfunktionen

$$g(a, \vartheta)$$

ausgedrückt werden.[1] a ist ein Element des Aktionsraumes

$$a \in A = \{a_1, a_2, \ldots\}$$

und ϑ ein Element des Zustandsraumes

$$\vartheta \in \Theta = \{\vartheta_1, \vartheta_2, \ldots\},$$

der hier mit dem Parameterraum zusammenfällt.
Bei einer Verlustfunktion wird man die Aktion mit minimalem Verlust auswählen und bei einer Gewinnfunktion jene mit maximalem Gewinn. Mit Hilfe des Opportunitätskostenkonzepts kann man beide Funktionen in Schadenfunktionen überführen. Damit wird eine einheitliche Entscheidungsanalyse ermöglicht, bei der nicht unterschiedliche Optimierungskriterien angewandt werden müssen, je nachdem ob eine Verlust- oder Gewinnfunktion vorliegt.

Wenn man die Konsequenzen, die sich aus der Wahl einer bestimmten Aktion a und dem Zutreffen eines bestimmten Umweltzustandes ϑ ergeben, mit Hilfe einer Verlustfunktion mißt, dann kann man für jeden Zustand ϑ jene Aktion a^0_ϑ bestimmen, für die der Verlust minimal ist:

$$\min_a v(a, \vartheta) = v(a^0_\vartheta, \vartheta).$$

[1]Korrekt wird die Verlust- oder Gewinnfunktion aus der Nutzenfunktion $u(a, \vartheta)$ des Entscheidenden abgeleitet. Probleme der Nutzenmessung sowie ihre axiomatische Begründung findet man in Fishburn (1970), DeFinetti (1981), Berger (1985), in der deutschsprachigen Literatur bei Gottinger (1974), Ferschl (1976).

Die Differenz

$$s(a,\vartheta) = v(a,\vartheta) - v(a^0_\vartheta,\vartheta)$$

gibt den Gewinnentgang an, den man in Kauf nimmt, wenn der unbekannte Zustand ϑ zutrifft und man anstelle der besten Aktion a^0_ϑ die Aktion a wählt. Man bezeichnet die Differenz als Opportunitätskosten und die entsprechende Funktion kurz als Schadenfunktion.

Werden die Konsequenzen der Wahl einer Aktion nicht durch eine Verlustfunktion, sondern durch eine Gewinnfunktion ausgedrückt, dann kann man für jeden Zustand ϑ jene Aktion bestimmen, für die der Gewinn maximal ist:

$$\max_a g(a,\vartheta) = g(a^0_\vartheta,\vartheta).$$

Die Differenz

$$s(a,\vartheta) = g(a^0_\vartheta,\vartheta) - g(a,\vartheta)$$

zwischen dem Gewinn der besten Aktion a^0_ϑ und dem Gewinn der gewählten Aktion a repräsentieren wieder Opportunitätskosten. Die entsprechende Funktion $s(a,\vartheta)$ ist daher eine Schadenfunktion.

Die Schadenfunktion $s(a,\vartheta)$ ist auf dem kartesischen Produkt

$$A \times \Theta$$

definiert. A ist der Aktionsraum und Θ der Zustandsraum, der hier mit dem Parameterraum zusammenfällt. Wenn man die möglichen Schäden einer Aktion mit ihren Eintrittswahrscheinlichkeiten gewichtet, dann erhält man den Schadenerwartungswert dieser Aktion. Als Gewichtungsfunktion zieht man bei der Priorianalyse die Prioriverteilung

$$\mathrm{SE}'(a) = \int_\Theta s(a,\vartheta)\cdot f(\vartheta)\ d\vartheta$$

und bei der Posteriorianalyse die Posterioriverteilung heran

$$\mathrm{SE}''(a) = \int_\Theta s(a,\vartheta)\cdot f(\vartheta|x)\ d\vartheta.$$

Nach der Bayes'schen Entscheidungsregel wählt man jene Aktion aus A, für die der Schadenerwartungswert am kleinsten ist:[2]

$$a_{opt} : \mathrm{SE}(a_{opt}) \le \mathrm{SE}(a), \qquad \forall a \in A.$$

[2]Vgl. auch Lindley, D.V. (1985, S. 123), Cyert, R.M., DeGroot, M.H. (1987, S. 12).

1 Testverfahren

Testverfahren[3] sind dadurch gekennzeichnet, daß nur zwei Aktionen a_0 und a_1 zur Wahl stehen. Die beiden Umweltzustände dieses Entscheidungsproblems werden durch eine Zufallsvariable ϑ ausgedrückt, die durch einen konstanten Wert c in zwei Bereiche getrennt ist. Die möglichen Konsequenzen der Wahl einer bestimmten Aktion und des Eintreffens eines bestimmten Umweltzustandes werden durch Opportunitätskosten oder kurz Schäden ausgedrückt. Diese Schadenfunktionen sind für $c = \vartheta_0$ folgendermaßen definiert:

$$
\begin{aligned}
s(a_0, \vartheta) &= \begin{cases} 0 & \text{für } \vartheta \leq \vartheta_0, \\ s_2 \cdot (\vartheta - \vartheta_0)^r & \text{für } \vartheta > \vartheta_0, \end{cases} \\
s(a_1, \vartheta) &= \begin{cases} s_1 \cdot (\vartheta_0 - \vartheta)^r & \text{für } \vartheta \leq \vartheta_0, \\ 0 & \text{für } \vartheta > \vartheta_0. \end{cases}
\end{aligned}
$$

Ist $r = 0$, dann liegt eine konstante Schadenfunktion vor. Bei $r = 1$ spricht man von einer linearen und bei $r = 2$ von einer quadratischen Schadenfunktion. Wenn die Exponenten nicht übereinstimmen, dann bezeichnet man die Schadenfunktion als gemischt.

Die Schadenerwartungswerte der beiden Aktionen sind die Erwartungswerte dieser Schadenfunktionen:

$$
\begin{aligned}
\mathrm{SE}(a_0) &= E\left[s(a_0, \vartheta)\right] \\
&= s_2 \cdot \left[\int_{-\infty}^{\vartheta_0} 0 \cdot f(\vartheta) d\vartheta + \int_{\vartheta_0}^{\infty} (\vartheta - \vartheta_0)^r \cdot f(\vartheta)\, d\vartheta\right] \\
&= s_2 \cdot \int_{\vartheta_0}^{\infty} (\vartheta - \vartheta_0)^r \cdot f(\vartheta)\, d\vartheta \\
&= s_2 \cdot m_r^{(2)},
\end{aligned}
$$

$$
\begin{aligned}
\mathrm{SE}(a_1) &= E\left[s(a_1, \vartheta)\right] \\
&= s_1 \cdot \left[\int_{-\infty}^{\vartheta_0} (\vartheta_0 - \vartheta)^r \cdot f(\vartheta)\, d\vartheta + \int_{\vartheta_0}^{\infty} 0 \cdot f(\vartheta)\, d\vartheta\right] \\
&= s_1 \cdot \int_{-\infty}^{\vartheta_0} (\vartheta_0 - \vartheta)^r \cdot f(\vartheta)\, d\vartheta \\
&= s_1 \cdot m_l^{(1)}.
\end{aligned}
$$

$m_l^{(1)}$ und $m_r^{(2)}$ sind die entsprechenden linken und rechten partiellen Momente der Zufallsvariable ϑ. Für die Erwartungswertbildung wird entweder die Prioriverteilung $f(\vartheta)$ von ϑ herangezogen oder die Posterioriverteilung $f(\vartheta|x)$, wenn neben der Prioriverteilung noch die Realisation einer Zufallsstichprobe X zur Verfügung steht. In beiden Fällen wählt man jene Aktion mit dem kleineren

[3] Vgl. Berger (1985, S. 163).

Schadenerwartungswert. Der Schadenerwartungswert der optimalen Aktion ist daher

$$\text{SE}\,(a_{opt}) = \min\,[\text{SE}(a_0), \text{SE}(a_1)]$$

und es gilt

$$\begin{aligned} \text{SE}(a_0) - \text{SE}(a_1) &\leq 0 \Rightarrow a_0 = a_{opt}, \\ \text{SE}(a_0) - \text{SE}(a_1) &\geq 0 \Rightarrow a_1 = a_{opt}. \end{aligned}$$

1.1 Konstante Schadenfunktion

Bei einer konstanten Schadenfunktion ($r = 0$) sind die beiden Schadenerwartungswerte gegeben durch

$$\begin{aligned} \text{SE}(a_0) &= s_2 \cdot K_c^{\infty}(\vartheta) = s_2 \cdot \int_c^{\infty} f(\vartheta)\, d\vartheta, \\ \text{SE}(a_1) &= s_1 \cdot K_{-\infty}^{c}(\vartheta) = s_1 \cdot \int_{-\infty}^{c} f(\vartheta)\, d\vartheta. \end{aligned}$$

Im Bernoulli Modell ist ϑ der Anteilswert π der sowohl priori als auch posteriori betaverteilt ist. Die Schadenerwartungswerte sind daher für die oben angeführte Schadenfunktion gegeben durch

$$\begin{aligned} \text{SE}(a_0) &= s_2 \cdot \int_c^1 f_\beta(\pi|x, n-x)\, d\pi = s_2 \cdot G_\beta(c), \\ \text{SE}(a_1) &= s_1 \cdot \int_0^c f_\beta(\pi|x, n-x)\, d\pi = s_1 \cdot F_\beta(c). \end{aligned}$$

Im Gauß Modell ist ϑ der Mittelwert μ, die Differenz δ_μ, δ_π, δ_w oder der Regressionskoeffizient β_i . Seine Priori-, und Posterioriverteilung ist eine Normalverteilung. Daher sind seine Schadenerwartungswerte für die angegebene Schadenfunktion

$$\begin{aligned} \text{SE}(a_0) &= s_2 \cdot \int_c^{\infty} f_N(\vartheta|m, \sigma^2)\, d\vartheta = s_2 \cdot G_N(c), \\ \text{SE}(a_1) &= s_1 \cdot \int_{-\infty}^{c} f_N(\vartheta|m, \sigma^2)\, d\vartheta = s_1 \cdot F_N(c), \end{aligned}$$

wobei ϑ entweder μ, δ_μ, δ_π, δ_w oder β_i ist. m ist der Priori- oder Posterioriererwartungswert von μ, δ_μ, δ_π, δ_w oder β_i und σ^2 ist die entsprechende Varianz.

1.2 Lineare Schadenfunktion

Die Schadenerwartungswerte sind bei einer linearen Schadenfunktion ($r = 1$) gegeben durch

$$\begin{aligned} \text{SE}(a_0) &= s_2 \cdot L_c^{\infty}(\vartheta) = s_2 \cdot \int_c^{\infty} (\vartheta - c) \cdot f(\vartheta)\, d\vartheta, \\ \text{SE}(a_1) &= s_1 \cdot L_{-\infty}^{c}(\vartheta) = s_1 \cdot \int_{-\infty}^{c} (c - \vartheta) \cdot f(\vartheta)\, d\vartheta. \end{aligned}$$

Die linearen Schadenmomente kann man wie folgt auflösen:

$$\begin{aligned}\int_c^\infty (\vartheta - c) \cdot f(\vartheta)\, d\vartheta &= E_c^\infty(\vartheta) - c \cdot G(c),\\ \int_{-\infty}^c (c - \vartheta) \cdot f(\vartheta)\, d\vartheta &= c \cdot F(c) - E_{-\infty}^c(\vartheta).\end{aligned}$$

Dementsprechend kann man die Schadenerwartungswerte der beiden Modelle bestimmen. Für das Bernoulli Modell sind die Schadenerwartungswerte[4]

$$\begin{aligned}\mathrm{SE}(a_0) &= s_2 \cdot L_c^1(\pi)\\ &= s_2 \cdot \left[\frac{x}{n} \cdot G_\beta(c|x+1, n-x) - c \cdot G_\beta(c|x, n-x)\right],\\ \mathrm{SE}(a_1) &= s_1 \cdot L_0^c(\pi)\\ &= s_1 \cdot \left[c \cdot F_\beta(c|x, n-x) - \frac{x}{n} \cdot F_\beta(c|x+1, n-x)\right]\end{aligned}$$

und für das Gauß Modell[5]

$$\begin{aligned}\mathrm{SE}(a_0) &= s_2 \cdot L_c^\infty(\vartheta)\\ &= s_2 \cdot \sigma \cdot [f_Z(z) - z \cdot G_Z(z)],\\ \mathrm{SE}(a_1) &= s_1 \cdot L_{-\infty}^c(\vartheta)\\ &= s_1 \cdot \sigma \cdot [z \cdot F_Z(z) + f_Z(z)]\end{aligned}$$

mit

$$z = (c - m)/\sigma.$$

1.3 Quadratische Schadenfunktion

Für eine quadratische Schadenfunktion ($r = 2$) sind die Schadenerwartungswerte gleich

$$\begin{aligned}\mathrm{SE}(a_0) &= s_2 \cdot Q_c^\infty(\vartheta) = s_2 \cdot \int_c^\infty (\vartheta - c)^2 \cdot f(\vartheta)\, d\vartheta,\\ \mathrm{SE}(a_1) &= s_1 \cdot Q_{-\infty}^c(\vartheta) = s_1 \cdot \int_{-\infty}^c (c - \vartheta)^2 \cdot f(\vartheta)\, d\vartheta.\end{aligned}$$

Wenn man das Quadrat ausmultipliziert, dann erhält man folgende quadratische Momente

$$\begin{aligned}\int_c^\infty (\vartheta - c)^2 \cdot f(\vartheta)\, d\vartheta &= c^2 \cdot G(c) - 2 \cdot c \cdot E_c^\infty(\vartheta) + E_c^\infty(\vartheta^2),\\ \int_{-\infty}^c (c - \vartheta)^2 \cdot f(\vartheta)\, d\vartheta &= c^2 \cdot F(c) - 2 \cdot c \cdot E_{-\infty}^c(\vartheta) + E_{-\infty}^c(\vartheta^2).\end{aligned}$$

[4] Vgl. 3.2 Betaverteilung, (c) Momenterzeugende Funktionen für partielle Momente, S. 295.

[5] Vgl. 4.1 Normalverteilung, (d) Lineare und quadratische Momente, S. 321.

Man kann diese quadratischen Momente auch mit Hilfe der linearen Momente und partiellen Erwartungswerte ausdrücken:

$$\begin{aligned} Q_c^{\infty}(\vartheta) &= -c \cdot L_c^{\infty}(\vartheta) + E_c^{\infty}(\vartheta^2) - c \cdot E_c^{\infty}(\vartheta), \\ Q_{-\infty}^{c}(\vartheta) &= c \cdot L_{-\infty}^{c}(\vartheta) + E_{-\infty}^{c}(\vartheta^2) - c \cdot E_{-\infty}^{c}(\vartheta). \end{aligned}$$

Entsprechend diesen Möglichkeiten kann man die Schadenerwartungswerte der beiden Modelle angeben. Für das Bernoulli Modell sind die Schadenerwartungswerte[6]

$$\begin{aligned} \mathrm{SE}(a_0) &= s_2 \cdot Q_c^1(\pi) \\ &= s_2 \cdot \left[c^2 \cdot G_\beta(c|x, n-x) - 2 \cdot c \cdot \frac{x}{n} \cdot G_\beta(c|x+1, n-x) + \right. \\ &+ \left. \frac{x}{n} \cdot \frac{x+1}{n+1} \cdot G_\beta(c|x+2, n-x)\right], \\ \mathrm{SE}(a_1) &= s_1 \cdot Q_0^c(\pi) \\ &= s_1 \cdot \left[c^2 \cdot F_\beta(c|x, n-x) - 2 \cdot c \cdot \frac{x}{n} \cdot F_\beta(c|x+1, n-x) + \right. \\ &+ \left. \frac{x}{n} \cdot \frac{x+1}{n+1} \cdot F_\beta(c|x+2, n-x)\right]. \end{aligned}$$

Die entsprechenden Schadenerwartungswerte des Gauß Modells sind[7]

$$\begin{aligned} \mathrm{SE}(a_0) &= s_2 \cdot Q_c^{\infty}(\vartheta) \\ &= s_2 \cdot \sigma^2 \cdot \left[G_Z(z) \cdot (z^2+1) - z \cdot f_Z(z)\right], \\ \mathrm{SE}(a_1) &= s_1 \cdot Q_{-\infty}^{c}(\vartheta) \\ &= s_1 \cdot \sigma^2 \cdot \left[F_Z(z) \cdot (z^2+1) + z \cdot f_Z(z)\right] \end{aligned}$$

mit

$$z = (c - m)/\sigma.$$

2 Punktschätzverfahren

Beim Punktschätzverfahren muß man nicht eine von zwei möglichen Aktionen auswählen, wie dies beim Testverfahren der Fall ist, sondern man muß sich für eine aus unendlich vielen möglichen Aktionen entscheiden. Für jede dieser möglichen Aktionen a gilt folgende Schadenfunktion:

$$s(a, \vartheta) = \begin{cases} 0 & \text{für } a = \vartheta, \\ s_u \cdot (a - \vartheta)^r & \text{für } a > \vartheta, \\ s_o \cdot (\vartheta - a)^r & \text{für } a < \vartheta \end{cases}.$$

[6] Vgl. 3.2 Betaverteilung, (c) Momenterzeugende Funktionen für partielle Momente, S. 295.

[7] Vgl. 4.1 Normalverteilung, (d) Lineare und quadratische Momente, S. 321.

Die Zufallsvariable ϑ ist ein Parameter z.B. π beim Bernoulli Modell. a ist ein Schätzwert für diesen unbekannten Parameter. Wenn a gleich ϑ ist, also der Schätzwert gleich dem unbekannten Parameter ist, dann entsteht kein Schaden. Ist hingegen der unbekannte Parameterwert ϑ kleiner als der Schätzwert a, dann entsteht ein Schaden s_u pro Einheit Abweichung hoch r. Wenn der unbekannte Parameterwert ϑ größer ist als der Schätzwert a, dann tritt ein Schaden von s_o pro Einheit Abweichung hoch r auf. Je nach unterstellter Schadenfunktion wächst der Schaden pro Einheit Abweichung linear, im Quadrat oder auch überhaupt nicht. Dementsprechend ist $r = 1$, $r = 2$ oder $r = 0$.

Der Schadenerwartungswert für einen bestimmten Schätzwert a ist der Erwartungswert der obigen Schadenfunktion, wobei zur Erwartungswertbildung die Priori- oder Posterioriverteilung des Parameters ϑ herangezogen wird:

$$\begin{aligned} \mathrm{SE}(a) &= E\,[s(a,\vartheta)] \\ &= s_u \cdot E_{-\infty}^{a}(a-\vartheta)^r + s_o \cdot E_a^{\infty}(\vartheta - a)^r \\ &= s_u \cdot m_r^{(1)} + s_o \cdot m_r^{(2)}. \end{aligned}$$

Die optimale Aktion ist jene, für die dieser Schadenerwartungswert minimal ist. Da es im Prinzip unendlich viele mögliche Aktionen gibt, ist es nicht durchführbar, zuerst für jede Aktion den Schadenerwartungswert zu berechnen, wie dies bei den Testverfahren der Fall ist und dann jene Aktion auszuwählen, deren Schadenerwartungswert am kleinsten ist. Bei den Schätzverfahren wird zuerst die optimale Aktion bestimmt und dann für diese allein der Schadenerwartungswert berechnet.

Wenn man den Schadenerwartungswert nach a ableitet

$$\frac{d}{da}\mathrm{SE}(a) = s_u \cdot r \cdot E_{-\infty}^{a}(a-\vartheta)^{r-1} - s_o \cdot r \cdot E_a^{\infty}(\vartheta - a)^{r-1}$$

und diese Ableitung gleich Null setzt, dann erhält man die Bedingung, die das optimale a erfüllen muß[8]

$$\begin{aligned} s_u \cdot E_{-\infty}^{a}(a-\vartheta)^{r-1} &= s_o \cdot E_a^{-\infty}(\vartheta - a)^{r-1} \\ s_u \cdot m_{r-1}^{(1)} &= s_o \cdot m_{r-1}^{(2)}. \end{aligned}$$

Bei einer quadratischen Schadenfunktion ($r = 2$) muß also für a_{opt} gelten

$$s_u \cdot E_{-\infty}^{a}(a-\vartheta)^1 = s_o \cdot E_a^{\infty}(\vartheta - a)^1.$$

Berücksichtigt man diese Bedingung bei der Berechnung des Schadenerwartungswertes von a_{opt}, dann erhält man folgende Formel

$$\mathrm{SE}(a_{opt}) = s_u \cdot \left[E_{-\infty}^{a_{opt}}(\vartheta^2) - a_{opt} \cdot E_{-\infty}^{a_{opt}}(\vartheta)\right] + s_o \cdot \left[E_{a_{opt}}^{\infty}(\vartheta^2) - a_{opt} \cdot E_{a_{opt}}^{\infty}(\vartheta)\right].$$

[8]Bei Berger (1985, S. 437) findet man nur für den Spezialfall $s_u = s_o = 1$ eine Formel, mit der der optimale Stichprobenumfang berechnet werden kann.

Bei einer linearen Schadenfunktion ($r = 1$) muß für a_{opt} gelten:

$$\begin{aligned} s_u \cdot E^{a}_{-\infty}(a-\vartheta)^{\circ} &= s_o \cdot E^{\infty}_{a}(\vartheta - a)^{\circ} \\ s_u \cdot F_{\vartheta}(a) &= s_o \cdot G_{\vartheta}(a). \end{aligned}$$

Wegen dieser Bedingung ist der Schadenerwartungswert der optimalen Aktion gleich

$$\mathrm{SE}(a_{opt}) = -s_u \cdot E^{a_{opt}}_{-\infty}(\vartheta) + s_o \cdot E^{\infty}_{a_{opt}}(\vartheta).$$

2.1 Konstante Schadenfunktion

Für eine konstante Schadenfunktion ist der Schadenerwartungswert jeder Aktion gegeben durch

$$\begin{aligned} \mathrm{SE}(a) &= s_u \cdot m_0^{(1)} + s_o \cdot m_0^{(2)} \\ &= s_u \cdot K^{a}_{-\infty}(\vartheta) + s_o \cdot K^{\infty}_{a}(\vartheta) \\ &= s_u \cdot F_{\vartheta}(a) + s_o \cdot G_{\vartheta}(a). \end{aligned}$$

Wenn man voraussetzt, daß der Schaden der Überschätzung des wahren Wertes von ϑ gleich dem der Unterschätzung ist,

$$s_u = s_o = s,$$

dann ist klar, daß man jenen Schätzwert wählen wird, für den die Wahrscheinlichkeit am größten ist. Man wird daher das Maximum der Wahrscheinlichkeits- bzw. Dichtefunktion von ϑ bestimmen und den entsprechenden Wert als optimalen Schätzwert wählen. Diesen Wert einer Verteilung bezeichnet man als wahrscheinlichsten Wert oder Modus

$$a_{opt} = M(\vartheta).$$

Bei einer diskreten Zufallsvariable ϑ ist der Schadenerwartungswert in diesem Fall ($s_u = s_o = s$)

$$\begin{aligned} \mathrm{SE}(a_{opt}) &= s \cdot [F_{\vartheta}(a_{opt}) + G_{\vartheta}(a_{opt}) - f(a_{opt})] \\ &= s \cdot [1 - f(a_{opt})] \end{aligned}$$

und bei einer stetigen wäre er immer gleich s:

$$\begin{aligned} \mathrm{SE}(a_{opt}) &= s \cdot [F_{\vartheta}(a_{opt}) + G_{\vartheta}(a_{opt})] \\ &= s \cdot 1. \end{aligned}$$

Weitere Stichprobeninformationen könnten also bei einer stetigen Zufallsvariable ϑ den Schadenerwartungswert nicht verringern. Um dies zu verhindern, wird bei einer stetigen Zufallsvariable berücksichtigt, daß geringe Abweichungen des Schätzwertes vom wahren Parameterwert meist tolerierbar sind und

Schäden erst auftreten, wenn diese Abweichung einen kleinen Betrag ε überschreitet. Die Schadenfunktion hat daher folgendes Aussehen:

$$s(a,\vartheta) = \begin{cases} 0 & \text{für } |a-\vartheta| < \varepsilon, \\ s & \text{für } |a-\vartheta| \geq \varepsilon. \end{cases}$$

Der Schadenerwartungswert der entsprechenden optimalen Aktion ist dann

$$\begin{aligned} \mathrm{SE}(a_{opt}) &= s \cdot [F_\vartheta(a_{opt}-\varepsilon) + G_\vartheta(a_{opt}+\varepsilon)] \\ &= s \cdot [1 - F_\vartheta(a_{opt}+\varepsilon) + F_\vartheta(a_{opt}-\varepsilon)]\,. \end{aligned}$$

Im allgemeinen Fall, wenn also $s_u \neq s_o$ ist, ist der Schadenerwartungswert einer Aktion gleich

$$\mathrm{SE}(a) = s_u \cdot F_\vartheta(a-\varepsilon) + s_o \cdot G_\vartheta(a-\varepsilon).$$

Um die optimale Aktion zu finden, für die der Schadenerwartungswert minimal ist, leitet man SE(a) nach a ab und setzt diese Ableitung gleich Null:

$$\frac{d}{da}\mathrm{SE}(a) = s_u \cdot f_\vartheta(a-\varepsilon) - s_o \cdot f_\vartheta(a+\varepsilon) \stackrel{!}{=} 0.$$

Die optimale Aktion muß also bei einer konstanten Schadenfunktion die Bedingung

$$s_u \cdot f_\vartheta(a-\varepsilon) = s_o \cdot f_\vartheta(a+\varepsilon)$$

erfüllen.

Im Bernoulli Modell ist π eine absolut stetige Zufallsvariable, die Werte zwischen 0 und 1 annehmen kann. Der optimale Schätzwert für π ist daher das Maximum der Betadichte der Priori- oder Posterioriverteilung, wenn $s_u = s_o$ ist. Um das Maximum zu finden, sucht man die erste Ableitung

$$\begin{aligned} &\frac{d}{d\pi} f_\beta(\pi|x, n-x) = \\ &= \frac{1}{B(x,n-x)}\Big[(x-1)\cdot\pi^{x-2}\cdot(1-\pi)^{n-x-1} + \pi^{x-1}\cdot(n-x-1) \\ &\cdot (1-\pi)^{n-x-2}\cdot(-1)\Big] \\ &= \frac{1}{B(x,n-x)}\cdot\pi^{x-1}\cdot(1-\pi)^{n-x-1} \\ &\cdot\Big[(x-1)\cdot\pi^{-1} - (n-x-1)\cdot(1-\pi)^{-1}\Big] \\ &= f_\beta(\pi|x,n-x)\cdot\left(\frac{x-1}{\pi} - \frac{n-x-1}{1-\pi}\right), \end{aligned}$$

setzt diese gleich Null und löst sie nach π auf:

$$\begin{aligned} \frac{x-1}{\pi} &= \frac{n-x-1}{1-\pi} \\ \pi &= \frac{x-1}{n-2}. \end{aligned}$$

Da die zweite Ableitung der Betadichte (für $n > 2$) kleiner Null ist, ist der Modus der Betaverteilung der optimale Schätzwert

$$M(\pi) = a_{opt} = \frac{x-1}{n-2}$$

und der entsprechende Schadenerwartungswert ist gleich

$$\mathrm{SE}(a_{opt}) = s \cdot \left[1 - F_\beta\left(\frac{x-1}{n-2} + \varepsilon | x, n-x\right) + F_\beta\left(\frac{x-1}{n-2} - \varepsilon | x, n-x\right)\right].$$

Wenn $s_u \neq s_o$ ist, dann gibt es keine explizite Formel für a_{opt}. Lediglich die Bedingung, die a_{opt} erfüllen muß, kann wie folgt ausgedrückt werden:

$$s_u \cdot (\pi - \varepsilon)^{x-1} \cdot (1 - \pi + \varepsilon)^{n-x-1} = s_o \cdot (\pi + \varepsilon)^{x-1} \cdot (1 - \pi - \varepsilon)^{n-x-1}.$$

Im Gauß Modell ist ϑ eine normalverteilte Zufallsvariable, deren optimaler Schätzwert das Maximum der Priori- oder Posteriorinormalverteilung ist, wenn $s_u = s_o$ ist. Um das Maximum zu bestimmen, setzt man der Einfachheit halber $\vartheta = x$ und setzt die erste Ableitung von $f_N(x|m, \sigma^2)$ gleich Null:

$$\frac{d}{dx} f_N(x|m, \sigma^2) = \frac{1}{\sqrt{2\pi\sigma^2}} \cdot \frac{-2 \cdot z}{2} \cdot e^{-z^2/2} \cdot \frac{1}{\sigma} \stackrel{!}{=} 0.$$

Man substituiert dabei

$$z = (x - m)/\sigma.$$

Wenn man für z wieder einsetzt und nach x auflöst,

$$\begin{aligned} -\frac{1}{\sqrt{2\pi\sigma^2}} \cdot e^{-(x-m)^2/2\sigma^2} \cdot \frac{x-m}{\sigma^2} &= 0 \\ x &= m, \end{aligned}$$

dann sieht man, daß das Maximum der Normalverteilung bei m liegt, da auch die zweite Ableitung negativ ist. Der optimale Schätzwert ist also gleich m

$$a_{opt} = m$$

und der Schadenerwartungswert ist

$$\begin{aligned} \mathrm{SE}(a_{opt}) &= s \cdot \left[F_Z\left(-\frac{\varepsilon}{\sigma}\right) + G_Z\left(\frac{\varepsilon}{\sigma}\right)\right] \\ &= s \cdot \left[1 - F_Z\left(\frac{\varepsilon}{\sigma}\right) + F_Z\left(-\frac{\varepsilon}{\sigma}\right)\right] \\ &= 2 \cdot s \cdot F_Z\left(-\frac{\varepsilon}{\sigma}\right). \end{aligned}$$

Im allgemeinen Fall für $s_u \neq s_o$ erhält man folgende Formel für a_{opt}:

$$\begin{aligned} s_u \cdot e^{-(a-\varepsilon-m)^2/2\sigma^2} &= s_o \cdot e^{-(a+\varepsilon-m)^2/2\sigma^2} \\ (a+\varepsilon-m)^2 - (a-\varepsilon-m)^2 &= 2 \cdot \sigma^2 \cdot \ln(s_o/s_u) \\ 4 \cdot a \cdot \varepsilon - 4 \cdot \varepsilon \cdot m &= 2 \cdot \sigma^2 \cdot \ln(s_o/s_u) \\ a &= m + \sigma^2 \cdot \frac{ln(s_o/s_u)}{2 \cdot \varepsilon}. \end{aligned}$$

Die optimale Aktion ist also gegeben durch

$$a_{opt} = m + \sigma \cdot z_{opt},$$

wobei z_{opt} gleich ist

$$z_{opt} = \sigma \cdot \frac{\ln(s_o/s_u)}{2 \cdot \varepsilon}.$$

Der Schadenerwartungswert dieser optimalen Aktion ist

$$\text{SE}(a_{opt}) = s_u \cdot F_Z\left(z_{opt} - \frac{\varepsilon}{\sigma}\right) + s_o \cdot G_Z\left(z_{opt} + \frac{\varepsilon}{\sigma}\right).$$

2.2 Lineare Schadenfunktion

Für eine lineare Schadenfunktion ist der Schadenerwartungswert jeder Aktion gegeben durch

$$\begin{aligned}
\text{SE}(a) &= s_u \cdot m_1^{(1)} + s_o \cdot m_1^{(2)} \\
&= s_u \cdot L_{-\infty}^{a}(\vartheta) + s_o \cdot L_a^{\infty}(\vartheta) \\
&= s_u \cdot \left[a \cdot F_\vartheta(a) - E_{-\infty}^{a}(\vartheta)\right] + s_o \cdot \left[E_a^{\infty}(\vartheta) - a \cdot G_\vartheta(a)\right].
\end{aligned}$$

Die optimale Aktion muß daher die Bedingung

$$\begin{aligned}
s_u \cdot m_{1-1}^{(1)} &= s_o \cdot m_{1-1}^{(2)} \\
s_u \cdot m_0^{(1)} &= s_o \cdot m_0^{(2)} \\
s_u \cdot F_\vartheta(a) &= s_o \cdot G_\vartheta(a)
\end{aligned}$$

erfüllen. Man kann dies aber auch wie folgt nachweisen:
Zuerst bildet man die erste Ableitung von SE(a). Diese Ableitung ist

$$\frac{d}{da}\text{SE}(a) = s_u \cdot F_\vartheta(a) - s_o \cdot G_\vartheta(a),$$

da

$$\begin{aligned}
\frac{d}{da} L_{-\infty}^{a}(\vartheta) &= \frac{d}{da}\left[a \cdot F_\vartheta(a) - E_{-\infty}^{a}(\vartheta)\right] \\
&= a \cdot f_\vartheta(a) + F_\vartheta(a) - a \cdot f_\vartheta(a) \\
&= F_\vartheta(a)
\end{aligned}$$

und

$$\begin{aligned}
\frac{d}{da} L_a^{\infty}(\vartheta) &= \frac{d}{da}\left[E_a^{\infty}(\vartheta) - a \cdot G_\vartheta(a)\right] \\
&= a \cdot f_\vartheta(a) - a \cdot f_\vartheta(a) - G_\vartheta(a) \\
&= -G_\vartheta(a).
\end{aligned}$$

Dabei wurde berücksichtigt, daß

$$\frac{d}{da}\left(a \cdot \int_{-\infty}^{a} f(\vartheta)\, d\vartheta\right) = a \cdot f_\vartheta(a) + F_\vartheta(a)$$

ist und

$$\frac{d}{da}\left(\int_{-\infty}^{a} \vartheta \cdot f(\vartheta)\, d\vartheta\right) = a \cdot f_\vartheta(a).$$

Wenn man diese erste Ableitung gleich Null setzt

$$s_u \cdot F_\vartheta(a) - s_o \cdot G_\vartheta(a) \stackrel{!}{=} 0$$

und nach $F(a)$ auflöst, erhält man die Bedingung für den optimalen Schätzwert:

$$F_\vartheta(a) = \frac{s_o}{s_u + s_o}.$$

Jenes a, das diese Bedingung erfüllt, besitzt den minimalen Schadenerwartungswert, da die zweite Ableitung von SE(a) positiv ist. Der Schadenerwartungswert der optimalen Aktion wird mit folgender Formel berechnet:

$$\mathrm{SE}(a_{opt}) = s_o \cdot E_{a_{opt}}^{\infty}(\vartheta) - s_u \cdot E_{-\infty}^{a_{opt}}(\vartheta).$$

Für

$$s_u = s_o = s$$

ist der Zentralwert $Z(\vartheta)$ der optimale Schätzwert für den unbekannten Parameter, da er die Bedingung[9]

$$F_\vartheta(a) = \frac{s_o}{s_u + s_o} = \frac{1}{2}$$

definitionsgemäß erfüllt.

Im Bernoulli Modell ist die Zufallsvariable ϑ der unbekannte Parameter π, der betaverteilt ist. Der Schadenerwartungswert der optimalen Aktion ist in diesem Fall gleich[10]

$$\begin{aligned}
\mathrm{SE}(a_{opt}) &= s_o \cdot E_{a_{opt}}^{1}(\pi) - s_u \cdot E_0^{a_{opt}}(\pi) \\
&= s_o \cdot \frac{x}{n} \cdot G_\beta(a_{opt}|x+1, n-x) - s_u \cdot \frac{x}{n} \cdot F_\beta(a_{opt}|x+1, n-x) \\
&= \frac{x}{n} \cdot [s_o \cdot G_\beta(a_{opt}|x+1, n-x) - s_u \cdot F_\beta(a_{opt}|x+1, n-x)] \\
&= \frac{x}{n} \cdot [s_o - F_\beta(a_{opt}|x+1, n-x) \cdot (s_u + s_o)].
\end{aligned}$$

---

[9] Vgl. 1.4 Perzentile, S. 248.

[10] Vgl. 3.2 Betaverteilung, (c) Momenterzeugende Funktionen für partielle Momente, S. 295.

Im Gauß Modell ist die optimale Aktion gegeben durch

$$a_{opt} = m + \sigma \cdot z_{opt},$$

wobei z_{opt} die Bedingung

$$F_Z(z_{opt}) = \frac{s_o}{s_o + s_u}$$

erfüllen muß. Der Schadenerwartungswert dieser Aktion ist[11]

$$\begin{aligned}
\mathrm{SE}\,(a_{opt}) &= s_o \cdot E_{a_{opt}}^{\infty}(\vartheta) - s_u \cdot E_{-\infty}^{a_{opt}}(\vartheta) \\
&= s_o \cdot [m \cdot G_Z\,(z_{opt}) + \sigma \cdot f_Z\,(z_{opt})] - s_u \cdot [m \cdot F_Z\,(z_{opt}) - \\
&- \sigma \cdot f_Z\,(z_{opt})] \\
&= s_o \cdot \left[m \cdot \left(1 - \frac{s_o}{s_o + s_u}\right) + \sigma \cdot f_Z\,(z_{opt})\right] - \\
&- s_u \cdot \left[m \cdot \frac{s_o}{s_o + s_u} - \sigma \cdot f_Z\,(z_{opt})\right] \\
&= (s_o + s_u) \cdot f_Z\,(z_{opt}) \cdot \sigma,
\end{aligned}$$

da

$$m \cdot \left[s_o \cdot \left(1 - \frac{s_o}{s_o - s_u}\right) - s_u \cdot \frac{s_o}{s_o + s_u}\right] = 0$$

ist. Da bei einer Normalverteilung der Zentralwert gleich dem Erwartungswert ist, ist für $s_o = s_u = s$ die optimale Aktion

$$a_{opt} = m$$

und der Schadenerwartungswert

$$\mathrm{SE}(a_{opt}) = s \cdot \sqrt{2/\pi} \cdot \sigma.$$

2.3 Quadratische Schadenfunktion

Der Schadenerwartungswert jeder möglichen Aktion ist bei einer quadratischen Schadenfunktion gleich

$$\begin{aligned}
\mathrm{SE}(a) &= s_u \cdot m_2^{(1)} + s_o \cdot m_2^{(2)} \\
&= s_u \cdot Q_{-\infty}^{a}(\vartheta) + s_o \cdot Q_a^{\infty}(\vartheta).
\end{aligned}$$

Auch hier ist die Bedingung für das optimale a gegeben durch

$$\begin{aligned}
s_u \cdot m_{2-1}^{(1)} &= s_o \cdot m_{2-1}^{(2)} \\
s_u \cdot m_1^{(1)} &= s_o \cdot m_1^{(2)} \\
s_u \cdot L_{-\infty}^{a}(\vartheta) &= s_o \cdot L_a^{\infty}(\vartheta).
\end{aligned}$$

[11]Vgl. 4.1 Normalverteilung, (c) Momenterzeugende Funktionen für die partiellen Momente, S. 320.

Der Schadenerwartungswert dieser optimalen Aktion ist gleich

$$
\begin{aligned}
\mathrm{SE}(a_{opt}) &= s_u \cdot Q_{-\infty}^{a_{opt}}(\vartheta) + s_o \cdot Q_{a_{opt}}^{\infty}(\vartheta) \\
&= s_u \cdot \left[a_{opt} \cdot L_{-\infty}^{a_{opt}}(\vartheta) - a_{opt} \cdot E_{-\infty}^{a_{opt}}(\vartheta) + E_{-\infty}^{a_{opt}}(\vartheta^2)\right] + \\
&+ s_o \cdot \left[-a_{opt} \cdot L_{a_{opt}}^{\infty}(\vartheta) - a_{opt} \cdot E_{a_{opt}}^{\infty}(\vartheta) + E_{a_{opt}}^{\infty}(\vartheta^2)\right] \\
&= s_u \cdot \left[E_{-\infty}^{a_{opt}}(\vartheta^2) - a_{opt} \cdot E_{-\infty}^{a_{opt}}(\vartheta)\right] + \\
&+ s_o \cdot \left[E_{a_{opt}}^{\infty}(\vartheta^2) - a_{opt} \cdot E_{a_{opt}}^{\infty}(\vartheta)\right], \\
&= s_u \cdot E_{-\infty}^{a_{opt}}(\vartheta^2) + s_o \cdot E_{a_{opt}}^{\infty}(\vartheta^2) - \\
&- a_{opt}^2 \cdot \left[s_u \cdot F_\vartheta(a_{opt}) + s_o \cdot G_\vartheta(a_{opt})\right],
\end{aligned}
$$

da

$$
s_u \cdot L_{-\infty}^{a_{opt}}(\vartheta) - s_o \cdot L_{a_{opt}}^{\infty}(\vartheta)
$$

gleich Null ist.

Durch Einsetzen in die linearen Momente und Auflösen nach a kann man die Bedingung der optimalen Aktion auch folgendermaßen darstellen:

$$
a_{opt} = \frac{s_u \cdot E_{-\infty}^{a}(\vartheta) + s_o \cdot E_{a}^{\infty}(\vartheta)}{s_u \cdot F_\vartheta(a) + s_o \cdot G_\vartheta(a)}.
$$

Für den Spezialfall $s_u = s_o = s$ kann man aus dieser Formel für a_{opt} entnehmen, daß der optimale Schätzwert gleich dem Erwartungswert von ϑ ist:

$$
\begin{aligned}
a_{opt} &= \frac{s \cdot E_{-\infty}^{a}(\vartheta) + s \cdot E_{a}^{\infty}(\vartheta)}{s \cdot F_\vartheta(a) + s \cdot G_\vartheta(a)} \\
&= E(\vartheta).
\end{aligned}
$$

Der Schadenerwartungswert ist für diesen Spezialfall ($s_u = s_o = s$)

$$
\begin{aligned}
\mathrm{SE}(a_{opt}) &= s \cdot \left[Q_{-\infty}^{a_{opt}}(\vartheta) + Q_{a_{opt}}^{\infty}(\vartheta)\right] \\
&= s \cdot \left[V(\vartheta) + (E(\vartheta) - a_{opt})^2\right] \\
&= s \cdot \left[V(\vartheta) + (E(\vartheta) - E(\vartheta))^2\right] \\
&= s \cdot V(\vartheta).
\end{aligned}
$$

Im Bernoulli Modell ist die Zufallsvariable ϑ der unbekannte Parameter π. Der optimale Schätzwert für das unbekannte π muß in diesem Fall die Bedingung

$$
\begin{aligned}
s_u \cdot [a \cdot F_\beta(a|x, n-x) - \frac{x}{n} \cdot F_\beta(a|x, n-x)] &= s_o \cdot [\frac{x}{n} \cdot G_\beta(a|x+1, n-x) - \\
&- a \cdot G_\beta(a|x+1, n-x)]
\end{aligned}
$$

erfüllen. Der Schadenerwartungswert der optimalen Aktion ist gleich[12]

$$
\begin{aligned}
\mathrm{SE}(a_{opt}) &= \frac{x\cdot(x+1)}{n\cdot(n+1)}\cdot[s_u\cdot F_\beta(a_{opt}|x+2,n-x)+\\
&+ s_o\cdot G_\beta(a_{opt}|x+2,n-x)] - a_{opt}^2\cdot[s_u\cdot F_\beta(a_{opt}|x,n-x)+\\
&+ s_o\cdot G_\beta(a_{opt}|x,n-x)]\,.
\end{aligned}
$$

Für $s_u = s_o = s$ ist

$$E(\pi) = \frac{x}{n}$$

der optimale Schätzwert und

$$
\begin{aligned}
\mathrm{SE}(a_{opt}) &= s\cdot V(\pi)\\
&= s\cdot\frac{x\cdot(n-x)}{n^2\cdot(n+1)}\\
&= s\cdot\frac{E(\pi)\cdot(1-E(\pi))}{n+1}
\end{aligned}
$$

der entsprechende minimale Schadenerwartungswert.
Für das Gauß Modell ist die optimale Aktion bestimmt durch

$$a_{opt} = m + \sigma\cdot z_{opt}.$$

z_{opt} ergibt sich aus der Bedingung

$$s_u\cdot L_{-\infty}^{a_{opt}}(\vartheta) = s_o\cdot L_{a_{opt}}^{\infty}(\vartheta).$$

Durch Einsetzen erhält man daraus[13]

$$s_u\cdot[z\cdot F_Z(z)+f_Z(z)] = s_o\cdot[f_Z(z)-z\cdot G_Z(z)].$$

Den Schadenerwartungswert der optimalen Aktion kann man auch wie folgt berechnen:

$$
\begin{aligned}
\mathrm{SE}(a_{opt}) &= s_u\cdot\left[E_{-\infty}^{a_{opt}}(\vartheta^2) - a_{opt}\cdot E_{-\infty}^{a_{opt}}(\vartheta)\right] + s_o\cdot\left[E_{a_{opt}}^{\infty}(\vartheta^2)-\right.\\
&- \left. a_{opt}\cdot E_{a_{opt}}^{\infty}(\vartheta)\right]\\
&= s_u\cdot\left[(m^2+\sigma^2-a_{opt}\cdot m)\cdot F_N(a_{opt}) + m\cdot\sigma^2\cdot f_N(a_{opt})\right] +\\
&+ s_o\cdot\left[(m^2+\sigma^2-a_{opt}\cdot m)\cdot G_N(a_{opt}) + m\cdot\sigma^2\cdot f_N(a_{opt})\right],
\end{aligned}
$$

[12]Vgl. 3.2 Betaverteilung, (c) Momentenerzeugende Funktionen für partielle Momente, S. 297.

[13]Vgl. 4.1 Normalverteilung, (d) Lineare und quadratische Momente, S. 322.

da z.B.

$$\begin{aligned} s_u \cdot \left[E^a_{-\infty}(\vartheta^2) - a \cdot E^a_{-\infty}(\vartheta)\right] &= s_u \cdot \Big[(m^2+\sigma^2)\cdot F_N(a) - \sigma^2 \cdot (a+m)\cdot \\ &\cdot \; f_N(a) - a \cdot \big(m \cdot F_N(a) - \sigma^2 \cdot f_N(a)\big)\Big] \\ &= s_u \cdot \Big[(m^2+\sigma^2 - a\cdot m)\cdot F_N(a) + \\ &+ \; m \cdot \sigma^2 f_N(a)\Big] \end{aligned}$$

ist. Man kann den Schadenerwartungswert der optimalen Aktion weiter umformen und erhält

$$\begin{aligned} \mathrm{SE}(a_{opt}) &= s_u \cdot m \cdot \Big[(m - a_{opt})\cdot F_N(a_{opt}) + \sigma^2 \cdot f_N(a_{opt})\Big] + \\ &+ \; s_u \cdot \sigma^2 \cdot F_N(a_{opt}) + s_o \cdot m \cdot \Big[\sigma^2 \cdot f_N(a_{opt}) - (a_{opt} - m)\cdot \\ &\cdot \; G_N(a_{opt})\Big] + s_o \cdot \sigma^2 \cdot G_N(a_{opt}) \\ &= -s_u \cdot m \cdot L^{a_{opt}}_{-\infty}(\vartheta) + s_u \cdot \sigma^2 \cdot F_N(a_{opt}) + s_o \cdot m \cdot L^{\infty}_{a_{opt}}(\vartheta) + \\ &+ \; s_o \cdot \sigma^2 \cdot G_N(a_{opt}) \\ &= m \cdot \Big[s_o \cdot L^{\infty}_{a_{opt}}(\vartheta) - s_u \cdot L^{a_{opt}}_{-\infty}(\vartheta)\Big] + \sigma^2 \cdot [s_u \cdot F_N(a_{opt}) + \\ &+ \; s_o \cdot G_N(a_{opt})] \\ &= \sigma^2 \cdot [s_u \cdot F_N(a_{opt}) + s_o \cdot G_N(a_{opt})], \end{aligned}$$

da laut Bedingung

$$s_o \cdot L^{\infty}_{a_{opt}}(\vartheta) - s_u \cdot L^{a_{opt}}_{-\infty}(\vartheta) = 0$$

ist.
Für $s_u = s_o = s$ ist die optimale Aktion

$$a_{opt} = E(\vartheta) = m$$

und der Schadenerwartungswert

$$\mathrm{SE}(a_{opt}) = s \cdot \sigma^2.$$

3 Intervallschätzverfahren

Man sucht beim Intervallschätzverfahren nicht einen einzelnen Schätzwert für einen unbekannten Parameter, also einen Punkt auf der Zahlengeraden wie beim Punktschätzverfahren, sondern ein Intervall für den unbekannten Parameter. Eine Aktion ist daher

$$a = (T_u, T_o) \text{ mit } T_u, T_o \in R \text{ und } T_u < T_o.$$

Man kann das Punktschätzverfahren als Grenzfall des Intervallschätzverfahrens betrachten: Die Intervallänge

$$T_o - T_u$$

schrumpft beim Punktschätzverfahren auf einen Punkt zusammen. Die Verfahren sind sich daher ähnlich. Auch bei den Intervallschätzverfahren muß man aus einer unendlich großen Anzahl möglicher Aktionen eine optimale auswählen. Man bestimmt daher wie bei den Punktschätzverfahren zuerst die optimale Aktion und berechnet nur für diese den Schadenerwartungswert.

Für eine vorgegebene Intervallänge,

$$c = T_o - T_u,$$

ist die Schadenfunktion folgendermaßen definiert:

$$s(a, \vartheta) = \begin{cases} 0 & \text{für } T_u \leq \vartheta \leq T_o, \\ s_u \cdot (T_u - \vartheta)^r & \text{für } T_u > \vartheta, \\ s_o \cdot (\vartheta - T_o)^r & \text{für } T_o < \vartheta. \end{cases}$$

Kein Schaden tritt auf, wenn der unbekannte Parameter innerhalb des Intervalls liegt. Ist er kleiner als die Intervalluntergrenze T_u, dann entsteht ein Schaden s_u pro Einheit Abweichung. Wenn der unbekannte Parameter größer ist als die Intervallobergrenze T_o, dann rechnet man mit einem Schaden von s_o pro Einheit Abweichung.

Für jedes mögliche Schätzintervall a ist der Schadenerwartungswert gleich dem Erwartungswert der angeführten Schadenfunktion:

$$\begin{aligned} \text{SE}(a) &= E[s(a, \vartheta)] \\ &= s_u \cdot E_{-\infty}^{T_u}(T_u - \vartheta)^r + s_o \cdot E_{T_o}^{\infty}(\vartheta - T_o)^r. \end{aligned}$$

Zur Erwartungswertbildung verwendet man je nach Informationsstand die Priori- oder Posterioriverteilung des Parameters ϑ. Die Aktion mit minimalem Schadenerwartungswert findet man so wie beim Punktschätzverfahren durch Ableiten und Nullsetzen der entsprechenden Schadenerwartungswertfunktionen.

$$\begin{aligned} \frac{\partial}{\partial T_u}\text{SE}(a) &= s_u \cdot r \cdot E_{-\infty}^{T_u}(T_u - \vartheta)^{r-1} \overset{!}{=} 0, \\ \frac{\partial}{\partial T_o}\text{SE}(a) &= -s_o \cdot r \cdot E_{T_o}^{\infty}(\vartheta - T_o)^{r-1} \overset{!}{=} 0. \end{aligned}$$

Das Schätzintervall mit minimalem Schadenerwartungswert muß die Bedingung

$$s_u \cdot E_{-\infty}^{T_u}(T_u - \vartheta)^{r-1} = s_o \cdot E_{T_o}^{\infty}(\vartheta - T_o)^{r-1}$$

erfüllen. Bei einer quadratischen Schadenfunktion ($r = 2$) muß also für a_{opt} gelten

$$\begin{aligned} s_u \cdot E_{-\infty}^{T_u}(T_u - \vartheta)^1 &= s_o \cdot E_{T_o}^{\infty}(\vartheta - T_o)^1 \\ s_u \cdot L_{-\infty}^{T_u}(\vartheta) &= s_o \cdot L_{T_o}^{\infty}(\vartheta). \end{aligned}$$

Bei einer linearen Schadenfunktion ($r = 1$) gilt für a_{opt}

$$\begin{aligned} s_u \cdot E_{-\infty}^{T_u}(T_u - \vartheta)^0 &= s_o \cdot E_{T_o}^{\infty}(\vartheta - T_o)^0 \\ s_u \cdot F_\vartheta(T_u) &= s_o \cdot G_\vartheta(T_o) \end{aligned}$$

und bei einer konstanten Schadenfunktion

$$s_u \cdot f_\vartheta(T_u) = s_o \cdot f_\vartheta(T_o).$$

3.1 Konstante Schadenfunktion

Der Schadenerwartungswert jeder möglichen Aktion ist für eine konstante Schadenfunktion gegeben durch

$$\begin{aligned} \mathrm{SE}(a) &= s_u \cdot K_{-\infty}^{T_u}(\vartheta) + s_o \cdot K_{T_o}^{\infty}(\vartheta) \\ &= s_u \cdot F_\vartheta(T_u) + s_o \cdot G_\vartheta(T_o). \end{aligned}$$

Um jenes Schätzintervall zu finden, für das der entsprechende Schadenerwartungswert minimal ist, leitet man die Schadenerwartungswertfunktion partiell nach T_u und T_o ab und setzt diese Ableitungen gleich Null:

$$\begin{aligned} \frac{\partial}{\partial T_u}\mathrm{SE}(a) &= s_u \cdot f_\vartheta(T_u) \overset{!}{=} 0, \\ \frac{\partial}{\partial T_o}\mathrm{SE}(a) &= -s_o \cdot f_\vartheta(T_o) \overset{!}{=} 0. \end{aligned}$$

Die Auflösung des Gleichungssystems zeigt, daß das Schätzintervall mit minimalem Schadenerwartungswert die Bedingung

$$s_u \cdot f_\vartheta(T_u) = s_o \cdot f_\vartheta(T_o)$$

mit $T_o = T_u + c$ erfüllen muß.

Im Bernoulli Modell ist die Zufallsvariable ϑ der unbekannte Parameter π, der sowohl priori als auch posteriori betaverteilt ist. Die Bedingung für das optimale Schätzintervall kann in diesem Fall wie folgt geschrieben werden:

$$\frac{f_\beta(T_u|x, n-x)}{f_\beta(T_u + c|x, n-x)} = \left(\frac{T_u}{T_u + c}\right)^{x-1} \cdot \left(\frac{1 - T_u}{1 - T_u - c}\right)^{n-x-1} = \frac{s_o}{s_u}.$$

Der Schadenerwartungswert des optimalen Schätzintervalls ist

$$\begin{aligned} \mathrm{SE}(a_{opt}) &= s_u \cdot F_\beta(T_u|x, n-x) + s_o \cdot G_\beta(T_u + c|x, n-x) \\ &= s_u \cdot F_\beta(T_u|x, n-x) + s_o \cdot [1 - F_\beta(T_u + c|x, n-x)]. \end{aligned}$$

Im Gauß Modell ist die Bedingung für das optimale Schätzintervall gegeben durch

$$s_u \cdot e^{-(T_u - m)^2/2\cdot\sigma^2} = s_o \cdot e^{-(T_u + c - m)^2/2\cdot\sigma^2}.$$

Daraus kann man die Formel für T_u ableiten:

$$\begin{aligned}(T_u + c - m)^2 - (T_u - m)^2 &= 2 \cdot \sigma^2 \cdot \ln(s_o/s_u)\\ T_u &= m - \frac{c}{2} + \sigma^2 \cdot \frac{\ln(s_o/s_u)}{c}.\end{aligned}$$

Die Obergrenze ist

$$\begin{aligned}T_o &= T_u + c\\ &= m + \frac{c}{2} + \sigma^2 \cdot \frac{\ln(s_o/s_u)}{c}.\end{aligned}$$

Für den Schadenerwartungswert ergibt sich die Formel aus

$$\begin{aligned}\mathrm{SE}(a_{opt}) &= s_u \cdot F_N(T_u) + s_o \cdot G_N(T_o)\\ &= s_u \cdot F_Z(z_u) + s_o \cdot G_Z(z_o)\\ &- s_u \cdot F_Z\left(\frac{\sigma \cdot \ln(s_o/s_u)}{c} - \frac{c}{2 \cdot \sigma}\right) +\\ &+ s_o \cdot G_Z\left(\frac{\sigma \cdot \ln(s_o/s_u)}{c} + \frac{c}{2 \cdot \sigma}\right),\end{aligned}$$

da z.B.

$$\frac{T_u + c/2 - m}{\sigma} = \frac{\sigma \cdot \ln(s_o/s_u)}{c}$$

ist und daher

$$z_u = \frac{T_u - m}{\sigma} = \frac{\sigma \cdot \ln(s_o/s_u)}{c} - \frac{c}{2 \cdot \sigma}.$$

Setzt man die Schadenfunktion[14]

$$s(a, \vartheta) = s_l \cdot (T_o - T_u) + \begin{cases} s_u & \text{für } \vartheta < T_u,\\ s_o & \text{für } \vartheta > T_o\end{cases}$$

voraus, bei der nicht eine fixe Intervallänge angenommen wird, sondern ein Schaden s_l pro Einheit Intervallänge, dann ist der Schadenerwartungswert gleich

$$\mathrm{SE}(a) = s_l \cdot (T_o - T_u) + s_u \cdot F_\vartheta(T_u) + s_o \cdot G_\vartheta(T_o).$$

Die partiellen Ableitungen dieser Funktion nach T_u und T_o sind

$$\begin{aligned}\frac{\partial}{\partial T_u}\mathrm{SE}(a) &= -s_l + s_u \cdot f_\vartheta(T_u),\\ \frac{\partial}{\partial T_o}\mathrm{SE}(a) &= s_l - s_o \cdot f_\vartheta(T_o).\end{aligned}$$

[14]Intervallschätzverfahren für weitere Schadenfunktionen findet man bei Winkler (1972).

Die Auflösung der nullgesetzten Ableitungen liefert die Bedingungen für die Unter- und Obergrenze des optimalen Intervalls:[15]

$$f_\vartheta(T_u) = \frac{s_l}{s_u}, \qquad f_\vartheta(T_o) = \frac{s_l}{s_o}.$$

Im Gauß Modell sind diese Bedingungen gleich

$$\begin{aligned} \frac{1}{\sqrt{2\cdot\pi\cdot\sigma^2}}\cdot\exp\left\{-\frac{1}{2}\cdot\left(\frac{T_u-m}{\sigma}\right)^2\right\} &= \frac{s_l}{s_u}, \\ \frac{1}{\sqrt{2\cdot\pi\cdot\sigma^2}}\cdot\exp\left\{-\frac{1}{2}\cdot\left(\frac{T_o-m}{\sigma}\right)^2\right\} &= \frac{s_l}{s_o}. \end{aligned}$$

Die Auflösung dieser Gleichungen nach T_u und T_o führt zu folgenden Formeln für die Unter- und Obergrenze:

$$\begin{aligned} T_u &= m-\sigma\cdot\sqrt{-\ln\left(2\cdot\pi\cdot\sigma\cdot\left(\frac{s_l}{s_u}\right)^2\right)}, \\ T_o &= m+\sigma\cdot\sqrt{-\ln\left(2\cdot\pi\cdot\sigma\cdot\left(\frac{s_l}{s_o}\right)^2\right)}. \end{aligned}$$

3.2 Lineare Schadenfunktion

Für eine lineare Schadenfunktion ist der Schadenerwartungswert einer Aktion gleich

$$\begin{aligned} \mathrm{SE}(a) &= s_u\cdot L_{-\infty}^{T_u}(\vartheta)+s_o\cdot L_{T_o}^{\infty}(\vartheta) \\ &= s_u\cdot\left[T_u\cdot F_\vartheta(T_u)-E_{-\infty}^{T_u}(\vartheta)\right]+s_o\cdot\left[E_{T_o}^{\infty}(\vartheta)-T_o\cdot G_\vartheta(T_o)\right]. \end{aligned}$$

Da $T_o = T_u + c$ ist, ist der Schadenerwartungswert

$$\begin{aligned} \mathrm{SE}(a) &= s_u\cdot\left[T_u\cdot F_\vartheta(T_u)-E_{-\infty}^{T_u}(\vartheta)\right]+s_o\cdot\left[E_{T_u+c}^{\infty}(\vartheta)-\right. \\ &- \left.(T_u+c)\cdot G_\vartheta(T_u+c)\right] \end{aligned}$$

und die Ableitung nach T_u ist

$$\begin{aligned} \frac{d}{dT_u}\mathrm{SE}(a) &= s_u\cdot[T_u\cdot f_\vartheta(T_u)+F_\vartheta(T_u)-T_u\cdot f_\vartheta(T_u)]+s_o\,[(T_u+c)\cdot \\ &\cdot\ f_\vartheta(T_u+c)-(T_u+c)\cdot f_\vartheta(T_u+c)-G_\vartheta(T_u+c)] \\ &= s_u\cdot F_\vartheta(T_u)-s_o\cdot G_\vartheta(T_u+c). \end{aligned}$$

[15] Eine Lösung existiert nur, wenn

$$\frac{s_l}{s_u}+\frac{s_l}{s_o}<1.$$

Für ein Schätzintervall mit minimalem Schadenerwartungswert muß also gelten

$$s_u \cdot F_\vartheta(T_u) = s_o \cdot G_\vartheta(T_u + c)$$

und der Schadenerwartungswert des optimalen Schätzintervalls ist

$$\begin{aligned} \text{SE}(a_{opt}) &= s_u \cdot T_u \cdot F_\vartheta(T_u) - s_u \cdot E_{-\infty}^{T_u}(\vartheta) + s_o \cdot E_{T_u+c}^{\infty}(\vartheta) - \\ &- s_o \cdot (T_u + c) \cdot G_\vartheta(T_u + c) \\ &= s_o \cdot E_{T_u+c}^{\infty}(\vartheta) - s_u \cdot E_{-\infty}^{T_u}(\vartheta) - s_u \cdot c \cdot F_\vartheta(T_u), \end{aligned}$$

da

$$s_u \cdot T_u \cdot F_\vartheta(T_u) = s_o \cdot T_u \cdot G_\vartheta(T_u + c)$$

voraussetzungsgemäß gleich sind.
Im Bernoulli Modell ist die Bedingung für das optimale Schätzintervall gegeben durch

$$s_u \cdot F_\beta(T_u|x, n-x) = s_o \cdot G_\beta(T_u + c|x, n-x)$$

und der entsprechende Schadenerwartungswert wird berechnet nach der Formel[16]

$$\begin{aligned} \text{SE}(a_{opt}) &= s_o \cdot E_{T_u+c}^{1}(\pi|x, n-x) - s_u \cdot E_0^{T_u}(\pi|x, n-x) - \\ &- s_u \cdot c \cdot F_\beta(T_u|x, n-x). \end{aligned}$$

Im Gauß Modell folgt aus der Bedingung

$$s_u \cdot F_\vartheta(T_u) = s_o \cdot G_\vartheta(T_u + c),$$

daß das z_u aus folgender Bestimmungsgleichung berechnet werden muß:

$$s_u \cdot F_Z(z) = s_o \cdot [1 - F_Z(z + c/\sigma)].$$

z_o ergibt sich dann als

$$z_o = z_u + \frac{c}{\sigma}.$$

Die Unter- und Obergrenzen des optimalen Intervalls sind

$$\begin{aligned} T_u &= m + \sigma \cdot z_u \\ T_o &= T_u + c. \end{aligned}$$

Der Schadenerwartungswert kann mit Hilfe der Formeln[17]

$$\begin{aligned} \text{SE}(a_{opt}) &= s_u \cdot \sigma \cdot [z_u \cdot F_Z(z_u) + f_Z(z_u)] + \\ &+ s_o \cdot \sigma \cdot [f_Z(z_o) - z_o \cdot G_Z(z_o)] \end{aligned}$$

[16] Vgl. 3.2 Betaverteilung, (c) Momenterzeugende Funktionen für partielle Momente, S. 295.

[17] Vgl. 4.1 Normalverteilung, (d) Lineare und quadratische Momente, S. 321.

berechnet werden.

Für den Spezialfall, daß

$$s_u = s_o = s$$

ist, kann man den Schadenerwartungswert mit der Formel

$$\begin{aligned}\mathrm{SE}(a_{opt}) &= 2 \cdot s \cdot L_{-\infty}^{T_u}(\vartheta) \\ &= 2 \cdot s \cdot \sigma \cdot [f_Z(z) + z \cdot F_Z(z)]\end{aligned}$$

bestimmen, wobei z gleich ist

$$z = \frac{T_u - m}{\sigma} = \frac{(m - \frac{c}{2}) - m}{\sigma} = -\frac{c}{2 \cdot \sigma}.$$

Wenn man die Intervallänge nicht fix vorgibt, sondern den Schaden pro Einheit Intervallänge, dann hat diese Schadenfunktion folgendes Aussehen:

$$s(a, \vartheta) = s_l\,(T_o - T_u) + \begin{cases} s_u \cdot (T_u - \vartheta) & \text{für } \vartheta < T_u, \\ s_o \cdot (\vartheta - T_o) & \text{für } \vartheta > T_o. \end{cases}$$

s_l ist der Schaden pro Einheit Intervallänge. Der Schadenerwartungswert ist in diesem Fall gleich

$$\begin{aligned}\mathrm{SE}(a) &= s_l \cdot (T_o - T_u) + s_u \cdot L_{-\infty}^{T_u}(\vartheta) + s_o \cdot L_{T_o}^{\infty}(\vartheta) \\ &= s_l \cdot (T_o - T_u) + s_u \cdot \left[T_u \cdot F_\vartheta(T_u) - E_{-\infty}^{T_u}(\vartheta)\right] + \\ &+ s_o \cdot \left[E_{T_o}^{\infty}(\vartheta) - T_o \cdot G_\vartheta(T_o)\right]\end{aligned}$$

und die partiellen Ableitungen nach T_u und T_o sind

$$\begin{aligned}\frac{\partial}{\partial T_u}\mathrm{SE}(a) &= -s_l + s_u \cdot [T_u \cdot f_\vartheta(T_u) + F_\vartheta(T_u) - T_u \cdot f_\vartheta(T_u)] \\ &= -s_l + s_u \cdot F_\vartheta(T_u), \\ \frac{\partial}{\partial T_o}\mathrm{SE}(a) &= s_l + s_o \cdot [T_o \cdot f_\vartheta(T_o) - T_o \cdot f_\vartheta(T_o) - G_\vartheta(T_o)] \\ &= s_l - s_o \cdot G_\vartheta(T_o).\end{aligned}$$

Setzt man die partiellen Ableitungen gleich Null und formt sie um, dann erhält man die Bedingungen für die Grenzen des optimalen Schätzintervalls:[18]

$$F_\vartheta(T_u) = \frac{s_l}{s_u}, \qquad G_\vartheta(T_o) = \frac{s_l}{s_o}.$$

[18] Vgl. auch LaValle (1970, S. 544).

Im Gauß Modell folgt aus dieser Bedingung, daß die Unter- und Obergrenze des optimalen Intervalls mit Hilfe der Formeln

$$\begin{aligned} T_u &= m + \sigma \cdot z_u \\ T_o &= m + \sigma \cdot z_o \end{aligned}$$

berechnet werden, wobei z_u und z_o so bestimmt werden, daß gilt

$$F_Z(z_u) = \frac{s_l}{s_u}, \qquad G_Z(z_o) = \frac{s_l}{s_o}.$$

Der Schadenerwartungswert ist in diesem Fall gleich

$$\begin{aligned} \mathrm{SE}(a) &= \sigma \cdot s_l \cdot (z_o - z_u) + \sigma \cdot \left[s_u \cdot L_{-\infty}^{z_u}(z) + s_o \cdot L_{z_o}^{\infty}(z)\right] \\ &= \sigma \cdot \left[s_l \cdot (z_o - z_u) + s_u \cdot L_{-\infty}^{z_u}(z) + s_o \cdot L_{z_o}^{\infty}(z)\right], \end{aligned}$$

da

$$\begin{aligned} T_o - T_u &= (m + \sigma \cdot z_o) - (m + \sigma \cdot z_u) \\ &= \sigma \cdot (z_o - z_u) \end{aligned}$$

ist. Wenn

$$s_u = s_o = s$$

ist, dann gilt

$$F_Z(z_u) = \frac{s_l}{s} = G_Z(z_o) = 1 - F_Z(z_u).$$

In diesem Fall ist

$$z_u = -z_o$$

und der Schadenerwartungswert

$$\begin{aligned} \mathrm{SE}(a) &= 2 \cdot \left[s_l \cdot z_o + s \cdot L_{-\infty}^{z_u}(z)\right] \cdot \sigma \\ &= 2 \cdot \left[s_l \cdot z_o + s \cdot \left(z_u \cdot \frac{s_l}{s} + f_Z(z_u)\right)\right] \cdot \sigma \\ &= 2 \cdot s \cdot \sigma \cdot f_Z(z_u), \end{aligned}$$

da

$$\begin{aligned} L_{-\infty}^{z_u}(z) &= z_u \cdot F_Z(z_u) + f_Z(z_u) \\ &= z_u \cdot \frac{s_l}{s} + f_Z(z_u). \end{aligned}$$

3.3 Quadratische Schadenfunktion

Der Schadenerwartungswert eines Schätzintervalls ist bei einer quadratischen Schadenfunktion gleich

$$\mathrm{SE}(a) = s_u \cdot Q_{-\infty}^{T_u}(\vartheta) + s_o \cdot Q_{T_o}^{\infty}(\vartheta).$$

Die erste Ableitung nach T_u ist

$$\frac{d}{dT_u}\mathrm{SE}(a) = s_u \cdot 2 \cdot L_{-\infty}^{T_u}(\vartheta) - s_o \cdot 2 \cdot L_{T_u+c}^{\infty}(\vartheta).$$

Das optimale Schätzintervall muß daher die Bedingung

$$s_u \cdot L_{-\infty}^{T_u}(\vartheta) = s_o \cdot L_{T_u+c}^{\infty}(\vartheta)$$

erfüllen.
Für die Betaverteilung ist diese Bedingung für a_{opt} gleich

$$s_u \cdot L_o^{T_u}(\pi|x, n-x) = s_o \cdot L_{T_u+c}^{1}(\pi|x, n-x).$$

und der entsprechende Schadenerwartungswert ist

$$\mathrm{SE}(a_{opt}) = s_u \cdot Q_o^{T_u}(\pi|x, n-x) + s_o \cdot Q_{T_u+c}^{1}(\pi|x, n-x).$$

Im Gauß Modell folgt aus der Bedingung

$$s_u \cdot L_{-\infty}^{T_u}(\vartheta) = s_o \cdot L_{T_u+c}^{\infty}(\vartheta)$$

die Gleichung

$$s_u \cdot [f_Z(z) + z \cdot F_Z(z)] = s_o \cdot [f_Z(z + c/\sigma) - (z + c/\sigma) \cdot (1 - F_Z(z + c/\sigma))].$$

z_u muß diese Gleichung erfüllen. T_u und T_o werden dann wie üblich berechnet:

$$\begin{aligned} T_u &= m + \sigma \cdot z_u, \\ T_o &= T_u + c. \end{aligned}$$

Der Schadenerwartungswert kann mit Hilfe der Formel[19]

$$\begin{aligned} \mathrm{SE}(a_{opt}) &= s_u \cdot \sigma^2 \cdot \left[F_Z(z_u) \cdot (z_u^2 + 1) + z_u \cdot f_Z(z_u)\right] + \\ &+ s_o \cdot \sigma^2 \cdot \left[G_Z(z_o) \cdot (z_o^2 + 1) - z_o \cdot f_Z(z_o)\right] \end{aligned}$$

berechnet werden. Wenn

$$s_u = s_o = s$$

[19] Vgl. 4.1 Normalverteilung, (d) Lineare und quadratische Momente, S. 322.

ist, dann vereinfacht sich die Formel. Der Schadenerwartungswert ist in diesem Fall gleich

$$\begin{aligned} \mathrm{SE}(a_{opt}) &= 2 \cdot s \cdot Q_{-\infty}^{T_u}(\vartheta) \\ &= 2 \cdot s \cdot \sigma^2 \cdot \left[F_Z(z) \cdot (z^2 + 1) + z \cdot f_Z(z) \right], \end{aligned}$$

wobei z gleich ist

$$z = \frac{T_u - m}{\sigma} = \frac{\left(m - \frac{c}{2}\right) - m}{\sigma} = -\frac{c}{2 \cdot \sigma}.$$

Bei variabler Intervallänge ist der Schadenerwartungswert gleich

$$\begin{aligned} \mathrm{SE}(a) &= s_l \cdot (T_o - T_u) + s_u \cdot Q_{-\infty}^{T_u}(\vartheta) + s_o \cdot Q_{T_o}^{\infty}(\vartheta) \\ &= s_l \cdot (T_o - T_u) + s_u \cdot E(T_u - \vartheta)^2 + s_o \cdot E\,(\vartheta - T_o)^2. \end{aligned}$$

Die partiellen Ableitungen nach T_u und T_o sind

$$\begin{aligned} \frac{\partial}{\partial T_u} \mathrm{SE}(a) &= -s_l + s_u \cdot 2 \cdot L_{-\infty}^{T_u}(\vartheta), \\ \frac{\partial}{\partial T_o} \mathrm{SE}(a) &= s_l - s_o \cdot 2 \cdot L_{T_o}^{\infty}(\vartheta). \end{aligned}$$

Das optimale Schätzintervall muß daher die Bedingungen

$$L_{-\infty}^{T_u}(\vartheta) = \frac{s_l}{2 \cdot s_u}, \qquad L_{T_o}^{\infty}(\vartheta) = \frac{s_l}{2 \cdot s_o}$$

erfüllen.
Wegen

$$\begin{aligned} Q_{-\infty}^{z_u}(z) &= F_Z(z_u) \cdot (z_u^2 + 1) + z_u \cdot f_Z(z_u) \\ &= z_u \cdot \{z_u \cdot F_Z(z_u) + f_Z(z_u)\} + F_Z(z_u) \\ &= z_u \cdot L_{-\infty}^{z_u}(z) + F_Z(z_u), \\ Q_{z_o}^{\infty}(z) &= G_Z(z_o) \cdot (z_o^2 + 1) - z_o \cdot f_Z(z_o) \\ &= z_o \cdot \{z_o \cdot G_Z(z_o) - f_Z(z_o)\} + G_Z(z_o) \\ &= -z_o \cdot L_{z_o}^{\infty}(z) - G_Z(z_o) \end{aligned}$$

kann im Gauß Modell der Schadenerwartungswert des optimalen Intervalls wie folgt geschrieben werden:

$$\begin{aligned} \mathrm{SE}(a_{opt}) &= s_l \cdot (T_o - T_u) + s_u \cdot \sigma^2 \cdot \left[F_Z(z_u) \cdot (z_u^2 + 1) + z_u \cdot f_Z(z_u) \right] + \\ &+ s_o \cdot \sigma^2 \cdot \left[G_Z(z_o) \cdot (z_o^2 + 1) - z_o \cdot f_Z(z_o) \right] \\ &= \sigma \cdot (z_o - z_u) + \sigma^2 \cdot [s_u \cdot F_Z(z_u) + s_o \cdot G_Z(z_o)]. \end{aligned}$$

z_u und z_o werden dabei so bestimmt, daß gilt

$$\sigma \cdot L_{-\infty}^{z_u}(z) = \frac{s_l}{2 \cdot s_u},$$
$$\sigma \cdot L_{z_o}^{\infty}(z) = \frac{s_l}{2 \cdot s_o}.$$

Bei der Formel für den Schadenerwartungswert des optimalen Intervalls wurde berücksichtigt, daß

$$\begin{aligned} 2 \cdot s_u \cdot \sigma \cdot L_{-\infty}^{z_u}(z) &= s_l = 2 \cdot s_o \cdot \sigma \cdot L_{z_o}^{\infty}(z) \\ s_u \cdot \sigma^2 \cdot L_{-\infty}^{z_u}(z) &= \frac{s_l \cdot \sigma}{2} = s_o \cdot \sigma^2 \cdot L_{z_o}^{\infty}(z) \end{aligned}$$

ist. Außerdem ist

$$T_u = \mu - \sigma \cdot z_u, \quad T_o = \mu + \sigma \cdot z_o$$

und daher

$$T_o - T_u = \sigma \cdot (z_o - z_u).$$

Die Bedingungen für a_{opt} und die entsprechenden Schadenerwartungswerte für die Punktschätzverfahren stimmen mit jenen der Intervallschätzverfahren überein, wenn man c gleich Null setzt. Daher ist auch klar, daß die Schadenerwartungswerte für die optimalen Aktionen bei den Intervallschätzverfahren prinzipiell geringer sind als die entsprechenden Schadenerwartungswerte für die optimalen Aktionen bei den Punktschätzverfahren.

Kapitel III

Erwarteter Wert der Stichprobeninformation

Die Wahl des optimalen Stichprobenumfanges ist selbst ein Entscheidungsproblem. Zum Aktionsraum gehören in diesem Fall alle möglichen Stichprobenumfänge, das sind die nichtnegativen ganzen Zahlen

$$\mathbb{N}_0 = \{0, 1, 2, \ldots, n, \ldots\}.$$

Der Schadenerwartungswert einer Aktion aus diesem Aktionsraum, also der Schadenerwartungswert eines bestimmten Stichprobenumfanges ist hier gleich[1]

$$\begin{aligned} \mathrm{SE}(n) &= \int_\Theta \int_\Xi S(a, \vartheta, n) \cdot f(\vartheta, x)\, dx\, d\vartheta \\ &= \int_\Xi \left[\int_\Theta S(a, \vartheta, n) \cdot f(\vartheta | x)\, d\vartheta \right] \cdot f(x)\, dx \end{aligned}$$

wobei über den Parameterraum Θ und den Stichprobenraum Ξ integriert wird. Bei der Berechnung dieses Schadenerwartungswertes müssen die jeweils möglichen Realisationen der Stichprobe mit dem Umfang n berücksichtigt werden. Außerdem sind neben den Entscheidungsschäden die Kosten für die Stichprobenerhebung in Rechnung zu stellen. Wenn man eine lineare Nutzenfunktion des Entscheidenden voraussetzt, dann sind die beiden Teile der Schadenfunktion additiv miteinander verknüpft:

$$S(a, \vartheta, n) = s(a, \vartheta) + \mathrm{K}(n).$$

$s(a, \vartheta)$ sind die Opportunitätskosten einer Entscheidung und $\mathrm{K}(n)$ die Kosten der Stichprobenerhebung im Umfang n.

Wenn man den Schadenerwartungswert, der mit der Entscheidung zusammenhängt, als Entscheidungsschadenerwartungswert bezeichnet,

$$\mathrm{ESE}(n) = \int_\Theta \int_\Xi s(a, \vartheta) \cdot f(\vartheta, x)\, dx\, d\vartheta,$$

[1] Vgl. auch Marinell, Seeber (1992).

dann kann man den Schadenerwartungswert der mit der Wahl eines bestimmten Stichprobenumfanges zusammenhängt auch wie folgt anschreiben:

$$\mathrm{SE}(n) = \mathrm{ESE}(n) + \mathrm{K}(n).$$

Auch hier gilt nach der Bayes'schen Entscheidungsregel[2]

$$n_{opt} : \mathrm{SE}(n_{opt}) \leq \mathrm{SE}(n) \qquad \forall n \in \mathbb{N}_0.$$

Obwohl die Bestimmung des optimalen Stichprobenumfanges über die Schadenerwartungswerte der relevanten Stichprobenumfänge möglich ist, wird dieser Weg selten eingeschlagen, sondern vielmehr ein „Opportunitätswert"-Konzept angewendet. Man bezieht den Schadenerwartungswert eines bestimmten Stichprobenumfanges auf den sogenannten erwarteten Wert der perfekten Information. Dieser Wert ist der Schadenerwartungswert der priori optimalen Aktion:

$$\mathrm{EWPI} = \mathrm{SE}'(a_{opt}).$$

Selbst für perfekte Information über den Zustands- bzw. Parameterraum wird der Entscheidende nicht bereit sein, mehr auszugeben als er auf Grund seines derzeitigen (Priori-) Informationsstandes an Schaden zu erwarten hat. Die Differenz zwischen diesem EWPI und dem Schadenerwartungswert eines bestimmten Stichprobenumfanges bezeichnet man als erwarteten Nettowert der Stichprobeninformation

$$\mathrm{ENSI}(n) = \mathrm{EWPI} - \mathrm{SE}(n).$$

An diesem Wert kann man ablesen, ob es sinnvoll ist, eine Stichprobe mit dem Umfang n als weitere Informationsbasis für die Entscheidung zu berücksichtigen. Man wird eine Stichprobe eines bestimmten Umfanges nur dann als Entscheidungsgrundlage heranziehen, wenn ihr ENSI positiv ist. In diesem Fall übersteigt der erwartete Informationswert der Stichprobe die Erhebungskosten.[3] Den erwarteten Informationswert einer Stichprobe kürzt man mit EWSI ab:

$$\begin{aligned} \mathrm{EWSI}(n) &= \mathrm{ENSI}(n) + \mathrm{K}(n) \\ &= \mathrm{EWPI} - \mathrm{ESE}(n). \end{aligned}$$

Nach diesem Konzept ist der optimale Stichprobenumfang definiert durch

$$n_{opt} : \mathrm{ENSI}(n_{opt}) \geq \mathrm{ENSI}(n) \qquad \forall n \in \mathbb{N}_0$$

und

$$\mathrm{ENSI}(n_{opt}) > 0.$$

[2] Vgl. hierzu auch Cochran, W.G. (1977, S. 84).

[3] Vgl. Spurr, W.A., Bonini, C.P. (1973, S. 382), Boot, J.C.G., Cox, E.B. (1974, S. 352).

Man sucht nicht den Stichprobenumfang mit minimalem Schadenerwartungswert, sondern jenen mit maximalem erwarteten Nettowert der Stichprobeninformation.

Da der EWPI der Schadenerwartungswert der priori optimalen Aktion ist und der ESE der Erwartungswert aus allen posteriori optimalen Aktionen für einen gegebenen Stichprobenumfang, kann man den EWSI auch wie folgt schreiben:

$$\begin{aligned}\mathrm{EWSI}(n_i) &= \mathrm{EWPI} - \mathrm{ESE}(n_i)\\ &= \mathrm{SE}'(a'_{opt}) - E_x[\mathrm{SE}''(a''_{opt}|x)].\end{aligned}$$

Eine weitere Darstellungs- und Berechnungsmöglichkeit für den EWSI ergibt sich aus der Relation[4]

$$E_x E_{y|x}(h(y)) = E_y(h(y)),$$

die zu folgender Formel führt

$$\mathrm{EWSI}(n_i) = E_x[\mathrm{SE}''(a'_{opt}|x) - \mathrm{SE}''(a''_{opt}|x)].$$

Die Bestimmung des optimalen Stichprobenumfanges ist manchmal nur dadurch möglich, daß man für alle in Frage kommenden Stichprobenumfänge den ENSI berechnet und dann jenen mit maximalem ENSI auswählt. Eine obere Schranke für die in Frage kommenden Stichprobenumfänge ergibt sich aus der Tatsache, daß die Kosten der Stichprobenerhebung nie den EWPI übersteigen dürfen. Für eine lineare Kostenfunktion der Stichprobenerhebung ohne Fixkosten

$$\mathrm{K}(n) = k \cdot n$$

ist der maximal in Frage kommende Stichprobenumfang gegeben durch

$$n_{max} \leq \frac{\mathrm{EWPI}}{k}$$

und daher der Aktionsraum nach oben beschränkt:

$$\mathbb{N}_0 = \{0, 1, 2, \ldots, n_{max}\}.$$

1 Testverfahren

Der erwartete Wert der Stichprobeninformation kann bei den Testverfahren nicht nur mit Hilfe der Formel

$$\begin{aligned}\mathrm{EWSI}(n_i) &= \mathrm{EWPI} - \mathrm{ESE}(n)\\ &= \mathrm{SE}'(a'_{opt}) - E_x\left[\mathrm{SE}''(a''_{opt}|x)\right]\end{aligned}$$

[4]Vgl. 2.6. Erwartungswert einer von zwei gemeinsam verteilten Zufallsvariablen, S. 277f.

berechnet werden. Bei einem Testverfahren kann man den EWSI auch nach folgender Formel bestimmen:

$$\text{EWSI}(n_i) = \begin{cases} E_x\left[\text{SE}''(a_0|x) - \text{SE}''(a_1|x)\right]^+ & \text{für } a'_{opt} = a_0, \\ E_x\left[\text{SE}''(a_1|x) - \text{SE}''(a_0|x)\right]^+ & \text{für } a'_{opt} = a_1 \end{cases}$$

mit

$$[w]^+ = max\{0, w\}.$$

Wenn sich durch die Stichprobeninformation die priori optimale Aktion nicht ändert, dann ist der Wert dieser Stichprobeninformation wertlos und daher gleich Null. Nur dann, wenn durch die Stichprobe eine Änderung in der Wahl der optimalen Aktion eintritt, hat die entsprechende Stichprobeninformation einen positiven Wert. Wenn z.B. a_0 die priori optimale Aktion ist, dann können für eine bestimmte Stichprobe nur folgende zwei Fälle auftreten: Der Posteriorischadenerwartungswert von a_0 ist wieder kleiner als der von a_1 oder er ist größer als der von a_1. Im ersten Fall ist der Wert der Stichprobeninformation gleich Null. Im zweiten Fall hat die Stichprobe einen positiven Informationswert. Für $a'_{opt} = a_0$ gilt also

$$\text{SE}''(a_0|x) - \text{SE}''(a_1|x) \leq 0 \Rightarrow a_0 = a''_{opt} \Rightarrow \text{WSI} = 0,$$
$$\text{SE}''(a_0|x) - \text{SE}''(a_1|x) \geq 0 \Rightarrow a_1 = a''_{opt} \Rightarrow \text{WSI} > 0.$$

Der Wert eines bestimmten Stichprobenergebnisses x ist also für $a'_{opt} = a_0$ durch die Formel

$$\text{WSI}(x) = \left[\text{SE}''(a_0|x) - \text{SE}''(a_1|x)\right]^+$$

mit

$$[w]^+ = \max\{0, w\}$$

darstellbar. Berücksichtigt man alle möglichen Stichprobenergebnisse eines gegebenen Umfanges, dann erhält man den erwarteten Wert der gesamten Stichprobeninformation mit

$$\text{EWSI}(n_i) = E_x\left[\text{SE}''(a_0|x) - \text{SE}''(a_1|x)\right]^+ \text{ für } a'_{opt} = a_0.$$

Zum EWSI für $a'_{opt} = a_1$ kommt man durch analoge Überlegungen:

$$\text{EWSI}(n_i) = E_x\left[\text{SE}''(a_1|x) - \text{SE}''(a_0|x)\right]^+ \text{ für } a'_{opt} = a_1.$$

Wenn man die Schadenfunktion

$$s(a_0, \vartheta) = \begin{cases} 0 & \text{für } \vartheta \leq \vartheta_0 \\ s_2 \cdot (\vartheta - \vartheta_0)^r & \text{für } \vartheta > \vartheta_0 \end{cases}$$
$$s(a_1, \vartheta) = \begin{cases} s_1 \cdot (\vartheta_0 - \vartheta)^r & \text{für } \vartheta \leq \vartheta_0 \\ 0 & \text{für } \vartheta > \vartheta_0 \end{cases}$$

voraussetzt, dann ist der EWSI für $a'_{opt} = a_0$ gleich

$$\begin{aligned}
\mathrm{EWSI}(n_i) &= E_x\left[s_2 \cdot E_{\vartheta|x}\left\{s(a_0,\vartheta)\right\} - s_1 \cdot E_{\vartheta|x}\left\{s(a_1,\vartheta)\right\}\right]^+ \\
&= E_x\left[s_2 \cdot E_{\vartheta|x}(\vartheta - \vartheta_0)^r - s_1 \cdot E_{\vartheta|x}(\vartheta_0 - \vartheta)^r\right]^+ \\
&= s_2 \cdot m_{0r}^{(22)} - s_1 \cdot m_{0r}^{(21)}
\end{aligned}$$

und für $a'_{opt} = a_1$

$$\begin{aligned}
\mathrm{EWSI}(n_i) &= E_x\left[s_1 \cdot E_{\vartheta|x}\{s(a_1,\vartheta)\} - s_2 \cdot E_{\vartheta|x}\{s(a_0,\vartheta)\}\right]^+ \\
&= E_x\left[s_1 \cdot E_{\vartheta|x}(\vartheta_0 - \vartheta)^r - s_2 \cdot E_{\vartheta|x}(\vartheta - \vartheta_0)^r\right]^+ \\
&= s_1 \cdot m_{0r}^{(11)} - s_2 \cdot m_{0r}^{(12)}.
\end{aligned}$$

Die Erwartungswertbildung erfolgt über die Posterioriverteilung ($E_{\vartheta|x}$) und über die Prädiktivverteilung (E_x). Da für die bedingten Erwartungswerte gilt[5]

$$E_x E_{y|x} g(x,y) = E_y E_{x|y} g(x,y) = E_{x,y} g(x,y),$$

kann man den EWSI auch mit Hilfe der Erwartungswertbildung über die gemeinsame Verteilung von (X, ϑ) berechnen.

1.1 Bernoulli Modell

Im Bernoulli Modell ist (X, ϑ) die zweidimensionale Zufallsvariable (X, π), die betabinomialverteilt ist.[6] Der EWSI ist für dieses Modell gegeben durch

$$\begin{aligned}
\mathrm{EWSI}(n_i) &= s_2 \cdot m_{0r}^{(22)} - s_1 \cdot m_{0r}^{(21)} \\
&= s_2 \cdot \sum_{x=x^+}^{n} \int_{\pi_0}^{1} (\pi - \pi_0)^r \cdot f_{\beta B}(x,\pi)\, d\pi - \\
&- s_1 \cdot \sum_{x=x^+}^{n} \int_{0}^{\pi_0} (\pi_0 - \pi)^r \cdot f_{\beta B}(x,\pi)\, d\pi
\end{aligned}$$

für $a'_{opt} = a_0$, bzw. durch

$$\begin{aligned}
\mathrm{EWSI}(n_i) &= s_1 \cdot m_{0r}^{(11)} - s_2 \cdot m_{0r}^{(12)} \\
&= s_1 \cdot \sum_{x=0}^{x^-} \int_{0}^{\pi_0} (\pi_0 - \pi)^r \cdot f_{\beta B}(x,\pi)\, d\pi - \\
&- s_2 \cdot \sum_{x=0}^{x^-} \int_{\pi_0}^{1} (\pi - \pi_0)^r \cdot f_{\beta B}(x,\pi)\, d\pi
\end{aligned}$$

[5] Vgl. 2.5 Erwartungswerte, Varianzen und Kovarianz, S. 273.

[6] Vgl. 3.5 Gemeinsame Betabinomialverteilung von X und π, S. 307.

für $a'_{opt} = a_1$. Die Zahlen x^- und x^+ werden so bestimmt, daß gilt

$$\begin{aligned} x^- &\equiv \text{größte ganze Zahl } \leq x, \\ x^+ &\equiv \text{kleinste ganze Zahl } \geq x \end{aligned}$$

und x errechnet sich aus der Bedingung, daß die Differenz des Klammerausdruckes in der Formel des EWSI positiv sein muß:

$$s_1 \cdot E_{\vartheta|x}(\vartheta_0 - \vartheta)^r = s_2 \cdot E_{\vartheta|x}(\vartheta - \vartheta_0)^r,$$
$$s_1 \cdot \int_0^{\pi_0} (\pi_0 - \pi)^r \cdot f_\beta(\pi|x)\, d\pi = s_2 \cdot \int_{\pi_0}^1 (\pi - \pi_0)^r \cdot f_\beta(\pi|x)\, d\pi.$$

1.2 Gauß Modell

Der erwartete Wert der Stichprobeninformation wird im Gauß Modell für $a'_{opt} = a_0$ und μ nach der Formel

$$\begin{aligned} \text{EWSI}(n_i) &= s_2 \cdot m_{0r}^{(22)} - s_1 \cdot m_{0r}^{(21)} \\ &= s_2 \cdot \int_{c_1}^{\infty} \int_{c_2}^{\infty} (\mu - \mu_0)^r \cdot f_{2N}(\overline{x}, \mu|\boldsymbol{m}, \boldsymbol{V}) d\mu\, d\overline{x} - \\ &- s_1 \cdot \int_{c_1}^{\infty} \int_{-\infty}^{c_2} (\mu_0 - \mu)^r \cdot f_{2N}(\overline{x}, \mu|\boldsymbol{m}, \boldsymbol{V}) d\mu\, d\overline{x} \end{aligned}$$

und für $a'_{opt} = a_1$ nach der Formel

$$\begin{aligned} \text{EWSI}(n_i) &= s_1 \cdot m_{0r}^{(11)} - s_2 \cdot m_{0r}^{(12)} \\ &= s_1 \cdot \int_{-\infty}^{c_1} \int_{-\infty}^{c_2} (\mu_0 - \mu)^r \cdot f_{2N}(\overline{x}, \mu|\boldsymbol{m}, \boldsymbol{V}) d\mu\, d\overline{x} - \\ &- s_2 \cdot \int_{-\infty}^{c_1} \int_{c_2}^{\infty} (\mu - \mu_0)^r \cdot f_{2N}(\overline{x}, \mu|\boldsymbol{m}, \boldsymbol{V}) d\mu\, d\overline{x}) \end{aligned}$$

berechnet. Die Parameter dieser bivariaten Normalverteilung sind für $\overline{x}$ und μ gleich[7]

$$\boldsymbol{m}(\overline{x}, \mu) = \begin{pmatrix} \mu' \\ \mu' \end{pmatrix}, \quad \boldsymbol{V}(\overline{x}, \mu) = \begin{pmatrix} \sigma_{\overline{x}}^2 & \sigma_\mu^2 \\ \sigma_\mu^2 & \sigma_\mu^2 \end{pmatrix}$$

und für $\delta_{\overline{x}}$ und δ_μ gleich

$$\boldsymbol{m}(\delta_{\overline{x}}, \delta_\mu) = \begin{pmatrix} \delta'_\mu \\ \delta'_\mu \end{pmatrix}, \quad \boldsymbol{V}(\delta_{\overline{x}}, \delta_\mu) = \begin{pmatrix} \sigma_{\delta_{\overline{x}}}^2 & \sigma_{\delta_\mu}^2 \\ \sigma_{\delta_\mu}^2 & \sigma_{\delta_\mu}^2 \end{pmatrix}.$$

Da nur positive Differenzen für die Berechnung des EWSI berücksichtigt werden, muß die Integrationsgrenze c_1 für die Zufallsvariable $\overline{X}$ so bestimmt werden, daß gilt

$$s_1 \cdot E_{\mu|\overline{x}}(\mu_0 - \mu)^r = s_2 \cdot E_{\mu|\overline{x}}(\mu - \mu_0)^r$$

[7] Vgl. 4.6 Verteilungen von μ, (b) Parameter der bivariaten Normalverteilung, S. 347f.

bzw.

$$s_1 \cdot m_r^{(1)} = s_2 \cdot m_r^{(2)}.$$

Die Integrationsgrenze c_2 für μ ist μ_0. Die Berechnung von c_1 wird für die konstante, lineare und quadratische Schadenfunktion im folgenden gezeigt. Da diese Formeln auch für δ_μ gelten, werden sie nicht gesondert angeführt.

(a) Konstante Schadenfunktion

Für die konstante Schadenfunktion muß gelten ($a'_{opt} = a_1$):

$$\begin{aligned}
\left[s_1 \cdot E_{\mu|\overline{x}}(\mu_0 - \mu)^0 - s_2 \cdot E_{\mu|\overline{x}}(\mu - \mu_0)^0\right] &\geq 0 \\
s_1 \cdot F_N(\mu_0|\mu'', \sigma''^2) - s_2 \cdot G_N(\mu_0|\mu'', \sigma''^2 &\geq 0 \\
s_1 \cdot F_N\left(\mu_0|\mu'', \sigma''^2\right) - s_2 \cdot (1 - F_N(\mu_0|\mu'', \sigma''^2)) &\geq 0 \\
(s_1 + s_2) \cdot F_N(\mu_0|\mu'', \sigma''^2) - s_2 &\geq 0 \\
F_N\left(\mu_0|\mu'', \sigma''^2\right) &\geq \frac{s_2}{s_1 + s_2} \\
F_Z\left(\frac{\mu_0 - \mu''}{\sigma''}\right) &\geq \frac{s_2}{s_1 + s_2}.
\end{aligned}$$

$F_Z(z)$ muß also größer gleich $s_2/(s_1 + s_2)$ sein, wobei

$$z = (\mu_0 - \mu'')/\sigma''$$

ist. Durch Einsetzen für $\mu'' = (n' \cdot \mu' + n \cdot \overline{x})/(n' + n)$ und Umformen von z erhält man daraus

$$\begin{aligned}
z &= \frac{\mu_0 - \dfrac{n' \cdot \mu' + n \cdot \overline{x}}{n' + n}}{\sigma''} \\
\overline{x} &= \frac{n + n'}{n} \cdot \left(\mu_0 - z \cdot \frac{\sigma}{\sqrt{n + n'}}\right) - \frac{n'}{n} \cdot \mu'.
\end{aligned}$$

Die Integrationsgrenze c_1 wird also mit dieser Formel bestimmt, wobei z die Bedingung

$$F_Z(z) = \frac{s_2}{s_1 + s_2}$$

erfüllen muß.

Für δ_μ wird c_1 nach der Formel

$$c_1 = \sigma^2_{\delta_{\overline{x}|\mu}} \cdot \left[\left(\sigma^{-2}_{\delta_\mu} + \sigma^{-2}_{\delta_{\overline{x}|\mu}}\right) \cdot \left(\delta_{\mu_o} - \sigma_{\delta_{\mu|\overline{x}}} \cdot z\right) - \delta'_\mu \cdot \sigma^{-2}_{\delta_\mu}\right]$$

berechnet. Diese Formel erhält man, wenn man berücksichtigt, daß für μ'' gilt

$$\begin{aligned}\mu'' &= \frac{n' \cdot \mu' + n \cdot \overline{x}}{n' + n} \\ &= \frac{\mu'/V(\mu) + \overline{x}/V(\overline{x})}{1/V(\mu) + 1/V(\overline{x})}.\end{aligned}$$

Setzt man diesen Ausdruck in

$$z = \frac{\mu_o - \mu''}{\sigma''}$$

ein und löst nach $\overline{x}$ auf, dann erhält man für $\overline{x}$

$$\overline{x} = V(\overline{x}|\mu) \cdot [(1/V(\mu) + 1/V(\overline{x}|\mu)) \cdot (\mu_o - \sigma'' \cdot z) - \mu'/V(\mu)]$$

und für δ_μ entsprechend eingesetzt obige Formel.

(b) Lineare Schadenfunktion

Die lineare Schadenfunktion setzt voraus, daß gilt ($a'_{opt} = a_1$):

$$\begin{aligned}\left[s_1 \cdot E_{\mu|\overline{x}}(\mu_0 - \mu)^1 - s_2 \cdot E_{\mu|\overline{x}}(\mu - \mu_0)^1\right] &\geq 0 \\ s_1 \cdot L_{-\infty}^{\mu_0}(\mu|\mu'', \sigma''^2) - s_2 \cdot L_{\mu_0}^{\infty}(\mu|\mu'', \sigma''^2) &\geq 0 \\ s_1 \cdot [z \cdot F_Z(z) + f_Z(z)] - s_2 \cdot [f_Z(z) - z \cdot G_Z(z)] &\geq 0 \\ \frac{f_Z(z) - z \cdot G_Z(z)}{z \cdot F_Z(z) + f_Z(z)} &\geq \frac{s_1}{s_2}.\end{aligned}$$

z ist hier wiederum gleich

$$z = (\mu_0 - \mu'')/\sigma''$$

und c_1 daher gleich wie bei der konstanten Schadenfunktion. Zum Unterschied zur konstanten Schadenfunktion muß z in der Formel von c_1 die Bedingung

$$s_1 \cdot [z \cdot F_Z(z) + f_Z(z)] = s_2 \cdot [f_Z(z) - z \cdot G_Z(z)]$$

erfüllen.

(c) Quadratische Schadenfunktion

Bei der quadratischen Schadenfunktion muß gelten ($a'_{opt} = a_1$):

$$\begin{aligned}\left[s_1 \cdot E_{\mu|\overline{x}}(\mu_0 - \mu)^2 - s_2 \cdot E_{\mu|\overline{x}}(\mu - \mu_0)^2\right] &\geq 0 \\ s_1 \cdot Q_{-\infty}^{\mu_0}(\mu|\mu'', \sigma''^2) - s_2 \cdot Q_{\mu_0}^{\infty}(\mu|\mu'', \sigma''^2) &\geq 0 \\ s_1 \cdot \left[F_Z(z) \cdot (z^2 + 1) + z \cdot f_Z(z)\right] &-\end{aligned}$$

$$\begin{aligned} -s_2 \cdot \left[G_Z(z) \cdot (z^2+1) - z \cdot f_Z(z)\right] &\geq 0 \\ s_1 \cdot F_Z(z) \cdot (z^2+1) - s_2 \cdot G_Z(z) \cdot (z^2+1) &+ \\ +z \cdot f_Z(z) \cdot (s_1 + s_2) &\geq 0 \\ F_Z(z) + \frac{z}{z^2+1} \cdot f_Z(z) &\geq \frac{s_2}{s_1+s_2}. \end{aligned}$$

Auch hier ist z gleich definiert wie bei der konstanten Schadenfunktion. c_1 wird daher nach der gleichen Formel bestimmt wie bei der konstanten Schadenfunktion. Das z in dieser Formel von c_1 muß aber die Bedingung

$$F_Z(z) + \frac{z}{z^2+1} \cdot f_Z(z) = \frac{s_2}{s_1+s_2}$$

erfüllen.

1.3 Lineare Schadenfunktion und $s_1 = s_2$

Für die linearen Momente gilt[8]

$$L_c^{\infty}(\vartheta) - L_{-\infty}^{c}(\vartheta) = E(\vartheta) - c.$$

Daher ist der EWSI in diesem Fall für $s_1 = s_2 = s$ und $a'_{opt} = a_0$ gleich

$$\begin{aligned} \text{EWSI}(n_i) &= s \cdot E_x \left[L_c^{\infty}(\vartheta|x) - L_{-\infty}^{c}(\vartheta|x)\right]^+ \\ &= s \cdot E_x \left[E(\vartheta|x) - c\right]^+ . \end{aligned}$$

Da der Erwartungswert der Posterioriverteilung $E(\vartheta|x)$ vor der Ziehung einer Stichprobe eine Zufallsvariable ist, steht auf der rechten Seite das lineare Moment dieser Zufallsvariablen. Wenn man dies berücksichtigt, dann ist für $E(\vartheta|x) = \mu_{\vartheta|x}$ und $a'_{opt} = a_0$

$$\begin{aligned} \text{EWSI}(n_i) &= s \cdot E_x \left[E(\vartheta|x) - c\right]^+ \\ &= s \cdot E_x \left[\mu_{\vartheta|x} - c\right]^+ \\ &= s \cdot L_c^{\infty}(\mu_{\vartheta|x}) \end{aligned}$$

und für $a'_{opt} = a_1$

$$\text{EWSI}(n_i) = s \cdot L_{-\infty}^{c}(\mu_{y|x}).$$

(a) Bernoulli Modell

Im Bernoulli Modell ist der Erwartungswert der Posterioribetaverteilung

$$\mu_{\pi|x} = \pi'' = \frac{x''}{n''} = \frac{x' + X}{n' + n}.$$

[8] Vgl. 1.9 Partielle Momente, (b) Konstante, lineare und quadratische partielle Momente, S. 257.

Vor der Ziehung einer Stichprobe des Umfanges n ist X unbekannt und π'' daher eine Zufallsvariable. Die Verteilung dieser Zufallsvariable kann über die Prädiktivverteilung von X bestimmt werden, indem man die Formel für π'' nach x auflöst:

$$x = (n + n') \cdot \pi'' - x'.$$

Da X betabinomialverteilt ist, ist die Wahrscheinlichkeitsfunktion von π''

$$f(\pi'') = f_{\beta B}\left((n + n') \cdot \pi'' - x' | x', n', n\right)$$

ebenfalls betabinomialverteilt.[9]

Bei einer linearen Schadenfunktion und $s_1 = s_2 = s$ kann daher der EWSI mit Hilfe der linearen Momente dieser Verteilung einfach bestimmt werden. Für $c = \pi_0$ ist er

$$\text{EWSI}(n_i) = \begin{cases} s \cdot L_0^{\pi_0}(\pi'') & \text{für } a'_{opt} = a_1, \\ s \cdot L_{\pi_0}^1(\pi'') & \text{für } a'_{opt} = a_0. \end{cases}$$

(b) Gauß Modell[10]

Im Gauß Modell ist der Erwartungswert der Posteriorinormalverteilung gleich

$$\mu'' = \frac{n' \cdot \mu' + n \cdot \overline{X}}{n' + n}.$$

Dieser Erwartungswert ist vor der Ziehung einer Stichprobe eine normalverteilte Zufallsvariable[11]

$$\mu'' \sim N(\mu', \sigma^2_{\mu''})$$

mit

$$\sigma^2_{\mu''} = \sigma^2 \cdot \left(\frac{1}{n'} - \frac{1}{n + n'}\right).$$

Der EWSI kann daher mit Hilfe der linearen Momente dieser Verteilung bestimmt werden. Er ist für $c = \mu_0$ gegeben durch

$$\text{EWSI}(n_i) = \begin{cases} s \cdot L_{-\infty}^{\mu_0}(\mu'') & \text{für } a'_{opt} = a_1, \\ s \cdot L_{\mu_0}^{\infty}(\mu'') & \text{für } a'_{opt} = a_0. \end{cases}$$

Der erwartete Nettowert der Stichprobeninformation ist bei linearer Kostenfunktion der Stichprobenziehung

$$\text{K}(n) = k \cdot n$$

---

[9] Vgl. 3.4 Betabinomialverteilung von π'', S. 302.

[10] Bei Berger (1985, S 440) findet man eine Formel für den optimalen Stichprobenumfang auch bei nichtlinearen Schadenfunktionen. Voraussetzung ist nur $s_1 = s_2$.

[11] Vgl. 4.6 Verteilungen von μ, (c) Verteilung von μ'', S. 348.

und für $a'_{opt} = a_1$ gleich

$$\begin{aligned}\text{ENSI}(n) &= \text{EWSI}(n) - k \cdot n \\ &= s \cdot L_{-\infty}^{\mu_0}(\mu'') - k \cdot n \\ &= s \cdot \sigma_{\mu''} \cdot [z \cdot F_Z(z) + f_Z(z)] - k \cdot n\end{aligned}$$

mit

$$z = \frac{\mu_0 - \mu'}{\sigma_{\mu''}} = \frac{\mu_0 - \mu'}{\sqrt{\sigma^2 \cdot \left(\frac{1}{n'} - \frac{1}{n+n'}\right)}}.$$

Um den optimalen Stichprobenumfang zu finden, leitet man den ENSI nach n ab

$$\frac{d}{dn}\,\text{ENSI} = s \cdot \sigma_{\mu''} \cdot \frac{n'}{2 \cdot n \cdot (n' + n)} \cdot f_Z(z) - k$$

und setzt diese erste Ableitung gleich Null. Die Lösung für n findet man z.B. mit Hilfe des Newton'schen Iterationsverfahrens.
Zu einer Näherungsformel[12] für den optimalen Stichprobenumfang kommt man, wenn man berücksichtigt, daß der Korrelationskoeffizient zwischen Priori- und Stichprobenverteilung gleich ist

$$\rho = \left(\frac{n}{n + n'}\right)^{1/2}$$

und daher $\sigma_{\mu''}$ gleich ist

$$\sigma_{\mu''} = \sigma' \cdot \sqrt{\frac{n}{n + n'}} = \sigma' \cdot \rho$$

sowie

$$z = \frac{\mu_0 - \mu'}{\sigma_{\mu''}} = \frac{\mu_0 - \mu'}{\sigma' \cdot \rho} = \frac{z'}{\rho}.$$

Die erste nullgesetzte Ableitung des ENSI ist dann

$$\frac{s \cdot \sigma' \cdot \rho}{2 \cdot n} \cdot \frac{n'}{n + n'} \cdot f_Z(z) - k \stackrel{!}{=} 0$$

oder umgeformt

$$\frac{(n + n')^2}{n'} \cdot \rho = \frac{s \cdot \sigma'}{2 \cdot k} \cdot f_Z(z)$$

bzw.

$$n = \left[\frac{s \cdot \sigma' \cdot n'}{2 \cdot k \cdot \rho} \cdot f_Z(z)\right]^{1/2} - n'.$$

[12] Vgl. Raiffa, Schlaifer (1972, S. 117).

Für $n \to \infty$ geht ρ nach 1 und $f_Z(z)$ ist näherungsweise gleich $f_Z(z')$, da für $\rho = 1$, z gleich z' ist:

$$z = \frac{z'}{\rho} = z'.$$

Daher ist der optimale Stichprobenumfang näherungsweise mit der Formel

$$\begin{aligned} n* &\cong \left[\frac{s \cdot \sigma' \cdot n'}{2 \cdot k} \cdot f_Z(z')\right]^{1/2} - n' \\ n_{opt} &= \begin{cases} n* & \text{für } n* \geq 0, \text{ENSI}(n') \geq 0 \\ 0 & \text{sonst} \end{cases} \end{aligned}$$

berechenbar. Je größer ρ, desto besser die Näherung.

2 Punktschätzverfahren

Der erwartete Wert der Stichprobeninformation ist die Differenz zwischen dem Schadenerwartungswert der priori optimalen Aktion und dem Erwartungswert aus den Schadenerwartungswerten der posteriori optimalen Aktionen oder einfach die Differenz zwischen den Entscheidungsschadenerwartungswerten der n_0 und n_i-Stichprobe:

$$\begin{aligned} \text{EWSI}(n_i) &= \text{EWPI} - \text{ESE}(n_i) \\ &= \text{SE}'(a'_{opt}) - E_x\left[\text{SE}''(a''_{opt}|x)\right]. \end{aligned}$$

Für Punktschätzverfahren nimmt diese Formel folgende Gestalt an:

$$\begin{aligned} \text{EWSI}(n_i) &= \text{ESE}(n_0) - \text{ESE}(n_i) \\ &= E_\vartheta\left[s_u \cdot (a'_{opt} - \vartheta)^r + s_o \cdot (\vartheta - a'_{opt})^r\right] \\ &- E_x\left\{E_{\vartheta|x}\left[s_u \cdot (a''_{opt} - \vartheta)^r + s_o \cdot (\vartheta - a''_{opt})^r\right]\right\}. \end{aligned}$$

2.1 Bernoulli Modell

Im Bernoulli Modell ist die Zufallsvariable ϑ bekanntlich der unbekannte Parameter π und die Zufallsvariable X die Anzahl eines bestimmten Merkmals. Wenn ϑ beta- und X binomialverteilt sind, gibt es für den EWSI nur für den Sonderfall, daß $s_u = s_o$ und die Schadenfunktion quadratisch ist eine einfache Berechnungsformel. Der Schadenerwartungswert der priori optimalen Aktion ist bei einer quadratischen Schadenfunktion und $s_u = s_o = s$[13]

$$\text{SE}'(a'_{opt}) = s \cdot V(\vartheta)$$

[13]Vgl. 2.3 Quadratische Schadenfunktion, S. 382.

und der Schadenerwartungswert einer posteriori optimalen Aktion

$$\text{SE}''(a''_{opt}|x) = s \cdot V_{\vartheta|x}(\vartheta).$$

Der EWSI ist daher

$$\begin{aligned}
\text{EWSI}(n_i) &= \text{SE}'(a'_{opt}) - E_x\left[\text{SE}''(a''_{opt}|x)\right] \\
&= s \cdot V(\vartheta) - E_x\left[s \cdot V_{\vartheta|x}(\vartheta)\right] \\
&= s \cdot \left[V(\vartheta) - E_x V_{\vartheta|x}(\vartheta)\right] \\
&= s \cdot V_x E_{\vartheta|x}(\vartheta),
\end{aligned}$$

da[14]

$$\begin{aligned}
V(\vartheta) &= E_x V_{\vartheta|x}(\vartheta) + V_x E_{\vartheta|x}(\vartheta) \\
V(\vartheta) &- E_x V_{\vartheta|x}(\vartheta) = V_x E_{\vartheta|x}(\vartheta)
\end{aligned}$$

ist. Der EWSI ist also gleich der s-fachen Varianz des Erwartungswertes der Posterioriverteilung. Denn $E_{\vartheta|x}(\vartheta) = \mu_{\vartheta|x}$ ist vor der Ziehung einer Stichprobe eine Zufallsvariable.

Im Bernoulli Modell ist der Erwartungswert der Posterioribetaverteilung gleich

$$E_{\vartheta|x}(\vartheta) = \mu_{\pi|x} = \pi'' = \frac{x''}{n''} = \frac{x'+x}{n'+n}.$$

Dieser Erwartungswert ist bekanntlich vor der Ziehung einer Stichprobe betabinomialverteilt mit dem Erwartungswert

$$E_x E_{\vartheta|x}(\vartheta) = E_x(\pi'') = \frac{x'}{n'}.$$

Die Varianz dieses Erwartungswertes im Hinblick auf die möglichen Realisationen von X ist

$$\begin{aligned}
V_x E_{\vartheta|x}(\vartheta) &= V_x(\pi'') \\
&= V_x\left(\frac{x'+X}{n'+n}\right) \\
&= V_x\left(\frac{1}{n'+n} \cdot X + \frac{x'}{n'+n}\right) \\
&= \frac{1}{(n'+n)^2} \cdot V(X),
\end{aligned}$$

da allgemein gilt[15]

$$V(a \cdot X + b) = a^2 \cdot V(X).$$

[14] Vgl. 2.7 Varianz einer von zwei gemeinsam verteilten Zufallsvariablen, S. 280.
[15] Vgl. 1.6 Erwartungswert der Funktion einer Zufallsvariablen, S. 250.

X ist vor der Ziehung einer Stichprobe betabinomialverteilt mit der Varianz[16]

$$V(X) = n \cdot (n + n') \cdot V(\pi).$$

Daher ist

$$\begin{aligned} V_x E_{\pi|x}(\pi) &= \frac{1}{(n'+n)^2} \cdot n \cdot (n+n') \cdot V(\pi) \\ &= \frac{n}{n'+n} \cdot V(\pi), \end{aligned}$$

wobei $V(\pi)$ die Varianz der Prioribetaverteilung von π ist

$$V(\pi) = \frac{x' \cdot (n' - x')}{n'^2 \cdot (n'+1)}.$$

Der erwartete Wert der Stichprobeninformation einer Stichprobe des Umfanges n kann daher bei einer quadratischen Schdenfunktion und $s_u = s_o = s$ im Bernoulli Modell einfach berechnet werden. Er ist

$$\begin{aligned} \mathrm{EWSI}(n_i) &= s \cdot V_x E_{\vartheta|x}(\vartheta) \\ &= s \cdot V_x E_{\pi|x}(\pi) \\ &= s \cdot \frac{n}{n'+n} \cdot V(\pi). \end{aligned}$$

Der erwartete Nettowert der Stichprobeninformation ist in diesem Fall gleich

$$\begin{aligned} \mathrm{ENSI}(n) &= \mathrm{EWSI}(n) - \mathrm{K}(n) \\ &= s \cdot \frac{n}{n'+n} \cdot V(\pi) - k \cdot n, \end{aligned}$$

wenn die Kostenfunktion der Stichprobenziehung die einfache Form

$$\mathrm{K}(n) = k \cdot n$$

hat. Um den Stichprobenumfang zu berechnen, für den der ENSI ein Maximum annimmt, muß man nur die erste Ableitung nach n bilden und Nullsetzen:

$$\frac{d}{dn}\mathrm{ENSI}(n) = s \cdot V(\pi) \cdot \frac{(n'+n) - n}{(n'+n)^2} - k \overset{!}{=} 0.$$

Wenn man diese Gleichung nach n auflöst, erhält man die Formel für den optimalen Stichprobenumfang

$$\begin{aligned} n* &= \left[\frac{s \cdot n' \cdot V(\pi)}{k}\right]^{1/2} - n', \\ n_{opt} &= \begin{cases} n* & \text{für } n* \geq 0, \mathrm{ENSI}(n*) \geq 0 \\ 0 & \text{sonst.} \end{cases} \end{aligned}$$

Da die zweite Ableitung von ENSI(n) kleiner Null ist, hat der ENSI an der Stelle n_{opt} ein Maximum.

---

[16] Vgl. 3.3 Betabinomialverteilung von X, (b) Momenterzeugende Funktion, S. 299.

2.2 Gauß Modell für μ

(a) Konstante Schadenfunktion

Für eine konstante Schadenfunktion sind die Entscheidungsschadenerwartungswerte der n_0 und n_i-Stichprobe im Gauß Modell gleich[17]

$$\begin{aligned}
\mathrm{ESE}(n_0) &= s_u \cdot F_Z\left(z'_{opt} - \frac{\varepsilon}{\sigma'}\right) + s_o \cdot G_Z\left(z'_{opt} + \frac{\varepsilon}{\sigma'}\right) \\
&= s_u \cdot F_Z\left(z'_{opt} - \frac{\varepsilon}{\sigma'}\right) - s_o \cdot F_Z\left(z'_{opt} + \frac{\varepsilon}{\sigma'}\right) + s_o, \\
\mathrm{ESE}(n_i) &= s_u \cdot F_Z\left(z''_{opt} - \frac{\varepsilon}{\sigma''}\right) - s_o \cdot F_Z\left(z''_{opt} + \frac{\varepsilon}{\sigma''}\right) + s_o,
\end{aligned}$$

mit

$$z_{opt} = \frac{a_{opt} - \mu}{\sigma} = \sigma \cdot \frac{ln(s_o/s_u)}{2 \cdot \varepsilon}.$$

Der EWSI ist daher

$$\begin{aligned}
&\mathrm{EWSI}(n_i) = \mathrm{ESE}(n_0) - \mathrm{ESE}(n_i) \\
&= \left[s_u \cdot F_Z\left(\sigma' \cdot \frac{\ln(s_o/s_u)}{2 \cdot \varepsilon} - \frac{\varepsilon}{\sigma'}\right) - s_o \cdot F_Z\left(\sigma' \cdot \frac{\ln(s_o/s_o)}{2 \cdot \varepsilon} + \frac{\varepsilon}{\sigma'}\right)\right] - \\
&- \left[s_u \cdot F_Z\left(\sigma'' \cdot \frac{\ln(s_o/s_u)}{2 \cdot \varepsilon} - \frac{\varepsilon}{\sigma''}\right) - s_o \cdot F_Z\left(\sigma'' \cdot \frac{\ln(s_o/s_u)}{2 \cdot \varepsilon} + \frac{\varepsilon}{\sigma''}\right)\right].
\end{aligned}$$

Die Priori- und Posteriorivarianzen sind für die Zufallsvariablen μ, α, β und δ (für abhängige Stichproben) wie folgt definiert:

ZV	σ''^2	σ'^2
μ	$\sigma''^2_{\mu\mid\bar{x}} = \sigma^2_x/(n'+n)$	$\sigma'^2_\mu = \sigma^2_x/n'$
α	$\sigma''^2_{\alpha\mid a} = \sigma^2_\varepsilon/(n'+n)$	$\sigma'^2_\alpha = \sigma^2_\varepsilon/n'$
β	$\sigma''^2_{\beta\mid b} = (\sigma^2_\varepsilon/\sigma^2_x)/(n'+n)$	$\sigma'^2_\beta = (\sigma^2_\varepsilon/\sigma^2_x)/n'$
δ	$\sigma''_{\delta\mid d} = (\sigma^2_1 + \sigma^2_2 - 2 \cdot \sigma_{12})/(n'+n)$	$\sigma'_\delta = (\sigma^2_1 + \sigma^2_2 - 2 \cdot \sigma_{12})/n'$

Der erwartete Nettowert der Stichprobeninformation ist bei einer linearen Kostenfunktion für die Stichprobenziehung gleich

$$\mathrm{ENSI}(n_i) = \mathrm{EWSI}(n_i) - k \cdot n_i.$$

Der optimale Stichprobenumfang kann durch das Berechnen des ENSI für $n = 1$ bis n_{max} erfolgen. n_{opt} ist jener Stichprobenumfang, bei dem der ENSI seinen größten positiven Wert annimmt. Wenn kein ENSI positiv ist, dann ist keine Stichprobenziehung durchzuführen.

[17]Vgl. 2.1 Konstante Schadenfunktion, S. 378.

Eine andere Möglichkeit geht über die Ableitung des ENSI. n wird dabei als stetige Variable betrachtet. Den optimalen Stichprobenumfang findet man durch die Ableitung des ENSI nach n und Nullsetzen dieser Ableitung:

$$\frac{d}{dn}\mathrm{ENSI}(n) = \frac{\varepsilon \cdot s_u}{\sqrt{Q}} \cdot fz(z) - k$$

mit

$$z = \frac{z'_{opt} \cdot \sigma \cdot \sqrt{n'} - \varepsilon \cdot (n + n')}{\sqrt{Q}}.$$

Q ist in dieser Gleichung für die einzelnen Zufallsvariablen durch folgende Ausdrücke gegeben:

ZV	Q
μ	$\sigma_x^2 \cdot (n' + n)$
α	$\sigma_\varepsilon^2 \cdot (n' + n)$
β	$(\sigma_\varepsilon^2 / \sigma_x^2) \cdot (n' + n)$
δ	$(\sigma_1^2 + \sigma_2^2 - 2 \cdot \sigma_{12}) \cdot (n' + n)$

Man kann die Lösung dieser Gleichung für n z.B. mit Hilfe des Newton'schen Iterationsverfahrens bestimmen:

$$n_{(i)} = n_{(i-1)} - \frac{\frac{d}{dn}\mathrm{ENSI}\left(n_{(i-1)}\right)}{\frac{d^2}{dn^2}\mathrm{ENSI}\left(n_{(i-1)}\right)} \qquad i = 1, 2, \ldots$$

Der Index $(i-1)$ bezieht sich auf die Werte, die man bei der $(i-1)$-ten Iteration berechnet hat und i auf den Wert der laufenden Iteration.

Für die Zufallsvariable μ ist z.B. die erste Ableitung des ENSI gleich

$$\frac{d}{dn}\mathrm{ENSI}(n) = \frac{\varepsilon \cdot s_u}{\sigma \cdot \sqrt{n' + n}} \cdot fz\left(\frac{z'_{opt} \cdot \sigma \cdot \sqrt{n'} - \varepsilon \cdot (n + n')}{\sigma \cdot \sqrt{n + n'}}\right) - k$$

und die zweite Ableitung gleich

$$\frac{d^2}{dn^2}\mathrm{ENSI}(n) =$$
$$= \exp\left\{-\frac{1}{2}\left(\frac{\sigma_x^2}{n' + n} \cdot \frac{\ln(s_o/s_u)^2}{4 \cdot \varepsilon^2} + \frac{\varepsilon^2 \cdot (n' + n)}{\sigma_x^2}\right)\right\} \cdot$$
$$\sqrt{\frac{s_o \cdot s_u}{8 \cdot \pi}} \cdot \left[\frac{\sigma_x}{(n + n')^{5/2}} \cdot \frac{\ln(s_o/s_u)^2}{4 \cdot \varepsilon} - \frac{(n' + n) \cdot \varepsilon^3 + \sigma_x^2}{\sigma_x^3 \cdot (n' + n)^{3/2}}\right].$$

Um für die Daten des Beispiels

$$\varepsilon = 2, \quad \sigma = 10, \quad s_u = 19, \quad s_o = 1, \quad n' = 4, \quad k_s = 0.01$$

den optimalen Stichprobenumfang zu bestimmen, setzt man diese Zahlen in die erste und zweite Ableitung des ENSI ein.

An Hand eines Grafen der ersten Ableitung des ENSI sieht man die Nullstellen dieser Funktion. Als Anfangswert für n nimmt man jenes n, das ungefähr einer Nullstelle entspricht. Im vorliegenden Beispiel liegt in der Nähe von $n = 50$ eine Nullstelle. Wenn man diesen Wert als Anfangswert nimmt, dann ist

$$\frac{d}{dn}\text{ENSI}(n_{(0)}) = -2.68322 \cdot 10^{-4}$$

und

$$\frac{d^2}{dn^2}\text{ENSI}(n_{(0)} = -1.94325 \cdot 10^{-4}.$$

Als ersten Iterationswert erhält man

$$n_{(1)} = 50 - \frac{-2.68322 \cdot 10^{-4}}{-1.94325 \cdot 10^{-4}} = 48.6192.$$

Nun setzt man in der ersten und zweiten Ableitung des ENSI für n nicht mehr 50, sondern 48.6192 ein und erhält damit den zweiten Iterationswert:

$$n_{(2)} = 48.6192 - \frac{2.02246 \cdot 10^{-6}}{-1.97211 \cdot 10^{-4}} = 48.6294.$$

Setzt man nun statt $n_{(1)} = 48.6192$ für n die neue Lösung $n_{(2)} = 48.6294$ in den Ableitungen ein, dann erhält man keine nennenswerte Verbesserung, sondern wieder die Lösung 48.6294. Man kann daher nach dem 3. Iterationslauf abbrechen und als optimalen Stichprobenumfang n mit 49 annehmen.

Die nullgesetzte 1. Ableitung des ENSI hat im vorliegenden Beispiel im Intervall $(0, 100)$ eine zweite Lösung, die man findet, wenn man als Anfangswert z.B. 1 nimmt. Die entsprechende Lösungsfolge ist dann

$n_{(0)}$	$n_{(1)}$	$n_{(2)}$	$n_{(3)}$	$n_{(4)}$	$n_{(5)}$	$n_{(6)}$
1	16.5928	3.0347	9.8941	9.8297	9.8299	9.8299

Da jedoch der ENSI für $n = 10$ negativ ist, kommt diese Lösung für den optimalen Stichprobenumfang nicht in Betracht.

Für die Zufallsvariable Y_{n+1} ist die Posteriorivarianz gegeben durch die Formel[18]

$$\begin{aligned} \sigma''^2_{y_{n+1}} &= \sigma^2_\varepsilon \cdot \left[1 + \frac{1}{(n'+n)} + \frac{(x_{n+1} - \mu_x)^2}{(n'+n)\cdot\sigma^2_x}\right] \\ &= \sigma^2_\varepsilon + \sigma^2_\varepsilon \cdot (1 + z^2_x)/(n'+n) \end{aligned}$$

mit

$$z_x = \frac{x_{n+1} - \mu_x}{\sigma_x}.$$

[18]Vgl.4.8 Verteilungen von β, (a) Normalverteilungen des Gauß Modells, S. 365.

Die erste Ableitung des ENSI ist in diesem Fall gleich

$$\begin{aligned}\frac{d}{dn}\mathrm{ENSI}(n) &= \frac{1+z_x^2}{(1+n'+n+z_x^2)^{3/2}}\cdot\sqrt{\frac{s_o\cdot s_u\cdot\varepsilon^2}{\sigma_\varepsilon^2\cdot(n'+n)}}\cdot\\ &\cdot\frac{1}{\sqrt{2\pi}}\cdot\exp\left\{-\frac{1}{2}\left(\sigma_{y_{n+1}}''^2\cdot\frac{\ln(s_o/s_u)^2}{4\cdot\varepsilon^2}+\frac{\varepsilon^2}{\sigma_{y_{n+1}}''^2}\right)\right\}-k.\end{aligned}$$

Für die Zufallsvariable δ ist die Posteriorivarianz bei unabhängigen Stichproben gegeben durch[19]

$$\sigma_{\delta_{\mu|\bar{x}}}''^2=\frac{\sigma_1^2}{n_1'+n_1}+\frac{\sigma_2^2}{n_2'+n_2}=\frac{\sigma_1^2}{n_1''}+\frac{\sigma_2^2}{n_2''}=\sigma_1''^2+\sigma_2''^2.$$

In diesem Fall findet man die optimalen Stichprobenumfänge für n_1 und n_2 durch die nullgesetzten partiellen Ableitungen des ENSI. Die ersten partiellen Ableitungen sind

$$\begin{aligned}\frac{\partial}{\partial n_1''}\mathrm{ENSI}(n_1'',n_2'') &= \frac{\sigma_1''^2}{n_1''}\cdot\sqrt{\frac{s_o\cdot s_u\cdot\varepsilon^2}{\sigma_{\delta_{\mu|\bar{x}}}''^3}}\cdot\frac{1}{\sqrt{2\cdot\pi}}\cdot\\ &\cdot\exp\left\{-\frac{1}{2}\cdot\left[\sigma_{\delta_{\mu|\bar{x}}}''^2\cdot\frac{\ln(s_o/s_u)^2}{4\cdot\varepsilon^2}-\frac{\varepsilon^2}{\sigma_1''^2}\cdot\left(\frac{\sigma_2''^2}{\sigma_{\delta_{\mu|\bar{x}}}''^2}-1\right)\right]\right\}-k_1,\\ \frac{\partial}{\partial n_2''}\mathrm{ENSI}(n_1'',n_2'') &= \frac{\sigma_1''^2}{n_2''}\cdot\sqrt{\frac{s_o\cdot s_u\cdot\varepsilon^2}{\sigma_{\delta_{\mu|\bar{x}}}''^3}}\cdot\frac{1}{\sqrt{2\cdot\pi}}\cdot\\ &\cdot\exp\left\{-\frac{1}{2}\cdot\left[\sigma_{\delta_{\mu|\bar{x}}}''^2\cdot\frac{\ln(s_o/s_u)^2}{4\cdot\varepsilon^2}-\frac{\varepsilon^2}{\sigma_2''^2}\cdot\left(\frac{\sigma_1''^2}{\sigma_{\delta_{\mu|\bar{x}}}''^2}-1\right)\right]\right\}-k_2.\end{aligned}$$

Die Lösungen dieses nichtlinearen Gleichungssystems für n_1 und n_2 können z.B. ebenfalls mit Hilfe des Newton'schen Iterationsverfahrens bestimmt werden. Die Technik dieses Verfahrens wird im nächsten Abschnitt gezeigt.

(b) Lineare Schadenfunktion

Bei einer linearen Schadenfunktion sind die beiden Entscheidungsschadenerwartungswerte der n_0 und n_i-Stichprobe[20]

$$\begin{aligned}\mathrm{ESE}(n_0) &= (s_o+s_u)\cdot\sigma'\cdot f_Z(z_{opt}')\\ \mathrm{ESE}(n_i) &= (s_o+s_u)\cdot\sigma''\cdot f_Z(z_{opt}''),\end{aligned}$$

wobei z_{opt} jeweils die Bedingung

$$F_Z(z_{opt})=\frac{s_o}{s_o+s_u}$$

[19]Vgl. 4.7 Verteilungen von δ, (d) Zusammenfassung für δ_μ, S. 355.

[20]Vgl. 2.2 Lineare Schadenfunktion, S. 381.

erfüllen muß. z'_{opt} ist deshalb gleich z''_{opt}

$$z_{opt} = z'_{opt} = z''_{opt}$$

und der EWSI ist

$$\begin{aligned} \text{EWSI}(n) &= \text{ESE}(n_0) - \text{ESE}(n_i) \\ &= (s_o + s_u) \cdot f_Z(z_{opt}) \cdot (\sigma' - \sigma''). \end{aligned}$$

σ'^2 und σ''^2 sind die Priori- und Posteriorivarianzen der einzelnen Zufallsvariablen:

$$\sigma'^2 = \frac{\sigma^2}{n'}, \quad \sigma''^2 = \frac{\sigma^2}{n'+n}.$$

σ^2 ist für die Zufallsvariablen μ, α, β und δ (für abhängige Stichproben) wie folgt definiert:

ZV	σ^2
μ	σ_x^2
α	σ_ε^2
β	$\sigma_\varepsilon^2/\sigma_x^2$
δ	$\sigma_1^2 + \sigma_2^2 - 2 \cdot \sigma_{12}$

Wenn man eine lineare Kostenfunktion für die Stichprobenziehung unterstellt, dann ist der erwartete Nettowert der Stichprobeninformation gleich

$$\text{ENSI}(n) = (s_o + s_u) \cdot f_Z(z_{opt}) \cdot \sigma \cdot \left(n'^{-1/2} - (n'+n)^{-1/2}\right) - k \cdot n.$$

Um den optimalen Stichprobenumfang zu bestimmen, bei dem der ENSI ein Maximum erreicht, differenziert man den ENSI nach n

$$\frac{d}{dn}\text{ENSI}(n) = \frac{(s_o + s_u) \cdot f_Z(z_{opt}) \cdot \sigma}{2 \cdot (n'+n)^{3/2}} - k,$$

setzt diese erste Ableitung gleich Null und löst die Gleichung nach n auf. Als Ergebnis erhält man den optimalen Stichprobenumfang:

$$\begin{aligned} n* &= \left[\frac{(s_o + s_u) \cdot \sigma \cdot f_Z(z_{opt})}{2 \cdot k}\right]^{2/3} - n' \\ &= \left[\frac{\sqrt{n'}}{2 \cdot k} \cdot \text{EWPI}\right]^{2/3} - n' \\ n_{opt} &= \begin{cases} n* & \text{für } n* \geq 0, \text{ENSI}(n*) \geq 0, \\ 0 & \text{sonst.} \end{cases} \end{aligned}$$

Für

$$s_u = s_o = s$$

vereinfacht sich die Formel. Der EWSI ist in diesem Fall gleich

$$\text{EWSI}(n) = \frac{2 \cdot s}{\sqrt{2 \cdot \pi}} \cdot \sigma \cdot \left(\frac{1}{\sqrt{n'}} - \frac{1}{\sqrt{n' + n}} \right)$$

und der optimale Stichprobenumfang ist gleich

$$\begin{aligned} n* &= \left[\frac{s \cdot \sigma}{k \cdot \sqrt{2 \cdot \pi}} \right]^{2/3} - n', \\ n_{opt} &= \begin{cases} n* & \text{für } n* \geq 0, \text{ENSI}(n*) \geq 0, \\ 0 & \text{sonst.} \end{cases} \end{aligned}$$

Für die Zufallsvariable Y_{n+1} ist die erste Ableitung des ENSI gleich

$$\frac{d}{dn}\text{ENSI}(n) = \frac{1}{2} \cdot \frac{(s_u + s_o) \cdot f_Z(z_{opt}) \cdot \sigma_\varepsilon \cdot \left[\sigma_x^2 + (x_{n+1} - \mu_x')^2\right]}{(n' + n)^{3/2} \cdot \sigma_x \cdot \sqrt{\sigma_x^2 (n' + n + 1) + (x_{n+1} - \mu_x')^2}} - k$$

oder mit $z_x = (x_{n+1} - \mu_x) / \sigma_x$

$$\frac{d}{dn}\text{ENSI}(n) = \frac{1}{2} \cdot \frac{(s_u + s_o) \cdot f_Z(z_{opt})}{(n' + n)^{3/2}} \cdot \frac{(1 + z_x^2) \cdot \sigma_\varepsilon}{(1 + z_x^2 + n + n')^{1/2}} - k.$$

Das optimale n, das die Lösung dieser nullgesetzten Ableitung ist, findet man mit Hilfe des Newton'schen Iterationsverfahrens.
Für die Zufallsvariable δ und zwei unabhängige Stichproben ist der EWSI gleich

$$\begin{aligned} \text{EWSI}(n_i, n_j) &= \text{ESE}(n_o, n_o) - \text{ESE}(n_i, n_j) \\ &= (s_o + s_u) \cdot f_Z(z_{opt}) \cdot \left[\left(\frac{\sigma_1^2}{n_1'} + \frac{\sigma_2^2}{n_2'} \right)^{1/2} - \left(\frac{\sigma_1^2}{n_1''} + \frac{\sigma_2^2}{n_2''} \right)^{1/2} \right] \end{aligned}$$

und der ENSI gleich

$$\text{ENSI}(n_i, n_j) = \text{EWSI}(n_i, n_j) - k_1 \cdot n_i - k_2 \cdot n_j.$$

Auch hier kann man die optimalen Stichprobenumfänge über die partiellen Ableitungen des ENSI bestimmen. Diese ersten partiellen Ableitungen sind

$$\begin{aligned} \frac{\partial}{\partial n_1''} &= \frac{\sigma_1''^2}{n_1''} \cdot \frac{(s_o + s_u) \cdot f_Z(z_{opt})}{2 \cdot \sigma_{\delta_{\mu|\bar{x}}}''} - k_1 = f_1, \\ \frac{\partial}{\partial n_2''} &= \frac{\sigma_2''^2}{n_2''} \cdot \frac{(s_o + s_u) \cdot f_Z(z_{opt})}{2 \cdot \sigma_{\delta_{\mu|\bar{x}}}''} - k_2 = f_2. \end{aligned}$$

Die Null gesetzten Ableitungen bilden ein nichtlineares Gleichungssystem. Die Lösungen für n_1'' und n_2'' können wiederum näherungsweise mit Hilfe des Newton'schen Iterationsverfahrens errechnet werden. Für dieses Verfahren benötigt man die zweiten partiellen Ableitungen des ENSI. Die zweiten partiellen Ableitungen des ENSI sind

$$\frac{\partial^2}{\partial n_1''^2} = -\frac{\sigma_1^2 \cdot (3 \cdot n_2'' \cdot \sigma_1^2 + 4 \cdot n_1'' \cdot \sigma_2^2)}{n_2'' \cdot (n_1'')^4} \cdot \frac{(s_o + s_u) \cdot f_Z(z_{opt})}{4 \cdot \sigma_{\delta_{\mu|\bar{x}}}''^{3/2}} = f_{11},$$

$$\frac{\partial^2}{\partial n_1'' \partial n_2''} = \frac{\sigma_1''^2}{n_1''} \cdot \frac{\sigma_2''^2}{n_2''} \cdot \frac{(s_o + s_u) \cdot f_Z(z_{opt})}{4 \cdot \sigma_{\delta_{\mu|\bar{x}}}''^{3/2}} = f_{12},$$

$$\frac{\partial^2}{\partial n_2'' \partial n_1''} = \frac{\sigma_1''^2}{n_1''} \cdot \frac{\sigma_2''^2}{n_2''} \cdot \frac{(s_o + s_u) \cdot f_Z(z_{opt})}{4 \cdot \sigma_{\delta_{\mu|\bar{x}}}''^{3/2}} = f_{21},$$

$$\frac{\partial^2}{\partial n_2''^2} = -\frac{\sigma_2^2 \cdot (3 \cdot n_1'' \cdot \sigma_2^2 + 4 \cdot n_2'' \cdot \sigma_1^2)}{n_1'' \cdot (n_2'')^4} \cdot \frac{(s_o + s_u) \cdot f_Z(z_{opt})}{4 \cdot \sigma_{\delta_{\mu|\bar{x}}}''^{3/2}} = f_{22}.$$

Im ersten Iterationsschritt werden durch das Einsetzen von Anfangswerten für $n''_{1(0)}$ und $n''_{2(0)}$ mit Hilfe des linearen Gleichungssystems

$$\begin{aligned} f_{11} \cdot x + f_{12} \cdot y &= -f_1 \\ f_{21} \cdot x + f_{22} \cdot y &= -f_2 \end{aligned}$$

die ersten Verbesserungen der Anfangswerte berechnet:

$$n''_{1(1)} = n''_{1(0)} + x \quad n''_{2(1)} = n''_{2(0)} + y.$$

Im zweiten Lauf werden die Werte $n''_{1(1)}$ und $n''_{2(1)}$ eingesetzt und eine weitere Verbesserung mit Hilfe des linearen Gleichungssystems ermittelt. Dieses Verfahren wird fortgesetzt, bis sich zwei aufeinander folgende Lösungen nicht nennenswert unterscheiden.

Für die Angaben

$$\begin{aligned} &n_1' = n_2' = 4, \quad \sigma_1^2 = 100, \quad \sigma_2^2 = 144, \quad s_o = 1, \quad s_u = 19 \\ &f_Z(-1.645) = 0.103136, \quad k_1 = 0.3, \quad k_2 = 0.6 \end{aligned}$$

erhält man folgendes lineares Gleichungssystem, wenn man für

$$n''_{1(0)} = 4 \text{ und } n''_{2(0)} = 4$$

als Anfangswerte einsetzt:

$$\begin{aligned} -0.3704 \cdot x + 0.0609 \cdot y &= -0.5253, \\ 0.0609 \cdot x - 0.5066 \cdot y &= -0.5885. \end{aligned}$$

Da die Lösungen dieses Systems gleich sind

$$x = 1.6417 \text{ und } y = 1.3590,$$

sind die neuen Werte für $n''_{1(1)}$ und $n''_{2(1)}$ gleich

$$\begin{aligned} n''_{1(1)} &= 4 + 1.6417 = 5.6417, \\ n''_{2(1)} &= 4 + 1.3590 = 5.3590. \end{aligned}$$

Mit Hilfe dieser Werte erhält man ein neues lineares Gleichungssystem mit neuen Lösungen und neuen Werten für n''_1 und n''_2. Die weiteren vier Iterationsergebnisse zeigt folgende Tabelle:

n''_1	n''_2
4.0000	4.0000
5.6417	5.3590
6.9888	6.2191
7.5339	6.4343
7.5950	6.4451
7.5956	6.4451

Da sich die Werte zwischen dem vierten und fünften Iterationszyklus kaum verändern, kann man das Verfahren abbrechen. Die optimalen Werte für n''_1 und n''_2 sind auf ganze Zahlen gerundet

$$n''_1 = 8 \text{ und } n''_2 = 6.$$

Da $n'_1 = n'_2 = 4$ ist, sind die optimalen Stichprobenumfänge für dieses Beispiel

$$n_{1,opt} = n''_1 - n'_1 = 4$$

und

$$n_{2,opt} = n''_2 - n'_2 = 2.$$

Für die Zufallsvariable δ_π ist der EWSI gleich

$$\text{EWSI}(n_i, n_j) = (s_o + s_u) \cdot f_Z(z_{opt}) \cdot \left[\sigma'_{\delta_\pi} - \sigma''_{\delta_{\pi|x}}\right]$$

und der ENSI gleich

$$\text{ENSI}(n_i, n_j) = \text{EWSI}(n_i, n_j) - k_1 \cdot n_i - k_2 \cdot n_j.$$

Mit Hilfe der ersten partiellen Ableitungen des ENSI nach n''_1 und n''_2 kann man auch hier die optimalen Stichprobenumfänge bestimmen:

$$\begin{aligned} \frac{\partial}{\partial n''_1} &= \frac{1}{8} \cdot \frac{(s_u + s_o) \cdot f_Z(z_{opt})}{\sqrt{[4 \cdot (n''^2_1 \cdot (n''_1 + 1))]^{-1} \cdot [4 \cdot (n''^2_2 \cdot (n''_2 + 1))]^{-1}}} \\ &\quad \cdot \frac{3 \cdot n''_1 + 2}{n''^3_1 \cdot (n''_1 + 1)^2} - k_1, \\ \frac{\partial}{\partial n''_2} &= \frac{1}{8} \cdot \frac{(s_u + s_o) \cdot f_Z(z_{opt})}{\sqrt{[4 \cdot (n''^2_1 \cdot (n''_1 + 1))]^{-1} \cdot [4 \cdot (n''^2_2 \cdot (n''_2 + 1))]^{-1}}} \\ &\quad \cdot \frac{3 \cdot n''_1 + 2}{n''^3_2 \cdot (n''_2 + 1)^2} - k_2. \end{aligned}$$

Die Null gesetzten Ableitungen bilden ein nichtlineares Gleichungssystem dessen Lösungen n''_1 und n''_2 sind. Da

$$\begin{aligned} n_1 &= n''_1 - n'_1 \\ n_2 &= n''_2 - n'_2 \end{aligned}$$

ist, kann man daraus die optimalen Stichprobenumfänge bestimmen.

(c) Quadratische Schadenfunktion

Für eine quadratische Schadenfunktion sind die Entscheidungsschadenerwartungswerte[21]

$$\begin{aligned} \mathrm{ESE}(n_o) &= \left[s_o \cdot G_Z(z'_{\mathrm{opt}}) + s_u \cdot F_Z(z'_{\mathrm{opt}})\right] \cdot \sigma'^2, \\ \mathrm{ESE}(n_i) &= \left[s_o \cdot G_Z(z''_{\mathrm{opt}}) + s_u \cdot F_Z(z''_{\mathrm{opt}})\right] \cdot \sigma''^2. \end{aligned}$$

Sowohl z'_{opt} als auch z''_{opt} werden aus der Bedingung

$$s_u \cdot [z \cdot F(z) + f_Z(z)] = s_o \cdot [f(z) - z \cdot G_Z(z)].$$

bestimmt und sind daher gleich. Der EWSI ist

$$\begin{aligned} \mathrm{EWSI}(n) &= \mathrm{ESE}(n_0) - \mathrm{ESE}(n_i) \\ &= [s_u \cdot F_Z(z_{opt}) + s_o \cdot G_Z(z_{opt})] \cdot (\sigma'^2 - \sigma''^2). \end{aligned}$$

σ'^2 und σ''^2 sind die Priori- und Posteriorivarianzen der Zufallsvariablen μ, α, β und δ.[22]

Wenn man wieder eine lineare Kostenfunktion für die Stichprobenziehung unterstellt, dann ist der erwartete Nettowert der Stichprobeninformation gleich

$$\mathrm{ENSI}(n) = [s_u \cdot F_Z(z) + s_o \cdot G_Z(z)] \cdot \sigma^2 \left(\frac{1}{n'} - \frac{1}{n+n'}\right) - k \cdot n.$$

Die erste Ableitung dieser Funktion nach n ist

$$\frac{d}{dn}\mathrm{ENSI}(n) = \frac{\sigma^2 \cdot [s_u \cdot F_Z(z_{opt}) + s_o \cdot G_Z(z_{opt})]}{(n+n')^2} - k.$$

Wenn man diese Ableitung gleich Null setzt und nach n auflöst, dann erhält man den optimalen Stichprobenumfang mit

$$\begin{aligned} n* &= \sigma \cdot \left[\frac{(s_u \cdot F_Z(z_{opt}) + s_o \cdot G_Z(z_{opt}))}{k}\right]^{1/2} - n' \\ n_{opt} &= \begin{cases} n* & \text{für } n* \geq 0, \mathrm{ENSI}(n*) \geq 0, \\ 0 & \text{sonst.} \end{cases} \end{aligned}$$

[21]Vgl. 2.3 Quadratische Schadenfunktion, S. 384.

[22]Vgl. 2.2 Gauß Modell für μ, (a) Konstante Schadenfunktion, S. 409.

Für $s_u = s_o = s$ ist $n*$ gleich

$$n* = \sigma \cdot \left(\frac{s}{k}\right)^{1/2} - n'.$$

Die erste Ableitung des ENSI für die Zufallsvariable Y_{n+1} ist gleich

$$\frac{d}{dn}\text{ENSI}(n) = \frac{\sigma_\varepsilon^2 \cdot [s_u \cdot F_Z(z_{opt}) + s_o \cdot G_Z(z_{opt})] \cdot (1 + z_x^2)}{(n + n')^2} - k$$

und die Lösung der nullgesetzten Ableitung ist

$$n* = \sigma_\varepsilon \cdot \left[\frac{(s_u \cdot F_Z(z_{opt}) + s_o \cdot G_Z(z_{opt})) \cdot (1 + z_x^2)}{k}\right]^{1/2} - n'.$$

Bei zwei unabhängigen Stichproben ist der EWSI für δ gleich

$$\begin{aligned} \text{EWSI}(n_i, n_j) &= [s_u \cdot F_Z(z_{opt}) + s_o \cdot G_Z(z_{opt})] \cdot \left[\left(\frac{\sigma_1^2}{n_1'} + \frac{\sigma_2^2}{n_2'}\right) - \right. \\ &- \left.\left(\frac{\sigma_1^2}{n_1' + n_1} + \frac{\sigma_2^2}{n_2' + n_2}\right)\right]. \end{aligned}$$

Der ENSI ist für eine lineare Kostenfunktion der Stichprobenziehung gleich

$$\text{ENSI}(n_i, n_j) = \text{EWSI}(n_i, n_j) - k_1 \cdot n_i - k_2 \cdot n_j.$$

Hier besitzen die nullgesetzten partiellen Ableitungen des ENSI eine explizite Lösung. Die erste partielle Ableitung nach n_1 ist

$$\frac{\partial}{\partial n_1}\text{ENSI} = [s_u \cdot F_Z(z_{opt}) + s_o \cdot G_Z(z_{opt})] \cdot \sigma_1^2 \cdot (n_1' + n_1)^{-2} - k_1.$$

Die Auflösung nach n_1 liefert die Formel für $n_{1,opt}$

$$\begin{aligned} n*_1 &= \left(\frac{s_u \cdot F_Z(z_{opt}) + s_o \cdot G_Z(z_{opt})}{k_1}\right)^{1/2} \cdot \sigma_1 - n_1' \\ n_{1,opt} &= \begin{cases} n*_1 & \text{für } n*_1 \geq 0, \text{ENSI}(n*_1) \geq 0, \\ 0 & \text{sonst.} \end{cases} \end{aligned}$$

Analog erhält man das optimale n_2:

$$n*_2 = \left(\frac{s_u \cdot F_Z(z_{opt}) + s_o \cdot G_Z(z_{opt})}{k_2}\right)^{1/2} \cdot \sigma_2 - n_2'.$$

Da die Matrix der zweiten partiellen Ableitungen negativ definit ist, besitzt die ENSI-Funktion an dieser Stelle ein Maximum.

(d) Beispiel für den EWSI bei einer gemischten Schadenfunktion

Für die konstante – lineare Schadenfunktion

$$s(a,\vartheta) = \begin{cases} 0 & \text{für } a = \vartheta, \\ s_u & \text{für } a > \vartheta, \\ s_o \cdot (\vartheta - a) & \text{für } a < \vartheta \end{cases}$$

ist der Schadenerwartungswert gleich

$$\begin{aligned} \mathrm{SE}(a) &= s_u \cdot F_\vartheta(a) + s_o \cdot L_a^\infty(\vartheta) \\ &= s_u \cdot F_\vartheta(a) + s_o \cdot [E_a^\infty(\vartheta) - a \cdot G_\vartheta(a)]. \end{aligned}$$

Um jene Aktion zu finden, für die dieser Schadenerwartungswert minimal ist, bildet man die erste Ableitung:

$$\frac{d}{da}\mathrm{SE}(a) = s_u \cdot f_\vartheta(a) - s_o \cdot G_\vartheta(a).$$

Wenn man diese Ableitung Null setzt und umformt, dann erhält man folgende Bedingung für den optimalen Schätzwert:

$$s_o \cdot [1 - F_\vartheta(a)] = s_u \cdot f_\vartheta(a).$$

Im Gauß Modell ist der optimale Schätzwert gleich

$$a_{opt} = m + \sigma \cdot z_{opt},$$

wobei z_{opt} die Bedingung

$$s_o \cdot \sigma \cdot [1 - F_Z(z_{opt})] = s_u \cdot f_Z(z_{opt})$$

erfüllen muß. Der Schadenerwartungswert dieser Aktion ist

$$\mathrm{SE}(a_{opt}) = s_u \cdot F_Z(z_{opt}) + s_o \cdot \sigma \cdot L_{z_{opt}}^\infty(z).$$

Für die n_0-Stichprobe ist dieser Erwartungswert

$$\mathrm{ESE}(n_o) = s_u \cdot F_Z(z'_{opt}) + s_o \cdot \sigma' \cdot L_{z'_{opt}}^\infty(z)$$

und für die n_i-Stichprobe

$$\mathrm{ESE}(n_i) = s_u \cdot F_Z(z''_{opt}) + s_o \cdot \sigma'' \cdot L_{z''_{opt}}^\infty(z).$$

Der EWSI ist daher gleich

$$\begin{aligned} \mathrm{EWSI}(n_i) &= \mathrm{ESE}(n_o) - \mathrm{ESE}(n_i) \\ &= s_u \cdot \left[F_Z(z'_{opt}) - F_Z(z''_{opt})\right] + s_o \cdot \left[\sigma' \cdot L_{z'_{opt}}^\infty(z) - \sigma'' \cdot L_{z''_{opt}}^\infty(z)\right] \end{aligned}$$

3 Intervallschätzverfahren

Der erwartete Wert der Stichprobeninformation kann mit Hilfe der beiden Formeln

$$\begin{aligned}\mathrm{EWSI}(n_i) &= \mathrm{SE}'(a'_{opt}) - E_x\left[\mathrm{SE}''(a''_{opt}|x)\right] \\ &= E_x\left[\mathrm{SE}''(a'_{opt}|x) - \mathrm{SE}''(a''_{opt}|x)\right]\end{aligned}$$

berechnet werden. Für Intervallschätzverfahren ist z.B. die erste Formel ausführlich wie folgt definiert:

$$\begin{aligned}\mathrm{EWSI}(n_i) &= \mathrm{ESE}(n_0) - \mathrm{ESE}(n_i) \\ &= E_\vartheta\left\{s_u \cdot (T_u - \vartheta)^r + s_o \cdot (\vartheta - T_o)^r\right\} - \\ &- E_x\left\{E_{\vartheta|x}\left[s_u \cdot (T_u - \vartheta)^r + s_o \cdot (\vartheta - T_o)^r\right]\right\}.\end{aligned}$$

3.1 Bernoulli Modell

Wenn ϑ beta- und X binomialverteilt sind, dann gibt es für den EWSI keine einfachen Berechnungsformeln. Man kann aber den EWSI der Punktschätzverfahren immer als Obergrenze für das entsprechende Intervallschätzverfahren heranziehen. Dies gilt natürlich auch im Hinblick auf die Formel für den optimalen Stichprobenumfang. Wenn $s_u = s_o$ ist, bietet die Formel für den optimalen Stichprobenumfang bei Punktschätzverfahren auch eine obere Grenze für die Intervallschätzverfahren bei konstanter, linearer und quadratischer Schadenfunktion.

3.2 Gauß Modell

(a) Konstante Schadenfunktion

Im Gauß Modell berechnet man bei konstanter Schadenfunktion den EWSI nach folgender Formel:[23]

$$\begin{aligned}&\mathrm{EWSI}(n_i) = \mathrm{ESE}(n_0) - \mathrm{ESE}(n_i) = \\ &= \left[s_u \cdot F_Z\left(\frac{\sigma' \cdot \ln(s_o/s_u)}{c} - \frac{c}{2\sigma'}\right) - s_o \cdot F_Z\left(\frac{\sigma' \cdot \ln(s_o/s_u)}{c} + \frac{c}{2\sigma'}\right)\right] - \\ &- \left[s_u \cdot F_Z\left(\frac{\sigma'' \cdot \ln(s_o/s_u)}{c} - \frac{c}{2\sigma''}\right) - s_o \cdot F_Z\left(\frac{\sigma'' \cdot \ln(s_o/s_u)}{c} + \frac{c}{2\sigma''}\right)\right].\end{aligned}$$

Für σ'^2 und σ''^2 sind die Priori- und Posteriorivarianzen der jeweiligen Zufallsvariable einzusetzen.[24] Der optimale Stichprobenumfang kann auch hier durch

[23] Vgl. 3.1 Konstante Schadenfunktion, S. 387.

[24] Vgl. 2.2 Gauß Modell für μ, (a) Konstante Schadenfunktion, S. 409.

das Berechnen des ENSI für $n = 1$ bis n_{max} erfolgen. Man kann ihn aber auch wie bei der Punktschätzung durch das Nullsetzen der ersten Ableitung des ENSI bestimmen. Die erste Ableitung ist gleich

$$\frac{d}{dn}\text{ENSI}(n) = \frac{c \cdot s_u}{2 \cdot \sqrt{Q}} \cdot f_Z(z) - k$$

mit

$$z = \frac{2 \cdot \sigma^2 \cdot \ln(s_o/s_u) - c^2 \cdot (n + n')}{2 \cdot c \cdot \sqrt{Q}}.$$

Q ist für die entsprechende Zufallsvariable bei den Punktschätzverfahren angegeben.[25] Die Lösung der nullgesetzten Ableitung für n kann wieder mit Hilfe des Newton'schen Iterationsverfahrens gefunden werden. Für die Zufallsvariable μ ist z.B. die erste Ableitung des ENSI gleich

$$\begin{aligned}\frac{d}{dn}\text{ENSI}(n) &= \frac{c \cdot s_u}{2 \cdot \sigma \cdot \sqrt{n + n'}} \cdot f_Z\left(\frac{2 \cdot \sigma^2 \cdot \ln(s_o/s_u) - c^2 \cdot (n + n')}{2 \cdot c \cdot \sigma \cdot \sqrt{n + n'}}\right) \\ &- k\end{aligned}$$

und die zweite Ableitung gleich

$$\begin{aligned}\frac{d^2}{dn^2}\text{ENSI}(n) &= \exp\left\{-\frac{1}{2} \cdot \left(\frac{\sigma_x^2}{n' + n} \cdot \frac{\ln(s_o/s_u)^2}{c^2} + \frac{c^2 \cdot (n' + n)}{4 \cdot \sigma_x^2}\right)\right\} \cdot \\ &\cdot \left[\frac{\sigma_x}{(n' + n)^{5/2}} \cdot \frac{\ln(s_o/s_u)^2}{c} - \frac{(n' + n) \cdot c^3 + 4 \cdot \sigma_x^2 \cdot c}{4 \cdot \sigma_x^3 \cdot (n' + n)^{3/2}}\right] \cdot \\ &\cdot \sqrt{\frac{s_o \cdot s_u}{32 \cdot \pi}}.\end{aligned}$$

Für die numerischen Angaben

$$n' = 4, \quad \sigma^2 = 100, \quad s_u = 19, \quad s_o = 1, \quad c = 10, \quad k = 0.01$$

und einen Anfangswert von $n = 20$ erhält man

$$n_{(1)} = 20 - \frac{-0.00262391}{-0.00102015} = 17.4279$$

und in zweiter Näherung mit

$$n_{(2)} = 17.4279 - \frac{5.35541 \cdot 10^{-4}}{-0.00146329} = 17.7938$$

aufgerundet schon den optimalen Stichprobenumfang.

[25] Ebenda.

Für die Zufallsvariable Y_{n+1} ist die erste Ableitung des ENSI gegeben durch[26]

$$\begin{aligned}\frac{d}{dn}\mathrm{ENSI}(n) &= \frac{1+z_x^2}{(1+n'+n+z_x^2)^{3/2}}\cdot\sqrt{\frac{s_o\cdot s_u\cdot c^2}{\sigma_\varepsilon^2\cdot(n+n')}}\cdot\frac{1}{2\cdot\sqrt{2\pi}}\cdot\\ &\exp\left\{-\frac{1}{2}\left(\sigma''^2_{y_{n+1}}\cdot\frac{\ln(s_o/s_u)^2}{c^2}\cdot\frac{c^2}{4\cdot\sigma''^2_{y_{n+1}}}\right)\right\}-k\end{aligned}$$

mit

$$z_x=\frac{x_{n+1}-\mu_x}{\sigma_x}$$

und

$$\sigma''^2_{y_{n+1}}=\sigma_\varepsilon^2+\frac{\sigma_\varepsilon^2\cdot(1+z_x^2)}{n+n'}.$$

Die ersten partiellen Ableitungen des ENSI für die Zufallsvariable δ bei unabhängigen Stichproben sind gegeben durch[27]

$$\begin{aligned}\frac{\partial}{\partial n_1''}\mathrm{ENSI}(n_1'',n_2'') &= \frac{\sigma''^2}{n_1''}\cdot\sqrt{\frac{s_o\cdot s_u\cdot c^2}{\sigma''^3_{\delta_{\mu|\bar{x}}}}}\cdot\frac{1}{2\cdot\sqrt{2\pi}}\cdot\\ &\exp\left\{-\frac{1}{2}\left[\sigma''^2_{\delta_{\mu|\bar{x}}}\cdot\frac{\ln(s_o/s_u)^2}{c^2}-\right.\right.\\ &-\left.\left.\frac{c^2}{4\cdot\sigma_1^2}\cdot\left(\frac{\sigma_2''^2}{\sigma''^2_{\delta_{\mu|\bar{x}}}}-1\right)\right]\right\}-k_1\\ \frac{\partial}{\partial n_2''}\cdot\mathrm{ENSI}(n_1'',n_2'') &= \frac{\sigma''^2}{n_2''}\cdot\sqrt{\frac{s_o\cdot s_u\cdot c^2}{\sigma''^3_{\delta_{\mu|\bar{x}}}}}\cdot\frac{1}{2\cdot\sqrt{2\pi}}\cdot\\ &\cdot\exp\left\{-\frac{1}{2}\left[\sigma''^2_{\delta_{\mu|\bar{x}}}\cdot\frac{\ln(s_o/s_u)^2}{c^2}-\right.\right.\\ &-\left.\left.\frac{c^2}{4\cdot\sigma_2''^2}\cdot\left(\frac{\sigma_1''^2}{\sigma''^2_{\delta_{\mu|\bar{x}}}}-1\right)\right]\right\}-k_2.\end{aligned}$$

Die Lösungen dieses nichtlinearen Gleichungssystems können mit Hilfe des Newton'schen Iterationsverfahrens bestimmt werden.

(b) Lineare Schadenfunktion

Bei einer linearen Schadenfunktion ist man sowohl bei μ, α, β und δ für abhängige Stichproben als auch bei Y_{n+1} auf die sukzessive Berechnung der ENSI angewiesen, wenn man den optimalen Stichprobenumfang sucht. Der erwartete

[26] Vgl. 4.8 Verteilungen von β, (a) Normalverteilungen des Gauß Modells, S. 365.
[27] Vgl. 4.7 Verteilungen von δ, (d) Zusammenfassung für δ_μ, S. 355.

Nettowert der Stichprobeninformation ist gleich[28]

$$\begin{aligned}\mathrm{ENSI}(n_i) &= \mathrm{ESE}(n_o) - \mathrm{ESE}(n_i) - k \cdot n \\ &= \mathrm{SE}(n_0) - \left\{ \frac{\sigma}{\sqrt{n+n'}} \cdot [s_u \cdot f_Z(z_u) + s_o \cdot f_Z(z_o)] - \right. \\ &- \left. s_u \cdot z_u \cdot F_Z(z_u) \right\} - k \cdot n.\end{aligned}$$

z_u ist dabei vom jeweiligen Stichprobenumfang abhängig und wird bekanntlich aus der Bedingung

$$s_u \cdot F_Z(z) = s_o - s_o \cdot F_Z\left(z + \frac{c \cdot \sqrt{n+n'}}{\sigma}\right)$$

bestimmt. z_o ist

$$z_o = z_u + \frac{c \cdot \sqrt{n+n'}}{\sigma}.$$

Bei zwei unabhängigen Stichproben ist der $\mathrm{ENSI}(n_i, n_j)$ für δ gleich

$$\begin{aligned}\mathrm{ENSI}(n_i, n_j) &= \mathrm{ESE}(n_o, n_o) - \\ &- \left\{ \left(\frac{\sigma_1^2}{n_1' + n_1} + \frac{\sigma_2^2}{n_2' + n_2} \right)^{1/2} \cdot [s_u \cdot f_Z(z_u) + s_o \cdot f_Z(z_o)] - \right. \\ &- \left. s_u \cdot c \cdot F_Z(z_u) \right\} - k_1 \cdot n_i - k_2 \cdot n_j.\end{aligned}$$

Da z_u aus der Gleichung

$$s_u \cdot F_Z(z) = s_o - s_o \cdot F_Z\left(z + c \cdot \left(\frac{\sigma_1^2}{n_1' + n_1} + \frac{\sigma_2^2}{n_2' + n_2} \right)^{-1/2}\right)$$

bestimmt wird, führt auch hier nur die Berechnung des ENSI für alle Kombinationen der möglichen Stichprobenumfänge zur Ermittlung von $n_{1,opt}$ und $n_{2,opt}$.

Für ein Intervallschätzverfahren mit variabler Intervallänge ist der EWSI gleich[29]

$$\begin{aligned}\mathrm{EWSI}(n_i) &= \mathrm{ESE}(n_0) - \mathrm{ESE}(n_i) \\ &= \left[s_l \cdot (z_o - z_u) + s_u \cdot L_{-\infty}^{z_u}(z) + s_o \cdot L_{z_o}^{\infty}(z)\right] \cdot (\sigma' - \sigma''),\end{aligned}$$

wobei z_u und z_o die Bedingungen

$$F_Z(z_u) = \frac{s_l}{s_u}, \quad G_Z(z_o) = \frac{s_l}{s_o}$$

[28] Vgl. 3.2 Lineare Schadenfunktion, S. 389.

[29] Vgl. 3.2 Lineare Schadenfunktion, S. 390.

erfüllen müssen. Der optimale Stichprobenumfang ergibt sich in diesem Fall aus der nullgesetzten ersten Ableitung des ENSI mit

$$\begin{aligned} n* &= \left[\frac{\sqrt{n'}}{2\cdot k}\cdot \mathrm{EWPI}\right]^{2/3} - n' \\ &= \left\{\frac{[s_l\cdot(z_o-z_u)+s_u\cdot L_{-\infty}^{z_u}(z)+s_o\cdot L_{z_o}^{\infty}(z)]\cdot\sigma}{2\cdot k}\right\}^{2/3} - n', \\ n_{opt} &= \begin{cases} n* & \text{für } n*\geq 0, \mathrm{ENSI}(n*)\geq 0, \\ 0 & \text{sonst.}\end{cases} \end{aligned}$$

(c) Quadratische Schadenfunktion

Auch die quadratische Schadenfunktion erfordert für die Ermittlung der optimalen Stichprobenumfänge die sukzessive Berechnung des ENSI. Dazu ist der ENSIvon $n = 1$ bis

$$n_{max} < \frac{\mathrm{EWPI}}{k}$$

zu berechnen und jenes n auszuwählen, das den maximalen positiven ENSI besitzt. Wenn es keinen Stichprobenumfang mit positivem ENSI gibt, dann wird an Hand der vorhandenen Informationen entschieden.

Der erwartete Wert der Stichprobeninformation ist für die Zufallsvariablen μ, α, β und δ (bei abhängigen Stichproben) gegeben durch[30]

$$\begin{aligned} \mathrm{EWSI}(n_i) &= \mathrm{ESE}(n_o) - \mathrm{ESE}(n_i) \\ &= \mathrm{SE}(n_o) - \frac{\sigma^2}{n+n'}\cdot\left[s_u\cdot\left\{F_Z(z_u)\cdot(z_u^2+1)+z_u\cdot f_Z(z_u)\right\}+\right. \\ &+ \left. s_o\cdot\left\{G_Z(z_o)\cdot(z_o^2+1)-z_o\cdot f_Z(z_o)\right\}\right] \end{aligned}$$

und der erwartete Nettowert der Stichprobeninformation ist

$$\mathrm{ENSI}(n_i) = \mathrm{ESE}(n_o) - \mathrm{ESE}(n_i) - k\cdot n.$$

z_u wird aus der Bedingung

$$\begin{aligned} s_u\cdot[f_Z(z)+z\cdot F_Z(z)] &= s_o\cdot\left[f(z+c\cdot\sqrt{n+n'}/\sigma)-\right. \\ &- \left.(z+c\cdot\sqrt{n+n'}/\sigma)\cdot G_Z(z+c\cdot\sqrt{n+n'}/\sigma)\right] \end{aligned}$$

bestimmt und z_o ist

$$z_o = z_u + \frac{c\cdot\sqrt{n+n'}}{\sigma}.$$

[30] Vgl. 3.3 Quadratische Schadenfunktion, S. 392.

Bei variabler Intervallänge ist der EWSI gleich[31]

$$\begin{aligned}
\mathrm{EWSI}(n_i) &= \mathrm{ESE}(n_0) - \mathrm{ESE}(n_i) \\
&= \sigma' \cdot (z_o - z_u) + \sigma'^2 \cdot [s_u \cdot F_Z(z_u) + s_o \cdot G_Z(z_o)] - \\
&- \sigma'' \cdot (z_o - z_u) + \sigma''^2 \cdot [s_u \cdot F_Z(z_u) + s_o \cdot G_Z(z_o)] \\
&= (z_o - z_u) \cdot (\sigma' - \sigma'') + [s_u \cdot F_Z(z_u) + \\
&+ s_o \cdot G_Z(z_o)] \cdot (\sigma'^2 - \sigma''^2),
\end{aligned}$$

wobei z_u und z_o die Bedingungen

$$\sigma \cdot L_{-\infty}^{z_u}(z) = \frac{s_l}{2 \cdot s_u}, \quad \sigma \cdot L_{z_o}^{\infty}(z) = \frac{s_l}{2 \cdot s_o}$$

erfüllen müssen.

Für δ und zwei unabhängige Stichproben sowie fixe Intervallänge ist der EWSI gleich

$$\begin{aligned}
\mathrm{EWSI}(n_i, n_j) &= \mathrm{ESE}(n_o, n_o) - \\
&- \left(\frac{\sigma_1^2}{n_1' + n_1} + \frac{\sigma_2^2}{n_2' + n_2}\right) \cdot \Big\{s_u \cdot \Big[F_Z(z_u) \cdot (z_u^2 + 1) + \\
&+ z_u \cdot f_Z(z_u)\Big] + s_o \cdot \Big[G_Z(z_o) \cdot (z_o^2 + 1) - z_o \cdot f_Z(z_o)\Big]\Big\}.
\end{aligned}$$

z_u und z_o werden so bestimmt wie bei μ. Für σ ist lediglich

$$\sigma''_{\mu|\bar{x}} = \left(\frac{\sigma_1^2}{n_1' + n_1} + \frac{\sigma_2^2}{n_2' + n_2}\right)^{1/2}$$

einzusetzen. Bei variabler Intervallänge ist der EWSI für δ gleich

$$\begin{aligned}
\mathrm{EWSI}(n_i, n_j) &= (z_o - z_u) \cdot (\sigma'_{\delta_\mu} - \sigma''_{\delta_\mu}) + \\
&+ [s_u \cdot F_Z(z_o) + s_o \cdot G_Z(z_o)] \cdot \left(\sigma_{\delta_\mu}^2 - \sigma''^2_{\delta_\mu}\right).
\end{aligned}$$

[31] 3.3 Quadratische Schadenfunktion, S. 393.

Kapitel IV

Numerische Approximationen für Verteilungen

1 Nomalverteilung

1.1 Verteilungsfunktion der Standardnormalverteilung

Die Verteilungsfunktion der Standardnormalverteilung ist definiert durch

$$F_Z(z) = \frac{1}{\sqrt{2 \cdot \pi}} \cdot \int_{-\infty}^{z} e^{-\frac{t^2}{2}} dt$$

für $-\infty < z < \infty$. Die Funktionswerte dieser Funktion können für $0 \leq z < \infty$ näherungsweise mit Hilfe folgender Formel berechnet werden:[1]

$$\begin{aligned} F_Z(z) &= 1 - \frac{1}{2} \cdot \Big(1 + 0.196854 \cdot z + 0.115194 \cdot z^2 + 0.000344 \cdot z^3 + \\ &+ 0.019527 \cdot z^4\Big)^{-4}. \end{aligned}$$

Der Fehler ist kleiner als

$$|\varepsilon(z)| < 2.5 \cdot 10^{-4}.$$

Sucht man z.B. die Wahrscheinlichkeit dafür, daß die Zufallsvariable Z höchstens den Wert 1.645 annimmt

$$W(Z \leq 1.645),$$

dann setzt man in obiger Formel für z 1.645 ein und erhält den Wert

$$\begin{aligned} F_Z(1.645) &= 1 - \frac{1}{2} \cdot \Big(1 + 0.196854 \cdot 1.645 + 0.115194 \cdot 1.645^2 \\ &+ 0.000344 \cdot 1.645^3 + 0.019527 \cdot 1.645^4\Big)^{-4} \\ &= 0.9502. \end{aligned}$$

[1] Vgl. Abramovitz, Stegun (1972, S. 932).

Die exakte Wahrscheinlichkeit auf vier Dezimalstellen ist

$$F_Z(1.645) = 0.9500.$$

Für negative z-Werte bestimmt man die Wahrscheinlichkeit über die Relation

$$F_Z(-z) = 1 - F_Z(z).$$

Wenn man z.B. die Wahrscheinlichkeit für

$$W(Z \leq -1.645)$$

sucht, dann ist sie gleich

$$F_Z(-1.645) = 1 - F_Z(1.645) = 0.0498.$$

1.2 Inverse Funktion der Standardnormalverteilung

Wenn man für eine gegebene Wahrscheinlichkeit den z-Wert sucht, den die Zufallsvariable Z höchstens erreicht

$$W(Z \leq z) = \gamma,$$

dann kann man dies mit Hilfe folgender Formel näherungsweise berechnen:[2]

$$\begin{aligned} r(\gamma) &= \sqrt{\ln\left(\frac{1}{\gamma^2}\right)} \\ z(\gamma) &= r(\gamma) - \frac{2.515517 + 0.802853 \cdot r(\gamma) + 0.010328 \cdot r(\gamma)^2}{1 + 1.432788 \cdot r(\gamma) + 0.189269 \cdot r(\gamma)^2 + 0.001308 \cdot r(\gamma)^3}. \end{aligned}$$

Der mit dieser Formel verknüpfte Fehler ist kleiner als

$$|\varepsilon(\gamma)| < 4.5 \cdot 10^{-4}.$$

γ muß für diese Formel größer 0 und kleiner gleich 0.5 sein

$$0 < \gamma \leq 0.5$$

und der entsprechende z-Wert ist der absolute Betrag von

$$|z(\gamma)|.$$

Will man z.B. für die Wahrscheinlichkeit von 5% den entsprechenden z-Wert der Standardnormalverteilung berechnen

$$W(Z \leq z) = 0.05,$$

[2]Vgl. Abramovitz, Stegun (1972, S. 933).

dann setzt man zuerst 0.05 in

$$r(0.05) = \sqrt{\ln\left(\frac{1}{0.05^2}\right)} = 2.4477$$

ein und berechnet dann

$$\begin{aligned} |z(0.05)| &= 2.4477 - \\ &- \frac{2.515517 + 0.802853 \cdot 2.4477 + 0.010328 \cdot 2.4477^2}{1 + 1.432788 \cdot 2.4477 + 0.189269 \cdot 2.4477^2 + 0.0013208 \cdot 2.4477^3} \\ &= 1.6452. \end{aligned}$$

Da 5% kleiner als 50% ist, ist das entsprechende z, das die Zufallsvariable Z mit 5% Wahrscheinlichkeit höchstens erreicht, negativ:

$$W(Z \leq -1.6452) = 0.05.$$

Für die Wahrscheinlichkeit von 95% ist z positiv:

$$W(Z \leq 1.6452) = 0.95.$$

Der exakte Wert auf vier Dezimalstellen ist

$$|z| = |1.6449|.$$

2 Bivariate Normalverteilung

Die Verteilungsfunktion der standardisierten bivariaten Normalverteilung ist gegeben durch

$$m_{00}^{(11)} = \int_{-\infty}^{c_1}\int_{-\infty}^{c_2} f_{2N}(x,y)\,dydx$$

mit

$$f_{2N}(x,y) = \frac{1}{2 \cdot \pi \cdot \sqrt{1-\rho^2}} \cdot \exp\left[-\frac{(x^2 - 2 \cdot \rho \cdot x \cdot y + y^2)}{2 \cdot (1-\rho^2)}\right].$$

Bei einer nichtstandardisierten bivariaten Normalverteilung mit den Zufallsvariablen U und V substituiert man

$$x = \frac{c_1 - \mu_u}{\sigma_u}, \qquad y = \frac{c_2 - \mu_v}{\sigma_v}.$$

Die Werte dieser Verteilungsfunktion, die die Wahrscheinlichkeit ausdrücken, daß die Zufallsvariable X höchstens den Wert c_1 und die Zufallsvaribale Y höchstens den Wert c_2 animmt

$$W(X \leq c_1, Y \leq c_2),$$

kann man mit Hilfe folgender Formel näherungsweise berechnen:[3]

$$m_{00}^{(11)} = \frac{\sum_z \left(F_Z\left(\frac{\sqrt{\rho}\cdot z + x}{\sqrt{1-\rho}}\right) \cdot F_Z\left(\frac{\sqrt{\rho}\cdot z + y}{\sqrt{1-\rho}}\right) \cdot \frac{1}{\sqrt{2\cdot\pi}} \cdot e^{-\frac{z^2}{2}} \right)}{\sum_z \left(\frac{1}{\sqrt{2\cdot\pi}} \cdot e^{-\frac{z^2}{2}} \right)}$$

Die Genauigkeit des Ergebnisses hängt von ρ und der Anzahl der gewählten Stützstellen ab. Will man z.B. die Wahrscheinlichkeit bestimmen, daß die Zufallsvariable U mit den Parametern

$$\mu_u = 100, \quad \sigma_u^2 = 35, \quad \rho = 0.8452$$

höchstens den Wert $c_1 = 97.2$ annimmt und gleichzeitig die Zufallsvariable V mit den Parametern

$$\mu_v = 100, \qquad \sigma_v^2 = 25$$

höchstens den Wert $c_2 = 98$, dann kann man die Berechnung z.B. mit 7 Stützstellen versuchen:

$$z_1 = -3, z_2 = -2, z_3 = -1, \ldots, z_6 = 2, z_7 = 3.$$

In folgender Tabelle sind die Zwischenergebnisse angeführt:

$$x = \frac{c_1 - \mu_u}{\sigma_u} = -0.4733, \quad y = \frac{c_2 - \mu_v}{\sigma_v} = -0.4.$$

1	2	3	4	5	6
z	$F_Z\left(\frac{\sqrt{\rho}\cdot z + x}{\sqrt{1-\rho}}\right)$	$F_Z\left(\frac{\sqrt{\rho}\cdot z + y}{\sqrt{1-\rho}}\right)$	2×3	$\frac{1}{\sqrt{2\cdot\pi}} \cdot e^{-\frac{z^2}{2}}$	4×5
-3	0.0000	0.0000	0.0000	0.0044	0.0000
-2	0.0000	0.0000	0.0000	0.0540	0.0000
-1	0.0002	0.0004	0.0000	0.2420	0.0000
0	0.1145	0.1547	0.0177	0.3989	0.0071
1	0.8715	0.9066	0.7901	0.2420	0.1912
2	0.9997	0.9999	0.9996	0.0540	0.0540
3	1	1	1	0.0044	0.0044
				0.9997	0.2567

Wenn man nun den Zähler durch den Nenner dividiert

$$m_{00}^{(11)} = \frac{0.2567}{0.9997} = 0.2567,$$

[3]Vgl. Tong (1990, S. 15). Eine attraktive Alternative - sowohl was Programmieraufwand als auch Genauigkeit betrifft - findet man in Drezner, Wesolowsky (1990).

dann erhält man als Näherungswert die Wahrscheinlichkeit von 0.2567. Der auf vier Dezimalstellen genaue Wert ist 0.2492. Je mehr Stützstellen man bei der Berechnung berücksichtigt, umso genauer wird das Ergebnis.

Wenn man die restlichen drei Momente berechnen will, dann benötigt man neben dem ersten berechneten Moment nur noch die univariate Normalverteilung:

$$\begin{aligned}
m_{00}^{(12)} &= F_Z(c_1) - m_{00}^{(11)} = 0.0613 \\
m_{00}^{(21)} &= F_Z(c_2) - m_{00}^{(11)} = 0.0879 \\
m_{00}^{(22)} &= 1 - F_Z(c_1) - F_Z(c_2) + m_{00}^{(11)} = 0.5941.
\end{aligned}$$

3 Betaverteilung

3.1 Verteilungsfunktion

Die Verteilungsfunktion der Betaverteilung ist gegeben durch

$$F_\beta(c|\alpha,\beta) = \frac{\Gamma(\alpha+\beta)}{\Gamma(\alpha)\cdot\Gamma(\beta)} \cdot \int_0^c \pi^{\alpha-1}\cdot(1-\pi)^{\beta-1}d\pi$$

für $0 \leq c \leq 1$. Für α ganzzahlig kann man die Werte der Verteilungsfunktion mit Hilfe folgender Formel berechnen:[4]

$$F_\beta(c|\alpha,\beta) = 1 - (1-c)^{\alpha+\beta-1} \cdot \sum_{i=0}^{\alpha-1} \frac{(\alpha+\beta-1)!}{i!\cdot(\alpha+\beta-1-i)!} \cdot \left(\frac{c}{1-c}\right)^i .$$

Wenn man z.B. die Wahrscheinlichkeit sucht, daß die Zufallsvariable π höchstens den Wert 0.9 annimmt, dann errechnet man diese Wahrscheinlichkeit für die Parameter

$$\alpha = 3 \text{ und } \beta = 2$$

wie folgt:

$$\begin{aligned}
F_\beta(0.9,3,2) &= 1-(1-0.9)^{3+2-1} \cdot \sum_{i=0}^{3-1} \frac{3+2-1)!}{i!(3+2-1-i)!} \cdot \left(\frac{0.9}{1-0.9}\right)^i \\
&= 0.9477.
\end{aligned}$$

Die Wahrscheinlichkeit, daß π höchstens den Wert 0.9 annimmt, ist gleich

$$W(\pi \leq 0.9) = 0.9477.$$

---

[4]Vgl. Abramowitz, Stegun (1972, S. 944f).

Für α nicht ganzzahlig und $(\alpha+\beta-1)\cdot(1-c)\geq 0.8$ berechnet man die Werte der Betaverteilungsfunktion näherungsweise über die Normalverteilung. Dazu benötigt man folgende Zwischenwerte:[5]

$$w_1(c,\beta) = (\beta\cdot c)^{\frac{1}{3}},$$
$$w_2(c,\alpha) = (\alpha\cdot(1-c))^{\frac{1}{3}},$$
$$y(c,\alpha,\beta) = \frac{3\cdot\left[w_1(c,\beta)\cdot\left(1-\frac{1}{9\cdot\beta}\right) - w_2(c,\alpha)\cdot\left(1-\frac{1}{9\cdot\alpha}\right)\right]}{\left(\frac{w_1(c,\beta)^2}{\beta}+\frac{w_2(c,\alpha)^2}{\alpha}\right)^{\frac{1}{2}}}.$$

Mit $y(c,a,\beta)$ kann man nun die Werte der Betaverteilungsfunktion näherungsweise über die Normalverteilung berechnen:

$$F_\beta(c|\alpha,\beta) = F_Z(y(c,\alpha,\beta))$$

Will man wieder die Wahrscheinlichkeit berechnen, daß die Zufallsvariable π höchstens den Wert 0.9 annimmt, aber mit dem nichtganzzahligen

$$\alpha = 9.7 \text{ und } \beta = 3,$$

dann muß man zuerst prüfen, ob

$$(\alpha+\beta-1)\cdot(1-c)\geq 0.8$$

ist. Im vorliegenden Beispiel ist

$$(9.7+3-1)\cdot(1-0.9) = 1.17$$

und

$$\begin{aligned}
w_1(0.9,3) &= (3\cdot 0.9)^{\frac{1}{3}} = 1.3925,\\
w_2(0.9,9.7) &= (9.7\cdot(1-0.9))^{\frac{1}{3}} = 0.9899,\\
y(0.9,9.7,3) &= \frac{3\cdot\left[1.3925\cdot\left(1-\frac{1}{9\cdot 3}\right) - 0.9899\cdot\left(1-\frac{1}{9\cdot 9.7}\right)\right]}{\left(\frac{1.3925^2}{3}+\frac{0.9899^2}{9.7}\right)^{\frac{1}{2}}}\\
&= 1.2574.
\end{aligned}$$

Die Wahrscheinlichkeit, daß die Zufallsvariable π höchstens den Wert 0.9 annimmt, ist bei diesen Parametern näherungsweise gleich

$$F_\beta(0.9|9.7,3) \cong F_Z(1.2674) = 0.8956.$$

Auf vier Dezimalstellen genau ist der exakte Wert gleich 0.8957.

[5] Ebenda

Für α nicht ganzzahlig und $(\alpha + \beta - 1) \cdot (1 - c) \leq 0.8$ sowie $\beta > 15$ berechnet man die Werte der Betaverteilungsfunktion näherungsweise über folgende Zwischenwerte der Normalverteilung:[6]

$$\chi(c, \alpha, \beta) = (\alpha + \beta - 1) \cdot (1 - c) \cdot (3 - c) - (1 - c) \cdot (\beta - 1)$$

$$x(c, \alpha, \beta) = \frac{\left(\frac{\chi(c,\alpha,\beta)}{2 \cdot \beta}\right)^{\frac{1}{3}} - \left(1 - \frac{1}{9 \cdot \beta}\right)}{\sqrt{\frac{1}{9 \cdot \beta}}}.$$

Zieht man von 1 den Wert $x(c, \alpha, \beta)$ der Standardnormalverteilung ab, dann bekommt man den Wert der Betaverteilungsfunktion:

$$F_\beta(c|\alpha, \beta) \cong 1 - F_Z(x(c, \alpha, \beta)).$$

Für die Parameter

$$\alpha = 9.7 \text{ und } \beta = 15$$

und $c = 0.4$ ist

$$(\alpha + \beta - 1) \cdot (1 - c) = (9.7 + 15 - 1) \cdot (1 - 0.4) = 14.22 > 0.8.$$

Daher kann man die Wahrscheinlichkeit, daß die Zufallsvariable π höchstens den Wert 0.4 annimmt, an Hand folgender Zwischenwerte

$$\begin{aligned} \chi(0.4, 9.7, 15) &= (9.7 + 15 - 1) \cdot (1 - 0.4) \cdot (3 - 0.4) - (1 - 0.4) \cdot (15 - 1) \\ &= 28.572, \end{aligned}$$

$$\begin{aligned} x(0.4, 9.7, 15) &= \frac{\left(\frac{28.572}{2 \cdot 15}\right)^{\frac{1}{3}} - \left(1 - \frac{1}{9 \cdot 15}\right)}{\sqrt{\frac{1}{9 \cdot 15}}} \\ &= -0.1013 \end{aligned}$$

und der Normalverteilung berechnen:

$$F_\beta(0.4|9.7, 15) \cong 1 - F_Z(-0.1013) = 0.5393.$$

Der exakte Wert auf vier Dezimalstellen ist 0.5410.

[6] Vgl. Abramovitz, Stegun (1972, S. 945).

(a) Inverse Verteilungsfunktion

Sucht man jenen Wert, den die Zufallsvariable π mit einer vorgegebenen Wahrscheinlichkeit γ nicht überschreitet, dann kann man dies mit Hilfe folgender Formeln berechnen:[7]

$$
\begin{aligned}
r(\gamma) &= \sqrt{\ln\left(\frac{1}{2}\right)}, \\
z(\gamma) &= r(\gamma) - \\
&- \frac{2.515517 + 0.802853 \cdot r(\gamma) + 0.010328 \cdot r(\gamma)^2}{1 + 1.432788 \cdot r(\gamma) + 0.189269 \cdot r(\gamma)^2 + 0.001308 \cdot r(\gamma)^3}, \\
\lambda(\gamma) &= \frac{z(\gamma)^2 - 3}{6}, \\
h(\alpha, \beta) &= 2 \cdot \left(\frac{1}{2 \cdot \alpha - 1} + \frac{1}{2 \cdot \beta - 1}\right)^{-1}, \\
w(\gamma, \alpha, \beta) &= \frac{z(\gamma) \cdot (h(\alpha, \beta) + \lambda(\gamma))^{\frac{1}{2}}}{h(\alpha, \beta)} - \left(\frac{1}{2 \cdot \beta - 1} - \frac{1}{2 \cdot \alpha - 1}\right) \cdot \\
&\cdot \left(\lambda(\gamma) + \frac{5}{6} - \frac{2}{3 \cdot h(\alpha, \beta)}\right), \\
\pi(\gamma, \alpha, \beta) &= \frac{\alpha}{\alpha + \beta \cdot e^{2 \cdot w(\gamma, \alpha, \beta)}}.
\end{aligned}
$$

Oben wurde die Wahrscheinlichkeit berechnet, daß die Zufallsvariable π höchstens den Wert 0.9 annimmt, wenn die Parameter $\alpha = 3$ und $\beta = 2$ sind. Als Ergebnis erhält man die Wahrscheinlichkeit von 0.9477. Setzt man nun voraus, daß man diese Wahrscheinlichkeit kennt und das entsprechende π sucht, dann muß man zuerst die Zwischenwerte berechnen:

$$
\begin{aligned}
r(0.9477) &= \sqrt{\ln\left(\frac{1}{0.9477^2}\right)} = 0.3278, \\
z(0.9477) &= -1.5378, \\
\lambda(0.9477) &= \frac{(-1.5378)^2 - 3}{6} = -0.1058, \\
h(3, 2) &= 2 \cdot \left(\frac{1}{2 \cdot 3 - 1} + \frac{1}{2 \cdot 2 - 1}\right)^{-1} = 3.75, \\
w(0.9477, 3, 2) &= \frac{-1.5378 \cdot (3.75 + -0.1058)^{\frac{1}{2}}}{3.75} - \\
&- \left(\frac{1}{2 \cdot 2 - 1} - \frac{1}{2 \cdot 3 - 1}\right) \cdot \left(-0.1058 + \frac{5}{6} - \frac{2}{3 \cdot 3.75}\right) \\
&= -0.8561.
\end{aligned}
$$

[7]Vgl. Abramovitz, Stegun (1972, S. 945).

Nun kann man in die letzte Formel einsetzen und erhält folgendes Ergebnis als Näherungswert für das exakte 0.9:

$$\pi(0.9477, 3, 2) = \frac{3}{3 + 2 \cdot e^{2\cdot(-0.8561)}} = 0.8926.$$

4 Zentrale Grenzwertsätze

Die zentralen Grenzwertsätze beinhalten generell die Feststellung, daß die Verteilungsfunktionen einer Folge von Zufallsvariablen $Z_1, \ldots, Z_n$, mit $n \to \infty$ gegen die Standardnormalverteilung konvergieren. Bezeichnet man mit F_n die Verteilungsfunktion der Zufallsvariablen Z_n, so gilt

$$\lim_{n\to\infty} F_n \sim N(0,1).$$

Die Grenzwertsätze unterscheiden sich in der Definition von Z_n. DeMoivre und Laplace bewiesen die Konvergenz für unabhängige und identisch verteilte Bernoulli Zufallsvariablen. Z_n ist in diesem Fall wie folgt definiert:

$$Z_n = \frac{X - n \cdot \pi}{\sqrt{n \cdot \pi \cdot (1-\pi)}}, \qquad X = \sum_{i=1}^{n} X_i.$$

Auf Grund dieses sogenannten lokalen Grenzwertsatzes von DeMoivre und Laplace kann man die Werte der Binomialverteilung bei hinreichend großem n mit Hilfe der Standardnormalverteilung berechnen. Für das Experiment „100-maliges Werfen einer fairen Münze" und die Zufallsvariable X „Anzahl der Kopfwürfe" ist z.B. die exakte Wahrscheinlichkeit für höchstens 60 Kopfwürfe

$$\begin{aligned} W(X \leq 60) &= F_B(60|\pi = 0.5, n = 100) \\ &= \sum_{x=0}^{60} \binom{100}{x} \cdot 0.5^x \cdot (1-0.5)^{100-x} \\ &= 0.9824. \end{aligned}$$

Mit Hilfe der Standardnormalverteilung erhält man die Wahrscheinlichkeit

$$W(X \leq 60) \cong F_Z(2) = (2 \cdot \pi)^{-\frac{1}{2}} \cdot \int_{-\infty}^{2} e^{-\frac{z^2}{2}} dz = 0.9773,$$

da

$$z = \frac{60 - 100 \cdot 0.5}{\sqrt{100 \cdot 0.5 \cdot (1-0.5)}} = 2$$

ist. Gerundet auf zwei Dezimalstellen liefert die Normalverteilung einen guten Näherungswert für die exakte Wahrscheinlichkeit. Wenn man die Stetigkeit der Normalverteilung durch eine Stetigkeitskorrektur von 0.5 bei der ganzzahligen binomialverteilten Zufallsvariablen berücksichtigt, dann kann die Näherungslösung noch verbessert werden. x ist in diesem Fall nicht 60, sondern 60.5 und z daher

$$z = \frac{60 - 100 \cdot 0.5}{\sqrt{100 \cdot 0.5 \cdot (1 - 0.5)}} = 2.1.$$

Die Wahrscheinlichkeit für höchstens 60 Kopfwürfe ist nun näherungsweise

$$F_Z(2.1) \cong (2 \cdot \pi)^{-\frac{1}{2}} \cdot \int_{-\infty}^{2.1} e^{\frac{-2.1^2}{2}} dz = 0.9821.$$

Ist X betaverteilt mit den Parametern α und β, dann gilt

$$E(X) = \frac{\alpha}{\alpha + \beta}$$

und

$$V(X) = \frac{\alpha \cdot \beta}{(\alpha + \beta)^2(\alpha + \beta + 1)}.$$

Die exakte Wahrscheinlichkeit, daß X höchstens den Wert 0.6 annimmt, wenn $\alpha = 15$ und $\beta = 20$ ist, ist gleich

$$\begin{aligned} W(X \leq 0.6) &= F_\beta(0.6|\alpha = 15, \beta = 20) \\ &= \frac{\Gamma(15 + 20)}{\Gamma(15) \cdot \Gamma(20)} \cdot \int_0^{0.6} \pi^{15-1} \cdot (1 - \pi)^{20-1} \cdot d\pi \\ &= 0.9795. \end{aligned}$$

Wenn man die Standardnormalverteilung als Näherungsverteilung verwendet, dann erhält man die Wahrscheinlichkeit

$$\begin{aligned} W(X \leq 0.6) \cong F_Z(2.0785) &= (2 \cdot \pi)^{-\frac{1}{2}} \cdot \int_{-\infty}^{2.0785} e^{-\frac{2.0.785^2}{2}} dz \\ &= 0.9812, \end{aligned}$$

da

$$Z = \frac{X - E(X)}{\sqrt{V(X)}} = \frac{0.6 - \frac{15}{15 + 20}}{\sqrt{\frac{15 \cdot 20}{(15 + 20)^2 \cdot (15 + 20 + 1)}}} = 2.0785$$

ist. Auch hier erhält man mit Hilfe der Normalverteilung den gleichen Wert für die Wahrscheinlichkeit, wenn man auf zwei Dezimalstellen rundet.

Für unabhängige und identisch, aber beliebig verteilte Zufallsvariablen mit demselben Erwartungswert μ und derselben Varianz σ^2 zeigten Lindeberg und Levy die Konvergenz. Z_n ist hier wie folgt definiert:

$$Z_n = \frac{\sum_{i=1}^{n}(X_i - \mu)}{\sqrt{\sigma^2 \cdot n}}.$$

Selbst dann, wenn die Zufallsvariablen nicht identisch verteilt sind, kann die Konvergenz bewiesen werden. Dies wurde von Liapunoff gezeigt. Es wird in diesem Fall nur vorausgesetzt, daß die Zufallsvariablen unabhängig sind und

$$E(X_n) = \mu_n, \quad V(X_n) = \sigma_n^2,$$

sowie einige höhere Momente der Verteilungen existieren. Z_n ist dann folgendermaßen definiert:

$$Z_n = \frac{\sum_{i=1}^{n}(X_i - \mu_i)}{\sqrt{\sum_{i=1}^{n}\sigma_i^2 \cdot n_i}}.$$

Man kann also die Werte der Verteilungsfunktion zahlreicher Verteilungen auf Grund dieser Grenzwertsätze bei hinreichend großem n mit Hilfe der Standardnormalverteilung approximativ berechnen. In vielen Fällen ist ein $n = 30$ schon ausreichend, um an Hand der Normalverteilung Näherungswerte für die Verteilungsfunktion zu erhalten, die von den exakten Werten nicht nennenswert abweichen.

Literaturverzeichnis

Abramovitz, M., Stegun, I.A. (1972). Handbook of Mathematical Functions. 9th Edition. New York: Dover Publications.

Bamberg, G., Coenenberg, G. (1985). Betriebswirtschaftliche Entscheidungslehre. 4. Auflage. München: Vahlen.

Berger, J.O. (1985). Statistical Decision Theory. Second Edition. New York: Springer.

Bernardo, J.M., Smith, A.F.M. (1994). Bayesian Theory. New York: Wiley.

Bickel, P.J., Doksum, K.A. (1977). Mathematical Statistics: Basic Ideas and Selected Topics. San Francisco: Holden.

Bohley, P. (1989). Statistik. 3. Auflage. München: Oldenbourg.

Broemeling, L.D. (1985). Bayesian Analysis of Linear Models. New York: Marcel Dekker.

Boot, J.C.G., Cox, E.B. (1974). Statistical Analysis for Managerial Decisions. Second Edition. New York: Mc Graw-Hill.

Borovcnik, M. (1992). Stochastik im Wechselspiel von Intuitionen und Mathematik. Mannheim: Wissenschaftsverlag.

Box, G.E.P., Tiao, G.C. (1973). Bayesian Inference in Statistical Analysis. Sydney: Addison-Wesley.

Braverman, J.D. (1972). Probability, Logic and Management Decision. New York: McGraw-Hill.

Barnett, V. (1982). Comparative Statistical Inference. Second Edition. Chichester: Wiley.

Bühlmann, H., Loeffel, H., Nievergelt, E. (1975). Entscheidungs- und Spieltheorie. Berlin: Springer.

Chung, K.L. (1978). Elementare Wahrscheinlichkeitstheorie und stochastische Prozesse. Berlin: Springer.

Cochran, W.G. (1977). Sampling Techniques. Third Edition. New York: Wiley.

CyetT, R.M., De Groot, M.H. (1978). Bayesian Analysis and Uncertainty in Economic Theory. London: Chapman and Hall.

De Finetti, B. (1981). Wahrscheinlichkeitstheorie. München: Oldenbourg.

De Groot, M.H. (1978). Probability and Statistics. Second Edition. Menlo Park: Addison-Wesley.

Dvezner, Z., Wesolowsky, G.Q. (1990). On the Computation of the bivariate normal integral. I.Statist.Comput.Simul.,35,101-107.

Ferschl, F. (1975). Nutzen- und Entscheidungstheorie. Opladen:

Fishburn, P.C. (1970). Utility Theory for Decision Making. New York:

Gottinger, H.W. (1974). Grundlagen der Entscheidungstheorie. Stuttgart:

Grimmett, G.R., Strizaker, D.R. (1982). Probability and Random Processes. Oxford: Clarendon Press.

Guttman, R., Wilks, S.S., Hunter, J.S. (1982). Introductory Engineering Statistics. Third Edition. New York: Wiley.

Iversen, G.R. (1984). Bayesian Statistical Inference. New York: Sage Publications.

Jeffreys, H. (1961). Theory of Probability. Third Edition. London: Oxford University Press.

La Valle, J.H. (1970). An Introduction to Probability, Decision and Inference. New York: Holt, Rinehart and Winston.

Lindley, D.V. (1965). Introduction to Probability and Statistics from a Bayesian Viewpoint. London: Cambridge University Press.

Lindley, D.V. (1985). Making Decisions. Second Edition. London: Wiley.

Mag, W. (1977). Entscheidung und Information. München: Vahlen.

Marinell, G., Seeber, G. (1993). Angewandte Statistik. 3. Auflage, München: Oldenbourg.

Marinell, G., Seeber, G. (1992). Präposteriorianalyse bei Testverfahren. Österr. Zeitschrift für Statistik und Information 22, 27-36.

Marinell, G. (1987). Statistik. Eine entscheidungsorientierte Einführung. 2. Auflage. München: Oldenbourg.

Melsa, J.L., Cohn, D.L. (1978). Decision and Estimation Theory. New York: McGraw-Hill.

O'Hagen, A. (1988). Probability. Methods and Measurement. London: Chapman and Hall.

Pratt, J.W., Raiffa, H., Schlaifer, R. (1965). Introduction to Statistical Decision Theory. New York: McGraw-Hill.

Press, S.J. (1982). Applied Multivariate Analysis. Second Edition. Malabar: R.E.Krieger.

Rehkugler, H., Schindel, V. (1981). Entscheidungstheorie. München: Florentz.

Raiffer, H., Schlaifer, R. (1972). Applied Statistical Decision Theory. Second Edition. Boston: M.I.T.

Saliger, E. (1981). Betriebswirtschaftliche Entscheidungstheorie. München: Oldenbourg.

Spurr, W.A., Bonini, C.P. (1973). Statistical Analysis for Business Decision. Homewood: Richard D. Irvin.

Steckel-Berger, G. (1993). Optimaler Stichprobenumfang im Poisson Prozeß. Innsbruck: Habilitationsschrift.

Tong, Y.L. (1990). The Multivariate Normal Distribution. New York: Springer.

Viertl, R. (1990). Einfürhung in die Stochastik. Mit Elementen der Bayes Statistik und Ansätzen für die Analyse unscharfer Daten. Wien: Springer.

Villegas, C. (1975). On the Representations of Ignorance, Journal of the American Statistical Association 72, 651-654.

Weibel, B. (1978). Bayes'sche Entscheidungstheorie. Bern: Haupt.

Winkler, R.L. (1972). Introduction to Bayesian Inference and Decision. New York: Holt, Rinehart and Winston.

Stichwortverzeichnis

www.ingramcontent.com/pod-product-compliance
Lightning Source LLC
LaVergne TN
LVHW010553300926
849162LV00002B/319